企业刑事风险防范行为指引

第二版

商事犯罪实务著作系列

余尘 著

Behavior Guidance on Criminal Risk Prevention for Enterprises

法律出版社
LAW PRESS·CHINA

再版自序

THE SECOND EDITION PREFACE

本书主要为企业刑事风险防范提供行为指导，其经验来自实践，目的亦是服务于实践。我国《刑法》的单位犯罪共计150多个罪名，本书在原来第一版论述的102个罪名的基础上，将在司法实务中已经出现实务案例的罪名全部补充完整。同时将自然人作为犯罪主体但与单位高度关联的22个罪名也作为本书的论述对象。作为企业刑事风险防范行为的指引，本书应当以主要论述涉及单位犯罪的罪名为宜，但作者之所以将这些涉及自然人犯罪的罪名也进行论述，主要原因在于这些涉及自然人犯罪的罪名，犯罪主体要么是在犯罪时是基于单位工作人员身份进行的犯罪，要么是刑法规定一些特殊性质的单位工作人员犯罪时应当将其身份作为加重处罚情节进行量刑，故将这些罪名也列入本书进行论述。这22个罪名为：重大飞行事故罪，铁路运营安全事故罪，重大责任事故罪，强令、组织他人违章冒险作业罪，重大劳动安全事故罪，危险物品肇事罪，工程重大安全事故罪，消防责任事故罪，不报、谎报安全事故罪，徇私舞弊低价折股、出售国有资产罪，背信损害上市公司利益罪，金融工作人员购买假币、以假币换取货币罪，窃取、收买、非法提供信用卡信息罪，利用未公开信息交易罪，贷款诈骗罪，有价证券诈骗罪，组织、领导传销活动罪，职务侵占罪，挪用资金罪，贪污罪，挪用公款罪，受贿罪。本书涵盖了涉及企业犯罪的所有罪名，企业掌握了这些罪名的构成要件，并对这些罪名做好防范，就会大大降低企业的刑事风险。本书对每个罪名的编写主要采取以下体例：

第一部分，引用刑法的具体条款，其目的是让读者了解法律的具体规定，掌握这一部分知识，是进行风险防范的基础。

第二部分，对具体条款进行解释，使非专业读者能理解具体条款的法律含义，能依据这些刑法专业的基础知识，判断自己的行为是否构成犯罪。

第三部分，引用法律规定的立案标准，让读者了解行为达到何种程度即构成犯罪，这既是重点防范标准，也是企业行为的红线。

第四部分，介绍具体的防范方案。由于企业的情况千差万别，这些方案不一定对每一个企业来说都是最好的方案，但了解这些方案，也能够起到一定的借鉴作用。这一部分内容也是本书的重要内容。

第五部分，典型案例评析。本书针对每一个具体罪名，选取了一件公开报道的典型案例进行评析。通过案例简介，以及作者的简要评析，可以归纳出本罪罪名的具体特点，从而帮助读者增强防范效果。需要说明的是，本书选取了许多判决无罪的案例，通过了解这些无罪的案例，读者应当深刻体会到刑事风险防范的重要性，也更能增强进行刑事风险防范的信心。同时，还需要说明的是，许多罪名并没有公开报道的单位犯罪案例，故本书中对于无单位犯罪案例的罪名，本书仍然就该罪名列举了自然人犯罪的案例，通过自然人犯罪的案例，同样可以总结出企业防范该项罪名所涉刑事风险的方法。

企业要有效预防犯罪，对于本书论述的每个罪名涉及的上述五个方面的内容均要有所了解。了解了这些知识，就可以将自己的行为与法律的规定进行对照，理解自己日常行为的法律意义，这也是本书选择这五个方面内容进行论述的原因。

本书不是理论研究的书籍，而是指导具体实务的书籍，力求具有实用性，力求为企业的平稳快速发展能起到一定的参谋作用，但由于水平所限，书中难免会出现错漏，万望各位同仁及方家能批评指正。

目 录

CONTENTS

绪论

PREFACE

一、企业为何要进行刑事风险防范

20 世纪 90 年代，中国几乎没有人不知道“红塔山”这一红得透顶的品牌。1994 年，褚时健作为大型国有企业的老总，可谓叱咤风云，在他享受着“中国十大改革风云人物”称号的莫大荣誉时，他绝对不会想象到 5 年后，他的那份长达 8000 字的《刑事判决书》在法律界也将长久享受着经典案例的“殊荣”。就其人生成就来说，将一个亏损巨大的小厂，发展成为国家贡献税收近千亿元、品牌价值高达 400 多亿元、总额 1400 多亿元的财富，还得强调一点的是，这 1400 多亿元，是在 20 世纪 90 年代足以让他在中国资本市场成为一座难以企及的崔嵬山脉。然而，无论成就多么辉煌，无论手中的权力多么巨大，当你的行为突破法律划定的红线时，也就注定了“风流总被雨打风吹去”的命运。

褚时健被判刑的同一年，从重庆万州走出来的那位实体经济界中的“空想家”——牟其中——由于信用证诈骗遭受了人生中的第三次，也是最重一次的重创。可以说第一次和第二次牢狱之灾为其日后的成功故事中增添了巨大正能量的神秘题材，但最后这一次的重创，足以让其人生不再存在翻盘的可能。其成也萧何，败也萧何。其成，成在其有过人嗅觉和胆量；其败，同样败在其过人的嗅觉和胆量。他如果在这种嗅觉和胆量中，能够增加对法律哪怕一点点的敬畏，也许，满洲里早已成为北方的香港，中国的北国或许会多一首《冬天的故事》。

与牟其中同为老乡的奇才，同样出生于重庆万州的德隆系前总裁唐万新，曾经在中国商界可谓翻云覆雨，资产高达几百亿元，一度被中国资本市场捧为神话。在其控制近 4 万个股票账户时，也许其已经预感到不得不“跑路”的结局，但也许，他仍然认为这些只是在追求财富过程中不得不穿插的一个个小小插曲而已。但无论怎么说,460 亿元的非法吸收存款的数额,足以让中国现在的任何一个财富大享咋舌。最终,应了中国那句老古话——善有善报,恶有恶报,不是不报,只是时辰未到。

浙江东阳,给人印象最深的是它那天下无人不知的红木,还有一个知名的影视名城,但在 21 世纪的头 10 年里,那位吴姓美女,似乎比上述这两个知名的品牌还要知名。她小小年龄,在胡润百富榜上,列过第 68 位,在女富豪中也曾站到了第 6 位。也许她想回归人性善之“本色”,她就以这一个名字,控制了八座金山银山。享受过荣华富贵,无奈,最后还是没有逃脱集资诈骗这一魔咒。有人说她不应当向那两个学校大手一挥,最多也只能挥挥衣袖,但绝不能带走一片云彩。还好,虽然一只脚踏进了鬼门关,但还是让菩萨将另一只脚拽住。估计在再审判决下达时,她的内心也许会有一声长叹。

另一位湖南的那位老总,可没吴英这么幸运,他同样涉及集资诈骗这一高发罪名,他曾经在张家界家喻户晓,他也曾经在人民大会堂获得过全国“十大”的称号。让人不可理解的是,2000 年湘西州政府工作报告曾明确提出,要调动民间投资和企业创业积极性,鼓励民间投资等字样历年均出现在政府工作报告之中,但全国法律界在经过一阵喧嚣后,2013 年,这位曾经的英雄,还是魂归故里,是可叹,孰不叹!

资本市场上,从可以查询的公开资料记载的资料来看,一位小学毕业的上海人,绝对可以作为人生成功的样本,绝对可以作为大多数创业者励志的素材。在富豪榜上,他就差一名进入了前十名,但这一榜上荣誉,似乎并没有给他带来好运。本来 2006 年已经刑满释放,但 2007 年他竟涉及单位行贿、对企业人员行贿、行贿、虚开增值税发票、挪用资金五个罪名,这真让人感觉有点万劫不复。他的神话故事,只能等到 2023 年,到时再看看,他的神话故事是否能够再行延续。

最后我要说的一位,还是涉及那个榜,还是涉及那个市。在那个榜上,他曾连续三年站在榜首,即使 2013 年他身陷囹圄,但仍然排在了第 39 位。在那个市上,他曾大显身手,叱咤风云。可惜的是,他虽然聘请了业内知名大腕,但 2010 年,他还是被非法经营、内幕交易以及单位行贿等罪名夺去了人生那宝贵的自由。但不管能力多大,社会规则中的“高压线”,肉身是永远不能触碰,这些规则有可能是明的,也有可能是暗的。如果记不住这一点,尽管翻过了大浪,但还是有可能跌到浪底。

应当说，上面这些名字，曾经是让多少人羡慕的名字。但这些名字，最后成为中国资本和财富市场上的红楼遗梦。他们创造的那些资本和财富神话虽然日渐远去，但中国的资本和财富市场，永远都是新人辈出，永远不缺那些迷人的故事和传奇。真可谓长江后浪推前浪，前浪终被拍死在沙滩上。作为后浪，要想不被拍死，除非眼睛不被鲜花和财富遮挡，除非从那些被拍死的个案中，寻找到指引自己永生的光芒。因此，我们应当从这一例例的个案中，窥测到在前进的道路边的花丛中，哪些花丛下面有沟壑和悬崖。从上述这些案例来看，我想起码下面几点经验，值得我们借鉴。

（一）要熟悉规则、运用规则

所谓的经济社会，其实就是规则社会。有时候，我们可能会感觉那些道德规则日渐式微，但人为规则，已经成为阻止人们为所欲为的巨大的墙。有些人想突破这些墙，但最终被碰得鼻青脸肿，甚至身败名裂。但也正因为有这些墙的存在，才能让这个社会良性运转，才能让那些弱势的个体不被碾压于社会前进的车轮之下。在规则丛生的社会，要成为强者，并且不是昙花一现的强者，只有熟知并充分运用这些规则，我们才有可能永久享用巨大财富带来的荣誉。或者可以说，当我们不得不碰触一些规则时，只有熟悉这些规则，我们才能真正“相害相权取其轻”。因此，在规则丛生的经济社会，要追求财富梦想，我们首先应当熟悉规则，尤其谨记那些红线规则，对红线规则心存敬畏。否则，无论你多么不可一世，无论你多么功高至伟，从上面那些名字中，你可能很容易预测到自己的结局。因为，毕竟，“出来混，迟早要还的”，这似乎已经成为经典名言。

（二）应当对权力保持敬畏

在经济社会，权力的确是好东西，权力差不多可以给你带来一切。正因为权力的巨大魅力，所以有些企业家在财富积累到一定程度后，总是想方设法与权力媾和。而那些心怀不轨的权力拥有者也热衷于寻找巨大财富的拥有者，让他们成为满足自己一个个贪欲的提款机。财富与权力进行勾结，最后让人看到的除了血就是泪。虽然我们可以欣赏权力，但我们更应当敬畏权力，这样于人于己才能永保平安。也许这样你会失去很多机会，也会由此错失很多获得财富的机会。但我们要明白我们追求财富的目的，我们追求成功的目的，绝不是为了一时的快感，得到了，马上又失去了，也还是那句老话，爬得越高，跌得越惨，何苦来耶。

（三）低调不是最好，但应当会很好

如果浙江东阳的吴英，当时纤手一挥，将那几十万白白花的银子，悄然作为自己慈悲为怀的故事，她日后的遭遇有可能不会这样凄惨。但她拼命地想将她挥动的纤手变为一道美丽的弧线，那难怪日后不引来那些妖魔鬼怪。因此，低调也可能不是最好的选择，但低调一定是很好的行为方式。想做大事者，得隐忍，这似乎应当作为我们追求财富过程中的铁律。不隐忍，上榜了，昙花一现，又有何意义呢？那个榜，对很多人来说，俨然已经成为封神之榜。虽然本书的重要内容是刑事风险防范，对刑事法律条文合法的规避，但同时，我还得赘言，低调、低调、低调，这不得不成为我们在法律手段之外的、刑事风险防范的重要措施之一。

二、企业刑事风险能否防范

规则丛生的现代经济社会，刑事风险是否能够预防，如何预防，这的确是一个深奥的问题。不少企业家仍认为，风险与收益往往成正比，不言冒险则企业难言成功。但如果放眼范围更广的企业，应当说，这种风险如果指商业风险，则无疑具有一定的正确性，如果指法律风险，则明显为一种偏见。在商业上，高风险的确会带来高回报；但在法律上，尤其是刑事风险，如果铤而走险，抱着侥幸的心理，等待的有可能将是毁灭性的结局，须知，天网恢恢，疏而不漏！

那么，在发展企业的同时，我们是否能够进行刑事风险防范？虽然有那么多企业在风光过后黯然收场，但毕竟还有更多的企业，仍在红线范围内快速前行。尽管失败的企业各有各的败法，但成功的企业只有一种共同的成功法宝，那就是远离刑事法律的红线，不碰触刑事法律的红线。只要掌握这些红线，在企业经营过程中，研究这些红线，并且时时以这些刑事法律规则来检验企业行为对与错、是与非，相信企业一定能远离刑事风险，也只有这样，企业才不至于遭遇毁灭性的变故。

三、企业所涉罪名状况

目前企业所涉罪名的范围比较广泛，在企业成立过程中，企业容易触发虚假注册、虚假出资等罪名。在企业运行过程中，其刑事法律风险更加广泛，如企业税务刑事法律风险、企业劳动用工刑事法律风险、企业融资过程中刑事法律风险、知识产权刑事法律风险、财务刑事法律风险、签订及履行合同过程中刑事法律风险等；在企业清算破产过程中，同样亦存在一定的刑事法律风险。在企业可能触发的罪名中，有些是所有企业都有可能触发的罪名，如税务方面的犯罪；有些只是一些特殊行业企业才有可能触发的罪名，如内幕布交易罪，这属于上市公司特有罪名。对于企业来说，处处充满法律风险。企业只有了解清楚这些法律风险，处处防范这些法律风险，才能真正平稳快速发展。

四、企业如何防范

面对刑事风险丛生的现代经济社会，企业并非束手无策，而是完全能够主动做到防患于未然。总体来说，企业要进行刑事风险防范，应当从以下几个方面采取相应措施。

（一）将自己企业所涉行业归类，并将自己企业可能涉及的罪名细化

企业要防范刑事风险，首先应当将本企业可能涉及的所有罪名进行罗列。只有明白自己有可能触犯的罪名，才能有针对性地进行预防。在《刑法》规定的468个罪名中，并非所有的罪名均适用于本企业，本企业要将这些罪名进行仔细分析，看看本企业有可能触犯哪些罪名。企业在不同的发展阶段，企业所属的不同行业，均决定了其所可能触犯罪名的类型。建议每个企业的负责人，抽出一定的时间和精力来完成这一工作，这也是企业管理的一项重要内容。

其次，企业弄清自己可能触犯的罪名后，应当将这些罪名进行细化，将每一种罪名的罪状及处罚进行详细分析，尤其要弄清每项罪名的具体表现，企业的负责人对这些罪名均应当了然于胸。做到了这一点，企业负责人在决策过程中，才能够自觉地回避做出那些高风险的决策。

关于本书所列罪名主要涉及的行业见本书附件。

（二）针对每个罪名设定红线

企业负责人对罪名了解清楚后，应当将企业的经营行为进行归纳总结，对每一类经营行为，应当划定红线，规定自己及员工哪些行为不能触碰。较大的企业，每个部门均应当有此红线设置。设置了红线，严守红线，企业才能永远在安全区域内发展。

（三）聘请刑事风险法律顾问

企业刑事风险防范，这应当说是一项专业性极强的工作，企业除了负责人应当学法、知法外，有条件的企业还应当设置法务部门，由法务部门处理一些专业问题。但对于刑事风险防范，还应当借助于专业的刑辩律师的智力支持，毕竟这些律师是专门处理刑事法律事务，比起企业内设的法律顾问，他们具有更专业的知识和更为丰富的实践经验。聘请这些专业人士作为企业的法律顾问，将会事半功倍。花费小，成效会更好。古代西方都认为“一盎司的预防胜过一磅的治疗”，也就是花小钱防病与花大钱治病的关系。可以说，如果企业聘请一个好的刑事风险法律顾问，会让企业规避许多刑事风险，会让企业避免许多致命的决策性错误。

（四）进行尽职调查，设定防范方案

当然，要进行很好的预防，企业还应当先行由专业的刑事风险防范律师对企业进行一个全盘的尽职调查，找出企业经营过程中具有的风险点，然后设计一套专业的预防方案。专业人士有专业人士的优势，其比非专业人士的嗅觉更为灵敏，设计一套预防方案，应当可以让企业长久无忧。

刑事风险防范律师可以从以下几个方面进行尽职调查：

企业的业务模式。这是律师设计防范方案最重要的依据。企业内部业务如何运行及如何开拓，其收款流程及付款流程，企业缴纳税种及税率，企业生产经营资质证书，企业安全生产条件等，这些事项均是律师重点尽调的内容。

企业当地的地方规定。一些地方规定，往往会对当地司法判决倾向有重要影响。因此，律师在进行尽职调查时，同样应当对企业当地的一些地方规定有所了解，有所掌握，这将有助于对企业行为性质的理解。

企业当地的司法环境。企业当地的司法环境如何，往往对企业刑事风险有

重要影响,一般来说,法治环境好的地方,企业刑事风险发生的概率也较低;越是法治环境不好,刑事风险防范越是重要。

企业当地的司法实践传统。企业当地的司法实践传统同样对企业刑事风险发生有着重要影响。有些行为的性质本来存在着争议,当地法院对行为性质如何理解,这受当地法院先前司法个案的影响。也就是说,在认定犯罪方面,虽然中国司法传统不属于判例法传统,但由于近些年法学研究的深入,加之英美法系对中国司法的影响,当地的前决判例实际上或多或少地影响着定罪。同时,当地的司法判例对于量刑的影响也十分重大。因此,进行尽职调查时,这一部分的内容是不可或缺的。

五、本指引特点

本指引撰写的目的,是帮助企业防范每一个容易高发的罪名。如果企业按此指引去行事,应当说,在经营过程中,是可以做到远离刑事风险的。本指引避免采取理论式的宣讲方式,而是针对每个罪名,单刀直入,直接提出预防的方式、方法。应当说,这种模式更具实践性、更具实用性。在对一些罪名的分析中,简单的一条建议,有可能让你的企业避免毁灭性的后果。要做一个有情怀,有担当,有抱负的企业家,我想,去熟悉这些防范规则完全是有必要的。当然,能否起作用,关键还在于企业领导人是否真正重视,是否能够真正将这些冰冷的建议运用于企业经营的实际。

这里要说明一点的是,本书对于具体罪名的论述是按照两要件进行论述的。对于犯罪构成要件,理论上存在多种学说。至目前为止,四要件和三阶层学说,属于广为接受的学说。由于本书主要面向的是一些非法学专业的企业家,对于这些非法学专业的企业家来说,学说的争议对其理解具体罪名的含义,可能帮助不大,更重要的是要让论述通俗易懂。因此,本书采取的方式是,让这些理论的争议归于理论,要让实用归于实务。为了尽量使论述简化,尽量让非法学专业人士更容易理解具体罪名,故本书对具体罪名构成要件的分析,均是采取两要件说。应当说,采取两要件说,简单明了,会更容易让非法学专业的企业家们理解各罪名的构成要件,会更加有助于企业进行刑事风险防范。

还需说明一点的是,一些高发罪名,大多为故意犯罪,如果企业家知道这些罪名和构成要件,又非得去故意犯罪时,这不是预防不预防的问题,而是企业家怎样去克服人性的贪婪的问题。对于这种情形，本书认为，这些建议的确很难起到预防的作用，本书仅能够让这些企业家们再次了解什么是犯罪而已。但企业在企业家不知道何种行为构成犯罪而又想预防犯罪的情况下，相信本书一定能起到较好的预防作用；而且，事实上，在企业家不知何种行为构成犯罪的情形下触犯刑法的情形并不鲜见。故本书设定预防措施时，主要针对企业家不知情的情况下，为企业家及企业高管人员预防犯罪提供智力支持。

由于本人是首次编著该类型的书籍，故本书肯定存在不完善之处。但相信随着研究的深入，随着法律实践经验的积累，本书一定会逐步走向完善。

第一章 CHAPTER 1 危害公共安全罪的预防

1. 帮助恐怖活动罪

一、法律规定

《刑法》第120条之一规定:“资助恐怖活动组织、实施恐怖活动的个人的,或者资助恐怖活动培训的,处五年以下有期徒刑、拘役、管制或者剥夺政治权利,并处罚金;情节严重的,处五年以上有期徒刑,并处罚金或者没收财产。

为恐怖活动组织、实施恐怖活动或者恐怖活动培训招募、运送人员的,依照前款的规定处罚。

单位犯前两款罪的,对单位判处罚金,并对其直接负责的主管人员和其他直接责任人员,依照第一款的规定处罚。”

二、条文释义

本条是对帮助恐怖活动罪及其刑事处罚的规定,所谓帮助恐怖活动罪,是指为恐怖活动或者为实施恐怖活动的个人提供资金、物资和培训招募、运送人员等其他帮助的行为。本罪的构成要件如下。

(一)本罪从客观上来看

帮助恐怖活动犯罪的主体是一般主体。只要达到刑事责任年龄、具有刑事责任能力的自然人均可构成本罪。同时,依据《刑法》的规定单位亦可构成本罪。

从危害行为和危害结果来看,本罪表现为,为恐怖活动或者为实施恐怖活动的个人运送人员,提供或者筹集资金、物资以及为其培训招募等其他帮助的行为。资助,是指筹集资金、物资和无偿提供资金、物资或者主动提供场所给予恐怖组织来活动。认定资助恐怖活动罪的两个条件:(1)所筹集或提供的资金、物资和其他帮助的对象必须是实施恐怖活动的个人或者实施恐怖活动的组织，否则不构成本罪；（2）有自愿无偿筹集或提供物资、资金、其他帮助和为其筹集资金、物资或运送、招募或者培训人员的客观方面的行为。

（二）本罪从主观上来看

帮助恐怖活动犯罪的主观方面表现为故意，即行为人明知自己的行为会助长恐怖组织实施恐怖行为，危害不特定人和物的安全而积极为之，并且希望这种恐怖活动的结果发生。过失不构成本罪。

三、立案标准

最高人民检察院、公安部《关于公安机关管辖的刑事案件立案追诉标准的规定（二）》第1条规定，资助恐怖活动组织或者实施恐怖活动的个人的，应予立案追诉。本条规定的“资助”，是指为恐怖活动组织或者实施恐怖活动的个人筹集、提供经费、物资或者提供场所以及其他物质便利的行为。“实施恐怖活动的个人”，包括预谋实施、准备实施和实际实施恐怖活动的个人。

根据2014年9月9日，最高人民法院、最高人民检察院、公安部《关于办理暴力恐怖和宗教极端刑事案件适用法律若干问题的意见》第2条第4项关于“准确认定案件性质”的规定，明知是恐怖活动组织或者实施恐怖活动人员而为其提供经费，或者提供器材、设备、交通工具、武器装备等物质条件，或者提供场所以及其他物质便利的，以资助恐怖活动罪定罪处罚。

通过收取宗教课税募捐，为暴力恐怖、宗教极端犯罪活动筹集经费的，以相应犯罪的共同犯罪定罪处罚；构成资助恐怖活动罪的，以资助恐怖活动罪定罪处罚。

四、风险防范

（一）加强对单位资金使用的监控

加强对单位资金使用的监控，可以有效防范相关人员利用单位资金从事本罪犯罪活动。对于资金使用存疑的项目，不仅重视资金效益，还应当重视其使用性质是否合法。

（二）对于本单位业务合作方，应当对其单位业务进行初步的尽职调查

对于与本单位进行业务合作的其他方，在开展业务合作前，应当对其单位的经营情况进行初步的尽职调查，了解单位背景。尽职调查应通过合法手段，有些尽职调查可以独立进行；有些尽职调查，在合作前，完全可以明确向对方提出先行进行尽职调查的要求。

五、案例评析

（一）案例简介

公诉机关起诉指控，2016 年 7 月 26 日，被告人马胜利使用“马龙师傅”的微信号与被新疆阿瓦提县公安局以分裂国家案列为网上追捕对象的境外涉恐人员玉某某·吐尔洪在微信中确认相互身份。玉某某·吐尔洪所使用微信号“Nazira2016”。二人商定由马胜利向其提供资金帮助。2016 年 7 月 30 日至 31 日，马胜利使用自己开户的云南省农村信用社银行卡通过手机网银转账的方式，先后向“Nazira2016”在微信中提供的两个银行账户转账 14 次，每次 1000 元，因账户与姓名不符，未转账成功。后马胜利通过微信转账的方式，两次向玉某某·吐尔洪所使用微信号“Nazira2016”转款，并于 8 月 1 日 16 时 23 分转账成功。玉某某·吐尔洪成功接收人民币 1000 元。经查证，玉某某·吐尔洪多次煽动并帮助他人出境，且使用微信号“Nazira2016”接款成功后，使用该资金向其他多名涉恐关系人员提供通信等资金帮助。

被告人马胜利提出其具有自首及立功情节；其辩护人提出起诉指控被告人马胜利犯帮助恐怖活动罪的事实不清，证据不足，被告人马胜利不具备帮助恐怖活动罪的主观故意，也没有实施资助恐怖活动的客观行为，其行为不构成犯罪。

法院经审理后认为，被告人马胜利无视国家法律，明知是实施恐怖活动的人员而为其提供经费，其行为已触犯刑律，构成帮助恐怖活动罪。公诉机关起诉指控的罪名成立，应予支持。被告人马胜利曾因犯运送他人偷越国境罪被判处有期徒刑，在刑罚执行完毕 5 年内再犯本罪，属累犯，应当从重处罚。马胜利

在2016年9月2日交代了其向玉某某·吐尔洪打款的情况，但未如实交代自己的犯罪事实，且公安机关在2016年8月5日就已经掌握了马胜利向境外可疑人员汇款的情况，因此，马胜利关于其行为应该是自首的辩解，与查明的事实及在案的证据相悖，自首不能成立。其虽然提出有检举揭发他人非法经营的行为，但未经查证属实，不能认定有立功表现。被告人马胜利客观上通过微信转账的方式向涉恐人员玉某某·吐尔洪提供了1000元人民币的资金帮助，虽然辩解曾向玉某某·吐尔洪借过款，此次向其提供1000元系还款，但无其他证据相印证，辩解不能成立。被告人马胜利与玉某某·吐尔洪一伙涉恐人员认识时间长，交往次数多，曾因帮助他们偷越国境被判刑，刑满释放后又因帮助他们租房被公安机关查处。被告人马胜利对玉某某·吐尔洪的思想、行为有明确的认知，且其与玉某某·吐尔洪之间转账成功后即立即删除相关信息，据此足以认定其明知玉某某·吐尔洪属从事恐怖活动的人员。被告人马胜利及其辩护人关于不明知玉某某·吐尔洪是涉恐人员的辩解和辩护意见不予采纳。据此，根据被告人犯罪的事实、犯罪的性质、情节和对于社会的危害程度，遂判决被告人马胜利犯帮助恐怖活动罪，判处有期徒刑二年，并处罚金人民币3000元。

（二）简要评析

本罪要求行为人对于帮助的对象属于涉恐人员是明知。是否明知，这可以从行为人行为时的各处表现进行推论。本案中，虽然辩护人认为被告人主观上不存在故意，但法院最后从其之前与玉某某·吐尔洪交往情况，以及转账后删除信息等行为，推测其具有主观故意。

作为单位来说，要避免触犯本罪，单位应当对资金使用用途地进行有效监控，尤其是对于捐助资金，应当确保捐助的对象明确，确保捐助资金使用用途符合法律规定。对于接受捐助的对象，在条件允许的情况下，应当事先进行一定程度的尽职调查，以避免资金被用于非法目的，从而引发本罪的刑事风险。

2. 非法制造、买卖、运输、邮寄、储存枪支、弹药、爆炸物罪

一、法律规定

《刑法》第125条规定:“非法制造、买卖、运输、邮寄、储存枪支、弹药、爆炸物的,处三年以上十年以下有期徒刑;情节严重的,处十年以上有期徒刑、无期徒刑或者死刑。

非法制造、买卖、运输、储存毒害性、放射性、传染病病原体等物质,危害公共安全的,依照前款的规定处罚。

单位犯前两款罪的,对单位判处罚金,并对其直接负责的主管人员和其他直接责任人员,依照第一款的规定处罚。”

二、条文释义

本条是对非法制造、买卖、运输、邮寄、储存枪支、弹药、爆炸物罪及其刑事处罚的规定,所谓非法制造、买卖、运输、邮寄、储存枪支、弹药、爆炸物罪,是指违反法律规定,在未经国家有关部门批准的情况下,非法制造、买卖、运输、邮寄、储存枪支、弹药、爆炸物的行为。本罪的构成要件如下。

(一)本罪从客观上来看

本罪的主体是一般主体。只要达到刑事责任年龄、具有刑事责任能力的自然人均可构成本罪。同时,依据《刑法》的规定单位亦可构成本罪。

本罪危害行为和危害结果表现为非法制造、买卖、运输、邮寄、储存枪支、弹药、爆炸物的行为。

所谓非法制造,是指违反国家相关的法律法规,在未经有关部门批准的情况下,私自制造枪支、弹药、爆炸物的行为。制造包括制作、改装、组装、加工、修

理、拼装等具体方式，无论采取何种方式制造，也无论制造是否完成，或是为了自己使用还是向别人出售，只要有制造的行为，即可构成本罪。

所谓非法买卖，是指违反法律规定，在未经国家相关部门批准许可的情况下，私自购买或者出售枪支、弹药、爆炸物的行为。买卖，既有以金钱货币作为对价的各种非法经营的交易行为，也包括以物换物的方式换取枪支、弹药、爆炸物的交换行为，以及赊账的行为拿到枪支等方式。不论其行为方式如何，只要属于买卖行为，即构成本罪。

所谓非法运输，是指违反法律规定，在未经相关部门批准许可的情况下，私自在我国境内从某一地方运送至其他地方的行为。对运输的方式没有限制，既包括水运、空运或陆运，也包括随身携带等其他一些方式，行为方式不影响该行为的性质。

所谓非法邮寄，是指违反相关法律的规定，擅自在邮局邮寄枪支、弹药、爆炸物的行为。既包括分批的大量邮寄，也包括在其他物品中夹杂的方式邮寄。不论其行为的方式如何，只要是非法的邮寄行为，都可构成本罪。

所谓非法储存，是指违反相关法律的规定，在未经相关部门批准许可的情况下，私自存积、收藏枪支、弹药、爆炸物的行为。不论存积与藏匿的地点在何处，只要属于非法，即可构成本罪。

所谓非法，是指违反有关法律规定，在未经相关部门批准许可的情况下，私下进行的相关的行为。但虽然经过国家相关部门批准，该批准是因为行为人采用贿赂、欺骗的手段获得，仍然属于非法，构成本罪。

（二）本罪从主观上来看

非法制造、买卖、运输、邮寄、储存枪支、弹药、爆炸物罪在主观方面为故意，即明知是枪支、弹药、爆炸物而非法制造、买卖、运输、邮寄、储存。

三、立案标准

根据最高人民法院《关于审理非法制造、买卖、运输枪支、弹药、爆炸物等刑事案件具体应用法律若干的解释》第 1 条的规定："个人或者单位非法制造、买卖、运输、邮寄、储存枪支、弹药、爆炸物，具有下列情形之一的，依照刑法第一百二十五条第一款的规定，以非法制造、买卖、运输、邮寄、储存枪支、弹药、爆炸物罪定罪处罚：

（一）非法制造、买卖、运输、邮寄、储存军用枪支一支以上的；

（二）非法制造、买卖、运输、邮寄、储存以火药为动力发射枪弹的非军用枪支一支以上或者以压缩气体等为动力的其他非军用枪支二支以上的；

（三）非法制造、买卖、运输、邮寄、储存军用子弹十发以上、气枪铅弹五百发以上或者其他非军用子弹一百发以上的；

（四）非法制造、买卖、运输、邮寄、储存手榴弹一枚以上的；

（五）非法制造、买卖、运输、邮寄、储存爆炸装置的；

（六）非法制造、买卖、运输、邮寄、储存炸药、发射药、黑火药一千克以上或者烟火药三千克以上、雷管三十枚以上或者导火索、导爆索三十米以上的；

（七）具有生产爆炸物品资格的单位不按照规定的品种制造，或者具有销售、使用爆炸物品资格的单位超过限额买卖炸药、发射药、黑火药十千克以上或者烟火药三十千克以上、雷管三百枚以上或者导火索、导爆索三百米以上的；

（八）多次非法制造、买卖、运输、邮寄、储存弹药、爆炸物的；

（九）虽未达到上述最低数量标准，但具有造成严重后果等其他恶劣情节的。

介绍买卖枪支、弹药、爆炸物的，以买卖枪支、弹药、爆炸物罪的共犯论处。”

四、风险防范

对于本罪的防范，作为企业来说，应当加强法律、法规的学习。尤其应当谨记枪支、弹药、爆炸物是国家重点管控的物品。单位在未经允许，或者未取得相关批准证书的情况下，禁止制造、买卖、运输、邮寄、储存。只要注意不存有侥幸心理，不存有好奇心理，应当说是可以远离该罪的风险的。

五、案例评析

（一）案例简介

公诉机关起诉指控：2012 年 4 ~ 12 月，被告人赵某某伙同赵某甲（已判决）

在献县乐寿镇北马庄村东的杨树地里及地里的三间旧房子内非法制造雷管壳108,260余枚，其中卖给山西的李某乙2万枚，卖给秦皇岛的房某2万余枚，剩余的6万余枚雷管壳由赵某某、赵某甲、任某甲（已判决）用于制造电雷管。2013年4～5月，赵某某等人共制造电雷管65,260余枚，其中6万余枚电雷管卖给了秦皇岛的房某。后因房某雇人制造电雷管时发生爆炸，赵某某等人担心被牵连，遂将制造的成品及半成品电雷管掩埋于乐寿镇北马庄村村东杨树地里。

2013年6月1日，献县公安局对其掩埋处进行现场勘查，查获5260枚电雷管、3000枚附着白色药状物质的雷管壳、10kg白色药状物质，并在提取检材后，对该爆炸物进行了爆破清理。后经公安部物证鉴定中心鉴定，送检检材是电雷管，具备爆炸性能。

被告人及其辩护人辩称：赵某某系从犯，应依法从轻或减轻处罚，另其有自首情节，建议法庭在量刑时予以考虑。

法院经审理后认为，被告人赵某某未经国家有关部门批准，以营利为目的非法制造电雷管，并将部分电雷管予以销售，危害公共安全，情节严重，其行为已触犯刑法，构成非法制造、买卖爆炸物罪，应予处罚。献县人民检察院的指控事实清楚，证据充分，罪名成立。对辩护人提出赵某某系从犯的意见，经查，制造电雷管系赵某某与他人共同出资，准备生产工具，并参与生产和销售，赵某某在共同犯罪中积极参与，并非起次要辅助作用，对辩护人的意见不予采纳。被告人主动投案后能如实供述其主要犯罪事实，认定自首，可依法从轻处罚。故法院判决被告人赵某某犯非法制造、买卖、运输、邮寄、储存枪支、弹药、爆炸物罪，判处有期徒刑11年。

（二）简要评析

本案中，赵某某未经批准以营利为目的的非法制造爆炸物并将部分予以销售，已经危害了公共安全，触犯刑法。本罪是选择性罪名，赵某某出于营利目的非法制造、买卖电雷管的行为构成了非法制造、买卖爆炸物罪。但是赵某某主动投案，如实供述的自首行为，符合法律规定的自首情节，可以从轻处罚。本罪的最高刑为死刑。本案赵某某被判处有期徒刑11年，法院是在综合各项情节的基础上作出该判决的。作为单位来说，未经有权机关批准，取得许可证照，任何单位均禁止生产、买卖、运输枪支、弹药、爆炸物等危险物品，这应当成为单位熟知的一项基本法律知识。

3. 非法制造、买卖、运输、储存危险物质罪

一、法律规定

《刑法》第 125 条规定:“非法制造、买卖、运输、邮寄、储存枪支、弹药、爆炸物的,处三年以上十年以下有期徒刑;情节严重的,处十年以上有期徒刑、无期徒刑或者死刑。

非法制造、买卖、运输、储存毒害性、放射性、传染病病原体等物质,危害公共安全的,依照前款的规定处罚。

单位犯前两款罪的,对单位判处罚金,并对其直接负责的主管人员和其他直接责任人员,依照第一款的规定处罚。”

二、条文释义

本条第 2 款是对非法制造、买卖、运输、储存危险物质罪及其刑事处罚的规定。所谓非法制造、买卖、运输、储存危险物质罪,是指非法制造、买卖、运输、储存毒害性、放射性、传染病病原体等物质的行为。本罪的构成要件如下。

(一)本罪从客观上来看

本罪主体为一般主体,即达到刑事责任年龄、具有刑事责任能力的自然人均可构成本罪。同时,根据《刑法》的规定,单位也可成为本罪主体。

本罪危害行为和危害结果表现为非法制造、买卖、运输、储存毒害性、放射性、传染病病原体等物质,危害公共安全的行为。

制造、买卖、运输、储存上述危险物质,应当经过严格的批准程序,取得一定的资质,方得从事上述业务,未取得批准,擅自制造、买卖、运输、储存上述危险物质的,即为非法制造、买卖、运输、储存危险物质。

这里要说明的一点是，根据《刑法》的规定，非法制造、买卖、运输、储存危险物质罪属于选择性罪名，行为人只要实施其中之一种行为的，即可构成犯罪。

（二）本罪从主观上来看

非法制造、买卖、运输、储存危险物质罪主观方面表现为故意，并且，一般均为直接故意，即主观上明知危险物质而非法制造、买卖、运输，储存。

三、立案标准

最高人民检察院、公安部《关于公安机关管辖的刑事案件立案追诉标准的规定（一）》第2条规定："非法制造、买卖、运输、储存毒害性、放射性、传染病病原体等物质，危害公共安全，涉嫌下列情形之一的，应予立案追诉：

（一）造成人员重伤或者死亡的；

（二）造成直接经济损失十万元以上的；

（三）非法制造、买卖、运输、储存毒鼠强、氟乙酰胺、氟乙酰钠、毒鼠硅、甘氟原粉、原液、制剂五十克以上，或者饵料二千克以上的；

（四）造成急性中毒、放射性疾病或者造成传染病流行、暴发的；

（五）造成严重环境污染的；

（六）造成毒害性、放射性、传染病病原体等危险物质丢失、被盗、被抢或者被他人利用进行违法犯罪活动的；

（七）其他危害公共安全的情形。"

根据最高人民法院、最高人民检察院《关于办理非法制造、买卖、运输、储存毒鼠强等禁用剧毒化学品刑事案件具体应用法律若干问题的解释》第1～3条的规定，相关立案追诉标准如下：

"非法制造、买卖、运输、储存毒鼠强等禁用剧毒化学品，危害公共安全，具有下列情形之一的，依照刑法第一百二十五条的规定，以非法制造、买卖、运输、储存危险物质罪，处三年以上十年以下有期徒刑：

（一）非法制造、买卖、运输、储存原粉、原液、原药制剂50克以上，或者饵料2千克以上的；

（二）在非法制造、买卖、运输、储存过程中致人重伤、死亡或者造成公私财产损失10万元以上的。"

“非法制造、买卖、运输、储存毒鼠强等禁用剧毒化学品，具有下列情形之一的，属于刑法第一百二十五条规定的‘情节严重’，处十年以上有期徒刑、无期徒刑或者死刑：

（一）非法制造、买卖、运输、储存原粉、原液、制剂500克以上，或者饵料20千克以上的；

（二）在非法制造、买卖、运输、储存过程中致3人以上重伤、死亡，或者造成公私财产损失20万元以上的；

（三）非法制造、买卖、运输、储存原粉、原药、制剂50克以上不满500克，或者饵料2千克以上不满20千克，并具有其他严重情节的。”

“单位非法制造、买卖、运输、储存毒鼠强等禁用剧毒化学品的，依照本解释第一条、第二条规定的定罪量刑标准执行。”

四、风险防范

从罪名结构看，本罪名为选择性罪名，即包含制造、买卖、运输、储存四种行为方式。对于危险物质的范围，主要包括毒害性、放射性、传染病病原体三种物质，但上述三种物质并未将所有危险物质包含在内，故在法条表述中用“等”字进行兜底，扩大了危险物质的范围。所以企业需要在日常生产经营过程中加强全流程监管。

（一）加强源头监管

所谓加强源头监管，就是要从源头防范风险的发生。每个企业都应当管理好自己的员工，特别是位于生产制造一线岗位的员工，要加强岗位培训教育和日常生产管理，提高员工的风险防范意识，改善企业生产秩序。同时，企业应当建立技术运用及设备运行的管理体系，在生产制造一线岗位，要设定专员，严格监管相关设备的运行。

（二）完善中游控制

所谓完善中游控制，就是在企业运输、仓储等领域加强管理，不为危险物质提供任何空间。在运输领域，若企业自行运输，则应制定运输管理规定，包括运输人员的标准、运输工具的选定、运输路线、时间等应尽量细化并严格遵照执行；若委托第三方运输，则企业在选择运输方时应严格审核对方的相关资格资质，以防出现相关风险。企业在仓储过程中，应不定期检查仓储物，并且仓储与运输的管理制度应相互独立，管理人员应分别设置。

（三）严控下游流通

所谓严控下游流通，就是在购买、销售领域严格控制企业商品流通的种类。第一，企业应明确掌握自身购买、销售状况，建立定期报告制度，企业应详细审核报告中的相关内容。第二，企业应制定针对采购、销售部门的管理规定，明确其权利义务，规范采购、销售行为。明确考核、奖惩制度，划清“红线”。第三，注意外部风险防控。采购、销售的对象应经过严格审查，避免企业因外部原因导致自身风险。

五、案例评析

（一）案例简介

湖南省新邵县人民检察院指控：被告人张某明在新邵县坪上镇街面上经营一家“坪上种子总经销”店，经营者为张某明，经营范围是农药、化肥等。2018年10月，该店取得农药经营许可证（限制使用的农药除外）。2018年3月张某明从刘某洪（未查实）手里购进约100包“神猫”灭鼠粉，陆续卖给附近邻居用于灭鼠。2019年4月24日下午，张某明的丈夫刘某华（另案处理）临时看守店铺时，被害人龙某1以母亲要他来买鼠药灭老鼠为由，从刘某华手中购买了一包“神猫”灭鼠粉。当晚龙某1服用该灭鼠粉自杀身亡。经鉴定，从“坪上种子总经销”店内提取的“神猫”灭鼠粉包装袋内的残留物中检出毒鼠强成分；龙某1符合毒鼠强中毒死亡的特征。2019年6月19日，张某明与被害人龙某1父母龙某2、李某1达成调解协议，赔偿21.08万元，龙某2、李某1对张某明予以谅解。到案后，张某明如实供述了非法买卖“神猫”灭鼠粉的事实。

被告人张某明对公诉机关指控的犯罪事实和罪名均无异议，请求从轻处罚。

辩护人辩护提出：(1)对公诉机关指控的罪名无异议。(2)鉴定意见中的004号检材无提取笔录，被告人张某明的行为与被害人的死亡无典型的因果关系。(3)张某明非法买卖危险物质的数量只有本人供述,无其他证据证明,不能认定被告人有罪。(4)被告人有自首、认罪、悔罪、赔偿损失等情节,请求免予刑事处罚或适用缓刑。

法院经审理后认为,被告人张某明明知其无销售剧毒化学品的资质,仍购进并将之销售给他人,危害公共安全,致一人死亡,其行为构成非法买卖危险物质罪。公诉机关指控的罪名成立。鉴定意见中的004号检材即从死者客厅垃圾篓内提取的白色纸袋,虽无提取笔录,但从现场勘验笔录及照片可以得知上述检材系公安机关从死者客厅垃圾篓内提取,同时结合视频截图、刘某华的供述、鉴定意见等证据足以证明被害人系因服用张某明所售的"神猫"灭鼠粉而中毒死亡。即使对张某明销售涉案危险物质的数量无法查证,但依据张某明所售危险物质致他人死亡的结果足以对张某明定罪处罚。故对辩护人提出的被告人张某明的行为与被害人的死亡无典型的因果关系、张某明非法买卖危险物质的数量只有本人供述,不能认定被告人有罪等相关意见,本院不予采纳。张某明当庭供述其是被公安民警到店内当面传唤接受调查的,结合到案经过及张某明的供述,张某明的行为不能成立自首。对辩护人关于自首的意见,本院不予采纳。张某明到案后如实供述自己罪行,且庭审自愿认罪,可以从轻处罚。张某明赔偿了被害人家属的经济损失,取得了谅解,可以酌情从轻处罚。辩护人关于被告人有认罪、悔罪、赔偿损失等情节的意见成立,本院予以采纳。根据张某明的犯罪事实、情节和悔罪表现,张某明没有再犯罪的危险,适用缓刑对所居住的社区没有重大不良影响,可以对张某明宣告缓刑。最后判决被告人张某明犯非法买卖危险物质罪,判处有期徒刑3年,缓刑4年。

(二)简要评析

本案中,被告人是个体工商户的经营者。其明知其无销售剧毒化学品的资质,仍购进并将之销售给他人,也可能是不懂法,不知道销售"神猫"灭鼠粉这种有毒有害物质是需要经过批准并需要办理相关手续,也可能是因为其明知故犯,或存有侥幸心理。不管哪种心理原因导致,最后由于其行为具有较大的社会危害性,并实际造成了社会危害结果,因此其依法依规应当承担刑事责任。因此,作为销售企业负责人来说,应当学习与销售相关的法律法规,对于自己销售的物品要清楚明白。如果负责人本人没有直接参与销售经营,也应当经常对本单位销售的物品进行跟踪检查,确保依法依规进行经营。

4. 重大飞行事故罪

一、法律规定

《刑法》第131条规定："航空人员违反规章制度，致使发生重大飞行事故，造成严重后果的，处三年以下有期徒刑或者拘役；造成飞机坠毁或者人员死亡的，处三年以上七年以下有期徒刑。"

二、条文释义

本罪是对重大飞行事故罪及其刑事处罚的规定。所谓重大飞行事故罪，是指航空人员违反规章制度，因而发生重大飞行事故，危及公共安全，造成严重后果的行为。本罪构成要件如下。

（一）本罪从客观上来看

本罪的主体为特殊主体，即主体必须是航空人员。根据《民用航空法》的规定，航空人员，是指从事民用航空活动的空勤人员和地勤人员。空勤人员包括驾驶员、领航员、飞行通信员、机械员、乘务员；地勤人员包括民用航空维护人员、空中交通管制员、飞行签派员、航空台通信员。他们承担的职责与交通运输安全有着直接的关系，如果不正确履行自己的职责，就有可能造成重大安全事故。

从危害行为和危害结果来看，本罪在客观方面表现为在空中运输活动中违反相关的规章制度，从而发生了重大的安全事故，致人重伤、死亡或致使公私财产遭受到重大损失。重大飞行事故罪在客观方面表现为如下三个方面。

1. 航空人员违反相关规章制度，导致发生重大飞行事故，从而造成严重后果。违反规章制度指违反了与飞行安全相关的规章制度，例如，未能及时发现航空器故障，航空维修人员未认真检查、维修航空器；领航员领航不正确，在飞机起飞前，机长未对航空器进行全面检查，飞机遇险时机长没有采取必要的挽救措施；在没有经过机长批准的情况下机组人员私自离开航空器等。

2. 发生了重大飞行事故，出现致人重伤、死亡或致使公私财产遭受重大损失的严重后果。所谓重大飞行事故，根据民航飞行事故划分标准，指造成 39 人及其以下者死亡，或飞机失踪，39 人及其以下人员在该飞机上；或飞机被迫降落的地方无法运出。所谓严重后果，是指航空器或者其他航空设施遭受到严重的损坏，航空器上人员受重伤，公私财产受到了严重损失等。如果造成了飞机坠毁或者人员死亡的，应适用本条的规定处罚。如果有航空人员违反规章制度的行为，但并未发生重大飞行事故，那么对该行为人可以给予行政处分，但不能就此追究其刑事责任。

3. 严重后果必须是由于违章行为而引起的，两者之间必须存在因果关系。违反规章制度的行为，造成有人重伤、死亡或使公私财产受到重大损失的后果，发生在从开始出发在机场准备载人装货到终点旅客离去，货物卸载结束的整个运输活动过程中。

（二）本罪从主观上来看

本罪在主观方面表现为过失，包括疏忽大意的过失和过于自信的过失。这种过失主要是指行为人对危害后果的态度。在违反规章制度上行为人可能有故意，但对发生飞行安全事故后果的态度在主观上应是表现为过失，即应当预见而未预见到可能发生严重后果，或者虽然预见，但轻信可以避免，以致发生了严重的后果；如果出于故意，就不再构成本罪，而属于涉嫌其他犯罪。

三、立案标准

航空人员违反规章制度，致使发生重大飞行事故，造成严重后果的即应当立案。

四、风险防范

（一）加强对航空人员的业务提升

为避免航空人员犯本罪，单位应当注意加强对航空人员进行业务培训，提升其业务能力。在业务上熟能生巧,业务能力提升了,犯本罪的概率自然会降低。

(二)加强对航空人员的安全教育

只要思想上对安全问题重视了,行为上自然会更加小心谨慎。安全问题是航空领域最重要的问题,单位对航空人员的安全教育应当时时讲、天天讲、月月讲,不断提升航空人员的安全意识。

五、案例评析

(一)案例简介

黑龙江省伊春市伊春区人民法院审理伊春区人民检察院指控被告人齐某甲犯重大飞行事故罪一案,于2014年12月19日作出(2014)伊刑初字第17号刑事判决。被告人齐某甲不服,提出上诉。

齐某上诉称:一审法院未说明理由,拒绝辩护人提出的证人出庭及调取新证据的申请,违反程序;一审判决认定其事故发生后能救却不救的事实没有依据,属于杜撰;一审法院安排的专业人员在出庭时歪曲事实;一审判决将结论不客观、不真实的事故调查报告作为证据使用错误;此次空难系多因一果,量刑畸重。同时,一审法院未允许辩护人对机组与伊春塔台通话录音充分辨认,违反程序;未查明地形警告系统不起作用的原因。

二审法院经审理后认为:被告人齐某甲作为客运航班当班机长,违反航空运输管理的有关规定,违规操纵飞机实施近进并着陆,致使飞机坠毁,造成机上44人死亡、52人受伤,直接经济损失人民币30,891万元的严重后果,其行为已构成重大飞行事故罪,应当依法承担刑事责任。根据国家安全生产监督管理总局事故调查报告,本起事故的直接原因是机长及飞行机组违规操纵飞机所致,齐某甲作为机长应对事故发生负直接责任。故二审法院维持一审法院判处齐某甲3年有期徒刑的判决结果。

(二)简要评析

本案中,齐某甲作为客运航班当班机长,违反航空运输管理的有关规定,违规操纵飞机实施进近并着陆，致使飞机坠毁，造成机上44人死亡、52人受伤，直接经济损失人民币30,891万元的严重后果，其行为已触犯刑法，明显构成重大飞行事故罪。法院事实认定清楚，判决结果符合法律规定。作为单位来说，要预防航空人员犯本罪，单位应当加强对航空人员的安全教育培训，使航空人员在思想意识上高度重视航空安全，避免过失行为导致的犯罪行为发生。

5. 铁路运营安全事故罪

一、法律规定

《刑法》第132条规定："铁路职工违反规章制度，致使发生铁路运营安全事故，造成严重后果的，处三年以下有期徒刑或者拘役；造成特别严重后果的，处三年以上七年以下有期徒刑。"

二、条文释义

本条是关于铁路运营安全事故罪及其刑事处罚的规定。所谓铁路运营安全事故罪，是指铁路职工违反规章制度，致使发生铁路运营安全事故，造成严重后果的行为。本罪的构成要件如下。

（一）本罪从客观上来看

本罪的主体为特殊主体。只有铁路职工才可以成为本罪主体。这里所称的铁路职工，是指直接从事铁路运营活动以及工作性质与保障列车运营安全有直接关系的其他工作人员。这类人员包括：(1)直接操作列车的司机；(2)操作铁路运营设备的其他操作人员，如挂钩员、扳道员；(3)铁路运营活动的直接指挥和领导人员，如调度员；(4)列车安全的管理人员，如信号员等。非铁路运营部门第一线职工，不能构成本罪。

从危害行为和危害结果来看，本罪表现为行为人未尽到其应尽的职责，在铁路运输活动中违反规章制度，因而发生了事故，并造成了严重的后果。具体表现为以下几个方面。

1. 行为违反了与保障铁路运输安全有直接关系的相关的规章制度。构成本罪的前提是行为人具有违反相关规章制度的行为，并且最终损害结果的发生是由于行为人该违规行为造成的。如果运营事故并非因为违反规章制度的行为导致的，则行为人不负相应责任。铁路职工既可以以作为的方式违反规章制度，也可以以不作为的方式违反规章制度。

2. 安全事故必须导致严重后果。本罪所谓“严重后果”，是指造成了人员重伤，公、私财产重大损失。“特别严重后果”，一般是指造成人员死亡或多人重伤，公私财产遭受巨大损失等。

3. 严重后果与违反相关规章制度之间要存在因果关系。违反相关规章制度导致严重后果的行为必须发生在从始发车站准备载人装货至终点车站旅客离去、货物卸完的完整的交通运输活动过程中。

（二）本罪从主观上来看

本罪在主观方面为表现为过失，包括疏忽大意的过失和过于自信的过失。这种过失的态度是针对所发生的严重后果而言的。行为人在违反相关规章制度方面可能是故意的，但对后果而言，应当是过失的主观心态，也即应当预见而实际未预见到可能会发生严重后果，或者虽然预见，但轻信可以避免，以致发生了严重的后果。如果行为人对事故结果持故意态度，则其行为构成其他犯罪，不属于本罪。

三、立案标准

2015 年最高人民法院、最高人民检察院《关于办理危害生产安全刑事案件适用法律若干问题的解释》第 6 条规定：“实施刑法第一百三十二条……规定的行为，因而发生安全事故，具有下列情形之一的，应当认定为‘造成严重后果’或者‘发生重大伤亡事故或者造成其他严重后果’，对相关责任人员，处三年以下有期徒刑或者拘役：

（一）造成死亡一人以上，或者重伤三人以上的；

（二）造成直接经济损失一百万元以上的；

（三）其他造成严重后果或者重大安全事故的情形。”

四、案例评析

（一）案例简介

公诉机关起诉指控：2014年11月29日22时30分许，被告人艾某某在哈尔滨铁路局管内绥佳线112千米329米监护道口作业，在接到114千米道口员确报1490次旅客列车即将通过112千米道口时，违反相关规章制度，没有依规将道口拦门关闭，致使一辆逆向行驶的蓝色解放牌重型厢式货车（车牌号：黑D52886）闯入铁路道口，并与途经道口的1490次旅客列车相撞。事故造成货车驾驶员赵某甲（男，35岁）及车内同行人张某甲（女，36岁）死亡，列车机车左侧破损，货车驾驶室报废，机车与货车直接经济损失共计118,055.50元，同时中断铁路行车1小时18分钟。

2014年12月28日，被告人艾某某到公安机关投案，但未能如实供述上述犯罪事实。

被告人艾某某作为铁路职工，在作业过程中违反相关规章制度，致使发生铁路运营安全事故，造成严重后果，其行为已构成铁路运营安全事故罪。请求依照《刑法》第132条的规定对其处罚。

被告人及其辩护人辩称：被告人系初犯，其当庭能够如实供述自己的犯罪事实，具有悔罪表现，建议对被告人艾某某适用缓刑。

一审法院经审理后认为：黑龙江省哈尔滨铁路运输检察院指控被告人艾某某犯铁路运营安全事故罪的事实清楚、证据确实、充分，应予支持。被告人艾某某作为铁路职工，在当班作业过程中违反相关规章制度，致使发生铁路运营安全事故，造成严重后果，其行为已构成铁路运营安全事故罪。被告人当庭能如实供述自己的全部犯罪，认罪态度较好，具有悔罪表现，可从轻处罚。辩护人当庭提出艾某某系初犯，犯罪后具有悔罪表现，建议对其适用缓刑的观点，经查符合本案实际，予以采纳。公诉机关当庭提出的量刑建议及被告人提出的量刑意见，经查符合本案实际，应予采纳。故判决被告人艾某某犯铁路运营安全事故罪，判处有期徒刑2年，缓刑3年。

（二）简要评析

本案中艾某某在收到他人确报后，违反相关规章制度，没有依规将道口拦门关闭，致使列车与一辆货车相撞，造成货车内二人死亡的严重后果，触犯了刑法，构成铁路运营安全事故罪。从本案来看，要防范此罪的风险，除了提升铁路职工的安全意识外，还应当加强对职工的管理，增加其责任心。

6. 重大责任事故罪

一、法律规定

《刑法》第134条第1款规定："在生产、作业中违反有关安全管理的规定，因而发生重大伤亡事故或者造成其他严重后果的，处三年以下有期徒刑或者拘役；情节特别恶劣的，处三年以上七年以下有期徒刑。"

二、条文释义

本条是关于重大责任事故罪及其刑事责任的规定。所谓重大责任事故罪，是指在生产、作业中违反有关安全管理的规定，因而发生重大伤亡事故或者造成其他严重后果的行为。本罪的构成要件如下。

（一）本罪从客观上来看

本罪为特殊主体，最高人民法院、最高人民检察院《关于办理危害生产安全刑事案件适用法律若干问题的解释》第1条规定："刑法第一百三十四条第一款规定的犯罪主体，包括对生产、作业负有组织、指挥或者管理职责的负责人、管理人员、实际控制人、投资人等人员，又包括直接从事生产、作业的人员。"

本罪的危害行为和危害结果表现为在生产、作业中违反有关安全管理的规定，因而发生重大伤亡事故或者造成其他严重后果。所谓安全生产规定，既包括国家颁布的有关安全生产的法律、法规等规范性文件，又包括一些行业和企业自己制定的反映科学生产程序的一些规章制度，同时还包括一些能确保安全生产的行业惯例。违反这些规定，因而发生事故，情节严重的，应当构成犯罪。

（二）本罪从主观上来看

重大责任事故罪的罪过形式是过失。按照《刑法》的规定，这里的过失，指应当预见到自己的行为可能发生重大伤亡事故或者造成其他严重后果，因为疏忽大意而没有预见或者已经预见而轻信能够避免，以致发生严重后果的主观心理状态。

三、立案标准

最高人民法院、最高人民检察院《关于办理危害生产安全刑事案件适用法律若干问题的解释》第 6 条规定，实施《刑法》第 134 条第 1 款规定的行为，因而发生安全事故，具有下列情形之一的，应当认定为“造成严重后果”或者“发生重大伤亡事故或者造成其他严重后果”，对相关责任人员，处 3 年以下有期徒刑或者拘役：

（1）造成死亡一人以上，或者重伤三人以上的；

（2）造成直接经济损失 100 万元以上的；

（3）其他造成严重后果或者重大安全事故的情形。

上述解释第 7 条规定，具有下列情形之一的，对相关责任人员，处 3 年以上 7 年以下有期徒刑：

（1）造成死亡 3 人以上或者重伤 10 人以上，负事故主要责任的；

（2）造成直接经济损失 500 万元以上，负事故主要责任的；

（3）其他造成特别严重后果、情节特别恶劣或者后果特别严重的情形。

上述解释第 12 条规定，对于下列行为，应当从重处罚：

（1）未依法取得安全许可证件或者安全许可证件过期、被暂扣、吊销、注销后从事生产经营活动的；

（2）关闭、破坏必要的安全监控和报警设备的；

（3）已经发现事故隐患，经有关部门或者个人提出后，仍不采取措施的；

(4)一年内曾因危害生产安全违法犯罪活动受过行政处罚或者刑事处罚的；

(5)采取弄虚作假、行贿等手段，故意逃避、阻挠负有安全监督管理职责的部门实施监督检查的；

(6)安全事故发生后转移财产意图逃避承担责任的；

(7)其他从重处罚的情形。

四、风险防范

因公民的守法和安全意识不够强，伴着国家经济的飞速发展，使得各类重大责任事故频发，不但危及公民的正常生产生活，甚至生命安全，同时也造成国家、企业及个人巨大的经济损失，严重影响了社会秩序、生产秩序及生活秩序，增加了社会的不稳定因素。所以，重大责任事故防范刻不容缓，以下为相关建议。

(一)加强安全生产警示教育

对企业和职工加强安全生产教育，认真学习《安全生产法》《安全生产许可证条例》《国家突发公共事件总体应急预案》《国务院关于进一步加强安全生产工作的决定》等法律法规及有关规定，树立安全生产意识。对职工每年进行至少一次消防安全演练，通过不断的训练，增强职工应对危险的能力。

(二)建立安全事故预防机制

本罪在主观方面为过失，所谓过失就是应当预见后果因疏忽大意没有预见或已经预见但轻信能够避免的态度。安全事故往往就发生在一瞬间，而在这一瞬间背后就是企业不重视安全管理的行为。针对安全事故，企业应当建立安全事故预防机制，将事故隐患消灭在萌芽状态。建立安全事故预防机制是一个系统工程，企业各部门特别是安全监督管理部门和每个员工应分工合作，共同参与。对于企业安全监管部门而言，应通过细致的调查研究，发现安全管理中的不足，从而制定符合自身需要的企业安全管理规定，并在企业日常运行中严格遵照执行，对于不遵守安全管理规定的员工，应给予相应惩处；对于企业的每个员工而言，按照企业安全管理规定做好自己的本职工作是首要前提。然而安全事故往往是由于“集体缺位”造成的，所以员工之间应当互相监督，形成应对安全事故隐患的合力。

（三）配备符合标准的安全设备

企业应及时办理安全生产许可证，安全生产许可证过期、被暂扣、吊销、注销的不应继续从事生产经营活动。为职工提供劳动工具、工服等劳动用品，保护工作安全，定期体检，防治职业病。企业配备安全监控和报警设备，并对上述安防设施设备应定期检查更新，保证其正常使用，预防安全事故。

（四）制定安全事故应对措施

建立安全事故举报奖励平台，鼓励职工一旦发现事故隐患，及时报告，方便企业及时采取措施防患于未然。一旦发生安全事故，企业应该及时组织、参与事故抢救，按照规定报告政府相关行政部门，并积极协助配合行政部门的调查。

五、案例评析

（一）案例简介

河北省玉田县人民法院审理河北省玉田县人民检察院指控原审被告人张某平犯重大责任事故罪一案，河北省玉田县人民法院审理查明，2016 年 6 月 20 日 7 时许，被告人许某军（已判刑）在玉田县玉田镇和兴大厦地下室内违反安全管理规定组织工人施工。被告人张某平在拆墙时墙体倒塌，将正在作业的工人李某和张某平自己压于墙体下，后李某经抢救无效死亡，张某平受伤，经鉴定，李某属巨大钝性外力作用致重型颅脑损伤死亡。另查明，被害人李某亲属与许某军就民事部分达成和解协议，被害人李某亲属已谅解许某军、张某平。河北省玉田县人民法院认为，被告人张某平在生产、作业中违反有关安全管理的规定，因而发生重大伤亡事故，其行为已构成重大责任事故罪。被告人张某平得到被害人亲属的谅解，可酌情从轻处罚，其犯罪情节轻微，可免予刑事处罚。被告人张某平及其辩护人关于无罪的辩解和辩护意见，理据不足，不予采纳。一审法院判决被告人张某平犯重大责任事故罪，免予刑事处罚。

一审宣判后，张某平提出上诉，其理由如下：（1）一审判决认定事实有误，适用法律错误。其与许某军之间成立雇佣关系，在许某军的安排下从事劳动，其未受过安全操作培训，许某军对其不符合规范的操作也从未进行过阻止，许某军为赶工期指令工人冒险作业。故其行为不符合重大责任事故罪的构成要件。(2)程序违法。第一，武某111武某112在第二次笔录中称出事后，你们做笔录前，许某军打电话让我说各自找活干，然后招呼大伙一块干，他想摆脱责任。武某111武某112的证言证实许某军有为摆脱责任指使证人作伪证的行为。公安机关没有对其他证人进行补充侦查，对合理怀疑未予排除。第二，侦查机关对其讯问不符合法律规定。2016年6月21日为事故发生后第二天，其在重症监护室病重，意识不清且无监护人在场，笔录并非其真实意思表示，不能作为定案的证据。第三，其未参与许某军案的审理，直接导致本案事实认定不清。但(2016)冀0229刑初411－1号刑事判决记载中止审理前张某平及其辩护人到庭参加诉讼，程序违法。第四，本案属于重大安全事故，侦查机关及相关责任方必须向玉田县安全生产监督管理局报告，本案没有该部门的处理报告，程序违法。恳请二审法院撤销原判，宣告其无罪。上诉人张某平的辩护人提出与张某平上诉理由一致的辩护意见。

河北省唐山市人民检察院检察员出庭意见提出：(1)许某军和张某平等人是承揽劳务关系。许某军承揽和兴大厦的工程后招揽被告人张某平等人干活，张某平违反安全管理规定以及生活常理，导致墙壁倒塌，造成李某重型颅脑损伤死亡。其行为与李某的死亡有直接的因果关系。本案除了张某平的供述外，现场勘验笔录、证人证言、许某军的供述等证据形成完整的证据链，故构成重大责任事故罪。(2)本案和许某军重大责任事故系同一犯罪事实，在侦查起诉过程中，由于张某平伤情较重一直住院不能一并审理，对许某军先行审判符合法律规定。(3)其他部门不作出处理不是本案的必经程序，于法无据。

二审法院经审理认为，重大责任事故罪客观方面主要表现为在生产和作业过程中违反有关安全管理规定，因而发生重大伤亡事故，造成严重后果的行为。行为人必须具有违反有关安全管理规定的行为，主要表现为不服管理，不听指挥，不遵守操作规程而盲目蛮干。在本案中，张某平的当庭供述、证人范某2、马某、武某111武某112、韦某、廖某1、张某2等人证实许某军在没有任何资质的情况下，承包个体建筑拆除工程，违反建筑拆除工程安全技术规定组织工人施工。故对原审被告人张某平及其辩护人提出其和许某军之间存在雇佣关系的上诉理由及辩护意见予以支持。对唐山市人民检察院提出许某军和张某平等人是承揽劳务关系的出庭意见不予支持。许某军在施工之前未制定安全管理制度，未组织工人进行安全教育、技术培训，仅就具体工作进行简单交代。张某平、李某、武某111武某112在整个拆除工程中未经过相关培训，采用底部掏掘或推倒的方法从事拆墙作业，许某军亦未进行指导及阻止，且现有证据不能证实李某及张某平在拆墙过程中有不服管理，不听指挥而盲目蛮干的行为，同时许某军供述相信二人能干好拆墙的活是因为二人从事拆墙这个活五六年没有出过什么事。故二审法院对张某平及其辩护人提出张某平未受过安全操作培训、不存在不服从管理的行为的上诉理由及辩护意见予以支持，认为张某平的行为不构成重大责任事故罪。故二审判决撤销河北省玉田县人民法院(2016)冀0229刑初411－1号刑事判决，认定上诉人(原审被告人)张某平无罪。

(二)简要评析

对于生产型企业来说，该罪是高发罪名。作为企业的管理者，始终应当将安全生产责任放在重要位置，对于取得的资质，一定要在取得资质后才能安排进行生产。同时，应当对生产过程进行建章建制。并且，对于重点岗位的员工，注重对他们进行安全生产培训，做好培训记录，留存好培训档案。

7. 强令、组织他人违章冒险作业罪

一、法律规定

《刑法》第134条第2款规定："强令他人违章冒险作业，或者明知存在重大事故隐患而不排除，仍冒险组织作业，因而发生重大伤亡事故或者造成其他严重后果的，处五年以下有期徒刑或者拘役；情节特别恶劣的，处五年以上有期徒刑。"

二、条文释义

本条是对强令、组织他人违章冒险作业罪及对该罪的刑事处罚的规定。所谓强令、组织他人违章冒险作业罪，是指强令、组织他人违章冒险作业，或者明知存在重大事故隐患而不排除，仍冒险组织作业，因而发生重大伤亡事故或者造成其他严重后果的行为。本罪构成要件如下。

（一）本罪从客观上来看

本罪的主体为一般主体，包括具有强令资格的人，通常情况下是作业的领导者、指挥者、调度者。最高人民法院、最高人民检察院《关于办理危害生产安全刑事案件适用法律若干问题的解释》第 2 条规定："刑法第一百三十四条第二款规定的犯罪主体，包括对生产、作业负有组织、指挥或者管理职责的负责人、管理人员、实际控制人、投资人等人员。"

本罪危害行为和危害结果表现为强令违章冒险作业，或者明知存在重大事故隐患而不排除，仍冒险组织作业，因而发生重大伤亡事故或者造成其他严重后果的行为，这里所说的强令是指明知违章并存在很大的危险而仍然强迫下属进行作业。所谓明知存在重大事故隐患而不排除，仍冒险组织作业，指主观上明知存在重大事故隐患，不积极采取措施消除隐患，而是轻信这些隐患不可能会导致事故发生，或者对事故是否会发生抱有无所谓的态度，进而仍然冒险组织作业。

（二）本罪从主观上来看

本罪在主观方面表现为过失。所谓过失，是指行为人对所发生的后果而言，而对于既违章又冒险则是明知的。

三、立案标准

最高人民检察院、公安部《关于公安机关管辖的刑事案件立案追诉标准的规定（一）》第 9 条规定："强令他人违章冒险作业，涉嫌下列情形之一的，应予立案追诉：

（一）造成死亡一人以上，或者重伤三人以上；

（二）造成直接经济损失五十万元以上的；

（三）发生矿山生产安全事故，造成直接经济损失一百万元以上的；

（四）其他造成严重后果的情形。”

最高人民法院、最高人民检察院《关于办理危害生产安全刑事案件适用法律若干问题的解释》第6条规定，实施《刑法》第134条第2款规定的行为，因而发生安全事故，具有下列情形之一的，应当认定为“发生重大伤亡事故或者造成其他严重后果”，对相关责任人员，处5年以下有期徒刑或者拘役：

（1）造成死亡1人以上，或者重伤3人以上的；

（2）造成直接经济损失100万元以上的；

（3）其他造成严重后果或者重大安全事故的情形。

上述解释第7条规定，实施《刑法》第134条第2款规定的行为，因而发生安全事故，具有下列情形之一的，对相关责任人员，处5年以上有期徒刑：

（1）造成死亡3人以上或者重伤10人以上，负事故主要责任的；

（2）造成直接经济损失500万元以上，负事故主要责任的；

（3）其他造成特别严重后果、情节特别恶劣或者后果特别严重的情形。

四、风险防范

近些年来，随着经济的快速发展，安全生产事故在我国频频发生，这些事故大多是由于不遵守安全管理规定以及违章冒险作业引起的，对于生产作业的领导者、指挥者而言，明知违章而强令他人冒险作业，其性质是比较恶劣的，企业应当加强对上述人员的监督管理。

（一）加强在生产作业过程中的安全监管

企业的生产、作业过程可以分为以下三个阶段：事前、事中和事后。在生产、作业前，企业应向参与生产、作业的全体人员明确告知该生产、作业的内容、岗位设置、人员分工、操作规程、注意事项等，使生产、作业人员特别是其中的领导者、指挥者、调度者知悉各项规定；在生产、作业过程中，相关人员应各司其职，对生产、作业的情况、进度应及时通报，相关领导者、指挥者、调度者应根据实际情况设定进度目标，使整体生产、作业项目在规定时间内按照符合要求的质量顺利完成；在生产、作业完成后，企业应进行总结，总结经验教训，宣传正面典型，弥补安全监管漏洞。

（二）加强对特定主体的安全教育培训

本罪的犯罪主体较为特定，是生产、作业中的指挥中枢，即领导者、指挥者、调度者，所以企业在防范本罪的风险时，应紧盯此类特定主体。在本罪中，强令违章冒险作业的原因至关重要，企业应找准病因，对症下药。总的来说，强令违章冒险作业有以下原因：第一，领导者、指挥者、调度者为赶工期、赶进度而忽视安全管理；第二，领导者、指挥者、调度者为谋取更大利益，甚至是个人私利不惜强令冒险作业；第三，领导者、指挥者、调度者不熟悉相关操作规程及安全管理规定，乱指挥、调度。所以，根据上述三点原因，企业应加强对生产、作业中的领导者、指挥者、调度者的安全教育培训，必须使其掌握相关操作规程及安全管理规定。同时，企业应对领导者、指挥者、调度者进行考核，提升其岗位专业水平。对于明知故犯的，即使未构成本罪，企业也应当根据实际情况对相关人员进行严肃处理，以儆效尤。

（三）有条件的企业应当建立全员参与的安全防范制度规范

为防范安全事故发生，企业应当建立全员参与的安全防范制度，允许对于强令冒险作业的行为进行举报、投诉，让生产作业一线人员对于强令冒险行为进行自觉抵制，让无视他人生命财产安全的强令行为自行失效。

五、案例评析

（一）案例简介

绍兴县人民检察院指控：2006 年 5 月 9 日，被告人罗某、林某等 4 人与绍兴县福全梅里石料场承包者邵某泉签订协议，由罗某、林某等人在该石料场割条石。同年 7 月 6 日晚上，在此前因浮石、险石太多、安全措施没有到位，已经被绍兴县安全生产监督管理局勒令整改的情况下，被告人罗某、林某未清理条石区宕面上方的浮石、险石，不顾当时雨水冲刷有可能导致山石松动等因素，违章派遣工人罗某国、谢某宏进场作业，致使罗某国被浮石击中经抢救无效而死亡、谢某宏受伤的重大事故。事故发生后,被告人罗某、林某等人已赔偿了罗某国家属的损失。

法院经审理认为,被告人罗某、林某作为管理人员,违反国家安全生产管理的规定,强行命令他人违章作业,造成一人死亡的重大事故,其行为已构成强令违章冒险作业罪。公诉机关指控的罪名成立,予以支持。二被告人能自愿认罪,且已赔偿了相应的损失,酌情予以从轻处罚并宣告缓刑。最后判决被告人罗某犯强令违章冒险作业罪,判处有期徒刑1年,缓刑1年6个月;判决被告人林某犯强令违章冒险作业罪,判处有期徒刑1年,缓刑1年6个月。

(二)简要评析

作为生产型企业,生产过程一定要符合安全管理规范,企业应当就生产安全规范建章建制,并对全体员工进行培训,杜绝相关人员的冒险作业,在全体员工中树立安全即效率的理念。同时,作为企业领导,应当定期对安全生产进行检查,切忌使安全生产规范流于形式。

8. 重大劳动安全事故罪

一、法律规定

《刑法》第135条规定:“安全生产设施或者安全生产条件不符合国家规定,因而发生重大伤亡事故或者造成其他严重后果的,对直接负责的主管人员和其他直接责任人员,处三年以下有期徒刑或者拘役;情节特别恶劣的,处三年以上七年以下有期徒刑。”

二、条文释义

本条是对重大劳动安全事故罪及其刑事处罚的规定。所谓重大劳动安全事故罪,指安全生产设施或者安全生产条件不符合国家规定,因而发生重大伤亡事故或者造成其他严重后果的行为。本罪构成要件如下。

（一）本罪从客观上来看

本罪的主体为特殊主体，即在单位中对排除事故隐患、防止事故发生负有职责义务的主管人员和其他直接责任人员。最高人民法院、最高人民检察院《关于办理危害生产安全刑事案件适用法律若干问题的解释》第3条规定，《刑法》第135条规定的，“直接负责的主管人员和其他直接责任人员”，是指对安全生产设施或者安全生产条件不符合国家规定负有直接责任的生产经营单位负责人、管理人员、实际控制人、投资人，以及其他对安全生产设施或者安全生产条件负有管理、维护职责的人员。

从危害行为与危害结果来看，本罪表现为企业、事业单位的劳动安全设施不符合国家规定，导致发生重大伤亡事故或者造成其他严重后果的行为。

（二）本罪从主观上来看

本罪在主观方面表现为过失，即指虽然有关直接责任人员在主观意志上并不希望发生事故，但其内心又存在疏忽或侥幸，从而导致事故发生。也就是说，对于结果来说，其内心并不追求这种结果的发生。

三、立案标准

最高人民检察院、公安部《关于公安机关管辖的刑事案件立案追诉标准的规定（一）》第10条规定：“安全生产设施或者安全生产条件不符合国家规定，涉嫌下列情形之一的，应予立案追诉：

（一）造成死亡一人以上，或者重伤三人以上；

（二）造成直接经济损失五十万元以上的；

（三）发生矿山生产安全事故，造成直接经济损失一百万元以上的；

（四）其他造成严重后果的情形。”

最高人民法院、最高人民检察院《关于办理危害生产安全刑事案件适用法律若干问题的解释》第6条规定：“实施刑法第一百三十二条、第一百三十四条第一款、第一百三十五条、第一百三十五条之一、第一百三十六条、第一百三十九条规定的行为，因而发生安全事故，具有下列情形之一的，应当认定为‘造成

严重后果'或者'发生重大伤亡事故或者造成其他严重后果',对相关责任人员,处三年以下有期徒刑或者拘役:

(一)造成死亡一人以上,或者重伤三人以上的;

(二)造成直接经济损失一百万元以上的;

(三)其他造成严重后果或者重大安全事故的情形。"

上述解释第7条规定:"……具有下列情形之一的,对相关责任人员,处三年以上七年以下有期徒刑:

(一)造成死亡三人以上或者重伤十人以上,负事故主要责任的;

(二)造成直接经济损失五百万元以上,负事故主要责任的;

(三)其他造成特别严重后果、情节特别恶劣或者后果特别严重的情形。"

上述解释第12条规定:"……具有下列情形之一的,应当从重处罚:

(一)未依法取得安全许可证件或者安全许可证件过期、被暂扣、吊销、注销后从事生产经营活动的;

(二)关闭、破坏必要的安全监控和报警设备的;

(三)已经发现事故隐患,经有关部门或者个人提出后,仍不采取措施的;

(四)一年内曾因危害生产安全违法犯罪活动受过行政处罚或者刑事处罚的;

(五)采取弄虚作假、行贿等手段,故意逃避、阻挠负有安全监督管理职责的部门实施监督检查的;

(六)安全事故发生后转移财产意图逃避承担责任的;

(七)其他从重处罚的情形。"

四、风险防范

本罪与重大责任事故罪均属于因安全环节出现纰漏而造成严重后果的罪名,但两罪具体形态不同。本罪的规定较为特定,即犯罪主体是负有防止事故发生的主管人员,客观上存在安全生产设施或者安全生产条件不符合国家规定的情况。所以企业应当针对此种安全生产环节中的具体情况采取具体措施,防范法律风险。

（一）配备安全生产设施、提升安全生产条件

有些企业为节约经营成本，不配备安全生产设施，一旦发生安全事故，造成严重后果则得不偿失。所以，对于每个企业而言，安全就是生命线，是企业平稳运行的基础。完备的安全生产设施和良好的安全生产环境更是必不可少，安全生产设施宁可备而不用，不能用而不备。这就要求企业对安全有清醒认识，在企业生产经营的每个环节配备符合规定的安全生产设备，提升安全生产条件。

（二）进行定期安全检查

企业重视安全工作不应仅停留在口头或书面，而是应以实际行动加强安全工作。企业应定期进行安全检查，开展安全评比、进行安全演习。对在安全检查中发现的问题要及时整改到位，不留隐患。对安全评比不合格的，要及时通报，严肃处理。

（三）注重安全生产设施的定期检修、维护

安全生产设施设备不是摆设，要时刻发挥保障安全的重要作用。安全设施年久失修，不能正常发挥作用也是造成事故的原因之一。所以企业应定期对安全设施进行检修、维护，使其常备常新。对检修、维护人员要加强管理，严肃工作纪律。设定专人维护制度，提升检修、维护工作的质量与效率。

五、案例评析

（一）案例简介

盐城市大丰区人民检察院指控：2014 年 3 月，被告人杨某某与唐某甲（已判决）共同出资设立江苏某涡轮增压技术有限公司。其间，杨某某与唐某甲共同对该公司的生产经营活动实施管理。2017 年 5 月 12 日凌晨，江苏某涡轮增压技术有限公司 2 号中频炉在熔炼过程中，被害人唐某丙在准备加料时，因中频炉孔洞盖板移位，致被害人掉入中频炉孔洞下方电容室，触碰到裸露的电容接线桩头，造成唐某丙当场触电身亡。经苏州大学司法鉴定中心鉴定，唐某丙系遭受电击致急性呼吸、循环功能衰竭而死亡。经盐城市大丰区人民政府调查

认定,该起事故发生的直接原因为:(1)某公司中频炉电容设置在中频炉平台下方的电容室内,为实现中频炉在生产过程中正常转动的功能,在中频炉平台上留有孔洞,但在孔洞上加设的盖板不稳固,未能起到防止操作人员意外触及带电部分的防护作用,违反了《低压配电设计规范》(GB 50054—2011)第5.1.2条"标称电压超过交流方均根植25V容易被触及的裸带电体,应设置遮栏或外护物。其防护等级不应低于现行国家标准《外壳防护等级(IP代码)》GB 4208规定的IP××B级或IP2×级"的规定,作业现场存在生产安全事故隐患。(2)唐某丙安全意识淡薄,对中频炉平台孔洞上方盖板存在坠落风险以及电容室内裸露的电容接线桩头存在触电的安全风险认识不足,工作期间未仔细检查孔洞上方盖板是否放置牢固,站立在盖板上行走时导致盖板移位,其随盖板一同坠落至电容室,身体触碰到电容接线桩头,引发触电事故。杨某某接到公安机关电话后主动至盐城市大丰区公安局投案,并如实供述自己的犯罪事实。2017年5月21日,江苏某涡轮增压技术有限公司与被害人唐某丙近亲属达成赔偿协议,由该公司赔偿损失合计人民币144万元,其中已经履行了人民币90万元,余款人民币54万元,分15年按月支付人民币3000元,从2017年6月开始支付至2032年6月。

被告人杨某某对公诉机关指控的犯罪事实和罪名未提出异议,并当庭表示认罪。杨某某的辩护人提出如下辩护意见:杨某某不构成重大劳动安全事故罪,其理由:(1)重大劳动安全事故罪的犯罪主体为特殊主体,即对事故发生负有职责义务的主管人员和其他直接责任人员,通常指负有劳动安全管理职责的人员,而本案中被告人杨某某与唐某甲对公司的管理有明确分工,杨某某负责公司的财务及销售,唐某甲负责安全生产及产品质量,且杨某某经常出差在外,安全生产管理方面的工作完全由唐某甲一人负责;(2)死者唐某丙对此事故的发生有重大过错,事发前几分钟唐某丙的同事曾提醒其把盖板放好,但其拒绝,唐某丙的死亡是其疏忽大意造成的,不是涉案公司管理的问题,更不是被告人杨某某的责任;(3)事故发生后,杨某某积极向死者父母赔偿,合计赔偿144万元,大部分已履行,余款以每月3000元分期给付;(4)中央最近出台很多政策鼓励更多的民营资本投资到实体经济中,如果因为职工意外事故身亡就让民营企业主除了承担倾家荡产的民事赔偿责任外还需要承担刑事责任,今后还有谁有勇气投资办企业。请求法庭考虑被告人杨某某仍需努力工作,履行向受害者家属赔偿的义务,以及个案可能引发的社会效应,判决被告人杨某某无罪。

法院经审理认为，被告人杨某某作为江苏某涡轮增压技术有限公司实际控制人、投资人，其劳动场所内安全生产设施、安全生产条件不符合国家规定，因而发生致一人死亡的重大事故，其行为已构成重大劳动安全事故罪。公诉机关对杨某某的指控，事实清楚，证据确实、充分，应予支持。关于辩护人提出杨某某在公司只负责财务和销售工作，不负责安全生产工作，没有劳动安全管理职责，其不属于重大劳动安全事故罪的犯罪主体，不构成重大劳动安全事故罪的辩护意见，杨某某系该公司的主要投资人和实际控制人，对该公司安全生产设施和条件负有直接责任，投资人之间的工作分工，不能免除其应当承担的法律责任，故辩护人认为杨某某不构成犯罪，请求判决无罪的辩护意见，本院不予采纳。杨某某犯罪后自动投案，归案后如实供述自己的犯罪事实，系自首，依法可以对其从轻处罚。被告人杨某某补偿了被害人近亲属的损失，并取得了被害人近亲属的谅解，酌定从轻处罚。法院判决被告人杨某某犯重大劳动安全事故罪，判处拘役5个月，缓刑6个月。

（二）简要评析

在刑事案件中，是否为公司的负责人，不是考察是否在登记机关登记为公司的负责人，而是考察是否是公司的实际控制人。因此，意图通过登记的方式规避相关法律责任是不现实的。同时，受害人是否是有过错，也不是判定相关人员是否构成犯罪的必要条件。作为公司的实际负责人，防范该种犯罪的最重要的方式还是要依法经营，对风险较高，容易发生安全生产事故的场所，要按照法律规定达到相关的技术标准，并通过相关部门的检验。同时，在生产过程中，应当反复强调安全生产的重要性，制定相关的安全生产规范并予以落实，否则，极有可能触犯该种罪名。

9. 危险物品肇事罪

一、法律规定

《刑法》第136条规定："违反爆炸性、易燃性、放射性、毒害性、腐蚀性物品的管理规定,在生产、储存、运输、使用中发生重大事故,造成严重后果的,处三年以下有期徒刑或者拘役;后果特别严重的,处三年以上七年以下有期徒刑。”

二、条文释义

本条是对危险物品肇事罪及该罪刑事处罚的规定,所谓危险物品肇事罪,指违反爆炸性、易燃性、放射性、毒害性、腐蚀性物品的管理规定,在生产、储存、运输、使用中发生重大事故,造成严重后果的行为。本罪构成要件如下。

(一)本罪从客观上来看

本罪的主体为一般主体,主要是指从事生产、储存、运输、使用爆炸性、易燃性、放射性、毒害性、腐蚀性物品的企业中的职工。

从危害行为和危害结果来看,本罪表现为在生产、储存、运输、使用危险物品的过程中,违反危险物品管理规定,发生重大事故,造成严重后果的行为。根据《GB13690－2009 化学品分类和危险性公示通则》的规定,爆炸性物品,是指在外界作用下(如受热、受压、撞击等),能发生剧烈的化学反应,瞬时产生大量的气体和热量,使周围压力急骤上升,发生爆炸,对周围环境造成破坏的物品,也包括无整体爆炸危险,但具有燃烧、抛射及较小爆炸危险的物品,如各种炸药、雷管、非电导爆系统、起爆药和爆破剂以及黑火药、烟火剂、信号弹和烟花爆竹等。易燃性物品,既包括易燃性液体,又包括易燃性固体。易燃液体指闪点不高于 63℃的液体,如汽油、煤油、酒精、丙酮、橡胶水以及各种很容易燃烧的化学物品和液剂,易燃固体指燃点低,对热、撞击、摩擦敏感,易被外部火源点燃,燃烧迅速,并可能散发出有毒烟雾或有毒气体的固体,但不包括已列入爆炸品的物品。放射性物品,是指放射性比活度大于 7.4 ×104Bq/kg 的物品,如铀、镭等物品。毒害性物品,是指进入肌体后,累积达一定的量,能与体液和器官组织发生生物化学作用或生物物理学作用,扰乱或破坏肌体的正常生理功能,引起某些器官和系统暂时性或持久性的病理改变,甚至危及生命的物品。经口摄取半数致死量:固体 LD50≤500mg/kg,液体 LD50≤2000mg/kg,经皮肤接触 24h,半数致死量 LD50≤1000mg/kg,粉尘、烟雾及蒸气吸入半数致死量 LC50≤10mg/L 的固体或液体,如氰化钾等。腐蚀性物品,是指能灼伤人体组织并对金属等物品造成损坏的固体或液体。与皮肤接触在 4h 内出现可见坏死现象，或温度在55℃时，对20号钢的表面均匀年腐蚀率超过6.25mm/年的固体或液体，如硫酸、盐酸等。

（二）本罪从主观上来看

本罪在主观方面表现为过失，即按照《刑法》的规定，虽然行为人对违反危险品管理规定的行为所造成的危害结果具有疏忽大意或者过于自信的主观心理，但行为人对违反危险物品管理规定的本身则既可能出于过失，也可能出于故意。

三、立案标准

最高人民检察院、公安部《关于公安机关管辖的刑事案件立案追诉标准的规定（一）》第12条规定："违反爆炸性、易燃性、放射性、毒害性、腐蚀性物品的管理规定，在生产、储存、运输、使用中发生重大事故，涉嫌下列情形之一的，应予立案追诉：

（一）造成死亡一人以上，或者重伤三人以上；

（二）造成直接经济损失五十万元以上的；

（三）其他造成严重后果的情形。"

最高人民法院、最高人民检察院《关于办理危害生产安全刑事案件适用法律若干问题的解释》第6条规定："实施刑法第一百三十二条、第一百三十四条第一款、第一百三十五条、第一百三十五条之一、第一百三十六条、第一百三十九条规定的行为，因而发生安全事故，具有下列情形之一的，应当认定为'造成严重后果'或者'发生重大伤亡事故或者造成其他严重后果'，对相关责任人员，处三年以下有期徒刑或者拘役：

（一）造成死亡一人以上，或者重伤三人以上的；

（二）造成直接经济损失一百万元以上的；

（三）其他造成严重后果或者重大安全事故的情形。"

四、风险防范

2015年8月12日发生在天津滨海新区的危险化学品爆炸事故给人们敲

响了警钟。该事故造成165人遇难、798人受伤,304幢建筑物、12,428辆商品汽车、7533个集装箱受损,直接经济损失近70亿元人民币。事故的教训是惨痛的,相关企业应当积极总结并深刻反思教训,不断加强危险物质的管理。

(一)依法依规生产、储存、运输、使用危险物质

对于生产、储存、运输、使用危险物质的企业,在生产、储存、运输、使用危险物质时,应当严格按照爆炸性、易燃性、放射性、毒害性、腐蚀性物品的管理规定进行生产、储存、运输、使用危险物质,在生产、储存、运输、使用危险物质时,不得心存侥幸,麻痹大意。

(二)加强源头监管

所谓加强源头监管,就是要从源头防范风险的发生。从源头防范风险,企业应注意以下几个方面:第一,对于所有企业来说,一个企业的核心竞争力是人才,"人"是企业发展的基础,每个企业都应当管理好自己的员工,特别是位于生产制造一线岗位的员工,要加强岗位培训教育和日常生产管理,提高员工风险防范意识,改善企业生产秩序。企业应当想方设法提高生产经营一线员工的业务技能,下大力气培训其风险防控能力。同时,企业可根据自身实际情况对生产制造一线岗位的员工进行风险评估与考核,从而掌握"源头"个体的情况。第二,技术是企业发展的支柱,但技术也是"双刃剑",运用不当就会造成风险。所以企业应当建立技术运用管理体系,在生产制造一线岗位,要设定专员,严格监管技术以及相关设备的运用,除为日常生产所需外,任何无关人员不得擅自利用。

(三)完善中游控制

所谓完善中游控制,就是在企业运输、仓储等领域加强管理,不为危险物质提供任何空间。在运输领域,若企业自行运输,则应制定运输管理规定,包括运输人员的标准、运输工具的选定、运输路线、时间等应尽量细化并严格遵照执行;若第三方运输,则企业在选择运输方时应严格审核对方相关资格资质,以防止出现相关风险。企业在仓储领域的风险防范,应采取与在运输领域相同的方法,但仓储与运输的管理制度应相互独立,管理人员应分别设置。

（四）严控下游流通

所谓严控下游流通，就是在购买、销售领域严格控制企业商品流通的种类。第一，企业应明确掌握自身购买、销售状况，制定定期报告制度，企业应详细审核报告中相关内容。第二，企业应制定针对采购、销售部门的管理规定，明确其权利义务，规范采购、销售行为。明确考核、奖惩制度，划清“红线”。第三，注意外部风险防控。采购、销售的对象应经过严格审查，避免企业因外部原因导致自身风险。

五、案例评析

（一）案例简介

陕西省宜川县人民检察院指控，2019 年 6 月 25 日 5 时许，被告人代某庆驾驶重型罐式半挂车从宁夏银川市到山东省东营市运输危险化学品石脑油，途径陕西省宜川县壶口服务区，因代某庆驾驶运输车失误与壶口服务区内的灯塔杆相撞，导致运输车罐体破裂，罐体内的危险化学品 32.26 吨石脑油泄漏到服务区院内及仕望河，造成宜川县仕望河河水污染，宜川县政府及相关单位对仕望河水污染进行了清污处理，造成重大损失。宜川县价格认定中心对消耗的物资和打捞费认定为 1,822,330 元。案发后代某庆在现场施救，经口头传唤到案后自愿如实供述了自己的罪行，并赔偿经济损失 150 万元。

法院经审理认为，被告人代某庆违反安全运输管理规定，致使其运输的“石脑油”泄漏，造成严重后果，其行为已构成危险物品肇事罪。公诉机关指控的罪名成立，应予惩处。代某庆在事故发生后进行了报警，并在现场施救，到案后如实供述其犯罪事实，属自首，可从轻处罚。本案造成的经济损失 150 万元现已赔偿，可酌情从轻处罚。法院判决代某庆犯危险物品肇事罪，判处有期徒刑 1 年，宣告缓刑，缓刑考验期为 2 年。

（二）简要评析

对于爆炸性、易燃性、放射性、毒害性、腐蚀性等危险物品，在生产、储存、运输、使用过程中一定要严格遵守相关规程。发生安全事故，不但会对自然环境造成严重损害，也会严重危及社会公众的生命财产安全。对于生产、储存、运输、使用爆炸性、易燃性、放射性、毒害性、腐蚀性等物品的人员，单位一定要经常对其进行安全生产教育，并对其技术技能经常进行考核。对于一些技术技能不能达标的人员，应当调离相关岗位。对于涉及的生产、储存、运输、使用爆炸性、易燃性、放射性、毒害性、腐蚀性物品的生产工具，也应当经常检查，发现风险，及时予以改正。切忌技术不达标的工作人员上岗位，切忌工具不达标而投入使用。只有提高风险意识，才能更好地防范刑事风险。

10. 工程重大安全事故罪

一、法律规定

《刑法》第 137 条规定："建设单位、设计单位、施工单位、工程监理单位违反国家规定，降低工程质量标准，造成重大安全事故的，对直接责任人员，处五年以下有期徒刑或者拘役，并处罚金；后果特别严重的，处五年以上十年以下有期徒刑，并处罚金。"

二、条文释义

本条规定是对工程重大安全事故罪及其刑事处罚的规定。所谓工程重大安全事故罪，指建设单位、设计单位、施工单位、工程监理单位违反国家规定，降低工程质量标准，造成重大安全事故的行为。本罪构成要件如下。

（一）本罪从客观上来看

本罪的主体为特殊主体，即为建设单位、设计单位或者是施工单位及工程监理单位。在单位犯罪的情况下，本罪实行单罚制，仅对单位的直接责任人员进行处罚。按照《建设工程安全生产管理条例》的规定，建设单位是建设工程的投资人，也称业主，是整个工程的总负责人；设计单位是指经过主管部门批准,取得相关设计资质,承担建设工程设计任务的单位;施工单位是指经过主管部门批准,取得相关施工资质,按设计要求及施工规范对建设工程承担施工的单位;工程监理单位,根据《工程监理企业资质管理规定》,是指取得工程监理企业资质,并在工程监理企业资质证书许可的范围内受建设单位委托从事工程监理活动的单位。

本罪危害行为和危害结果表现为违反国家相关规定,降低工程质量标准,造成重大安全事故的行为。所谓违反国家规定,是指违反国家各有权机关制定的,关于管理建筑工程质量方面的法律、法规。所谓重大安全事故,是指在工程建设过程中由于过失,造成工程倒塌或报废,机械设备毁坏和安全设施失当,造成人身伤亡或重大经济损失的事故。同时,还需注意的是,成立本罪还应具备违反国家规定与严重后果之间存在因果关系这一要件,否则同样不构成本罪。

(二)本罪从主观上来看

本罪在主观方面表现为过失,是指行为人对其所造成的危害结果的心理状态。但是,对行为人违反国家规定来说,可能是故意的。

三、立案标准

最高人民检察院、公安部《关于公安机关管辖的刑事案件立案追诉标准的规定(一)》第 13 条规定:“建设单位、设计单位、施工单位、工程监理单位违反国家规定,降低工程质量标准,涉嫌下列情形之一的,应予立案追诉:

(一)造成死亡一人以上,或者重伤三人以上;

(二)造成直接经济损失五十万元以上的;

(三)其他造成严重后果的情形。”

最高人民法院、最高人民检察院《关于办理危害生产安全刑事案件适用法律若干问题的解释》第 6 条第 1 款规定:“实施刑法第一百三十二条、第一百三十四条第一款、第一百三十五条、第一百三十五条之一、第一百三十六条、第一百三十九条规定的行为,因而发生安全事故,具有下列情形之一的,应当认定为‘造成严重后果’或者‘发生重大伤亡事故或者造成其他严重后果’,对相关责任人员,处三年以下有期徒刑或者拘役:

(一)造成死亡一人以上,或者重伤三人以上的;

(二)造成直接经济损失一百万元以上的;

(三)其他造成严重后果或者重大安全事故的情形。”

第6条第3款规定:“实施刑法第一百三十七条规定的行为,因而发生安全事故,具有本条第一款规定情形的,应当认定为‘造成重大安全事故’,对直接责任人员,处五年以下有期徒刑或者拘役,并处罚金。”

四、风险防范

近年来,各种工程重大安全事故频频发生,严重威胁着人民的生命财产安全。究其原因,在于建设单位、设计单位、施工单位、工程监理单位没有严格按照国家规定、行业标准从事相关工作,监督管理松弛,工程相关单位应当从以下方面进行风险防范。

(一)工程相关单位应科学组织、精心规划

在整体工程进行之前,工程相关单位要根据工程项目的特点、质量要求、设计方案、施工环境(包括自然环境及其他外部环境)、建筑材料和工程设备供应、运输、储存情况,相关人员配备情况进行合理规划,制定具体的管理制度、操作规程等文件,明确各方职责。

(二)工程相关单位应加强监管

对于设计、施工、监理等与工程相关的各种工程环节均应加强监管。设计单位应按照符合法律法规规定的要求提供设计方案;施工单位应严格按照施工操作规程、施工进度规定,严把施工质量关,对施工设备、施工材料加强监管,严禁有危险状态的设备、材料进入施工环节;监理单位应积极履行监理责任。

(三)工程相关单位应加强安全教育

各单位都应重视对其员工以及关系工程质量的全体人员进行安全知识、安全技能的教育、培训,减少人为原因造成的重大安全事故。

(四)工程相关单位应加强审核

工程建设具有高度专业性,相关参与人员均需取得一定的资格资质。所

以，加强工程参与人员的资质审查和考核必不可少。例如，对施工单位而言，所有施工人员，都必须经过严格培训方可上岗，需要取得相关资格资质的特殊岗位人员需持证上岗。施工现场要保证有专人进行安全管理，定期进行安全检查等。

五、案例评析

（一）案例简介

铜鼓县人民检察院指控：2012 年上半年，重庆市云阳县顺堂建筑劳务有限公司（以下简称顺堂公司）法定代表人被告人陈某甲得知铜鼓县腾达新型墙体材料厂（以下简称腾达厂）在铜鼓县温泉镇万家岭拟建红砖隧道窑的信息后，明知其公司未取得工业炉窑砌筑许可证，却指派姚某前往腾达厂洽谈后，于 2012 年 6 月 14 日与该厂签订了《隧道窑建设工程承包合同》，包工不包料地为该厂设计、建筑一座两烧一烘 83.4×3.2 日产 14 万块红砖的微拱隧道窑。工程款为 60 万元，并保证 10 年微孔不松动、不塌砖，窑体不裂缝、不断裂。然后，陈某甲指派无资质的姚某设计、制作了一份《两烧一烘 83.4×3.2 微拱红砖隧道窑平面设计、材料预算及相关资料》，发电子邮件到腾达厂，后又委托无相关资质的非公司人员潘某甲带人到该厂建窑。建窑所需窑顶耐火砖等材料经姚某设计、潘某甲核对后，由姚某指定的厂家生产、供货。建窑期间，陈某甲自己未到也未派人到该厂指导、监督施工。同年 12 月底隧道窑建成后，姚某在工程未验收的情况下，于 2013 年 3 月指派非公司人员潘某乙到厂点火、试产。至此，腾达厂已付工程款 43 万元，其中付给潘某甲 41 万元、姚某、潘某乙各 1 万元。同年 10 月 12 日、19 日，因该公司对隧道窑设计不合理、施工有缺陷，导致焙烧窑第 3 号、第 1 号相继坍塌，造成整个窑体报废。经江西齐助建筑工程质量安全司法鉴定所鉴定，该隧道窑坍塌系顺堂公司设计不合理、施工有缺陷造成；经铜鼓县物价局鉴定，隧道窑坍塌所造成的损失为 1,164,545 元。2014 年 12 月 25 日，陈某甲与腾达厂达成民事赔偿协议，已赔付 70 万元。

针对上述指控，被告人陈某甲提出：签订合同是事实，因对方没有付钱，自己没有履行该合同。其辩护人提出：(1) 公诉机关指控陈某甲构成工程重大安全事故罪事实不清、证据不足，陈某甲无罪；(2) 陈某甲没有承认对腾达厂进行设计,顺堂公司只是为了计算费用而提供了平面设计图,顺堂公司没有参与隧道窑的施工,不存在疏忽大意的过失行为,公诉人没有提供直接损失的证据,只是提供造价标准。

法院经审理认为:依照法律规定,工程重大安全事故罪是指建设单位、设计单位、施工单位、工程监理单位违反国家规定,降低工程质量标准,造成重大安全事故而对直接责任人员追究相应的刑事责任。本罪的犯罪主体是特殊主体,即只有建设单位、设计单位、施工单位、工程监理单位实施了违反国家规定,降低工程质量标准,造成重大安全事故的行为才构成本罪。其他单位不能成为本罪的主体。设计单位是指对建筑工程专门进行设计的单位;施工单位是指根据建设单位的要求或设计单位的设计,承担具体施工的单位。本罪属实行单罚制的单位犯罪,只处罚直接责任人员。直接责任人员,是指对构成本罪负有直接责任的人,主要是指决定违反国家规定,降低工程质量标准的单位负责人、设计师、工程监理以及组织施工的人员。本案庭审查明,建设单位腾达厂虽与顺堂公司签订了《隧道窑建设工程承包合同》,约定由顺堂公司包工不包料为腾达厂设计、建筑隧道窑,合同签订后,由顺堂公司法定代表人即被告人陈某甲指派姚某设计、制作了隧道窑相关图纸,但具体组织人员施工建造系由非顺堂公司人员潘某甲,工程款也是由腾达厂直接支付给潘某甲;另外,在供货商看不懂姚某设计的耐火砖生产图时,由供货商与潘某甲沟通、商量,并非由腾达厂与顺堂公司联系解决,且隧道窑建成后并未组织验收就点火试产。因此,依现有的证据,只能认定顺堂公司是该隧道窑的设计单位,而不能认定是施工单位。关于腾达厂所建隧道窑1号窑、3号窑发生坍塌事故,江西齐助建筑工程质量安全司法鉴定所对该窑倒塌原因所做分析及鉴定意见已明确指出,系因设计不合理、施工有缺陷及选用的耐火砖材料不当等因素结合所造成的,据此认定顺堂公司违反国家规定,降低工程质量标准,造成工程重大安全事故的证据不足。再者,腾达厂将隧道窑的设计、建筑项目发包给不具有设计、砌筑工业炉窑资质的顺堂公司,对于该隧道窑坍塌之事故,腾达厂亦负有相应的责任。顺堂公司也并非法律规定之构成本罪的特殊主体。综上所述,公诉机关指控被告人陈某甲犯工程重大安全事故罪的证据不足、指控的罪名不能成立,法院判决被告人陈某甲无罪。

（二）简要评析

本罪主体为特殊主体，即建设单位、设计单位、施工单位、工程监理单位直接责任人员。作为建设单位、设计单位、施工单位、工程监理单位，首先应当按照自己具备的资质承接相关工程。在履行业务合同过程中，应当严格按工程技术规范进行设计、施工及监理，不能降低技术等级。同时，建设单位、设计单位、施工单位、工程监理单位负责人，也应当了解与行业相关的刑事法律规范。在履行合同过程中，单位应当保存好相关技术资料以及工程过程中技术人员已签名的资料，做到层层责任清楚。遵守技术规范，遵守程序规则，这是防范本罪的基本原则。

11. 消防责任事故罪

一、法律规定

《刑法》第 139 条规定：“违反消防管理法规，经消防监督机构通知采取改正措施而拒绝执行，造成严重后果的，对直接责任人员，处三年以下有期徒刑或者拘役；后果特别严重的，处三年以上七年以下有期徒刑。”

二、条文释义

本条是对消防责任事故罪及其刑事处罚的规定。所谓消防责任事故罪，指违反消防管理法规，经消防监督机构通知采取改正措施而拒绝执行，造成严重后果的行为，本罪构成要件如下。

（一）本罪从客观上来看

本罪的主体为一般主体。行为人既包括自然人，即达到刑事责任年龄、具有刑事责任能力的人，同时，单位也可构成本罪主体。

从危害行为和危害结果来看,本罪表现为违反消防管理法规且经消防监督机构通知采取改正措施而拒绝执行的行为。所谓违反消防管理法规,是指行为人违反国家制定的消防安全管理方面的法律、法规及规定。成立本罪,应当注意行为人拒绝按消防监督管理机构通知改正的行为与造成严重后果之间具有因果关系,否则不成立本罪。同时,成立本罪必须具有两个条件,其一,行为人违反了相关消防管理法律、法规;其二,行为人收到消防监督机构要求采取改正措施的通知。否则,没有消防监督机构的改正通知,即使行为人造成了严重后果,也不构成本罪。消防监督机构,是指国家按法律、法规设立负责消防管理工作的机构。

（二）本罪从主观上来看

本罪在主观方面表现为过失,即行为人对其行为所造成的危害结果的心理状态表现为疏忽大意或者过于自信,行为人主观上并不希望发生火灾事故。但就行为人违反消防管理法规,拒绝按照消防监督机构的通知采取改正措施而言,其是明知故犯,其明知违反了相关法律,仍然进行行为,以致造成严重后果。

三、立案标准

最高人民检察院、公安部《关于公安机关管辖的刑事案件立案追诉标准的规定(一)》第15条规定:“违反消防管理法规,经消防监督机构通知采取改正措施而拒绝执行,涉嫌下列情形之一的,应予立案追诉:

(一)造成死亡一人以上,或者重伤三人以上;

(二)造成直接经济损失五十万元以上的;

(三)造成森林火灾,过火有林地面积二公顷以上,或者过火疏林地、灌木林地、未成林地、苗圃地面积四公顷以上的;

(四)其他造成严重后果的情形。”

最高人民法院、最高人民检察院《关于办理危害生产安全刑事案件适用法律若干问题的解释》第4条规定:“刑法第一百三十九条之一规定的‘负有报告职责的人员’,是指负有组织、指挥或者管理职责的负责人、管理人员、实际控制人、投资人,以及其他负有报告职责的人员。”

上述解释第6条规定:“实施刑法第一百三十二条、第一百三十四条第一款、第一百三十五条、第一百三十五条之一、第一百三十六条、第一百三十九条规定的行为，因而发生安全事故，具有下列情形之一的，应当认定为'造成严重后果'或者'发生重大伤亡事故或者造成其他严重后果'，对相关责任人员，处三年以下有期徒刑或者拘役：

（一）造成死亡一人以上，或者重伤三人以上的；

（二）造成直接经济损失一百万元以上的；

（三）其他造成严重后果或者重大安全事故的情形。"

四、风险防范

消防责任事故在我国易发多发，严重威胁着人民的生命财产安全、给国家造成了重大经济损失。究其原因，违反、无视消防安全法规是根本原因，拒绝执行消防监督机构采取改正措施的通知是直接原因。对此，企业可按照以下建议进行风险防范。

（一）严格遵守消防法律法规的规定

首先，企业应配备符合法律规定和企业需求的消防设施。消防设施应由专人或企业相关部门进行日常管理（包括日常巡视、检查、维护等）。其次，企业应制定消防安全应急机制，该机制应明确各部门职责，做到权责统一。各部门及全体员工应熟知应急措施，遇事有方。企业应定期开展消防演习、消防评比，明确奖惩机制。

（二）严格遵照消防监督机构的通知进行整改

企业应积极配合消防监督机关的检查，不得想方设法逃避，甚至阻挠；企业履行消防职责的相关情况要如实报告，不得瞒报、谎报；对监督机关下达的整改通知，要按要求积极整改。在企业内部，对不按照监督机关通知要求采取措施的部门、个人要严肃处理。对于企业来说，如果按照消防监督机关的要求改正相关设施，即使出现消防事故，依法是不应当承担刑事责任的，故按消防监督机关的要求进行整改，事关是否承担刑事责任的问题，企业应当予以重视。

五、案例评析

(一)案例简介

南昌市西湖区人民检察院指控:被告人雷某系雷某家具厂(又称雷某仓库)实际负责人,全面管理雷某仓库日常的生产经营事务。2004 年起,被告人雷某在雷某家具厂厂区内私自搭建仓库,并采用易燃泡沫夹芯钢板做仓库屋顶,仓库未经公安消防机构行政许可,擅自投入使用,并租给罗某、屈某、张某甲等人作为储存可燃物品仓库使用。2013 年 7 月 11 日南昌市公安局西湖分局桃花派出所对雷某仓库进行消防监督检查,发现雷某仓库未通过消防验收;疏散通道、消防车通道堵塞;仓库未配置有效消防设施,未进行防火分隔;生产、管理人员未制定消防安全管理制度,仓库与居住场所设置在同一建筑物内等诸多消防隐患。当日桃花派出所针对上述消防安全隐患对雷某仓库发出责令整改通知书,该通知书由雷某仔(另案处理)签收后,向被告人雷某进行汇报。被告人雷某知情后并未按照通知要求进行实质整改。2013 年 10 月 17 日,雷某家具厂发生火灾造成两人死亡,仓库货物被烧毁,直接财产损失达 46,628,480.25 元的特别严重后果。南昌市西湖区公安消防大队认定违规搭建并采用易燃泡沫夹芯彩钢板做仓库屋顶、疏散通道被堵塞、消防车道不畅通、无足够防火间距以及死者缺乏逃生知识,是造成本次火灾蔓延和人员未能及时逃生的主要原因。2013 年 10 月 30 日,南昌市西湖分局民警在本市红谷滩区滨江豪园一居民楼内将被告人雷某抓获归案。

据此,公诉机关认为,被告人雷某违反消防管理法规,经消防监督机构通知采取改正措施而拒绝执行,造成火灾致二人死亡,直接经济损失达 46,628,480.25 元的特别严重后果,其行为已触犯《刑法》第 139 条之规定,犯罪事实清楚,证据确实充分,应当以消防责任事故罪追究其刑事责任。

被告人雷某辩称:其对部分事实有异议,但自愿认罪。

其辩护人辩称:对雷某定罪缺乏事实依据,存在疑点,故对其作无罪辩护。(1)火灾发生的原因是丢弃的烟头引起的,起火点是在村公共废弃物堆放区域,都与雷某无关,雷某及雷某家具厂都是受害者。(2)雷某不符合消防责任事故罪的构成要件,第一,客观方面,桃花派出所不是法定的消防监督机构，桃花派出所的民警没有培训合格证，不具有消防监督检查的资格；对违章搭建没有书面整改通知；雷某没有“拒绝执行”履行整改的行为。第二，主观方面，雷某没有签收《责令改正通知书》，雷某家具厂也没有盖章，雷某仔签收不代表雷某签收了；雷某及雷某家具厂也不是事故的直接责任人。派出所没有来仓库检查消防隐患，是叫雷某仔到派出所签的，且整改面积有涂改痕迹。

法院经审理认为，被告人雷某将违规搭建、未通过消防验收的仓库租与他人，且经相关消防监督机构书面通知要求整改而未执行，致二人在火灾中死亡、直接经济损失达46,628,480.25元，后果特别严重，其行为已构成消防责任事故罪。公诉机关指控的事实和罪名成立，法院予以支持。被告人雷某采用易燃泡沫夹芯彩钢板做仓库屋顶且无足够防火间距使火势得以迅速蔓延，其违规搭建仓库使得疏散通道被堵塞、消防车道不畅通，不能及时将火扑灭，是造成本次火灾蔓延、损失扩大的主要原因，故对辩护人提出的火灾发生的原因、起火点都与被告人雷某无关的辩解意见不予采纳。被告人雷某归案后如实供述自己的罪行，可以从轻处罚。案发后，被告人雷某积极赔偿被害人，并取得了被害人的谅解，可酌情予以从轻处罚。根据被告人雷某的认罪态度及悔罪表现，可对其适用缓刑。法院判决被告人雷某犯消防责任事故罪，判处有期徒刑3年，缓刑3年。

（二）简要评析

消防事故在现今的社会中，已经成为重要的安全事故，作为单位的负责人，应当重视防范消防事故的发生。对于单位的生产经营场所，尤其是人员密集的生产经营场所，在开业前应主动申请消防安全验收，没有进行消防验收切忌开业。一些没有经过合法建设程序的建筑物，消防验收往往会成为难点，但无论如何，没有进行消防验收，与其冒刑事风险开业，不如暂缓开业。在生产经营过程中，如果接到相关单位消防整改的通知，一定要积极进行整改，并且保留整改过程的相关证据。在接到相关单位要求进行消防整改的通知后，只要按要求履行了整改义务，即使发生了消防事故，整改行为亦可成为犯罪成立的抗辩事由。

12. 不报、谎报安全事故罪

一、法律规定

《刑法》第 139 条之一规定:“在安全事故发生后,负有报告职责的人员不报或者谎报事故情况,贻误事故抢救,情节严重的,处三年以下有期徒刑或者拘役;情节特别严重的,处三年以上七年以下有期徒刑。”

二、条文释义

本条是对不报、谎报安全事故罪及其刑事处罚的规定。所谓不报、谎报安全事故罪,是指在安全事故发生后,负有报告职责的人员不报或者谎报事故情况,贻误事故抢救,情节严重的行为。本罪的构成要件如下。

(一)本罪从客观上来看

犯罪主体为特殊主体,依据《刑法》的规定,主要是指对安全事故“负有报告职责的人员”。最高人民法院、最高人民检察院《关于办理危害生产安全刑事案件适用法律若干问题的解释》第 4 条规定:“刑法第一百三十九条之一规定的‘负有报告职责的人员’,是指负有组织、指挥或者管理职责的负责人、管理人员、实际控制人、投资人,以及其他负有报告职责的人员。”

本罪危害行为和危害结果表现为在安全事故发生后,负有报告职责的人员不报或者谎报事故情况,贻误事故抢救,情节严重的行为。《安全生产法》第 106 条规定,生产经营单位的主要负责人在本单位发生生产安全事故时,不立即组织抢救或者在事故调查处理期间擅离职守或者逃匿,构成犯罪的,依照刑法有关规定追究刑事责任。生产经营单位的主要负责人对生产安全事故隐瞒不报、谎报或者迟报的,依照前款规定处罚。《安全生产法》第 107 条规定:“有关地方人民政府、负有安全生产监督管理职责的部门,对生产安全事故隐瞒不报、谎报或者迟报的，对直接负责的主管人员和其他直接责任人员依法给予处分；构成犯罪的，依照刑法有关规定追究刑事责任。上述规定，均规定成立本罪应当具有“不报或者谎报事故”这一构成要件要素。

（二）本罪从主观上来看

本罪主观方面表现为故意，并且为直接故意。

三、立案标准

最高人民法院、最高人民检察院《关于办理危害生产安全刑事案件适用法律若干问题的解释》第8条规定：在安全事故发生后，负有报告职责的人员不报或者谎报事故情况，贻误事故抢救，具有下列情形之一的，应当认定为刑法第一百三十九条之一规定的‘情节严重’：

（一）导致事故后果扩大，增加死亡一人以上，或者增加重伤三人以上，或者增加直接经济损失一百万元以上的；

（二）实施下列行为之一，致使不能及时有效开展事故抢救的：

1. 决定不报、迟报、谎报事故情况或者指使、串通有关人员不报、迟报、谎报事故情况的；

2. 在事故抢救期间擅离职守或者逃匿的；

3. 伪造、破坏事故现场，或者转移、藏匿、毁灭遇难人员尸体，或者转移、藏匿受伤人员的；

4. 毁灭、伪造、隐匿与事故有关的图纸、记录、计算机数据等资料以及其他证据的；

（三）其他情节严重的情形。

具有下列情形之一的，应当认定为刑法第一百三十九条之一规定的‘情节特别严重’：

1. 导致事故后果扩大，增加死亡三人以上，或者增加重伤十人以上，或者增加直接经济损失五百万元以上的；

2. 采用暴力、胁迫、命令等方式阻止他人报告事故情况，导致事故后果扩大的；

3. 其他情节特别严重的情形。

上述解释第9条规定:“在安全事故发生后,与负有报告职责的人员串通,不报或者谎报事故情况,贻误事故抢救,情节严重的,依照刑法第一百三十九条之一的规定,以共犯论处。”

四、风险防范

对安全事故知情不报或谎报,从而贻误事故抢救的行为较为常见,这种行为相较于仅仅发生安全事故但抢救得力更值得企业关注,正所谓“知错能改,善莫大焉”,本罪的行为则是错上加错,企业应当严格防范,特别是加强对负有报告职责的人员的监督。

(一)加强安全教育、培训

本罪的犯罪主体是特殊主体,即负有报告职责的人员。企业在发生安全事故后有义务向安全生产监管部门如实报告事故情况。但在现实中,有些企业为了自身私利,置他人生命、财产安全于不顾,最终贻误事故抢救,造成不可挽回的后果。究其原因,是负有报告义务的人员大局意识、安全意识不强。所以企业应针对此类人员进行专项教育、培训,使其认识到如实报告安全事故情况的重要性。

(二)建立健全企业与监管部门沟通、传达机制

本罪除人为原因造成贻误事故抢救的后果外,机制缺失也是造成本罪的原因之一。有些企业并未建立与安全监管部门的沟通传达机制,或该沟通、传达机制存在漏洞,从而导致贻误事故抢救。因此,企业应建立完善的沟通、传达机制并保证畅通,例如设立沟通热线、安全联络员等。另外,随着科技的发展,具备条件的企业可以建立安全事故自动报告系统并与监管部门联通,即在安全事故发生后,系统自动向监管部门发送指令,做到对安全事故早发现、早报告。

(三)戒除侥幸心理,严格依法办事

安全事故发生后,依法应当上报的应当严格按法律的规定进行上报,不能为了某种目的,心存侥幸,认为可以隐瞒事实,最终有可能遭受更大的损失,不但要承担安全事故导致的损失,还会由于隐瞒事故,受到刑事制裁。

五、案例评析

（一）案例简介

古交市人民法院审理古交市人民检察院起诉指控原审被告人常某超犯失火罪、常某甲犯不报安全事故罪一案，于2014年8月22日作出（2014）古刑初字第101号刑事判决。宣判后，原审被告人常某超、常某甲均不服，向本院提出上诉。二审法院于2014年11月14日以原判部分事实认定不清为由裁定发回重审。古交市人民法院于2015年12月7日作出（2014）古刑重字第4号刑事判决，以原审被告人常某超犯失火罪，判处有期徒刑4年；原审被告人常某甲犯不报安全事故罪，判处有期徒刑3年。宣判后，二原审被告人仍不服，再次提出上诉。

原一审法院查明，2013年4月15日11时许，被告人常某甲雇佣常某超等人在古交市邢家社乡狼沟村山西省煤炭地质148勘察院Y8－8钻井工地准备搭建工棚。在进行地面平整铲除荒草、杂物的过程中，被告人常某超用打火机点燃荒草，引发山火。常某超、常某甲同其他务工人员一同救火，由于火势过大未能扑灭。常某乙带着常某超等人离开现场，到了古交，未及时向公安机关和林业部门报警、报案或者报告。当天，经公安人员联系后，常某甲到古交市公安局邢家社派出所协助调查。经鉴定，该火灾造成过火面积达7140.6亩，直接经济损失及其被烧毁灌木的清理费用为5,683,700元。

上诉人常某超的上诉意见及其辩护人的辩护意见是：（1）山西省高科司法鉴定中心的《司法鉴定意见书》错误百出，不能作为定案的依据；（2）常某超系受常某甲雇佣，点火也是为了常某甲的利益，而原判对其量刑比常某甲重，量刑不当；（3）本案中仅有被告人的供述无目击证人，也没有物证。原审对其量刑过重，请求二审法院从轻改判。

上诉人常某甲的上诉意见是：（1）一审认定其不及时报告，贻误救火时机，导致损失扩大属认定事实错误；（2）其不属于负有报告职责的人员，不是该罪的犯罪主体；（3）山西省高科司法鉴定中心的鉴定意见缺乏真实性，不能作为证据使用。请求二审法院改判其无罪。

二审法院经审理认为，上诉人常某超在工地铲草过程中，过失引起火灾，危害公共安全,造成过火面积高达7000余亩,直接经济损失500余万元的火灾事故,其行为已构成失火罪。常某甲作为钻井工队的实际负责人,在其工地发生火灾安全事故后,未及时向有关部门报告事故情况,贻误火灾救火时机,情节严重,其行为已构成不报安全事故罪。公诉机关指控的罪名成立。遂判决驳回上诉,维持原判。

(二)简要评析

发生安全事故后,应当及时向相关部门报告,以及时对事故进行抢救。只要及时进行报告,就不可能构成本罪。对于单位发生的安全事故,及时报告是负有报告职责的人员的法定义务。发生安全事故隐瞒不报,即使构不上其他罪,也可能构成本罪。因此,发生安全事故后,相关负责人应当及时向有关部门进行报告,这既可以减少损失的发生,也可以防范刑事风险的发生。

第二章

CHAPTER 2

生产、销售伪劣商品罪的预防

13. 生产、销售伪劣产品罪

一、法律规定

《刑法》第140条规定："生产者、销售者在产品中掺杂、掺假，以假充真，以次充好或者以不合格产品冒充合格产品，销售金额五万元以上不满二十万元的，处二年以下有期徒刑或者拘役，并处或者单处销售金额百分之五十以上二倍以下罚金；销售金额二十万元以上不满五十万元的，处二年以上七年以下有期徒刑，并处销售金额百分之五十以上二倍以下罚金；销售金额五十万元以上不满二百万元的，处七年以上有期徒刑，并处销售金额百分之五十以上二倍以下罚金；销售金额二百万元以上的，处十五年有期徒刑或者无期徒刑，并处销售金额百分之五十以上二倍以下罚金或者没收财产。"

二、条文释义

本条是对生产、销售伪劣产品罪及该罪的刑事处罚的规定。所谓生产、销售伪劣产品罪，是指生产者、销售者在产品中掺杂、掺假，以假充真，以次充好或者以不合格产品冒充合格产品的行为。本罪的构成如下。

（一）本罪从客观上来看

本罪的犯罪主体是自然人和单位，具体为产品的生产者和销售者两类人。至于生产者、销售者是否具有合法的生产许可证或者营业执照并不影响本罪的成立。

从危害行为和危害结果来看，本罪客观方面表现为生产者、销售者违反国家的产品质量管理法律、法规，生产、销售伪劣产品的行为。违反产品质量管理法律、法规一般是指违反《产品质量法》以及有关省、自治区、直辖市制定的关于产品质量的地方性法规、规章、有关行业标准规则等。关于伪劣产品的界定标准，在上述产品质量法规中有规定。根据最高人民法院、最高人民检察院《关于办理生产、销售伪劣商品刑事案件具体应用法律若干问题的解释》第1条的规定，本罪在客观方面的行为表现可具体分为以下4种行为：

第一，“在产品中掺杂、掺假”，即在生产的产品中掺入杂质或异物，导致产品质量不符合《产品质量法》的相关规定。

第二，“以假充真”，是指以不具有某种使用性能的产品冒充具有该种使用性能的产品的行为。

第三，“以次充好”，是指以低等级、低档次产品冒充高等级、高档次产品，或者以残次、废旧零配件组合、拼装后冒充正品或者新产品的行为。

第四，“不合格产品”，是指不符合《产品质量法》第26条第2款规定的质量要求的产品。

根据《刑法》的规定，上述4种行为属选择行为，即行为人具有上述4种行为之一的就构成生产、销售伪劣产品罪。同时，行为人生产、销售的产品应当达到人民币5万元以上方可构成本罪。

（二）本罪从主观上来看

本罪主观方面表现为故意，一般具有非法牟利的目的。

三、立案标准

生产者、销售者在产品中掺杂、掺假，以假充真，以次充好或者以不合格产品冒充合格产品，涉嫌下列情形之一的，应予立案追诉。

（1）伪劣产品销售金额5万元以上的；

（2）伪劣产品尚未销售，货值金额15万元以上的；

（3）伪劣产品销售金额不满5万元，但将已销售金额乘以3倍后，与尚未销售的伪劣产品货值金额合计15万元以上的。

四、风险防范

本罪是在企业生产经营过程中较为常见的罪名，行为方式主要包括生产者、销售者在产品中掺杂、掺假，以假充真，以次充好或者以不合格产品冒充合格产品，本罪在法律实践中易发多发，为此企业应从以下几个方面进行风险防范。

(一)对自己生产、销售的产品应保证符合国家标准或行业标准

企业对自己生产、销售的产品，应做到符合国家标准或行业标准，对于标准不明确的，应当做到不影响他人生命、财产安全，同样也不得危及他人身体健康。在没有国家标准或行业标准，或标准不明确的情况下，可以自行制定标准，并在相关政府部门进行备案，在备案后按该标准组织生产。

(二)建立产品质量监督机制

首先，企业应设立产品质量监督部门，负责产品质量的检查、评估等工作；其次，企业应制定产品质量监督管理规定，规范产品生产、销售过程。

(三)加强对生产、销售全过程的监控

质量监督部门应切实履行职责，按照制定的产品质量监督管理规定对生产、销售环节进行监督。例如，监督产品原材料、产品规格等是否符合要求，生产、销售部门人员是否按照操作规程履行自身职责等，对于不符合要求的，应立即要求整改。

(四)运用大数据分析产品质量

企业质量监督部门应对产品进行抽查，根据多批次产品的相关质量数据，制作符合本企业需求的大数据，对存在较大质量风险的产品采取停产整改等措施。有条件的企业，可建立相应的预警机制，提前将产品质量信息告知生产、销售部门，从而保证产品质量安全。

(五)加强员工教育、培训

企业应加强技术培训，提高生产人员的综合生产水平；加强销售教育培训，改善销售方法，提升销售能力。在对员工进行教育时，员工的道德水平教育应当作为一项重要培训内容。在教育、培训后，企业应当对生产、销售部门的全体员工进行综合评测与考核。根据评测与考核结果，合理安排工作岗位，从而提升产品生产、销售整体水平。

五、案例评析

（一）案例简介

瓜州县人民检察院指控原审被告单位甘肃疏勒河蔚丰现代农业科技发展有限公司（以下简称蔚丰公司）、原审被告人姜某、曹某犯销售伪劣产品罪一案，于2018年7月27日作出（2017）甘0922刑初176号刑事判决。宣判后，被告单位蔚丰公司、被告人姜某、曹某均不服，提出上诉。

原瓜州县人民法院认定，被告单位蔚丰公司于2014年3月在瓜州县工商局注册登记，法定代表人为姜某，经营范围为生态造林苗木、经济林苗木繁育、批发、零售等，并取得林木种子生产许可证，主要生产经营红枸杞苗木。2015年蔚丰公司与瓜州县各乡镇农户签订红枸杞苗木预售合同。2016年3月，因蔚丰公司向农户预售的红枸杞苗木大于本公司培育数量，被告人姜某遂从宁夏中杞生态农业科技有限公司、宁夏万瑞盛源苗木种植专业合作社购买红枸杞苗木，并通过微信联系到宁夏农户郭某，在无任何质量保障的情况下，从郭某处购买红枸杞苗木332.22万株，被告人姜某、曹某在明知郭某的枸杞苗木没有林木种苗质量检验证、产地检疫合格证及标签（以下简称“两证一签”）的情况下，以每株2.5元、2.8元、3.8元、4.0元不等的价格，销售给瓜州县8个乡镇、玉门等农户264.92万株，其中销售给瓜州县农户赵某、李某1等21户农户的宁杞7号红枸杞苗木76,316株，销售金额达294,621元。

原审法院认为，被告单位蔚丰公司作为枸杞苗木专营单位，违反种子法相关规定，在没有林木种苗质量检验证、产地检疫合格证及标签的情况下，从异地购买假劣枸杞苗木出售，销售金额巨大，被告人姜某作为蔚丰公司法定代表人，联系郭某从宁夏购进枸杞苗木后，由被告人曹某直接负责销售，系单位犯罪中的直接负责的主管人员和其他直接责任人员，其行为均构成销售伪劣产品罪。鉴于案发后被告单位及被告人均能如实供述犯罪事实，退赔被害人经济损失，可从轻处罚。一审法院遂判决被告单位蔚丰公司犯销售伪劣产品罪，判处罚金30万元。判决被告人姜某犯销售伪劣产品罪，判处有期徒刑3年，宣告缓刑4年，并处罚金20万元。判决被告人曹某犯销售伪劣产品罪，判处有期徒刑1年，宣告缓刑1年6个月，并处罚金15万元。

上诉人单位蔚丰公司上诉提出：上诉人单位主观上不明知销售的枸杞苗木是伪劣苗木，无犯罪的故意，其行为不构成犯罪。

上诉人姜某及其辩护人上诉提出：其主观上不明知销售的枸杞苗木是伪劣苗木，无犯罪的故意，其行为不构成犯罪，请求二审改判其无罪。

上诉人曹某及其辩护人上诉提出：上诉人在主观上没有销售假劣产品罪的犯罪故意，客观上没有掺杂、掺假、以假充真、以不合格产品冒充合格产品的犯罪行为，其行为不构成销售伪劣产品罪，请求改判上诉人无罪。

二审法院经审理认为，原判认定"被告单位蔚丰公司作为枸杞苗木专营单位，违反种子法相关规定，在没有林木种苗质量检验证、产地检疫合格证及标签的情况下，从异地购买假劣枸杞苗木出售，销售金额巨大，被告人姜某作为蔚丰公司法定代表人，联系郭某从宁夏购进枸杞苗木后，由被告人曹某直接负责销售，系单位犯罪中的直接负责的主管人员和其他直接责任人员，其行为均构成销售伪劣产品罪"错误。经二审审查，蔚丰公司与农户在履行合同过程中，因宁夏中杞生态农业科技有限公司违约，导致蔚丰公司不能如期向农户交付种苗，为了履行与农户签订的预售红枸杞苗木合同义务，姜某在没有考察林木种苗质量检验证、产地检疫合格证及标签的情况下，从宁夏万瑞盛源苗木种植专业合作社、宁夏农户郭某处购买红枸杞苗木后，安排曹某负责向农户进行销售。据此，原判认定被告单位及被告人主观上具有明知是伪劣种苗而予以销售的故意，认定该行为构成销售伪劣产品罪的事实不清，证据不足。本案从已查明的事实及现有证据看，证实上诉人单位及上诉人姜某、曹某具有销售伪劣枸杞苗木的主观故意证据不足。因蔚丰公司提供给农户的种苗发生质量问题，蔚丰公司又和农户签订补充协议，对质量不合格的苗木进行补苗，对销售的伪劣种子又与农户协商补苗，并对部分农户损失已作赔偿。关于上诉人单位蔚丰公司、上诉人姜某、曹某所提"主观上不明知销售的枸杞苗木是伪劣苗木，无犯罪的故意，其行为不构成犯罪"的上诉理由及辩护意见，经调查，与事实相符，予以采信。二审法院判决撤销瓜州县人民法院(2017)甘0922刑初176号刑事判决；改判上诉人单位蔚丰公司、上诉人姜某、曹某无罪。

(二)简要评析

作为生产、销售伪劣产品罪，主观故意是重要的构成要件。如果单位本身不存在故意生产、销售伪劣产品，则不应当构成犯罪。要认定是否属于主观故意,往往会结合是否申请过产品质量鉴定、发现质量问题是否主动采取相应的弥补损失的措施、产品成本与市场成本的差距等客观情况进行认定。作为单位来说,对于自己生产、销售的产品是否属于管制生产和管制销售的产品应当了解清楚,在生产、销售过程中对产品质量应当定期进行检查,发现问题及时整改。同时,设置专人负责对产品质量进行监控,并注意及时收集市场对产品质量反馈的意见。

14. 生产、销售、提供假药罪

一、法律规定

《刑法》第 141 条规定:“生产、销售假药的,处三年以下有期徒刑或者拘役,并处罚金;对人体健康造成严重危害或者有其他严重情节的,处三年以上十年以下有期徒刑,并处罚金;致人死亡或者有其他特别严重情节的,处十年以上有期徒刑、无期徒刑或者死刑,并处罚金或者没收财产。

药品使用单位的人员明知是假药而提供给他人使用的,依照前款的规定处罚。”

二、条文释义

本条是对生产、销售、提供假药罪及该罪刑事处罚的规定。所谓生产、销售、提供假药罪,指生产、销售、提供假药的行为。本罪构成要件如下。

(一)本罪从客观上来看

本罪犯罪主体为一般主体,即达到刑事责任年龄、具有刑事责任能力的自然人和单位均可构成本罪。

从危害行为和危害结果来看,本罪表现为生产者、销售者违反国家的药品管理法律、法规,生产、销售假药或者药品使用单位的人员明知是假药而提供给他人使用。违反药品管理的法律、法规主要是指违反《药品管理法》《药品管理法实施条例》等国家制定的有关药品管理方面的法律、法规。

最高人民法院、最高人民检察院《关于办理危害药品安全刑事案件适用法律若干问题的解释》第6条规定："以生产、销售假药、劣药为目的，实施下列行为之一的，应当认定为刑法第一百四十一条、第一百四十二条规定的'生产'：

（一）合成、精制、提取、储存、加工炮制药品原料的行为；

（二）将药品原料、辅料、包装材料制成成品过程中，进行配料、混合、制剂、储存、包装的行为；

（三）印制包装材料、标签、说明书的行为。

医疗机构、医疗机构工作人员明知是假药、劣药而有偿提供给他人使用，或者为出售而购买、储存的行为，应当认定为刑法第一百四十一条、第一百四十二条规定的'销售'。"

如果行为人同时具有上述两种行为，仍视为一个生产、销售假药罪，不实行数罪并罚。

（二）本罪从主观上来看

本罪主观方面表现为故意。生产者、销售者或提供者是否出于营利目的并不影响本罪的成立。

三、立案标准

最高人民检察院、公安部《关于公安机关管辖的刑事案件立案追诉标准的规定（一）》第17条规定："生产（包括配制）、销售假药，涉嫌下列情形之一的，应予立案追诉：

（一）含有超标准的有毒有害物质的；

（二）不含所标明的有效成分，可能贻误诊治的；

（三）所标明的适应症或者功能主治超出规定范围，可能造成贻误诊治的；

（四）缺乏所标明的急救必需的有效成分的；

（五）其他足以严重危害人体健康或者对人体健康造成严重危害的情形。

本条规定的'假药'，是指依照《中华人民共和国药品管理法》的规定属于假药和按假药处理的药品、非药品。"

最高人民法院、最高人民检察院《关于办理危害药品安全刑事案件适用法律若干问题的解释》第 2 条规定："生产、销售假药，具有下列情形之一的，应当认定为刑法第一百四十一条规定的'对人体健康造成严重危害'：

（一）造成轻伤或者重伤的；

（二）造成轻度残疾或者中度残疾的；

（三）造成器官组织损伤导致一般功能障碍或者严重功能障碍的；

（四）其他对人体健康造成严重危害的情形。"

上述解释第 3 条规定："生产、销售假药，具有下列情形之一的，应当认定为刑法第一百四十一条规定的'其他严重情节'：

（一）造成较大突发公共卫生事件的；

（二）生产、销售金额二十万元以上不满五十万元的；

（三）生产、销售金额十万元以上不满二十万元，并具有本解释第一条规定情形之一的；

（四）根据生产、销售的时间、数量、假药种类等，应当认定为情节严重的。"

上述解释第 4 条规定："生产、销售假药，具有下列情形之一的，应当认定为刑法第一百四十一条规定的'其他特别严重情节'：

（一）致人重度残疾的；

（二）造成三人以上重伤、中度残疾或者器官组织损伤导致严重功能障碍的；

（三）造成五人以上轻度残疾或者器官组织损伤导致一般功能障碍的；

（四）造成十人以上轻伤的；

（五）造成重大、特别重大突发公共卫生事件的；

（六）生产、销售金额五十万元以上的；

（七）生产、销售金额二十万元以上不满五十万元，并具有本解释第一条规定情形之一的；

（八）根据生产、销售的时间、数量、假药种类等，应当认定为情节特别严重的。"

四、风险防范

药品本应发挥治病救人的功效，然而某些企业不顾人民生命健康，违反国家的药品管理法律、法规,把药品当作牟取私利的工具。显然,这样的做法会产生巨大的风险。

(一)尊重他人健康,不贪图非法利益

企业之所以生产、销售假药,应当说均由于贪念所致。故,只有尊重他人健康,不贪图非法利益,才能杜绝该类犯罪行为。药品企业生产药品时,严格按国家批准的标准进行生产;销售企业对于自己销售的药品均应当有合格的药品生产、销售批文,否则应当拒绝销售。

(二)建立药品质量监督机制

首先,企业应建立药品质量监督部门,负责药品质量的检查、评估等工作;其次,企业应制定药品质量监督管理规定,规范药品生产、销售过程。

(三)加强监控生产、销售全过程

质量监督部门应切实履行职责,按照先前制定的产品质量监督管理规定对生产、销售环节进行监督。例如,监督药品成分、药品效用、药品使用说明书等是否符合要求,生产、销售部门人员是否按照操作规程履行自身职责等。对于不符合要求的,应立即要求整改,以避免在生产、销售过程中出现人为差错。

(四)运用大数据分析药品质量

企业质量监督部门应对药品进行抽查,根据多批次药品的相关质量数据,制作符合本企业需求的大数据,对存在较大质量风险的药品采取停产整改等措施。有条件的企业,可建立相应的预警机制,提前将药品质量信息告知生产、销售部门,从而保证药品质量安全。

(五)加强员工教育、培训

企业应加强技术培训,提高生产人员综合生产水平;加强销售教育培训,改善销售方法,提升销售能力。在对员工教育时,员工道德水平的教育应当作为一项重要内容。在教育、培训后,企业应当对生产、销售部门的全体员工进行综合评测与考核。根据评测与考核结果,合理安排工作岗位,从而提升药品生产、销售整体水平。

五、案例评析

（一）案例简介

罗源县人民检察院指控，2015年6月初，被告人郑某翔以营利为目的，将亲戚朋友从香港带回来的肚痛健胃整肠丸、保济丸等境外药品共计16个品种66件，放在其经营的罗源县全家港品超市销售。2015年6月4日上午9时许，该店售货员唐某将店内境外药品整肠丸、保济丸各1瓶分别以人民币19元、31元的价格销售给于某时被公安民警当场查获，公安民警在该店内查扣了上述境外药品。经福州市食品药品监督管理局认定，上述药品均应按假药论处。2015年8月5日，郑某翔到罗源县公安局投案。公诉机关认为，郑某翔有自首情节，可以从轻或减轻处罚；郑某翔认罪态度较好，系初犯，可酌情从轻处罚，建议判处拘役2个月至4个月，并处罚金。

被告人郑某翔辩称，对事实过程没有异议，但这些境外药品是他2015年5月托亲戚朋友从香港带回放在全家港品超市免费赠送给该超市会员的，除了2015年6月4日上午曾销售肚痛健胃整肠丸、保济丸各一瓶外，其余都没有销售过，且销售的这两瓶药品并没有赢利。这些境外药品都是日常用药、非处方药、传统药，内地游客到香港旅游常带回的药品，不具有社会危害性，根据“两高”的司法解释，销售少量境外药品，未造成他人伤害后果的，可以不认为是犯罪，由于他的法律意识淡薄，触犯了法律，请求法庭予以从轻处罚。

法院经审理认为，被告人郑某翔违反国家药品管理法规，销售假药的事实清楚，但根据最高人民法院、最高人民检察院《关于办理危害药品安全刑事案件适用法律若干问题的解释》，本案郑某翔销售的假药涉案金额不大，可以认定是销售少量未经批准进口的境外药品，未造成他人伤害后果或者延误诊治，情节显著轻微危害不大，不认为是犯罪。该行为宜由主管部门依照行政法规予以处理。因此，公诉机关指控被告人郑某翔犯销售假药罪，指控的罪名不能成立。法院判决被告人郑某翔无罪。

（二）简要评析

生产、销售、提供假药罪属于重罪，生产、销售药品行业的企业以及不以销售营利为目的而储存、保有药品的企业及其从业人员，应当了解这一罪名，尤其应当分清何谓药品，食品和药品如何区分，以及法律上如何界定假药。国家对于药品行业，实行严格的管理制度。对于进口药没有取得销售许可，同样可以按本罪进行论处。因此，从事这一行业的企业和人员，应当加强对法律、法规的培训。企业负责人也应当加强对企业的生产管理，定期对生产、销售的药品以及自身储存的药品的质量进行检查，避免管理层利用管理漏洞生产、销售假药来谋取私利，否则企业即使摆脱了刑事风险，也难以避免利益受损。

15. 生产、销售不符合安全标准的食品罪

一、法律规定

《刑法》第143条规定："生产、销售不符合食品安全标准的食品，足以造成严重食物中毒事故或者其他严重食源性疾病的，处三年以下有期徒刑或者拘役，并处罚金；对人体健康造成严重危害或者有其他严重情节的，处三年以上七年以下有期徒刑，并处罚金；后果特别严重的，处七年以上有期徒刑或者无期徒刑，并处罚金或者没收财产。"

二、条文释义

本条是关于生产、销售不符合安全标准的食品罪及该罪刑事处罚的规定。所谓生产、销售不符合安全标准的食品罪，指生产、销售不符合食品安全标准的食品，足以造成严重食物中毒事故或者其他严重食源性疾病的行为。本罪构成要件如下。

（一）本罪从客观上来看

本罪的主体为一般主体，即只要达到刑事责任年龄并具有刑事责任能力的任何人均可构成本罪。同时，单位亦可构成本罪。

从危害行为和危害结果来看，本罪表现为违反食品卫生管理法律法规，生产、销售不符合卫生标准的食品，造成严重食物中毒事故或其他严重食源性疾患，严重危害人体健康的行为。本罪是结果犯，即生产、销售不符合卫生标准的食品，如果造成严重后果，即可构成本罪。如果没有造成严重后果，即使生产、销售了不符合卫生标准的食品，也不构成本罪，但不排除可以构成他罪，如生产、销售伪劣产品罪。最高人民法院、最高人民检察院《关于办理危害食品安全刑事案件适用法律若干问题的解释》第1～4条规定，所谓足以造成严重食物中毒事故或者其他严重食源性疾病，是指以下情形：

(1)含有严重超出标准限量的致病性微生物、农药残留、兽药残留、重金属、污染物质以及其他危害人体健康的物质的；

(2)属于病死、死因不明或者检验检疫不合格的畜、禽、兽、水产动物及其肉类、肉类制品的；

(3)属于国家为防控疾病等特殊需要明令禁止生产、销售的；

(4)婴幼儿食品中生长发育所需营养成分严重不符合食品安全标准的；

(5)其他足以造成严重食物中毒事故或者严重食源性疾病的情形。

所谓对“人体健康造成严重危害”，指以下情形：

(1)造成轻伤以上伤害的；

(2)造成轻度残疾或者中度残疾的；

(3)造成器官组织损伤导致一般功能障碍或者严重功能障碍的；

(4)造成10人以上严重食物中毒或者其他严重食源性疾病的；

(5)其他对人体健康造成严重危害的情形。

所谓“其他严重情节”，则是指下列情形：

(1)生产、销售金额20万元以上的；

(2)生产、销售金额10万元以上不满20万元，不符合食品安全标准的食品数量较大或者生产、销售持续时间较长的；

(3)生产、销售金额10万元以上不满20万元，属于婴幼儿食品的；

(4)生产、销售金额10万元以上不满20万元，一年内曾因危害食品安全违法犯罪活动受过行政处罚或者刑事处罚的；

(5)其他情节严重的情形。

所谓“后果特别严重”，指下列情形：

(1)致人死亡或者重度残疾的；

(2)造成3人以上重伤、中度残疾或者器官组织损伤导致严重功能障碍的；

(3)造成10人以上轻伤、5人以上轻度残疾或者器官组织损伤导致一般功能障碍的；

(4)造成30人以上严重食物中毒或者其他严重食源性疾病的；

(5)其他特别严重的后果。

同时，根据《刑法》的规定，生产、销售不符合卫生标准的食品如不能构成其罪，但销售金额在5万元以上的，则应依照生产销售伪劣产品罪定罪量刑。

(二)本罪从主观上来看

本罪在主观方面只能由故意构成，并且表现为间接故意，即行为人明知生产、销售的食品不符合卫生标准可能导致他人食物中毒或产生其他食源性疾病而仍予以生产、销售。行为人对他人食物中毒或产生其他食源性疾病持放任态度。如果行为人生产、销售食品的主观目的即是想致他人产生食物中毒等严重后果，而不是以营利为目的，则行为人构成其他犯罪，而不应当以本罪论处。

三、立案标准

最高人民检察院、公安部《关于公安机关管辖的刑事案件立案追诉标准的规定(一)》第19条规定："生产、销售不符合卫生标准的食品，涉嫌下列情形之一的，应予立案追诉：

(一)含有可能导致严重食物中毒事故或者其他严重食源性疾患的超标准的有害细菌的；

(二)含有可能导致严重食物中毒事故或者其他严重食源性疾患的超标准的其他污染物的。

本条规定的'不符合卫生标准的食品'，由省级以上卫生行政部门确定的机构进行鉴定。"

四、风险防范

民以食为天，食以安为先。食品安全关乎人民生命健康，符合安全标准是对食品生产、销售最基本的要求，也是相关企业最基本的社会职责。本罪的风险存在于生产销售的全过程，企业应当从以下几个方面入手做好风险防范工作。

（一）企业应当严格依据国家安全标准生产、销售食品

企业对于自己生产、销售的食品，应当熟知国家安全标准，严格依据相关标准生产食品；对于不符合国家安全标准的食品，企业应拒绝销售，做到生产、销售严格依法。

（二）加强对食品卫生管理法律法规的研究、解读

食品卫生管理法律法规是衡量是否构成本罪的关键因素之一。企业应正确认识食品卫生管理法律法规，企业应组织对食品卫生管理法律法规的专项研究，设立专项研究组，逐条逐项对食品卫生管理法律法规进行整理、归纳，并书写相关研究报告，然后根据研究报告，对员工进行宣传、解读。

（三）加强生产、销售场所、人员卫生管理

企业应制定食品安全管理规定，对进行生产、销售的场所和负责生产、销售的人员进行规范管理，例如，生产、销售场所、设施设备是否符合卫生标准，是否按规定进行消毒除菌工作；生产、销售人员是否按规定穿着防菌服等。企业应对相关场所、人员定期或不定期地进行卫生安全检查，对不符合规定的，企业应立即进行整改。

（四）建立健全食品卫生标准审查机制

企业内部应从源头把关，确保不符合卫生标准的食品不进入流通领域。企业应制定食品卫生标准管理规定，细化食品卫生标准管理制度，明确职责；企业可以对其生产、销售的食品进行抽样卫生标准检测，并形成相关检测报告，明确食品卫生标准风险的范围、程度，从而作出应对、改进措施；企业可以设立独立的负责食品卫生标准管理的部门。

五、案例评析

(一)案例简介

襄阳市襄州区人民检察院指控,2008年,被告人樊某顺在襄阳东津新区(襄阳经济技术开发区)东津镇投资兴办酱品厂。2012年4~11月,樊某顺先后三次从枣阳市居民徐某(已判刑)处购买21吨假冒盐用于腌制大头菜。2015年3月,樊某顺从襄阳市樊城区清河店居民董某(另案处理)处购买15吨“长舟”牌湖北精制盐,用于腌制大头菜和梅干菜。2015年7月19日,襄阳市盐务局执法人员从樊某顺酱品厂查获尚未用完的“长舟”牌湖北精制盐1.45吨。2015年7月18日,樊某顺通过董某联系,购买了25吨“三晶”牌湖北精制盐。次日5时许,在樊某顺的弟弟樊某清家卸盐时,被公安人员及襄阳市盐务局执法人员现场查获。经湖北省盐业产品质量监督检验站检验,湖北长舟盐化有限公司、湖北蓝天盐化有限公司生产的精制盐均不符合《食用盐碘含量》的标准要求,判定为不合格。2015年8月17日,樊某顺主动到公安机关投案。针对上述事实,公诉机关运用相关证据,指控樊某顺的行为构成生产、销售不符合安全标准的食品罪,有自首情节,请求法院依法对被告人樊某顺处刑。

被告人樊某顺对公诉机关的指控没有提出异议。

辩护人提出以下辩护意见:(1)樊某顺购买非碘盐用于腌制大头菜对外出售,其行为仅违反行政法规的规定,并未触犯刑法;(2)樊某顺腌制生产的大头菜,均经过襄阳市产品质量监督检验所检验,都是合格产品,说明樊某顺生产的并非不符合安全标准的食品;(3)生产不符合安全标准的食品立案标准是,食品中含有可能导致严重食物中毒事故或者其他严重食源性疾患超标准的有害细菌、其他污染物的。樊某顺生产的大头菜既未检测出可能导致严重食源性疾患的超标准的有害细菌,也未检测出超标准的污染物,未达到刑事立案追诉的标准。综上,樊某顺的行为是一般违法行为,不构成犯罪。

法院经审理认为,被告人樊某顺经营的“樊某顺酱品厂”生产的食品为大头菜、梅干菜等腌制品,并非食用盐。樊某顺于2012年4~10月从徐某处购买21吨工业盐用于腌制大头菜,因公诉机关未能提供工业盐及大头菜等相应产品的检验报告,无法认定樊某顺生产的大头菜是否含有损害人体健康的有害物资。公诉机关指控樊某顺犯生产不符合安全标准的食品罪，事实不清、证据不足。樊某顺共计从董某云处购买40吨不含碘的精制盐用于腌制的大头菜，经襄阳市产品质量监督检验所检验为合格产品，不能认定该食品会造成严重食物中毒事故或者其他严重食源性疾病，公诉机关指控樊某顺犯生产不符合安全标准的食品罪缺乏法律依据，其指控不能成立。法院判决被告人樊某顺无罪。

（二）简要评析

本罪是食品生产、销售行业容易发生的刑事风险。要防范这一风险，企业在开展生产、销售业务前应取得食品生产、销售许可证。开展生产、销售业务后，应当注重按照国家规定的标准定期对自己生产、销售的食品质量进行检验，及时了解行业相关规定。同时，对生产、销售过程加强管理，及时收集市场对自己生产、销售的产品质量的反馈信息，发现问题及时整改。如果过失出现质量事故，主动积极采取措施，最大限度地降低或消除相关人员损失。这些配套措施的使用，应当可以最大限度地降低这一罪名的刑事风险。

16. 生产、销售有毒、有害食品罪

一、法律规定

《刑法》第144条规定："在生产、销售的食品中掺入有毒、有害的非食品原料的，或者销售明知掺有有毒、有害的非食品原料的食品的，处五年以下有期徒刑，并处罚金；对人体健康造成严重危害或者有其他严重情节的，处五年以上十年以下有期徒刑，并处罚金；致人死亡或者有其他特别严重情节的，依照本法第一百四十一条的规定处罚。"

二、条文释义

本条是对生产、销售有毒、有害食品罪及该罪的刑事处罚的规定。所谓生

产、销售有毒、有害食品罪，指在生产、销售的食品中掺入有毒、有害的非食品原料的，或者销售明知掺有有毒、有害的非食品原料的食品的行为。本罪的构成要件如下。

（一）本罪从客观上来看

本罪的主体为一般主体，即任何单位以及达到刑事责任年龄具有刑事责任能力的自然人都可以构成本罪。

从危害行为和危害结果来看，本罪在客观方面表现为行为人违反国家食品卫生管理法规，在生产、销售的食品中掺入有毒、有害的非食品原料或者销售明知掺有有毒、有害的非食品原料的食品行为。根据最高人民法院、最高人民检察院《关于办理危害食品安全刑事案件适用法律若干问题的解释》的规定，所谓“对人体健康造成严重危害”，是指下列情形：

（1）造成轻伤以上伤害的；

（2）造成轻度残疾或者中度残疾的；

（3）造成器官组织损伤导致一般功能障碍或者严重功能障碍的；

（4）造成十人以上严重食物中毒或者其他严重食源性疾病的；

（5）其他对人体健康造成严重危害的情形。

所谓“其他严重情节”，指具有下列情形：

（1）生产、销售金额20万元以上不满50万元的；

（2）生产、销售金额10万元以上不满20万元，有毒、有害食品的数量较大或者生产、销售持续时间较长的；

（3）生产、销售金额10万元以上不满20万元，属于婴幼儿食品的；

（4）生产、销售金额10万元以上不满20万元，一年内曾因危害食品安全违法犯罪活动受过行政处罚或者刑事处罚的；

（5）有毒、有害的非食品原料毒害性强或者含量高的；

（6）其他情节严重的情形。

所谓“致人死亡或者有其他特别严重情节”，指下列情形：

（1）致人死亡或者重度残疾的；

（2）造成三人以上重伤、中度残疾或者器官组织损伤导致严重功能障碍的；

（3）造成十人以上轻伤、五人以上轻度残疾或者器官组织损伤导致一般功能障碍的；

(4)造成三十人以上严重食物中毒或者其他严重食源性疾病的；

(5)其他特别严重的后果。

国家机关工作人员徇私舞弊，对生产、销售伪劣商品犯罪不履行法律规定的查处职责，具有下列情形之一的，同样属于情节严重情形：

(1)放纵生产、销售假药或者有毒、有害食品犯罪行为的；

(2)放纵依法可能判处二年有期徒刑以上刑罚的生产、销售伪劣商品犯罪行为的；

(3)对三个以上有生产、销售伪劣商品犯罪行为的单位或者个人不履行追究职责的；

(4)致使国家和人民利益遭受重大损失或者造成恶劣影响的。

同时，按上述解释第 20 条规定，所谓有毒、有害的非食品原料，指下列物质：

(1)法律、法规禁止在食品生产经营活动中添加、使用的物质；

(2)国务院有关部门公布的《食品中可能违法添加的非食用物质名单》《保健食品中可能非法添加的物质名单》上的物质；

(3)国务院有关部门公告禁止使用的农药、兽药以及其他有毒、有害物质；

(4)其他危害人体健康的物质。

按上述解释第 21 条的规定，如果“足以造成严重食物中毒事故或者其他严重食源性疾病”以及“有毒、有害非食品原料”难以确定的，司法机关可以根据检验报告并结合专家意见等相关材料进行认定。必要时，人民法院可以依法通知有关专家出庭作出说明。

本罪属于行为犯，只要行为人实施了在食品中添加有毒、有害非食品原料的行为，或者销售了明知是添加了有毒、有害非食品原料的食品，无论是否造成危害后果，即构成既遂。本罪具体表现为两种行为：一是行为人在生产、销售的食品中掺入有毒、有害的非食品原料的行为。如果掺入有害物属于食品原料，则不应当构成本罪，但如果此行为足以造成严重食物中毒事故或者其他严重食源性疾病，应当构成其他犯罪。二是行为人明知是掺有有毒、有害的非食品原料的食品而予以销售。即行为人虽未实施掺入有毒、有害非食品原料的行为，但明知是有毒、有害食品仍予以销售。

（二）本罪从主观上来看

本罪在主观方面表现为故意，过失不构成本罪。故意内容为行为人明知其掺入食品中的是有毒、有害的非食品原料或明知其销售的是掺有有害的非食品原料的食品，其主观上已认识到其行为可能会造成食物中毒事故或其他食源性疾患，但其对此危害结果则是采取放任的心理态度。

三、立案标准

根据最高人民检察院、公安部《关于公安机关管辖的刑事案件立案追诉标准的规定（一）》第20条的规定，在生产、销售的食品中掺入有毒、有害的非食品原料的，或者销售明知掺有有毒、有害的非食品原料的食品的，应予立案追诉。

最高人民法院、最高人民检察院《关于办理非法生产、销售、使用禁止在饲料和动物饮用水中使用的药品等刑事案件具体应用法律若干问题的解释》第3条规定："使用盐酸克仑特罗（俗称'瘦肉精'）等禁止在饲料和动物饮用水中使用的药品或者含有该类药品的饲料养殖供人食用的动物，或者销售明知是使用该类药品或者含有该类药品的饲料养殖的供人食用的动物的，依照刑法第一百四十四条的规定，以生产、销售有毒、有害食品罪追究刑事责任。"同时，第4条规定："明知是使用盐酸克仑特罗等禁止在饲料和动物饮用水中使用的药品或者含有该类药品的饲料养殖的供人食用的动物，而提供屠宰等加工服务，或者销售其制品的，依照刑法第一百四十四条的规定，以生产、销售有毒、有害食品罪追究刑事责任。"

四、风险防范

近年来，随着"瘦肉精""三聚氰胺"等案件在媒体上的曝光，人们越来越意识到食品安全的重要性，也越来越重视食品安全问题。所以对于企业而言，必须对食品质量严格把关，以食品安全为首要准则，以对人们生命健康负责的态度进行食品的生产、销售工作。

（一）对自己生产、销售的食品应保证符合国家标准或行业标准

企业对自己生产、销售的食品，应做到符合国家标准或行业标准，对于标准不明确的，应当做到不得危及他人身体健康。在没有国家标准或行业标准，或标准不明确的情况下，可以自行制定标准，并到相关政府部门备案，在备案后按该标准组织生产和销售。

（二）加强食品原材料管理

本罪中所谓的有毒、有害食品，是指掺入了有毒、有害的非食品原料的食品。因此，企业加强食品原材料的管理尤为重要。首先，企业应规范供应商的选择，在选择时以供应商是否安全合规为首要原则。严格审核供应商的相关证照、资格资质，必要时可现场考察，从而规范供应渠道。其次，有毒、有害的非食品原料往往以隐蔽方式流通，这就要求企业规范食品原材料的检验，应建立健全一整套完备的检验流程、检验规范，并严格遵照执行。对检验中发现问题的食品原材料，应与供应商沟通，尽快销毁，从源头控制有毒、有害食品原料的流入。

（三）注重收集对自己生产、销售食品的质量的反馈意见

消费者是产品质量最好的监督者，企业对于自己生产、销售的食品，应当注意收集消费者反馈的意见，及时分析意见合理与否。对于消费者反映的食品安全问题应当高度重视，及时查找原因，及时整改。

（四）加强生产、销售人员教育、培训

企业应当通过教育、培训增强生产、销售人员的意识，提升生产、销售人员的能力。首先，企业应进行法治宣传教育，对典型案例进行剖析、解读，使相关员工具有感性认识；其次，企业应进行职业道德教育，将职业道德作为员工的行为底线；第三，企业应重视员工业务能力建设，在生产、销售领域提升员工的业务能力。例如，提升员工检验食品原料的技术操作能力等。

五、案例评析

（一）案例简介

大名县人民检察院指控：2016年4月，被告人张某在北峰乡某村西南承包土地，并接受雇佣人员张某甲（已判决）的建议，购买甲拌磷农药进行种植山药。张某将甲拌磷拌入豆粕撒施到种植山药的地里。2016年4月20日，执法人员当场查获已使用的甲拌磷农药空瓶90个，尚未使用的甲拌磷农药20瓶，其中甲拌磷拌豆粕施撒土地面积55亩，已种植山药土地面积达10亩。经邯郸市公安局物证鉴定所鉴定，从张某负责种植的山药地处提取的豆粕和土壤样品内均检测出农药甲拌磷成分。公诉机关认为，被告人张某的行为已触犯《刑法》第144条之规定，应以生产有毒、有害食品罪追究其刑事责任。

法院经审理认为，被告人张某违反国家食品卫生管理法规，在生产食品过程中掺入有毒、有害物质，其行为已构成生产有毒、有害食品罪，公诉机关指控其犯生产有毒、有害食品罪的罪名成立。辩护人辩称，张某应认定为从犯，经查，被告人张某系雇主，在共同犯罪过程中并非起次要或辅助作用，不符合从犯的认定条件，故，辩护人上述辩护意见与事实不符，法院不予采纳。鉴于被告人张某能够如实供述自己的罪行，依法可从轻处罚。法院判决被告人张某犯生产有毒、有害食品罪判处有期徒刑1年10个月，并处罚金人民币2万元。

（二）简要评析

本罪属于重罪，生产、销售食品行业对本罪的风险应当高度重视。值得一提的是，从本案来看，本罪中所称的生产，不仅仅指工业生产，同样也包括农业生产。要防范这一罪名的风险，应当对生产、销售的食品质量定期进行检验，严格对生产、销售的每一个环节进行质量监督。同时，也应当注意收集市场对本单位生产、销售的食品质量的反馈意见，发现问题及时进行整改。

17. 生产、销售不符合标准的医用器材罪

一、法律规定

《刑法》第145条规定："生产不符合保障人体健康的国家标准、行业标准的医疗器械、医用卫生材料，或者销售明知是不符合保障人体健康的国家标准、行业标准的医疗器械、医用卫生材料，足以严重危害人体健康的，处三年以下有期徒刑或者拘役，并处销售金额百分之五十以上二倍以下罚金；对人体健康造成严重危害的，处三年以上十年以下有期徒刑，并处销售金额百分之五十以上二倍以下罚金；后果特别严重的，处十年以上有期徒刑或者无期徒刑，并处销售金额百分之五十以上二倍以下罚金或者没收财产。"

二、条文释义

本条是关于生产、销售不符合标准的医用器材罪和其刑事处罚的规定。所谓生产、销售不符合标准的医用器材罪，是指违反国家产品质量管理法规，生产不符合保障人体健康的国家标准、行业标准的医疗器械、医用卫生材料，或者销售明知是不符合国家标准、行业标准的医疗器械、医用卫生材料，对人体健康造成严重危害的行为。本罪的构成要件如下。

（一）本罪从客观上来看

本罪的主体是一般主体，即只要达到刑事责任年龄、具有刑事责任能力的自然人均可构成本罪。同时，依据《刑法》的规定单位亦可构成本罪。

从危害行为和危害结果来看，本罪表现为：(1)行为人明知是不符合保障人体健康的国家标准、行业标准的医疗器械、医用卫生材料而予以生产、销售。此时的生产、销售者可以是取得生产、销售资格的单位或个人，也可以是没有取得生产、销售资格的单位或个人。(2)医疗机构或个人，知道或应当知道是不

符合保障人体健康的国家标准、行业标准的医疗器械、医用卫生材料而予以生产或销售，足以对人体健康造成严重危害或已经对人体健康造成严重危害。

(二)本罪从主观上来看

本罪在主观方面表现为故意。

三、立案标准

最高人民检察院、公安部《关于公安机关管辖的刑事案件立案追诉标准的规定(一)》第21条规定："生产不符合保障人体健康的国家标准、行业标准的医疗器械、医用卫生材料，或者销售明知是不合符保障人体健康的国家标准、行业标准的医疗器械、医用卫生材料，涉嫌下列情形之一的，应予立案追诉：

(一)进入人体的医疗器械的材料中含有超过标准的有毒有害物质的；

(二)进入人体的医疗器械的有效性指标不符合标准要求，导致治疗、替代、调节、补偿功能部分或者全部丧失，可能造成贻误诊治或者人体严重损伤的；

(三)用于诊断、监护、治疗的有源医疗器械的安全指标不合符强制性标准要求，可能对人体构成伤害或者潜在危害的；

(四)用于诊断、监护、治疗的有源医疗器械的主要性能指标不合格，可能造成贻误诊治或者人体严重损伤的；

(五)未经批准，擅自增加功能或者适用范围，可能造成贻误诊治或者人体严重损伤的；

(六)其他足以严重危害人体健康或者对人体健康造成严重危害的情形。

医疗机构或者个人知道或者应当知道是不符合保障人体健康的国家标准、行业标准的医疗器械、医用卫生材料而购买并有偿使用的，视为本条规定的'销售'。"

四、风险防范

(一)建立一套质量控制的良好的规章制度并确实将其贯彻执行

企业对于产品质量问题，应当建立一套良好的规章制度，并将其严格贯彻到实际的工作之中。先从制度上入手，有利于让企业全体职工形成产品质量意识。

（二）严把生产、销售质量关

作为医用器械的生产企业，无论在生产环节还是出厂环节，每一道环节均应当设置质量检验人员，严格把控质量关。作为销售企业，在货物出入库出库时，应当对产品的生产批文及其他相关手续按规定的程序进行核验。切不可不经核验，直接进行销售。

（三）签订、履行生产、销售合同时，对质量条款应当有详细的约定

企业应建立运行规范的合规制度，在签订、履行生产、销售医用器械合同时，对相关资质，以及对产品的质量条款应当有详细的约定，明确质量标准，明确各自的权利与义务。做到这一点，即使出现一些不可控的问题，也可以以此证明自己不存在违规的故意，从而尽可能地排除犯罪的成立。

（四）对职工加强法律、法规的教育

国家对医用器械的管控比较严格，对违规行为处罚较重。企业应当加强对职工的法制教育，让其认识到违规后果的严重性。

五、案例评析

（一）案例简介

公诉机关起诉指控：2013 年 2 ~ 12 月，被告人唐某某未在有关部门办理审批手续，加工生产裸装避孕套，销售给太康县的丁某某（另案处理），货款价值 52, 295 元。经河南省医疗器械检验所检验，唐某某生产、销售的避孕套不符合国家标准、行业标准。据此，认定唐某某违反国家药品管理法律、法规，实施生产、销售不符合标准的医用器械，其行为构成生产、销售不符合标准的医用器材罪，请求依法判处。

被告人及其辩护人辩称：唐某某对起诉书指控的犯罪事实及罪名无异议，表示自己法律意识淡薄，做了违犯法律的事情，非常后悔，现在本人患病多年，

请求从轻处罚。

法院经审理后认为：被告人唐某某违反国家医用器材管理法规，生产、销售不符合国家标准、行业标准的医用器材，其行为已构成生产、销售不符合标准的医用器材罪，公诉机关指控罪名成立，法院予以支持。被告人归案后能够如实供述自己的犯罪事实，当庭认罪、悔罪态度较好，可依法酌情从轻处罚。故法院判决被告人唐某某犯生产、销售不符合标准的医用器材罪，判处有期徒刑一年，并处罚金3万元。

（二）简要评析

被告人唐某某为牟利未办理相关手续加工生产裸装避孕套，并予以销售，这一行为违反了国家药品管理法律，触犯了刑法，明显构成生产销售不符合标准的医用器材罪。对于医用器材的生产、销售，由于国家予以特殊管制，故在生产、销售前，应当取得相关主管部门的批准文件，否则，极有可能引发本罪的刑事风险。

18. 生产、销售不符合安全标准的产品罪

一、法律规定

《刑法》第146条规定："生产不符合保障人身、财产安全的国家标准、行业标准的电器、压力容器、易燃易爆产品或者其他不符合保障人身、财产安全的国家标准、行业标准的产品，或者销售明知是以上不符合保障人身、财产安全的国家标准、行业标准的产品，造成严重后果的，处五年以下有期徒刑，并处销售金额百分之五十以上二倍以下罚金；后果特别严重的，处五年以上有期徒刑，并处销售金额百分之五十以上二倍以下罚金。"

二、条文释义

本条是对生产、销售不符合安全标准的产品罪及对该罪的刑事处罚的规

定。所谓生产、销售不符合安全标准的产品罪，是指生产不符合保障人身、财产安全的国家标准、行业标准的电器、压力容器、易燃易爆产品或者其他不符合保障人身、财产安全的国家标准、行业标准的产品，或者销售明知是以上不符合保障人身、财产安全的国家标准、行业标准的产品，造成严重后果的行为。本罪的构成要件如下。

（一）本罪从客观上来看

本罪的主体为一般主体，即达到刑事责任年龄、具有刑事责任能力的任何人均可构成本罪；同时，按《刑法》规定，单位也能成为本罪的主体。

本罪的危害行为和危害结果表现为生产或者销售不符合保障人身、财产安全的国家标准、行业标准的电器、压力容器、易燃易爆产品或者其他不符合保障人身、财产安全的国家标准、行业标准的产品，并且造成严重后果的行为。本罪的犯罪对象是不符合保障人身、财产安全的国家标准、行业标准的电器、压力容器、易燃易爆产品或者其他产品。所谓电器，是指依靠电流或电磁场工作或者以产生、传输和测量电流和电磁场为目的的设备及配套产品。所谓压力容器，是指盛装气体或者液体，承载一定压力的密闭设备，其范围规定为最高工作压力大于或者等于0.1Mpa（表压）的气体、液化气体和最高工作温度高于或者等于标准沸点的液体、容积大于或等于30L且内直径（非圆形截面指截面内边界最大几何尺寸）大于或者等于150mm的固定式容器和移动式容器；盛装公称工作压力大于或等于0.2Mpa（表压），且容力与容积的乘积大于或者等于1.0Mpa/L气体、液化气体和标准沸点等于或者低于60℃的气体的气瓶，如锅炉、氧气瓶、煤气罐、压力锅等高压容器等。所谓易燃易爆产品，系指国家标准GB 12268—90《危险货物品名表》中以燃烧、爆炸为主要特性的压缩气体、液化气体、易燃液体、易燃固体、自燃物品和遇湿易燃物品、氧化剂和有机过氧化物以及毒害品、腐蚀品中部分易燃易爆物品，如烟花爆竹、雷管、民用炸药等容易燃烧爆炸的产品。

（二）本罪从主观上来看

本罪是故意犯罪，而且是直接故意。

三、立案标准

最高人民检察院、公安部《关于公安机关管辖的刑事案件立案追诉标准的规定(一)》第22条规定:“生产不符合保障人身、财产安全的国家标准、行业标准的电器、压力容器、易燃易爆或者其他不符合保障人身、财产安全的国家标准、行业标准的产品,或者销售明知是以上不符合保障人身、财产安全的国家标准、行业标准的产品,涉嫌下列情形之一的,应予立案追诉:

(一)造成人员重伤或者死亡的;

(二)造成直接经济损失十万元以上的;

(三)其他造成严重后果的情形。”

四、风险防范

产品符合安全标准是对产品最基本的要求,所谓安全标准,即国家标准、行业标准等,对于企业而言,不能对上述标准视而不见,应积极主动向标准看齐,提高产品质量。

(一)企业应当严格依据国家安全标准生产、销售相关产品

企业对于自己生产、销售的产品,应当熟知国家安全标准,严格依据相关标准生产产品;对于不符合国家安全标准的产品,企业应拒绝生产、销售,做到生产、销售严格依法。

(二)加强对相关产品国家标准、行业标准的研究、解读

国家标准、行业标准是衡量是否构成本罪的关键因素之一,对于企业而言,应正确认识国家标准、行业标准。企业应组织对国家标准、行业标准的专项研究,设立专项研究组,逐条逐项对国家标准、行业标准进行整理、归纳,并书写相关研究报告,然后根据研究报告,对员工进行宣传、解读。

(三)生产设备、生产技术要不断更新

生产设备、技术的落后是导致产品不符合国家标准、行业标准的重要原因,

所以企业应时刻向国家或行业标准看齐，注重生产设备的维护升级，淘汰落后设备、更新生产技术，从而使产品达到甚至超越国家或行业标准。

（四）建立健全产品标准审查机制

企业内部应从源头把关，确保不符合安全标准的产品不进入流通领域。企业应制定产品标准管理规定，细化产品标准管理、明确职责；企业可以对其产品进行抽样检测，并形成相关检测报告，明确产品标准存在风险的范围、程度，从而作出应对、改进措施；企业可以设立独立的负责产品标准管理的部门。

五、案例评析

（一）案例简介

宿州市埇桥区人民检察院指控：2013 年，浙江省温岭市中创清洗机厂投资人被告人梁某将其生产的标有上海熊猫王子泵业有限公司 QL－380 型字样的清洗机 10 台（经工商部门查询未发现上海熊猫王子泵业有限公司的工商登记注册信息，属于"三无"产品），销售给合肥新盛华机电商行经营者胡某（另案处理），后胡某将上述 10 台清洗机销售给赵某甲经营的宿州市埇桥区永红电动维修店，赵某甲将所购进的 10 台清洗机出售（出售地点埇桥区符离镇柱子机电），其中一台被宿州市埇桥区符离镇居民张某乙买走，2013 年 6 月 17 日，张某乙在使用清洗机清洗自家鸡棚时触电死亡。经鉴定，标有上海熊猫王子泵业有限公司 QL－380 型字样清洗机不符合国家安全标准。

被告人梁某对公诉机关的指控无异议。其辩护人的辩护意见是：被告人梁某到案后坦白全部事实，足额赔偿了被害方的损失，取得了被害方的谅解，系初犯、偶犯，建议对梁某判处 3 年以下有期徒刑并适用缓刑。

法院经审理认为：被告人梁某明知生产、销售的标有虚假生产厂家和品牌标识的电器不符合保障人身、财产安全的国家标准、行业标准而进行生产、销售，造成一人死亡的严重后果，其行为已构成生产、销售不符合安全标准的产品罪。公诉机关指控的罪名成立，本院予以支持。梁某归案后能如实供述自己的罪行，依法可予以从轻处罚；其能够赔偿被害人近亲属的经济损失，取得了被害人近亲属的谅解，又可酌情对其从轻处罚。综合考虑梁某的犯罪情节、悔罪表现，依法可对其适用缓刑。对梁某的辩护人认为梁某到案后如实供述全部犯罪事实，建议对梁某适用缓刑的辩护意见，法院予以采纳。法院综合各种情况，判决被告人梁某犯生产、销售不符合安全标准的产品罪，判处有期徒刑3年，缓刑5年，并处罚金人民币8000元。

（二）简要评析

生产、销售企业，对自己所生产、销售的产品，尤其是对那些截至目前并没有国家标准和行业标准的产品，最低也应当要求这些产品保障基本安全。有国家标准或行业标准的，应当符合相关标准。生产、销售过程中，应当定期对产品质量进行检验。对生产、销售的每一个环节加强质量监控。同时也应当注意设计相应的防伪标计，以防不合格的产品冒充本单位产品，给本单位造成不必要的损失。

19. 生产、销售伪劣农药、兽药、化肥、种子罪

一、法律规定

《刑法》第147条规定："生产假农药、假兽药、假化肥，销售明知是假的或者失去使用效能的农药、兽药、化肥、种子，或者生产者、销售者以不合格的农药、兽药、化肥、种子冒充合格的农药、兽药、化肥、种子，使生产遭受较大损失的，处三年以下有期徒刑或者拘役，并处或者单处销售金额百分之五十以上二倍以下罚金；使生产遭受重大损失的，处三年以上七年以下有期徒刑，并处销售金额百分之五十以上二倍以下罚金；使生产遭受特别重大损失的，处七年以上有期徒刑或者无期徒刑，并处销售金额百分之五十以上二倍以下罚金或者没收财产。"

二、条文释义

本条是关于生产、销售伪劣农药、兽药、化肥、种子罪及其刑事处罚的规定。

所谓生产、销售伪劣农药、兽药、化肥、种子罪，是指生产、销售明知是假的或没有效能的农药、兽药、化肥、种子，或者生产者、销售者以不合格的农药、兽药、化肥、种子冒充合格的农药、兽药、化肥、种子，导致生产受到较大损失的行为。本罪的构成要件如下。

（一）本罪从客观上来看

本罪的主体是一般主体，即只要达到刑事责任年龄、具有刑事责任能力的自然人均可构成本罪。同时，依据《刑法》的规定，单位亦可构成本罪。

从危害行为和危害结果来看，本罪表现为违反农、林、牧、渔等生产管理法规，生产、销售伪劣农药、兽药、化肥、种子等农用生产资料，导致生产受到重大损失。

生产、销售伪劣农用生产资料的行为主要有以下几种形式。

1. 生产假农药、假兽药、假化肥。所谓“假”，是指农药、化肥、兽药的成分名称不符合相关规定中应当含有的成分名称，或用非农药、非兽药、非化肥冒充农药、兽药、化肥，或用此种农药、兽药、化肥代替另一种农药、兽药或化肥，以及其他应按“假”来认定的农药、兽药和化肥。例如，没有从相关部门申请的批准文号生产的或国务院农牧业行政管理机关明文规定禁止生产或销售的农药、兽药、化肥等。

2. 销售假的或者失去使用效能的农药、兽药、化肥、种子。效能，是指事物所包含的积极的作用与价值。失去效能，是指农药、兽药、化肥、种子因各种原因已经丧失了其原有的积极的功能和效用，无法正常发挥其原有的效用。

3. 以不合格的农药、兽药、化肥和种子冒充合格的农药、兽药化肥及种子。所谓不合格，是指不符合产品质量标准的次品、劣品，其虽有一定的使用效能，但无法达到合格产品所应有的使用效能，如农药、兽药、化肥的成分与产品质量标准不相符合，超过有效期但并没有完全丧失其效用等。这点是与上述假的和没有效能的情况不同，上述的两种情况是完全没有效能或者功能。

不论行为人实施的是生产、销售中的何种行为，针对的是哪种对象，只要是出于故意，并造成了一定的危害结果即可构成本罪。

本罪是结果犯，必须是在生产、销售行为造成了一定后果才可以构成本罪。如果只有生产、销售行为，但是并未产生危害后果则不构成本罪。当然，此种情况下，也有可能构成其他犯罪。

所谓农药，是指在农业生产中，为保障、促进植物和农作物的成长，所施用的杀虫、杀菌、杀灭有害动物（或杂草）的一类药物。所谓兽药，是指用于预防、治疗、诊断动物疾病或者有目的地调节动物生理机能的药物。

（二）本罪从主观上来看

本罪在主观方面表现为故意。其故意的内容表现为三种形式：一是故意生产假农药、假兽药、假化肥；二是明知是假的或失去使用效能的农药、兽药、化肥、种子而故意予以销售；三是故意以不合格的农药、兽药、化肥、种子冒充合格的农药、兽药、化肥、种子。如果是过失行为，如在不明知的情况下销售了假的或失去使用效能的农药、兽药、化肥、种子，则不能构成本罪。

三、立案标准

最高人民检察院、公安部《关于公安机关管辖的刑事案件立案追诉标准的规定（一）》第 23 条规定：“生产假农药、假兽药、假化肥，销售明知是假的或者失去使用效能的农药、兽药、化肥、种子，或者生产者、销售者以不合格的农药、兽药、化肥、种子冒充合格的农药、兽药、化肥、种子，涉嫌下列情形之一的，应予立案追诉：

（一）使生产遭受损失二万元以上的；

（二）其他使生产遭受较大损失的情形。”

四、风险防范

本罪的防范方法与生产、销售不符合标准的医用器材罪的防范方法基本相同。

五、案例评析

（一）案例简介

公诉机关起诉指控：2012 年 3 ~ 4 月，被告人顾某某通过一名姓胡的男子在山东省临沭县购买含量较少的化肥填充料并在山东省临沭县购买仿制江苏无锡一撒得富复合肥有限公司生产的一撒得富复合肥包装袋，然后用该仿制的包装袋对化肥填充料进行包装，冒充江苏省无锡一撒得复合肥销售给巴林左旗保民种业有限公司崔某某（另案起诉）48吨，以及用美盛牌磷酸二胺包装袋包装含量较少的化肥填充料出售给崔某某5吨，销售金额约12万元。2012年春季，崔某某用该化肥填充料与辽宁翠龙肥业集团生产的翠龙牌掺混肥进行掺混后销售给巴林左旗隆昌镇上洼村成某忠等40农户，农户使用后造成玉米减产。经赤峰市产品质量计量所检验，一撒得富复合肥为不合格产品。经巴林左旗价格认证中心鉴定，成某忠等40户村民种植的324亩玉米合计损失为54,477.36元。

被告人顾某某以不合格的化肥冒充合格的化肥进行销售，使巴林左旗隆昌镇上洼村成某忠等40农户使用后造成玉米减产，损失为54,477.36元。其行为触犯了《刑法》第147条之规定，应当以销售伪劣化肥罪追究其刑事责任。

被告人及其辩护人辩称：被告人顾某某对起诉的事实供认不讳。辩护人辩护称，被告人的行为不构成销售伪劣化肥罪，但被告人的行为构成销售伪劣产品罪，应按销售伪劣产品罪处罚。在案发后，被告人主动到公安机关投案并如实供述自己的罪行，构成自首情节，可以从轻或减轻处罚。被告人系初犯，并对所造成的损失已由另案被告人崔某某全部赔偿，根据被告人顾某某的犯罪情节，悔罪表现，均可以从轻处罚，并对被告人适用缓刑。

法院经审理后认为，被告人顾某某无视国家法律，以不合格的化肥冒充合格的化肥进行销售，侵犯了国家对生产、销售农药、兽药、化肥、种子等农业生产资料的管理制度，也侵犯了消费者的权益和农业生产。造成成某忠等40农户玉米减产，使生产遭受较大损失，其行为已构成销售伪劣化肥罪。公诉机关指控的犯罪事实清楚，证据确实、充分，罪名成立，法院予以采纳。被告人的辩护人辩护称被告人并未直接给40农户造成损失，因而不构成销售伪劣化肥罪，应按销售伪劣产品罪定罪处罚的辩护意见，法院不予采纳。因为本罪的犯罪对象也属于伪劣产品，但本罪由于其客体受到法律特殊保护而独立于生产、销售伪劣产品罪，况且本案被告人的行为已造成40农户的较大损失，应当以本罪定罪处罚。如果被告人的行为并未造成现实损失的，但销售金额达到5万元以上或者货值金额达到15万元以上的，按销售伪劣产品罪定罪处罚。案发后被告人顾某某主动到公安机关投案，并如实供述自己的罪行，系自首，可以从轻处罚。

故法院判决被告人顾某某犯销售伪劣化肥罪，判处有期徒刑 1 年，缓刑 2 年，并处罚金 12 万元。

（二）简要评析

本案被告人销售伪劣化肥，并且造成他人损失，其行为符合本罪的构成要件。从本案来看，要防范本罪的刑事风险，生产、销售方，应当熟悉国家关于农药、兽药、化肥、种子的各项管理规定，对生产、销售的产品的质量进行严格把关，杜绝一些伪劣产品情形出现。

20. 生产、销售不符合卫生标准的化妆品罪

一、法律规定

《刑法》第 148 条规定："生产不符合卫生标准的化妆品，或者销售明知是不符合卫生标准的化妆品，造成严重后果的，处三年以下有期徒刑或者拘役，并处或者单处销售金额百分之五十以上二倍以下罚金。"

二、条文释义

本条是关于生产、销售不符合卫生标准的化妆品罪及其刑事处罚的规定。所谓生产、销售不符合卫生标准的化妆品罪，是指行为人违反有关化妆品管理法规，生产、销售不符合卫生标准的化妆品，并造成严重后果的行为。本罪的构成要件如下。

（一）本罪从客观上来看

本罪的主体是一般主体，即只要达到刑事责任年龄、具有刑事责任能力的自然人均可构成本罪。同时，依据《刑法》的规定，单位亦可构成本罪

从危害行为和危害结果来看，本罪表现为生产、销售不符合卫生标准的化

妆品的行为，主要包括以下行为。

1. 单位在未取得“化妆品生产企业卫生许可证”的情况下，非法生产化妆品；未取得健康证的人员直接参与从事化妆品生产。

2. 直接接触化妆品的容器及生产化妆品所用的原料、辅料和包装材料不符合国家规定的卫生标准。

3. 在未经国务院卫生行政部门批准的情况下，使用新的原料生产化妆品。

4. 生产特殊用途的化妆品，即生产用于染发、养发、护发、烫发、脱毛、防臭、祛斑、防晒的化妆品等，未取得国务院卫生行政部门批准，未获得批准文号。

5. 生产的化妆品没有经过卫生质量检查或不符合化妆品卫生标准。

6. 销售不符合卫生标准的化妆品，指化妆品经营单位和个人明知是不符合卫生标准的化妆品而仍然予以出售。

（二）本罪从主观上来看

本罪主观方面只能由故意构成，即行为人故意生产不符合卫生标准的化妆品，或者明知是不符合卫生标准的化妆品而故意销售。过失不构成本罪。本罪的犯罪目的多为牟利。

三、立案标准

最高人民检察院、公安部《关于公安机关管辖的刑事案件立案追诉标准的规定（一）》第24条规定：“生产不符合卫生标准的化妆品，或者销售明知是不符合卫生标准的化妆品，涉嫌下列情形之一的，应予立案追诉：

（一）造成他人容貌毁损或者皮肤严重损伤的；

（二）造成他人器官组织损伤导致严重功能障碍的；

（三）致使他人精神失常或者自杀、自残造成重伤、死亡的；

（四）其他造成严重后果的情形。”

四、风险防范

本罪的防范方法与生产、销售不符合标准的医用器材罪的防范方法基本相同。

五、案例评析

（一）案例简介

公诉机关起诉指控：被告人张某甲自2010年5月开始使用“张某乙”的虚假身份从巢湖某美容院购买美容美白修颜晚霜、美白修颜霜1号、2号、龙草草本精华原液等美容产品，并于2010年10月使用其朋友李某的身份证租用芜湖市新都花园开设了某美容会所，将上述美容产品销售给陶某某、吴某某等人，致使陶某某、吴某某等人出现了汞中毒的不良反应。其中陶某某在使用了美容产品后出现汞中毒，引发继发性癫痫症状，并住院治疗。后经鉴定，陶某某汞中毒并致继发性癫痫与其使用的美容产品之间有因果关系，其损伤程度为轻伤。

被告人张某甲在开庭审理中亦无异议。

法院经审理后认为：被告人张某甲销售明知是不符合卫生标准的化妆品，已造成严重后果，其行为已构成销售不符合卫生标准的化妆品罪。公诉机关指控的犯罪成立。案发后，张某甲能如实供述自己的罪行，依法予以从轻处罚。鉴于张某甲能积极赔偿被害人经济损失，并获得了被害人的谅解，对被告人张某甲予以酌情从轻处罚。张某甲在案发后能认罪、悔罪，没有再犯罪的危险，可对其宣告缓刑。故法院判决张某甲犯销售不符合卫生标准的化妆品罪，判处有期徒刑1年，宣告缓刑1年，并处罚金8.5万元。

（二）简要评析

对于美容行业，本罪属于高发风险罪名。由于美容品容易对人体健康造成损害，故国家对美容产品实行管制。在生产、销售美容产品前，应当取得国家的批准文号。本案中，被告人在未取得批准文号前即自行销售美容产品，故其行为构成销售不符合卫生标准的化妆品罪。从本案来看，为防范本罪的刑事风险，经营者应当了解本行业的法律、法规，严格守法，依规经营。

第三章
CHAPTER 3
走私罪的预防

21. 走私武器、弹药罪

一、法律规定

《刑法》第151条规定,走私武器、弹药的,处7年以上有期徒刑,并处罚金或者没收财产;情节特别严重的,处无期徒刑,并处没收财产;情节较轻的,处3年以上7年以下有期徒刑,并处罚金。

单位犯本条规定之罪的,对单位判处罚金,并对其直接负责的主管人员和其他直接责任人员,依照本条各款的规定处罚。

二、条文释义

本条是关于走私武器、弹药罪及其刑事处罚的规定。所谓走私武器、弹药罪,是指违反海关法规,逃避海关监管,走私武器、弹药的行为。本罪的构成要件如下。

(一)本罪从客观上来看

本罪的主体是一般主体,即只要达到刑事责任年龄、具有刑事责任能力的自然人均可构成本罪。同时,依据《刑法》的规定单位亦可构成本罪。

从危害行为和危害结果来看,本罪表现为逃避海关监管,违反海关法规,非法运输、邮寄、携带武器、弹药进出国(边)境的行为。所谓逃避海关监管,是指使用各种方式,躲避海关的检查、监督,企图将弹药、武器带出或带入国(边)境。如采取绕海关口,在未设置海关或边卡检查站的国境(边),非法运输、携带弹药、武器进出国境(边);还有从关口通过,却企图以伪装、隐匿、假报等各种手段,蒙混过关,欺骗海关,更有采用假报、藏匿等方式,以逃过邮检和海关的检查,非法邮寄弹药、武器通过国(边)境等。除此之外,走私武器、弹药还有其他一些行为,根据相关法律的规定,主要有以下行为:(1)直接向走私人非法收购武器、弹药的；(2)在内海、领海运输、收购、贩卖武器、弹药的；(3)与走私武器、弹药的犯罪分子进行通谋，为其提供贷款、资金、账号、发票、证明或为其提供运输、保管、邮寄或者其他方便条件的，等等。

(二)本罪从主观上来看

本罪在主观方面必须出于故意，即明知是武器、弹药而仍然非法携带、运输、邮寄，企图使之进出国(边)境。过失不能构成本罪。如果行为人不知自己所携带、运输或邮寄的是武器、弹药，则不能以本罪论处，构成犯罪的，应以他罪如走私普通货物、物品罪等处罚。犯罪目的一般是牟利，但这并非本罪的构成要件。

三、立案标准

2014年最高人民法院、最高人民检察院《关于办理走私刑事案件适用法律若干问题的解释》第1条第1款规定："走私武器、弹药，具有下列情形之一的，可以认定为刑法第一百五十一条第一款规定的'情节较轻'：

(一)走私以压缩气体等非火药为动力发射枪弹的枪支二支以上不满五支的；

(二)走私气枪铅弹五百发以上不满二千五百发，或者其他子弹十发以上不满五十发的；

(三)未达到上述数量标准，但属于犯罪集团的首要分子，使用特种车辆从事走私活动，或者走私的武器、弹药被用于实施犯罪等情形的；

(四)走私各种口径在六十毫米以下常规炮弹、手榴弹或者枪榴弹等分别或者合计不满五枚的。"

上述解释第2条规定："刑法第一百五十一条第一款规定的'武器、弹药'的种类，参照《中华人民共和国进口税则》及《中华人民共和国禁止进出境物品表》的有关规定确定。"

四、风险防范

(一)加强对员工的管理

为防范本罪的刑事风险，企业应当加强对员工的管理，杜绝员工利用企业的进出口经营权,从事犯罪行为。

(二)建立良好的合规制度

对企业的每一批进出口业务,在进出口前,企业应当由合规部门对各项手续及文件进行详细审查。在货物进出口后,应当对实物与单据是否相符进行审查,从而对进出口每一环节的合规性进行把关。

五、案例评析

(一)案例简介

公诉机关起诉指控:被告人袁某文为赚取带工费,接受货主RY(身份不明,另案处理)雇请,自2016年3月开始走私武器、弹药入境;林某和则系其找来共同进行走私的人员。

2016年3月26日上午,袁某文根据货主R××Y的通知,前往香港旺角某街的几家店铺购买R××Y提前定好的枪支,并代为付款。随后被告人袁某文通知林某和下午到某街接货,约定一起走私枪支入境。二人于约定的时间碰面后,袁某文将3支枪支、2盒铅弹以及枪支散件等物品交给林某和,剩余3支枪支由其本人携带,二人商量后决定各自将涉案枪支、弹药绑藏在腰腹部。当日15时13分,二人各持《港澳居民来往内地通行证》一起从福田口岸入境,未向海关申报。经海关检查,在袁某文腰腹部查获绑藏的疑似仿真枪3支;在被告人林某和腰腹部查获绑藏的疑似仿真枪3支、疑似铅弹2盒(250粒/盒)、疑似枪支散件4件。经深圳海关缉私局司法鉴定中心鉴定,上述疑似仿真枪6支均为以压缩气体为动力的枪支,疑似铅弹2盒共500粒为铅弹。

袁某文的辩护人提出辩护意见称:(1)袁某文无走私犯罪故意,主观恶性小;(2)其受雇请带货过关,系从犯;(3)其归案后主动举报"R××K"走私武器,揭发他人犯罪事实,属立功。请求法庭对袁某文从轻、减轻处罚。

被告人林某和的辩护人提出辩护意见称:林某和在共同犯罪中系从犯,且自愿认罪,系初犯、偶犯。请求法庭对林某和从轻、减轻处罚。

法院经审理后认为:被告人袁某文无视国家法律,违反海关法规,走私枪支3支入境,其行为已构成走私武器罪。林某和无视国家法律,违反海关法规,走私枪支3支、铅弹500发入境，其行为已构成走私武器、弹药罪。袁某文、林某和归案后如实供述自己的罪行，系坦白，依法可从轻处罚。袁某文、林某和受他人雇佣，为赚取代工费携带武器、弹药入境，在共同犯罪中均系从犯，依法可减轻处罚。袁某文、林某和走私入境的枪支经鉴定属于以压缩气体等非火药为动力的枪支，刚刚达到枪支标准，其杀伤力、社会危险性较小，在案证据不能证实其走私武器入境是以从事违法犯罪活动为目的，且无其他严重情节，可依法从轻处罚。在法院审理期间，袁某文、林某和积极缴纳罚金，认罪、悔罪态度明显，本院酌情从轻处罚。综合考虑袁某文、林某和的犯罪事实、情节和悔罪表现，对其适用缓刑对所居住的社区没有重大不良影响，法院决定对其依法适用缓刑。故法院判决被告人袁某文犯走私武器罪，判处有期徒刑1年6个月，缓刑2年，并处罚金人民币3万元；判决被告人林某和犯走私武器、弹药罪，判处有期徒刑1年，缓刑1年，并处罚金人民币2万元。

（二）简要评析

从本案来看，二被告人的法律意识淡薄，从而最终让自己走上犯罪之路。由于国家对武器、弹药实行严格的管控制度，将一些具有一定杀伤力的仿真枪也纳入管控的对象，走私该类物品同样会构成本罪。要防范本罪的刑事风险，对于仿真枪等玩具物品，如果想带出国（边）境，应当提前查询海关是否允许，如果不允许，杜绝带该类物品进出国（边）境。

22. 走私假币罪

一、法律规定

《刑法》第151条第1款规定，走私伪造的货币的，处7年以上有期徒刑，并处罚金或者没收财产；情节特别严重的，处无期徒刑，并处没收财产；情节较轻的，处3年以上7年以下有期徒刑，并处罚金。

第4款规定，单位犯本条规定之罪的，对单位判处罚金，并对其直接负责的主管人员和其他直接责任人员，依照本条各款的规定处罚。

二、条文释义

本条是关于走私假币罪及其刑事处罚的规定。所谓走私假币罪，是指违反海关法规、逃避海关监管，非法运输、携带、邮寄伪造的货币出入境的行为。伪造的货币即假币，假币是指仿照真币的用纸图案、大小、颜色、文字、票面值、设定编号而制造的假货币。伪造的假货币可以是任何国家或者地区的货币，特别是以自由兑换币为伪造的对象。本罪的构成要件如下。

（一）本罪从客观上来看

本罪的主体是一般主体，即只要达到刑事责任年龄、具有刑事责任能力的自然人均可构成本罪。同时，依据《刑法》的规定，单位亦可构成本罪。

从危害行为和危害结果来看，本罪表现为逃避海关监管，违反国家有关货币管理法规及海关法规，非法携带、运输、邮寄伪造的货币进出国（边）境的行为。所谓逃避海关监管，是指采取各种方法，从而躲避海关对其所携带、运输、邮寄的伪造货币进行查验的行为。走私行为最为本质的特征之一就是逃避海关监管，本罪亦具有此特征。实践中，行为人明知伪造的货币是国家一再严厉禁止进出国（边）境的物品，海关查验中如果发现，按规定会予以没收。走私伪造的货币的犯罪分子要达到其目的，只有采取各种非法的手段，使其所携带、运输或邮寄的伪造的货币逃避海关的检查。犯罪分子使用的方法是各种各样的，有绕过关口走私的，即在没有海关或边境检查站的国（边）境，非法运输、携带伪造的货币进出国（边）境；有的是瞒关走私，即虽通过关口，但企图采用隐匿、假报、伪装等手段，以欺骗海关部门的检查，通过海陆空等运输线邮寄伪造的货币进出境。这些行为，都是一些典型的走私伪造的货币的行为。根据本法的有关规定，一些非典型的准走私的行为主要包括下列几种情形：

（1）直接向走私伪造货币的犯罪分子收购伪造的货币的；

（2）在内海、领海收购、运输、贩卖伪造的货币的；

（3）与走私伪造的货币的犯罪分子通谋，为其提供贷款、资金、账号、发票、证明或为其提供运输、保管、邮寄或若其他方便条件的；等等。

（二）本罪从主观上来看

本罪在主观方面为故意，并且为直接故意，即行为人明知是伪造的货币，而仍决意逃避海关的监管并将其运输、携带或邮寄进出国（边）境，过失不能构成本罪。如果行为人在不知情或者完全受到蒙骗的情况下运输、携带或者邮寄了伪造的货币进出境的，则不构成本罪，但可能构成其他犯罪，如走私普通货物、物品罪等。牟利目的的有无不影响本罪的成立。

三、立案标准

根据最高人民检察院、公安部《关于公安机关管辖的刑事案件立案追诉标准的规定（二）》第 2 条的规定，走私伪造的货币，总面额在 2000 元以上或者币量在 200 张（枚）以上的，应予立案追诉。

2014 年最高人民法院、最高人民检察院《关于办理走私刑事案件适用法律若干问题的解释》第 6 条规定："走私伪造的货币，数额在二千元以上不满二万元，或者数量在二百张（枚）以上不满二千张（枚）的，可以认定为刑法第一百五十一条第一款规定的'情节较轻'。

具有下列情形之一的，依照刑法第一百五十一条第一款的规定处七年以上有期徒刑，并处罚金或者没收财产：

（一）走私数额在二万元以上不满二十万元，或者数量在二千张（枚）以上不满二万张（枚）的；

（二）走私数额或者数量达到第一款规定的标准，且具有走私的伪造货币流入市场等情节的。

具有下列情形之一的，应当认定为刑法第一百五十一条第一款规定的'情节特别严重'：

（一）走私数额在二十万元以上，或者数量在二万张（枚）以上的；

（二）走私数额或者数量达到第二款第一项规定的标准，且属于犯罪集团的首要分子，使用特种车辆从事走私活动，或者走私的伪造货币流入市场等情形的。"

上述解释第 7 条规定："刑法第一百五十一条第一款规定的'货币'，包括正在流通的人民币和境外货币。伪造的境外货币数额，折合成人民币计算。"

四、风险防范

本罪的防范措施，与走私武器、弹药罪的防范措施相似。

五、案例评析

（一）案例简介

公诉机关起诉指控：2007 年 3 月上旬，被告人罗某受陈某之托欲将一箱牌九从金门运到厦门，为此找到被告人苏某帮忙。苏某将此事告诉了严某某，严某某同意将货从金门专船运到厦门，并与罗某、苏某商定运费为人民币 3600 元。同时，苏某还让其金门朋友杨某在金门接转货。其间，陈某及其朋友“志忠”告诉罗某牌九中夹藏假人民币，不能拆开，并承诺给人民币 2 万元的分红。罗某当即将牌九内夹带假币的事告诉苏某，并答应从分红中给苏某 1 万元。同月 13 日，“志忠”将人民币 7500 元汇入罗某的银行卡内，同日，罗某从中转入严某某的银行卡内人民币 4000 元作为运货费用。同月 15 日凌晨，严某某安排“陈先生”将货从金门运到厦门并发现内有假人民币。同月 27 日，严某某将从陈先生处拿到的牌九 13 副、假百元人民币 952, 500 元上缴给厦门市公安边防支队。同年 6 月 23 日，罗某、苏某被公安机关抓获归案。

被告人罗某及其辩护人辩称：罗某在走私假币犯罪中未参与前期策划，只是帮忙联系运输，在共同犯罪中起次要作用，应认定为从犯；罗某始终不知道假币的数量，犯罪主观恶性较小，归案后认罪态度较好，请求法庭予以从宽处罚。

法院经审理后认为：被告人罗某、苏某为牟取非法利益，违反海关法规，逃避海关监管，在明知受托欲从金门运到厦门的货物中夹带伪造的人民币的情况下，仍居中联系，委托他人从金门运输货物入境，其行为均已构成走私假币罪。二被告人走私伪造的人民币达 952, 500 元，属情节特别严重。本案系共同犯罪。二被告人在共同犯罪中起次要作用，系从犯，依法予以减轻处罚；辩护人关于应认定为从犯的辩护意见，予以采纳。被告人罗某归案后认罪态度较好，可酌情从轻处罚。故法院判决被告人罗某犯走私假币罪，判处有期徒刑 11 年，并处没收个人财产人民币 12 万元。判决被告人苏某犯走私假币罪，判处有期徒刑10年，并处没收个人财产人民币10万元。

（二）简要评析

本案中，被告人明知假人民币而仍委托他人运输，其行为已构成走私假币罪。其走私的假人民币数额巨大，情节特别严重，故最后被判10年以上有期徒刑。对于本罪，大多均是明知故犯。因此，作为企业来说，只有依法依规，加强法律的学习，才能防范本罪的刑事风险。

23. 走私文物罪

一、法律规定

《刑法》第151条第2款规定，走私国家禁止出口的文物、黄金、白银和其他贵重金属或者国家禁止进出口的珍贵动物及其制品的，处5年以上10年以下有期徒刑，并处罚金；情节特别严重的，处10年以上有期徒刑或者无期徒刑，并处没收财产；情节较轻的，处5年以下有期徒刑，并处罚金。

第4款规定，单位犯本条规定之罪的，对单位判处罚金，并对其直接负责的主管人员和其他直接责任人员，依照本条各款的规定处罚。

二、条文释义

本条是关于走私文物罪及其刑事处罚的规定。所谓走私文物罪，是指违反海关法律、法规规定，逃避海关监管，非法将国家禁止出口的文物运输、携带、邮寄出境的行为。本罪的构成要件如下。

（一）本罪从客观上来看

本罪的主体是一般主体，即只要达到刑事责任年龄、具有刑事责任能力的自然人均可构成本罪。同时，依据《刑法》的规定，单位亦可构成本罪。

从危害行为和危害结果来看，本罪表现为违反海关法规，逃避海关检查监督，非法运输、邮寄、携带国家禁止出口的文物出国（边）境的行为。其与走私武器、弹药罪的行为方式相同。所谓文物，是指遗存于社会、埋藏于地下、水下具有历史、科学、艺术价值的人类的历史文化遗物。根据《文物保护法》第 2 条的规定，文物具体包括：

（1）具有历史、艺术、科学价值的古文化遗址、古墓葬、古建筑、石窟寺和石刻、壁画；

（2）与重大历史事件、革命运动和著名人物有关的，以及具有重要纪念意义、教育意义或者史料价值的近代现代重要史迹、实物、代表性的建筑物；

（3）历史上各时代珍贵的艺术品、工艺美术品；

（4）历史上各时代重要的革命文献资料以及具有历史、艺术、科学价值的手稿和图书资料等；

（5）反映历史上各时代、各民族社会制度、社会生产、社会生活的代表性实物；

（6）具有科学价值的古脊椎动物化石和古人类化石等。

作为走私对象的文物是上述规定文物中的一部分，也即国家禁止出口的那部分文物。所谓国家禁止出口的文物，是指具有重要历史、艺术、科学价值的文物。根据我国《文物保护法》的规定，文物出口和个人携带文物出境，都必须事先向海关申报，经国家文化行政管理部门指定的省、自治区、直辖市文化行政管理部门进行鉴定并发给出口许可证后才允许出境。具有重要历史、艺术、科学价值的文物，除经国务院批准运往国外展览外，一律禁止出境。

根据《刑法》第 325 条的规定，任何组织或个人将自己收藏的国家禁止出口的珍贵文物擅自出售或者私下赠给外国人的，构成非法向外国人出售、赠送珍贵文物罪，不构成走私罪。

（二）本罪从主观上来看

本罪在主观方面为故意，即明知为国家禁止出口的文物仍决意非法携带、运输、邮寄出国（边）境。过失不能构成本罪。动机可以是各种各样的，但动机如何不影响本罪的构成。

三、立案标准

根据2015年最高人民法院、最高人民检察院《关于办理妨害文物管理等刑事案件适用法律若干问题的解释》第1条的规定,《刑法》第151条规定的“国家禁止出口的文物”,依照《文物保护法》规定的“国家禁止出境的文物”的范围认定。因此,只要走私《文物保护法》中规定的国家禁止出境的文物,即可构成本罪。

四、风险防范

(一)加强法律、法规的学习

作为进出口企业,应当熟悉《文物保护法》以及《刑法》对于文物的规定,了解哪些文物属于国家禁止出口的文物。涉及国家禁止出口的文物,应当回避将其带出国(边)境。

(二)加强企业的管理

对于进出口企业,应当建立自己的规章制度,对全体员工明确规定哪些行为是禁止性的行为。同时,在日常工作中,对他们业务加强监督,以防一些职工利用企业名义,从事一些违法甚至是犯罪行为,从而让企业遭遇本罪的刑事风险。

五、案例评析

(一)案例简介

江苏省连云港市中级人民法院审理江苏省连云港市人民检察院指控的被告人蒋某明犯走私文物罪一案,于2009年12月16日作出(2009)连刑二初字第0010号刑事判决。蒋某明不服,提出上诉。

上诉人蒋某明上诉及当庭主要辩解理由为:其系在货到海关后才知道文物

被夹带在工艺品中，来不及采取有效措施阻止出口，其不构成犯罪。

辩护人的主要辩护意见为：上诉人无走私文物的主观故意，其在国外，得知文物被夹藏后无法采取有效制止措施；原判认定上诉人放任走私结果发生的事实不清，证据不足。

二审法院经审理后认为：上诉人蒋某明身为呈贡公司直接负责的主管人员，在明知呈贡公司走私国家禁止出口的文物的情况下，未采取有效措施阻止货物报关出口，逃避海关监管，违反国家有关禁止文物出口的禁止性规定，侵犯了国家对外贸易管理秩序和对文物的特殊保护政策，其行为已构成走私文物罪。原判认定事实清楚，证据确实充分，定性准确，审判程序合法。鉴于尚无证据证实涉案文物系蒋某明指使夹带；且其在知悉夹带时不在国内；案发时涉案文物尚未出境等具体情节，蒋某明的主观恶性较轻，犯罪情节轻微，犯罪后果尚不严重，故对蒋某明依法不需要判处刑罚。原判量刑不当，应予纠正。故二审法院改判决上诉人蒋某明犯走私文物罪，免予刑事处罚。

（二）简要评析

作为企业来说，如果管理不善，一些工作人员利用单位管理漏洞打着单位的旗号从事违法行为，这种情况在客观上是有先例的。从本案来看，虽然上诉人的主张法院没有采纳，但上诉人主张其对事实不知情，这种情况在有些企业是存在的。因此，作为企业，尤其是进出口企业，应当加强管理，堵塞经营漏洞，依法依规经营。只有这样，才能远离该罪的刑事风险。

24. 走私贵重金属罪

一、法律规定

《刑法》第151条第2款规定，走私国家禁止出口的文物、黄金、白银和其他贵重金属的，处5年以上10年以下有期徒刑，并处罚金；情节特别严重的，处10年以上有期徒刑或者无期徒刑，并处没收财产；情节较轻的，处5年以下有期徒刑,并处罚金。

第4款规定,单位犯本条规定之罪的,对单位判处罚金,并对其直接负责的主管人员和其他直接责任人员,依照本条各款的规定处罚。

二、条文释义

本条是对走私贵重金属罪及其刑事处罚的规定。所谓走私贵重金属罪,是指违反国家规定,逃避海关监管,非法携带、运输、邮寄贵重金融出国(边)境的行为。本罪的构成要件如下。

(一)本罪从客观上来看

本罪的主体属一般主体,即达到刑事责任年龄具有刑事责任能力的自然人均可构成本罪,单位亦可成为本罪主体。

从危害行为与危害结果来看,本罪在客观方面表现为违反海关法规,逃避海关监管,将黄金、白银或其他贵重金属非法携带、运输、邮寄出国(边)境的行为。除黄金、白银外,按国家法律、法规规定,其他贵重金属是指铂、铱、锇、钛等珍贵和稀有的金属。

(二)本罪从主观上来看

本罪在主观方面必须出于故意,过失不能构成本罪,即明知属于国家禁止出口贵重金属仍然携带、运输、邮寄其出境。

三、立案标准

目前暂无法律明确规定。

四、风险防范

首先,相关企业应明确贵重金属的类别,明确贵重金属进出口的相关管理规定;其次,相关企业应当规范贵重金属进出口管理工作,进而有针对性地进行风险防范。

(一)熟知有关贵重金属进出口规定的法律、法规

根据《黄金及黄金制品进出口管理办法》(以下简称《管理办法》)、《白银出口管理暂行办法》等法律法规的规定,中国人民银行是黄金及黄金制品进出口的主管部门,对黄金及黄金制品进出口实行准许证制度。中国人民银行根据国家宏观经济调控需求,可以对黄金及黄金制品进出口的数量进行限制性审批。列入《黄金及黄金制品进出口管理目录》的黄金及黄金制品在进口或出口通关时,应当向海关提交中国人民银行及其分支机构签发的《中国人民银行黄金及黄金制品进出口准许证》。

《管理办法》第 8 ~ 11 条对申请进出口的主体及相关手续做出了严格限制。企业应当熟悉下列条款:

《管理办法》第 8 条规定:“申请黄金进出口(除因公益事业捐赠进口黄金)的,应当具备法人资格,近 2 年内无相关违法违规行为;并且具备下列条件之一:

(一)是国务院批准的黄金交易所的金融机构会员或做市商,具备黄金业务专业人员、完善的黄金业务风险控制制度和稳定的黄金进出口渠道,所开展的黄金市场业务符合相关政策或管理规定,并且申请前两个年度黄金现货交易活跃、自营交易量排名前列;

(二)是国务院批准的黄金交易所的综合类会员,年矿产金 10 吨以上、其生产过程中的污染物排放达到国家环保标准,在境外黄金矿产投资规模达 5000 万美元以上,取得境外金矿或者共生、伴生金矿开采权,已形成矿产金生产能力,所开展的业务符合国内外相关政策或管理规定,申请前两个年度黄金现货交易活跃,自营交易量排名前列的矿产企业;

(三)在国内有连续 3 年且每年不少于 2 亿元人民币的纳税记录,在境外有色金属投资 1 亿美元以上,取得境外金矿或共生、伴生金矿开采权,已形成矿产金生产能力,所开展的业务符合国内外相关政策或管理规定的矿产企业;

(四)承担国家贵金属纪念币生产任务进口黄金的生产企业;

(五)为取得国际黄金市场品牌认证资格进出口黄金的精炼企业。”

《管理办法》第 9 条规定:“申请黄金制品进出口(除因公益事业捐赠进口黄金制品)的,应当具备法人或其他组织资格,近 2 年内无相关违法违规行为,并且具备下列条件之一:

（一）生产、加工或者使用相关黄金制品的企业，有必要的生产场所、设备和设施，生产过程中的污染物排放达到国家环保标准，有连续3年且年均不少于100万元人民币的纳税记录；

（二）适用海关认证企业管理的外贸经营企业，有连续3年且年均不少于300万元人民币的纳税记录；

（三）因国家科研项目、重点课题需要使用黄金制品的教育机构、科学研究机构等。”

《管理办法》第10条规定：“申请黄金进出口的，应当向中国人民银行提交下列材料：

（一）书面申请，应当载明申请人的名称、住所（办公场所）、企业概况、进出口黄金的用途和计划数量等业务情况说明；

（二）《黄金及黄金制品进出口申请表》；

（三）加盖公章的企业法人营业执照复印件；

（四）黄金进出口合同及其复印件；

（五）加盖公章的《中华人民共和国组织机构代码证》复印件；

（六）申请人近2年有无违法行为的说明材料；

（七）银行业金融机构还应当提供内部黄金业务风险控制制度有关材料；申请出口黄金的还应当提交在国务院批准的黄金现货交易所实物黄金库存量证明；

（八）黄金矿产的生产企业还应当提交省级环保部门出具的污染物排放许可证件和年度达标检测报告复印件、商务部门有关境外投资批复文件复印件、银行汇出汇款证明书复印件，境外国家或者地区开采黄金有关证明，企业近3年的纳税记录。申请出口黄金的还应当提交由行业主管部门或自律组织出具的黄金产能证明和在国务院批准的黄金现货交易所的登记证明。

前款其他材料未发生变更再次申请黄金进出口的，只需提交前款第二项和第四项材料；前款其他材料发生变更的，比照初次申请办理。”

《管理办法》第11条规定：“申请黄金制品进出口的，应当向申请人住所地的中国人民银行地市级以上分支机构提交下列材料：

（一）书面申请，应当载明申请人的名称、住所（办公场所）、企业概况、进出口黄金制品的用途和计划数量等业务情况说明；

（二）《黄金及黄金制品进出口申请表》；

（三）加盖公章的企业法人营业执照、事业单位法人证书等法定登记证书复印件；

（四）黄金制品进出口合同复印件；

（五）加盖备案登记章的《对外贸易经营者备案表》或《外商投资企业批准证书》；

（六）申请人近2年有无违法行为的说明材料；

（七）生产、加工或者使用黄金制品的企业还应当提交近3年的企业纳税记录，地市级环保部门出具的污染物排放许可证件和年度达标检测报告及其复印件；

（八）从事外贸经营的企业还应当提交适用海关认证企业管理的有关证明材料、近3年的企业纳税记录；

（九）教育机构、科学研究机构还应当提交承担国家科研项目、重点课题的证明材料；

（十）出口黄金制品的企业还应当提交在国内取得黄金原料的增值税发票等证明材料。

前款其他材料未发生变更再次申请黄金制品进出口的，只需提交前款第二项和第四项材料，教育机构、科学研究机构还应当提交前款第九项材料，出口黄金制品的企业还应当提交前款第十项规定的有关材料；前款其他材料发生变更的，比照初次申请办理。”

根据《白银出口管理暂行办法》第7条的规定，加工贸易企业进口本办法第1条所列以外的含白银商品，需要加工复出口白银，由企业提出申请，其加工贸易业务由企业注册地省级外经贸主管部门审批。海关凭《加工贸易业务批准证》办理合同登记备案手续。考虑到白银生产的特殊性，外经贸主管部门在批准证的备注栏内注明“复出口白银以进口料件商检后核定的数量为准”。

加工贸易进口料件进口后180天内，省级外经贸主管部门需将企业加工出口白银的数量、进口料件商检证明、企业加工工艺及单耗情况等报外经贸部，同时抄报国家有色金属工业局。外经贸部征求国家有色局意见后，办理批复手续。如批复的白银进口含量、单耗、应加工出口数量等与原审批、备案情况不一致的，外经贸部将批件抄送备案主管海关，企业需办理相应的合同变更手续，海关按修改后的单耗予以监管核销。企业凭外经贸部批件到配额许可证事务局申领出口许可证，海关凭出口许可证验放。（上述所称外经贸部现为商务部；

国家有色金属工业局已于2001年2月被撤销,现为中国有色金属工业协会。)

根据《白银出口管理暂行办法》第8条的规定,对违反本办法及其他有关出口管理规定的出口企业,一经查实,将根据情节轻重,处以扣减出口配额直至取消其白银出口经营权的处罚。

（二）未经批准,拒绝将贵重金属带出国（边）境

企业应当明确,没有经过国家相关部门批准,将黄金、白银或其他贵重金属非法携带、运输、邮寄出国（边）境的行为均有可能触犯刑法。任何个人和单位,携带、运输、邮寄贵重金属出国（边）境均应当取得相关资格或经过批准,没有取得相关资格或批准,携带、运输、邮寄贵重金属出国（边）境的均有可能触犯刑法。

（三）加强贵重金属及其制品的管理

企业应加强对贵重金属及其制品的管理,建立运输、仓储等全流通环节监管制度。首先,应建立健全贵重金属及其制品登记管理清单,明确企业管理的贵重金属的范围;其次,企业应建立健全清查、清点机制,在流通环节加强清查、清点工作,明确掌握贵重金属及其制品的数量、种类等关键数据。最后,可以根据实际情况,为贵重金属及其制品建档,实施特殊管理。

五、案例评析

（一）案例简介

公诉机关指控:2016年11月30日,被告人章某场持《港澳居民来往内地通行证》（H603449××××）从福田口岸出境到香港,未向海关申报。经检查,海关关员在其裤腰内查获黄金3块。经鉴定,涉案3块黄金均为足金金条,重量共计3千克,价值共计人民币803,730元。

被告人章某场认罪,对指控的犯罪事实无意见。其辩护人认为:章某场有自首情节、犯罪情节较轻、是初犯;涉案黄金没有实际出境,客观上没有给国家造成损失。请求对章某场从轻处罚。

法院经审理认为,被告人章某场无视国家法律,违反海关法规,逃避海关监

管,走私黄金出境,情节较轻,其行为已构成走私贵重金属罪。章某场犯罪后自动投案,如实供述其犯罪事实,是自首,依法可予从轻处罚;且在审查起诉阶段签署认罪认罚具结书,悔罪态度明显,亦可酌情从轻处罚。相关辩护意见,法院予以采纳。法院根据上述情况,判决被告人章某场犯走私贵重金属罪,判处有期徒刑 7 个月,并处罚金人民币 3 万元。

(二)简要评析

贵重金属是我国管制的重点物品,任何公民进出国(边)境,私自带有贵重金属,或任何企业在进口或出口货物时应当按国家规定进行申报,办理相关手续,切不可不经申报,随意将贵重金属带出国(边)境。因此,只有熟悉遵守相关的法律、法规,企业才能避免发生该罪的刑事风险。

25. 走私珍贵动物、珍贵动物制品罪

一、法律规定

《刑法》第 151 条第 2 款规定,走私国家禁止进出口的珍贵动物及其制品的,处 5 年以上 10 年以下有期徒刑,并处罚金;情节特别严重的,处 10 年以上有期徒刑或者无期徒刑,并处没收财产;情节较轻的,处 5 年以下有期徒刑,并处罚金。

第 4 款规定,单位犯本条规定之罪的,对单位判处罚金,并对其直接负责的主管人员和其他直接责任人员,依照本条各款的规定处罚。

二、条文释义

本条对走私珍贵动物、珍贵动物制品罪的行为及其刑事处罚作出了规定。所谓走私珍贵动物、珍贵动物制品罪,是指违反海关法规,逃避海关监管,非法运输、携带、邮寄国家禁止进出口的珍贵动物或其制品进出国(边)境的行为。

本罪属选择性罪名，根据具体情况的不同可分别构成走私珍贵动物罪、走私珍贵动物制品罪。走私其中一种即可构成本罪。走私两种以上的，也只构成一罪，不实行数罪并罚。本罪的构成要件如下。

（一）本罪从客观上来看

本罪的主体是一般主体。只要达到刑事责任年龄、具有刑事责任能力的自然人均可构成本罪。同时，依据《刑法》的规定，单位亦可构成本罪。

从危害行为和危害结果来看，本罪表现为违反海关法规，逃避海关监管，非法携带、运输、邮寄国家禁止进出口的珍贵动物及其制品进出国（边）境的行为。本罪与走私武器、弹药罪的行为方式相同。所谓珍贵动物，是指国家重点保护的珍贵稀有的陆生、水生野生动物。包括具有重要观赏价值、经济价值、科学研究价值以及对生态环境具有重大意义的珍贵野生动物，也包括品种、数量稀少、濒危绝迹的野生动物。根据国家《野生动物保护法》的规定，国家重点保护的珍贵动物分为一级保护动物和二级保护动物。根据国务院 1998 年 12 月 10 日的《国家重点保护野生动物名录》，属于珍贵动物的有 256 个种或种类，如金丝猴、白唇鹿、大熊猫、文昌鱼、扬子鳄、猕猴、丹顶鹤等。珍贵动物制品，是指珍贵动物皮、骨、毛等制成品。

（二）本罪从主观上来看

本罪在主观方面表现为故意，过失不能构成本罪。

三、立案标准

根据最高人民法院、最高人民检察院《关于办理走私刑事案件适用法律若干问题的解释》第 10 条的规定，《刑法》第 151 条第 2 款规定的“珍贵动物”，包括列入《国家重点保护野生动物名录》中的国家一、二级保护野生动物，《濒危野生动植物种国际贸易公约》附录Ⅰ、附录Ⅱ中的野生动物，以及驯养繁殖的上述动物。

走私本解释附表中未规定的珍贵动物的，参照附表中规定的同属或者同科动物的数量标准执行。

走私本解释附表中未规定珍贵动物的制品的，按照最高人民法院、最高人民检察院、国家林业局、公安部、海关总署《关于破坏野生动物资源刑事案件中涉及的 CITES 附录Ⅰ和附录Ⅱ所列陆生野生动物制品价值核定问题的通知》(林濒发〔2012〕239 号)的有关规定核定价值。

四、风险防范

本罪的风险防范方法与走私文物罪的方法相似。

五、案例评析

(一)案例简介

公诉机关起诉指控:2009 年 4 月 16 日,被告人何某某从中华人民共和国罗湖口岸入境时,海关工作人员在其行李内发现未向海关申报的疑似羚羊角 5 根(750 克)、SEAGATE 牌硬盘 18 个(另案处理)。经华南野生动物物种鉴定中心鉴定,上述疑似羚羊角均为赛加羚羊的角,该物种被列入《濒危野生动植物种国际贸易公约》(CITES)附录Ⅱ被国际限制贸易,并在《中华人民共和国野生动物保护法》中被列入国家Ⅰ级重点保护的珍贵濒危野生动物;根据华南野生动物物种鉴定中心提供的依据计算,5 根涉案的赛加羚羊角价值人民币 15 万元。

被告人及其辩护人辩称:何某某不知道所携带的货物属于珍贵动物及其制品,主观上不存在犯罪的故意;被告人文化程度低,在香港酒楼从事服务员工作,虽然生活拮据,但并不以帮人带货为生;被告人何某某系初犯,认罪态度好,有悔罪表现,希望法院给予从轻、减轻处罚。

法院经审理后认为:被告人何某某违反海关法规,逃避海关监管,走私赛加羚羊角入境,其行为已构成走私珍贵动物、珍贵动物制品罪。公诉机关指控的罪名成立。何某某携带珍贵动物制品入境,不向海关申报,被现场查获,走私故意明显,其对所带物品的具体情况不明确并不影响走私犯罪的构成,故辩护人关于何某某主观上不存在犯罪故意的辩护意见,法院不予采纳;何某某为了挣取"带货费",帮他人走私货物入境,在共同犯罪中起次要作用,系从犯,依法应当减轻处罚;鉴于何某某归案后,认罪态度较好,有悔罪表现,可酌情从轻处罚。

故法院判决被告人何某某犯走私珍贵动物、珍贵动物制品罪，判处有期徒刑2年，并处罚金人民币3万元。

（二）简要评析

从本案来看，当事人是否知道走私对象的性质，以及是否知道走私行为属于违法犯罪行为，并不影响犯罪的成立。因此，企业要防范本罪的刑事风险，首先应当加强法律、法规的学习，了解海关法律、法规，依法依规经营。同时，应当提升企业管理水平，堵塞管理漏洞，以防他人以企业名义从事违法犯罪行为，从而让企业遭遇刑事风险。

26. 走私国家禁止进出口的货物、物品罪

一、法律规定

《刑法》第151条第3款规定，走私珍稀植物及其制品等国家禁止进出口的其他货物、物品的，处5年以下有期徒刑或者拘役，并处或者单处罚金；情节严重的，处5年以上有期徒刑，并处罚金。

第4款规定，单位犯本条规定之罪的，对单位判处罚金，并对其直接负责的主管人员和其他直接责任人员，依照本条各款的规定处罚。

二、条文释义

本条是对走私国家禁止进出口的货物、物品罪及其刑事处罚的规定。所谓走私国家禁止进出口的货物、物品罪，是指走私珍稀植物及其制品等国家禁止进出口的其他货物、物品的行为。本罪的构成要件如下。

（一）本罪从客观上来看

本罪的主体是一般主体，即达到刑事责任年龄并具有刑事责任能力的自然

人以及任何企业均可以成为本罪的主体。

从危害行为和危害结果来看：本罪表现为违反海关法规，逃避海关监管、非法携带、运输、邮寄国家禁止进出口的珍稀植物及其制品进出国（边）境。根据最高人民法院、最高人民检察院《关于办理走私刑事案件适用法律若干问题的解释》第12条规定，《刑法》第151条第3款规定的“珍稀植物”，包括列入《国家重点保护野生植物名录》《国家重点保护野生药材物种名录》《国家珍贵树种名录》中的国家一、二级保护野生植物、国家重点保护的野生药材、珍贵树木，《濒危野生动植物种国际贸易公约》附录Ⅰ、附录Ⅱ中的野生植物，以及人工培育的上述植物。所谓“珍稀植物的制品”，是指用珍稀植物加工的药材、木材、标本、器具等制成品。其他国家禁止进出口的货物、物品，是指本条所列货物、物品以外的，被列入国家禁止进出口物品目录或者法律规定禁止进出口的货物、物品，如来自疫区的动植物及其制品、古植物化石等。

（二）本罪从主观上来看

本罪在主观方面表现为故意。

三、立案标准

最高人民法院、最高人民检察院《关于办理走私刑事案件适用法律若干问题的解释》第11条对本罪相关情形及情节作了如下规定：

第11条规定：“走私国家禁止进出口的货物、物品，具有下列情形之一的，依照刑法第一百五十一条第三款的规定处五年以下有期徒刑或者拘役，并处或者单处罚金：

（一）走私国家一级保护野生植物五株以上不满二十五株，国家二级保护野生植物十株以上不满五十株，或者珍稀植物、珍稀植物制品数额在二十万元以上不满一百万元的；

（二）走私重点保护古生物化石或者未命名的古生物化石不满十件，或者一般保护古生物化石十件以上不满五十件的；

（三）走私禁止进出口的有毒物质一吨以上不满五吨，或者数额在二万元以上不满十万元的；

（四）走私来自境外疫区的动植物及其产品五吨以上不满二十五吨，或者数额在五万元以上不满二十五万元的；

（五）走私木炭、硅砂等妨害环境、资源保护的货物、物品十吨以上不满五十吨，或者数额在十万元以上不满五十万元的；

（六）走私旧机动车、切割车、旧机电产品或者其他禁止进出口的货物、物品二十吨以上不满一百吨，或者数额在二十万元以上不满一百万元的；

（七）数量或者数额未达到本款第一项至第六项规定的标准，但属于犯罪集团的首要分子，使用特种车辆从事走私活动，造成环境严重污染，或者引起甲类传染病传播、重大动植物疫情等情形的。

具有下列情形之一的，应当认定为刑法第一百五十一条第三款规定的‘情节严重’：

（一）走私数量或者数额超过前款第一项至第六项规定的标准的；

（二）达到前款第一项至第六项规定的标准，且属于犯罪集团的首要分子，使用特种车辆从事走私活动，造成环境严重污染，或者引起甲类传染病传播、重大动植物疫情等情形的。”

第 12 条规定，《刑法》第 151 条第 3 款规定的“珍稀植物”，包括列入《国家重点保护野生植物名录》《国家重点保护野生药材物种名录》《国家珍贵树种名录》中的国家一、二级保护野生植物、国家重点保护的野生药材、珍贵树木，《濒危野生动植物种国际贸易公约》附录Ⅰ、附录Ⅱ中的野生植物，以及人工培育的上述植物。

本解释规定的“古生物化石”，按照《古生物化石保护条例》的规定予以认定。走私具有科学价值的古脊椎动物化石、古人类化石，构成犯罪的，依照《刑法》第 151 条第 2 款的规定，以走私文物罪定罪处罚。

四、风险防范

本罪的犯罪对象是珍稀植物和国家禁止进出口的其他货物、物品，企业应明确犯罪对象的具体范围，并加强对上述对象的管理，做到不留死角、不留漏洞，从而防范法律风险。

（一）了解禁止珍稀植物等进出口的其他货物、物品范围

根据最高人民法院、最高人民检察院《关于办理走私刑事案件适用法律若

干问题的解释》第12条的规定，《刑法》第151条第3款规定的“珍稀植物”，包括列入《国家重点保护野生植物名录》《国家重点保护野生药材物种名录》《国家珍贵树种名录》中的国家一、二级保护野生植物、国家重点保护的野生药材、珍贵树木，《濒危野生动植物种国际贸易公约》附录Ⅰ、附录Ⅱ中的野生植物，以及人工培育的上述植物。本解释规定的“古生物化石”，按照《古生物化石保护条例》的规定予以认定。走私具有科学价值的古脊椎动物化石、古人类化石，构成犯罪的，依照《刑法》第151条第2款的规定，以走私文物罪定罪处罚。所以企业应对照上述文件进行重点梳理，从而掌握禁止进出口的货物、物品范围的种类、范围。

（二）加强国家禁止进出口的货物、物品的管理

企业应加强国家禁止进出口的货物、物品的管理，建立运输、仓储等全流通环节的监管制度。首先，应建立健全国家禁止进出口的货物、物品管理清单，明确企业管理范围；其次，企业应建立健全清查、清点机制，在流通环节加强清查、清点，明确掌握国家禁止进出口的货物、物品的数量、种类等关键数据。最后，可以根据实际情况，为国家禁止进出口的货物、物品建档，实施特殊管理。

五、案例评析

（一）案例简介

公诉机关指控：2018年11月中旬，被告人刘某双为获得报酬，受“黄仔”（另案处理）指使到越南海域走私冻品入境。刘某双纠集莫某红共同前往越南。2018年11月20日，刘某双、莫某红2人从防城港乘坐小排出发，在防城港外海域搭乘摩托艇来到被查获的无船名船号船舶上，当晚驾驶该船到达越南海域后抛锚等待装货。同月24日刘某双、莫某红将该船开至附近一艘越南船舶旁，由越南工人向将货物搬运至刘某双、莫某红驾驶的船上。同月28日，刘某双、莫某红二人将装载冻品的船舶从越南海域开至钦州市三娘湾渔村内的西汉出海古码头进行装卸。同日凌晨3时许，由工人将该船上运输的冻品过驳至停靠在该码头附近等候的黄某、邹某1驾驶的“桂A×××”等几辆货车上。驳

完船上的货后刘某双、莫某红二人将该船驶离三娘湾西汉出海古码头后被海警三支队查获。根据黄某、邹某1运输冻品到南宁进出高速路口的过磅单查明，从刘某双、莫某红驾驶船只过驳到运输车辆冻品的重量为16.3吨。

被告人刘某双、莫某红对公诉机关指控的事实及罪名均无异议，请求本院对其从轻处罚。

被告人刘某双的辩护人辩护提出，指控被告人刘某双犯走私国家禁止进出口的货物、物品罪事实不清，证据不足，请求本院判决刘某双无罪。

被告人莫某红的辩护人对公诉机关指控莫某红犯罪的事实及罪名无异议，辩护提出：莫某红在本案中属从犯；归案后坦白悔罪；庭审自愿认罪认罚，请求本院对其从轻处罚。

法院经审理后认为，被告人刘某双、莫某红违反海关法规，逃避海关监管，走私国家禁止进出口的货物、物品入境，其二人的行为确已触犯《刑法》第151条之规定，均构成走私国家禁止进出口的货物、物品罪。公诉机关指控的罪名成立。本案中，两被告人均是受他人雇请参与走私犯罪，在共同犯罪中均起次要作用，均为从犯，依法应当从轻或者减轻处罚；二人归案后至庭审过程中能如实供述，并当庭自愿认罪认罚，依法可以从轻处罚；在法院审理期间，刘某双、莫某红分别向本院交纳了罚金人民币3000元，悔罪表现好，依法可以从轻处罚。综上所述，根据被告人刘某双、莫某红犯罪的事实、性质、情节和对社会的危害程度及其悔罪表现，法院决定对其二人从轻处罚。依据上述事实及理由，法院判决被告人刘某双犯走私国家禁止进出口的货物、物品罪，判处有期徒刑8个月，并处罚金人民币3000元；判决被告人莫某红犯走私国家禁止进出口的货物、物品罪，判处有期徒刑8个月，并处罚金人民币3000元。

（二）简要评析

国家对于禁止进出口的货物、物品均有明确规定，对于从事外贸进出口的企业，应当了解国家禁止进出口货物的种类。对于具体工作人员，应当加强管理，加强法制教育，避免中层工作人员利用企业的管理漏洞，以企业名义从事走私行为。

27. 走私淫秽物品罪

一、法律规定

《刑法》第152条第1款规定，以牟利或者传播为目的，走私淫秽的影片、录像带、录音带、图片、书刊或者其他淫秽物品的，处3年以上10年以下有期徒刑，并处罚金；情节严重的，处10年以上有期徒刑或者无期徒刑，并处罚金或者没收财产；情节较轻的，处3年以下有期徒刑、拘役或者管制，并处罚金。

第3款规定，单位犯前两款罪的，对单位判处罚金，并对其直接负责的主管人员和其他直接责任人员，依照前两款的规定处罚。

二、条文释义

本条是对走私淫秽物品罪及其刑事处罚的规定。所谓走私淫秽物品罪，是指以牟利或者传播为目的，违反海关法规，逃避海关监管，非法运输、携带、邮寄淫秽的影片、录像带、录音带、图片、书刊或者其他淫秽物品进出境的行为。本罪的构成要件如下。

(一)本罪从客观上来看

本罪的主体是一般主体。只要达到刑事责任年龄、具有刑事责任能力的自然人均可构成本罪。同时，依据《刑法》的规定，单位亦可构成本罪。

从危害行为和危害结果来看，本罪表现为违反海关法规、逃避海关监管走私淫秽的影片、录像带、录音带、图片、书刊或者其他淫秽物品的行为。

所谓违反海关法规，主要是指违反了《海关法》及国家其他相关的禁止淫秽物品进出口的规定。国家在这方面已制定出台了多部法律、法规及规章，如1982年的中共中央、国务院《关于严禁淫秽物品的规定》及海关总署的《关于严格查禁淫秽物品进出口的实施办法》等法规和规章。所谓逃避海关监管，是指使用各种非法的方法，逃避海关对所携带、运输或邮寄的淫秽物品进行检查监督以及管理。

所谓淫秽物品，是指具体描绘性行为或者露骨宣扬色情的淫秽性的书刊、录像带、影片、图片、录音带及其他淫秽物品。有关人体生理、医学知识的科学著作不是淫秽物品，包含有色情内容的有艺术价值的文学、艺术作品也不宜视为淫秽物品。

（二）本罪从主观上来看

本罪在主观方面表现为故意，并且必须以牟利或者传播为目的。

三、立案标准

2008年最高人民检察院、公安部《关于公安机关管辖的刑事案件立案追诉标准的规定（一）》第25条规定："以牟利或者传播为目的，走私淫秽的影片、录像带、录音带、图片、书刊或者其他通过文字、声音、形象等形式表现淫秽内容的影碟、音碟、电子出版物等物品，涉嫌下列情形之一的，应予立案追诉：

（一）走私淫秽录像带、影碟五十盘（张）以上的；

（二）走私淫秽录音带、音碟一百盘（张）以上的；

（三）走私淫秽扑克、书刊、画册一百副（册）以上的；

（四）走私淫秽照片、图片五百张以上的；

（五）走私其他淫秽物品相当于上述数量的；

（六）走私淫秽物品数量虽未达到本条第（一）项至第（四）项规定标准，但分别达到其中两项以上标准的百分之五十以上的。"

2014年最高人民法院、最高人民检察院《关于办理走私刑事案件适用法律若干问题的解释》第13条规定："以牟利或者传播为目的，走私淫秽物品，达到下列数量之一的，可以认定为刑法第一百五十二条第一款规定的'情节较轻'：

（一）走私淫秽录像带、影碟五十盘（张）以上不满一百盘（张）的；

（二）走私淫秽录音带、音碟一百盘（张）以上不满二百盘（张）的；

（三）走私淫秽扑克、书刊、画册一百副（册）以上不满二百副（册）的；

（四）走私淫秽照片、画片五百张以上不满一千张的；

（五）走私其他淫秽物品相当于上述数量的。

走私淫秽物品在前款规定的最高数量以上不满最高数量五倍的，依照刑法第一百五十二条第一款的规定处三年以上十年以下有期徒刑，并处罚金。

走私淫秽物品在第一款规定的最高数量五倍以上，或者在第一款规定的最高数量以上不满五倍，但属于犯罪集团的首要分子，使用特种车辆从事走私活动等情形的，应当认定为刑法第一百五十二条第一款规定的'情节严重'。"

四、风险防范

本罪的防范方法与走私文物罪的防范方法相似。

五、案例评析

（一）案例简介

公诉机关起诉指控：(1)2012 年 2、3 月，被告人周某从李某处（已判刑）购进价值人民币 184 万元外包装及内装印有淫秽图片的性药 300 余件。2010 年 7 月，周某从上海制皂有限公司购进外包装印有淫秽图片的壮阳皂 500 箱。以上货物，被告人周某未如实告知，委托倪某办理出口申报手续，欲出口至非洲多哥共和国洛美市销售。2012 年 3 月 31 日，上述货物中（报关单号为 292120120212790635）202 件外包装印有 603,760 张淫秽图片的性药以及 18 箱外包装印有 2592 张淫秽图片的壮阳皂，在义乌国际物流中心被海关查获。经金华市公安局鉴定，该批货物被查获的外包装上共有 606,352 张图片属淫秽图片。(2)2011 年 7、8 月间，周某分二次从高某（另案处理）处采购了 600 件外包装上印有 86,400 张淫秽图片的壮阳茶，委托倪某办理出口相关手续，出口至非洲多哥共和国洛美市销售。经金华市公安局鉴定，该批壮阳茶的每个外包装盒上共有淫秽图片 3 张。2012 年 7 月 5 日，周某被抓获归案。

被告人周某及其辩护人辩称：周某的行为属于犯罪未遂；涉案淫秽物品鉴定结论依据不足，请求重新鉴定；壮阳茶外包装淫秽图片及其数量的鉴定结论系根据样品推测得出，该起指控事实不清、证据不足；查扣的物品没有流入社会，犯罪结果地在国外，社会危害性较小；周某销售淫秽物品属于间接故意，系初犯、偶犯，具有认罪、悔罪表现，请求对周某减轻处罚并适用缓刑。

法院经审理后认为：被告人周某以牟利为目的，违反国家对淫秽物品的管制规定和海关管理法规，逃避海关监管，非法运输印有大量淫秽图片的货物出境，情节严重，其行为已构成走私淫秽物品罪。公诉机关指控的罪名成立，法院予以支持。周某被查扣的淫秽物品系办结出口报关手续后，在海关监管现场查验时被查获，其行为依法已构成犯罪既遂，辩护人所提周某的行为系犯罪未遂的辩护意见，与法律规定不符，法院不予采纳。故法院判决被告人周某犯走私淫秽物品罪，判处有期徒刑12年6个月，并处罚金人民币20万元。

（二）简要评析

从本案来看，走私淫秽物品既包括将淫秽物品运出国境，亦包括将淫秽物品带回国内，这两种行为均可以构成本罪。本案中，被告人走私淫秽物品数额巨大，情节较重，最后被法院判处10年以上有期徒刑。对于企业来说，违法违规经营，即使一时获利，但终不会长久，最终可能会人财两空。只有依法依规，才能保证企业行稳致远。

28. 走私废物罪

一、法律规定

《刑法》第152条第2款规定，逃避海关监管将境外固体废物、液态废物和气态废物运输进境，情节严重的，处5年以下有期徒刑，并处或者单处罚金；情节特别严重的，处5年以上有期徒刑，并处罚金。

第3款规定，单位犯前两款罪的，对单位判处罚金，并对其直接负责的主管人员和其他直接责任人员，依照前两款的规定处罚。

二、条文释义

本条是关于走私废物罪及其刑事处罚的规定。所谓走私废物罪，是指违反海关法规和国家关于固体废物、液态废物、气态废物管理的规定，逃避海关监管，将境外固体废物、液态废物、气态废物运输进境的行为。本罪的构成要件如下。

(一)本罪从客观上来看

本罪的主体是一般主体。只要达到刑事责任年龄、具有刑事责任能力的自然人均可构成本罪。同时，依据《刑法》的规定，单位亦可构成本罪。

从危害行为和危害结果来看，本罪表现为违反海关法规和国家有关规定，逃避海关监管，将境外的固体废物、液态废物、气态废物运输进境的行为。所谓固体废物，是指在日常生活、生产建设和其他活动中产生的污染环境的固态、半固态废弃物质，如工业固体废物、城市生活垃圾、危险废物。国家禁止进口固体废物和限制进口可用作原料的固体废物。国家限制进口的可用作原料的固体废物的具体种类，《国家限制进口的可用作原料的固体废物目录》中有明确规定。《刑法修正案(四)》第2条已将固体废物扩大至所有形态的废物，第5条将《刑法》第339条第3款的规定修改为："以原料利用为名，进口不能用作原料的固体废物、液态废物和气态废物的，依照本法第一百五十二条第二款、第三款的规定定罪处罚。"

(二)本罪从主观上来看

本罪在主观方面表现为故意，即明知是境外的固体废物、液态废物、气态废物，却逃避海关监管，偷运入境。

三、立案标准

2014年最高人民法院、最高人民检察院《关于办理走私刑事案件适用法律若干问题的解释》第14条规定："走私国家禁止进口的废物或者国家限制进口的可用作原料的废物，具有下列情形之一的，应当认定为刑法第一百五十二条第二款规定的'情节严重'：

(一)走私国家禁止进口的危险性固体废物、液态废物分别或者合计达到一吨以上不满五吨的；

(二)走私国家禁止进口的非危险性固体废物、液态废物分别或者合计达到五吨以上不满二十五吨的；

（三）走私国家限制进口的可用作原料的固体废物、液态废物分别或者合计达到二十吨以上不满一百吨的；

（四）未达到上述数量标准，但属于犯罪集团的首要分子，使用特种车辆从事走私活动，或者造成环境严重污染等情形的。

具有下列情形之一的，应当认定为刑法第一百五十二条第二款规定的'情节特别严重'：

（一）走私数量超过前款规定的标准的；

（二）达到前款规定的标准，且属于犯罪集团的首要分子，使用特种车辆从事走私活动，或者造成环境严重污染等情形的；

（三）未达到前款规定的标准，但造成环境严重污染且后果特别严重的。

走私置于容器中的气态废物，构成犯罪的，参照前两款规定的标准处罚。"

四、风险防范

本罪的风险防范与走私文物罪的风险防范方法相似。

五、案例评析

（一）案例简介

公诉机关起诉指控：2013年7～11月，被告人李某甲在香港特别行政区聚集旧电脑配件等货源后，以每柜人民币11万～14万元不等的价格，交给余某、黄某丁（均已判刑）团伙走私入境。该走私团伙接货后，通过海运方式将电子废物从香港运至朝鲜南浦港，再通过中朝界河鸭绿江辽宁丹东段以绕关方式走私入境，后以船运、汽运等方式送到广东省佛山市、汕头市等地，交给李某甲或其指定的人。被告人李某甲通过上述方式走私入境旧电脑配件22柜，其中2柜电子废物（共计58.8吨）在转运时被大连海关缉私局当场扣押，经鉴定，属国家禁止进口的固体废物。

被告人及其辩护人辩称：本案证据不能形成完全的证据链，证明涉案货柜的物品系李某甲所有；除现场查扣的两柜货物外，没有证据证明其他涉案货柜的货物均系国家禁止进口的废物；李某甲没有直接参与走私过程，作用较小，在共同走私行为中属从犯。请求认定李某甲无罪，如认定李某甲有罪，请求对其依法从轻、减轻处罚。

法院经审理后认为：被告人李某甲逃避海关监管，伙同他人将境外固体废物运输进境，其行为已构成走私废物罪，且情节特别严重。李某甲在整个走私环节中，不具体负责废物的走私入境，在共同犯罪中起次要作用，系从犯，依法减轻处罚。李某甲走私入境的废物，依法予以没收。公诉机关指控的犯罪事实基本清楚，证据确实、充分，指控的罪名成立，法院予以支持；唯指控李某甲通过苏某甲走私5柜电子废物的事实，证据不足，法院不予认定。故法院判决被告人李某甲犯走私废物罪，判处有期徒刑1年6个月，并处罚金人民币3万元。

（二）简要评析

本案中，被告人采取绕关的方法进行走私，其行为明显构成犯罪。法院在综合各项情节的基础上，判处其有期徒刑1年6个月，应当说，是罚当其罪。作为企业来说，要防范本罪的风险，应当加强进口各环节的管理，对进口物品应当及时清点，发现问题及时处理。同时，对于大批进口物品，如果确属不能使用，也不宜直接予以报废，应当经过法定的申报程序，以免遭遇本罪的刑事风险。

29. 走私普通货物、物品罪

一、法律规定

《刑法》第153条规定：“走私本法第一百五十一条、第一百五十二条、第三百四十七条规定以外的货物、物品的，根据情节轻重，分别依照下列规定处罚：

（一）走私货物、物品偷逃应缴税额较大或者一年内曾因走私被给予二次行政处罚后又走私的，处三年以下有期徒刑或者拘役，并处偷逃应缴税额一倍以上五倍以下罚金。

（二）走私货物、物品偷逃应缴税额巨大或者有其他严重情节的，处三年以上十年以下有期徒刑，并处偷逃应缴税额一倍以上五倍以下罚金。

（三）走私货物、物品偷逃应缴税额特别巨大或者有其他特别严重情节的，处十年以上有期徒刑或者无期徒刑，并处偷逃应缴税额一倍以上五倍以下罚金或者没收财产。

单位犯前款罪的，对单位判处罚金，并对其直接负责的主管人员和其他直接责任人员，处三年以下有期徒刑或者拘役；情节严重的，处三年以上十年以下有期徒刑；情节特别严重的，处十年以上有期徒刑。

对多次走私未经处理的，按照累计走私货物、物品的偷逃应缴税额处罚。”

二、条文释义

本条是对走私普通货物、物品罪及其刑事处罚的规定。所谓走私普通货物、物品罪，是指违反海关法规、逃避海关监管，运输、携带、邮寄普通货物、物品进出国（边）境，偷逃应缴税额数额较大的行为。本罪的构成要件如下。

（一）本罪从客观上来看

犯罪主体为一般主体，即达到刑事责任年龄具有刑事责任的自然人和单位均可成为本罪的主体。

从危害行为与危害结果来看，本罪表现为行为人违反海关法规，逃避海关监管，走私普通货物、物品，偷逃数额较大的关税的行为。普通货物、物品，是指《刑法》第151条规定的武器、弹药、核材料、假币、文物、贵重金属、珍贵动物及其制品、珍稀植物及其制品，第152条规定的淫秽物品以及第347条规定的毒品以外的其他货物、物品，包括限制进出口的货物、物品在内。此外，下列行为还构成走私普通货物、物品罪或以走私普通货物、物品罪论处：（1）未经海关许可并且未补缴应缴税额，擅自将批准进口的来料加工、来件装配、补偿贸易的原材料、零件、制成品、设备等保税货物，在境内销售牟利的；（2）未经海关许可并且未补缴应缴税额，擅自将特定减税、免税进口的货物、物品，在境内销售牟利的；（3）直接向走私人非法收购走私进口的其他货物、物品，数额较大的；（4）在内海、领海、界河、界湖运输、收购、贩卖国家限制进出口货物、物品，数额较大，没有合法证明的。

(二)本罪从主观上来看

本罪主观方面表现为直接故意,并且具有偷逃关税的目的,过失不构成本罪。

三、立案标准

最高人民法院、最高人民检察院《关于办理走私刑事案件适用法律若干问题的解释》第 16 条规定:“走私普通货物、物品,偷逃应缴税额在十万元以上不满五十万元的,应当认定为刑法第一百五十三条第一款规定的‘偷逃应缴税额较大’;偷逃应缴税额在五十万元以上不满二百五十万元的,应当认定为‘偷逃应缴税额巨大’;偷逃应缴税额在二百五十万元以上的,应当认定为‘偷逃应缴税额特别巨大’。

走私普通货物、物品,具有下列情形之一,偷逃应缴税额在三十万元以上不满五十万元的,应当认定为刑法第一百五十三条第一款规定的‘其他严重情节’;偷逃应缴税额在一百五十万元以上不满二百五十万元的,应当认定为‘其他特别严重情节’:

(一)犯罪集团的首要分子;

(二)使用特种车辆从事走私活动的;

(三)为实施走私犯罪,向国家机关工作人员行贿的;

(四)教唆、利用未成年人、孕妇等特殊人群走私的;

(五)聚众阻挠缉私的。”

四、风险防范

本罪所称普通货物、物品,实际上是对走私罪进行的兜底规定,除刑法规定的一些特殊货物、物品外,走私其他普通货物、物品依然具有法律风险,企业切忌抱有侥幸心理。

(一)明确普通货物、物品的范围

本罪所规定的普通货物、物品有特殊含义,即《刑法》第 151 条规定的武器、弹药、核材料、假币、文物、贵重金属、珍贵动物及其制品、珍稀植物及其制品，第152条规定的淫秽物品以及第347条规定的毒品以外的其他货物、物品，包括限制进出口的货物、物品在内。所以企业应首先明确普通货物、物品的范围，搞清企业在日常经验管理过程中应当防范的风险点。

（二）随时关注进出口货物数额与纳税数额的变化

作为企业经营者，企业触犯本罪极有可能是由于没有把控好具体业务人员进出口货物数量与所纳税数额的平衡。作为企业负责人，应当经常关注进出口货物数量及企业所纳税额的变化，对于企业经营动向做到心中有数，以防由于缴纳税款原因，导致触犯本罪。

（三）加强普通货物、物品的管理

企业应加强普通货物、物品的管理，建立运输、仓储等全流通环节监管制度。首先，应建立健全普通货物、物品管理清单，明确企业管理范围；其次，企业应建立健全清查、清点机制，在流通环节加强清查、清点，明确掌握普通货物、物品的数量、种类等关键数据。

五、案例评析

（一）案例简介

山东省青岛市人民检察院指控：2012年10～11月，被告人黄某与集装箱某货轮号船长鲁斯兰（CHAVARUSLAN，乌克兰国籍）商定，待该轮于2012年12月初靠泊青岛招商局码头期间从该轮非法购买重油走私进境。2012年12月初，黄某通过被告单位（以下简称斯兰德公司）某业务员刘某介绍，将该购油业务交由斯兰德公司经理陆某具体操作，双方约定平均分配重油在国内销售的利润。2012年12月3日凌晨3时许，被告人陆某安排刘某到同船长鲁斯兰、轮机长热妮亚（LUKINYEVGEN，乌克兰国籍）商谈购油及支付部分购油款53,500美元，并租用“依晨2”号轮从某货轮私卸重油312吨。当日11时许，装载走私重油的“依晨2”号轮在青岛小港码头停靠时被黄岛海关缉私分局当场查获。经海关核定走私重油偷逃税款人民币465,810.84元。

被告单位的诉讼代表人周某、被告人陆某、黄某、刘某对公诉机关指控的犯罪事实无异议亦无辩解。

被告人陆某的辩护人的辩护意见是,其系单位犯罪的直接责任人员;系自首、初犯,认罪、悔罪、愿意缴纳罚金,请求予以从轻处罚并适用缓刑。

被告人黄某的辩护人的辩护意见是,其系单位犯罪的直接责任人员,且系从犯;到案后如实供述全部罪行、认罪、悔罪,愿意缴纳罚金,且本案走私重油被当场查获、未造成国家税收损失;建议对被告人黄某判处拘役6个月,缓期1年。

法院经审理后认定,在案书证、证人证言证实,被告人陆某、刘某与被告单位斯兰德公司签订挂靠协议,以被告单位名义独立开展业务,交纳固定挂靠费用,所得利润与被告单位无关。此次走私重油行为被告人陆某事前未向公司报告,所得利润由被告人陆某与黄某平分,上述事实与被告人陆某、黄某供述印证一致,足以证实。被告人陆某走私重油行为虽系以斯兰德公司回收污油水业务名义进行,但走私犯罪所得与固定挂靠费用没有关联性,不归单位所有,依法不认定为单位犯罪。公诉机关指控斯兰德公司走私普通货物罪不成立。

故法院最后经审理认为,被告人陆某、黄某、刘某为牟取非法利益,违反海关法规,擅自从外轮上购买燃料油312吨走私入境,偷逃应缴税额巨大,被告人陆某、黄某、刘某均构成走私普通货物罪,依法应予惩处。公诉机关指控被告单位某犯走私普通货物罪的事实不清,证据不足,本院不予支持;指控被告人陆某、黄某、刘某犯走私普通货物罪的罪名成立,本院予以支持。在共同犯罪中,被告人陆某、黄某起主要作用系主犯,应当按照其所参与的或者组织、指挥的全部犯罪处罚;被告人刘某起次要作用,系从犯,可减轻处罚。案发后,被告人陆某主动投案并如实供述全部犯罪事实,系自首,可减轻处罚。被告人黄某、刘某被抓获后如实供述了全部犯罪事实,均构成坦白,可从轻处罚。鉴于本案三被告人在走私重油过程中被当场查获、未给国家造成税收损失;被告人陆某系自首、初犯、认罪、悔罪、愿意缴纳罚金,且经青岛市黄岛区司法局调查评估,认为对其适用缓刑对所在社区没有重大不良影响,法院依法对被告人陆某适用缓刑;被告人黄某构成坦白,系初犯、认罪、悔罪、愿意缴纳罚金,经广东省深圳市宝安区司法局调查评估,认为对其适用缓刑对所在社区没有重大不良影响,法院依法对其从轻处罚并适用缓刑;被告人刘某构成坦白,系从犯、初犯、认罪、悔罪、愿意缴纳罚金,经山东省平度市司法局调查评估,认为对其适用缓刑对所在社区没有重大不良影响，法院依法对被告人刘某适用缓刑。综合上述理由，法院判决被告人陆某犯走私普通货物罪，判处有期徒刑2年，缓刑2年，并处罚金人民币20万元。判决被告人黄某犯走私普通货物罪，判处有期徒刑3年，缓刑3年，并处罚金人民币20万元。判决被告人刘某犯走私普通货物罪，判处有期徒刑6个月，缓刑1年，并处罚金人民币10万元。判决被告单位某无罪。

（二）简要评析

从上述案例来看，单位对于自己的收入来源，应当清楚明白，对于不明资金来源，应当了解清楚。同时，不应当随意允许其他人以本单位的名义开展进出口业务。如由于业务需要，与他人合作进行经营，亦应当对业务过程进行监督。并应当定期对进出口业务进行回查，发现问题，应当及时进行整改。

第四章
CHAPTER 4

妨害对公司、企业管理秩序罪的预防

30. 虚报注册资本罪

一、法律规定

《刑法》第 158 条规定："申请公司登记使用虚假证明文件或者采取其他欺诈手段虚报注册资本，欺骗公司登记主管部门，取得公司登记，虚报注册资本数额巨大、后果严重或者有其他严重情节的，处三年以下有期徒刑或者拘役，并处或者单处虚报注册资本金额百分之一以上百分之五以下罚金。

单位犯前款罪的，对单位判处罚金，并对其直接负责的主管人员和其他直接责任人员，处三年以下有期徒刑或者拘役。"

全国人民代表大会常务委员会《关于〈中华人民共和国刑法〉第一百五十八条、第一百五十九条的解释》规定："刑法第一百五十八条、第一百五十九条的规定，只适用于依法实行注册资本实缴登记制的公司。"

二、条文释义

本条是关于虚报注册资本罪及其刑事处罚的规定。所谓虚报注册资本罪，是指申请公司登记使用虚假证明文件或者采取其他欺诈手段虚报注册资本，欺骗公司登记主管部门，取得公司登记，虚报注册资本数额巨大、后果严重或者有其他严重情节的行为。本罪的构成要件如下。

（一）本罪从客观上来看

本罪的犯罪主体是特殊主体，即必须是申请公司登记的个人或者单位。这里所说的"公司"，是指公司法规定的有限责任公司和股份有限公司。

行为人在客观上必须实施了使用虚假证明文件或者采取其他欺诈手段虚报注册资本，欺骗公司登记主管部门的行为。根据《公司登记管理条例》的规定，公司注册时应当提供股东出资的证明文件，这些文件主要是指由依法设立的注册会计师事务所和审计师事务所等法定验资机构对申请公司登记的人的出资所出具的《验资报告》《资产评估报告》等材料，故证明文件，即主要指上述《验资报告》和《资产评估报告》等材料。所谓其他欺诈手段主要是指采取隐瞒事实真相的方法，虚报注册资金，欺骗公司登记行政管理部门的行为。所谓公司登记主管部门，按《公司登记管理条例》的规定，是指各级工商行政管理机关。取得公司登记，指经过登记部门核准后，取得登记部门颁发的《企业法人营业执照》。

2014 年 4 月 24 日第十二届全国人民代表大会常务委员会第八次会议通过的《关于〈中华人民共和国刑法〉第一百五十八条、第一百五十九条的解释》中规定："刑法第一百五十八条、第一百五十九条的规定，只适用于依法实行注册资本实缴登记制的公司。"因此，该解释将本罪进行了限缩解释。

（二）本罪从主观上来看

本罪的主观方面表现为故意，过失不构成本罪。

三、立案标准

最高人民检察院、公安部《关于公安机关管辖的刑事案件立案追诉标准的规定（二）》第 3 条规定："申请公司登记使用虚假证明文件或者采取其他欺诈手段虚报注册资本，欺骗公司登记主管部门，取得公司登记，涉嫌下列情形之一的，应予立案追诉：

（一）超过法定出资期限，实缴注册资本不足法定注册资本最低限额，有限责任公司虚报数额在三十万元以上并占其应缴出资数额百分之六十以上的，股份有限公司虚报数额在三百万元以上并占其应缴出资数额百分之三十以上的；

（二）超过法定出资期限，实缴注册资本达到法定注册资本最低限额，但仍虚报注册资本，有限责任公司虚报数额在一百万元以上并占其应缴出资数额百分之六十以上的，股份有限公司虚报数额在一千万元以上并占其应缴出资数额百分之三十以上的；

（三）造成投资者或者其他债权人直接经济损失累计数额在十万元以上的；

（四）虽未达到上述数额标准，但具有下列情形之一的：

1. 两年内因虚报注册资本受过行政处罚二次以上,又虚报注册资本的;

2. 向公司登记主管人员行贿的;

3. 为进行违法活动而注册的。

(五)其他后果严重或者有其他严重情节的情形。”

需要说明的是,按照全国人民代表大会常务委员会《关于〈中华人民共和国刑法〉第一百五十八条、第一百五十九条的解释》,上述立案标准,仅针对实行注册资本实缴登记制的公司,对认缴制的公司已经不存在触犯此罪名的问题。

四、风险防范

(一)合理确定公司注册资本数额

在法律上,认缴注册资本是股东承担责任的依据和上限,虽然不用立刻缴纳,甚至可以一直挂着,永远不缴纳,但一旦公司亏损负债、解散或注销,在公司现有资产不足以清偿债务时,股东依法应缴足出资,以清偿公司债务。

因此,成立公司时,应从股东自身能力、公司发展的实际需要、公司未来为取得某项经营资质对注册资本的要求,以及公司与股东的税务筹划等方面考虑,并确定注册资本金额,不能因为法律对出资时间没有强制规定或一味追求“公司实力强大”的假象,而使股东陷入不必要的风险中。

(二)如实缴纳出资

新《公司法》实施后,除了法律、行政法规以及国务院决定对公司注册资本实缴、注册资本最低限额另有规定外,一般有限责任公司和发起设立的股份有限公司成立时均不再要求实缴注册资本,股东按照公司章程中规定的期限、金额、出资方式等缴纳出资即可。据此,对实行注册资本认缴登记制的公司股东将不再有因虚报注册资本、虚假出资、抽逃出资而被处以刑罚的风险。但是根据《公司法》第28、198、199条的规定,所有公司的股东因虚报注册资本、虚假出资、抽逃出资仍可能遭受行政处罚,并需向已按期足额缴纳出资的股东承担民事违约责任。

股东出资是公司设立的必要条件,也是股东对公司最重要的义务。股东因瑕疵出资对公司、其他股东、公司债权人负有多种民事法律责任风险。所以股东在设立公司及受让股权过程中，对出资缴付的形式要件和实质要件要充分重视，防范被认定为未履行出资义务或未全面履行出资义务的法律风险。

（三）确保出资来源合法

《公司法》规定，股东可以用货币出资，也可以用实物、知识产权、土地使用权等可以用货币估价并可以依法转让的非货币财产作价出资。出资人以不享有处分权的财产出资，当事人之间对于出资行为效力产生争议的，人民法院可以参照《物权法》第一百零六条的规定予以认定。以贪污、受贿、侵占、挪用等违法犯罪所得的货币出资后取得股权的，对违法犯罪行为应予以追究、处罚时，应当采取拍卖或者变卖的方式处置其股权。即股东应以其合法享有所有权的货币或非货币对公司出资，且作为出资的财产不得设置抵押、质押或其他任何权利限制。否则，可能导致出资无效，无法享有股东的权利和义务，并承担未实缴出资的法律责任。

五、案例评析

（一）案例简介

榆林市榆阳区人民检察院指控原审被告人赵某、马某犯虚报注册资本罪一案，于2014年12月22日作出（2012）榆刑初字第00062号刑事判决。宣判后，原审被告人赵某不服，提出上诉。

榆阳区人民法院经审理查明：2003年12月，被告人赵某以给付被告人马某15,000元作为报酬，让马某帮助登记注册1200万元的公司。马某即伪造印章、伪造签名，以靖边县张畔字第01236号房屋所有权证等虚假材料作出榆博评报字（2003）第46号房屋评估报告和榆博会验字（2003）第126号验资报告。2003年12月5日，赵某用该虚假验资报告在没有任何出资的情况下在榆林市工商局登记注册了榆林市凯奇莱能源有限公司（以下简称凯奇莱公司），注册资本金为1200万元，取得企业法人营业执照。公司经营范围为煤炭开发的投资。2004年7月8日、2006年4月20日凯奇莱公司股东及股权两次变更中，被告人赵某均使用了虚假的验资报告。

2010年8月21日，榆林市工商局以凯奇莱公司设立登记时虚报注册资本，作出榆林市工商局(2010)03号行政处罚决定书，对凯奇莱公司罚款人民币5万元。凯奇莱公司不服该行政处罚向榆阳区法院提起行政诉讼，榆阳区法院审理过程中，2010年11月9日，陕西省工商行政管理局以榆林市工商局(2010)03号行政处罚决定存在错误，撤销了榆林市工商局(2010)03号行政处罚决定书。2010年12月22日，榆阳区法院作出(2011)榆行初字第2号行政判决书，判决对榆林市工商局行政处罚依据的事实予以认定，即对榆林神通有限责任会计师事务所2005年6月14日对凯奇莱公司2004年度财务状况出具的榆神会所(2005)第087号《审计报告》、陕西榆林振北有限责任会计师事务所2006年2月22日对凯奇莱公司2005年度财务状况出具的榆振会所发(2006)31号《财务审计报告》、陕西顺达联合会计师事务所对凯奇莱公司2007年度财务状况出具的陕顺会字(2008)第114号《财务报告书》、陕西秦诚有限责任会计师事务所2009年4月2日对凯奇莱公司2008年度财务状况出具的陕秦会字(2009)013号审计报告和2005年、2007年、2008年该公司账面实收资本均为1200万元的事实均予以认定。但因具体行政行为被撤销，凯奇莱公司的诉讼请求已经实现，故判决驳回凯奇莱公司诉讼请求。

2011年3月16日，榆林市工商局以凯奇莱公司虚报注册资本情节严重，重新作出行政处罚，决定撤销对凯奇莱公司的登记。凯奇莱公司不服该行政处罚，向榆林市人民政府提起行政复议，复议机关作出维持该决定的意见。凯奇莱公司仍不服，向榆阳区法院提起行政诉讼，2011年11月17日，榆阳区法院作出(2011)榆行初字第28号行政判决书，以榆林市工商局重新作出行政具体行为系在原有证据的基础上，未提供新证据推翻原有证据，且行政处罚程序违法，作出撤销榆林市工商局作出的该行政处罚决定书的行政判决(已生效)。就上述虚报注册行为，榆林市公安局于2007年1月18日10时以接省厅、省政府办公厅《办公处理专用单》3607号文件，称榆林市工商局对凯奇莱公司涉嫌虚报注册资本问题已立案调查，要求榆林市公安局初查，榆林市公安局当日登记有《接受刑事案件登记表》。2010年11月29日，榆林市公安局根据《刑事诉讼法》第86条之规定，决定对凯奇莱公司(法定代表人赵某)涉嫌虚报注册案立案调查，并作出立案决定书。

原审法院认为，被告人赵某作为公司登记申请人在设立凯奇莱公司登记时，使用虚假证明文件，虚报注册资本，欺骗公司登记主管部门取得公司登记，情节严重，构成虚报注册资本罪；被告人马某明知他人犯罪，而实施帮助行为，属共同犯罪，并处从犯地位。公诉机关指控赵某、马某虚报注册资本的事实成立。但因本案已过追诉期限，不应再追究赵某、马某的刑事责任。一审法院判决被告人赵某犯虚报注册资本罪，已过追诉期限，不再追究刑事责任；被告人马某犯虚报注册资本罪，已过追诉期限，不再追究刑事责任。

被告人赵某上诉辩称，其在2003年成立凯奇莱公司时虽有虚报注册资金行为，但于2004年即补足了注册资本金1200万元，该事实已经过法院行政判决书的确认，且没有造成社会危害，不应对其进行刑事处罚；凯奇莱公司在2004年7月8日、2006年4月20日股东及股权变更中，亦没有使用虚假的验资报告；根据全国人民代表大会常务委员会《关于〈中华人民共和国刑法〉第一百五十八条、第一百五十九条的解释》的规定，只有依法实行注册资本实缴登记制的公司才构成上述犯罪，而赵某注册的凯奇莱公司不属此类范畴，且根据最高人民检察院、公安部《关于严格依法办理虚报注册资本和虚假出资、抽逃出资刑事案件的通知》内容，除依法实行注册资本实缴登记制的公司外，依照新修改的公司法不再符合犯罪构成要件的案件，检察机关应当撤回对上诉人的指控并作出无罪不起诉决定。

二审法院经审理后认为，原审判决认定上诉人赵某在设立凯奇莱公司登记时使用虚假证明文件，虚报注册资本，欺骗登记主管部门取得公司登记，以及原审被告人马某帮助赵某虚报注册资本的事实清楚，但认定其二人的行为构成虚报注册资本罪的法律依据不足。关于赵某上诉所持辩解意见及理由，经查，其在2003年成立凯奇莱公司时确有虚报1200万元注册资金的行为，其后期虽曾有补足注册资金的事实并经生效的行政判决书予以确认，但依照当时的法律规定，其行为已涉嫌虚报注册资本犯罪；根据2014年4月24日出台的全国人民代表大会常务委员会《关于〈中华人民共和国刑法〉第一百五十八条、第一百五十九条的解释》的规定，只有依法实行注册资本实缴登记制的公司才构成上述犯罪要件，而赵某注册的凯奇莱公司的经营范围为煤炭开发投资，根据国发（2014）7号《国务院关于印发注册资本登记制度改革方案的通知》中所列的26类实缴登记制的公司，凯奇莱公司显然不属该类实缴登记制的公司，故其没有违反国家公司登记的相关管理制度；此外，根据公经（2014）247号最高人民检察院、公安部《关于严格依法办理虚报注册资本和虚假出资、抽逃出资刑事案件的通知》之要求，除依法实行注册资本实缴登记制的公司外，依照新修改的公司法不再符合犯罪构成要件的案件，如在侦查阶段，公安机关应撤销案件，如在起诉阶段，检察机关应撤回起诉并作出不起诉决定。故根据《刑法》第 12 条关于从旧兼从轻之法定原则，对上诉人赵某及原审被告人马某依法应当宣告无罪。同时，根据法律规定，虚报注册资本罪的追诉时效为 5 年，本案中，追诉时效起算点为凯奇莱公司虚报注册登记成立之时，即 2003 年 12 月 5 日，届满日期为 2008 年 12 月 4 日，而公安机关于 2010 年 11 月 29 日方作出刑事立案决定书，本案又不存法定不受追诉时效限制的情形，故本案已过追诉期限，不应再追究被告人赵某、马某的刑事责任。根据《刑事诉讼法》第 15 条第 1 款第 2 项之规定，亦应依法宣告无罪。原审法院未对赵某上述行为是否违反国家公司登记的管理制度及是否符合犯罪构成要件依法作出评判，而仅以本案已过追诉期限为由，不予追究上诉人赵某及原审被告人马某的刑事责任，显属不当。赵某所持无罪之上诉理由，本院予以采纳。至于凯奇莱公司后期是否确实补足注册资金及股权变更中是否继续使用过虚假的验资报告，与本案适用法律无关，对其该节辩解意见，不予采纳。原审判决认定事实清楚，证据确实、充分。审判程序合法。唯适用法律不当，本院依法予以改判。二审法院判决撤销榆阳区人民法院(2012)榆刑初字第 00062 号刑事判决，认定上诉人赵某、原审被告人马某无罪。

(二)简要评析

本罪是《刑法》第 158 条规定的罪名，后由于《公司法》对公司注册资本制度进行了修改，全国人民代表大会常务委员会《关于〈中华人民共和国刑法〉第一百五十八条、第一百五十九条的解释》遂对本罪进行了修改，将本罪适用范围限定为法定注册资本金的公司，故大大缩小了本罪的适用范围。虽然适用范围进行了限缩，本罪并没有取消。因此，对于仍属于法定注册资本金的公司，本罪仍然有可能会发生。公司成立时，各种验资手续应当齐全，该评估的应当依法进行评估，注册登记时，拒绝使用虚假文件。

31. 虚假出资、抽逃出资罪

一、法律规定

《刑法》第159条规定："公司发起人、股东违反公司法的规定未交付货币、实物或者未转移财产权，虚假出资，或者在公司成立后又抽逃其出资，数额巨大、后果严重或者有其他严重情节的，处五年以下有期徒刑或者拘役，并处或者单处虚假出资金额或者抽逃出资金额百分之二以上百分之十以下罚金。

单位犯前款罪的，对单位判处罚金，并对其直接负责的主管人员和其他直接责任人员，处五年以下有期徒刑或者拘役。"

全国人民代表大会常务委员会《关于〈中华人民共和国刑法〉第一百五十八条、第一百五十九条的解释》规定："刑法第一百五十八条、第一百五十九条的规定，只适用于依法实行注册资本实缴登记制的公司。"

二、条文释义

本条是关于虚假出资、抽逃出资罪及其处罚的规定，共分两款。第1款是对自然人犯虚假出资、抽逃出资罪及其刑事处罚的规定。根据法律规定，虚假出资、抽逃出资罪的构成要件如下。

（一）本罪从客观上来看

本罪的犯罪主体是特殊主体，即公司的发起人或者股东。依据《公司法》的规定，公司是指有限责任公司和股份有限公司；公司发起人是指依法创立筹办股份有限公司的人；股东是指公司的出资人，包括有限责任公司的股东和股份有限公司的股东。

本罪的危害行为和危害结果表现为，行为人必须有违反公司法的规定，未交付货币、实物或者未转移财产权，虚假出资，或者在公司成立后又抽逃其出资的行为。即公司股东或发起人指违反了《公司法》规定的下列出资义务：有限责任公司的股东应当足额缴纳章程中规定的其所认缴的出资额；其中对以货币出资的，股东应将货币出资一次足额存入准备设立的有限责任公司在银行开设的临时账户；以实物、工业产权，非专利技术或者土地使用权出资的，应当依法办理其财产权的转移手续。上述行为主要表现为：如果以货币出资，未按上述规定足额交付其所认缴的出资额。如以实物或其他财产权出资，未按约定移交实物或者未按约定办理所有权、土地使用权转让手续。所谓虚假出资，指股东以实物、工业产权、非专利技术或者土地使用权出资，在评估作价时，故意高估或者低估作价，然后再作为自己对公司出资。同时，按照《刑法》的规定，行为人虚假出资、抽逃出资时，只有具备数额巨大、后果严重或者有其他严重情节的，才构成犯罪。

（二）本罪从主观上来看

本罪的主观方面表现为故意，过失不构成本罪。

三、立案标准

最高人民检察院、公安部关于印发《最高人民检察院、公安部关于公安机关管辖的刑事案件立案追诉标准的规定（二）》第 4 条规定："公司发起人、股东违反公司法的规定未交付货币、实物或者未转移财产权，虚假出资，或者在公司成立后又抽逃其出资，涉嫌下列情形之一的，应予立案追诉：

（一）超过法定出资期限，有限责任公司股东虚假出资数额在三十万元以上并占其应缴出资数额百分之六十以上的，股份有限公司发起人、股东虚假出资数额在三百万元以上并占其应缴出资数额百分之三十以上的；

（二）有限责任公司股东抽逃出资数额在三十万元以上并占其实缴出资数额百分之六十以上的，股份有限公司发起人、股东抽逃出资数额在三百万元以上并占其实缴出资数额百分之三十以上的；

（三）造成公司、股东、债权人的直接经济损失累计数额在十万元以上的；

（四）虽未达到上述数额标准，但具有下列情形之一的：

1. 致使公司资不抵债或者无法正常经营的；

2. 公司发起人、股东合谋虚假出资、抽逃出资的；

3. 两年内因虚假出资、抽逃出资受过行政处罚二次以上，又虚假出资、抽逃出资的；

4. 利用虚假出资、抽逃出资所得资金进行违法活动的。

（五）其他后果严重或者有其他严重情节的情形。”

四、风险防范

（一）如实缴纳出资，避免出资瑕疵

根据《公司法》的规定，股东可以用货币出资，也可以用实物、知识产权、土地使用权等可以用货币估价并可以依法转让的非货币财产作价出资；但是，法律、行政法规规定不得作为出资的财产除外，例如人力资源和名誉权、姓名权等具有人身属性的财产或权利，无法用货币估价或依法转让，不能作为出资。

如果用货币方式出资的，建议通过银行转账等可以追溯的方式，将货币汇入公司指定账户，并在转账时注明款项用途为出资款或类似名目。如以非货币财产出资的，应委托具有相应资质的资产评估机构对作为出资的非货币财产进行评估，并依法办理财产转移手续，将相关非货币财产转移、过户给公司。尤其是房屋所有权、土地使用权等需办理登记手续方可转移财产权利的非货币财产，应及时办理过户登记手续，不能因为已将相关非货币财产交付公司实际使用，或因税费问题推迟办理转移手续。

（二）出资后尽快取得验资证明

修改后的公司法虽然已不再要求将验资报告作为公司设立时的必要文件，但如果条件允许，建议全体股东实缴出资后，由公司聘请会计师事务所对股东出资进行核验并出具验资报告。

五、案例评析

（一）案例简介

温州市瓯海区人民检察院指控，被告单位温州晶德机械有限公司成立于

2009年4月15日，被告人管某乙占该公司83.33%的股份，管某甲占16.66%的股份。后被告单位温州晶德机械有限公司因发展需要，委托“朱斌”代为办理增资事宜。2010年2月1日，“朱斌”将70万元（其中被告人管某乙占58.3333万元，管某甲占11.6667万元）存入被告单位温州晶德机械有限公司验资账户内用于公司增资验资。当日，被告单位温州晶德机械有限公司通过验资并办理了工商变更登记。同年2月8日，注册资金70万元从被告单位温州晶德机械有限公司验资账户内被转出。之后，被告单位温州晶德机械有限公司验资账户内没有任何资金存入。

法院经审理认为，被告人管某乙违反公司法的规定，在公司成立后抽逃其出资，数额巨大，其行为已构成抽逃出资罪。公诉机关指控管某乙的罪名成立，对于公诉机关指控被告单位温州晶德机械有限公司犯抽逃出资罪的意见，经查，该罪名的犯罪主体应为公司发起人或股东，而非公司本身，故对该罪名的指控不成立，应予纠正。管某乙具有自首情节，并鉴于其被查处前涉案公司所有者权益合计已超过注册资本等具体案情，属于犯罪情节轻微，予以从轻处罚并可对其不判处刑罚。法院判决被告单位温州晶德机械有限公司无罪；判决被告人管某乙犯抽逃出资罪，免予刑事处罚。

（二）简要评析

本罪是《刑法》第159条规定的罪名，后由于《公司法》对公司注册资本制度进行了修改，全国人民代表大会常务委员会《关于〈中华人民共和国刑法〉第一百五十八条、第一百五十九条的解释》遂对本罪进行了修改，将本罪适用范围限定为法定注册资本金的公司，故缩小了本罪的适用范围。虽然适用范围进行了限缩，本罪并没有取消。因此，对于仍属于法定注册资本金的公司，本罪仍然有可能会发生。本罪适用的主体为特殊主体，为公司的发起人、股东，不属于这一主体的，不构成本罪。作为公司的发起人，在成立公司时，如果货币出资，货币应当充足到位，如果实物出资，实物应当货真价实。并且，所有出资，均应当保存好相关财务凭证。为防范本罪的发生，公司在成立后，尤其成立之初，对公司与股东之间的财务往来，要有有效成立并生效的合同作为依据，不可随意将公司的资金或其他财物转移到股东的账户或股东名下。股东与公司之间的财产清晰明了是防范本罪的根本手段。

32. 欺诈发行证券罪

一、法律规定

《刑法》第160条规定："在招股说明书、认股书、公司、企业债券募集办法等发行文件中隐瞒重要事实或者编造重大虚假内容，发行股票或者公司、企业债券、存托凭证或者国务院依法认定的其他证券，数额巨大、后果严重或者有其他严重情节的，处五年以下有期徒刑或者拘役，并处或者单处罚金；数额特别巨大、后果特别严重或者有其他特别严重情节的，处五年以上有期徒刑，并处罚金。

控股股东、实际控制人组织、指使实施前款行为的，处五年以下有期徒刑或者拘役，并处或者单处非法募集资金金额百分之二十以上一倍以下罚金；数额特别巨大、后果特别严重或者有其他特别严重情节的，处五年以上有期徒刑，并处非法募集资金金额百分之二十以上一倍以下罚金。

单位犯前两款罪的，对单位判处非法募集资金金额百分之二十以上一倍以下罚金，并对其直接负责的主管人员和其他直接责任人员，依照第一款的规定处罚。"

二、条文释义

本条是对欺诈发行证券罪及其刑事处罚的规定。所谓欺诈发行证券罪，指在招股说明书、认股书、公司、企业债券募集办法等发行文件中隐瞒重要事实或者编造重大虚假内容，发行股票或者公司、企业债券、存托凭证或者国务院依法认定的其他证券，数额巨大、后果严重或者有其他严重情节的行为。本罪构成要件如下。

(一)本罪从客观上来看

本罪的主体主要是单位,自然人在一定条件下也能成为犯罪的主体。

本罪的危害行为和危害结果表现为具有在招股说明书、认股书、公司、企业债券募集办法等发行文件中隐瞒重要事实或者编造重大虚假内容,发行股票或者公司、企业债券、存托凭证或者国务院依法认定的其他证券,数额巨大、后果严重或者有其他严重情节的行为,具体包括下列行为:

(1)行为人必须实施了发行股票或公司、企业债券、存托凭证或者国务院依法认定的其他证券的行为;

(2)行为人必须实施了在招股说明书、认股书、公司、企业债券募集办法等发行文件中隐瞒重要事实或者编造重大虚假内容的行为;

(3)行为人制作虚假的招股说明书、认股书、公司债券募集办法等发行文件中发行股票或者公司、企业债券、存托凭证或者国务院依法认定的其他证券的行为,必须达到"数额巨大、后果严重或者有其他严重情节"。

(二)本罪从主观上来看

本罪在主观上为故意,并且是直接故意,过失不构成本罪。本罪要求行为人明知自己所制作的招股说明书、认股书、债券募集办法等发行文件不是对本公司、企业状况或本次股票、债券发行状况的真实、准确、完整反映,但仍然为之,以达到欺诈发行或者募集的目的。

三、立案标准

最高人民检察院、公安部《关于公安机关管辖的刑事案件立案追诉标准的规定(二)》第5条规定:"在招股说明书、认股书、公司、企业债券募集办法中隐瞒重要事实或者编造重大虚假内容,发行股票或者公司、企业债券、存托凭证或者国务院依法认定的其他证券,涉嫌下列情形之一的,应予立案追诉:

(一)发行数额在五百万元以上的;

(二)伪造、变造国家机关公文、有效证明文件或者相关凭证、单据的;

(三)利用募集的资金进行违法活动的;

(四)转移或者隐瞒所募集资金的;

(五)其他后果严重或者有其他严重情节的情形。"

四、风险防范

发行股票、公司、企业债券、存托凭证或者国务院依法认定的其他证券是公司、企业募集资金的重要手段,但公司、企业应当依法依规进行股票、企业债券、存托凭证或者国务院依法认定的其他证券的发行工作,不得隐瞒重要事实或编造虚假内容。

(一)企业应严格按照法定程序、条件发行股票、债券、存托凭证或者国务院依法认定的其他证券

根据《公司法》第86条的规定,招股说明书应当附有发起人制订的公司章程,并载明下列事项:发起人认购的股份数、每股的票面金额和发行价格、无记名股票的发行总数、募集资金的用途、认股人的权利义务、本次募股的起止期限及逾期未募足时认股人可以撤回所认股份的说明,等等。对于认股书,根据《公司法》第85条的规定,发起人向社会公开募集股份,必须公告招股说明书,并制作认股书。认股书应当载明本法第86条所列事项,由认股人填写认购股数、金额、住所,并签名、盖章。认股人按照所认购股数缴纳股款。企业应当严格按照上述规定将相应事项在招股说明书及认股书中进行载明。

根据《公司债券发行与交易管理办法》的规定,发行公司债券,应当遵守下列规定:

第一,企业应当依照《公司法》或者公司章程相关规定对发行债券的数量、发行方式、债券期限、募集资金的用途、决议的有效期、其他按照法律法规及公司章程规定需要明确的事项作出决议;另外,发行公司债券,如果对增信机制、偿债保障措施作出安排的,也应当在决议事项中载明。

第二,发行人全体董事、监事、高级管理人员应当在债券募集说明书上签字,承诺不存在虚假记载、误导性陈述或者重大遗漏,并承担相应的法律责任,但是能够证明自己没有过错的除外。

第三,公司债券的发行分为公开发行与非公开发行。以公开发行为例,公开发行公司债券,募集资金应当用于核准的用途,而且发行人应当指定专项账户,用于公司债券募集资金的接收、存储、划转与本息偿付。根据《公司债券发

行与交易管理办法》第 17 条的规定，存在下列情形之一的，不得公开发行公司债券：

最近 36 个月内公司财务会计文件存在虚假记载，或公司存在其他重大违法行为；本次发行申请文件存在虚假记载、误导性陈述或者重大遗漏；对已发行的公司债券或者其他债务有违约或者迟延支付本息的事实，仍处于继续状态；严重损害投资者合法权益和社会公共利益的其他情形。

第四，公开发行公司债券，应当委托具有从事证券业务资格的资信评级机构进行信用评级。发行人应当按照中国证监会信息披露内容与格式的有关规定编制和报送公开发行公司债券的申请文件。发行申请核准后，公司债券发行结束前，发行人发生重大事项，导致可能不再符合发行条件的，应当暂缓或者暂停发行，并及时报告中国证监会，影响发行条件的，应当重新履行核准程序。公开发行公司债券，可以申请一次核准，分期发行。自中国证监会核准发行之日起，发行人应当在 12 个月内完成首期发行，剩余数量应当在 24 个月内发行完毕。

（二）加强股票、债券、存托凭证或者国务院依法认定的其他证券发行工作的监督管理

公司、企业如拟发行股票或债券、存托凭证或者国务院依法认定的其他证券的，首先，应当制定股票、债券、存托凭证或者国务院依法认定的其他证券发行工作制度和相关管理规范；其次，由于企业发行股票、债券、存托凭证或者国务院依法认定的其他证券属于专业性较强的工作，企业应设立专门的工作部门配备专业人员负责股票、债券、存托凭证或者国务院依法认定的其他证券发行工作；最后，加强监督管理。企业应当对负有股票、债券、存托凭证或者国务院依法认定的其他证券发行义务的所有部门进行监督检查，定期查阅、审核股票、债券、存托凭证或者国务院依法认定的其他证券发行相关招股说明书、认股书、公司债券募集办法等发行文件，保证股票、债券、存托凭证或者国务院依法认定的其他证券等发行文件的真实性。

（三）应当充分利用中介机构的专业优势，并且与其签订相关协议，确保其履行相关职责

公司、企业发行股票、债券、存托凭证或者国务院依法认定的其他证券，属

于专业性较强工作，会计师事务所和律师事务所均会参与其中。此罪的刑事风险，往往较多地出现在遗漏重要事实这一情形上，故公司、企业应当充分利用专业机构的专业优势，与其签订相关协议，尤其是应当与中介机构明确约定应当由中介机构承担何为重要事实的判断责任，确保在该过程中不遗漏任何重要事实。并且，中介机构在发行股票及债券、存托凭证或者国务院依法认定的其他证券的各种文件中应确保不存在虚构内容，对于属于判断性、或然性的事实，应当要求中介机构在相关文件中予以说明或披露。同时，对于中介机构的尽职调查应当全力配合，不提供虚假材料，不作任何虚假陈述。

五、案例评析

（一）案例简介

江苏省无锡市人民检察院指控：被告单位江苏北极皓天科技有限公司（以下简称北极皓天公司）于2009年年底注册成立，因缺少资金，公司一直未建成投产。2012年时，北极皓天公司实际控制人杨某1（另案处理）和法定代表人被告人杨某甲经合意后，联系中山证券有限责任公司（以下简称中山证券），拟向上海证券交易所申请非公开发行中小企业私募债券，金额不超过1亿元。2013年3月，被告单位北极皓天公司在中山证券负责的《江苏北极皓天科技有限公司2013年中小企业私募债券募集说明书》中隐瞒公司尚未建成投产的重大事项，提交虚假的审计报告、纳税证明等材料骗取上海证券交易所备案。2013年9月，在投资者认购意向不足，该债券面临发行失败时，由杨某1及被告人杨某甲借款人民币6700万元（以下币种均为人民币）进行虚假认购，最终实际募集到嘉实资本管理有限公司（以下简称嘉实公司）认购的2700万元资金。该债券到期后造成投资者2700万元无法兑付。

被告单位北极皓天公司对指控的犯罪事实没有提出异议。

被告人杨某甲提出的辩解意见是：其系初犯、偶犯，具有坦白情节，请求从轻处罚。

被告人杨某甲的辩护人提出的辩护意见：（1）北极皓天公司发行的是私募债，系突破原有刑法框架的制度创新，量刑应当予以从轻；（2）杨某甲认罪态度好，如实供述犯罪事实，依法应当从轻处罚；（3）本案社会危害性小，建议对杨某甲适用缓刑。

法院经审理后认为:被告单位北极皓天公司在公司债券募集办法中隐瞒重要事实、编造重大虚假内容,发行公司债券,数额巨大;被告人杨某甲作为被告单位北极皓天公司直接负责的主管人员,决定并实施上述犯罪行为,其行为均已构成欺诈发行债券罪。杨某甲到案后如实供述自己的罪行,系坦白,依法可予以从轻处罚。江苏省无锡市人民检察院指控被告单位北极皓天公司及被告人杨某甲犯欺诈发行债券罪的事实清楚、证据确实、充分,指控的罪名成立,本院予以采纳。关于杨某甲及其辩护人提出"具有坦白情节"的辩解、辩护意见,法院予以采纳。关于辩护人提出"北极皓天公司发行的是私募债,系突破原有刑法框架的制度创新,量刑应当予以从轻"的辩护意见,法院认为,欺诈发行股票、债券罪属于《刑法》"妨害国家对公司、企业的管理秩序罪"范畴,对本罪中"公司、企业债券"的理解除应根据《刑法》的规定外还应根据《公司法》《证券法》等专门法律的规定。《公司法》规定,公司债券是指公司依照法定程序发行、约定在一定期限还本付息的有价证券。公司发行公司债券应当符合《证券法》的规定。《证券法》规定,公司证券可分为公开发行的证券和不公开发行的证券。私募债券虽然在发行方式、对投资者的要求、是否须经国家证券监管部门审核等方面与公开发行的公司、企业债券不同,但其本质仍是公司、企业债券,应受《刑法》相关规定的调整。法院判决被告单位北极皓天公司犯欺诈发行债券罪,判处罚金人民币100万元。判决被告人杨某甲犯欺诈发行债券罪,判处有期徒刑1年3个月。同时,责令被告单位北极皓天公司向投资者退赔违法所得。

(二)简要评析

本罪规制的对象为企业股票及债券、存托凭证或者国务院依法认定的其他证券的发行行为。这里的债券不仅包括公募债券,还包括私募债券。企业在发行股票、债券、存托凭证或者国务院依法认定的其他证券时,对于影响股票价格及影响债券、存托凭证或者国务院依法认定的其他证券发行的重要事实应当如实披露。如公司、企业对于相关事实是否属于重要事实无法判断,一定要尊重专业人士的意见,保留相关意见书。严格禁止编造虚假内容。在市场规则越来越健全的证券领域,诚信永远是安全的守护神。

33. 违规披露、不披露重要信息罪

一、法律规定

《刑法》第161条规定："依法负有信息披露义务的公司、企业向股东和社会公众提供虚假的或者隐瞒重要事实的财务会计报告，或者对依法应当披露的其他重要信息不按照规定披露，严重损害股东或者其他人利益，或者有其他严重情节的，对其直接负责的主管人员和其他直接责任人员，处五年以下有期徒刑或者拘役，并处或者单处罚金；情节特别严重的，处五年以上十年以下有期徒刑，并处罚金。

前款规定的公司、企业的控股股东、实际控制人实施或者组织、指使实施前款行为的，或者隐瞒相关事项导致前款规定的情形发生的，依照前款的规定处罚。

犯前款罪的控股股东、实际控制人是单位的，对单位判处罚金，并对其直接负责的主管人员和其他直接责任人员，依照第一款的规定处罚。"

二、条文释义

本条是对违规披露、不披露重要信息罪及该罪刑事处罚的规定。所谓违规披露、不披露重要信息罪，指依法负有信息披露义务的公司和企业，向股东和社会公众提供虚假的或者隐瞒重要事实的财务会计报告，或者对依法应当披露的其他重要信息不披露或者不按规定披露，或者该公司、企业的控股股东、实际控制人实施或者组织、指使实施上述行为，或者隐瞒相关事项导致上述规定的情形发生，严重损害股东或者其他人的利益的行为。本罪的构成要件如下。

（一）本罪从客观上来看

本罪的主体是特殊主体，即依法负有信息披露义务的公司、企业或其控股股东、实际控制人。

从危害行为和危害结果来看，本罪表现为公司向股东和社会公众提供虚假的或者隐瞒重要事实的财务会计报告，或者对依法应当披露的其他重要信息不披露或者不按规定披露，严重损害股东或者其他人的利益，或者有其他严重情节的行为，或者该公司、企业的控股股东、实际控制人实施或者组织、指使实施上述行为，或者隐瞒相关事项导致上述规定的情形发生，严重损害股东或者其他人利益的行为。

（二）本罪从主观上来看

本罪在主观方面为故意，过失不构成本罪，本罪要求行为主体必须明知。

三、立案标准

最高人民检察院、公安部《关于公安机关管辖的刑事案件立案追诉标准的规定（二）》第6条规定："依法负有信息披露义务的公司、企业向股东和社会公众提供虚假的或者隐瞒重要事实的财务会计报告，或者对依法应当披露的其他重要信息不按照规定披露，涉嫌下列情形之一的，应予立案追诉：

（一）造成股东、债权人或者其他人直接经济损失数额累计在五十万元以上的；

（二）虚增或者虚减资产达到当期披露的资产总额百分之三十以上的；

（三）虚增或者虚减利润达到当期披露的利润总额百分之三十以上的；

（四）未按照规定披露的重大诉讼、仲裁、担保、关联交易或者其他重大事项所涉及的数额或者连续十二个月的累计数额占净资产百分之五十以上的；

（五）致使公司发行的股票、公司债券或者国务院依法认定的其他证券被终止上市交易或者多次被暂停上市交易的；

（六）致使不符合发行条件的公司、企业骗取发行核准并且上市交易的；

（七）在公司财务会计报告中将亏损披露为盈利，或者将盈利披露为亏损的；

（八）多次提供虚假的或者隐瞒重要事实的财务会计报告，或者多次对依法应当披露的其他重要信息不按照规定披露的；

（九）其他严重损害股东、债权人或者其他人利益，或者有其他严重情节的情形。"

四、风险防范

(一)严格按照法律、法规的规定披露重要信息

公司、企业应当严格按照法律法规的规定披露重要信息。例如,公司、企业首次公开发行股票时,发行人和主承销商应当在发行和承销过程中公开披露以下信息。

第一,招股意向书刊登首日在发行公告中披露发行定价方式、定价程序、参与网下询价的投资者条件、股票配售原则、配售方式、有效报价的确定方式、中止发行安排、发行时间安排和路演推介相关安排等信息;发行人股东拟老股转让的,还应披露预计老股转让的数量上限,老股转让股东名称及各自转让老股数量,并明确新股发行与老股转让数量的调整机制。

第二,网上申购前披露每位网下投资者的详细报价情况,包括投资者名称、申购价格及对应的拟申购数量;剔除最高报价有关情况;剔除最高报价部分后网下投资者报价的中位数和加权平均数以及公募基金报价的中位数和加权平均数;有效报价和发行价格(或发行价格区间)的确定过程;发行价格(或发行价格区间)及对应的市盈率;网下网上的发行方式和发行数量;回拨机制;中止发行安排;申购缴款要求等。已公告老股转让方案的,还应披露老股转让和新股发行的确定数量,老股转让股东名称及各自转让老股数量,并应提示投资者关注,发行人将不会获得老股转让部分所得资金。按照发行价格计算的预计募集资金总额低于拟以本次募集资金投资的项目金额的,还应披露相关投资风险。

第三,如公告的发行价格(或发行价格区间上限)市盈率高于同行业上市公司二级市场平均市盈率,发行人和主承销商应当在披露发行价格的同时,在投资风险特别公告中明示该定价可能存在估值过高给投资者带来损失的风险,提醒投资者关注。内容至少包括:比较分析发行人与同行业上市公司的差异及该差异对估值的影响;提请投资者关注发行价格与网下投资者报价之间存在的差异;提请投资者关注投资风险,审慎研判发行定价的合理性,理性做出投资决策。

第四,在发行结果公告中披露获配机构投资者名称、个人投资者个人信息

以及每个获配投资者的报价、申购数量和获配数量等，并明确说明自主配售的结果是否符合事先公布的配售原则；对于提供有效报价但未参与申购，或实际申购数量明显少于报价时拟申购量的投资者应列表公示并着重说明；发行后还应披露保荐费用、承销费用、其他中介费用等发行费用信息。

第五，向战略投资者配售股票的，应当在网下配售结果公告中披露战略投资者的名称、认购数量及持有期限等情况。

另外，发行人和主承销商在披露发行市盈率时，应同时披露发行市盈率的计算方式。在进行行业市盈率比较分析时，应当按照中国证监会有关上市公司行业分类指引中制定的行业分类标准确定发行人行业归属，并分析说明行业归属的依据。存在多个市盈率口径时，应当充分列示可供选择的比较基准，并应当按照审慎、充分提示风险的原则选取和披露行业平均市盈率。发行人还可以同时披露市净率等反映发行人所在行业特点的估值指标。

（二）加强重要信息披露工作的监督管理

第一，公司、企业应当制定重要信息披露工作制度和相关管理规范；第二，公司、企业应设立专门的工作部门负责重要信息的披露工作，紧盯企业所需披露的重要信息；第三，建立健全完善的财会管理制度，相关财务会计报告应保证真实准确；第四，加强监督管理。公司、企业应当对负有重要信息披露义务的部门进行监督检查，定期查阅、审核相关文件、报告，保证披露的重要信息真实准确。

（三）在信息披露工作中，应严格遵守审慎原则

对于是否属于应当披露的信息内容拿不准时，为审慎起见，应当予以披露。在决定披露信息的过程中，只要该信息对于投资者和社会公众中潜在的投资者决策有影响，均应当予以披露。

五、案例评析

（一）案例简介

扬州市邗江区人民检察院指控：2006 年 11 月至 2008 年 11 月，时任江苏琼

花高科技股份有限公司(以下简称江苏琼花)法定代表人、董事长的被告人于某青使用江苏琼花公章,以江苏琼花的名义,为明显不具有清偿能力的控股股东江苏琼花集团有限公司(以下简称琼花集团)等关联方提供担保24笔,金额计人民币16,035万元。江苏琼花对上述担保事项未按规定履行披露义务,情节严重,于某青作为直接负责的主管人员应当以违规不披露重要信息罪追究刑事责任。于某青作为上市公司的法定代表人、董事长,违背对上市公司的忠实义务,利用职务便利,操纵上市公司为明显不具有清偿能力的关联方违规担保,致使上市公司利益遭受重大损失,应当以背信损害上市公司利益罪追究刑事责任。

被告人于某青对公诉机关指控的犯罪事实不持异议,其辩护人对违规不披露重要信息罪没有异议,但认为于某青违规担保的风险已经化解,未给上市公司江苏琼花造成实际损失,不构成背信损害上市公司利益罪。

法院经审理后认为:江苏琼花对依法应当披露的重要担保信息不按规定披露,情节严重,于某青是江苏琼花上述行为的直接主管人员,其行为已构成违规不披露重要信息罪。其犯罪以后自动投案,如实供述自己的罪行,是自首,依法可以从轻处罚,并可给予一定的考验期限。公诉机关起诉指控于某青构成违规不披露重要信息罪的事实清楚,证据确实、充分,罪名成立,但指控的背信损害上市公司利益罪因构成该罪必须以"致使上市公司利益遭受重大损失"为条件,于某青虽有操纵上市公司向明显不具有清偿能力的关联企业提供担保的行为,但鉴于其违规担保的风险在公安机关立案前已全部化解,未给江苏琼花造成实际损失,因此于某青的行为不构成背信损害上市公司利益罪。公诉机关指控于某青犯背信损害上市公司利益罪不能成立,法院不予支持。辩护人提出于某青的行为未给江苏琼花的利益造成重大损失,因此不构成背信损害上市公司利益罪的辩护意见,应予采纳。法院判决被告人于某青犯违规不披露重要信息罪,判处拘役3个月,缓刑6个月,并处罚金人民币20万元。

（二）简要评析

公司、企业负有向股东和社会公众披露重要信息的义务,应当及时披露重要信息。准确、及时地进行信息披露,是上市公司或公众公司应负的法定义务。对于公司、企业对外担保、对外融资、业务重大变化等信息无疑应当及时向公众进行披露,而且披露的方式也应当合理、适当。心存侥幸,隐匿重要信息,或不当披露重要信息,这不但可能让自己也可能让公司承担巨大的刑事风险。

34. 妨害清算罪

一、法律规定

《刑法》第162条规定:“公司、企业进行清算时,隐匿财产,对资产负债表或者财产清单作虚伪记载或者在未清偿债务前分配公司、企业财产,严重损害债权人或者其他人利益的,对其直接负责的主管人员和其他直接责任人员,处五年以下有期徒刑或者拘役,并处或者单处二万元以上二十万元以下罚金。”

二、条文释义

本条是对妨害清算罪及其刑事处罚的规定。所谓妨害清算罪,是指公司、企业进行清算时,隐匿财产,对资产负债表或者财产清单作虚伪记载或者在未清偿债务前分配公司、企业财产,严重损害债权人或者其他人利益的行为。本罪的构成要件如下。

(一)本罪从客观上来看

本罪的主体是特殊主体,即进行清算的公司、企业。由于公司、企业已依法解散、被责令关闭或者被宣告破产后,其停止了对外经营活动,其具体事务由清算组接管,所以,构成本罪的犯罪行为实际上主要是由清算组代表公司、企业实施的。

本罪危害行为和危害结果表现为在公司、企业清算时,隐匿财产,对资产负债表或者财产清单作虚伪记载或者未清偿债务前分配公司、企业财产,严重损害债权人或者其他人利益的行为。公司、企业清算主要发生在公司、企业的解散、破产情形中,常见犯罪行为方式有隐匿财产、伪造虚假债务、非法分配公司、企业财产等。

（二）本罪从主观上来看

本罪在主观上只能由故意构成，即明知隐匿公司财产、对资产负债表或者财产清单作虚伪记载，或者清偿债务前分配公司财产会损害债权人或者其他人的利益，而故意实施。如果行为人由于过失，并不具有主观故意，即因疏忽大意造成资产负债表或财产清单的记载不符合实际情况的则不构成本罪。

三、立案标准

最高人民检察院、公安部《关于公安机关管辖的刑事案件立案追诉标准的规定（二）》第 7 条规定："公司、企业进行清算时，隐匿财产，对资产负债表或者财产清单作虚伪记载或者在未清偿债务前分配公司、企业财产，涉嫌下列情形之一的，应予立案追诉：

（一）隐匿财产价值在五十万元以上的；

（二）对资产负债表或者财产清单作虚伪记载涉及金额在五十万元以上的；

（三）在未清偿债务前分配公司、企业财产价值在五十万元以上的；

（四）造成债权人或者其他人直接经济损失数额累计在十万元以上的；

（五）虽未达到上述数额标准，但应清偿的职工的工资、社会保险费用和法定补偿金得不到及时清偿，造成恶劣社会影响的；

（六）其他严重损害债权人或者其他人利益的情形。"

四、风险防范

本罪的主体为特殊主体，即进行清算的公司、企业。在清算过程中，企业应当加强监管，确保资产负债表和财产清单的真实完整、确保破产财产能够依法分配。

（一）严格按照法律规定分配破产财产

根据《企业破产法》第 113 条的规定，破产财产在优先清偿破产费用和共益债务后，应当依照下列顺序清偿：第一，清偿破产人所欠职工的工资和医疗、伤残补助、抚恤费用，所欠的应当划入职工个人账户的基本养老保险、基本医疗保险费用，以及法律、行政法规规定应当支付给职工的补偿金；第二，清偿破产人欠缴的除前项规定以外的社会保险费用和破产人所欠税款；第三，清偿普通破产债权。破产财产不足以清偿同一顺序的清偿要求的，按照比例分配。破产企业的董事、监事和高级管理人员的工资按照该企业职工的平均工资计算。另外，破产财产的分配应当以货币分配方式进行。但是，债权人会议另有决议的除外。

（二）加强资产负债表或财产清单的监督管理

第一，企业应当制定资产负债表或财产清单制作制度和相关监督管理规范；第二，企业应设立专门的工作部门负责制作资产负债表或财产清单；第三，建立健全完善的财会管理制度；第四，加强监督管理。企业应当定期查阅、审核相关资产负债表和财产清单，保证相关数据真实准确。

（三）加强对清算过程各项开支的监督

企业在清算过程中的各项开支均应当纳入监管，各项开支均应当通过清算组进行，原企业负责人切记不得动用企业任何资产。

五、案例评析

（一）案例简介

永安市人民检察院指控：2009 年 9 月，福建省永安市马岩水泥有限公司（以下简称马岩公司）因政府政策性关停小水泥，成立清算组，曾某月任清算组组长（实际为被告人卢某世）、成员有郑某锁、曾某森、尹某福（已死亡）、张某翔（律师）、薛某波（律师）。马岩公司于 2009 年 12 月 29 日向工商局登记备案，2009 年 12 月 30 日在福建日报进行公告，通知债权人 45 日内到清算组申报、登记债权。马岩公司于 2009 年 12 月 1 日召开出资人会，出资人决议将公司土地转让款、机器设备款、政府补偿款等放在被告人卢某世个人账户管理。从 2009 年 12 月到 2011 年 12 月，马岩公司先后将土地转让款 500 万元（币种为人民币，以下币种相同），机器设备转让拆除款 570 万元，关停小水泥补偿款 926 万元(其中的408万元)以及其他资金总计约1400万元资金放在被告人卢某世个人账户管理(被告人卢某世将其中的763.995万元,挪用于个人理财,案发后该笔资金已全部追回,永安市人民法院曾对该笔资金以挪用资金罪对被告人卢某世作出过判决)。

在清算期间,该清算组在未清偿债务前分配公司财产:(1)2010年3月12日擅自以借款的名义支付给苏某池材料款85.83425万元、支付给永安市安砂非金属矿有限责任公司材料款31.2168万元;(2)2011年1月17日擅自将被告人卢某世个人账户内的848.937万元用于归还出资人曾某月、郑某锁、尹某福;(3)2011年7月1日支付傅某坤协调房屋、设备拆迁费用人民币110万元;(4)对人民法院判决执行未提出执行异义,造成清算资金651.196459万元被执行,严重侵害了债权人和其他人利益。

被告人卢某世辩解称,其不是清算组的负责人,其且在法院强制执行过程中已经提出执行异议。对于起诉书指控的其他事实没有意见。

辩护人认为,马岩公司不构成妨害清算罪,其理由如下:(1)马岩公司没有妨害清算的行为,不符合该罪行为要件:①马岩公司清算组委托卢某世、戴某庆保管的资金仍用于清算支出,且如实记录,没有事实隐匿财产的行为;②清算组出让土地使用权、机器设备与支付协调房屋、设备拆迁费曾某2的郑某1时尹某化的清偿债务,而非擅自分配财产;③清算组归还曾某月、郑某锁、尹某福款项的行为性质属于合法清偿债务行为;④清算组被迫向苏某池、永安市安砂非金属矿有限公司清偿债务及因谢某春与赖某盛的债权债务被执行财产,是因谢某春违约并伪造公司印章对外使用,承担债务的马岩公司实为受害者。(2)被告人卢某世不是马岩公司清算组的实际负责人、直接责任人,不符合妨害清算罪的主体要件。故应当判决被告人卢某世无罪。

法院经审理后认为,马岩公司在进行清算时,该公司清算小组在未清偿债务前先行支付苏某池货款85.83425万元、永安市安砂非金属矿有限责任公司货款31.2168万元、陆续归还曾某月、郑某锁、尹某福等人钱款人民币847.437万元,共计人民币964.48805万元,严重损害债权人的利益。被告人卢某世作为该公司清算小组直接负责的主管人员,构成妨害清算罪。公诉机关的该部分指控,犯罪事实清楚,证据确实、充分,指控的罪名成立,本院予以支持。公诉机关对于马岩公司清算小组在清算期间,将公司部分资金存放于被告人卢某世个人账户进行管理、在清算期间支付他人协调费用人民币110万元、被法院强制执行人民币600余万元的指控的行为属于妨害清算犯罪行为的指控,本院已在控辩双方争议问题中进行分析认定,公诉机关该部分指控不符合妨害清算罪构成要件,不应认定为妨害清算罪犯罪行为,法院不予支持。卢某世案发后自动投案并如实供述犯罪事实,虽然对客观行为的定性存在不同意见,但不影响其如实供述的认定,属自首,可以从轻处罚。卢某世在被本院宣告缓刑后,在缓刑考验期限内发现判决宣告以前还有其他罪没有判决,应当撤销缓刑,把前罪和新发现的罪所判处的刑罚实行数罪并罚。卢某世辩解及其辩护人的辩护意见合理部分,本院予以采纳,其余部分本院不予采纳。法院判决撤销法院(2014)永刑初字第545号刑事判决主文中"被告人卢某世犯挪用资金罪,判处有期徒刑二年,缓刑二年"的缓刑部分判决;判决被告人卢某世犯妨害清算罪,判处有期徒刑8个月,并处罚金人民币5万元,与前犯挪用资金罪,判处有期徒刑2年,数罪并罚,决定执行有期徒刑2年3个月,并处罚金人民币5万元。

(二)简要评析

公司、企业在经营不善或其他原因时,会面临破产或清算,法律对破产或清算规定有严格的程序。该过程中,关于清算组的职权及债务清偿顺序均有严格的法律规定。一些财务单据或合同是清算组证明自己清算行为合法的重要证据。该过程的行为,清算组人员或相关人员,一定要做好相应记录,做到事事有痕,事事有据。对于公司财产的处理,不但要做到公平合理,更要依法依规。参与清算组织前,对相关的法律、法规一定要加强学习。参加清算组,不但享有一定的权利,更是应当承担一定的责任。只有依法依规行事,才能在清算过程中防范刑事风险。

35. 隐匿、故意销毁会计凭证、会计账簿、财务会计报告罪

一、法律规定

《刑法》第162条之一规定:"隐匿或者故意销毁依法应当保存的会计凭

证、会计账簿、财务会计报告，情节严重的，处五年以下有期徒刑或者拘役，并处或者单处二万元以上二十万元以下罚金。

单位犯前款罪的，对单位判处罚金，并对其直接负责的主管人员和其他直接责任人员，依照前款的规定处罚。”

二、条文释义

本条是对隐匿、故意销毁会计凭证、会计账簿、财务会计报告罪及其刑事处罚的规定。所谓隐匿、故意销毁会计凭证、会计账簿、财务会计报告罪，指隐匿或者故意销毁依法应当保存的会计凭证、会计账簿、财务会计报告，情节严重的行为，本罪的构成要件如下。

（一）本罪从客观上来看

本罪的主体为一般主体，即达到刑事责任年龄，具有刑事责任能力的自然人均可构成本罪，同时，依据《刑法》的规定，单位亦可构成本罪。单位犯本罪的，实行双罚制，即对单位判处罚金、对其直接负责的主管人员和其他直接责任人员追究刑事责任。

从危害行为和危害结果来看，本罪表现为隐匿或者故意销毁依法应当保存的会计凭证、会计账簿、财务会计报告，情节严重的行为。按照《会计档案管理办法》的规定，会计凭证，包括原始凭证、记账凭证；会计账簿，包括总账、明细账、日记账、固定资产卡片及其他辅助性账簿；财务会计报告，包括月度、季度、半年度、年度财务会计报告；其他会计资料，包括银行存款余额调节表、银行对账单、纳税申报表、会计档案移交清册、会计档案保管清册、会计档案销毁清册、会计档案鉴定意见书及其他具有保存价值的会计资料。行为人隐匿或者故意销毁上述资料均构成犯罪。具体行为情形如下。

（1）隐匿依法应当保存的会计凭证、会计账簿、财务会计报告。隐匿，是指故意隐藏的行为。在有关行政主管部门依法实施会计监督时，将应当提供接受检查的会计凭证、会计账簿、会计财务报告，隐藏起来拒不提供，或者对应当提供社会监督的会计凭证、会计账簿、会计财务报告隐藏起来拒不提供，都构成隐匿。

（2）故意销毁依法应当保存的会计凭证、会计账簿、会计财务报告。故意销毁，是指将明知按照会计档案管理的有关规定或者国家统一会计制度的规定应当存档或者保存的会计凭证、会计账簿、会计财务报告予以销毁的行为。

（二）本罪从主观上来看

本罪在主观方面表现为故意，过失不构成本罪。

三、立案标准

最高人民检察院、公安部《关于公安机关管辖的刑事案件立案追诉标准的规定（二）》第8条规定："隐匿或者故意销毁依法应当保存的会计凭证、会计账簿、财务会计报告，涉嫌下列情形之一的，应予立案追诉：

（一）隐匿、故意销毁的会计凭证、会计账簿、财务会计报告涉及金额在五十万元以上的；

（二）依法应当向司法机关、行政机关、有关主管部门等提供而隐匿、故意销毁或者拒不交出会计凭证、会计账簿、财务会计报告的；

（三）其他情节严重的情形。"

四、风险防范

会计凭证、会计账簿是企业财务活动的重要证明文件，企业应当建立健全完善、严格的财务管理制度，以防范本罪风险。

（一）谨慎保管会计凭证、会计账簿、财务会计报告等资料

企业的会计凭证、会计账簿、财务会计报告是记载企业财务活动的重要凭证，是国家对企业财务管理的重要依据。企业应当妥善保证上述资料，并且应当存放在固定的地方，设置专人保管，不得以任何借口隐匿和销毁。

（二）完善企业财务管理制度和设置高效的运行部门

首先，企业应当建立健全完善的财务管理制度，对财务管理范围、内容、部门设置、人员管理作出规定，特别是针对会计凭证、会计账簿、财务会计报告等文件的管理作出明确规定。其次，企业应建立健全高效有序运行的财务管理部

门。所谓高效，就是要求企业财务部门工作效率符合企业运营需要；所谓有序，就是要求企业财务部门组织架构合理、分工明确。最后，企业应完善财务人员配置，提升企业财务管理的综合水平。

（三）加强企业员工教育培训

首先，企业应当对全体员工进行财务教育培训，特别是加强对财务部门员工的教育培训。其次，对全体员工而言，都应当了解财务基础知识；对于财务部门员工而言，应针对会计凭证、会计账簿、财务会计报告的日常管理以及配合相关部门（司法机关、行政机关、有关主管部门）的监督检查等事项，进行专项教育培训。

五、案例评析

（一）案例简介

宁夏回族自治区银川市金凤区人民法院审理宁夏回族自治区银川市金凤区人民检察院指控原审被告人倪某犯隐匿、故意销毁会计凭证、会计账簿罪一案，于2019年12月30日作出（2019）宁0106刑初488号刑事判决。原审被告人倪某不服，提出上诉。

原一审判决认定，2018年4月底，宁夏公安厅警务保障部计财科对厅机关各部门出差费用进行清理，对清理中存在问题的部门分别进行了通报，并且计财科对存有异议的人员现场提供查询凭证。5月11日，被告人倪某得知其有3、4笔差旅费报销存在问题，需要退还2000余元，当天就将2000余元以现金方式交给了公安厅，为了弄清差旅费报销出错的原因，被告人倪某在计财科现场查询了相关凭证，因查询凭证的人员较多，为了方便查询便将剩余未看完的两本会计凭证带走，共涉及金额112万余元，至今未向公安厅交回。

原一审判决认为，被告人倪某明知是单位依法保存的会计凭证、会计账簿隐匿拒不交出，其隐匿会计凭证的金额总计为112万余元，情节严重，其行为已构成隐匿、故意销毁会计凭证、会计账簿罪。倪某当庭自愿认罪，可酌定从轻处罚。辩护人关于对公诉机关指控被告人倪某犯隐匿、故意销毁会计凭证、会计账簿罪的在案证据和基本事实均有异议的辩护意见，经查，倪某明知是会计凭证、账簿，在未经财务人员许可的情况下擅自带离财务室查阅，查阅后拒不交出，在纪委和侦查人员对其询问时拒不供出会计账簿的去向；同时，根据在案的证据以及被告人的供述与辩解能够证实被告人倪某隐匿、故意销毁了会计凭证、会计账簿，故上述辩护意见不予采纳。根据倪某的犯罪情节和悔罪表现，适用缓刑没有再犯罪的危险，对所居住的社区没有重大不良影响，且已落实帮教措施，本着宽严相济，教育为主的刑罚原则，可以宣告缓刑。依据上述事实及理由，判决被告人倪某犯隐匿、故意销毁会计凭证、会计账簿罪，判处拘役6个月，缓刑1年，并处罚金人民币2万元。

上诉人倪某及其辩护人提出，原判未查清案件事实，定案证据存在矛盾，无法排除合理怀疑，适用法律错误。(1)关于案发时间，在案证据中证人证言与定案事实存在矛盾。(2)关于账簿数量未查清。(3)到底是丢失还是拒不归还未查清。(4)作案动机不明，且不符合常理。(5)一审程序违法，本案危害不大，应免于刑事处罚等。(6)上诉人具有自首情节，应从轻、减轻处罚。综上，请二审法院改判上诉人无罪或发回重审。

二审法院经审理认为，上诉人倪某隐匿依法应当保存的会计凭证、会计账簿，情节严重，其行为已构成隐匿、故意销毁会计凭证、会计账簿罪。关于上诉人及其辩护人提出原判事实不清，其无罪等上诉及辩护意见，经查，上诉人的供述、证人证言、微信记录等证据均证实上诉人故意隐匿单位的会计凭证、会计账簿，拒不返还的事实，其他意见均无法律依据，与一、二审查明的事实不符。综上，对于倪某及其辩护人的上诉及辩护意见均不予采纳。原判认定事实清楚，证据确实充分，适用法律正确，处理适当，审判程序合法。故，二审法院裁定驳回上诉，维持原判。

(二)简要评析

对会计凭证、会计账簿及财务会计报告，法律规定了一定的保存年限，单位一定要按法律规定的年限进行保存。在行政机关或相关单位要求提供上述资料时，应当及时提交。如在规定的时间内由于客观原因不能及时提供，也应当主动说明原因。如遇到特殊情况，如火灾等，导致上述资料灭失，也应当及时报案，要求公安机关查明事实，以排除发生本案的刑事风险。

36. 虚假破产罪

一、法律规定

《刑法》第162条之二规定："公司、企业通过隐匿财产、承担虚构的债务或者以其他方法转移、处分财产，实施虚假破产，严重损害债权人或者其他人利益的，对其直接负责的主管人员和其他直接责任人员，处五年以下有期徒刑或者拘役，并处或者单处二万元以上二十万元以下罚金。"

二、条文释义

本条是对虚假破产罪及其刑事处罚的规定。所谓虚假破产罪，指公司、企业通过隐匿财产、承担虚构的债务或者以其他方法转移、处分财产，实施虚假破产，严重损害债权人或者其他人利益的行为。本罪的构成要件如下。

（一）本罪从客观上来看

本罪的主体是一般主体，可以由任何公司、企业构成。即根据《破产法》和《关于适用〈中华人民共和国民事诉讼法〉若干问题的意见》的规定，具备法人资格的全民所有制企业、集体企业、联营企业和私人企业等都符合本罪的主体构成要件，但是承担刑事责任的只是犯罪单位的直接负责的主管人员和其他直接责任人员。

从危害行为和危害结果来看，本罪表现为公司、企业通过隐匿财产、承担虚假债务或者以其他方式转移财产、处分财产，实施虚假破产，严重损害债权人和其他人利益的行为。按法律规定，行为人具体的行为方式包括三方面要件：一是实施了隐匿财产、承担虚构的债务或其他转移财产、处分财产的行为。隐匿财产，是指将公司、企业的财产全部或部分予以隐瞒、转移、藏匿。承担虚构的债务是指捏造、承认不真实或不存在的债务。二是实施了虚假破产。即债务人在未达到破产条件的情况下，通过抽逃、隐匿或转移财产等手段，虚构破产原因，申请破产，以逃避债权人的追索，从而达到侵占他人财产的目的。三是严重损害了债权人和其他人的利益。即给债权人和其他人造成重大财产损失的行为，才构成本罪。依据法律规定，只有上述三个要件同时具备，才能构成此罪。

（二）本罪从主观上来看

本罪在主观方面必须由故意构成，并且是直接故意。即行为人必须具有损害债权人利益的直接故意才构成犯罪，过失不构成本罪。虽然本罪的犯罪动机和目的往往是为了逃债，但犯罪目的和动机不影响本罪的成立。

三、立案标准

最高人民检察院、公安部《关于公安机关管辖的刑事案件立案追诉标准的规定（二）》第9条规定："公司、企业通过隐匿财产、承担虚构的债务或者以其他方法转移、处分财产，实施虚假破产，涉嫌下列情形之一的，应予立案追诉：

（一）隐匿财产价值在五十万元以上的；

（二）承担虚构的债务涉及金额在五十万元以上的；

（三）以其他方法转移、处分财产价值在五十万元以上的；

（四）造成债权人或者其他人直接经济损失数额累计在十万元以上的；

（五）虽未达到上述数额标准，但应清偿的职工的工资、社会保险费用和法定补偿金得不到及时清偿，造成恶劣社会影响的；

（六）其他严重损害债权人或者其他人利益的情形。"

四、风险防范

本罪侵犯了公司、企业的破产制度和债权人或者其他人的合法权益，同时，也损害了基本的社会诚信体系，给社会发展带来了负面影响。企业应当从以下方面进行风险防范。

（一）避免通过破产的方式逃避债务

实践中，许多企业在无法逃避现有债务时，选择通过破产的方式逃避债务。按法律规定,破产是具有法定条件的,如果没有达到法定条件而破产,极有可能触犯刑律。故企业在选择破产时,应当慎重起见,只有达到资不抵债这一法定条件时方可进行破产,否则都有可能是虚假破产,有可能要承担刑事责任。

(二)加强企业财产监督管理

为避免由于虚假破产触犯刑律,第一,企业应当制定资产负债表或财产清单制作制度和相关监督管理规范;第二,企业应设立专门的工作部门负责制作资产负债表或财产清单;第三,建立健全完善的财会管理制度;第四,加强监督管理。企业应当定期查阅、审核相关资产负债表和财产清单,保证相关数据真实准确,确保企业负责人对企业的资产状况有一个清晰的了解。

(三)熟悉企业破产的相关法律法规

根据《企业破产法》第 7 条的规定,债务人有本法第 2 条规定的情形,可以向人民法院提出重整、和解或者破产清算申请。债务人不能清偿到期债务,债权人可以向人民法院提出对债务人进行重整或者破产清算的申请。企业法人已解散但未清算或者未清算完毕,资产不足以清偿债务的,依法负有清算责任的人应当向人民法院申请破产清算。

根据《企业破产法》第 8 条的规定,向人民法院提出破产申请,应当提交破产申请书和有关证据。破产申请书应当载明下列事项:申请人、被申请人的基本情况;申请目的;申请的事实和理由;人民法院认为应当载明的其他事项。

债务人提出申请的,还应当向人民法院提交财产状况说明、债务清册、债权清册、有关财务会计报告、职工安置预案以及职工工资的支付和社会保险费用的缴纳情况。

根据上述规定,企业负责人应当对破产申请书和有关证据加强审核和财产管理,对破产申请书的有关事项和有关证据要逐条核实,制定审核管理制度,并加强对员工的培训教育,防止隐匿财产、承担虚构的债务或其他转移财产、处分财产的行为和虚构伪造破产原因的情况发生。

五、案例评析

(一)案例简介

海口市美兰区人民检察院指控,2003年6月25日,海南伟亚实业有限公司(以下简称海南伟亚公司)在海口市工商行政管理局注册成立,住所为海口市××区房。2008年11月6日,海南伟亚公司原股东将股权转让给马某超和被告人孙某,法定代表人变更为孙某。2015年5月21日,海南伟亚公司股东又变更为孙某1(孙某的儿子)和被告人孙某,孙某担任法定代表人及董事长,并实际经营管理该公司,孙某1未参与经营管理。

孙某在经营管理海南伟亚公司期间,与徐某等人发生借贷纠纷,双方诉诸法院。2016年3月2日,最高人民法院作出终审判决,判令孙某向徐某支付人民币1.734亿元及其利息,海南伟亚公司对上述债务承担连带清偿责任。

孙某为逃避债务,虚构部分海南伟亚公司债务后,于2016年6月30日以海南伟亚公司无力清偿到期债务为由,向海口市中级人民法院申请破产清算。海口市中级人民法院于2016年7月14日裁定受理海南伟亚公司的破产申请,并依法决定海南伟亚公司的管理人。2017年3月6日,因海南伟亚公司债权人徐某等人提出异议,海口市中级人民法院在开庭听证并召开债权人会议后,作出裁定驳回海南伟亚公司的破产申请,并在驳回裁定书中认定:“经与伟亚公司相关债权人申报的债权进行核对,显示伟亚公司自行申报的该部分债权虚增30,327,876.02元。伟亚公司作为被执行人向本院(海口市中级人民法院)申请破产时未如实申报其债权、债务,且虚构的债务高达数千万元,有为逃避债务而申请破产的情形。”海南伟亚公司对该裁定不服,并上诉至海南省高级人民法院。2017年6月14日,海南省高级人民法院作出终审裁定,驳回海南伟亚公司的上诉,维持原裁定结果及认定的海南伟亚公司存在虚增债务的事实。

法院经审理后认为,海南伟亚公司企图通过虚构数千万元的债务,实施虚假破产,该行为严重损害既有债权人的利益。被告人孙某作为海南伟亚公司的法定代表人及实际管理人,是海南伟亚公司实施虚假破产的直接责任人,应对此承担刑事责任。公诉机关起诉指控的犯罪事实清楚,证据确实、充分,指控罪名成立。但海南伟亚公司在实施虚假破产时，因法院审查发现其虚构债务后驳回其破产申请，而未能得逞，系犯罪未遂，而且孙某到案后自愿认罪，故关于辩护人提出的孙某归案后自愿认罪且系犯罪未遂，应予以从轻或减轻处罚的辩护意见，与法律及事实相符，法院予以采纳。最后依据上述事实及理由，判决被告人孙某犯虚假破产罪，判处有期徒刑10个月，并处罚金人民币2万元。

（二）简要评析

本案中，当事人的行为是典型的虚构债务进行虚假破产的行为。一般来说，真实的债务，在破产前是有痕迹可查的，只要是虚假的，总会有相应的证据能够证明其虚假。庆幸的是，本案在最终破产前，被法院裁定驳回破产申请，从而成为被告人从轻判决的法定情形。否则，其可能要遭受更重的刑事处罚。

37. 非国家工作人员受贿罪

一、法律规定

《刑法》第163条第1款和第2款规定，公司、企业或者其他单位的工作人员利用职务上的便利，索取他人财物或者非法收受他人财物，为他人谋取利益，数额较大的，处5年以下有期徒刑或者拘役；数额巨大的，处5年以上有期徒刑，可以并处没收财产。

公司、企业或者其他单位的工作人员在经济往来中，利用职务上的便利，违反国家规定，收受各种名义的回扣、手续费，归个人所有的，依照前款的规定处罚。

二、条文释义

本条是对非国家工作人员受贿罪及其刑事处罚的规定。所谓非国家工作人员受贿罪，指公司、企业或者其他单位的工作人员利用职务上的便利，索取他人财物或者非法收受他人财物，为他人谋取利益，数额较大的行为。本罪的构成要件如下。

（一）本罪从客观上来看

犯罪主体是特殊主体，指公司、企业或者其他单位的工作人员。公司、企业的工作人员，是指在公司、企业中从事领导、组织、管理工作的相关人员。其他单位的人员既包括非国有事业单位或者其他组织中从事组织领导的人员，同时又包括履行监督、管理职责的人员。

本罪危害行为和危害结果表现为利用职务上的便利，索取他人财物或非法收受他人财物，为他人谋取利益，数额较大的行为。利用职务上的便利是本罪在客观方面的重要因素，是指公司、企业以及事业单位、其他组织的工作人员利用本人职权以及利用与职权有关的便利条件。索取他人财物，是指利用组织、领导、监督、管理等职务上的便利，主动向请托人索要财物。非法收受他人财物，是指利用组织、领导、监督、管理等职务上的便利，为请托人办事，接受请托人主动送给的财物。为他人谋取利益，是指行为人索要或收受他人财物，利用职务之便为他人或允诺为他人实现某种利益。该利益是事前收受还是事后收受，是直接利益还是间接利益，是合法利益还是非法利益，该利益是否已谋取到，均不影响本罪的成立。

（二）本罪从主观上来看

本罪主观方面表现为故意，即公司、企业、其他单位人员故意利用其职务之便接受或索取贿赂，为他人谋取利益。

三、立案标准

最高人民检察院、公安部《关于公安机关管辖的刑事案件立案追诉标准的规定（二）》第 10 条规定，公司、企业或者其他单位的工作人员利用职务上的便利，索取他人财物或者非法收受他人财物，为他人谋取利益，或者在经济往来中，利用职务上的便利，违反国家规定，收受各种名义的回扣、手续费，归个人所有，数额在 5000 元以上的，应予立案追诉。

四、风险防范

本罪与对非国家工作人员行贿罪相对应，所以对于企业而言，既要建立健全自身制度，又要规范与非国家工作人员之间的来往行为，从而防范本罪风险。

（一）增强法律意识

定期对公司、企业的工作人员，即在公司、企业、其他单位中从事领导、组织、管理工作的人员进行廉洁性培训，学习国家相关法律法规，树立正确的价值观。尤其是注意对相关人员进行实务案例学习，让工作人员从实务案例中吸取经验教训。

（二）设计合理的企业办事流程

设计合理的企业规章制度，尽量做到所有办事流程公开透明，减少人为干预，防止权力寻租，并建立可行有效的监督检查机制，做到权力的互相监督，互相制约。企业应不断完善财务、人事、薪酬、奖惩等制度，定期对企业进行财务审计，规模较小的企业可以定期进行内部自查，同时在人员设置上，重要的财务岗位可以至少设置2名审计人员；薪酬制度要做到所得和所劳匹配，建立公平的竞争氛围，提高公司、企业的工作人员的忠诚度。

五、案例评析

（一）案例简介

东莞市第二市区人民检察院指控称，被告人叶某某曾是东莞市翔运小汽车出租有限公司（以下简称翔运公司）安全部经理。2010年9～12月，叶某某利用职务便利，向被害人李某某等人收取“茶水费”，为被害人获得该公司出租车的经营权。具体犯罪事实如下。

2010年9月一天，被告人叶某某与李某某、刘某某相约在东莞市虎门镇镇远桥底见面，后叶某某驾驶翔运公司的银灰色捷达车到达该地点，在该车内收取了李某某、刘某某现金8000元。同年11月的一天，叶某某以同样方式在该车内收取李某某、刘某某3万元,后为李某某、刘某某取得了翔运公司粤S×××××出租车的经营权。

被告人叶某某对公诉机关的指控均予以否认,辩称没有收受他人财物。

辩护人提出,公诉机关指控被告人叶某某犯非国家工作人员受贿罪事实不清、证据不足:(1)公诉机关指控所依据的主要证据即李某某等10人的陈述,属于主观性较强的证据,与本案的其他证据未能相互印证,是孤证;且李某某等10人是同一事件的被害人,有共同利害关系,他们的陈述不能互证。(2)行贿的资金来源无相应的取款凭证、借条、出借人证言等证据予以印证,且被告人的银行账户也没有相应的记录予以佐证。(3)李某某等人的陈述与其在承诺书上确认的"不存在通过不合法手段或私下交易取得出租车经营资格的行为,亦保证不向公司或有关人员缴纳除上述两项款项之外的任何不法费用"相矛盾,也与翔运公司出具的证明,即更换新车期间不存在公司工作人员收取茶水费的情况相矛盾。(4)被告人是翔运公司安全部经理,负责安全生产和安全生产方面的教育培训工作,而续签出租车并不属于被告人的职务范围,其利用职务上的便利无从谈起。

法院经审理后认为,公诉机关指控被告人叶某某犯非国家工作人员受贿罪,事实不清,证据不足,罪名不成立。被告人及辩护人提出被告人不构成犯罪的辩解、辩护意见,法院予以采纳。最后,法院判决被告人叶某某无罪。

(二)简要评析

非国家工作人员受贿罪与受贿罪相似,均属于对向犯。行贿人员与受贿人员相关供述应当基本一致,并且,相关的客观证据应当与主观证据相互印证,整个案件应当构成一条完整的证据链,只有这样,犯罪行为才能成立。如果没有这一犯罪行为,证据链条总是会有缺失之处的。本案中,正是因为证据链条不完整,最终法院并没有认定犯罪成立。当然,利用职务之便,收受他人贿赂,这本身即是违法的甚至是犯罪行为,杜绝贪念,奉行"君子爱财,取之有道"的行事理念,会避免该罪的刑事风险,这对于处于有一定权力的特殊工作岗位上的工作人员来说,更加重要。

38. 对非国家工作人员行贿罪

一、法律规定

《刑法》第 164 条第 1 款规定："为谋取不正当利益，给予公司、企业或者其他单位的工作人员以财物，数额较大的，处三年以下有期徒刑或者拘役，并处罚金；数额巨大的，处三年以上十年以下有期徒刑，并处罚金。"

第 3 款规定："单位犯前两款罪的，对单位判处罚金，并对其直接负责的主管人员和其他直接责任人员，依照第一款的规定处罚。"

二、条文释义

本条是对非国家工作人员行贿罪及其刑事处罚的规定。所谓对非国家工作人员行贿罪，指为谋取不正当利益，给予公司、企业或者其他单位的工作人员以财物，数额较大的行为。本罪的构成要件如下。

（一）本罪从客观上来看

本罪主体为一般主体，自然人或单位均可构成本罪。

本罪危害行为和危害结果表现为谋取不正当利益，给予公司、企业或者其他单位的工作人员以财物，数额较大的行为。

（二）本罪从主观上来看

本罪主观上为故意，其目的是谋取不正当利益。

三、立案标准

最高人民检察院、公安部《关于公安机关管辖的刑事案件立案追诉标准的

规定(二)》第11条规定:“为谋取不正当利益,给予公司、企业或者其他单位的工作人员以财物,个人行贿数额在一万元以上的,单位行贿数额在二十万元以上的,应予立案追诉。”

最高人民法院、最高人民检察院《关于办理贪污贿赂刑事案件适用法律若干问题的解释》第11条第3款规定:“刑法第一百六十四第一款规定的对非国家工作人员行贿罪中的‘数额较大’‘数额巨大’的数额起点,按本解释第七条、第八条第一款关于行贿罪的数额标准的二倍执行。”按此司法解释的规定,个人对非国家工作人员行贿数额达6万元以上,单位对非国家工作人员行贿20万元以上,应予以立案追诉。

四、风险防范

本罪与行贿罪的区别在于其主体不同,即公司、企业或其他单位的工作人员。故,对于企业而言,既要建立健全自身制度,又要规范与非国家工作人员之间的来往行为,从而防范本罪的风险。

(一)严禁企业私设“小金库”

健全企业财务会计以及审计制度,定期对企业账目进行审计,可采取第三方审计同企业内部自查相结合等方式,杜绝企业及其各部门私设小金库,往来现金不入账现象。

(二)加强企业管理

企业应增强法律意识,定期进行法律培训,学习国家有关行贿、受贿的法律法规,树立正确的竞争意识。不使用非法手段谋取不正当利益。建立合理的薪酬制度、奖惩制度,培养职工忠诚意识,禁止职工以企业之名谋私人之利。特别是企业董事、高管等人员更应对企业忠诚,以企业整体利益为重,不得利用职务之便从事犯罪行为。建立健全企业规章制度,尽量做到所有办事流程公开透明,防止权力寻租,并且建立可行有效的监督机制,使权力互相监督,互相制约。

五、案例评析

（一）案例简介

2011年5月，吉林省香江升阳房地产开发有限公司（以下简称香江公司）在××区，在同心村占地3.7万平方米。香江公司实际控制人被告人刘某基于敬某的村党委副书记、代村主任身份，并为了感谢敬某，想在房地产开发过程中继续得到敬某的支持和帮助，于2011年8月18日，让其公司财务人员郭某向敬某提供的4张银行卡中各存入50万元人民币，共计200万元。因香江公司资金紧张，没钱支付征地补偿款769.6万元，刘某要求敬某提供帮助，2012年7月敬某私自代表同心村委会与香江公司签订《补充协议》，同意香江公司以尚未建成的××区、105号商业门市抵付同心村土地转让费769.6万元。并在同心村未收到土地转让费的情况下，于2012年8月1日，向绿园区政府出具了香江公司已结清土地转让费的虚假证明。后在开发过程中，同心村五户村民要求香江公司征占其全部土地并支付补偿款，在香江公司无力全部征占的情况下，对于香江公司无力征占的部分土地，由同心村委会将土地收购并支付5户村民土地补偿款4,132,350元。

法院经审理后认为，被告单位香江公司为谋取不正当利益，给予非国家工作人员财物，其行为已构成对非国家工作人员行贿罪；被告人刘某作为香江公司实际控制人，为单位谋取不正当利益并实施行贿行为，其行为亦构成对非国家工作人员行贿罪。公诉机关指控的事实及罪名成立，应依法惩处。刘某主动投案并如实供述其犯罪事实，系自首，依法可以从轻处罚；被告单位亦成立自首，依法可以从轻处罚。刘某犯罪情节较轻，有悔罪表现，没有再犯罪的危险，宣告缓刑对所居住社区没有重大不良影响，可以宣告缓刑。法院依据上述事实及理由判决被告单位香江公司犯对非国家工作人员行贿罪，判处罚金人民币20万元。判决被告人刘某犯对非国家工作人员行贿罪，判处有期徒刑3年，缓刑4年，并处罚金人民币10万元。

（二）简要评析

本案被告单位及被告人通过向非国家工作人员行贿的方式企图获取非法

利益,这是法律予以禁止的行为。在经营过程中,没有通过合法途径,在双方的合同约定的权利主、义务之外,进行非法利益输送,都有可能构成犯罪行为。因此,经营过程中,只有存在财物往来,最好均应当有合法的依据。

39. 非法经营同类营业罪

一、法律规定

《刑法》第 165 条规定:“国有公司、企业的董事、经理利用职务便利,自己经营或者为他人经营与其所任职公司、企业同类的营业,获取非法利益,数额巨大的,处三年以下有期徒刑或者拘役,并处或者单处罚金;数额特别巨大的,处三年以上七年以下有期徒刑,并处罚金。”

二、条文释义

本条是对非法经营同类营业罪及其刑事处罚的规定。所谓非法经营同业营业罪,指国有公司、企业的董事、经理利用职务便利,自己经营或者为他人经营与其所任职公司、企业同类的营业,获取非法利益,数额巨大的行为。本罪的构成要件如下。

(一)本罪从客观上来看

本罪的主体是特殊主体,即国有公司、企业的董事、经理。

从危害行为和危害结果来看,本罪主要表现为国有公司、企业的董事、经理利用职务便利,自己经营或者为他人经营与其所任职公司、企业同类的营业,获取非法利益,数额巨大。所谓自己经营或为他人经营业务,指为自己经营,或者为他人经营,抑或既为自己经营又为他人经营。

(二)本罪从主观上来看

本罪在主观方面必须出于故意,并且具有获取非法利益的目的。

三、立案标准

最高人民检察院、公安部《关于公安机关管辖的刑事案件立案追诉标准的规定(二)》第12条规定,国有公司、企业的董事、经理利用职务便利,自己经营或者为他人经营与其所任职公司、企业同类的营业,获取非法利益,数额在10万元以上的,应予立案追诉。

四、风险防范

本罪名是《刑法修正案(六)》中新增设的罪名,此罪名的增设对约束国有公司、企业的董事和经理的行为,完善企业的管理体制,进而促进国有资产保值、增值,促进经济发展具有重大意义。企业可从以下方面加强风险防范。

(一)禁止同类任职

企业对于公司的董事和经理,应当要求其不得私下经营与所任职公司同类业务。作为企业董事和经理,一旦在企业中任职,应当辞去自己公司的所有职务,既包括公司职务,如董事长、总经理、董事、监事等职务,亦包括公司身份,如股东身份。如是原公司股东,一旦在新公司任职,应当将股份进行转让。同时,为谨慎起见,如果自己在国有企业担任董事和经理,同样应当要求其亲属不得自行经营同类营业。

(二)厘清竞业禁止和非法经营同类营业罪之不同

竞业禁止是公司法中规定的行为,本罪为刑法罪名。构成非法经营同类营业罪的行为是特殊的违背竞业禁止的行为,其具有更严重社会危害性。首先,非法经营同类营业罪的主体只限于国有公司、企业的董事、经理,而公司法规定的竞业禁止行为适用于所有的公司董事、经理,而不仅限于国有公司。其次,构成非法经营同类营业罪必须是犯罪主体利用了职务上的便利,而公司法规定的竞业禁止行为并不要求必须是利用了职务上的便利。最后,非法经营同类营业罪是结果犯,必须是获得了数额巨大的非法利益才构成犯罪,而公司法规定的竞业禁止行为没有这样的要求。因此,如果某一公司董事、经理的行为依照公司法的规定属于竞业禁止的行为,而且行为人利用职务获取了一定的利益,也不一定必然地能够构成非法经营同类营业罪。如果该行为虽然属于公司法禁止的行为,但没有严重损害国有公司的利益或者损害并不严重,社会危害性不大,则可以按照公司法的规定予以制裁,仅属于民事责任,而不宜追究行为人的刑事责任。

(三)加强法律、思想教育,完善企业管理制度

定期为国企职工进行思想道德培训,深入学习相关法律法规,让职工在思想上树立忠诚意识。在商业交往中,与交往对象签订廉洁保证书,预防职工非法获益。完善企业业务、财务、人事、奖惩等制度。定期排查统计企业职工兼职情况,对违反劳动合同的职工,应严肃处理,不姑息养奸。与职工签订竞业禁止协议,预防职工经营与企业相同或者类似的业务。对企业商业秘密严格限定接触人员范围,防止企业职工利用职务便利为他人提供所任职公司的商业秘密。

五、案例评析

(一)案例简介

江苏省淮安市中级法院审理江苏省淮安市人民检察院指控的被告人吴某军非法经营同类营业、对非国家工作人员行贿一案,于2017年1月5日作出一审判决。宣判后,原审被告人吴某军不服,提出上诉。

一审判决认为,被告人吴某军利用担任农银国联无锡投资管理有限公司(以下简称农银国联)总经理的职务便利,自己经营与其所任职公司同类的营业,获取非法利益,数额特别巨大,其行为已构成非法经营同类营业罪。吴某军为谋取不正当利益,给予其他公司工作人员以财物,数额巨大,其行为已构成对非国家工作人员行贿罪。吴某军归案后,如实供述自己的罪行,系坦白,可以从轻处罚。一审法院判决被告人吴某军犯非法经营同类营业罪,判处有期徒刑4年,并处罚金人民币200万元;犯对非国家工作人员行贿罪,判处有期徒刑3年,并处罚金人民币100万元。合并执行有期徒刑6年,并处罚金人民币300万元。

上诉人吴某军提出的主要上诉理由及其辩护人发表的主要辩护意见为:

1. 吴某军不是《刑法》第165条规定的国有公司、企业的董事、经理，不具备非法经营同类营业罪的主体身份。(1)刑法规定的国有公司、企业只能是资产全部为国家所有的企业，最高人民法院《关于在国有资本控股、参股的股份有限公司中从事管理工作的人员利用职务便利非法占有本公司财物如何定罪问题的批复》明确，国有控股、参股公司不属于刑法所确认的国有公司、企业。(2)根据《关于如何认定国有控股、参股股份有限公司中的国有公司、企业人员的解释》，吴某军不属于以国有公司、企业人员论。(3)吴某军任农银国联总经理是由公司董事会选举，并非农业银行人力资源部及党委组织部或江苏省分行人力资源部、党委组织部派任的。(4)农行人力资源部向农银国际控股有限公司（以下简称农银国际）发函推荐吴某军，而非农银国联，而吴某军与农银国际无任何劳动关系。(5)一审判决适用《关于办理国家出资企业中职务犯罪案件具体应用法律若干问题的意见》错误。

2. 吴某军在客观上没有经营与其所任职的农银国联同类的经营行为。(1)农银国联经批准的经营范围不具有财务顾问经营事项，一审法院采信农银国联法务主管证言认定公司经营范围错误。(2)苏宁集团的5亿元业务并非农银国联的法定业务。吴某军开展此项业务是因为农银北京公司不愿承担风险开展，其为帮助苏宁集团解决融资困难，符合法律和情理。(3)证人张某1、刘某1、周某2、郭某1关于苏宁集团业务的证言错误，且缺少苏宁公司5亿元财务顾问业务的《重点项目推进表》重要书证。(4)丰盛集团融资项目经农银北京公司审核，未予批准实施，不属于农银国联业务模式能满足的融资，不属于农银国联的业务范围。证人李某2、秦某1、周某2、杜某、曾某1等人的证言错误。

3. 吴某军的行为不具有社会危害性。(1)吴某军的行为没有损害农银国联的利益及公司管理秩序，反而符合市场经济秩序。(2)一审判决认定剥夺交易机会的说法错误。(3)农银国联不可能实现丰盛30亿元融资需求。

二审法院经审理，对于上诉人吴某军及辩护人的意见，就非法经营同类营业罪中的事实作出如下认定：关于吴某军及其辩护人提出吴某军不具有非法经营同类营业罪的主体身份的上诉理由及辩护意见，经查，(1)根据《企业国有资产法》第5条，最高人民法院、最高人民检察院《关于办理国家出资企业中职务犯罪案件具体应用法律若干问题的意见》（以下简称《意见》）第7条的规定，农银国联系国家出资企业。吴某军作为农银国联总经理系国家出资企业工作人员。(2)吴某军原系由农业银行江苏省分行党委研究任命的国家出资企业中的国家工作人员。2011 年 11 月,中国农业银行股份有限公司人力资源部(中国农业银行党委组织部)将其调动至农银无锡并推荐为农银国联总经理(正处级)人选。根据《意见》第 6 条"经国家出资企业中负有管理、监督国有资产职责的组织批准或者研究决定,代表其在国有控股、参股公司及其分支机构中从事组织、领导、监督、经营、管理工作的人员,应当认定为国家工作人员"的规定,吴某军系国家出资企业中的国家工作人员,具备非法经营同类营业罪"国有公司经理"的主体身份。故吴某军及辩护人提出的该点上诉理由和辩护意见不能成立,本院不予采信。

关于上诉人吴某军及其辩护人提出吴某军为苏宁集团、丰盛集团提供的财务顾问服务与吴某军任职的农银国联经营的业务不属于同类营业的上诉理由及辩护意见,经查,(1)农银国联登记的经营范围为"投资管理;企业管理咨询;利用自有资金对外投资",其中未明确包括财务顾问、融资咨询、服务等业务。但证人朱某证言证实"企业管理咨询"包括为资金方和资金提供方提供服务,收取中介费,撮合资金供方和需方达成协议。即开展财务顾问、融资咨询、服务等业务并未超出"企业管理咨询"范围。该证言与农银国联业务二部的内部管理制度第五章业务板块规定的可开展业务的范围相一致。(2)2012 年 7 月经吴某军审核的农银国联《上半年工作总结及下半年发展规划的报告》、2012 年 10 月《近期工作总结及下阶段发展规划的报告》中均明确农银国联开展"财务顾问"业务并将已经立项论证的为苏宁集团、丰盛集团、鑫泰集团提供财务顾问服务业务作为重点项目推进。(3)农银国联以农银无锡名义为苏宁集团提供的 3 亿元的财务顾问融资咨询服务。(4)农银国联的《投资管理制度》第二章公司业务分类中,规定公司投资业务包括财务顾问类业务。(5)证人李某 2、秦某 1、周某 2、杜某、曾某 1 等人证言均证实农银国联可以并实际开展财务顾问业务,吴某军以往亦予以供认,证人证言与上诉人的供述与上述书证相印证。上述证据足以证实农银国联自成立就实际开展财务顾问业务。综上,吴某军及辩护人提出的该点上诉理由和辩护意见不能成立,法院不予采信。

关于上诉人吴某军及其辩护人提出吴某军的行为不具有社会危害性的上诉理由及辩护意见,经查,吴某军作为国有公司的经理,利用职权擅自将本单位正在开展的业务转由其个人经营,不仅严重违反公司管理的法律规定,破坏了公司的经营管理,同时破坏公平竞争的市场秩序,其本人从中获得了高达 3 亿余元的非法利益。该行为具有严重的社会危害性。故上诉人吴某军及辩护人提出的该点上诉理由和辩护意见不能成立,法院不予采信。

综合各方面的事实及理由,二审法院认为,上诉人吴某军身为国有公司的总经理,利用职务便利,自己经营与其所任职的农银国联同类的营业,获取非法利益,数额特别巨大,其行为已构成非法经营同类营业罪;上诉人吴某军为谋取不正当利益,给予其他公司工作人员以财物,数额巨大,其行为已构成对非国家工作人员行贿罪。其一人犯数罪,依法应予数罪并罚。吴某军归案后如实供述自己的罪行,系坦白,可以从轻处罚。一审判决认定事实清楚,证据充分,定罪准确,量刑适当。故裁定驳回上诉,维持原判。

(二)简要评析

本案被告人没有注意自己在具有特定身份的情况下,仍为其他单位提供相关服务并获取报酬,这明显违反刑法的规定。作为国有公司、企业的董事、经理,为了防范相关人员对国家利益的损害,故规定了许多禁止性的规定。因此,如果接受国有公事、企业董事、经理职位,就应当遵守这些禁止性的规定,否则极有可能遭受刑事处罚。

40. 为亲友非法牟利罪

一、法律规定

《刑法》第166条规定:“国有公司、企业、事业单位的工作人员,利用职务便利,有下列情形之一,使国家利益遭受重大损失的,处三年以下有期徒刑或者拘役,并处或者单处罚金;致使国家利益遭受特别重大损失的,处三年以上七年以下有期徒刑,并处罚金:

(一)将本单位的盈利业务交由自己的亲友进行经营的;

(二)以明显高于市场的价格向自己的亲友经营管理的单位采购商品或者以明显低于市场的价格向自己的亲友经营管理的单位销售商品的;

（三）向自己的亲友经营管理的单位采购不合格商品的。”

二、条文释义

本条是关于为亲友非法牟利罪及其刑事处罚的规定。所谓为亲友非法牟利罪，指国有公司、企业、事业单位的工作人员，利用职务便利，为自己的亲友牟取非法利益，使国家利益遭受重大损失的行为。本罪的构成要件如下。

（一）本罪从客观上来看

本罪的主体为特殊主体，即国有公司、企业、事业单位的工作人员。

从危害行为和危害结果来看，本罪的客观方面表现为国有公司、企业、事业单位的工作人员利用职务便利，为自己的亲友进行经营活动，非法提供便利，致使国家利益遭受重大损害的行为。具体有如下情形：将本单位的盈利业务交由自己的亲友进行经营的，或者以明显高于市场的价格向自己的亲友经营管理的单位采购商品，或者以明显低于市场的价格向自己的亲友经营管理的单位销售商品的，或者向自己的亲友经营管理的单位采购不合格商品的。

（二）本罪在主观上只能由故意构成，并具有非法牟利的目的，过失不构成此罪

三、立案标准

最高人民检察院、公安部《关于公安机关管辖的刑事案件立案追诉标准的规定（二）》第13条规定：“国有公司、企业、事业单位的工作人员，利用职务便利，为亲友非法牟利，涉嫌下列情形之一的，应予立案追诉：

（一）造成国家直接经济损失数额在十万元以上的；

（二）使其亲友非法获利数额在二十万元以上的；

（三）造成有关单位破产，停业、停产六个月以上，或者被吊销许可证和营业执照、责令关闭、撤销、解散的；

（四）其他致使国家利益遭受重大损失的情形。”

四、风险防范

我国是个人情社会，人脉关系盘根错节，作为国民经济重要组成部分的央企、国企、事业单位等国有公司、企业、事业单位的工作人员数量庞大，很容易滋生为亲友非法牟利案件，此种犯罪行为不但有损国有企业、事业单位形象，也为国家带来巨大经济损失，妨碍市场经济的有序竞争。对此，建议企业从以下方面预防此罪风险。

（一）国有公司、企业、事业单位的工作人员严禁以下行为

第一，将本单位的盈利业务交由自己的亲友进行经营。通常表现为行为人利用决定、参与经贸项目、购销往来掌握的经贸信息、市场行情的职务便利，把明知是本应为本单位盈利的经营业务交由自己的亲友去经营。此项业务属于其所在单位经营的业务，如果不是所在单位经营的业务，即使利用职务便利了解并交由自己的亲友进行经营，也不构成此罪。

第二，以明显高于市场的价格向自己的亲友经营管理的单位采购商品或者以明显低于市场的价格向自己的亲友经营管理的单位销售商品。

第三，向自己的亲友经营管理的单位采购不合格商品。向自己亲友经营管理的单位收购不合格商品，不论其价格如何，是否属于高价收购，都对本罪成立没有影响，即只要其行为严重损害了国家利益，致使国家利益遭受了重大损失，都可以本罪论处。

（二）加强对企业交易对象与本单位工作人员关系的审查

企业应当定期或不定期审查交易对象的负责人或实际控制人与本单位工作人员的关系，如发现存在亲友关系，应当决定是否终止交易。

（三）建立重要交易事项的集体审批制度

对于重大交易事项，企业应当建立集体审批制度，避免个别人利用自己权力导致本罪风险发生。

(四)加强法律、思想教育

定期为国企职工进行思想道德培训,深入学习相关法律法规,让职工在思想上树立廉洁意识,并要求国企职工严格约束亲友。

(五)建立严格的企业管理制度

完善企业业务、财务、人事、奖惩等制度,在对外业务交往和企业内部管理的过程中,保证程序正义,一视同仁,不区别对待,保证企业在法律允许的范围内从事生产经营,不损公肥私。尤其是国企在与国企人员的亲友进行相关商业交往的过程中,更应该注意数据、资料的留存。

五、案例评析

(一)案例简介

唐山市曹妃甸区(原唐海县)人民检察院指控,被告人陈某德于2006年8月1日被中国交通建设股份有限公司(以下简称中交集团)任命为中交集团国投曹妃甸港口项目部(以下简称曹妃甸项目部)常务副总经理。2008年4、5月,印尼帕伊通电厂三期扩建项目煤炭处理系统下的皮带机系统(以下简称帕伊通项目)的供货和服务项目被日本三菱重工业株式会社(以下简称三菱重工)中标,三菱重工让其在中国的分公司负责人松某(日籍)负责该项目的设备采购,松某通过与被告人陈某德的多次谈判,于2008年12月6日三菱重工与陈某德代表的中交集团签订了该项目的设备采购合同。在双方的几次谈判中天津航达港口设备工程管理有限公司(以下简称航达公司)的总经理李某石(与陈某德是多年的朋友)始终参与其中,被告人李某石认识到了该项目所带来的巨额盈利,并积极地协助陈某德拿下该项目。被告人陈某德通过中交集团授权给自己的该项目的分包权,利用其担任曹妃甸港口项目部常务副总经理的身份和管理职权的便利,在明知道该项目可以获得巨大盈利的前提下,通过与被告人李某石合谋,李某石在明知陈某德是国有公司人员的情况下对项目中需采购的设备进行询价,积极配合陈某德获取该项目,目的就是将该项目顺利分包给自己的航达公司。最后被告人陈某德将帕伊通项目分包给朋友李某石的航达公司，该二人共同为航达公司非法获得纯利润为4,660,731.26元，李某石个人非法获得纯利润为3,262,511.88元，(该分包合同原来无分包合同订立审批单，直到2010年4、5月因为得知审计署要审计中交集团才补签的审批单)使中交集团财产权益遭受重大损失，国家利益遭受重大损害。被告人陈某德利用职务便利，与被告人李某石通谋，将本单位的盈利业务交由朋友李某石进行经营，其二人的行为已触犯了《刑法》第166条之规定，犯罪事实清楚，证据确实、充分，应当以为亲友非法牟利罪追究其刑事责任。

被告人陈某德辩护称，(1)在帕伊通项目上其保证了中交集团利益的最大化，为中交集团盈利近5000万元，并没有给中交集团造成损失，其没有为亲友非法牟利；(2)帕伊通项目是日本人看重其本人在业内的名气，并不是中交集团，而且先期由其代表航达公司和日本人谈下来的业务，后因为航达公司没有进出口权，才借用了中交集团的资质，是航达公司把揽来的业务给了中交集团，属于双赢的业务，并不是把国有单位的盈利业务交给了亲友；(3)唐山正信司法鉴定会计中心司法鉴定意见书，没有考虑履行合同中产生的相关费用，不客观，不能作为定案的依据；(4)有关证人因不了解谈判的整个过程，尤其是不知先期航达公司先和三菱重工谈判的过程，其所述证言有些片面。综上认为，自己的行为不构成犯罪。

被告人李某石辩护称，(1)其和陈某德是一般合作关系，不属于亲友；(2)帕伊通项目是航达公司把揽来的业务给了中交集团，不是中交集团将盈利业务给了航达公司；(3)唐山正信司法鉴定会计中心司法鉴定意见书，仅是把两个合同的数额相减，并没有实际考虑先期谈判支出的费用和管理费等后期产生的费用，实际这个业务其并没有盈利，所作结论不客观，不能采信；(4)另外，曹妃甸港口项目聘用的技术人员，其公司也对其进行了聘用，为其所在公司服务属于正常工作范畴。综上认为，自己的行为不构成犯罪。

被告人陈某德的辩护人提出，(1)案涉的盈利业务不是国有企业的，是私企航达公司的业务。①从身份上看，帕伊通项目询价和谈判初期，陈某德是航达公司的法人代表和总经理。他是以航达公司负责人身份与日本人谈判帕伊通项目的；②从盈利业务的来源看，是三菱公司找航达公司商谈帕伊通业务。(2)没有利用职务便利。①陈某德是帕伊通项目经理，有分包授权，不存在利用职务便利情形；②曹妃甸项目部常务副总经理一职与本案没有关系；③起诉书中强调“该分包合同原来无分包合同订立审批单，后补签的审批单”，这个审批单说明各主管部门负责人补签即是追认分包合同审批过关，民事上的追认是从行为发生时起便有效力，说明案涉业务分包给航达公司，不只是被授权人的决定，也是中交集团各相关部门集体的决定，帕伊通项目分包给航达公司，除了有分包授权，还有集体决定，从起诉书强调的这一点上看，分包给航达公司也不存在利用职务便利的情形。(3)国家没有损失，中交集团提供的证据证明中交集团盈利5000多万元。(4)起诉书中的《司法鉴定意见书》中确定航达公司获得非法纯利润466万元，李某石个人获得326万元是不实的，具体意见和以上两个被告人所述相同。以上均说明本案不构成"为亲友非法牟利罪"。陈某德无罪。法庭应依法宣告陈某德无罪。

被告人陈某德的辩护人提出，(1)被告人陈某德任曹妃甸港口项目部常务副总经理的身份和管理职权与本案无关。(2)三菱重工中标的帕伊通项目本不是中交集团的业务。帕伊通项目应认定为三菱重工、航达公司、中交集团三方的合作项目。(3)陈某德的行为并未侵害中交集团的财产权益。综上所述，希望合议庭查明本案事实，正确适用法律，依法判决陈某德无罪。

被告人李某石辩护人提出，(1)从犯罪主体及共同犯罪构成理论上讲，李某石不构成该罪。①李某石不是国有公司、企业、事业单位的工作人员；②李某石也不存在与身份犯共谋并积极牟取超过正常商业利益的情形，不构成共犯。(2)从涉案工程项目的来源、中交集团的业务流程惯例、陈某德的授权及涉案工程的实际履行情况看，公诉机关的指控也不能成立。①本案合同所涉及项目的来源于航达公司，只是因为航达公司没有进出口经营资质才以中交集团名义签订合同，并非"李某石认识到了合同项目所带来的巨额盈利才与陈某德合谋并配合陈某德取得该项目以拿到项目的分包权"。起诉书对该案关键事实的认定错误。②陈某德有合法的授权，有权对外签订分包合同，在保证不低于合同金额20%的利润的基础上，陈某德有权选择和决定分包商。陈某德将业务分包给航达公司并无不当。另外，将承揽的工程项目予以分包也是中交集团的惯例。(3)从航达公司获利情况看，公诉机关并没有举出确实充分的证据能够证实二被告人的行为使航达公司获得了超出正常商业利益之外的非法利益，或者使中交集团财产权益遭受重大损失、使国家利益遭受重大损害。公诉机关的指控不能成立。综合上述意见，辩护人建议人民法院宣告被告人李某石不构成指控的犯罪。

法院经审理认为，唐山市曹妃甸区(原唐海县)人民检察院指控被告人陈某德、李某石犯为亲友非法牟利罪，所提供的证据不足，其指控不能成立。公诉机关指控陈某德利用担任中交集团国投曹妃甸港口项目部常务副经理的职务之便的指控没有证据支持，因为从公诉机关提供的帕伊通项目目标管理责任书和辩护人提供的中交集团国投曹妃甸港口项目经理部项目总字原来(2006)2号，证实中交集团曹妃甸项目部的职责是完成修建曹妃甸码头，帕伊通皮带机项目是完成皮带机的采购，与曹妃甸码头起步工程项目是两个独立、并行的项目，曹妃甸项目部的经营职责不包括帕伊通项目，故公诉机关该项指控不能成立；被告人李某石是航达公司的法定代表人，也是起诉书中指控的亲友，特殊主体犯罪的案件，按照共犯理论和《刑法》第3条的规定，不具有特殊主体身份的人，没有法律明文规定，不构成共犯，该罪法律条文中没有特殊主体之外的人构成共犯的明文规定，故被告人李某石不符合该罪的主体要件。其次从该罪的主观方面、客体、客观方面来看，如果陈某德的行为构成该罪，必须是利用职务便利将本单位的盈利业务交由自己的亲友进行经营，致使国家利益遭受重大损害的行为。本案的关键以及控辩双方争议的焦点就是帕伊通项目是中交集团的盈利业务还是航达公司的业务。经查，日方代表松某的证言及陈某德的陈述证实，松某找的陈某德，陈某德当时是航达公司的法人代表人，也是曹妃甸项目部的常务副总经理，松某是因为陈某德业内名气大，才与其谈判帕伊通项目的，且松某本人当时仅知道陈某德是航达公司的老总，谈判开始也一直在航达公司进行。帕伊通项目并非曹妃甸项目部业务范围，不存在该项目必须由曹妃甸项目部经营的排他性。另外，中交集团总发包经营分公司的总经理黄某的证言也证实帕伊通项目前期是航达公司揽下的业务，中交集团总发包经营分公司出具的有关情况说明证实，帕伊通皮带机项目是航达公司从三菱重工公司获得的，因航达公司没有出口权，中交集团代理签约，项目由航达公司实施，且航达公司参与了谈判并承担了费用。因此，根据以上证据应该认定帕伊通项目前期就是航达公司从三菱重工揽下的业务，后是三菱重工、航达公司、中交集团合作的一个项目，而不是中交集团的盈利业务。关于公诉机关提供的周某、常某、王某甲、卢某乙、张某以及业务单位的人员陈某、赵某、王某乙、刘某甲等人的证言虽证实合同签订履行过程中中交集团曹妃甸项目部的技术人员参与其中，认为先期是中交集团的项目，后期移交给航达公司的情况，不能否定松某、黄某的证言及中交集团总发包经营分公司出具的有关情况说明，因为这些人均只证实合同签订履行的某一过程，不能证实全部经过，究竟帕伊通项目是属于谁的业务，只是凭主观推断，陈某德和松某如何谈判的这些人均不知情。另外，这些证据与其他证据之间相互矛盾，证据本身之间相互矛盾，如陈某的证言与天津重钢集团董事长李某甲的证言内容截然相反，李某甲证实从2007年三菱重工来厂考察时就一直和航达公司有联系。另外，赵某证实2009年3~7月一直和曹妃甸项目部的常某洽谈，而王某乙的证言则证实2009年2月就开始和航达公司的李某石谈，而且周某、常某、王某甲、卢某乙在唐山市公安局找其调查时也证实从2006年起就接受了航达公司的私下聘任和每月航达公司给2000元的事实，航达公司提供的工资表也证实从2007年航达公司给周某、常某、王某甲、卢某乙、张某昌等人开工资的事实，还有就是公诉机关提供的合同证实，2008年12月20日中交集团就和航达公司签订了分包合同，也足以否定陈某等人证实的从2009年7月航达公司才介入的事实。所以，上述这些证人证言证实的该部分内容不能采信。从是否致使国家利益遭受重大损害看，中交集团总发包经营分公司的证明证实中交集团因此获利53,903,246元，不但没有造成损失，反而远超出项目管理责任书规定的20%的利润率，公诉机关提供的唐山正信司法鉴定会计中心唐山司鉴中心(2010)会鉴字第003号司法鉴定意见书，认为该鉴定证实航达公司从帕伊通项目获得纯利润就是中交集团造成的损失，如果不是航达公司做，中交集团自己做的话，利润肯定会中交集团自得，这种观点没有事实和法律依据。有没有为亲友非法牟利，应看航达公司做帕伊通项目除了正常利润外有没有非法获利，有利润不代表是非法利润。再有，中交集团总发包经营分公司的证明证实在签订分包合同前，陈某德的上级领导黄某代表中交集团给他出具了授权委托书，其完全有权选择分包商，不需要通过招投标，分包给航达公司也是授权范围内的事宜。综上，被告人陈某德、李某石的行为不符合为亲友非法牟利罪的犯罪构成，不构成为亲友非法牟利罪，二被告人及其辩护人的辩护意见有理，予以采纳。故法院判决被告人陈某德不构成为亲友非法牟利罪，宣告无罪；同时判决被告人李某石不构成为亲友非法牟利罪，宣告无罪。

(二)简要评析

从本案来看，是否构成本罪，主体须是国有公司、企业、事业单位的工作人员等特殊主体，并且交付给亲友的营业属于盈利业务，同时，国有单位的利益受到重大损失，只有这些条件成立才能构成犯罪。从本案来看，为避免本罪的刑事风险，对于本单位的营业，应当尽可能地规避让自己的亲友进行经营。各种业务，尽可能均通过市场的招投标方式进行推进，只有这样才能尽可能防范本罪的发生。

41. 签订、履行合同失职被骗罪

一、法律规定

《刑法》第 167 条规定："国有公司、企业、事业单位直接负责的主管人员，在签订、履行合同过程中，因严重不负责任被诈骗，致使国家利益遭受重大损失的，处三年以下有期徒刑或者拘役；致使国家利益遭受特别重大损失的，处三年以上七年以下有期徒刑。"

二、条文释义

本条是关于签订、履行合同失职被骗罪及对该罪的刑事处罚的规定。所谓签订、履行合同失职被骗罪，是指国有公司、企业、事业单位直接负责的主管人员，在签订、履行合同过程中，因严重不负责任被诈骗，致使国家利益遭受重大损失的行为。本罪的构成要件如下。

（一）本罪从客观上来看

本罪的主体为特殊主体，只有国有公司、企业、事业单位的直接负责的主管人员才能构成本罪，其他主体不构成本罪。所谓直接负责的主管人员，是在国有公司、企业、事业单位中对该合同的签订、履行负领导责任的人员。

本罪危害行为和危害结果表现为签订、履行合同的过程中，因严重不负责任，致使国家利益遭受重大损失的行为。

（二）本罪从主观上来看

本罪的主观方面只能由过失构成，即行为人对签订、履行合同过程中被诈骗,并造成“重大损失”的危害后果,是由于主观上具有过失才导致的。

三、立案标准

最高人民检察院、公安部《关于公安机关管辖的刑事案件立案追诉标准的规定(二)》第14条规定:“国有公司、企业、事业单位直接负责的主管人员,在签订、履行合同过程中,因严重不负责任被诈骗,涉嫌下列情形之一的,应予立案追诉:

(一)造成国家直接经济损失数额在五十万元以上的;

(二)造成有关单位破产,停业、停产六个月以上,或者被吊销许可证和营业执照、责令关闭、撤销、解散的;

(三)其他致使国家利益遭受重大损失的情形。

金融机构、从事对外贸易经营活动的公司、企业的工作人员严重不负责任,造成一百万美元以上外汇被骗购或者逃汇一千万美元以上的,应予立案追诉。

本条规定的‘诈骗’,是指对方当事人的行为已经涉嫌诈骗犯罪,不以对方当事人已经被人民法院判决构成诈骗犯罪作为立案追诉为前提。”

四、风险防范

在企业经营管理过程中,合同的签订、履行是重要环节,只有顺利地签订、履行合同,企业才能够获得收益,才能不断发展。但是,有收益就有风险,合同风险是企业最常见的风险之一,企业应提高风险防范意识。

(一)完善企业合同管理制度

企业应当建立健全一整套完善的合同管理制度,合同管理制度对一个企业的生产经营至关重要。合同管理制度应从横向和纵向两个维度建立。纵向维度是对合同签订、合同履行、合同解除、合同风险防控等从合同产生效力至合同失去效力的全过程进行细致的规定,制定相关管理制度;横向维度是对企业各部门签订的合同进行分门别类、因地制宜,保证各部门合同管理有序进行。

（二）加强对合同主管人员的职责权力进行监管

签订、履行合同的落脚点是员工，即国有公司、企业、事业单位的直接负责的主管人员，企业应当根据相关制度加强对岗位职责与权力运行的监督。特别是对上述主管人员应当加强监督，对于在合同签订、履行过程中有关人员不负责任的行为，企业应当严肃处理，以期杜绝严重损害行为的出现。

（三）在签订重要合同前，企业应当做好前期尽职调查，并做好相关记录

企业签订重要合同，应当先行委托相关中介机构进行尽职调查，并做好市场调研，以尽可能防范合同签订后重大损失的情形出现。同时，对于上述工作应当做好相关记录，以防出现问题后无相关证据证明企业主要负责人履行了相关职责，从而无法排除其"失职"之责。

（四）加强对企业公章的管理

出现此罪，有可能是由于企业对于公章的管理不善造成的。由于公章管理不善，企业对于在表面上已经实际签订和履行的合同都有可能是不知情的，但最后如果企业无法证明合同上的公章是被偷盖，企业仍然要承担相关民事责任，一旦遭受巨大损失，企业负责人则同样要面临刑事风险。故此，企业应当建立一套公章的保管和使用制度，确保公章使用规范，进而确保合同签订规范。

五、案例评析

（一）案例简介

山东省聊城市东昌府区人民检察院指控被告人刘某犯签订、履行合同失职被骗罪。2012 年 1 月，刘某在担任聊城市东昌府区某资产运营公司法人代表期间，在未对范某乙所在的山东省某投资有限公司的资产运营状况、股东情况进行细致考察的情况下，草率与山东省某投资有限公司签订《增资入股协议书》和《补充协议》，承诺东昌府区某资产运营公司入股山东省某投资有限公司 2000 万元（经查，创新公司吸收东昌府区某资产运营公司增资扩股的事实系由范某乙虚构，未经股东大会审议通过）。

刘某于2012年1月16日从东昌府区某资产运营公司账户将2000万元汇入创新公司账户，当日范某乙将2000万元转出，用于偿还其名下多家公司及个人所欠债务，目前该款尚未追回。

被告人刘某的辩护人认为，刘某担任某资产运营公司法定代表人后，通过各种渠道寻求合作，让国有资产保增、增值，出于对省发改委领导和范某乙的信任，在向领导汇报后才开始合同签订的前期工作；对于该次合作，刘某前期也做了较为细致的调查，包括对其提供资料的审查及实地考察；协议签订后，刘某积极督促范某乙履行协议，发现问题后及时向领导汇报，向公安机关报案，并数十次去济南督促范某乙履行协议，本案损失的造成和扩大具有多种因素，刘某对此不应负全部责任；刘某案发当日上午还同范某乙的哥哥去公安机关商谈以范某乙的资产抵债事宜，离开公安机关不久接公安人员电话告知局长找其了解情况，被告人即主动到公安机关接受询问，主动交代了事实经过，其行为符合自首的构成要件，且系初犯、偶犯，建议对其从轻处罚。

法院经审理后认为，被告人刘某作为事业单位直接负责的主管人员，在签订、履行合同过程中，因严重不负责任被骗，致使国家利益遭受特别重大损失，其行为已构成签订、履行合同失职被骗罪。公诉机关指控被告人的犯罪事实和罪名均成立。刘某归案后如实供述犯罪事实，认罪态度较好，对其依法可从轻处罚。关于被告人的辩护人所持被告人系自首的辩护意见，经查，被告人虽然接电话后主动到公安机关，但公安人员对其询问时，其称自己无罪，其去公安机关并非“投案”，不符合自首的实质要件，其行为依法不应认定为自首，辩护人的该项辩护意见不能成立，法院不予采纳。据此，根据被告人刘某犯罪的事实、犯罪的性质、情节和对于社会的危害程度，法院判决被告人刘某犯签订、履行合同失职被骗罪，判处有期徒刑3年。

（二）简要评析

本案被告人之所以成立犯罪，就在于其在签订、履行合同过程中，并没有对合同相对方进行必要的尽职调查，没有发现合作方严重资信不足，导致公司被骗，自己最后亦成立犯罪。因此，作为单位负责人，在对外签订合同时，尤其涉及金额较大的合同时，务必进行必要的资信调查，切不可偏听一方之言。

42. 国有公司、企业、事业单位人员失职罪

一、法律规定

《刑法》第168条规定："国有公司、企业的工作人员，由于严重不负责任或者滥用职权，造成国有公司、企业破产或者严重损失，致使国家利益遭受重大损失的，处三年以下有期徒刑或者拘役；致使国家利益遭受特别重大损失的，处三年以上七年以下有期徒刑。

国有事业单位的工作人员有前款行为，致使国家利益遭受重大损失的，依照前款的规定处罚。

国有公司、企业、事业单位的工作人员，徇私舞弊，犯前两款罪的，依照第一款的规定从重处罚。"

二、条文释义

本条是对国有公司、企业、事业单位人员失职罪及其刑事处罚的规定。所谓国有公司、企业、事业单位人员失职罪，是指国有公司、企业的工作人员，由于严重不负责任或者滥用职权，造成国有公司、企业破产或者严重损失，致使国家利益遭受重大损失的行为。本罪的构成要件如下。

（一）本罪从客观上来看

本罪的主体为特殊主体，即国有公司、企业、事业单位的工作人员，其他主体不构成本罪。

本罪危害行为和危害结果表现为两种情况：一是国有公司、企业的工作人员由于严重不负责任，造成国有公司、企业破产或者严重损失，致使国家利益遭受重大损失；二是国有事业单位的工作人员由于严重不负责任，致使国家利益遭受重大损失。行为人只要具备其中之一种行为即可构成本罪。所谓严重不

负责任，是指不按法律或单位内部的规定，不履行或者不认真履行自己的职责。

(二)本罪从主观上来看

本罪的主观方面是过失。行为人的行为虽然是在直接故意的心理状态支配之下进行的，但其对致使国家利益遭受重大损失的结果却并不包含直接故意。

三、立案标准

最高人民检察院、公安部《关于公安机关管辖的刑事案件立案追诉标准的规定(二)》第15条规定："国有公司、企业、事业单位的工作人员，严重不负责任，涉嫌下列情形之一的，应予立案追诉：

(一)造成国家直接经济损失数额在五十万元以上的；

(二)造成有关单位破产，停业、停产一年以上，或者被吊销许可证和营业执照、责令关闭、撤销、解散的；

(三)其他致使国家利益遭受重大损失的情形。"

四、风险防范

本罪与国有公司、企业、事业单位人员滥用职权罪的犯罪主体相同，本罪主观方面为间接故意和过失，企业可将上述两罪一并进行风险防范，防范重点应放在企业内部。

(一)完善企业人事制度

企业应当建立健全一整套完善的人事制度，人事制度对一个企业而言至关重要。人事制度应从横向和纵向两个维度建立。纵向维度的制度是对员工入职、员工权利义务、日常工作制度、奖励惩罚制度、解职等从员工进入企业至离开企业的全过程进行细致的规定；横向维度的制度是对企业各部门因职责权限不同设置而进行的不同规定，其目的是因地制宜，保证各部门分工协作、平稳运行。

（二）加强企业人员职责、权力监管

建立健全完善的人事制度后，企业应当根据相关制度加强对岗位职责与权力运行的监督。特别是对相关主管人员应当加强监督，对于不尊重客观经济规律的，对决策事项决策前不进行可行性分析和论证的，决策过程中不听取各方面意见、独断专行的，在企业经营决策过程中发生重大失误的，企业应当及时发现问题，及时处理，避免事态进一步扩大。

五、案例评析

（一）案例简介

乌鲁木齐市新市区人民检察院指控：2006年12月至2018年5月，被告人陈某斐任新疆维吾尔自治区疾病预防控制中心免疫规划科冷库管理员。2018年4月5～7日清明节假期期间，另一名库管员吴某兵（另案处理）违反规定将该中心计免楼1楼冷库钥匙交给搬运工孔某领（另案处理）保管，被告人陈某斐则未履行对疫苗库内温度要求每天记录、节假日不间断的规定，以致对4月6日19时6分许时任该中心综合治理办公室主任卜某贵（另案处理）和孔某领打开冷库门进入1号库内取出存放于该库内的一箱梨子后未关闭库门离开，直至4月8日12时25分乌鲁木齐市食品药品监督管理局检查时1号库门仍呈敞开状态，且温度升至15℃，时间长达41小时18分，该库内的“吸附无细胞百白破联合疫苗”“麻腮风联合减毒活疫苗”“骨髓灰质炎灭活疫苗”三个品种四批次的204,200瓶（支）疫苗贮藏温度高出“2～8℃避光保存和运输”的要求未及时发现，导致疫苗全部销毁，造成直接经济损失人民币345.84万元。

被告人陈某斐对公诉机关指控的基本犯罪事实无异议。辩解其自2006年到疾控中心工作起，领导没有书面或者口头通知过其周末节假日要去冷库检查温度，其行为不构成犯罪。

辩护人的辩护意见是：被告人陈某斐既无犯罪行为，也无危害后果，不符合国有事业单位人员失职罪的犯罪构成要件，公诉机关指控不能成立，陈某斐无罪。

法院经审理后认为，被告人陈某斐作为国有事业单位工作人员，严重不负责任，造成国有企业严重损失，其行为构成国有事业单位人员失职罪。依照我国刑法规定，应处3年以下有期徒刑或者拘役。公诉机关指控的犯罪事实存在，指控的罪名成立，但适用法律不当，本院予以纠正。故法院判决被告人陈某斐犯国有事业单位人员失职罪，判处有期徒刑1年6个月。

（二）简要评析

本案中，被告人由于自己的行为，导致国家利益遭受损失，从其行为性质来看，理应承担刑事责任。因此，对于处于特殊岗位上的工作人员，始终应当以高度的责任心对待自己的工作，一旦疏忽大意，导致国家遭受损失，可能会遭遇刑事风险。

43. 国有公司、企业、事业单位人员滥用职权罪

一、法律规定

《刑法》第168条规定："国有公司、企业的工作人员，由于严重不负责任或者滥用职权，造成国有公司、企业破产或者严重损失，致使国家利益遭受重大损失的，处三年以下有期徒刑或者拘役；致使国家利益遭受特别重大损失的，处三年以上七年以下有期徒刑。

国有事业单位的工作人员有前款行为，致使国家利益遭受重大损失的，依照前款的规定处罚。

国有公司、企业、事业单位的工作人员，徇私舞弊，犯前两款罪的，依照第一款的规定从重处罚。"

二、条文释义

本条是对国有公司、企业、事业单位人员滥用职权罪及其刑事处罚的规定。所谓国有公司、企业、事业单位人员滥用职权罪，指国有公司、企业的工作人员，

由于严重不负责任或者滥用职权，造成国有公司、企业破产或者严重损失，致使国家利益遭受重大损失的行为。本罪的构成要件如下。

(一)本罪从客观上来看

本罪的主体为特殊主体，即国有公司、企业、事业单位的工作人员，其他主体不构成本罪。

本罪危害行为和危害结果表现为国有公司、企业的工作人员由于滥用职权，造成国有公司、企业破产或严重亏损，致使国家利益遭受重大损失，以及国有事业单位的工作人员由于滥用职权，致使国家利益遭受重大损失的行为。

所谓严重不负责任，是指不按自己所处的岗位职责要求履行自己的职责。滥用职权一般表现为超越职责权限或违反法定或单位内部规定的程序。本条规定的损失既包括直接经济损失，也包括间接经济损失。

(二)本罪从主观上来看

本罪的主观方面是间接故意和过失。行为人的行为虽是直接故意，但其对致使国家利益遭受重大损失的结果却不是直接故意。

三、立案标准

最高人民检察院、公安部《关于公安机关管辖的刑事案件立案追诉标准的规定(二)》第16条规定："国有公司、企业、事业单位的工作人员，滥用职权，涉嫌下列情形之一的，应予立案追诉：

(一)造成国家直接经济损失数额在三十万元以上的；

(二)造成有关单位破产，停业、停产六个月以上，或者被吊销许可证和营业执照、责令关闭、撤销、解散的；

(三)其他致使国家利益遭受重大损失的情形。"

四、风险防范

本罪的主体为特殊主体，即国有公司、企业、事业单位的工作人员，主观方面表现为间接故意和过失。对于本罪而言，企业应着重进行内部风险防范。

(一)完善企业人事制度

企业应当建立健全一整套完善的人事制度,人事制度对一个企业而言至关重要。人事制度应从横向和纵向两个维度建立。纵向维度的制度是对员工入职、员工权利义务、日常工作制度、奖励惩罚制度、解职等从员工进入企业至离开企业的全过程进行细致的规定;横向维度的制度是对企业各部门因职责权限不同设置而进行的不同规定,其目的是因地制宜,保证各部门分工协作、平稳运行。

(二)加强对重要岗位人员的监管

建立健全完善的人事制度后,企业应当根据相关制度加强对岗位职责与权力运行的监督,尤其应当注重对重要岗位人员的监督,特别是对相关岗位主管人员应当加强监督,对于不尊重客观经济规律的,决策前对决策事项不进行可行性分析和论证的,在决策过程中不听取各方面意见、独断专行的,在企业经营决策过程中发生重大失误的,企业应当设置相关的预警机制。

五、案例评析

(一)案例简介

太原市小店区人民检察院指控,2010年1月21日山煤国际能源集团华南有限公司(以下简称华南公司)成立,其系山煤国际能源集团股份有限公司(以下简称山煤国际)全额出资成立的子公司,山西煤炭进出口集团有限公司(以下简称山煤集团)持有山煤国际57.43%的股份。2010年6月,经山煤集团董事会提名,同年10月,山煤国际聘任时任华南公司经理的胡某鹏担任华南公司董事长,全面负责华南公司的经营、管理。

华南公司成立以来一直在和山煤国际做煤炭购销业务,2012年6月华南公司为了完成山煤国际下达的销售任务,同年8月,胡某鹏与广州大优煤炭销售有限公司(以下简称大优公司)的实际控制人李某协商合作,双方协商约定:华南公司加入大优公司的煤炭购销贸易链条中,上下游贸易公司均由李某指定,华南公司利用5亿元银行授信向上游贸易公司开具商业承兑汇票或信用证等支付货款，华南公司每销售一吨煤赚取 1 ~2 元作为利润，商业承兑汇票贴现产生的利息等由大优公司承担，货物流转通过相互开具《货权转移证明》方式完成。贸易中，华南公司与大优公司之间使用信用证、商业承兑汇票、银行承兑汇票、现金这四种结算方式。2012 年 8 月至 2014 年 9 月，双方累计进行了 81 笔煤炭购销贸易。贸易中，胡某鹏从未召开相关会议议定，而是自行将本应由业务部门开展的业务，安排结算部门具体负责。贸易中，始终没有对李某指定的公司进行相关调查、了解，没有对货物流转进行监管，仅凭《货权转移证明》完成货权转移。2013 年 3 月开始，华南公司在与大优公司及其上下游公司结算中开始产生应收款，华南公司为控制资金风险，2013 年 7 月，双方协商以李某实际控制的大优公司、广东大华能源有限公司、运城市珠水国际大酒店有限公司（以下简称珠水酒店）的名义与华南公司签订了《抵押担保书》，合同约定将珠水酒店所有的 2 个国有土地使用证和 3 个房产证抵押给华南公司，并将以上 5 个产权证明交由华南公司保管，但未办理他项权属登记。2014 年 3 月份，李某以需要使用相关产权证明办理业务为由，将上述产权证明借走，至今未归还。2014 年开始，煤炭市场不景气导致大优公司资金链断裂，贸易发生欠款以后，胡某鹏采取的风险防控措施明显不足，且未终止贸易，导致 59 笔贸易陆续形成欠款，且欠款金额逐渐增多，直至大优公司资金链断裂。截至 2014 年 9 月，华南公司与大优公司之间的应收账款累计达 2.75 亿元。2016 年 4 月，因大优公司资不抵债，无力偿还债务，经中国银行广州东山支行申请，并经广东省高级人民法院批准，广州市中级人民法院裁定受理了大优公司破产清算一案，对大优公司进行破产清算。截至目前，破产清算尚在进行中。

2013 年 12 月至 2014 年 1 月，华南公司与大优公司签订了 3 份《煤炭购销合同》，大优公司通过光大银行广州分行（以下简称光大银行）给华南公司开具了 2.75 亿元商业承兑汇票（计 7 张，期限为 3 个月），李某给光大银行交纳了 20% 的保证金共计 5500 万元。胡某鹏作为华南公司的实际负责人，违反《山煤国际财务管理制度》的相关规定，擅自接受大优公司开具的商业承兑汇票，并将 2.75 亿元商业承兑汇票贴现后分别现汇给了李某指定的上游公司（山西晋运能源有限公司和天津市塘沽中海航洗煤有限公司），之后又全部转到了大优公司账户里。该 7 张商业承兑汇票到期后，大优公司无法归还光大银行的贴现资金，光大银行提出要将 2.2 亿元（扣除保证金和利息）转成大优公司的流动资金贷款，同时要求华南公司提供担保。2014 年 6 月 18 日，光大银行与大优公司签订了2.2亿元的《流动资金贷款合同》,胡某鹏未向山煤国际进行报告,擅自以华南公司名义与光大银行签订了编号为GZ贷保字36852014021-4的《保证合同》,合同约定向光大银行提供连带责任保证担保。2015年3月,因大优公司一直未能支付流资贷款利息,光大银行便将大优公司2.2亿元流资贷款作为不良资产打包出售给广东粤财资产管理公司。同年6月,光大银行将大优公司和华南公司等起诉至广东省高级人民法院,2016年9月2日,法院一审判决由华南公司等对大优公司的2.2亿元流资贷款承担连带清偿责任,同年11月华南公司上诉到最高人民法院,目前案件正在审理中。

被告人胡某鹏对公诉机关指控的基本事实无异议,对构成犯罪有异议,认为自己不构成犯罪。

其辩护人的辩护意见为:(1)华南公司不是我国刑法上的"国有公司",被告人胡某鹏不属于刑法上国有公司人员范畴,其全面负责华南公司经营管理是法定职权,努力完成山煤国际的指令性计划不存在滥权问题;(2)山煤国际内部规章制度不是法定的华南公司、胡某鹏约束条款,未遵守山煤国际内部规章制度不是违法行为;(3)关于华南公司为大优公司在光大银行流动贷款提供保证担保的问题,广东省高院存在明显误判,最高人民法院的判决至今未下达;(4)公诉机关将华南公司对李某大优公司的2.75亿元应收账款及与光大银行贷款担保纠纷涉及的2.19亿元担保认定为华南公司的损失无事实及法律依据;(5)法院存在刑事管辖问题;(6)被告人胡某鹏有自首情节。

法院经审理后认为,被告人胡某鹏作为华南公司董事长兼总经理,滥用职权,致使国家利益遭受特别重大损失,其行为构成国有公司人员滥用职权罪。公诉机关指控的罪名成立。被告人胡某鹏的辩护人认为本案不属于本院管辖,经查,本案为太原市中级人民法院指定管辖的案件。被告人胡某鹏的辩护人关于其并非刑法上的国有公司人员范畴,华南公司不是刑法上的国有公司的辩护意见,经查,山煤煤炭进出口有限公司为山煤国际全资子公司;山煤国际为山煤集团(省国资委监管的国有独资公司)控股58.61%的上市公司。2010年11月,山煤煤炭进出口有限公司将所持华南公司100%股权转让给山煤国际。2010年6月12日,经山煤集团董事会议研究,决定提名被告人胡某鹏为华南董事长,并聘任其为该公司经理,故对该辩护意见,不予采纳。胡某鹏及其辩护人关于其不构成滥用职权罪的辩解理由及辩护意见,经查,胡某鹏擅自决定并开展与大优公司的贸易模式当中,未见实际明确对应货物,亦未对相关货物进行查验、监管，仅凭《货权转移证明》开具出入库单和相关结算单据，该种模式最终导致损失的产生；另外，胡某鹏违规提供担保并接受商业承兑汇票，该行为符合国有公司人员滥用职权罪的构成要件，故对该辩解理由及辩护意见，不予采纳。其辩护人认为胡某鹏具有自首情节的辩护意见，经查，根据侦查机关出具的到案经过证明，胡某鹏系被电话传唤到案，其到案后能如实供述案件事实。虽然其不认为该行为构成犯罪，但其对该行为性质的辩解不影响自首的成立，故对该辩护意见，予以采纳，可以从轻处罚。其辩护人的其他辩护意见，结合案件事实，予以酌情考量。结合本案被告人的犯罪事实、情节、社会危害性，法院判决被告人胡某鹏犯国有公司人员滥用职权罪，判处有期徒刑3年6个月。

（二）简要评析

本案中，被告人胡某鹏在业务经营过程中，没有按照公司的规章制度，对业务履行必要的会议程序；同时，自己对于合作方的资信情况又不完全掌握，导致国有资产遭受重大损失，作为单位负责人，无疑应当承担相应责任。作为国家企业的负责人，对于“三重一大”事项，切忌个人独断专行，否则极易承担刑事风险。

44. 徇私舞弊低价折股、出售国有资产罪

一、法律规定

《刑法》第169条规定：“国有公司、企业或者其上级主管部门直接负责的主管人员，徇私舞弊，将国有资产低价折股或者低价出售，致使国家利益遭受重大损失的，处三年以下有期徒刑或者拘役；致使国家利益遭受特别重大损失的，处三年以上七年以下有期徒刑。”

二、条文释义

本条是对徇私舞弊低价折股、出售国有资产罪及其刑事处罚的规定。所谓

徇私舞弊低价折股、出售国有资产罪，是指国有公司、企业或者其上级主管部门直接负责的主管人员，徇私舞弊，将国有资产低价折股或者低价出售，致使国家利益遭受重大损失的行为。本罪的构成要件如下。

（一）本罪从客观上来看

本罪的主体为特殊主体，即国有公司、企业或者其上级主管部门直接负责的主管人员，除此之外的主体不能构成本罪。

从危害行为和危害结果来看，本罪表现为徇私舞弊低价折股、出售国有资产的行为，即在对本单位经营、管理的国有资产进行折股投资或者折价出售的过程中，因个人利益弄虚作假，滥用职权，故意对实物、工业产权、非专利技术以及土地使用权等有形或者无形的国有资产作出低于其实际价值的估价或者对某些资产故意不予计价，并以此低价进行出资入股或者进行出售。

（二）本罪在从主观上来看

本罪的主观方面，必须为故意，并有明确的徇私动机，过失不构成本罪。

三、立案标准

最高人民检察院、公安部《关于公安机关管辖的刑事案件立案追诉标准的规定（二）》第 17 条规定："国有公司、企业或者其上级主管部门直接负责的主管人员，徇私舞弊，将国有资产低价折股或者低价出售，涉嫌下列情形之一的，应予立案追诉：

（一）造成国家直接经济损失数额在三十万元以上的；

（二）造成有关单位破产，停业、停产六个月以上，或者被吊销许可证和营业执照、责令关闭、撤销、解散的；

（三）其他致使国家利益遭受重大损失的情形。"

四、风险防范

本罪的主体较为特殊，即国有公司、企业或者其上级主管部门直接负责的主管人员；本罪的犯罪对象是国有资产。所以企业防范本罪风险应从国有资产管理和人员管理两个方面着手。

（一）对于所有处置国有资产的行为，企业应当经过董事会或股东会的法定批准程序

实践中触犯本罪，往往由于企业负责人个人或几个人擅自作主，缺乏董事会或股东会的批准决定的程序，故在处置国有资产时，企业应当由董事会或股东会作出最终决定，以避免刑事风险。

（二）凡是处置国有资产，企业均应当经过公允的评估或公开拍卖程序

对于任何国有资产的处置，在处置前应当对国有资产进行公允的评估，依据评估价格确定协议价格，或者依据评估价格再行进行拍卖，只有这样才能避免事后追究低价处置国有资产的责任。

（三）加强国有资产监督管理

除了在国有资产的处置程序上设置防范措施外，企业日常还应加强国有资产的监督管理，使国有资产保值增值。在日常经营过程中，首先，企业应建立健全管理制度，规范国有资产配置、使用和处置行为，特别是规范国有资产处置程序。对国有资产保管、处置等方面进行详细规定，使企业国有资产管理有规定、有依据。其次，企业应严格依据合法规范处置国有资产。同时，企业应规范国有资产处置工作的审核。企业国有资产处置的各环节应公开、透明，减少人为干预。并且，企业应加强国有资产信息化管理，建立信息化系统、平台，并与政府相关主管部门进行联通，便于进行相关数据的核算。

（四）加强对企业人员职责、权力监管

企业应建立健全完善的人事制度。企业应当根据相关制度加强对岗位职责与权力运行的监督，特别是加强对相关主管人员的监督。对于为谋取私利违反国有资产管理法律法规的；对在企业合资、合营、股份制改造过程中不进行可行性分析和论证的；不听取各方面意见、独断专行的；造成国有资产流失等情况，企业应当严肃处理。

五、案例评析

（一）案例简介

五峰土家族自治县人民法院审理五峰土家族自治县人民检察院指控的被告人任某犯贪污罪、徇私舞弊低价出售国有资产罪一案，于2014年11月11日作出鄂五峰刑初字第00056号刑事判决，判决被告人任某无罪。五峰土家族自治县人民检察院提出抗诉。

原判认定，2003年中国工商银行准备上市，要求加大清收不良贷款、剥离损失类贷款力度，以降低整体不良资产率。工商银行三峡分行江南支行安排不良资产管理中心经理何某及该行五峰分理处职工任某，负责处理江南支行五峰分理处不良贷款事宜。2004年4月28日，被告人任某、五峰土家族自治县物资贸易行业办公室（以下简称行办）主任杨某荣分别与五峰土家族自治县百纺公司（以下简称百纺公司）经理聂某、副经理黄某、五峰土家族自治县副食品公司（以下简称副食品公司）经理李某座谈，达成意向性协议，拟采用法律诉讼程序，对百纺公司所欠贷款本息11,094,811.59元（本金6,737,178.02元，利息4,357,633.57元。已被工行划为"一逾两呆"类贷款），用渔洋关百货大楼（一至四层）、老合作饭店整栋、水田街中心门市及周围空地、水田街旧门市及食堂四处资产打包处理，一次性清偿了账；对副食品公司所欠贷款本息2,229,628.21元（本金949,000.00元，利息1,280,628.21元。已被工行划为"一逾两呆"类贷款），用渔洋关副食品加工厂全部国有资产打包处理，一次性清偿了账。

2004年5月7日，何某一行四人到五峰实地查看几处资产后，与杨某荣、聂某、黄某、李某洽谈磋商，提出了1999年以前不良资产按不低于本金10%的比例通过诉讼程序清收，报上级银行认定，最终根据中国工商银行江南支行确定的方式处置，百纺公司四处资产变卖80万元即可，银行负责以诉讼方式清收的处理方案。5月8日，行办主任杨某荣经请示经贸局负责人唐某红，同意百纺公司、副食品公司用渔洋关片资产打包处理清偿银行贷款，资产由工商银行处置，与百纺公司、副食品公司无关，并要求百纺公司、副食品公司协助工商银行尽快处理此事。

2004年6月2日，经工行五峰分理处申请，五峰法院向百纺公司发出了

(2004)五民督字第11号支付令，要求百纺公司支付工商银行贷款本金6,737,178.02元，利息4,357,633.57元，本息合计11,094,811.59元。6月28日，应工行五峰分理处申请，五峰法院作出(2004)五民执字第132号民事裁定书，裁定“已变卖被执行人抵押资产80万元（财产清单附后）偿还借款，余款10,294,811.59元再无能力偿还，且已无可供执行的财产”。

副食品公司的贷款清收流程与百纺公司一样，银行确定诉讼清收后，7月15日，经工行五峰分理处申请，五峰法院向副食品公司发出了(2004)五民督字第14号支付令，要求副食品公司支付工商银行贷款本金94.9万元，利息127.03万元。8月18日，应工行五峰分理处申请，五峰法院作出(2004)五民执字第156号民事裁定书，裁定“被执行人已变卖抵押资产偿还20万元，余款2,029,628.21元再无能力偿还，且无可供执行的财产”。

2004年6月30日，被告人任某向中国工商银行三峡分行江南支行资产风险管理委员会递交《关于拟对五峰土家族自治县百纺公司等企业贷款进行诉讼清收的调查报告》，建议对百纺公司、副食品公司的贷款进行诉讼清收，对百纺公司资产拟变现80万元，对副食品公司资产拟变现20万元。同年7月30日，中国工商银行三峡分行江南支行资产风险管理委员会集体研究后，决定对百纺公司资产以80万元、副食品公司资产以20万元进行诉讼清收，并于次日下发了会议纪要。8月8日，工行五峰分理处与熊某签订买卖合同，将渔洋关百货大楼（一至四层）以33万元的价格卖给熊某。9月10日，工行五峰分理处与张某签订房屋买卖协议，将副食品加工厂以20万元的价格（为了少交税，合同写的15万元）卖给了张某。10月25日，任某代表工行收取了张某20万元购房款，出具了两张（一张15万元、一张5万元）加盖工行公章的购房款收据。此外，任某还收了张某8万元并出具了一张白条。2012年3月被告人任某将该8万元退还给了张某，并将白条撕毁。

原判认为，被告人任某参与处置渔洋关百货大楼（一至四层）和副食品加工厂两处不良资产，系经过中国工商银行江南支行不良资产管理中心负责人到企业调查摸底，实地查看资产，拟出资产处置方案，经工行江南支行资产风险管理委员会讨论决定后实施，不能认定任某有弄虚作假或徇私舞弊的犯罪行为。公诉机关提供的鉴定意见存有瑕疵，且指控被告人任某徇私舞弊低价出售国有资产罪已过追诉时效期限。因此，公诉机关关于任某处置渔洋关百货大楼（一至四层）时资产时贪污112.74万元、处置渔关副食品加工厂处资产时徇私舞弊低价出售国有资产的指控不成立,该院不予支持。现有书证均证明副食品加工厂交易价格是20万元,8万元的白条已经灭失,证人证言存在瑕疵,证明力较弱,无法形成完整证据链,按现有证据不能得出唯一确定的结论,对8万元的定性无法排除合理怀疑。因此,公诉机关关于任某在处置渔关副食品加工厂处资产时贪污8万元的指控证据不足,指控罪名不能成立,该院不予支持。故一审法院判决被告人任某无罪。

五峰土家族自治县人民检察院以原判认定的主要事实错误,定性错误,被告人任某贪污公款120.74万元,构成贪污罪为由提出抗诉。

经二审法院审理查明,原判认定的事实清楚,证据采信符合法律规定。抗诉机关关于原判认定的主要事实错误的抗诉理由于本案事实证据不符,本院不予采纳。

二审法院认为,原审被告人任某作为中国工商银行江南支行五峰分理处办事人员,受安排参与银行不良资产清收工作。由于该银行对相关不良资产的处置经过有关负责人到企业调查摸底,实地查看资产,拟出处置方案,并经该银行江南支行资产风险管理委员会讨论决定后实施,相关资产处置方案从内容到程序办法均得到银行有关组织的决定和监管,任某参与相关资产处置的具体工作,既没有决定权,又没有处置权,也没有变更和超越方案的职务行为,相关资产包括渔洋关百货大楼(一至四层)和副食品加工厂两处不良资产的处置,既是银行的单位行为,又符合银行当时的基本要求和通行做法,不能看作任某个人的职务行为,故抗诉机关关于被告人任某在处置渔洋关百货大楼(一至四层)资产中贪污公款112.74万元的抗诉理由不能成立。关于在处置渔洋关副食品加工厂资产过程中任某收下张某8万元款项的事实,由于任某当时出具了8万元白条,且该白条在诉讼前已经销毁,因现有证据不能证实该8万元白条系银行处置相关资产的收款凭证,且银行相关资产处置方案、售房合同及收款凭证等证据中没有证据证实银行已经收取或应当收取张某该8万元款项的事实,故抗诉机关以任某用白条收下张某8万元现金的事实指控其贪污银行公款8万元的理由并不充分,其证据采信不能排除合理怀疑,事实认定不具有排他性,本院不予支持。因此,原判根据本案的证据,认定事实清楚,采信证据符合法律规定,适用法律正确,程序合法,以法律和指控犯罪的证据不足宣告被告人任某无罪并无不当。故二审法院依据上述事实及理由裁定驳回抗诉,维持原判。

（二）简要评析

本案上诉人在处置国有资产的过程中，并不是独立行使决定权，而是经过了单位既定的法定程序，故整个程序合理合法。从本案来看，在处置国有资产过程中，该走招标、拍卖程序的，一定要履行这些程序，只有程序完善，才能避免让人产生徇私舞弊的嫌疑，才能杜绝此罪的刑事风险。

45. 背信损害上市公司利益罪

一、法律规定

《刑法》第169条之一规定："上市公司的董事、监事、高级管理人员违背对公司的忠实义务，利用职务便利，操纵上市公司从事下列行为之一，致使上市公司利益遭受重大损失的，处三年以下有期徒刑或者拘役，并处或者单处罚金；致使上市公司利益遭受特别重大损失的，处三年以上七年以下有期徒刑，并处罚金：

（一）无偿向其他单位或者个人提供资金、商品、服务或者其他资产的；

（二）以明显不公平的条件，提供或者接受资金、商品、服务或者其他资产的；

（三）向明显不具有清偿能力的单位或者个人提供资金、商品、服务或者其他资产的；

（四）为明显不具有清偿能力的单位或者个人提供担保，或者无正当理由为其他单位或者个人提供担保的；

（五）无正当理由放弃债权、承担债务的；

（六）采用其他方式损害上市公司利益的。

上市公司的控股股东或者实际控制人，指使上市公司董事、监事、高级管理人员实施前款行为的，依照前款的规定处罚。

犯前款罪的上市公司的控股股东或者实际控制人是单位的，对单位判处罚金,并对其直接负责的主管人员和其他直接责任人员,依照第一款的规定处罚。”

二、条文释义

本条是关于背信损害上市公司利益罪及其刑事处罚的规定。所谓背信损害上市公司利益罪,是指上市公司的董事、监事、高级管理人员违背对公司的忠实义务,利用职务便利,人为操纵上市公司,致使上市公司利益遭受重大损失的行为。本罪具有以下构成要件。

(一)本罪从客观上来看

本罪的主体是特殊主体,指上市公司的董事、监事、高级管理人员。上市公司的控股股东或者实际控制人,如果指使上述人员实施恶意损害上市公司利益的行为,同样构成本罪。

从危害行为和危害结果来看,本罪主要表现为上市公司的董事、监事、高级管理人员违背对公司的忠实义务,利用职务便利,通过非法手段,致使上市公司利益遭受重大损失的行为。所谓背信行为,是指行为人违背与其任职的上市公司之间的忠实义务,从事了本罪法律条款中规定的 6 种非法活动。

(二)本罪从主观上来看

本罪在主观方面表现为故意,过失不构成本罪。

三、立案标准

最高人民检察院、公安部《关于公安机关管辖的刑事案件立案追诉标准的规定(二)》第 18 条规定:“上市公司的董事、监事、高级管理人员违背对公司的忠实义务,利用职务便利,操纵上市公司从事损害上市公司利益的行为,以及上市公司的控股股东或者实际控制人,指使上市公司董事、监事、高级管理人员实施损害上市公司利益的行为,涉嫌下列情形之一的,应予立案追诉:

(一)无偿向其他单位或者个人提供资金、商品、服务或者其他资产,致使上市公司直接经济损失数额在一百五十万元以上的;

（二）以明显不公平的条件，提供或者接受资金、商品、服务或者其他资产，致使上市公司直接经济损失数额在一百五十万元以上的；

（三）向明显不具有清偿能力的单位或者个人提供资金、商品、服务或者其他资产，致使上市公司直接经济损失数额在一百五十万元以上的；

（四）为明显不具有清偿能力的单位或者个人提供担保，或者无正当理由为其他单位或者个人提供担保，致使上市公司直接经济损失数额在一百五十万元以上的；

（五）无正当理由放弃债权、承担债务，致使上市公司直接经济损失数额在一百五十万元以上的；

（六）致使公司发行的股票、公司债券或者国务院依法认定的其他证券被终止上市交易或者多次被暂停上市交易的；

（七）其他致使上市公司利益遭受重大损失的情形。”

四、风险防范

对于上市公司的董事、监事、高级管理人员而言，背信损害上市公司的行为屡见不鲜，损害了上市公司及股东的合法权益。同时，本罪的风险点较为集中、范围较为固定，对于企业而言，风险防范的重点比较明确，即董事、监事、高级管理人员违背忠实义务的行为。

（一）明确违背忠实义务的情形

企业应当明确董事、监事、高级管理人员哪些行为会构成本罪，明确行为方式是风险防范的必要条件，可能触犯本罪主要有以下6种行为：

第一，无偿向其他单位或者个人提供资金、商品、服务或者其他资产的；

第二，以明显不公平的条件，提供或者接受资金、商品、服务或者其他资产的；

第三，向明显不具有清偿能力的单位或者个人提供资金、商品、服务或者其他资产的；

第四，为明显不具有清偿能力的单位或者个人提供担保，或者无正当理由为其他单位或者个人提供担保的；

第五，无正当理由放弃债权、承担债务的；

第六,采用其他方式损害上市公司利益的。

(二)禁止董事、监事、高管从事下列违背忠实义务的行为

禁止董事、监事、高管向其他单位和个人提供资金、商品、服务或其他资产;

禁止董事、监事、高管以不公平的条件,提供或者接受资金、商品、服务或者其他资产;

禁止董事、监事、高管向不具有清偿能力的单位或者个人提供资金、商品、服务或者其他资产;

禁止董事、监事、高管为不具有清偿能力的单位或者个人提供担保,或者无正当理由为其他单位或者个人提供担保;

禁止董事、监事、高管未经过公司董事会或股东会的批准而放弃债权、承担债务;

禁止董事、监事、高管采用其他方式损害上市公司利益。

(三)加强对上市公司董事、监事、高管的职责、权力监管

企业应建立健全完善的人事制度。企业应当根据相关制度加强对岗位职责与权力运行的监督,特别是加强对董事、监事、高管的监督。对于违背对公司的忠实义务,利用职务便利,通过操纵上市公司从事不正当、不公平关联交易的,企业应当严肃处理。

五、案例评析

(一)案例简介

上海市卢湾区人民检察院指控:2006年年底至2007年年初,被告人何某利用担任某公司董事长的职务便利,违背对公司的忠实义务、操纵上市公司进行资产收购重组等活动,造成某公司遭受损失合计人民币(以下币种相同)8050万元,具体犯罪事实如下。

1. 被告人何某在某公司收购某某公司的股权过程中,采用对某某公司虚假增资的方法,致使某公司损失2400万元。

何某系某某某公司的实际控制人及该公司参股的某某公司的董事长。

2006年12月5日,何某操纵某某某公司向北京某2担保有限公司(以下简称某2公司)借款5000万元,作为某某某公司向某某公司的增资款,从而使某某公司的资本从1000万元增至6000万元。当月8日,何某利用虚假订货合同预付款的名义将5000万元资本从某某公司抽走,几经周转仍划至某2公司。随后,何某利用担任某公司董事长的职务便利,隐瞒上述事实,操纵该公司董事会通过决议,以总资本额6000万元为基数,从某某某公司收购某某公司48%的股权,计2880万元,从而使某公司以明显不合理的价格购买了实际价值为480万元的某某公司的股权,造成某公司经济损失2400万元。

2. 何某在海南某公司收购某公司股权过程中,擅自挪用某公司资金,致使该公司损失5650万元。

2006年12月至2007年2月,某公司的股东某3有限公司(以下简称某3公司)欲出让价值约12,000万元的某公司股权合计49,740,200股,并从某公司购回价值约11,000万元的二、五分厂资产。期间,何某利用担任某公司董事长的职务便利,以虚假贸易合同预付款的名义,将某公司约3000万元资金从其下属的上海分公司及控股子公司某4发展有限公司(以下简称某4公司)转至某5有限公司(以下简称某5公司),最终划至海南某公司,由海南某公司再利用该笔资金作为收购某公司股权的部分对价款支付给某3公司,某3公司再将该资金支付给某公司作为二、五分厂资产的回购款,从而完成一次周转。如此反复运作4次,从而完成资产和股权的转让。通过以上方法,何某控制的海南某公司在未支付对价的情况下,获得了某公司价值12,450万元的股权。

2006年12月,某公司的另一股东某集团所持有的24,317,800股股权将被法院拍卖,何某遂以虚假合同预付款的名义,通过某4公司将某公司的资金29,363,743.50元经某5公司划至海南某公司,用于竞拍上述股权并获成功。至此,何某控制的海南某公司以19.48%的持股比例,成为某公司第一大股东。

随后,何某通过将该股权出售给某某集团有限公司等方法,对某公司进行资产重组,并将部分资金划回某公司以弥补上述挪用留下的资金缺口。期间,何某累计占用某公司资金153,863,743.50元,案发前已归还97,363,743.50元,造成该公司实际损失5650万元。

法院经审理认定上述事实成立。法院认为,被告人何某作为上市公司某科技开发股份有限公司的董事长,违背对公司的忠实义务,利用职务便利,操纵上市公司,采用隐瞒事实、购买公司股权等方式,致使上市公司利益遭受特别重大损失,其行为已构成背信损害上市公司利益罪,应依法追究其刑事责任。公诉机关对本案的定性正确,应予支持。鉴于被告人何某到案后主动交代司法机关尚未掌握的较重的同种罪行并能当庭自愿认罪,其家属亦在判决之前主动缴纳了人民币50万元,依法应当从轻和酌情从轻处罚并适用缓刑。辩护人建议对被告人何某从轻处罚的辩护意见,法院予以采纳。法院判决被告人何某犯背信损害上市公司利益罪,判处有期徒刑3年,宣告缓刑5年,并处罚金人民币50万元。

(二)简要评析

被告人作为上市公司的负责人,通过以明显不公平的条件,提供或者接受资金、商品、服务或者其他资产的,导致上市公司利益受到重大损失,其行为明显触犯刑法。上市公司,肩负着众多股东的利益,如果高管利用上市公司平台一味谋求自己私人利益的最大化,最终可能会难以避免刑事风险。

第五章

CHAPTER 5

破坏金融管理秩序罪的预防

46. 金融工作人员购买假币、以假币换取货币罪

一、法律规定

《刑法》第171条第2款规定:“银行或者其他金融机构的工作人员购买伪造的货币或者利用职务上的便利,以伪造的货币换取货币的,处三年以上十年以下有期徒刑,并处二万元以上二十万元以下罚金;数额巨大或者有其他严重情节的,处十年以上有期徒刑或者无期徒刑,并处二万元以上二十万元以下罚金或者没收财产;情节较轻的,处三年以下有期徒刑或者拘役,并处或者单处一万元以上十万元以下罚金。”

二、条文释义

本条是关于金融工作人员购买假币、以假币换取货币罪及其刑事处罚的规定。所谓金融工作人员购买假币、以假币换取货币罪,是指银行或者其他金融机构的工作人员购买伪造的货币或者利用职务上的便利,以伪造的货币换取货币,数额较大的行为。本罪的构成要件如下。

(一)本罪从客观上来看

本罪的主体是特殊主体,即只有金融机构的工作人员才能构成。所谓金融机构,是指专门从事各种金融活动的组织。目前,我国已形成以中国人民银行为核心,以商业银行为主体的多种金融机构并存的体系。其中商业银行主要有中国工商银行、中国银行、中国农业银行、交通银行、中国建设银行、中信实业银行、光大银行以及地方性商业银行等。其他金融机构,是指银行以外的城乡信用合作社、信托投资公司、融资租赁机构、邮政储蓄机构、保险公司、证券机构等具有货币资金融通职能的机构。金融机构工作人员即是在上述机构中从事工作的人员。如果不是在上述金融机构而是在其他机构中工作的人员或虽然是

在上述金融机构中工作,但其不是从事金融业务而是从事劳务的人员,不是本罪主体。

从危害行为和危害结果来看,本罪表现为银行或者其他金融机构工作人员购买伪造的货币,或者利用职务上的便利以伪造的货币换取货币的行为。

所谓伪造的货币,简称假币,是指依照我国的货币即人民币和外币的格式、形态、色彩、图案、线条等特征,通过印刷、石印、复印、手描、影印等方式制作的以假充真的货币。

所谓购买伪造的货币,是指以一定的价格利用货币或物品换取伪造的货币的行为。所谓以伪造的货币换取货币的行为,是指以伪造的假币换取真币的行为。

所谓利用职务之便,在这里是指利用职务范围内的权力和地位所形成的主管、经手、经管货币的便利条件。

(二)本罪从主观上来看

本罪在主观方面表现为故意,即明知是伪造的货币而予以购买或者利用职务之便利换取货币。如果行为人在工作中误将假币支付给他人,不能视为利用职务便利以假币换取真币。

三、立案标准

最高人民检察院、公安部《关于公安机关管辖的刑事案件立案追诉标准的规定(二)》第21条规定:“银行或者其他金融机构的工作人员购买伪造的货币或者利用职务上的便利,以伪造的货币换取货币,总面额在二千元以上或者币量在二百张(枚)以上的,应予立案追诉。”

四、风险防范

(一)加强对员工的法制教育

企业应当加强对员工的法律教育,尤其应当对其进行有关货币管理方面的刑事法律的教育,让员工知道法律对违法犯罪行为的处罚措施。只有知法了,才有可能让其不敢为。

（二）提升单位内部的硬件设施建设

在企业办公环境场所，应当加强硬件设施建设。良好的设施，可以防范员工的违法行为。在这种场所下工作，员工即使有些想法，也不敢为。

（三）加强制度建设

金融机构对于货币的管理，应当制定切实可行的制度，并予以落实。好的制度，可以防范一些违法犯罪的产生。

五、案例评析

（一）案例简介

公诉机关起诉指控：2008年5月的一天，被告人张某以1万元人民币通过吕某贤从一陌生男子手中购得5万元假人民币。回单位后，张某将5万元假币中的49,300元先后分三次混在入库资金中存入该社现金库房内，套出相同数额的人民币供自己使用。

被告人张某对公诉机关指控的犯罪事实无异议。

法院经审理后认为，被告人张某身为金融机构工作人员，利用职务之便，购买假币、以假币换取货币，其行为构成金融工作人员购买假币、以假币换取货币罪。法院判决被告人张某犯金融工作人员购买假币、以假币换取货币罪，判处有期徒刑8年，并处罚金人民币5万元；犯职务侵占罪，判处有期徒刑5年。

（二）简要评析

从本案来看，被告人之所以能犯本罪，能进行如此大数额的以假货币换真货币，说明该单位管理的确存有漏洞。员工正是利用了此漏洞进行违法犯罪行为。因此，作为金融机构，要防范本罪的刑事风险，只有堵塞这些管理漏洞，让职工不能为，不敢为，才有可能让企业，让职工，均远离本罪的刑事风险。

47. 持有、使用假币罪

一、法律规定

《刑法》第172条规定："明知是伪造的货币而持有、使用，数额较大的，处三年以下有期徒刑或者拘役，并处或者单处一万元以上十万元以下罚金；数额巨大的，处三年以上十年以下有期徒刑，并处二万元以上二十万元以下罚金；数额特别巨大的，处十年以上有期徒刑，并处五万元以上五十万元以下罚金或者没收财产。"

二、条文释义

本条是对持有、使用假币罪及其刑事处罚的规定，所谓持有、使用假币罪，是指明知是伪造的货币而持有、使用，数额较大的行为。本罪的构成要件如下。

（一）本罪从客观上来看

持有、使用假币罪的主体是一般主体，即自然人。只要达到刑事责任年龄、具有刑事责任能力的自然人均可构成本罪。同时，依据《刑法》的规定，单位亦可构成本罪。

本罪危害行为和危害结果表现为以下情形：

1. 行为人构成持有假币罪，应具备以下条件：（1）行为人具有持有伪造货币的行为。（2）行为人明知其所持有的是伪造的货币仍持有。如果行为人在主观上不知道其所持有的是伪造的货币，则不构成本罪。（3）行为人所持有的伪造货币的数额要达到数额较大的程度。

2. 行为人构成使用假币罪，应具备以下条件：（1）行为人实施了明知是伪造的货币而使用的行为。（2）行为人在主观上明知其使用的是伪造的货币。如果行为人在主观上不知是伪造的货币而使用的，则不构成本罪。（3）行为人所使用的伪造的货币数额要达到较大的程度。

（二）本罪从主观上来看

持有、使用假币罪在主观方面表现为故意，即行为人明知是伪造的货币而持有、使用。

三、立案标准

最高人民检察院、公安部《关于公安机关管辖的刑事案件立案追诉标准的规定（二）》第22条规定："明知是伪造的货币而持有、使用，总面额在四千元以上或者币量在四百张（枚）以上的，应予立案追诉。"

四、风险防范

从罪名构成看，本罪为选择性罪名，行为方式分别为持有或使用，持有、使用一定数量的假币即构成本罪。本罪的犯罪对象是伪造的货币，包括人民币和外币，但不包括变造的货币。对于企业而言，应加强资金与人员的风险防范。

（一）加强对企业资金的监督管理

首先，企业应当建立健全完善的监督管理制度，对资金的类别、资金的收入与支出、资金管理部门及人员设置作出规定，特别是针对现金的持有和使用作出明确规定。其次，企业应建立高效有序运行的资金管理部门。所谓高效，就是要求企业资金管理部门工作效率、质量符合企业运营需要；所谓有序，就是要求企业资金管理部门组织架构合理、分工明确。最后，企业应完善资金管理人员配置，提升企业资金的综合管理水平。

（二）加强资金管理人员教育培训

资金管理人员可分为现金管理人员与非现金管理人员，现金管理人员直接接触资金的持有与使用，是持有、使用假币的高危人群。因而企业应着重加强这类人员的教育培训，从内部和外部防范发生本罪的可能性。内部防范即提升现金管理人员的道德水平、增强底线意识、提升监督管理的综合能力；外部防范即现金管理人员应监控流通中的现金，从而杜绝假币的持有、使用。

（三）建立监督管理制度

企业应当根据本单位特点，查找漏洞，有针对性地建立一整套监督管理制度，以加强对现金管理人员的管理，以防其在工作中触犯这一罪名。

五、案例评析

（一）案例简介

广州市白云区人民检察院指控，2013 年 12 月 13 日，被告人林某旺在本市白云区新市街棠涌新村北五巷一号附近将假人民币 26 万元交付给被告人吴某楚，吴某楚在携款离开途中被民警人赃并获。后民警在林某旺、林某居住的棠涌新村北×巷××房内，查获其二人藏匿的假人民币 18,800 元。根据上述事实，公诉机关认为，被告人林某旺、吴某楚、林某明知是伪造的货币而持有，其中林某旺、吴某楚持有的数额特别巨大，林某持有的数额较大，其行为触犯了《刑法》第 172 条，均应当以持有假币罪追究其刑事责任。提请本院依法判决。

被告人林某旺对起诉书指控的事实及罪名均没有异议，现在触犯了法律，希望给其一个改过自新的机会。

其辩护人对公诉机关指控的定性无异议，同时提出以下辩护意见：(1) 被告人如实供述自己的罪行，主动认罪。(2) 被告人系初犯和偶犯。(3) 被告人归案后深刻地反省自己的犯罪行为，并表示悔改。(4) 被告人持有的假币已被全数追缴，没有流入社会造成危害。(5) 被告人多次供述对包里的 26 万元假币并不知情，其主观上没有持有 26 万元假币的故意，被告人只持有家中查获的 18,800 元假币。综上，请求法庭对被告人从轻处罚。

吴某楚对起诉书指控的事实及罪名均没有异议，其陈述说，由于法律意识淡薄，现知道错了，希望给其一个改过自新的机会，判处其缓刑或无罪。

其辩护人提出以下辩护意见：(1) 指控吴某楚持有假币的事实不清，证据不足；(2) 吴某楚不知道林某旺要其送的是假币，主观上没有明确的犯罪故意。

综上,被告人吴某楚的行为不构成犯罪。

被告人林某对起诉书指控的事实及罪名均没有异议,由于其不懂法律没有文化,希望对其从轻处理。

其辩护人提出以下辩护意见:(1)林某不具有持有假币的故意,也没有证据证明林某在客观上与林某旺共同实施了持有假币的犯罪行为,因为林某不知道家中藏有假币,也不知道假币放在哪里,这些假币都是林某旺带回来的。(2)林某只对其帮助林某旺冲走2800元假币及洗衣机上300元的假币是知情的,并不能认定其实施了持有18,800元假币的行为,其持有的假币3100元未达到刑罚规定的犯罪标准。综上,被告人林某的行为不构成犯罪。

法院经审理后认为,被告人林某旺、吴某楚、林某无视国家法律,明知是伪造的货币而持有;其中林某旺持有假人民币27.88万元,数额特别巨大;吴某楚持有假人民币26万元,数额特别巨大;林某持有假人民币18,800元,数额较大,其行为均已构成持有假币罪。公诉机关指控林某旺、吴某楚、林某犯持有假币罪事实清楚,证据确实充分,罪名成立。对于林某旺的辩护人提出其认罪态度较好的辩护意见,林某旺当庭认罪,法院采纳。综合考虑全案的性质、情节、危害后果及被告人的认罪态度,悔罪表现,判决被告人林某旺犯持有假币罪,判处有期徒刑10年6个月,并处罚金9万元。判决被告人吴某楚犯持有假币罪,判处有期徒刑10年,并处罚金7万元。判决被告人林某犯持有假币罪,判处有期徒刑1年,并处罚金2万元。

(二)简要评析

本案中各被告人持有、使用假币行为的证据应当说是十分清楚的。货币是一国的重要管制对象,假币是国家禁止的物品。对于大额现金交易的行为,货币的真假也应当是交易方重点关注的问题。稍有不慎,在他人使用假币进行交易的时候,极有可能导致自己触犯这一罪名。不过,在越来越多地采用网上支付的科技语境下,触犯这一罪名的概率已经大大降低。

48. 伪造、变造、转让金融机构经营许可证、批准文件罪

一、法律规定

《刑法》第174条第2款规定，伪造、变造、转让商业银行、证券交易所、期货交易所、证券公司、期货经纪公司、保险公司或者其他金融机构的经营许可证或者批准文件的，依照前款的规定处罚。

第3款规定，单位犯前两款罪的，对单位判处罚金，并对其直接负责的主管人员和其他直接责任人员，依照第1款的规定处罚。

二、条文释义

本条是关于伪造、变造、转让金融机构经营许可证、批准文件罪及其刑事处罚的规定。所谓伪造、变造、转让金融机构经营许可证、批准文件罪，是指违反国家金融管理法规，非法伪造、变造、转让商业银行、证券交易所、期货交易所、证券公司、期货经纪公司、保险公司或者其他金融机构经营许可证或者批准文件的行为。本罪的构成要件如下。

（一）本罪从客观上来看

本罪的主体为一般主体，只要是达到刑事责任年龄且具备刑事责任能力的自然人，均可构成本罪主体。依据《刑法》规定，单位也可构成本罪主体。

从危害行为和危害结果来看，本罪表现为非法伪造、变造、转让金融机构经营许可证或者批准文件的行为。所谓金融机构的经营许可证，是指由国家相关部门批准，允许企业经营金融业务及确定其经营范围的证件。金融机构获得该批准文件后，即可到工商行政管理机关进行注册登记，获得营业执照。

所谓“伪造”金融机构经营许可证或者批准文件，是指按照国家制定的金

融业务许可证或者批准文件式样，非法制造假的经营金融业务许可证或者批准文件，以达到以假乱真的行为。所谓“变造”金融机构经营许可证或者批准文件，是指采取涂改等方式，改变现有金融业务许可证或者批准文件内容，以达到其非法经营的目的。所谓“转让”金融机构经营许可证或者批准文件，是指通过出售、出租、出借、赠与等方式将自己所有的金融机构经营许可证或者批准文件以有偿或者无偿方式转交给其他的机构或者个人使用的行为。

（二）本罪从主观上来看

本罪在主观方面必须出于故意，行为人在主观方面具有伪造、变造和转让经营金融业务许可证或者批准文件的故意，并且，行为人须出于直接故意，过失不构成本罪。

三、立案标准

最高人民检察院、公安部《关于公安机关管辖的刑事案件立案追诉标准的规定（二）》第 25 条规定，伪造、变造、转让商业银行、证券交易所、期货交易所、证券公司、期货公司、保险公司或者其他金融机构的经营许可证或者批准文件的，应予立案追诉。

四、风险防范

金融业是关系国民经济命脉的支柱性行业，由国家统一对金融机构予以监管。金融机构作为国家进行宏观调控的重要参与主体，必须具备一定的设立条件，在注册资金、人员资质、经营场所、经营范围等方面都有特殊的要求，以此凸显金融机构的特殊性和重要性，显示出不是任何企业随随便便就可以称为金融机构的。金融机构设立上如此严厉，监管亦是如此严格，伪造、变造、转让金融机构经营许可证、批准文件的不法行为是国家金融监管的重点打击对象。对此，为预防上述不法行为，企业可从以下方面防范风险。

（一）加强企业法律教育

企业应认真学习《商业银行法》《金融许可证管理办法》等法律法规，掌握经营许可证的申请、变更、注销、撤销条件,并保证在上述过程中不弄虚作假。企业应严格按照法律规定使用经营许可证、批准文件,不做违法犯罪之事。此外,企业应加强对职工的守法教育,防止职工利用企业管理漏洞使用上述证件从事或者协助他人从事违法犯罪活动,让其树立守法意识。

(二)加强对经营许可证、批准文件的管理

企业应对经营许可证、批准文件等进行登记,并严格保管,并设置专人作为负责人。正常生产经营中使用上述文件时应做好登记,记录借用人、借用时间、归还时间、借用证件名称、用途等信息。上述重要证件储存时最好应放置于专门的密码柜中,以防被盗、丢失等,也可以在储存的地方安装防盗报警系统。

(三)履行合法的变更程序

金融机构经营许可证、批准文件的变更必须履行法定程序,禁止私自涂改、变造。对于破损的文件,可以申请补发,禁止自行破坏性修复。

(四)禁止以下行为

禁止以金融机构经营许可证、批准文件为行为对象的伪造、变造及转让行为。伪造、变造金融机构经营许可证、批准文件的行为比较好分辨,而对于上述文件转让行为是否涉及违法可以从以下方面区分:转让行为的形式包括出售、出租、出借、赠与等有偿和无偿的方式,转让的上述证件可以是自己的也可以是他人的,转让的上述证件不论是真的还是伪造的,都涉嫌构成该罪。

五、案例评析

(一)案情简介

福建省将乐县人民检察院公诉机关指控:2013 年 9 月 20 日,被告人王某某为了从事银行汇票业务,向他人购买了福建省将乐县农村信用合作联社的企业资料复印件(包括金融许可证、开户许可证、机构信用代码证、税务登记证、组织机构代码证、企业法人营业执照、法定代表人余某生身份证复印件等)及伪造的将乐县农村信用合作联社的公章、财务专用章及余某生印 3 枚印章。王某某将伪造的企业印章加盖在将乐县农村信用合作联社的金融许可证等企业资料复印件上，并利用伪造的企业印章分别于2013年9月27日在中国光大银行股份有限公司重庆分行开立账户，户名：将乐县农村信用合作联社，账号：394××××××××××8754，于2013年10月16日在中国邮政储蓄银行广州体育西支行开立账户，户名：将乐县农村信用合作联社，账号：9440××××××××××9196。期间，王某某利用伪造的企业印章帮助中国光大银行股份有限公司重庆分行开展银行汇票等业务来消减该行的信贷规模。后王某某分别于2013年11月26日和28日，使用伪造的企业印章在中国邮政储蓄银行广州体育西支行及中国光大银行股份有限公司重庆分行将将乐县农村信用合作联社的账户进行撤销。经鉴定，将乐县农村信用合作联社的企业资料复印件上的"将乐县农村信用合作联社"、"将乐县农村信用合作联社财务专用章"及"余某生印"印文与将乐县农村信用合作联社相对应的样本印文均不是同一枚印章所盖。

法院经审理后认为，被告人王某某违反国家金融管理法规，利用伪造的将乐县农村信用合作联社的金融许可证等企业资料，开设对公账户，其行为已构成伪造金融机构经营许可证罪；王某某扰乱社会管理秩序，利用自己伪造的将乐县农村信用合作联社的企业印章，帮助他人及自己办理银行业务，其行为已构成伪造企业印章罪。公诉机关指控的犯罪事实及罪名成立。王某某在判决宣告以前一人犯有数罪，应当数罪并罚。案发后，被告人自动投案，如实供述自己的罪行，是自首，予以从轻处罚。对于王某某的辩护人提出的王某某具有自首的情节，系初犯、偶犯，予以从轻处罚的辩护意见本院予以采纳。王某某伪造的企业印章有的用于伪造金融机构的金融许可证等企业资料开设对公账户，但其主要还是用于帮助他人及自己办理银行业务。故对于王某某的辩护人提出的王某某伪造企业印章是手段，伪造金融机构经营许可证是目的，属牵连犯，应当采用吸收原则，以伪造金融机构经营许可证罪处罚的辩护意见法院不予采纳。鉴于王某某犯罪情节较轻、有悔罪表现、没有再犯罪的危险、宣告缓刑对所居住社区没有重大不良影响，可以宣告缓刑。故法院判决被告人王某某犯伪造金融机构经营许可证罪，判处有期徒刑1年6个月，并处罚金人民币5万元；犯伪造企业印章罪，判处有期徒刑1年6个月。数罪并罚，决定执行有期徒刑2年6个月，缓刑3年，并处罚金人民币5万元。

（二）简要评析

金融机构的经营许可证等证照只能由特定的金融机构使用，不得伪造、变造、转让。本案中，被告人虽然是在复印件上盖章，并将其进行使用，同样可以认定为伪造、变造行为。从本案来看，要开展相关金融业务，应当通过正常途径。使用虚假手段，虽然临时开展了某项业务，但最后却要面临刑事处罚，付出的代价将远远超过所得。这种行为实在难以说是理智行为。

49. 高利转贷罪

一、法律规定

《刑法》第175条规定："以转贷牟利为目的，套取金融机构信贷资金高利转贷他人，违法所得数额较大的，处三年以下有期徒刑或者拘役，并处违法所得一倍以上五倍以下罚金；数额巨大的，处三年以上七年以下有期徒刑，并处违法所得一倍以上五倍以下罚金。

单位犯前款罪的，对单位判处罚金，并对其直接负责的主管人员和其他直接责任人员，处三年以下有期徒刑或者拘役。"

二、条文释义

本条是对高利转贷罪及其刑事处罚的规定。所谓高利转贷罪，是指以转贷牟利为目的，套取金融机构信贷资金高利转贷他人，违法所得数额较大的行为。本罪的构成要件如下。

（一）本罪从客观上来看

本罪的主体为特殊主体，即借款人。达到刑事责任年龄、具有刑事责任能力的自然人以及与经工商行政管理机关或主管机关核准登记的企（事）业法人、其他经济组织、个体工商户均可作为借款人。

从危害行为和危害结果来看，本罪表现为以转贷牟利为目的，套取金融机构信贷资金高利转贷给他人，数额较大的行为。如果借款人先依正常程序依法获得金融机构的贷款资金，进而以转贷牟利为目的，将贷款高利转贷他人，同样构成本罪。所谓套取金融机构信贷资金高利转贷他人，是指以虚假理由，从金融机构获得信贷资金后又以更高利息转贷给他人。构成本罪，行为人转贷给他人的资金必须是金融机构的信贷资金，如果不是金融机构放贷的资金，只是行为人将自己所有的资金借贷给他人，则不构成犯罪。行为人之所以这么做，是因为其转贷给他人的利息高于其从金融机构贷款的利息，其可以获得中间差额利息。

（二）本罪从主观上来看

本罪在主观上只能由故意构成，而且具有以高利转贷牟利为目的。过失不构成本罪。

三、立案标准

最高人民检察院、公安部《关于公安机关管辖的刑事案件立案追诉标准的规定（二）》第 26 条规定："以转贷牟利为目的，套取金融机构信贷资金高利转贷他人，涉嫌下列情形之一的，应予立案追诉：

（一）高利转贷，违法所得数额在十万元以上的；

（二）虽未达到上述数额标准，但两年内因高利转贷受过行政处罚二次以上，又高利转贷的。"

四、风险防范

凡通过编造假去向、假用途、假担保套取信贷资金者，或者在央行规定的贷款利率幅度以上发放贷款的，都属于违背我国信贷资金发放利率管理秩序的高利转贷行为。所以，企业可从以下方面予以防范。

（一）严格遵守国家法律法规

企业应严格按照《中国人民银行法》《商业银行法》《贷款通则》等法律法

规规定申请、使用贷款，并按期依约归还贷款，学习与贷款有关的法律法规，自觉防范风险，树立守法意识。

（二）严格贷款申请流程

根据我国有关金融管理法规，对用作发放贷款的信贷资金，贷款申请人必须述明贷款的合法用途、偿还能力、还款方式，原则上还应提供担保人或质押、不动产抵押等，经银行及其他金融机构有关工作人员审查、评估后，方能确认是否贷款。所以，企业应按照《贷款通则》的规定，在贷款申请、信用评估、贷款调查、贷款审批、借款合同签订、贷款发放和归还等流程中，不弄虚作假，保证真实、完整、合法地提供所需资料。尤其是企业财务部门应对借款流转做清晰、真实的记录并留存。

此外，如果行为人在申请贷款时，对申请贷款项目需要使用的资金量有明确的认识，故意借机多报致使申请数额超过实际需要使用的资金量，而又有将多余资金用于放贷意图，则符合套取信贷资金的构成条件，是套取信贷资金行为，之后又高利转贷的，可构成本罪。

（三）合法使用信贷资金

企业对于申请的信贷资金，应当合法使用，作为企业的负责人应当监管好贷款的使用用途，避免财务管理人员不当使用贷款，引发本罪的刑事风险。

五、案例评析

（一）案情简介

乌鲁木齐市新市区人民检察院指控，被告人赵某于2014年8月22日从兴业银行乌鲁木齐分行以8.515%的年利率取得了消费贷款35万元，其于同年8月27日将35万元出借给侯某，并收取月利率为3%的利息，借款期至2016年8月，违法所得19.24万元。公诉机关认为，被告人赵某的行为已触犯我国《刑法》第175条第1款之规定，构成高利转贷罪，提请法院依法予以惩处。

被告人赵某对公诉机关指控的犯罪事实及罪名均有异议，其辩解称：其贷款是为了装修房屋，贷款下来的钱，是给侯某的装修工程款，不是借款。其辩护人提出，赵某主观上没有高利转贷的目的，其贷款前后证实赵某装修房屋，公诉机关指控的39.1万元的还款部分无法证实被告人获利的情况。

法院经审理，对于辩护人提出的关于公诉机关指控被告人赵某不构成犯罪的辩护意见，经审查认为，本案中，赵某与侯某资金往来频繁，有赵某及其他人员给侯某的借款及侯某给多人的还款及利息往来，至案发，双方往来资金达300万元以上。侯某称39.1万元的借款与赵某约定借款期限为4个月，利息为6万元，其证言与赵某在公安机关的供述相互印证。赵某辩解称该贷款后用于个人房屋装修，有证人侯某、鲍某的证言，及房屋的装修照片予以证实。我国刑法规定高利转贷罪是以牟利为目的，套取金融机构的信贷资金高利转贷给他人，违法所得数额超过10万元。故公诉机关指控的事实不清，证据不足，被告人赵某的辩护人提出的辩护意见，法院予以支持。

法院认为，公诉机关指控被告人赵某犯高利转贷罪的指控，事实不清，证据不足，法院不予支持。法院判决被告人赵某无罪。

（二）简要评析

从本案来看，本罪的成立，行为人主观上应当有牟利的目的，客观上应具有从金融机构贷出款项并高利出贷给他人的行为，即具有低借高贷行为。因此，从本案来看，如果从金融机构贷出款项，同一时间段要借款给他人，一定要做到账务清楚。从金融机构汇入的款项，最好与其他自有资金能够分别存放，并且保存好能证明借入款项使用过程的相关证据。做到账目清楚，才能在极大程度上防范本罪的发生。

50. 骗取贷款、票据承兑、金融票证罪

一、法律规定

《刑法》第175条之一规定："以欺骗手段取得银行或者其他金融机构贷款、票据承兑、信用证、保函等，给银行或者其他金融机构造成重大损失的，处三

年以下有期徒刑或者拘役，并处或者单处罚金；给银行或者其他金融机构造成特别重大损失或者有其他特别严重情节的，处三年以上七年以下有期徒刑，并处罚金。

单位犯前款罪的，对单位判处罚金，并对其直接负责的主管人员和其他直接责任人员，依照前款的规定处罚。”

二、条文释义

本条是对骗取贷款、票据承兑、金融票证罪及其刑事处罚的规定。所谓骗取贷款、票据承兑、金融票证罪，是指以欺骗手段取得银行或者其他金融机构贷款、票据承兑、信用证、保函等，给银行或者其他金融机构造成重大损失的行为。本罪的构成要件如下。

（一）本罪从客观上来看

本罪主体是一般主体，既包括自然人，也包括单位。

本罪危害行为和危害结果表现为以欺骗手段取得银行或者其他金融机构贷款、票据承兑、信用证、保函等，给银行或者其他金融机构造成重大损失的行为。

（二）本罪从主观上来看

本罪主观方面是故意，而且是直接故意，过失不构成本罪。

三、立案标准

最高人民检察院、公安部《关于公安机关管辖的刑事案件立案追诉标准的规定（二）》第 27 条规定：“以欺骗手段取得银行或者其他金融机构贷款、票据承兑、信用证、保函等，涉嫌下列情形之一的，应予立案追诉：

（一）以欺骗手段取得贷款、票据承兑、信用证、保函等，数额在一百万元以上的；

（二）以欺骗手段取得贷款、票据承兑、信用证、保函等，给银行或者其他金融机构造成直接经济损失数额在二十万元以上的；

（三）虽未达到上述数额标准，但多次以欺骗手段取得贷款、票据承兑、信用证、保函等的；

（四）其他给银行或者其他金融机构造成重大损失或者有其他严重情节的情形。”

四、风险防范

贷款、票据承兑、信用证、保函等是企业经营活动中必不可少的资金或凭证，也是本罪的犯罪对象，因其具有较高的经济价值、较烦琐的办理程序，成为犯罪行为的高发区。构成本罪的原因归结起来是企业疏于管理，所以企业应当分别从内部和外部两方面着手进行风险防范。

（一）加强内部审核

首先，企业应制定相关管理制度，规范贷款、票据承兑、信用证、保函等申请流程。例如，规定申请贷款的条件、数额、方式方法等。其次，企业应加强内部审核，特别是加强相关证明文件的审核，对不符合相关要求的，应当不予审核。尤其应当对于企业申请贷款，进行票据承兑，以及申请信用证、保函等行为，划定不得作假的红线，在企业内部建立向银行或者其他金融机构贷款的前置审批程序，降低骗取贷款、票据承兑、信用证、保函的风险。

（二）加强外部监督

所谓加强外部监督，就是企业应当加强企业与银行或其他金融机构往来行为的监督，以规范企业相关人员的行为。在企业申请贷款的过程中，防范银行或其他金融机构工作人员为了提升业绩，默认或与企业工作人员串通造假，从而为企业制造刑事风险。在与银行或其他金融机构建立业务联系的过程中，双方单位可以尝试建立工作人员的互评机制，建立贷款刑事风险提醒机制。同时，企业应当加强对员工的教育培训，提升员工自律意识，建立员工不诚信行为档案，明确相应惩罚制度。

（三）遵循诚实守信的经营理念

企业在具体进行贷款、票据承兑、信用证、保函等业务时，应当做到诚实守信,确保不提供虚假材料,不作虚假承诺。对于银行或其他金融机构需要的材料,确保材料真实可靠;对于真实性无法确定的材料,应当向金融机构陈述清楚,以防事后金融机构对企业做出不利的陈述。

五、案例评析

(一)案例简介

榆林市榆阳区人民检察院指控:2011 年 6 月 8 日,抵押人田某,寇某与中国农业银行股份有限公司榆林分行长城支行(以下简称农行长城支行)签订最高额抵押合同(期限 2011 年 6 月 8 日至 2013 年 6 月 8 日,最高额 5800 万元),由抵押人田某、寇某自愿为农行长城支行与榆林市诚盟工贸有限公司(以下简称诚盟公司)所形成的债权提供最高额抵押担保。后诚盟公司法定代表人被告人高某生因投资期货急需资金,在未征得抵押人同意的情况下,伪造诚盟公司的虚假财务报表,取得会计师事务所出具的虚假审计报告,虚构诚盟公司与榆林市加强物联网产业有限公司的钢材购销合同等相关贷款资料,向农行长城支行申请贷款。农行长城支行工作人员在未对该贷款资料进行认真调查和核实的情况下,分别于 2012 年 7 月 27 日、8 月 21 日向该公司发放贷款 3000 万元、1800 万元,共计贷款 4800 万元。被告人高某生取得贷款后经几次转账,全部用于个人期货投资,后因投资失败导致贷款无法偿还。

以上指控犯罪事实,公诉机关向法院提供了相关证据,认为被告人高某生以欺骗手段取得银行贷款 4800 万元,其行为触犯了《刑法》第 175 条之一的规定,应以骗取贷款罪追究其刑事责任。提请依法判处。

被告人高某生对公诉机关指控的犯罪事实及罪名提出异议,认为其不构成犯罪,2012 年 7 月 27 日其向银行贷款 3000 万元的事情田某是知情的,并由田某使用了其中 1000 万元贷款。贷款都有抵押担保,并未给银行造成损失。辩护人认为被告人高某生虽然提供了不实的贷款资料但无欺骗银行贷款拒不归还的故意,同时对该两笔贷款均提供有合法有效的抵押物,并未造成银行实际的损失后果,高某生的行为不符合骗取贷款罪的构成要件,不能成立骗取贷款罪。

法院经审理认为,被告人高某生以诚盟公司的名义与农行长城支行签订流动资金借款合同，在申请贷款的过程中，高某生客观上向银行提供了虚假贷款资料，以欺骗手段取得银行贷款4800万元；但该贷款有抵押人田某、寇某与农行长城支行签订的最高额抵押合同中设定的抵押物即榆林经济开发区墨金苑小区商业服务房地产提供担保，该抵押物经评估价值为9670万元，并进行了抵押物登记，高某生两次向银行申请贷款均在最高额抵押合同约定的期间内，且合同载明在约定的期间和最高余额内，银行发放贷款无须逐笔办理担保手续。高某生因投资失利无法偿还银行贷款，银行作为抵押权人可以与抵押人田某、寇某协议以抵押物折价或者以拍卖、变卖该抵押物所得的价款受偿；协议不成的可以向法院提起诉讼。农行长城支行最终以1516万元将其对诚盟公司4800万元及利息的债权转让给长城资产管理公司西安办事处，该行为系银行对债权的处置行为，其损失并非由高某生造成。高某生虽然以欺骗手段取得银行贷款，但根据现有证据不能证明高某生的行为给银行造成重大损失或有其他严重情节，故高某生的行为不符合骗取贷款罪的构成要件，公诉机关指控高某生犯骗取贷款罪的罪名不能成立，依法应当宣告高某生无罪。辩护人认为高某生的行为不构成骗取贷款罪的辩护意见，符合法律规定，本院予以采纳。故法院判决被告人高某生无罪。

（二）简要评析

从本案来看，即使当事人使用了虚假资料，从银行进行了贷款，但如果没造成银行损失的，其行为亦不成立骗取贷款罪。为防范该罪的刑事风险，首先，当事人应当确保各项贷款申请文件真实，避免虚假资料出现；其次，在贷款后，尽可能地保证有足够的偿债能力，避免造成出贷方的经济损失。做到这两点，应当就可以远离本罪的刑事风险。

51. 非法吸收公众存款罪

一、法律规定

《刑法》第177条规定："非法吸收公众存款或者变相吸收公众存款，扰乱金融秩序的,处三年以下有期徒刑或者拘役,并处或者单处罚金;数额巨大或者有其他严重情节的,处三年以上十年以下有期徒刑,并处罚金;数额特别巨大或者有其他特别严重情节的,处十年以上有期徒刑,并处罚金。

单位犯前款罪的,对单位判处罚金,并对其直接负责的主管人员和其他直接责任人员,依照前款的规定处罚。

有前两款行为,在提起公诉前积极退赃退赔,减少损害结果发生的,可以从轻或者减轻处罚。"

二、条文释义

本条是对非法吸收公众存款罪及其刑事处罚的规定。所谓非法吸收公众存款罪,指非法吸收公众存款或者变相吸收公众存款,扰乱金融秩序的行为。本罪构成要件如下。

(一)本罪从客观上来看

本罪主体为一般主体,凡是达到刑事责任年龄且具有刑事责任能力的自然人都可以构成非法吸收公众存款罪主体。单位同样也可以构成非法吸收公众存款罪的主体。

从危害行为和危害结果来看,本罪表现为非法吸收公众存款或变相吸收公众存款,扰乱金融秩序的行为。最高人民法院《关于审理非法集资刑事案件具体应用法律若干问题的解释》第 1 条规定:"违反国家金融管理法律规定,向社会公众(包括单位和个人)吸收资金的行为,同时具备下列四个条件的,除《刑法》另有规定的以外,应当认定为《刑法》第一百七十六条规定的'非法吸收公众存款或者变相吸收公众存款':(一)未经有关部门依法批准或者借用合法经营的形式吸收资金;(二)通过媒体、推介会、传单、手机短信等途径向社会公开宣传;(三)承诺在一定期限内以货币、实物、股权等方式还本付息或者给付回报;(四)向社会公众即社会不特定对象吸收资金。"

同时,该解释第 2 条规定:"实施下列行为之一,符合本解释第一条第一款规定的条件的,应当依照《刑法》第一百七十六条的规定,以非法吸收公众存款罪定罪处罚:(一)不具有房产销售的真实内容或者不以房产销售为主要目的,以返本销售、售后包租、约定回购、销售房产份额等方式非法吸收资金的;

(二)以转让林权并代为管护等方式非法吸收资金的;(三)以代种植(养殖)、租种植(养殖)、联合种植(养殖)等方式非法吸收资金的;(四)不具有销售商品、提供服务的真实内容或者不以销售商品、提供服务为主要目的,以商品回购、寄存代售等方式非法吸收资金的;(五)不具有发行股票、债券的真实内容,以虚假转让股权、发售虚构债券等方式非法吸收资金的;(六)不具有募集基金的真实内容,以假借境外基金、发售虚构基金等方式非法吸收资金的;(七)不具有销售保险的真实内容,以假冒保险公司、伪造保险单据等方式非法吸收资金的;(八)以投资入股的方式非法吸收资金的;(九)以委托理财的方式非法吸收资金的;(十)利用民间'会''社'等组织非法吸收资金的;(十一)其他非法吸收资金的行为。"

而最高人民法院《关于审理非法集资刑事案件具体应用法律若干问题的解释》第 1 条第 2 款规定,未向社会公开宣传,在亲友或者单位内部针对特定对象吸收资金的,不属于非法吸收或者变相吸收公众存款。何谓"向社会公开宣传",以及何谓"社会公众"问题,最高人民法院《关于办理非法集资刑事案件适用法律若干问题的意见》第 2 条规定,"向社会公开宣传",包括以各种途径向社会公众传播吸收资金的信息,以及明知吸收资金的信息向社会公众扩散而予以放任等情形。最高人民法院《关于办理非法集资刑事案件适用法律若干问题的意见》第 3 条规定:"下列情形,应当认定为向社会公众吸收资金:(一)在向亲友或者单位内部人员吸收资金的过程中,明知亲友或者单位内部人员向不特定对象吸收资金而予以放任的;(二)以吸收资金为目的,将社会人员吸收为单位内部人员,并向其吸收资金的。"

(二)本罪从主观上来看

本罪从主观来看,只有故意才能构成本罪,过失不构成本罪。最高人民检察院《关于办理涉互联网金融犯罪案件有关问题座谈会纪要》第 9 条规定,在非法吸收公众存款罪中,原则上认定主观故意并不要求以明知法律的禁止性规定为要件。特别是具备一定涉金融活动相关从业经历、专业背景或在犯罪活动中担任一定管理职务的犯罪嫌疑人,应当知晓相关金融法律管理规定,如果有证据证明其实际从事的行为应当批准而未经批准,行为在客观上具有非法性,原则上就可以认定其具有非法吸收公众存款的主观故意。在证明犯罪嫌疑人的主观故意时,可以收集运用犯罪嫌疑人的任职情况、职业经历、专业背景、培训经历、此前任职单位或者其本人因从事同类行为受到处罚情况等证据，证明犯罪嫌疑人提出的"不知道相关行为被法律所禁止，故不具有非法吸收公众存款的主观故意"等辩解不能成立。但该纪要第10条也同时规定，对于无相关职业经历、专业背景，且从业时间短暂，在单位犯罪中层级较低，纯属执行单位领导指令的犯罪嫌疑人提出辩解的，如确实无其他证据证明其具有主观故意的，可以不作为犯罪处理。

关于对行政主管部门出具的相关意见而陷入错误认识的辩解问题，该纪要第10条也规定，如果上述辩解确有证据证明，不应作为犯罪处理，但应当对行政主管部门出具的相关意见及其出具过程进行查证，如存在以下情形之一，仍应认定犯罪嫌疑人具有非法吸收公众存款的主观故意：(1)行政主管部门出具意见所涉及的行为与犯罪嫌疑人实际从事的行为不一致的；(2)行政主管部门出具的意见未对是否存在非法吸收公众存款问题进行合法性审查，仅对其他合法性问题进行审查的；(3)犯罪嫌疑人在行政主管部门出具意见时故意隐瞒事实、弄虚作假的；(4)犯罪嫌疑人与出具意见的行政主管部门的工作人员存在利益输送行为的；(5)犯罪嫌疑人存在其他影响和干扰行政主管部门出具意见公正性的情形的。

对于犯罪嫌疑人提出因信赖专家学者、律师等专业人士、主流新闻媒体宣传或有关行政主管部门工作人员的个人意见而陷入错误认识的辩解问题，该纪要也明确规定，该辩解不能作为犯罪嫌疑人判断自身行为合法性的根据和排除主观故意的理由。

三、立案标准

根据最高人民检察院、公安部《关于公安机关管辖的刑事案件立案追诉标准的规定(二)》第28条的规定："非法吸收公众存款或者变相吸收公众存款，扰乱金融秩序，涉嫌下列情形之一的，应予立案追诉：

(一)个人非法吸收或者变相吸收公众存款数额在二十万元以上的，单位非法吸收或者变相吸收公众存款数额在一百万元以上的；

(二)个人非法吸收或者变相吸收公众存款三十户以上的，单位非法吸收或者变相吸收公众存款一百五十户以上的；

(三)个人非法吸收或者变相吸收公众存款给存款人造成直接经济损失数

额在十万元以上的，单位非法吸收或者变相吸收公众存款给存款人造成直接经济损失数额在五十万元以上的；

（四）造成恶劣社会影响的；

（五）其他扰乱金融秩序情节严重的情形。”

四、风险防范

该罪对企业来说是高发风险的罪名。企业在经营过程中，可能会采取债权融资或股权融资的方式，解决奖金短缺问题。在融资过程中，应当对融资方式先行进行合法性把关。具体来说，可以从以下两个方面进行防范：

（一）通过债权方式进行融资时，应当注意以下几个问题：（1）应当向自己熟悉的对象进行借贷，尤其要注意避免发布借贷广告的方式进行债务融资；（2）避免通过高息揽储；（3）企业首选的融资对象应当为合法的金融机构；（4）吸收资金后，企业应当对融资资金的使用用途进行严格把关，严格按合同的约定使用资金，并且保留好资金使用用途的证据。

（二）通过股权方式进行融资时，应当注意以下几个问题：（1）避免向不特定公众进行股权融资，尤其注意不要采取发布广告的形式进行股权融资，融资对象应当控制在一定范围内的为自己熟悉的人员；（2）避免向投资方承诺高回报率；（3）应当确保融资资金进入到公司财务账户，避免让融资资金在公司账户外循环；（4）融资资金到位后，应当按约定办理好股权变更登记手续，并且按公司章程的约定召开股东会议。

五、案例评析

（一）案例简介

巴中市巴州区人民检察院指控，2013年四川金祥房地产开发有限公司开发四川省南部县黄金镇天府公寓商住房项目和南部县楠木镇天府中心项目时，因缺少资金，项目经理汪某杨于2013年7月16日和9月20日与巴中合众投资管理有限公司（另案处理）签订借款合同、居间服务合同，由巴中合众投资管理有限公司出具空白借款借据，汪某杨提供四川金祥房地产开发有限公司公章和法定代表人及其本人私章，加盖在空白借款借据上，并提供了天府公寓商住房项目的国土、规划、建设许可证等相关资料给巴中合众投资管理有限公司。后巴中合众投资管理有限公司面向社会公开宣传天府公寓商住房项目，采取承诺给集资参与人支付1.6～2.0分不等的月息、到期付息还本的方式进行集资。巴中合众投资管理有限公司在汪某杨的委托下与集资参与人签订了居间服务合同和借款合同，向彭某等46人集资449万元。

2015年11月17日，四川德正司法鉴定所对该案涉案金额出具了司法会计鉴定报告书：汪某杨项目共借款449万元，已支付利息及居间费用177.4685万元，归还本金10万元。

被告单位诉讼代表人辩称：对起诉指控的犯罪事实不清楚，对汪某杨集资的情况不知情。单位不构成犯罪。

被告单位的辩护人辩护意见：1.汪某杨并非金祥公司聘用的项目经理，是挂靠在金祥公司实施黄金、楠木两个项目，独立核算，自负盈亏，双方没有任何劳动关系。2.金祥公司与合众公司没有签订居间合同和借款合同，也没有授权任何单位和个人从事民间借贷和向社会公众非法吸收资等金融资活动。3.30份空白借款借据上加盖的金祥公司公章，系汪某杨在办理挂靠黄金镇房地产项目的开发资料时，私自夹带加盖，金祥公司不知情。事后汪某杨也认可夹带加盖公章的空白借据，只有30份，其他加盖公司公章，均系他人伪造。4.汪某杨所借款项没有进入金祥公司账户，也没有用于其他金祥公司的其他项目。案发前金祥公司不知情。

被告人汪某杨辩解：1.找何某个人借钱，不知道是向公众集资。2.对外借钱金祥公司不知情。

被告人汪某杨的辩护人辩护意见：1.现有证据不能认定汪某杨在2013年7月、9月向合众公司取得借款时明知合众公司的资金来源是非法募集来自不特定民众。2.汪某杨系初犯、偶犯。3.从侦查机关的案卷看，被告人竭力向合众公司归还欠款，以便其能够及时偿还非法吸收的存款。汪某杨属于初犯、偶犯，主观恶性较小，应予以从轻减轻或者免除处罚。

法院经审理查明：2012年被告人汪某杨挂靠被告单位四川金祥房地产开发有限公司（以下简称金祥公司）开发四川省南部县黄金镇天府公寓商住房项目和南部县楠木镇天府中心项目。因缺少资金，被告人汪某杨明知巴中市合众投资管理有限公司（以下简称合众公司）未经有关部门批准为资金需求者向社会公开募集资金,仍以被告单位金祥公司名义分别于2013年7月16日和9月20日与合众公司签订借款合同、借款人居间服务合同向民间募集资金。并在合众公司出具空白借款借据上加盖金祥公司公章和法定代表人及其本人私章,同时提供了天府公寓商住房项目的国土、规划、建设许可证等相关资料给合众公司。根据被告人汪某杨提供的资料,通过合众公司公开宣传并与集资参与人签订出借人居间服务合同、以被告单位及被告人汪某杨名义与集资参与人签订借款借据,并承诺给集资参与人支付月息1.6~2分不等的利息及到期付息还本的方式,向彭某等46名社会公众吸收资金人民币449万元,已支付居间服务费、利息及本金共计202.4685万元。

诉讼中被告单位金祥公司申请鉴定与巴中市合众投资管理有限公司签订《借款合同》中加盖被告单位公章进行司法鉴定。巴中市公安局巴州区分局情况说明:四川金祥房地产开发有限公司的行政章,编号为5137005004942未在公安机关依法备案,故无法对该公司行政印章印文真伪的鉴定。

被告人汪某杨申请对《借款借据》中本人盖章和被告单位盖章的30份《借款借据》进行司法鉴定,经查,《借款借据》中均有被告人汪某杨的盖章和被告单位盖章,但被告人汪某杨未提供认可的30份加盖本人盖章和被告单位盖章的《借款借据》的依据。故法院不予采信。

法院经审理后认为,被告人汪某杨以被告单位四川金祥房地产开发有限公司名义向社会公众非法吸收资金449万元,扰乱金融秩序,并实施具体犯罪行为,其行为已构成非法吸收公众存款罪。公诉机关指控的罪名成立。被告人汪某杨举出证据证实其实际支付居间服务费、利息及本金202.4685万元,故对公诉机关认定的金额予以认可。犯罪分子违法所得的财物应当予以追缴并返还集资参与人。被告人汪某杨及其辩护人辩解被告人汪某杨系初犯的意见法院予以采信。

关于被告金祥公司是否构成犯罪的问题。被告单位四川金祥公司辩解被告人汪某杨以被告单位名义向合众公司借款,公司不知情,没有实施犯罪的主观故意,不构成犯罪。经查,被告人汪某杨在被告单位金祥公司不知情的情况下以被告单位与合众公司签订借款合同和合众公司与借款人签订居间服务合同,合众公司向每一个出借人借款后均将款项直接转给被告人汪某杨。其事实表明多个出借人对应一个借款人,有被告人供述,证人证言及借款借据、转款凭证等证据证实。在案证据不能形成完整的证据锁链,达不到确实、充分的证明标准，不能得出被告单位金祥公司实施本案犯罪的唯一性、排他性结论，金祥公司的辩解、辩护意见法院予以采纳。

据此，根据被告人汪某杨的犯罪事实、性质、情节和对于社会的危害程度，法院最后判决被告单位四川金祥房地产开发有限公司无罪；判决被告人汪某杨犯非法吸收公众存款罪，判处有期徒刑1年8个月，并处罚金人民币6万元。

（二）简要评析

本案属于一审判决单位有罪，发回重审后，改判单位无罪，故本案在非法吸收公众存款罪中属于比较典型的案例。从本案来看，单位要避免发生本罪的刑事风险，应当避免向社会公众进行融资。对于单位的对外合同，应当注意审核其合法性；在单位签订有多份借贷合同的情况，更应当注意审查这些借贷合同是否触及非法吸收公众存款罪中“公众性”这一关键要件。同时，对于单位公章的使用管理，也应该建立健全相应的管理制度，确保公章使用前的审批与使用后的登记制度的落实，以避免单位公章使用到正常业务外的非法用途。

52. 伪造、变造金融票证罪

一、法律规定

《刑法》第177条规定：“有下列情形之一，伪造、变造金融票证的，处五年以下有期徒刑或者拘役，并处或者单处二万元以上二十万元以下罚金；情节严重的，处五年以上十年以下有期徒刑，并处五万元以上五十万元以下罚金；情节特别严重的，处十年以上有期徒刑或者无期徒刑，并处五万元以上五十万元以下罚金或者没收财产：

（一）伪造、变造汇票、本票、支票的；

（二）伪造、变造委托收款凭证、汇款凭证、银行存单等其他银行结算凭证的；

(三)伪造、变造信用证或者附随的单据、文件的;

(四)伪造信用卡的。

单位犯前款罪的,对单位判处罚金,并对其直接负责的主管人员和其他直接责任人员,依照前款的规定处罚。”

二、条文释义

本条是对伪造、变造金融票证罪及其刑事处罚的规定。所谓伪造、变造金融票证罪,是指伪造、变造金融票证的行为。本罪的构成要件如下。

(一)本罪从客观上来看

伪造、变造金融票证罪的主体是一般主体,凡是达到刑事责任年龄且具有刑事责任能力的自然人都可以成为本罪的主体。单位也可以成为伪造、变造金融票证罪的主体。

从危害行为和危害结果来看,伪造、变造金融票证罪表现为伪造、变造各种金融票证的行为。具体可表现为伪造、变造本票、支票、汇票;伪造、变造委托收款凭证、汇款凭证、银行存单等其他银行结算凭证;伪造、变造信用证或者随附的单据、文件;伪造信用卡。所谓伪造金融票证,是指仿照真实的金融票证的形式、图案、颜色、格式,通过各种方式非法制造金融票证的行为。所谓变造金融票证,是指将真实的金融票证,通过涂改等方法,对票据的主要内容加以改变。

(二)本罪从主观上来看

伪造、变造金融票证罪在主观方面只能由故意构成,过失不构成本罪。

三、立案标准

最高人民检察院、公安部《关于公安机关管辖的刑事案件立案追诉标准的规定(二)》第 29 条规定:“伪造、变造金融票证,涉嫌下列情形之一的,应予立案追诉:

(一)伪造、变造汇票、本票、支票,或者伪造、变造委托收款凭证、汇款凭证、银行存单等其他银行结算凭证,或者伪造、变造信用证或者附随的单据、文件，总面额在一万元以上或者数量在十张以上的；

（二）伪造信用卡一张以上，或者伪造空白信用卡十张以上的。”

四、风险防范

本罪的犯罪对象是以汇票、本票、支票、委托收款凭证、汇款凭证、银行存单以及信用证及其附随的单据及文件为代表的金融票证，金融票证在企业日常经营特别是财务管理中扮演着重要角色，因而加强金融票证的管理对企业而言至关重要。

（一）应当明确金融票据票面登记事项的法定性

根据《票据法》第22条的规定，汇票必须记载下列事项：表明“汇票”的字样；无条件支付的委托；确定的金额；付款人名称；收款人名称；出票日期；出票人签章。汇票上未记载前款规定事项之一的，汇票无效。对于本票而言，根据《票据法》第75条的规定，本票必须记载下列事项：表明“本票”的字样；无条件支付的承诺；确定的金额；收款人名称；出票日期；出票人签章。本票上未记载前款规定事项之一的，本票无效。根据《票据法》第76条的规定，本票上记载付款地、出票地等事项的，应当清楚、明确。本票上未记载付款地的，出票人的营业场所为付款地。本票上未记载出票地的，出票人的营业场所为出票地。对于支票而言，根据《票据法》第84条的规定，支票必须记载下列事项：表明“支票”的字样；无条件支付的委托；确定的金额；付款人名称；出票日期；出票人签章。支票上未记载前款规定事项之一的，支票无效。同时，委托收款及付款凭证、信用证其票面上记录的内容法律均有规定。上述内容受法律严格保护，禁止任何人进行伪造和变造。

（二）禁止伪造金融票证，禁止变造企业现有的金融票证

企业应当首先明白金融票证的严肃性，禁止伪造金融票证；对现有金融票据，禁止进行变造。同时，企业不得对真实性不能确定的金融票证进行使用。

（三）完善部门设置，加强人员管理

企业应当配备专业人员负责相关金融票证的管理工作。管理金融票据是

一项专业性较强的工作，企业应当设置专门人员对企业的金融票据进行管理。并且，企业对上述人员应当加强教育培训，其中应当将刑事法律风险教育纳入教育主要内容，对其教育以职业道德与职业能力建设为核心，提升人员管理水平、职业道德水平和法律风险防控水平。

五、案例评析

（一）案例简介

内蒙古自治区阿拉善左旗人民检察院指控，2013 年 8 月、12 月，被告人孙某晖在内蒙古自治区阿拉善左旗某村镇银行检修 ATM 时，利用 ATM 的设备漏洞，从内蒙古自治区阿拉善左旗某村镇银行的 6 台 ATM 中，秘密窃取了该行 ATM 上所有使用过的银行卡的磁条信息和银行卡密码，后孙某晖用空白磁条卡和磁条卡读写器，伪造银行信用卡 104 张，先后于 2013 年 11 月、2014 年 2 月、3 月、12 月，赴辽宁抚顺、铁岭、开原、调兵山，吉林四平、公主岭、白城，黑龙江肇源、肇州等地利用银行 ATM 进行盗刷，盗刷伪造的信用卡 75 张，盗刷金额共计 469, 800 元。案发后，涉案赃款全部追回。

在法庭审理过程中，孙某晖不认罪，辩称本案证据不足，因其本人在公司受到排挤，出于报复目的而做出有罪供述，其采集信用卡信息是公司要求的，所做的卡是公司的测试卡，是为公司工作需要，指控的作案地点其都没有去过。

被告人的辩护人提出，本案证据不足，被害人的卡在外地被盗刷，公诉机关认定盗刷的人就是孙某晖，该认定缺乏证据的关联性，没有排除合理怀疑，不能认定被害人卡内丢失的钱款是被告人所为。孙某晖本人是 ATM 维护人员，是其公司负责对阿左旗业务的专项人员，有获得客户信息的条件，其获得磁卡信息是业务所需。从其家中搜出的卡，是工作需要，不能直接认定是盗刷的卡或伪卡，不能以孙某晖家中扣押的卡中有被害人信息就认定孙某晖是盗刷人。本案侦查实验违法，公安部出具的鉴定意见程序违法、基础材料不合法、鉴定人未按照法律规定进行，应作为非法证据予以排除。根据疑罪从无的规定，应该宣告被告人无罪。

法院经审理后认为，被告人孙某晖伪造他人银行卡 102 张，并实施盗刷，情节特别严重，其行为已构成伪造金融票证罪，公诉机关指控的事实基本清楚，罪名成立，本院予以支持。对公诉机关关于被告人伪造104张银行卡的指控，经查其中一张为重复计算，另一张的被害人报案事实不清，证据不足，本院不予支持。对被告人及辩护人辩称其因出于报复公司等目的，而做出有罪供述的有关无罪辩护意见，经查被告人在本院审理前的多次供述均思路清楚且准确、具体，并能与其他书证、物证等证据相印证，侦查人员调取的航班记录、住宿记录能够证实被告人在案发期间的基本行动轨迹，所调取的案发地ATM流水、监控视频、截图、盗刷款项的人民币冠字号，均能与从被告人家中查获的个人衣物、人民币的冠字号、存储设备中提取的被盗银行卡信息及被告人在侦查阶段的供述相吻合。伪造金融票证罪，是指行为人以各种方法，非法制造假汇票、本票、支票、信用证、信用证附随的单据、文件、信用卡，以及委托收款凭证、汇款凭证、银行存单等其他银行结算凭证的行为。本罪的客体是金融票证的管理制度，犯罪的客观方面是指无权制作金融票证的人，依照金融票证的样式，制作假金融票证的行为。根据《刑法》第177条的规定，伪造金融票证罪的行为具体表现为4种形式，其中第四项是伪造信用卡，本案就属于第四种。根据全国人民代表大会常务委员会《关于〈中华人民共和国刑法〉有关信用卡规定的解释》，刑法规定的“信用卡”，是指由商业银行或者其他金融机构发行的具有消费支付、信用贷款、转账结算、存取现金等全部功能或者部分功能的电子支付卡，本案被伪造的银行卡，属于此范围。本罪的主体是一般主体，凡是达到刑事责任年龄且具有刑事责任能力的自然人都可以构成本罪主体。主观方面为故意。被告人孙某晖不但伪造了102张银行卡，而且还利用伪卡实施了盗刷行为，在案查明的被盗刷金额即已达到468,700元，盗取的磁条信息达3000多条，其犯罪故意明显，具有严重的社会危害性，故对被告人及辩护人的以上辩护意见法院不予采纳。对辩护人提出的有关鉴定程序违法的意见，法院认为，本案所进行的侦查实验，是侦查人员根据公安部鉴定专业人员的鉴定要求而实施，鉴定机构及相关人员均具有合格的资质，得出的鉴定结论，是将相关实验材料等检材提交后，经鉴定人员的专业审查做出，故对该鉴定意见本院予以认可，对辩护人的该意见，法院不予采纳。量刑时考虑本案赃款已追回等情节对被告人酌情予以从轻处罚。据此，法院判决被告人孙某晖犯伪造金融票证罪，判处有期徒刑11年6个月，并处罚金人民币15万元，上缴国库。

(二)简要评析

从本案来看,伪造4类银行凭证,均可能构成犯罪。本案证据反映出来的证据链条亦是完整的,从证据来看,被告人的行为应当成立犯罪。伪造金融凭证,只要进行使用,均会有证据显示使用的痕迹,从而最终确认犯罪行为。如果寄希望于犯罪行为不能被发现,从而铤而走险,从事犯罪行为,在现有的科技水平下,这只能是不切实际的幻想。

53. 窃取、收买、非法提供信用卡信息罪

一、法律规定

《刑法》第177条之一第2款规定,窃取、收买或者非法提供他人信用卡信息资料的,依照前款规定处罚。

第3款规定,银行或其他金融机构的工作人员利用职务上的便利,犯第二款罪的,从重处罚。

二、条文释义

本条是关于窃取、收买、非法提供信用卡信息罪及其刑事处罚的规定。所谓窃取、收买、非法提供信用卡信息罪,是指窃取、收买、非法提供信用卡信息资料的行为。本罪的构成要件如下。

(一)本罪从客观上来看

本罪的主体为一般主体,凡达到刑事责任年龄且具备刑事责任能力的自然人均可以构成本罪。

从危害行为和危害结果来看,本罪表现为采取窃取、收买的方法获取他人信用卡信息资料或者向他人非法提供他人信用卡信息资料。

（二）本罪从主观上来看

本罪在主观方面表现为故意。

三、立案标准

最高人民检察院、公安部《关于公安机关管辖的刑事案件立案追诉标准的规定（二）》第31条规定，窃取、收买或者非法提供他人信用卡信息资料，足以伪造可进行交易的信用卡，或者足以使他人以信用卡持卡人名义进行交易，涉及信用卡一张以上的，应予立案追诉。

四、风险防范

本罪虽然单位不能作为犯罪主体，但金融机构内部的工作人员有可能触犯本罪。因此，本罪同样应当列入企业刑事风险防范范围。金融机构可以采取如下几种方式防范本罪。

（一）将客户信息进行分类管理

将客户系统信息作为单位核心的商业秘密，按不同数量或不同的类别进行分类，规定不同职位的人只能接触不同类型的客户信息。并且，对登录信息系统的人员，对登录行为留痕。

（二）对职工加强法制教育

对职工加强法制教育，提升职工的法制意识，以降低职工产生本罪犯罪动机的概率。

五、案例评析

（一）案例简介

公诉机关起诉指控：2016年以来，被告人杨某通过QQ、支付宝等工具在网络上购买国外信用卡信息资料再加价卖给他人，经 Visa（维萨）信息系统（上海）公司鉴定真实有效信用卡信息为 3 条。杨某从中获利 4000 元。

被告人杨某对公诉机关指控的犯罪事实不持异议，请求从轻处罚。

法院经审理后认为，被告人杨某收买并向他人非法提供真实有效外国信用卡信息资料，数量较大，其行为已构成收买、非法提供信用卡信息罪，公诉机关指控的罪名成立，法院予以支持。被告人杨某到案后，认罪态度较好，如实供述犯罪事实，可以酌定从轻处罚。被告人在刑法执行完毕 5 年内再犯应当判处有期徒刑以上刑罚之罪，系累犯，具有从重处罚之情节。根据本案犯罪的事实、犯罪的性质、情节和对于社会的危害程度，故判决被告人杨某犯窃取、收买、非法提供信用卡信息罪，判处有期徒刑 10 个月，并处罚金人民币 1 万元。

（二）简要评析

本罪的立案标准为窃取、收买或者非法提供他人信用卡信息资料，足以伪造可进行交易的信用卡，或者足以使他人以信用卡持卡人名义进行交易，涉及信用卡一张以上的，应予立案追诉。从本案来看，被告人即使提供三条信息，但仍构成犯罪，并被处以有期徒刑 10 个月。因此，不得主动打听他人信用卡信息；如知悉他人信用卡信息，应当对他人信用卡信息高度保密，不能随意提供。否则，极有可能引发本罪的刑事风险。

54. 伪造、变造国家有价证券罪

一、法律规定

《刑法》第 178 条第 1 款规定：“伪造、变造国库券或者国家发行的其他有价证券，数额较大的，处三年以下有期徒刑或者拘役，并处或者单处二万元以上二十万元以下罚金；数额巨大的，处三年以上十年以下有期徒刑，并处五万元以上五十万元以下罚金；数额特别巨大的，处十年以上有期徒刑或者无期徒刑，并处五万元以上五十万元以下罚金或者没收财产。

第 2 款规定，单位犯前两款罪的，对单位判处罚金，并对其直接负责的主管人员和其他直接责任人员，依照前两款的规定处罚。

二、条文释义

本条是关于伪造、变造国家有价证券罪及其刑事处罚的规定。所谓伪造、变造国家有价证券罪，是指违反国家证券管理法规，伪造、变造国库券或者国家发行的其他有价证券，数额较大的行为。本罪的构成要件如下。

（一）本罪从客观上来看

本罪的主体是一般主体。只要达到刑事责任年龄、具有刑事责任能力的自然人均可构成本罪主体。同时，依据《刑法》的规定，单位亦可构成本罪主体。

从危害行为和危害结果来看，本罪表现为伪造、变造国库券或者国家发行的其他有价证券数额较大的行为。

所谓伪造，是指仿照有价证券的图案、形式、颜色、面值、格式等外表形态特征，通过复印、绘制、印刷等方法制作假证券的行为。

所谓变造，是指对真实有效的有价证券使用涂改、挖补、拼凑、剪接、覆盖等各种方式进行加工，使其主要内容如发行的面额、发行期限或张数等加以改变的行为。

所谓国家有价证券，包括国库券和国家发行的其他有价证券。所谓国库券，指国家为解决急需的预算支出而由财政部发行的一种国家债券。它一般按面值公开发行，一般公民均可以购买。国库券券面上往往会注明偿还债务的期限与到期的利息。国库券经过一段时间后可以依法予以转让、买卖。

所谓国家发行的其他有价证券，是指国家发行的国库券以外的载明一定财产价值的其他有价证券，如国家建设债券、保值公债、财政债券等。

（二）本罪从主观上来看

本罪在主观方面表现为故意。

三、立案标准

根据最高人民检察院、公安部《关于公安机关管辖的刑事案件立案追诉标准的规定(二)》第32条规定:“伪造、变造国库券或者国家发行的其他有价证券,总面额在二千元以上的,应予立案追诉。”

第33条规定:“伪造、变造股票或者公司、企业债券,总面额在五千元以上的,应予立案追诉。”

第34条规定:“未经国家有关主管部门批准,擅自发行股票或者公司、企业债券,涉嫌下列情形之一的,应予立案追诉:

(一)发行数额在五十万元以上的;

(二)虽未达到上述数额标准,但擅自发行致使三十人以上的投资者购买了股票或者公司、企业债券的;

(三)不能及时清偿或者清退的;

(四)其他后果严重或者有其他严重情节的情形。”

四、风险防范

本罪表现为直接故意,因此单位要防范本罪的刑事风险,单位应当加强法制教育,增加守法的积极性。同时,加强企业的管理,尤其是对分支机构和分公司的业务加强监督,以防范分支机构及分公司人员从事本罪的犯罪行为。

五、案例评析

(一)案例简介

舟山龙慧汽车贸易有限公司因无力偿还宁波民生银行的逾期贷款,公司名下土地进入执行拍卖程序。吕某作为公司股东急于挽救公司,于2017年11月结识被告人杨某冰,被告人杨某冰表示能向吕某提供2000万元的国债帮助其解决融资困难,并以此向吕某索取好处费,吕某表示同意。同年12月初,杨某冰在并未实际支付该2000万元的情况下,联系卓某(另案处理)伪造了4张户名为“杨某冰”的中国工商银行郸城支行面额500万元的凭证式国债收款凭证，冠号分别为“豫ⅨⅨ00508563”“豫ⅨⅨ00508576”“豫ⅨⅨ00508587”“豫ⅨⅨ00508632”。吕某在拿到该4张国债收款凭证后于12月6日来到宁波民生银行向该行工作人员出示，欲凭此请求银行撤回因其贷款逾期未还而对其的执行申请。银行工作人员在查验该4张国债收款凭证后，告知吕某及被告人杨某冰凭证系伪造。

法院经审理后认为：被告人杨某冰伙同他人伪造国家发行的其他有价证券，数额特别巨大，其行为已构成伪造国家有价证券罪，属共同犯罪。公诉机关起诉指控的罪名成立。杨某冰及辩护人提出的杨某冰的行为不构成伪造国家有价证券罪的辩解和辩护意见与法院查明的事实及法律规定不符，法院不予采纳。故法院判决被告人杨某冰犯伪造国家有价证券罪，判处有期徒刑10年6个月，并处罚金人民币8万元。

（二）简要评析

本案被告人伪造有价证券，数额巨大，情节严重，依法应当受到刑事处罚。从本案来看，无论出于何目的，只要有伪造国家有价证券的行为，均可能构成犯罪。可见，要防范本罪的风险，既要思想上知法懂法，行为上还得依法依规。

55. 伪造、变造股票、公司、企业债券罪

一、法律规定

《刑法》第178条第2款规定：“伪造、变造股票或者公司、企业债券，数额较大的，处三年以下有期徒刑或者拘役，并处或者单处一万元以上十万元以下罚金；数额巨大的，处三年以上十年以下有期徒刑，并处二万元以上二十万元以下罚金。”

第3款规定：“单位犯前两款罪的，对单位判处罚金，并对其直接负责的主

管人员和其他直接责任人员，依照前两款的规定处罚。”

二、条文释义

本条是对伪造、变造股票、公司、企业债券罪及其刑事处罚的规定。所谓伪造、变造股票、公司、企业债券罪，是指伪造、变造股票或者公司、企业债券，数额较大的行为。本罪的构成要件如下。

（一）本罪从客观上来看

本罪的主体为一般主体，既包括达到刑事责任年龄具有刑事责任能力的自然人，又包括单位。

从危害行为和危害结果来看，本罪表现为违反国家有价证券管理法规，伪造、变造股票或者公司、企业债券，数额较大的行为。所谓伪造，是指行为人仿照真实的有价证券的形式、图案、颜色、格式、面额，通过各种手段进行非法制造。所谓变造，是指行为人在真实的有价证券的基础上，通过涂改等方法，改变有价证券主要内容的行为。所谓股票，按《公司法》的规定，指股份有限公司发行的，证明其所持股份的凭证。股东可以以其持有的股票证明其向公司出资，并凭此获取股份公司的股息和红利。所谓公司、企业债券，是指公司、企业依照法定程序发行的、约定在一定期限还本付息的有价证券。

（二）本罪从主观方面来看

本罪在主观方面必须出于故意，并且具有牟取非法利益的目的，过失不能构成本罪。

三、立案标准

最高人民检察院、公安部《关于公安机关管辖的刑事案件立案追诉标准的规定（二）》第 33 条规定，伪造、变造股票或者公司、企业债券，总面额在 5000 元以上的，应予立案追诉。

四、风险防范

股票和公司、企业债券均属有价证券，股票反映所有权关系，而债券反映债权关系。相关企业应当加强股票、债券形式与内容的审查，防范法律风险。

（一）加强对本单位现有股票、债券的管理

企业应当加强股票、债券的管理，应对本单位所有的股票、债券全部进行登记造册，并定期对企业所有的纸质股票和债券进行形式和内容审查。对于股票而言，根据《公司法》的规定，股票采用纸面形式或者国务院证券监督管理机构规定的其他形式。股票由法定代表人签名，公司盖章。发起人的股票，应当标明发起人股票字样。股票还应当载明下列主要事项：公司名称；公司成立日期；股票种类、票面金额及代表的股份数；股票的编号。纸质股票与债券应当与自己登记的股票和债券数额相符。

（二）完善部门设置，加强人员的管理

企业应当设置专门管理部门并配备专业人员负责管理现有股票、债券工作。企业对上述人员应加强教育培训，以职业道德与职业能力建设为核心，提升人员的管理水平。

五、案例评析

（一）案例简介

2002 年 3 月，被告人陈某、冯某令经人介绍认识了被告人潘某、徐某亮，欲通过融资办法为陈某经营的房地产项目筹集资金。潘某、徐某亮提出可用虚假企业债券到银行进行抵押贷款。陈某、冯某令表示同意。

2002 年 4 月，徐某亮、潘某提供伪造的上海市煤气公司煤气建设债券（以下简称煤气建设债券）样张给陈某、冯某令，陈某、冯某令因故未要。后陈某、冯某令合谋伪造 1998 年上海久事债券，并邮寄了一张真的久事债券给潘某作样本。2002 年 5 月，陈某派冯某令又携带一张真的久事债券至江西南昌找潘

某,欲伪造此债券。后潘某联系王某保和广州的“阿毛”(在逃),准备印制假久事债券。为此,陈某、冯某令以上海天伟经济发展有限公司的名义与潘某私刻公章的江西省国际信托投资公司签订了提供3000万元企业债券,作为向银行质押贷款的合同。同时,冯某令、王某保、潘某等人携带定金一起至广州找“阿毛”印制假久事债券。在广州,“阿毛”先做出了印刷版子,冯某令付了2.5万元的定金。此次行动后因“阿毛”失去联系而未果。

2002年7月,陈某、冯某令想让徐某亮落实外事债券一事。徐某亮要求先付定金,陈某、冯某令因担心定金被骗不同意付定金。徐某亮就提出用假的第32期上海煤气建设债券,共90万元面值(每张面值1000元)作价6万元给上海方,等有了久事债券后再换回。冯某令将徐某亮的提议转告陈某后,陈某表示认可。但冯某令因害怕事情暴露而中途退出。陈某遂派陈某晨(在逃)赴南昌,支付6万元人民币给徐某亮后取回了90万元面值的假上海煤气债券。此后,陈某指使被告人胡某喆私刻了一枚“上海煤气销售(集团)有限公司发票专用章”,并让胡某喆等人在虚假的煤气债券上加盖了“专用章”。

2002年8月,经潘某介绍,被告人王某保联系被告人齐某财一起至金华找人伪造久事债券。齐某财通过被告人陈某找到被告人孙某卫制版,并由孙某卫至印务公司出片,制作样张。王某保要求齐某财在样张得到上海方许可的情况下才进行印制。期间,王某保分别在上海新亚广场大酒店、浙江金华将伪造的单色久事债券样张和成品久事债券样张给陈某、冯某令等人看。但陈某、冯某令最后没有认可样张。另一方面,被告人齐某财则继续指使被告人陈某、项某兴找被告人王某贤印刷了2000万元久事债券。陈某、项某兴将印好的久事债券拿到陈某所在的金华市苹果彩色图文印务有限公司,由项某兴私刻好图章后,并由陈某与该公司员工一起打印号码、裁剪和盖章。完成后,由项某兴将伪造的债券邮寄给暂住广州的齐某财。被告人齐某财将其中的部分虚假久事债券交由李俊峰、左铭元等人处理,直至案发。

法院经审理认为:被告人陈某、冯某令、徐某亮、王某保、潘某、齐某财、陈某、项某兴、孙某卫、王某贤、胡某喆伪造公司债券,数额巨大,其行为均已分别构成伪造公司债券罪。其中,被告人陈某、胡某喆在购买来的面值为90万元的虚假煤气债券上加盖私刻的公章;被告人徐某亮提议陈某、冯某令用虚假债券进行银行质押贷款,并且提供90万元未盖公章的虚假煤气债券,积极帮助陈某、冯某令等人购买虚假久事债券;被告人冯某令与陈某预谋伪造虚假债券进行质押贷款，在徐某亮和陈某之间联系先行购买90万元虚假煤气债券，在此前后还积极实施伪造久事债券的行为，应当推定被告人徐某亮和被告人冯某令具有伪造90万元煤气债券的主观故意。因此，被告人陈某、冯某令、徐某亮、胡某喆的行为均已构成伪造90万元煤气公司债券犯罪的既遂。被告人陈某、冯某令、王某保、潘某在伪造久事债券的过程中，向他人提供久事债券的样本，且已制作出印刷版子和样张，应视为已经着手实施伪造久事债券的行为。但在广州和金华的联系伪造过程中，均因意志以外的原因而未得逞。故对陈某、冯某令、王某保、潘某等人企图伪造3000万元久事债券的行为，应认定为犯罪未遂。关于齐某财等人已伪造出的2000万元久事债券，由于陈某，冯某令、王某保在与齐某财洽谈伪造的过程中，对伪造的过程附加了条件，即只有样张得到陈某的认可后，方可印制久事债券。但齐某财等人明知附加条件未满足，仍伪造了2000万元久事债券。从主客观相结合的定罪原则看，陈某等人的行为客观上对伪造2000万元久事债券起了诱发作用，但陈某、冯某令、王某保主观上没有伪造2000万元债券的故意。故陈某、冯某令、王某保不应对2000万元伪造的久事债券承担犯罪既遂的刑事责任。由于被告人陈某、冯某令对90万元煤气债券应负犯罪既遂的刑事责任，其后的伪造3000万元久事债券未遂的刑事责任被伪造90万元煤气债券既遂的刑事责任所吸收。故对被告人陈某、冯某令应以伪造90万元煤气债券的犯罪既遂论处，伪造3000万元久事债券未遂的犯罪事实可作为量刑的情节予以考虑。被告人徐某亮、王某保另有交易103万元虚假久事债券的行为，由于无证据证明该批债券系徐某亮、王某保直接伪造或指使他人伪造，故对此节行为不再单独对徐某亮、王某保定罪，也作为犯罪情节予以考虑。被告人潘某虽在犯罪过程中自动停止了犯罪行为，但其并未收回经其手流转的印制久事债券的样张，因此并未自动有效地防止犯罪结果的发生。被告人潘某先前行为所产生的影响及后果仍在持续的过程中，但潘某犯罪行为的客观后果从属于被告人陈某、冯某令、王某保。由于陈某、冯某令、王某保对预谋伪造的3000万元久事债券均只负犯罪未遂的刑事责任，考虑其犯罪情节，故对被告人潘某亦应以伪造3000万元久事债券的犯罪未遂追究其刑事责任，可比照既遂犯予以减轻处罚。被告人王某保系犯罪未遂，根据其犯罪情节，可比照既遂犯从轻处罚。被告人齐某财、陈某、项某兴、孙某卫、王某贤直接伪造了2000万元久事债券，均应对此2000万元债券负伪造公司债券犯罪既遂的刑事责任。在被告人陈某、冯某令、徐某亮、胡某喆共同实施的伪造90万元煤气债券犯罪和在被告人齐某财、陈某、项某兴、孙某卫、王某贤共同实施的伪造2000万元久事债券犯罪中，被告人陈某、徐某亮、齐某财指使他人犯罪，或积极实施伪造公司债券的行为，均在共同犯罪中起主要作用，是主犯。被告人冯某令、胡某喆、陈某、项某兴、孙某卫、王某贤虽在伪造公司债券过程中均有部分预备行为或实行行为，但都系受指使而犯罪或处于辅助地位，且伪造出的债券也非其本人所拥有，故他们在各自的共同犯罪中均起次要作用，应认定为从犯。根据其犯罪情节，应对被告人冯某令、胡某喆、陈某、项某兴、孙某卫、王某贤从轻处罚。被告人陈某、冯某令、陈某协助司法机关抓获其他被告人，被告人胡某喆检举其他被告人的犯罪行为，均应认定为立功。综合本案情节，依法可对被告人陈某予以从轻处罚；对被告人冯某令、陈某、胡某喆予以减轻处罚。被告人陈某、冯某令如实供述尚未掌握的伪造3000万元久事债券（未遂）的事实，与司法机关已掌握的陈某、冯某令等人伪造90万元煤气债券（既遂）的事实属同种罪行，其行为均不构成自首，但依法可酌情从轻处罚。被告人王某贤虽在公安机关已掌握其伪造债券的证据并通知其前去谈话时，交代其犯罪事实，但不能认定为自首。理由是，公安机关的工作笔录证明，王某贤被通知去谈话时，当地公安机关借口要对其所办印刷厂的消防情况进行检查，王某贤不明真相，去当地派出所后即被上海公安机关抓获。故王某贤的行为并不具备自动投案要件中必须具有的主动性。被告人王某贤坦白交代自己的罪行，可酌情从轻处罚。据此，法院就各被告人伪造证券的行为对各被告人分别判处2～8年不等的有期徒刑。

（二）简要评析

从本案来看，各被告人伪造公司股票、公司、企业债券罪的证据比较清楚，各被告人的行为均成立犯罪。公司股票、公司、企业债券的发行，法律是有严格的程序规定的，禁止任何人伪造，否则无疑应当承担刑事责任。

56. 擅自发行股票、公司、企业债券罪

一、法律规定

《刑法》第179条规定:"未经国家有关主管部门批准,擅自发行股票或者公司、企业债券,数额巨大、后果严重或者有其他严重情节的,处五年以下有期徒刑或者拘役,并处或者单处非法募集资金金额百分之一以上百分之五以下罚金。

单位犯前款罪的,对单位判处罚金,并对其直接负责的主管人员和其他直接责任人员,处五年以下有期徒刑或者拘役。"

二、条文释义

本条是关于擅自发行股票、公司、企业债券罪及其刑事处罚的规定。所谓擅自发行股票、公司、企业债券罪,是指未经国家有关主管部门批准,擅自发行股票或者公司、企业债券,数额巨大、后果严重或者有其他严重情节的行为。本罪的构成要件如下。

(一)本罪从客观上来看

本罪的主体要件为一般主体,凡达到刑事责任年龄并具备刑事责任能力的自然人均能构成本罪,单位亦能成为本罪主体。按照《刑法》第31条的规定,单位犯本罪时,实行双罚制,既对单位判处罚金,并对其直接负责的主管人员和其他直接责任人员按相关条款规定判处刑罚。

从危害行为和危害结果来看,本罪表现为行为人实施了未经国家有关主管部门的批准,擅自发行股票、公司、企业债券,数额巨大、造成严重后果或者有其他严重情节的行为。

（二）本罪从主观上来看

本罪在主观方面表现为故意，过失不构成本罪。

三、立案标准

最高人民检察院、公安部印发的《关于公安机关管辖的刑事案件立案追诉标准的规定（二）》第 34 条规定：“未经国家有关主管部门批准，擅自发行股票或者公司、企业债券，涉嫌下列情形之一的，应予立案追诉：

（一）发行数额在五十万元以上的；

（二）虽未达到上述数额标准，但擅自发行致使三十人以上的投资者购买了股票或者公司、企业债券的；

（三）不能及时清偿或者清退的；

（四）其他后果严重或者有其他严重情节的情形。”

四、风险防范

资金在企业日常生产经营中起着重要作用，除了企业自身拥有的资金外，企业可以通过银行贷款、证券融资等方式筹集资金。但是，不论是银行贷款还是证券融资，都必须严格遵守有关证券、金融法律法规，否则很可能触犯刑法。目前经济发展迅速，大型国企因本身制度相对完善，很少在融资过程中出现大问题，而民企则是重大融资犯罪的多发地。一方面因市场对资金需求巨大，而我国资金供应渠道有限，导致出现了不惜以犯罪手段进行融资的现象；另一方面民营企业在合规管理方面相对较弱，没有意识到有些集资手段在法律上是触犯刑法的。所以，企业和企业家应从以下方法，防范集资风险，做好自保。

（一）严格依法发行股票、债券

我国对国有企业、上市公司、股份公司、有限责任公司发行股票、债券的规定略有差异，这就要求企业在发行股票、债券时应认真学习相关法律法规，研究与企业匹配的股票、债券发行条件、程序等，严格按照法律规定发行股票、债券。

（二）企业融资过程中，禁止私自采取发行股票和债券形式

企业发行股票和债券，必须经过相关部门审批，并且应当经过严格的程序。禁止企业为融资私自发行股票和债券。如果企业急需资金，可以通过合法债权和合法股权形式进行融资。

（三）加强法律培训

为避免该罪的刑事风险，企业经营者应当熟悉《公司法》、《证券法》以及《刑法》等法律法规，树立依法经营理念。

五、案例评析

（一）案例简介

广东省深圳市人民检察院指控：深圳某矿业投资股份有限公司（以下简称某公司）于2013年5月注册成立，经营地位于深圳市宝安区某路某大厦某座某室，主要经营矿业项目投资、矿业开发等项目，股东为被告人张某洲、池某艳、关某语等17个自然人及深圳市某投资基金管理有限公司。某公司自成立以来，未经证监部门批准，以公司计划在加拿大多伦多证券交易所创业板上市，购买公司原始股上市后可以获得高额回报为名，由公司工作人员或公司股东通过电话联系投资者、以“口口相传”等公开、变相公开方式向社会不特定对象出售公司股票，股价为3.8元每股（后变更为1元每股）。投资者有意向购买公司股票后，公司组织投资者召开上市业务说明会或邀请投资者到公司结合幻灯片演示详细介绍公司情况及增发股票业务。投资者通过银行转账、POS机刷卡、缴纳现金等方式支付购股款项后，与某公司签订《股份认购协议书》《股权确认书》，作为投资者认购、持有公司股票的证明。某公司收取投资者的股份认购款后主要用于支付公司员工工资、介绍他人购买股票提成、租用办公场地、员工出差、公司日常运作等。经统计，截至2014年6月12日，某公司向50余名投资者收取股本金人民币462.3万元。

被告人张某洲作为某公司的法定代表人、董事长、总经理，负责公司运作成立、总体经营管理、增发股票及借款业务的提议及决策等。被告人池某艳作为

某公司的股东、监事、副总经理，负责协助张某洲经营管理、制作公司增发股票业务有关的宣传资料、参与组织面向投资者的上市说明会、向投资者介绍洽谈增发股票业务、公司员工内部培训等。被告人关某语作为某公司的股东、行政前台、行政经理，负责公司行政事务、参与组织面向投资者的上市说明会、向投资者介绍增发股票业务、公司员工内部培训等。被告人黄某来作为某公司的行政前台，负责联系客户购买公司股票、参与向投资者介绍增发股票业务、公司员工内部培训等。另查明，某公司现已停止营业，人去楼空。

被告人张某洲表示认罪。辩称公司增资扩股是按《公司法》流程操作的，不知道行为触犯了法律。其辩护人提出如下辩护意见：张某洲的行为不构成犯罪，理由如下：(1)本案当中最终名单确定的受害人，也就是最终确认的投资者，全部属于特定人，而非不特定人。本案中最终的投资者名单中，全部来自熟人、朋友的介绍，或者是公司的员工，属于特定人群。而且从被告人的陈述中也可以看出，投资者经熟人介绍来到公司后，公司管理人员也会对其投资实力进行考核，对其进行风险说明，这点在《股份认购协议书》中也有明确，属于定向募资，股东人数不超过180人。(2)本案中的投资人，绝大部分都对某公司及张某洲的行为出具的谅解书，并对其行为表示谅解。张某洲表示要积极设法让投资人能够拿回投资、减少损失。建议对张某洲从轻、处理。(3)被告人属于初犯、偶犯。

法院认为，深圳某矿业投资股份有限公司未经国家有关主管部门批准，擅自发行股票，数额巨大。被告人张某洲作为该公司直接负责的主管人员，被告人池某艳、关某语、黄某来作为直接责任人员，其行为已构成擅自发行股票罪，公诉机关指控的罪名成立。

被告人张某洲的辩护人提出本案系向特定对象发行股票，并没有达到擅自发行股票罪的起刑点，故被告人不构成擅自发行股票罪。关于某公司发行股票的对象是特定的还是不特定的问题，经查，某公司要求员工或股东通过电话、面谈等方式联系自己的亲戚、朋友，以公司计划在加拿大多伦多证券交易创业板上市，购买原始股上市后可获高额回报为名，吸收上述人群成为投资者。新的投资者再以口口相传的方式吸收更多的投资者购买公司股票。公司在对投资者的选择上并没有设定限制条件，投资者未参与公司的实际经营，甚至对公司的经营状况不了解。公司对成功吸收投资者的员工予以提成奖励，鼓励员工向不特定对象推介公司股票。某公司系向不特定对象发行股票，系变相公开发行股票的行为，其行为已构成擅自发行股票罪。辩护人的相关辩护意见法院不予采纳。

被告人池某艳的辩护人提出池某艳系张某洲的助手，不应作为公司直接负责的主管人员承担责任。法院认为，被告人池某艳虽为某公司的股东、副总经理，但其并未实际出资，仅是挂名股东。其在公司并无决策权，只是协助张某洲管理公司日常事务。故起诉书指控其作为公司直接负责的主管人员不当，其应作为公司直接责任人员承担相应刑事责任。其辩护人的相关辩护意见法院予以采纳。被告人张某洲、池某艳、关某语、黄某来如实供述自己的罪行，依法可从轻处罚。

最后，法院依据上述事实及情节，判处各被告人11个月至2年不等的有期徒刑。

（二）简要评析

公司股票、公司、企业债券的发行，国家法律规定了严格的程序，禁止任何人未经批准，擅自发行公司股票、公司、企业债券。从本案来看，如果公司进行融资，切忌使用擅自发行股票的方式，更不能通过公开发布广告，向社会不特定对象通过募集股份的方式进行融资。有限责任公司在融资时，也不宜按每股形式进行作价，在他人入资后，可以将股东入资数记入股东登记簿，不得向入资人发放公司印制的股票。现在公司各项登记事宜变更后，通过互联网均可查询。如果入资人要确认自己的入资款是否登记，可以告知入资方通过网络进行查询，不能为了让入资方对公司放心而违规向其出具自行印制的股票。

57. 内幕交易、泄露内幕信息罪

一、法律规定

《刑法》第180条规定："证券、期货交易内幕信息的知情人员或者非法获取证券、期货交易内幕信息的人员，在涉及证券的发行，证券、期货交易或者其他对证券、期货交易价格有重大影响的信息尚未公开前，买入或者卖出该证券，或者从事与该内幕信息有关的期货交易，或者泄露该信息，或者明示、暗示他人从事上述交易活动，情节严重的，处五年以下有期徒刑或者拘役，并处或者单处违法所得一倍以上五倍以下罚金；情节特别严重的，处五年以上十年以下有期徒刑，并处违法所得一倍以上五倍以下罚金。

单位犯前款罪的，对单位判处罚金，并对其直接负责的主管人员和其他直接责任人员，处五年以下有期徒刑或者拘役。

内幕信息、知情人员的范围，依照法律、行政法规的规定确定。”

二、条文释义

本条即是关于内幕交易、泄露内幕信息罪及其刑事处罚的规定。所谓内幕交易、泄露内幕信息罪，是指证券、期货交易内幕信息的知情人员或者非法获取证券、期货交易内幕信息的人员，在涉及证券的发行，证券、期货交易或者其他对证券、期货交易的价格有重大影响的信息尚未公开前，买入或者卖出该证券，或者从事与该内幕信息有关的期货交易，或者泄露该信息，情节严重的行为。本罪的构成要件如下。

（一）本罪从客观上来看

本罪的主体为特殊主体，是知悉内幕信息的人，即内幕人员。根据《期货交易管理条例》的规定，“内幕信息”，是指可能对期货交易价格产生重大影响的尚未公开的信息，包括国务院期货监督管理机构以及其他相关部门制定的对期货交易价格可能产生重大影响的政策，期货交易所作出的可能对期货交易价格发生重大影响的决定，期货交易所会员、客户的资金和交易动向以及国务院期货监督管理机构认定的对期货交易价格有显著影响的其他重要信息。包括：(1)证券法列举的重大事件：①公司的经营方针和经营范围的重大变化；②公司的重大投资行为和重大的购置财产的决定；③公司订立了重要合同，而该合同可能对公司的资产、负债、权益和经营成果产生重要影响；④公司发生重大债务和未能清偿到期重大债务的违约情况；⑤公司发生重大亏损或者重大损失；⑥公司生产经营的外部条件发生的重大变化；⑦公司的董事、1/3 以上的监事或者经理发生变动；⑧持有公司 5% 以上股份的股东或者实际控制人，其持有股份或者控制公司的情况发生较大变化；⑨公司减资、合并、分立、解散及申请破产的决定；⑩涉及公司的重大诉讼，股东大会、董事会决议被依法撤销或宣告无效；⑪公司涉嫌犯罪被司法机关立案调查，公司董事、监事、高级管理人员涉嫌犯罪被司法机关采取强制措施；⑫国务院证券监督管理机构规定的其他事项。(2)公司分配股利或者增资的计划。(3)公司股权结构的重大变化。(4)公司债务担保的重大变更。(5)公司营业用的主要资产的抵押、出售或者报废一次超过该资产的30%。(6)公司的董事、监事、高级管理人员的行为可能依法承担重大损害赔偿责任。(7)上市公司收购的有关方案。(8)国务院证券监督管理机构认定的对证券交易价格有显著影响的其他重要信息。所谓内幕信息的知情人员，按照法律规定，是指由于其管理地位、监督地位或者职业地位，或者作为雇员、专业顾问履行职务，能够接触或者获得内幕信息的人员，包括期货交易所的管理人员以及其他由于任职可获取内幕信息的从业人员，国务院期货监督管理机构和其他有关部门的工作人员以及国务院期货监督管理机构规定的其他人员。包括：(1)发行股票或者公司债券的公司董事、监事、经理、副经理及有关的高级管理人员；(2)持有公司5%以上股份的股东；(3)发行股票公司的控股公司的高级管理人员；(4)由于所任公司职务可以获取公司有关证券交易信息的人员；(5)证券监督管理机构工作人员以及由于法定的职责对证券交易进行管理的其他人员；(6)由于法定职责而参与证券交易的社会中介机构或者证券登记结算机构、证券交易服务机构的有关人员；(7)国务院证券监督管理机构规定的其他人员。

除上述特定自然人可成为本罪主体外，单位也成为主体本罪。按《刑法》第31条的规定，单位犯本罪时，实行双罚制，既对单位判处罚金，也对其直接负责的主管人员和其他直接责任人员按相关条款规定判处刑罚。

本罪在危害行为和危害结果方面表现为行为人违反有关法规，在涉及证券发行，证券、期货交易或者其他对证券、期货交易价格有重大影响的信息正式公开前，利用自己所知的内幕信息进行证券、期货买卖，或者建议其他人利用该内幕信息进行证券、期货买卖，或者泄露内幕信息，情节严重的行为。

(二)本罪从主观上来看

本罪在主观方面只能由故意构成，过失不构成本罪。

三、立案标准

最高人民检察院、公安部《关于公安机关管辖的刑事案件立案追诉标准的规定(二)》第35条规定:“证券、期货交易内幕信息的知情人员、单位或者非法获取证券、期货交易内幕信息的人员、单位,在涉及证券的发行,证券、期货交易或者其他对证券、期货交易价格有重大影响的信息尚未公开前,买入或者卖出该证券,或者从事与该内幕信息有关的期货交易,或者泄露该信息,或者明示、暗示他人从事上述交易活动,涉嫌下列情形之一的,应予立案追诉:

(一)证券交易成交额累计在五十万元以上的;

(二)期货交易占用保证金数额累计在三十万元以上的;

(三)获利或者避免损失数额累计在十五万元以上的;

(四)多次进行内幕交易、泄露内幕信息的;

(五)其他情节严重的情形。”

四、风险防范

在刑法实践中,本罪的适用频率不算很高,但绝不意味着这个罪名可以忽略,2010年“黄光裕案”举世哗然,所涉罪名之一就是本罪。内幕信息作为能够对证券交易市场产生重大影响的消息,倘若任意泄露,或在未公开之际,知情者恶意利用,一方面对于证券金融市场的稳定会造成破坏;另一方面,有价证券本身的投资属性决定了其风险性,若是凭借内幕信息来回避这种风险,会对其他投资者造成不公。因此,对于能够知悉内幕信息的企业,本罪的预防至关重要。企业预防本罪可以从以下几点入手。

(一)企业证券、期货的从业人员应当加强法律、法规的学习

对于涉及本罪的相关法律法规要深入学习,准确把握内幕信息的范畴,确保依法、依规行事。

(二)加强对内幕信息知情人员的监督

企业应当对内幕信息知情人员的范围作出明确限定,对于内幕信息的知情

人员，企业应当加强对其监督，出现问题及时警醒。

（三）企业应当确保内幕信息的保密，严格限定其知悉范围

企业对于自己掌握的内幕信息，应当要求相关人员严守秘密，确保信息不外泄，确保信息不被不当使用。

（四）加强企业舆情监控

对于涉及自己企业的股票信息，应当加强舆情监控，对于股票涨跌明显不合理的情形，应当迅速查找原因，及时作出澄清。

五、案例评析

（一）案例简介

重庆市人民检察院第一分院指控：2014 年下半年，包头乙有限公司（以下简称乙公司）因预期经营业绩大幅下跌，乙公司的股东内蒙古甲集团有限公司（以下简称甲集团）拟将旗下部分资产及丁业务注入乙公司，通过资产重组方式扭转乙公司的亏损局面，并于 2014 年 8 月形成了初步资产重组方案。

因资产重组方案需经丙批准方可实施，甲集团遂安排时任乙公司董事会秘书的被告人程某罡具体承办。2015 年 4 月初，程某罡到北京向丙汇报并参与研究资产重组方案。2015 年 4 月 10 日下午，经程某罡提议，丙和甲集团同意，乙向上海证券交易所申请停牌。

被告单位北京嘉瀛德兴投资有限公司（以下简称嘉瀛德兴公司）于 2013 年 6 月 20 日成立，经营范围包括项目投资、资产管理等。程某罡在 2014 年 8 月至 2015 年 4 月 10 日乙公司资产重组的内幕信息敏感期内，多次与被告人李某忠接触，并将乙公司即将进行资产重组的内幕信息泄露给李某忠。2015 年 4 月 10 日上午，程某罡来到北京市东城区李某忠嘉瀛德兴公司的实际营业地，随后李某忠安排嘉瀛德兴公司员工王某 1、秦某操作贺某、宋某等 6 人的 8 个证券账户，卖出账户内其他股票并融资筹款，当日集中买入乙股票 1431.1755 万股，成交金额 23,200.495072 万元，乙公司当日股价大幅上涨。次日，乙公司发布《重大事项停牌公告》，公司股票于同月 13 日起正式停牌。同月 25 日，乙公

司发布了《重大资产重组的停牌公告》。经上海证券交易所计算，上述股票交易违法所得共计3646.897611万元。

2016年9月30日，中国证券监督管理委员会认定：乙公司2015年4月25日发布重大资产重组的停牌公告所涉重大资产重组事项属于内幕信息，该案内幕信息敏感期为2014年8月12日至2015年4月25日。被告人程某罡为内幕信息知情人。

被告单位对起诉指控的事实和罪名无异议。其辩护人提出被告单位真诚悔罪并自愿认罪认罚，因被告单位及其关联企业经营困难并面临资金压力，请求对被告单位处以违法所得一倍罚金。

被告人李某忠对起诉指控的事实和罪名无异议。其辩护人提出本案系单位犯罪，嘉瀛德兴公司采用融资融券的方式购买乙股票，实际投入自有资金较少，李某忠未采取非法手段获取内幕信息，社会危害性较轻；李某忠如实供述犯罪事实，认罪认罚，退出全部违法所得。请求采纳公诉机关的量刑建议，对李某忠适用缓刑。

程某罡提出其未向任何人透露内幕信息，不构成泄露内幕信息罪。其辩护人提出证监会对本案内幕信息敏感期认定有误，2014年8月的初步资产重组方案不属于内幕信息，不应将其形成时间认定为内幕信息形成之时，本案内幕信息敏感期起点应为2015年4月9日；程某罡与李某忠多次接触具有正当理由，无证据证明程某罡与李某忠之间存在非法利益输送，指控程某罡在内幕信息敏感期内多次与李某忠接触，并将内幕信息泄露给李某忠的事实不清、证据不足。请求对被告人程某罡宣告无罪。

法院认为，被告单位嘉瀛德兴公司及其直接负责的主管人员李某忠非法获取乙公司重组的内幕信息，在该内幕信息尚未公开前，买入乙股票，股票交易成交额共计23,200.495075万元，获利3646.897611万元，情节特别严重，其行为已构成内幕交易罪；程某罡作为乙公司资产重组内幕信息知情人，在内幕信息尚未公开前，泄露该信息，情节特别严重，其行为已构成泄露内幕信息罪，依法均应予处罚。公诉机关起诉指控的事实和罪名成立。李某忠到案后如实供述自己的罪行，被告单位嘉瀛德兴公司及被告人李某忠案发后积极退赔违法所得，有悔罪表现，并自愿认罪认罚，可以从轻处罚并适用缓刑。对相应辩护意见，予以采纳。

关于程某罡的辩护人提出证监会对本案内幕信息敏感期认定有误的辩护

意见。经查,2014年甲集团即开始筹划本次重组,拟将旗下部分军品业务资产及丁业务注入乙公司,通过资产重组方式扭转乙公司的亏损局面,并于2014年8月形成了初步的资产重组方案。与最终确定的重组方案相比,虽然交易金额和收购的公司发生部分改变,但交易标的资产都为甲集团及其下属子公司资产,且都为甲集团的石油机械板块,标的资产类型基本未改变。甲集团在重组过程中具有主导作用,影响内幕信息的形成。根据最高人民法院、最高人民检察院《关于办理内幕交易、泄露内幕信息刑事案件具体应用法律若干问题的解释》第5条的规定,内幕信息敏感期是指内幕信息自形成至公开的期间,影响内幕信息形成的动议、筹划、决策或者执行人员,其动议、筹划、决策或者执行初始时间,应当认定为内幕信息的形成之时。故甲集团筹划重组的初始时间应认定为内幕信息的形成时间,即不晚于程某罡于2014年8月12日收到重组报告草案的邮箱显示时间。中国证券监督管理委员会对内幕信息敏感期的认定准确,该辩护意见不成立,不予采纳。

关于被告人程某罡提出其未向任何人透露内幕信息,不构成泄露内幕信息罪以及其辩护人提出指控程某罡在内幕信息敏感期内多次与李某忠接触,并将内幕信息泄露给李某忠的事实不清、证据不足的辩解辩护意见。经查,被告人李某忠、程某罡的供述,证人贺某、王某1、徐某等人的证言,程某的银行账户明细等书证可以证实李某忠、程某罡二人系老乡,交往多年,关系密切,程某罡曾向李某忠借款100万元,案发时尚未归还。被告人李某忠、程某罡的供述,证人牛某、白某、单某、徐某、李某3、唐某1等人的证言证实,除程某罡外,李某忠不认识乙的其他人,或虽见过面但没有接触;除徐某外,李某忠不认识丙的其他人;程某罡、李某忠二人在内幕信息敏感期内有过多次接触。故程某罡系李某忠获知内幕信息的唯一来源。证人贺某、王某1等人的证言,证券账户交易汇总表等证实程某罡于2015年4月10日上午来到嘉瀛德兴公司之后,涉案的多个证券账户即卖出其他股票并融资筹款,大量买入乙股票,证券交易活动与内幕信息高度吻合,相关交易行为明显异常。李某忠亦多次供述系程某罡告知其乙公司重组信息。上述证据相互印证,足以证实程某罡向李某忠泄露内幕信息的事实。该辩解辩护意见不成立,不予采纳。故法院依据上述事实及理由,判决被告单位嘉瀛德兴公司犯内幕交易罪,判处罚金人民币5000万元。判决被告人李某忠犯内幕交易罪,判处有期徒刑3年,缓刑4年。判决被告人程某罡犯泄露内幕信息罪,判处有期徒刑5年6个月,并处罚金人民币3650万元。

(二)简要评析

从本案来看,凡是对上市公司股票价格具有影响的信息,均可认定为内幕信息。知悉内幕信息的相关人员,在信息未公开前,应当尽量避免与他人进行接触,接触时也应当避免谈及股票话题。掌握内幕信息的人员在内幕信息公开前,均属于高风险人物,尤其要树立该风险意识。作为股票投资者,也只能凭借自己的专业判断能力进行股票投资,在和上市公司重要岗位人员接触时,敏感时期,也应当避免谈及股票话题。如果想凭借内幕信息进行股市投资,最后可能会偷鸡不成,反蚀一把米。

58. 利用未公开信息交易罪

一、法律规定

《刑法》第 180 条第 4 款规定:“证券交易所、期货交易所、证券公司、期货经纪公司、基金管理公司、商业银行、保险公司等金融机构的从业人员以及有关监管部门或者行业协会的工作人员,利用因职务便利获取的内幕信息以外的其他未公开的信息,违反规定,从事与该信息相关的证券、期货交易活动,或者明示、暗示他人从事相关交易活动,情节严重的,依照第一款的规定处罚。”

二、条文释义

本罪是关于利用未公开信息交易罪及其刑事处罚的规定。所谓利用未公开信息交易罪,是指证券交易所、期货交易所、证券公司、期货经纪公司、基金管理公司、商业银行、保险公司等金融机构的从业人员以及有关监管部门或者行业协会的工作人员,利用因职务便利获取的内幕信息以外的其他未公开的信息,违反规定,从事与该信息相关的证券、期货交易活动,或者明示、暗示他人从事相关交易活动,情节严重的行为。本罪的构成要件如下。

（一）本罪从客观上来看

利用未公开信息交易罪的主体为证券交易所、期货交易所、证券公司、期货经纪公司、基金管理公司、商业银行、保险公司等金融机构的从业人员以及有关监管部门或者行业协会的工作人员。依据法律规定，本罪的主体为自然人，而非单位；该主体既包括金融机构工作人员、金融监管部门的工作人员，同时也包括行业协会的工作人员。

本罪危害行为和危害结果表现为行为人利用因职务便利获取的内幕信息以外的其他未公开的信息，违反规定，从事与该信息相关的证券、期货交易活动，或者明示、暗示他人从事相关交易活动，情节严重。

（二）本罪从主观上来看

本罪要求具有主观故意，过失不构成本罪，即要求行为人有利用内幕信息以外的未公开信息进行交易的故意。

三、立案标准

最高人民检察院、公安部《关于公安机关管辖的刑事案件立案追诉标准的规定（二）》第 36 条规定："证券交易所、期货交易所、证券公司、期货公司、基金管理公司、商业银行、保险公司等金融机构的从业人员以及有关监管部门或者行业协会的工作人员，利用因职务便利获取的内幕信息以外的其他未公开的信息，违反规定，从事与该信息相关的证券、期货交易活动，或者明示、暗示他人从事相关交易活动，涉嫌下列情形之一的，应予立案追诉：

（一）证券交易成交额累计在五十万元以上的；

（二）期货交易占用保证金数额累计在三十万元以上的；

（三）获利或者避免损失数额累计在十五万元以上的；

（四）多次利用内幕信息以外的其他未公开信息进行交易活动的；

（五）其他情节严重的情形。"

四、风险防范

本罪与前述内幕交易、泄露内幕信息罪有很多共性，首先都是对证券交易市场秩序的破坏，其次都利用了尚未公开的信息，最后都是一种对于投资风险性的规避，从而对其他投资者造成不公。对于本罪的预防，公司、企业可以采取类比前述内幕交易、泄露内幕信息罪的防范措施。

五、案例评析

（一）案例简介

上海市人民检察院第一分院指控：2009年2月28日至2012年5月17日，被告人李某担任某有限责任公司（以下简称某有限责任公司）权益投资部经理，负责管理太平某集团股份有限公司下属太平洋财产保险和太平洋人寿保险证券投资组合账户。其间，李某利用因职务便利获取的上述账户股票交易情况等未公开信息，使用其控制的“薛某”“陈某”“翁某2”3个账户，先于、同步于或稍晚于上述某有限责任公司投资组合账户买入或卖出相同股票73只，共成交1510次，累计成交金额人民币7.66亿余元（以下所涉币种相同），非法获利428.84万余元。2016年2月24日，李某主动向公安机关投案，如实供述上述犯罪事实，并积极退赔赃款。

被告人李某和辩护人对于起诉指控李某犯利用未公开信息交易罪的事实、证据和罪名均没有异议。辩护人提出：利用未公开信息交易罪系《刑法修正案（七）》公布之日起施行，李某对相关禁止性规定需要有一个学习的过程，且其依职权买卖股票的数量小，对市场行情没有明显影响。希望法庭综合考虑其全额退赃、自首等情节对其减轻处罚并适用缓刑。

法院经审理后认为，被告人李某作为某有限责任公司权益投资部经理，因履行职务而获得证券交易股票投资信息等未公开信息，并通过该信息以及其实际控制的证券账户先于、同期于或稍晚于自己负责的相关某有限责任公司组合账户买入、卖出同种股票，交易数额达7.66亿余元，非法获利数额达428.84万余元，其行为已构成利用未公开信息交易罪，属情节特别严重，依法应当判处5

年以上10年以下有期徒刑,并处违法所得1倍以上5倍以下罚金。公诉机关起诉指控李某犯利用未公开信息交易罪的事实和罪名成立,应予支持。李某自动投案,并如实供述犯罪事实,依法应当认定其具有自首情节。综合考虑本案的犯罪数额、情节以及违法所得已经追缴等,法院决定对李某从轻处罚,对辩护人所提对李某减轻处罚并适用缓刑的辩护意见不予采纳。关于辩护人另提李某对刑法新公布施行的利用未公开信息交易罪需要有一个学习的过程,以及其依职权买卖股票的数量不足以对市场行情造成影响的辩护意见,于法无据,法院亦不予采纳。据此,法院判决被告人李某犯利用未公开信息交易罪,判处有期徒刑5年6个月,并处罚金人民币500万元。

(二)简要评析

从本案来看,如果在从事自身的业务过程中,接触到涉及证券买卖的相关信息,在此期间,自己不宜进行证券买卖,或者禁止对该信息相关的证券进行买卖。被告人李某虽然不是使用自己的证券账户买卖证券,但是只要是其本人进行了证券买卖,不管是否是使用他人证券账户,还是使用自己证券账户进行证券买卖,均构成犯罪。

59. 编造并传播证券、期货交易虚假信息罪

一、法律规定

《刑法》第181条第1款规定:“编造并且传播影响证券、期货交易的虚假信息,扰乱证券、期货交易市场,造成严重后果的,处五年以下有期徒刑或者拘役,并处或者单处一万元以上十万元以下罚金。”

第3款规定:“单位犯前两款罪的,对单位判处罚金,并对其直接负责的主管人员和其他直接责任人员,处五年以下有期徒刑或者拘役。”

二、条文释义

本条是关于编造并传播证券、期货交易虚假信息罪及其刑事处罚的规定。所谓编造并传播证券、期货交易虚假信息罪,是指编造并且传播影响证券、期货交易的虚假信息,扰乱证券、期货交易市场,造成严重后果的行为。本罪的构成要件如下。

(一)本罪从客观上来看

本罪的犯罪主体是一般主体,即具备刑事责任能力、达到刑事责任年龄的自然人,同时,单位也可构成本罪。按照《刑法》第31条的规定,单位犯本罪时,实行双罚制,既对单位判处罚金,并对其直接负责的主管人员和其他直接责任人员按相关条款规定判处刑罚。

本罪在的危害行为和危害结果表现为行为人实施了编造并传播虚假信息,扰乱证券交易市场、期货交易市场的正常秩序的行为,造成严重后果。

(二)本罪从主观上来看

本罪在主观方面表现为故意,即明知自己在编造并传播影响证券、期货交易市场的虚假信息而仍然为之,并希望这种结果产生。过失不构成本罪。

三、立案标准

最高人民检察院、公安部《关于公安机关管辖的刑事案件立案追诉标准的规定(二)》第37条规定:“编造并且传播影响证券、期货交易的虚假信息,扰乱证券、期货交易市场,涉嫌下列情形之一的,应予立案追诉:

(一)获利或者避免损失数额累计在五万元以上的;

(二)造成投资者直接经济损失数额在五万元以上的;

(三)致使交易价格和交易量异常波动的;

(四)虽未达到上述数额标准,但多次编造并且传播影响证券、期货交易的虚假信息的;

(五)其他造成严重后果的情形。”

四、风险防范

对于涉及证券交易市场类的犯罪，刑法往往会制定相对严格的标准加以规制。究其原因，主要是证券交易市场是一种有着相对较高回报和较大风险的投资领域，如果没有完善的法律规制，市场主体的趋利性会将这个领域彻底摧毁。对于企业而言，预防本罪可以从以下几点入手。

(一)企业应当加强法律学习，确保依法依规

企业应当加强法律、法规的学习，了解法律对相关行为的规制，确保企业人员不编造不传播虚假信息。

(二)加强企业舆情监控

对于涉及自己企业的股票信息，应当加强舆情监控，对于股票涨跌明显不合理的情形，应当迅速查找原因，及时作出澄清。

60. 操纵证券、期货市场罪

一、法律规定

《刑法》第182条规定："有下列情形之一，操纵证券、期货市场，影响证券、期货交易价格或者证券、期货交易量，情节严重的，处五年以下有期徒刑或者拘役，并处或者单处罚金；情节特别严重的，处五年以上十年以下有期徒刑，并处罚金：

(一)单独或者合谋，集中资金优势、持股或者持仓优势或者利用信息优势联合或者连续买卖的；

(二)与他人串通，以事先约定的时间、价格和方式相互进行证券、期货交易的；

（三）在自己实际控制的账户之间进行证券交易，或者以自己为交易对象，自买自卖期货合约的；

（四）不以成交为目的，频繁或者大量申报买入、卖出证券、期货合约并撤销申报的；

（五）利用虚假或者不确定的重大信息，诱导投资者进行证券、期货交易的；

（六）对证券、证券发行人、期货交易标的公开作出评价、预测或者投资建议，同时进行反向证券交易或者相关期货交易的；

（七）以其他方法操纵证券、期货市场的。

单位犯前款罪的，对单位判处罚金，并对其直接负责的主管人员和其他直接责任人员，依照前款的规定处罚。”

二、条文释义

上述条文是关于操纵证券、期货市场罪及其刑事处罚的规定。所谓操纵证券、期货市场罪，是指以获取不正当利益或者转嫁风险为目的，集中资金优势、持股或者持仓优势或者利用信息优势联合或者连续买卖，与他人串通相互进行证券、期货交易，自买自卖期货合约，操纵证券、期货市场交易量、交易价格，制造证券、期货市场假相，诱导或者致使投资者在不了解事实真相的情况下作出准确投资决定，扰乱证券、期货市场秩序的行为。本罪的构成要件如下。

（一）本罪从客观上来看

本罪主体为一般主体，即自然人、单位均可为本罪主体。按照《刑法》第31条的规定，单位犯本罪时，实行双罚制，即对单位判处罚金，并对其直接负责的主管人员和其他直接责任人员按相关条款规定判处刑罚。

单独或者合谋，集中资金优势、持股或者持仓优势或者利用信息优势联合或者连续买卖的；与他人串通，以事先约定的时间、价格和方式相互进行证券、期货交易的；在自己实际控制的账户之间进行证券交易，或者以自己为交易对象，自买自卖期货合约的；不以成交为目的，频繁或者大量申报买入、卖出证券、期货合约并撤销申报的；利用虚假或者不确定的重大信息，诱导投资者进行证券、期货交易的；对证券、证券发行人、期货交易标的公开作出评价、预测或者投资建议，同时进行反向证券交易或者相关期货交易的；以其他方法操纵证券、期货市场的。

（二）本罪从主观上来看

本罪主观方面表现为故意，过失不构成本罪。

三、立案标准

最高人民检察院、公安部《关于公安机关管辖的刑事案件立案追诉标准的规定（二）》第39条规定："操纵证券、期货市场，涉嫌下列情形之一的，应予立案追诉：

（一）单独或者合谋，持有或者实际控制证券的流通股份数达到该证券的实际流通股份总量百分之三十以上，且在该证券连续二十个交易日内联合或者连续买卖股份数累计达到该证券同期总成交量百分之三十以上的；

（二）单独或者合谋，持有或者实际控制期货合约的数量超过期货交易所业务规则限定的持仓量百分之五十以上，且在该期货合约连续二十个交易日内联合或者连续买卖期货合约数累计达到该期货合约同期总成交量百分之三十以上的；

（三）与他人串通，以事先约定的时间、价格和方式相互进行证券或者期货合约交易，且在该证券或者期货合约连续二十个交易日内成交量累计达到该证券或者期货合约同期总成交量百分之二十以上的；

（四）在自己实际控制的账户之间进行证券交易，或者以自己为交易对象，自买自卖期货合约，且在该证券或者期货合约连续二十个交易日内成交量累计达到该证券或者期货合约同期总成交量百分之二十以上的；

（五）单独或者合谋，当日连续申报买入或者卖出同一证券、期货合约并在成交前撤回申报，撤回申报量占当日该种证券总申报量或者该种期货合约总申报量百分之五十以上的；

（六）上市公司及其董事、监事、高级管理人员、实际控制人、控股股东或者其他关联人单独或者合谋，利用信息优势，操纵该公司证券交易价格或者证券交易量的；

（七）证券公司、证券投资咨询机构、专业中介机构或者从业人员，违背有关从业禁止的规定，买卖或者持有相关证券，通过对证券或者其发行人、上市公司公开作出评价、预测或者投资建议，在该证券的交易中谋取利益，情节严重的；

（八）其他情节严重的情形。”

四、风险防范

随着经济的发展，证券期货市场一片欣欣向荣，有些证券期货市场参与者受高额收益的引诱，进行操纵证券期货市场行为。企业应从以下几方面防范风险。

（一）严格约束账户控制人、实际受益人行为，防止自我交易

在认定以自我交易的手段操纵证券期货市场时，重点着眼于账户控制人、实际受益人。不管交易账户的名义人是谁，只要账户的控制人没有发生改变，或者证券的实际受益人没有变更，行为人之间的交易就可能被归入自我交易。比如，夫妻一方可以对另一方的证券账户实施控制，在他们账户间同时进行相反的交易；母子公司之间买进卖出另一上市公司的股票等，都可能属于没有改变受益所有权人的交易。

（二）企业对于证券、期货的禁止从业人员禁止其从事证券、期货的买卖

法律规定，证券公司、证券投资咨询机构、专业中介机构或者从业人员禁止其从事证券、期货买卖行为。企业对于上述人员，应当建立完善的内控制度，禁止上述人员从事证券、期货买卖行为。

（三）上市公司应建立完善的董事、监事、高级管理人员股票数额变动预警机制

上市公司对于董事、监事、高级管理人员持有本公司的股票，应当建立完善的变动预警机制，发现问题，及时予以制止。

（四）禁止欺诈或者散布虚假消息

禁止企业或者其职工利用欺诈行为、散布虚假消息的手段，意图影响股价

从中牟利。比如，证券公司、专业中介机构及其工作人员，在对某证券以及其发行人、上市公司公开做出评价、预测或者投资建议前后，买卖该证券，意图通过市场波动取得经济利益；或者企业在相关人员不慎将虚假的数据资料散布或者提供给了投资者，企业发现后应及时予以澄清。

（五）完善信息披露制度

企业或者职工能够操纵证券期货市场，通常会利用信息优势，所以企业可以完善信息披露制度，按照国家法律规定，对应予以公开的信息须及时公开，以使证券、期货交易过程透明公开，防止内部人员利用信息优势操纵市场获得非法利益，对不能公开的信息要采取保密措施严格保密。

（六）加强内部控制

对企业职工进行相关法律法规培训，增强守法意识。建立内部控制制度，不定期对企业内部进行自查，发现有操纵证券、期货市场嫌疑的，应列入重点观察对象，跟踪观察，一旦发生操纵证券、期货市场行为，应及时向当地证券监督管理部门报告。

五、案例评析

（一）案例简介

江苏省南京市人民检察院指控，2009年，被告人吴某昌在任江苏现代资产投资管理顾问有限公司证券投资部实际负责人期间，使用他人证券账户提前建仓，再利用公司名义在四川卫视《天天胜券》节目推荐相关股票，在股票价格上涨后抛售，获取非法利益。在2009年5月18日至6月20日，吴某昌操控在华泰证券股份有限公司西安文化北路证券营业部等证券交易机构开设的17个股票账户，采取上述方式交易股票名称为“南方航空”“杭州解百”等14只股票，累计买入10,269,061股，买入成交总额约人民币6398余万元，卖出10,269,061股，卖出约人民币6859余万元，非法获利约人民币460余万元归个人所有。2016年1月12日，吴某昌向公安机关投案。

吴某昌对公诉机关指控其操纵证券市场的事实和定性均不持异议，希望法庭对其从轻处罚。

吴某昌的辩护律师提出，吴某昌系初犯，有自首情节，且其实施的“抢帽子”交易有别于其他操纵证券市场犯罪行为，对证券市场影响较小，吴某昌本人非法获利较少，建议对吴某昌单处罚金。

法院经审理后认为，被告人吴某昌作为证券投资咨询机构实际控制人，违背有关从业禁止的规定，买卖相关证券，通过对证券公开作出评价、预测或者投资建议，在相关证券的交易中谋取利益，情节严重，其行为已构成操纵证券市场罪。江苏省南京市人民检察院指控被告人吴某昌犯操纵证券市场罪的事实清楚，证据确实、充分，指控的罪名成立，应予采纳。吴某昌短时间内连续多次实施操纵证券市场行为，影响证券交易价格，破坏证券市场秩序，非法获利达460余万元，故其辩护律师提出的“吴某昌系初犯，其犯罪行为对证券市场影响较小，非法获利较少”的辩护意见不能成立，法院不予采纳。吴某昌犯罪后潜逃境外，经我国有关机关做教育、劝返工作后，主动到我公安机关投案，到案后如实供述自己的罪行，系自首，依法可以从轻处罚。吴某昌退出全部赃款，认罪悔罪态度较好，法院根据其犯罪事实、性质、情节和对于社会的危害程度，决定对其单处罚金，吴某昌的意见及其辩护律师提出的相关辩护意见成立，法院予以采纳。故法院判决被告人吴某昌犯操纵证券市场罪，判处罚金人民币2760万元。判决被告人吴某昌犯罪所得人民币460.223255万元予以追缴，上缴国库。

（二）简要评析

从本案来看，对于从事股票评论或股票咨询的工作人员来说，本罪属于高风险罪名。在从事股票评论或股票咨询工作期间，建议不要自行买卖或安排其他人买卖自己发表过评论意见的股票。本案被告人在自己建仓后，在公开场合发表相关评论意见，进而买卖相关证券，该行为最后受到刑事处罚。这与其刑事风险意识不强实有关联。

61. 违法发放贷款罪

一、法律规定

《刑法》第186条规定:“银行或者其他金融机构的工作人员违反国家规定发放贷款,数额巨大或者造成重大损失的,处五年以下有期徒刑或者拘役,并处一万元以上十万元以下罚金;数额特别巨大或者造成特别重大损失的,处五年以上有期徒刑,并处二万元以上二十万元以下罚金。

银行或者其他金融机构的工作人员违反国家规定,向关系人发放贷款的,依照前款的规定从重处罚。

单位犯前两款罪的,对单位判处罚金,并对其直接负责的主管人员和其他直接责任人员,依照前两款的规定处罚。

关系人的范围,依照《中华人民共和国商业银行法》和有关金融法规确定。”

二、条文释义

本条是关于违法发放贷款罪及其刑事处罚的规定。所谓违法发放贷款罪,是指银行或者其他金融机构及其工作人员违反法律、行政法规的规定,玩忽职守或者滥用职权,向关系人以外的其他人发放贷款,造成重大损失的行为。关系人是指:商业银行的董事、监事、管理人员、信贷业务人员及其近亲属以及上述人员投资或者担任高级管理职务的公司、企业和其他经济组织。本罪的构成要件如下。

(一)本罪从客观上来看

本罪的犯罪主体是特殊主体,即银行或者其他金融机构的工作人员,非上述人员,不能构成本罪。所谓银行,包括中央银行、各种政策性银行和各种商业银行。中央银行属于国家机构,一般并不从事经营活动。政策性银行,是指由政府发起、出资成立,为贯彻和配合政府特定经济政策和意图而进行融资和信用活动的机构。其不以营利为目的。本罪主体主要指各种商业银行及其工作人员。所谓商业银行,按《商业银行法》第 2 条的规定,指依照《商业银行法》和《公司法》设立的吸收公众存款、发放贷款、办理结算等业务的企业法人。其他金融机构,是指除银行以外的其他金融机构,其以营利为目的,其业务范围中包括从事与银行业务相同的业务种类,也即通常所说的非银行金融机构。单位犯本罪时,实行双罚制,即对单位判处罚金,并对其直接负责的主管人员和其他直接责任人员按相关条款规定判处刑罚。

本罪危害行为和危害结果表现为违反法律、行政法规规定,玩忽职守或者滥用职权,向关系人以外的其他人发放贷款,造成重大损失。

(二)本罪从主观上来看

违法发放贷款罪在主观方面表现为过失。其过失主要表现为对于结果出于过失,而对于违规行为,属于明知故犯。

三、立案标准

最高人民检察院、公安部《关于公安机关管辖的刑事案件立案追诉标准的规定(二)》第 42 条规定:“银行或者其他金融机构及其工作人员违反国家规定发放贷款,涉嫌下列情形之一的,应予立案追诉:

(一)违法发放贷款,数额在一百万元以上的;

(二)违法发放贷款,造成直接经济损失数额在二十万元以上的。”

四、风险防范

本罪是刑法针对银行或其他金融机构及其工作人员进行规制的又一体现。贷款作为银行和其他相关金融机构的主要业务之一,是银行盈利的重要来源。为了降低银行放贷后逾期无法回款的风险,银行都会对贷款人的偿还能力进行详细评估或者要求进行资产担保。因此,银行及贷款发放的主管人员、工作人员,应当在放贷过程中恪尽职守,严格按照放贷程序进行,否则有可能给银行带来巨大损失。有鉴于此,为保护国家贷款制度、银行及金融机构自身利益,刑法规定了本罪用以打击非法放贷行为。银行及金融机构在预防本罪时,可着重从以下几点入手。

(一)加强对重点岗位工作人员的法律培训工作

银行和金融机构应对负责贷款业务的主管人员和直接工作人员定期开展专业的培训,深入学习法律法规和自身规章制度,在发放贷款过程中,要严格要求工作人员依法依规进行。

(二)加强对贷款过程的监督

对于贷款发放,要设置合理的监督机制,在贷款最终发放前,应当设置专门的人员针对贷款业务进行独立复查,发现问题及时纠正,发现有违法违规线索,及时上报处理。

(三)建立随机抽查机制

贷款发放工作应当建立定期或不定期的随机抽查机制,对企业重点岗位工作人员的背景信息应有必要了解,对于贷款人和工作人员存在亲戚、朋友或者其他特殊关系的,应当采取更加慎重的方式进行审核,要求贷款人提供更加可靠的担保保证。

五、案例评析

(一)案例简介

太原市杏花岭区人民检察院指控,被告人张某担任晋商银行股份有限公司(以下简称晋商银行)太原府西街支行小微企业金融服务部客户经理期间,在办理褚某等三户联保贷款业务中,违反国家规定,未对褚某的公司资质、借款用途等情况严格审查,未去实地考察,未发现褚某贷款使用的营业执照、购销合同等系伪造而于2013年1月21日向褚某发放贷款50万元。贷后,张某不认真履行检查职责,未监测资金去向、审查借款人的偿还能力,经银行多次催收后褚某未归还剩余贷款,造成直接经济损失202,689.07元。

被告人张某对起诉书指控的犯罪事实供认不讳。辩护人的辩护意见是，(1)本案直接经济损失未达到20万元，不应立案追诉。晋商银行对张某处罚5000元并非罚款，是经济赔偿，该款项应当在直接经济损失中予以扣除。(2)本案并未违反国家规定。《商业银行法》并未规定调查人员有义务对贷款资料进行核实，即使作为部门规章的《贷款通则》也未规定调查人员具有对贷款资料进行核实的职责。(3)被告人积极认罪悔罪、自首、晋商银行予以谅解。综上建议对被告人宣告无罪或免于刑事处罚。辩护人当庭提供了“褚某还款情况说明”。

法院经审理后认为，被告人张某身为银行工作人员，违反国家规定发放贷款，造成重大损失，其行为构成违法发放贷款罪。公诉机关指控的罪名成立。张某犯罪以后主动投案并如实供述自己的罪行，系自首，予以从轻处罚；张某系初犯，积极协助单位催收贷款，并取得所在单位的谅解，酌情从轻处罚。综合全案事实证据，张某犯罪情节轻微，依法可免予刑事处罚。故法院判决被告人张某犯违法发放贷款罪，免予刑事处罚。

(二)简要评析

从本案来看，作为拥有贷款审批权力的人员，在发放贷款时，应当严格审查贷款人的各项资质。在贷款逾期后，应当及时采取措施弥补损失。这是相关人员的法定职责。怠于履行这些职责，极有可能遭遇该罪的刑事风险。本案被告人正是因为在出现贷款风险后积极采取催收措施，加之具有自首情节，最后才获得了免予刑事处罚的结果。

62. 吸收客户资金不入账罪

一、法律规定

《刑法》第187条规定：“银行或者其他金融机构的工作人员吸收客户资金不入账，数额巨大或者造成重大损失的，处五年以下有期徒刑或者拘役，并处二万元以上二十万元以下罚金；数额特别巨大或者造成特别重大损失的，处五年以上有期徒刑，并处五万元以上五十万元以下罚金。

单位犯前款罪的，对单位判处罚金，并对其直接负责的主管人员和其他直接责任人员，依照前款的规定处罚。”

二、条文释义

本条是关于吸收客户资金不入账罪及其刑事处罚的规定。所谓吸收客户资金不入账罪，是指银行或者其他金融机构的工作人员，以牟利为目的，采取吸收客户资金不入账的方式，将资金用于非法拆借、发放贷款，造成重大损失的行为。本罪的构成要件如下。

（一）本罪从客观上来看

本罪主体是特殊主体，即银行或者其他金融机构的工作人员，单位也可以成为本罪的主体。其他主体不能构成本罪。按照《刑法》第 31 条的规定，单位犯本罪时，实行双罚制，即对单位判处罚金，并对其直接负责的主管人员和其他直接责任人员按相关条款规定判处刑罚。

本罪危害行为和危害结果表现为：采取吸收客户资金不入账的方式，将资金用于非法拆借、发放贷款，造成重大损失的行为。按法律规定，所谓吸收客户资金不入账，是指不记入金融机构的法定存款账目，以逃避国家金融监管，至于是否记入法定账目以外设立的账目则不影响该罪的成立。“非法拆借、发放贷款”，是指将没有入账的资金挪借给其他单位，或者将没有入账的资金作为贷款发放给其他单位或个人。

（二）本罪从主观上来看

本罪的主观方面是故意，且具有牟利的目的，过失不构成本罪。

三、立案标准

最高人民检察院、公安部《关于公安机关管辖的刑事案件立案追诉标准的规定（二）》第 43 条规定：“银行或者其他金融机构及其工作人员吸收客户资金不入账，涉嫌下列情形之一的，应予立案追诉：

（一）吸收客户资金不入账，数额在一百万元以上的；
（二）吸收客户资金不入账，造成直接经济损失数额在二十万元以上的。”

四、风险防范

客户存款是银行或者其他金融机构的重要资金来源，对于公众存款的合理使用，一方面能给银行和金融机构带来收益，另一方面客户也可以从中分得红利，是一种共赢的合作模式。正因为存款在很大程度上支撑着银行和金融机构的资金流，因而对于吸收的客户存款，必须有严格的管理制度。本罪的设立就是为了打击银行和金融机构以及其工作人员非法拆借、使用存款行为，从而保障客户和银行的利益。对于本罪，银行和金融机构可以从以下几个方面预防。

（一）加强对重点岗位工作人员的法律培训工作

银行和金融机构应对存款业务的主管人员和直接工作人员定期开展专业的培训，深入学习法律法规和规章制度，在存款过程中，须严格要求工作人员依法依规进行。

（二）建立客户随时举报机制

企业应当建立客户随时举报机制，对于员工侵害客户利益的行为，客户有权随时进行举报，对举报事项及时核查，将相关工作岗位人员的行为置于客户监督之下。

（三）加强企业账目管理

对于存款的法定账目，应当确保没有模糊地带，每一笔资金的来龙去脉清晰明确，只有建立起公开透明的账目制度和行之有效的监督制度，才是杜绝本罪的有效手段。

五、案例评析

（一）案例简介

南京市秦淮区人民检察院指控，2013 年4 月至2015 年8 月，被告人孙某利用其担任东亚银行(中国)有限公司南京分行业务拓展部理财经理的职务之便,通过虚构理财项目,伪造东亚银行信托理财合同、印章等手段,将其经手的被害人白某乙等11名该行客户理财资金共计人民币3980万元未存入该行指定账户,而是转入由其本人实际控制的开户名为杨某等人的个人银行账户中,并用于对外借贷、项目投资等经营活动。

被告人孙某对起诉书指控的犯罪事实及罪名不持异议。

辩护人对起诉书指控的犯罪事实及罪名不持异议,并提出如下辩护意见:(1)孙某归案后如实供述自己的罪行,系坦白,可以从轻处罚;(2)孙某系初犯,无前科劣迹。综上,建议对孙某从轻处罚。

法院经审理后认为,被告人孙某身为银行工作人员,吸收客户资金不入账,数额特别巨大,其行为已构成吸收客户资金不入账罪,依法应予惩处。公诉机关指控孙某犯吸收客户资金不入账罪的事实清楚,证据确实、充分,指控的罪名成立,予以采纳。孙某归案后能如实供述自己的罪行,系坦白,可以从轻处罚。对于辩护人提出的相关从轻处罚的辩护意见予以采纳。故法院判决孙某犯吸收客户资金不入账罪,判处有期徒刑6年,并处罚金人民币20万元。责令被告人孙某退赔被害单位东亚银行(中国)有限公司南京分行人民币3980万元。

(二)简要评析

银行等金融机构,对于客户的资金,绝对不能挪用。收到客户资金后,应当迅速办理入账手续。本案被告人不但没有将客户资金存放客户账户,反而还挪用客户资金进行营利活动,手段性质恶劣,最终被判处较重的刑罚。因此,在金融机构工作人员,尤其是掌握了一定权限的人员,只有抵制出诱惑,才能避免该罪的刑事风险。

63. 违规出具金融票证罪

一、法律规定

《刑法》第188条规定:“银行或者其他金融机构的工作人员违反规定,为他人出具信用证或者其他保函、票据、存单、资信证明，情节严重的，处五年以下有期徒刑或者拘役；情节特别严重的，处五年以上有期徒刑。

单位犯前款罪的，对单位判处罚金，并对其直接负责的主管人员和其他直接责任人员，依照前款的规定处罚。”

二、条文释义

本条是关于违规出具金融票证罪及其刑事处罚的规定。所谓违规出具金融票证罪，是指银行或者其他金融机构的工作人员违反规定为他人出具信用证或其他保函、票据、资信证明，造成较大损失的行为。本罪的构成要件如下。

（一）本罪从客观上来看

本罪的主体是特殊主体，即银行或者其他金融机构及其工作人员。其他主体不能构成本罪。所谓银行，包括中央银行、各种政策性银行和各种商业银行。中央银行属于国家机构，一般并不从事经营活动。政策性银行是指由政府发起、出资成立，为贯彻和配合政府特定经济政策和意图而进行融资和信用活动的机构。其不以营利为目的。本罪主体应当主要指各种商业银行。所谓商业银行，按照《商业银行法》第 2 条的规定，指依照《商业银行法》和《中华人民共和国公司法》设立的吸收公众存款、发放贷款、办理结算等业务的企业法人。其他金融机构，是指除银行以外的其他金融机构，其以营利为目的，其业务范围中包括从事与银行业务相同的业务种类，也即通常所说的非银行金融机构。

本罪危害行为和危害结果表现为行为人实施了违反规定为他人出具信用证或者其他保函、票据、存单、资信证明的行为。

（二）本罪从主观上来看

本罪主观上对于危害结果是出于过失，但对于行为人实施的出具保函、票据、存单、资信证明行为本身，则是出于故意。

三、立案标准

最高人民检察院、公安部《关于公安机关管辖的刑事案件立案追诉标准的

规定(二)》第44条规定:“银行或者其他金融机构及其工作人员违反规定,为他人出具信用证或者其他保函、票据、存单、资信证明,涉嫌下列情形之一的,应予立案追诉:

(一)违反规定为他人出具信用证或者其他保函、票据、存单、资信证明,数额在一百万元以上的;

(二)违反规定为他人出具信用证或者其他保函、票据、存单、资信证明,造成直接经济损失数额在二十万元以上的;

(三)多次违规出具信用证或者其他保函、票据、存单、资信证明的;

(四)接受贿赂违规出具信用证或者其他保函、票据、存单、资信证明的;

(五)其他情节严重的情形。”

四、风险防范

本罪属于过失犯罪,也意味着必须有危害结果的发生才可能触犯本罪,因而,可以有比较有效的手段预防本罪。当今商业日益发达,金融票证在商业领域的广泛运用,一方面对于促进交易起到了极大的作用,另一方面也成为不法分子牟取不正当利益的切入点。银行和金融机构作为金融票证的出具机构,对此应当尽到管理保障责任。因此,对于因自身过失、违反法律制度出具的金融票据,造成经济损失的,应当承担责任。对于本罪,银行和金融机构可以从以下几点预防。

(一)严格依法出具金融票证

对于金融票证的出具制度,要严格遵守,对于相关法律法规,要深入学习。对于过失犯罪而言,对制度的严格执行,是有效的预防手段之一。

(二)建立不同部门的核查机制

对于出具的金融票证,在最终出具前,企业应当设置不同的部门进行核查,确保票证无差错。

(三)及时减少损失的发生

倘若工作上的失误确已发生,由于本罪是结果犯,银行和金融机构仍可以采取积极的补救措施，通过采取技术手段，及时向有关方面通报等方法，力求避免危害结果的发生。只要结果未发生，本罪就不会成立。

五、案例评析

（一）案例简介

广州市越秀区人民检察院指控，2008 年 10 月至 2009 年 3 月，被告人黄某甲在任职交通银行广州小北支行对公客户经理期间，经手办理广州众义达汽车贸易有限公司（以下简称众义达公司）开立额度金额为人民币 2000 万元的银行承兑汇票（其中众义达公司提供保证金 1000 万元，东某公司为敞口部分 1000 万元提供连带责任担保）业务，在仅对出票人众义达公司提供的与收款人东风悦达起亚汽车有限公司购车合同复印件进行审查的情况下，于 2009 年 1 月在《交通银行广州分行授信额度使用审查/审批表》（共 4 份，每份开立银行承兑汇票 500 万元）上填写同意开立银行承兑汇票的意见，并逐级呈同案人甄某（另案处理）等人审批，后交通银行为出票人众义达公司成功开立 4 份金额各 500 万元的银行承兑汇票。在银行开出承兑汇票后，黄某甲根据众义达公司提供的增值税专用发票复印件签名确认签收并归档，后交通银行对承兑汇票作出兑付。后因众义达公司无力支付银行垫付的款项，交通银行扣除众义达公司缴存的保证金及保证人的保证金后，目前尚有余款 4,888,087.58 元未能追回。经查，众义达公司提供的购车合同及增值税专用发票复印件均属伪造。

被告人黄某甲否认控罪，辩称其经办涉案业务并无违规。其辩护人的辩护意见主要是：黄某甲不构成违规出具金融票证罪，客观上交通银行并没有造成损失，被告人的行为不符合违规出具金融票证的构成要件，请求法庭判决黄某甲无罪。

法院经审理后，对于被告人黄某甲否认构成违规出具金融票证罪的辩解，以及辩护人的相关辩护意见，其认为，证人李某甲、张某等人的证言、交通银行的银行承兑汇票业务手册等证据证明，承兑汇票相关经办人员要对授信文件的真实性负责，要审查相关交易合同、发票的原件，且有同案人甄某的供述、证人何某乙、王某等人的证言、涉案银行书证等证据予以佐证，被告人黄某甲亦供述其在经办涉案银行承兑汇票业务时，没有核对购销合同、增值税发票的原件，在案证据之间相互印证,足以认定黄某甲的行为构成违规出具金融票证罪。黄某甲及辩护人的相关无罪辩解、辩护意见与查明的事实不符,法院不予采信。

法院认为,被告人黄某甲身为银行工作人员,违反规定为他人出具银行承兑汇票,情节严重,其行为已构成违规出具金融票证罪。公诉机关的指控事实清楚,证据确实、充分,罪名成立,法院予以支持。根据被告人的犯罪事实、情节及认罪态度,判决被告人黄某甲犯违规出具金融票证罪,判处有期徒刑2年。

(二)简要评析

对于金融机构的工作人员,对外出具相关的金融凭证时,风险极高,应当详细审查相关的材料。从本案来看,被告人黄某甲,仅凭借发票复印件开具信用证,这明显未尽到其审慎职责。对于大额业务,相关工作人员应当采取从严审查的方式,对于任何疑点,均应当核实清楚,否则极有可能由于疏忽大意而承担刑事风险。

64. 对违法票据承兑、付款、保证罪

一、法律规定

《刑法》第189条规定:“银行或者其他金融机构的工作人员在票据业务中,对违反票据法规定的票据予以承兑、付款或者保证,造成重大损失的,处五年以下有期徒刑或者拘役;造成特别重大损失的,处五年以上有期徒刑。

单位犯前款罪的,对单位判处罚金,并对其直接负责的主管人员和其他直接责任人员,依照前款的规定处罚。”

二、条文释义

本条是关于对违法票据承兑、付款、保证罪及其刑事责任的规定。所谓对违法票据承兑、付款、保证罪,是指银行或者其他金融机构的工作人员在票据业

务中,对违反票据法规定的票据予以承兑、付款或者保证,造成重大损失的行为。本罪的构成要件如下。

(一)本罪从客观上来看

本罪是特殊主体,仅限于银行或者其他金融机构及其工作人员,其他单位及人员不能作为本罪的主体。按照《刑法》第31条的规定,单位犯本罪时,实行双罚制,即对单位判处罚金,并对其直接负责的主管人员和其他直接责任人员按相关条款规定判处刑罚。

本罪危害行为和危害结果表现为银行或者其他金融机构的工作人员在票据业务中,对违反票据法规定的票据予以承兑、付款或者保证,造成重大损失的行为。

票据,按照《票据法》的规定,是指汇票、本票和支票。"承兑、付款、保证"是票据业务的三种方式。

同时,按照《票据法》的规定,所谓承兑,是指汇票付款人承诺在汇票到期日支付汇票金额的一种附属的票据行为。所谓付款,是指票据的付款人、承兑人或者担当付款人在票据到期时对持票人支付票据金额,从而消灭票据关系的行为。所谓保证,是指票据债务人以外的第三人为担保特定票据债务的履行,以负担同一内容的票据债务为目的而进行的一种附属票据行为。

(二)本罪从主观上看

本罪主观上对于危害结果是出于过失的主观心态。

三、立案标准

最高人民检察院、公安部《关于公安机关管辖的刑事案件立案追诉标准的规定(二)》第45条规定:"银行或者其他金融机构及其工作人员在票据业务中,对违反票据法规定的票据予以承兑、付款或者保证,造成直接经济损失数额在二十万元以上的,应予立案追诉。"

四、风险防范

本罪属于过失犯罪，对于银行和金融机构而言，对票据承兑、付款、保证是其业务活动，在进行上述业务活动时，应尽到必要的谨慎义务，对于票据的真实性、有效性、合法性进行验证。若由于自身疏忽大意或者过于自信，对不合法的票据进行了承兑、付款、保证，造成重大损失的，则有可能会触犯本罪。总体而言，本罪的预防可从以下方面着手。

（一）严格依法开展金融票据业务

对于规制金融票据业务开展的法律制度，要严格遵守，对于相关法律法规，要深入学习。对于过失犯罪而言，对制度的严格执行，是有效的预防手段之一。

（二）建立不同部门的核查机制

在票据承兑、付款、保证等业务过程中，在出具最终文件前，企业应当设置不同的部门进行核查，确保无差错。

（三）及时减少损失的发生

倘若工作上的失误确已发生，由于本罪是结果犯，银行和金融机构仍可以采取积极的补救措施，通过采取技术手段和及时向有关方面通报等方法，力求避免危害结果的发生。只要结果未发生，本罪就不会成立。

五、案例评析

（一）案例简介

泌阳县人民检察院指控，2012 年 4 月 6 日，杨某某在复核佛山市众融贸易有限公司银行票据业务中，对违反票据法规定的票据（00674456）予以复核，致使佛山市众融贸易有限公司 600 万元被违规转出。2012 年 8 月 14 日，杨某某在复核佛山市众融贸易有限公司银行票据业务中，对违反票据法规定的票据（00674472）予以复核，致使佛山市众融贸易有限公司 300 万元被违规转出。

2013年6月21日，杨某某在办理南阳高新区海鑫金属材料有限公司银行票据业务中，对违反票据法规定的"2013年6月21日电汇凭证"予以承兑、付款及复核，将南阳高新区海鑫金属材料有限公司400万元违规转出。杨某某对违反票据法规定的上述票据共3笔予以承兑、付款或复核，共计1300万元，造成泌阳县农村信用合社联社特别重大损失。公诉机关认为，被告人杨某某的行为触犯了《刑法》第189条之规定，应当以对违法票据承兑、付款、保证罪追究其刑事责任。

被告人杨某某对公诉机关指控其办理涉案票据业务的事实不持异议，但辩称其办理业务没有违反规定，都是按照联社的操作流程办理的，复核的这两笔业务都是别人办完后把票给他，由他加盖的复核章，以上业务也没有造成重大损失，其行为不构成犯罪。

辩护人发表如下辩护意见：(1)杨某某没有违反规定的行为。①被告人没有违反办理涉案业务规定的操作流程。②杨某某已尽法定的审查义务。依据中国人民银行《支付结算办法》第17条及《中国人民银行关于储蓄存单、存折密码更换手续有关问题的批复》的规定，证明金融机构工作人员对客户提供的身份证、印章、证件只进行形式审查而无实质审查的义务。(2)杨某某不存在任何过失。①杨某某及涉案的数名其他被告人在办理涉案公司转账业务中，审核了经办人员提供的支票，进行了折角比对，通过了复核及远程中心的授权，均没有发现票据存在问题，这说明犯罪分子伪造的相关票据，涉案的相关工作人员均无能力予以鉴别。②犯罪分子伪造的预留印鉴，只有通过采取技术手段才鉴别出真伪，说明该伪造的印鉴已经超出了相关工作人员的本职业务所要求的认知能力。(3)被告人的行为没有造成重大损失。①涉案储户的大部分款项，案发前已由张某某等通过其他手段偿还。②所有涉案储户均在泌阳县农村信用联合社进行了销户，泌阳县农村信用联合社已没有支付的义务。③剩余款，泌阳县农村信用联合社与泌阳县宇兴矿业有限公司签订了《资产处置框架协议》，泌阳县宇兴矿业有限公司与河南海德置业有限公司签订了《股权转让协议》，泌阳县宇兴矿业有限公司、河南海德置业有限公司与涉案储户签署了实现权利的《协议》，证明涉案储户在民事法律关系上和客观上不存在法律意义上的损失问题。综上，公诉机关指控被告人杨某某犯对违法票据承兑、付款、保证罪不能成立，法院应依法宣告其无罪。

法院经审理后认为，被告人杨某某系金融机构工作人员，在办理南阳高新区海鑫金属材料有限公司及复核佛山市众融贸易有限公司票据业务时未尽到严格审查的义务，对违反票据法规定的票据予以付款，造成重大损失，其行为已构成对违法票据付款罪。对被告人无罪的辩解及辩护人提出“被告人无罪”的辩护意见不予采纳。本案假印鉴系杨某某所在的泌阳县农村信用合作联社官庄信用社主任李某将涉案公司开户时预留的真印鉴复印之后制作的，且当时识别真假印鉴的方法是折角对比，而非现在的电子鉴别手段，客观条件造成被告人难以识别其经办的票据上的印鉴系假印鉴。杨某某办理业务时，按照《泌阳县农村信用合作联社远程授权业务操作流程（暂行）》的规定提交联社授权中心授权之后才予以转款。被告人未审查出假票据存在各种客观因素，其主观过失较小。

同时，本案杨某某办理的南阳高新区海鑫金属材料有限公司、佛山市众融贸易有限公司票据业务时转出的资金，在案发前已由张某某等人通过其他途径偿还了大部分资金，经协调，剩余资金由泌阳县宇兴矿业有限公司负责偿还，且已签订了具体的还款计划，约定了具体的还款日期。杨某某被公安机关传唤后到案，到案后如实供述了其办理业务的基本情况，应当认定为自首。

综上，被告人杨某某主观过失较小；该案的损失大部分已得到弥补，未弥补部分也有了妥善的处置方案；案发后被告人自首且系初犯、偶犯。杨某某具有法定、酌定从轻、减轻处罚的情节，依法应从轻、减轻处罚。结合被告人的犯罪情节、危害结果，最后法院判决被告人杨某某犯对违法票据付款罪，免于刑事处罚。

（二）简要评析

从本案来看，金融机构中负责办理票据承兑、付款、保证业务的工作人员，发生本罪的刑事风险较高。相关工作人员尤其在审核各项材料时，应当谨慎小心，该履行的程序一定要全部履行。万一由于过失错办业务，也应当尽全力减少损失。当然，要避免这一刑事风险，尽可能熟悉业务，尽可能提高业务能力。只有业务能力提高了，才有可能从根本上减少或杜绝本罪的发生。

65. 逃　汇　罪

一、法律规定

《刑法》第190条规定："公司、企业或者其他单位，违反国家规定，擅自将外汇存放境外，或者将境内的外汇非法转移到境外，数额较大的，对单位判处逃汇数额百分之五以上百分之三十以下罚金，并对其直接负责的主管人员和其他直接责任人员处五年以下有期徒刑或者拘役；数额巨大或者有其他严重情节的，对单位判处逃汇数额百分之五以上百分之三十以下罚金，并对其直接负责的主管人员和其他直接责任人员处五年以上有期徒刑。"

二、条文释义

本条是关于逃汇罪及其刑事处罚的规定。所谓逃汇罪，是指国有公司、企业或者其他国有单位，违反国家规定，擅自将外汇存放境外，或者将境内的外汇非法转移到境外，情节严重的行为。本罪构成要件如下。

(一)本罪从客观上来看

逃汇罪的主体是特殊主体，即只有国有公司、企业或其他国有单位，自然人不能构成本罪。按照《刑法》第31条规定，单位犯本罪时，实行双罚制，既对单位判处罚金，并对其直接负责的主管人员和其他直接责任人员按相关条款规定判处刑罚。

本罪危害行为和危害结果表现为违反国家规定，擅自将外汇存放境外，或者将境内的外汇非法转移至境外，情节严重的行为。

所谓逃汇，是指国家机关、企事业单位、团体或者个人，违反国家外汇管理规定，将应售给国家的外汇，私自转移、转让、买卖、存放境外，以及将外汇私自携带、托带或者邮寄出境等。

（二）本罪从主观上来看

逃汇罪在主观方面只能由故意构成，过失不构成逃汇罪。

三、立案标准

最高人民检察院、公安部《关于公安机关管辖的刑事案件立案追诉标准的规定（二）》第46条规定："公司、企业或者其他单位，违反国家规定，擅自将外汇存放境外，或者将境内的外汇非法转移到境外，单笔在二百万美元以上或者累计数额在五百万美元以上的，应予立案追诉。"

四、风险防范

在经济全球化的背景下，外汇作为国家国际储备的重要组成部分和国际贸易的主要支付手段，对于国家的贸易、经济都有着至关重要的作用。因此，国家制定了详细严格的外汇管理制度。逃汇行为之所以需要以刑法手段规制，原因就在于对外汇管理制度的冲击。对于企业而言，预防本罪可以从以下几点入手。

（一）企业应当加强对外汇管理法律法规的学习

对于业务中涉及外汇使用的企业，应当加强相关法律知识的学习，确保使用外汇合法合规。

（二）建立合法的企业外汇存结制度

企业应当建立一套合法的外汇存结制度，并严格执行相关制度。对于外汇购买、使用、存储都有规可循。

（三）加强对企业外汇资金的监督

企业对于自己所有的外汇资金，尤其对于大笔外汇的流动，应当经过集体审批，确保外汇资金使用合规。

五、案例评析

(一)案例简介

长乐市人民检察院指控:2012 年,被告单位鑫东华公司以固定资产担保向中国工商银行长乐支行申请人民币 1.2 亿元、人民币 5300 万元项目贷款额度,以企业联保的形式向中国进出口银行福建省分行申请人民币 3.1 亿元项目贷款额度。后被告人郑某东、陈某利经商量后,指使被告人郑某标以郑某标作为法定代表人在香港设立基隆集团有限公司(以下简称基隆公司),并以被告单位鑫东华公司向境外采购涤纶设备为由,由郑某东指使公司员工提供虚假的《代理采购合同》及隐瞒事实的资产负债表、利润表、现金流量表及附注等企业财务资料,向银行获得上述额度内的贷款。2013 年 5～12 月,被告单位鑫东华公司通过中国工商银行长乐支行以上述贷款购汇计 6205.5675 万美元以对外付汇(中国进出口银行福建省分行委托中国工商银行长乐支行代理付款),款项汇入基隆公司香港汇丰银行账户(账号:81××× 38)。郑某东、陈某利经商量后,指使郑某标将基隆公司香港汇丰银行账户的钱款管理权限授权给被告人陈某利,由陈某利将上述转入基隆公司香港汇丰银行账户的外汇通过“地下钱庄”转为人民币非法转移至境内使用。

郑某东系被告单位鑫东华公司法定代表人,策划注册成立基隆公司,采用虚假合同、虚假的银行贷款材料骗取银行贷款;陈某利系鑫东华公司副董事长,负责公司财务事宜。上述二被告人商量后,共同骗取银行贷款兑换成上述美元,并违反国家规定,将上述美元非法转移至其事先在香港注册成立的基隆公司开设的香港汇丰银行账户,并由陈某利多次到香港汇丰银行办理基隆公司账户资金的转款事宜。郑某标系被告单位鑫东华公司总经理,受郑某东、陈某利指使,成立基隆公司,代表基隆公司在代理采购合同上虚假签名,并将该公司的香港汇丰银行账户的钱款管理权限授权给被告人陈某利,帮助涉案钱款转移。

被告单位对指控的犯罪事实、罪名均有异议,否认实施逃汇犯罪。

法院经审理后认为,被告单位鑫东华公司违反国家规定,将境内的外汇非法转移到境外,金额计 62,055,675 美元,数额巨大,其行为已构成逃汇罪。被告人郑某东、陈某利分别作为被告单位鑫东华公司直接负责的主管人员及直接责任人员，亦均以逃汇罪追究刑事责任。郑某标为被告单位鑫东华公司逃汇犯罪提供帮助，应以逃汇罪的共犯追究刑事责任。长乐市人民检察院指控的罪名成立，应依法分别追究被告单位鑫东华公司、被告人郑某东、陈某利、郑某标的刑事责任。综合考虑本案的犯罪事实、情节、性质及社会危害程度，判决被告单位福建省鑫东华实业有限公司犯逃汇罪，判处罚金人民币2000万元。对各被告人判处2年6个月至5年6个月不等的有期徒刑。

（二）简要评析

从本案来看，资金跨国流动，一定要具有合法的手续。要么具有真实的贸易关系，要么是经过国家外汇管理部门的批准。否则，资金跨境流动即是违法甚至犯罪行为。本案被告公司虽然提供了相关的合同，但该合同并没有对应的真实的贸易关系，法院通过各项证据最后认定为虚假的贸易关系。因此，要避免此罪的刑事风险，在资金跨境流动时，一定要严格遵守相关的法律、法规，避免违规操作。

66. 骗购外汇罪

一、法律规定

全国人大常委会《关于惩治骗购外汇、逃汇和非法买卖外汇犯罪的决定》第1条规定："有下列情形之一，骗购外汇，数额较大的，处五年以下有期徒刑或者拘役，并处骗购外汇数额百分之五以上百分之三十以下罚金；数额巨大或者有其他严重情节的，处五年以上十年以下有期徒刑，并处骗购外汇数额百分之五以上百分之三十以下罚金；数额特别巨大或者有其他特别严重情节的，处十年以上有期徒刑或者无期徒刑，并处骗购外汇数额百分之五以上百分之三十以下罚金或者没收财产：

（一）使用伪造、变造的海关签发的报关单、进口证明、外汇管理部门核准件等凭证和单据的；

（二）重复使用海关签发的报关单、进口证明、外汇管理部门核准件等凭证和单据的；

（三）以其他方式骗购外汇的。

伪造、变造海关签发的报关单、进口证明、外汇管理部门核准件等凭证和单据，并用于骗购外汇的，依照前款的规定从重处罚。

明知用于骗购外汇而提供人民币资金的，以共犯论处。

单位犯前三款罪的，对单位依照第一款的规定判处罚金，并对其直接负责的主管人员和其他直接责任人员，处五年以下有期徒刑或者拘役；数额巨大或者有其他严重情节的，处五年以上十年以下有期徒刑；数额特别巨大或者有其他特别严重情节的，处十年以上有期徒刑或者无期徒刑。”

二、条文释义

上述条文是对骗购外汇罪及其刑事处罚的规定。所谓骗购外汇罪，是指违反国家外汇管理法规，使用伪造、变造的海关签发的报关单、进口证明、外汇管理部门核准件等凭证和单据，或者重复使用海关签发的报关单、进口证明、外汇管理部门核准件等凭证和单据，或者以其他方式骗购外汇，数额较大的行为。本罪是根据全国人大常委会《关于惩治骗购外汇、逃汇和非法买卖外汇犯罪的决定》所加，列《刑法》第 190 条之后，但本身不属于第 190 条的内容。本罪的构成要件如下。

（一）本罪从客观上来看

本罪的主体为一般主体，自然人和单位均可构成。司法实践中，拥有进出口经营权的外贸公司、企业或者其他单位触犯本罪的情形更为常见。按照《刑法》第 31 条的规定，单位犯本罪时，实行双罚制，即对单位判处罚金，并对其直接负责的主管人员和其他直接责任人员按相关条款规定判处刑罚。

从危害行为和危害结果来看，本罪表现为违反国家外汇管理法规，使用伪造、变造的海关签发的报关单、进口证明、外汇管理部门核准件等凭证和单据，或者重复使用海关签发的报关单、进口证明、外汇管理部门核准件等凭证和单据，或者以其他方式骗购外汇，数额较大的行为。

所谓外汇指定银行，按照《外汇指定银行办理结汇、售汇业务管理暂行办法》的规定，是指经人民银行批准经营结汇、售汇业务的金融机构，包括中资金融机构和外资金融机构。中资金融机构，是指政策性银行、国有独资商业银行、股份制商业银行及其分支机构，城市、农村商业银行以及其他经批准的金融机构；外资金融机构，是指《中华人民共和国外资金融机构管理条例》中所称外资银行、外国银行分行、合资银行以及其他经批准的金融机构。进出口货物报关单，是指进出口货物的收发货人或其代理人，按照海关规定的格式对进出口货物实际情况作出书面申明，以此要求海关对其货物按适用的海关制度办理通关手续的法律文书。所谓进口证明，包括进口许可证、进口批件等；所谓外汇管理部门核准件，则指经外汇管理局或其分局、支局核发的售汇通知单、外汇担保登记证等。

（二）本罪从主观上来看

主观方面的表现为故意，过失不构成本罪，即行为人以骗购外汇为目的，故意伪造或变造相关海关报关单、进口证明凭证、外汇管理部门核准件等凭证和单据获取外汇。

三、立案标准

根据最高人民检察院、公安部《关于公安机关管辖的刑事案件立案追诉标准的规定（二）》第 47 条及全国人民代表大会常务委员会《关于惩治骗购外汇、逃汇和非法买卖外汇犯罪的决定》第 1 条的规定，数额在 50 万美元以上的，应予立案追诉。

四、风险防范

随着经济的全球化，国际贸易日趋繁荣，导致不法分子利用国家监管漏洞从事骗购外汇的违法行为，其作案方式隐秘，涉案主体复杂，严重扰乱国家外汇管理秩序，对国民经济造成恶劣影响，所以国家对骗购外汇行为一律进行严厉打击。企业可从以下方面加强防范。

（一）加强法律学习

企业应认真学习《外汇管理条例》《境内外汇划转管理暂行规定》《海关特殊监管区域外汇管理办法》《境内外汇账户管理规定》《境外外汇账户管理规定》等法律法规，树立守法意识，依法进行生产经营。

（二）严格企业管理

完善企业日常生产经营管理，加强对合同、进出口货物报关单、进口许可证、进口批件、售汇通知单、外汇担保登记证等的管理。

（三）建立企业购汇登记审批制度

对于企业所需外汇，企业应当建立规范的审批制度，对于购入的外汇，应当做好财务登记，并加强监督管理。

五、案例评析

（一）案例简介

广东省深圳市人民检察院指控：2013 年下半年，被告人张某某组织被告人王某某、陈某某、许某、杨某某等人，通过其控制的深圳市伟某公司等 19 家境内公司及香港德某公司等 13 家香港公司，在没有真实交易的情况下，虚构两地公司之间的合同，以进口平板电脑、废碎料等跨境全额预付款的名义，向深圳中信银行、建设银行等 5 家银行骗购外汇。其中，王某某负责提供其香港个人公司及账户用于收取外汇资金；陈某某、许某负责制作虚假合同、发票等购汇单据，并作为具体经办人向银行申请购汇；杨某某负责汇总购、售汇资金及利润结算明细。经统计，2013 年 6 月至 2014 年 5 月，共骗购外汇 1, 333, 944, 572. 69 美元。

法院经审理后认为，被告人张某某、王某某、陈某某、许某、杨某某无视国家法律，在没有真实的情况下，通过虚构合同、发票，向银行骗购外汇，数额特别巨大，其行为已构成骗购外汇罪。现有证据可以证实，上述被告人是以金某公司作为依托，利用金某公司的人员及组织架构实施骗购外汇的行为，其违法所得亦由金某公司的人员进行统计及归入金某公司的利润中，相关人员实施骗购外汇的行为亦从金某公司所发的工资中获取报酬，因此，本案应当定性为单位犯罪。被告人张某某、陈某某、许某、杨某某的辩护人关于本案应定性为单位犯罪的辩护意见与事实相符，法院予以采纳。被告人张某某身为金某公司的法人代表及实际负责人，利用公司资源组织实施骗购外汇的行为，是单位犯罪中直接负责的主管人员。被告人张某某认为其没有起组织作用、其辩护人认为张某某是从犯的辩护意见均与事实不符，法院不予采纳。被告人王某某作为金某公司的股东之一，在清楚其公司的经营范围仅是投资担保的情况下，明知张某某等人从事骗购外汇的活动，仍然为张某某等人提供其香港公司及公司的账户用于接收外汇并因此收取张某某等人给予的好处，客观上为张某某等人骗购外汇行为的完成提供了帮助。被告人王某某及其辩护人认为王某某不构成犯罪的辩护意见与查明事实不符，法院不予采纳。被告人陈某某、许某明知金某公司存在骗购外汇的行为，仍在其中实施具体的操作行为。被告人杨某某身为金某公司的会计，明知公司存在不正当的买卖外汇行为，仍负责做账及制表，并按照张某某的要求定时将表格资料销毁，其行为为单位完成骗购行为提供了帮助。被告人王某某、陈某某、许某、杨某某应认定为单位犯罪中的其他直接责任人员，在单位犯罪中起到次要作用，依法应当减轻处罚。被告人陈某某、许某、杨某某的辩护人关于从犯的辩护意见与事实相符，法院予以采纳。被告人张某某到案之后尚能认罪、被告人陈某某、许某认罪态度较好，依法可以从轻处罚。被告人许某的辩护人认为本案应定性为非法经营罪的辩护意见与法律规定不符，法院不予采纳。综上，法院对各被告人判处 5～14 年不等的有其徒刑。

（二）简要评析

从本案来看，各当事人为了骗购外汇，伪造各项虚假材料，其行为完全符合骗购外汇罪的法定构成要件。从本案来看，要防范这一罪名的刑事风险，在购买大额外汇时，应当手续齐全，不得使用虚假或作废的材料。同时，即使行为人是以单位名义进行骗购外汇，按单位犯罪的处罚规则，具体负责人或直接责任人均应当承担刑事责任，单位犯罪并不是个人刑事责任的“挡箭牌”。

67. 洗　钱　罪

一、法律规定

《刑法》第 191 条规定:“为掩饰、隐瞒毒品犯罪、黑社会性质的组织犯罪、恐怖活动犯罪、走私犯罪、贪污贿赂犯罪、破坏金融管理秩序犯罪、金融诈骗犯罪的所得及其产生的收益的来源和性质,有下列行为之一的,没收实施以上犯罪的所得及其产生的收益,处五年以下有期徒刑或者拘役,并处或者单处罚金;情节严重的,处五年以上十年以下有期徒刑,并处罚金:

(一)提供资金账户的;

(二)将财产转换为现金、金融票据、有价证券的;

(三)通过转账或者其他支付结算方式转移资金的;

(四)跨境转移资产的;

(五)以其他方法掩饰、隐瞒犯罪所得及其收益的来源和性质的。

单位犯前款罪的,对单位判处罚金,并对其直接负责的主管人员和其他直接责任人员,依照前款的规定处罚。”

二、条文释义

本条是关于洗钱罪及其刑事处罚的规定。所谓洗钱罪,是指明知是毒品犯罪、黑社会性质的组织犯罪、恐怖活动犯罪、走私犯罪、贪污贿赂犯罪、破坏金融管理秩序犯罪、金融诈骗犯罪的所得及其产生的收益,为掩饰、隐瞒其来源和性质,提供资金账户;协助将财产转换为现金、金融票据、有价证券;通过转账或者其他结算方式协助资金转移;跨境转移资产以及以其他方法掩饰、隐瞒犯罪所得及其收益的来源和性质的行为。本罪的构成要件如下。

（一）本罪从客观上来看

本罪的犯罪主体是一般主体，包括具有刑事责任能力的自然人和单位。按照《刑法》第31条的规定，单位犯本罪时，实行双罚制，即对单位判处罚金，并对其直接负责的主管人员和其他直接责任人员按相关条款规定判处刑罚。

本罪危害行为和危害结果表现为以下几种形式。

（1）为他人提供资金账户。是指为他人犯罪之方便为他人开设银行资金账户或者将现有的银行资金账户提供给犯罪人使用。

（2）协助将财产转为现金或者金融票据、有价证券的。这种情形既包括协助他人将实物转换为现金或金融票据，也包括协助他人将现金转换为金融票据或者将金融票据转换成现金，还包括将此种本国货币转换为他国货币等。

（3）通过转账或者其他结算方式协助资金转移。

（4）跨境转移资产。

（5）以其他方式掩饰、隐瞒犯罪的违法所得及其收益来源和性质。该犯罪行为方式多种多样，行为人只要是掩饰、隐瞒犯罪的违法所得，即可构成本罪。

（二）本罪从主观上来看

本罪在主观方面的表现为故意，而且是直接故意。按法律规定，即行为人明知自己的行为是在为犯罪违法所得掩饰、隐瞒其来源和性质，并希望这种结果发生。

三、立案标准

最高人民检察院、公安部《关于公安机关管辖的刑事案件立案追诉标准的规定（二）》第48条规定："明知是毒品犯罪、黑社会性质的组织犯罪、恐怖活动犯罪、走私犯罪、贪污贿赂犯罪、破坏金融管理秩序犯罪、金融诈骗犯罪的所得及其产生的收益，为掩饰、隐瞒其来源和性质，涉嫌下列情形之一的，应予立案追诉：

（一）提供资金账户的；

（二）协助将财产转换为现金、金融票据、有价证券的；

（三）通过转账或者其他结算方式协助资金转移的；

（四）协助将资金汇往境外的；

（五）以其他方法掩饰、隐瞒犯罪所得及其收益的来源和性质的。”

四、风险防范

洗钱行为本质属于对违法犯罪所得进行漂白的过程，通过采取转账、兑换、置买等商业手段，使违法犯罪所得的收益披上合法的外衣。故而本罪虽然属于对其他犯罪帮助性质的犯罪，但对市场秩序和打击其他犯罪仍然会造成巨大破坏，故而需要对其以刑法规制。对于企业而言，预防本罪，可以从以下几点入手。

（一）拒绝其他单位签订虚假合同及开具虚假发票的请求

对于其他单位要求签订虚假合同及开具虚假发票，应当明确予以拒绝，该种行为极有可能是正在进行洗钱行为，应当心存防范，谨慎而行。

（二）严格监控企业的资金流向

对于企业的账户、资金往来要有严格的管理制度，对于不合制度的资金流向要坚决抵制。尤其对一些来路不明的大笔资金，作为企业负责人，应当弄清原因，及时控制不合规的资金往来。

同时，企业的经营者应当将精力放在自身经营上，如果有单位或者个人要求借助公司渠道进行资金流转并许诺一定利益，则应格外警惕。一方面这与公司业务无关，另一方面会有触犯本罪风险。因此，对于所谓“飞来横财”的谨慎对待，也会降低触犯本罪的风险。

五、案例评析

（一）案例简介

乐清市人民检察院指控，2009 年 11 月胡某、周某甲（均已判决）及被告人吴某同他人合伙从田某处购得六盘水市杨家寨煤矿，胡某、周某甲先后实际出资 2473 万元，并占煤矿 30% 股份，该股份由吴某代持。随后杨家寨煤矿部分股权转让给华和华电公司，胡某夫妇持股变更为20.298%。2012年7月14日，周某甲因涉嫌非法吸收公众存款案被公安机关立案后，公安机关分别于2012年8月6日、7日向吴某调查杨家寨煤矿相关股权时，吴某对胡某夫妇在杨家寨煤矿的实际持股情况均予以否认。吴某在2012年8月，与卢某（另案处理）、阮某、李某等人签订股权转让协议及代持股协议，将由其代持的胡某夫妇16.66%的杨家寨煤矿股份转让给卢某等人，并将合同实际签订时间予以隐瞒，伪造合同签订日期为2012年5月8日、10日，以达到隐匿胡某夫妇的资产，不被其他债权人发现的目的。案发后，被吴某隐匿和转移的胡某夫妇16.66%的杨家寨煤矿股份已被追回。公诉机关当庭明确指控的洗钱数额为5200万元。对于以上指控事实，公诉机关提供了相关书证、证人证言、被告人吴某的供述与辩解等证据。公诉机关认为，被告人吴某明知是非法吸收公众存款犯罪的所得及产生的收益，仍予以隐匿，其行为触犯了《刑法》第191条的规定，应以洗钱罪追究其刑事责任。被告人吴某到案后能如实供述自己的罪行，可从轻处罚。提请法院判处被告人吴某2年以上3年以下有期徒刑适用缓刑，并处罚金。

被告人吴某对起诉书指控的主要犯罪事实没有异议，且自愿认罪，但认为其洗钱数额不应认定为5200万元，胡某夫妇的16.66%杨家寨煤矿股份在2012年8月的价值大概在1500万余元，应以此认定为洗钱数额。

辩护人提出如下意见：(1)胡某夫妇投入煤矿的大部分资金来源于银行贷款，被告人主观上不清楚收到的投资款是胡某夫妇的违法所得，公诉机关也没有确实充分的证据证明被告人在2009年11月前已明知胡某夫妇涉嫌非法吸收公众存款罪。(2)被告人只是作为股份代持者，按照实际拥有者的指令将涉案股份转移给卢某等部分债权人，并非隐瞒掩饰违法财产的来源与性质，不符合洗钱罪的客观方面。(3)洗钱罪侵犯的客体是国家金融管理秩序，本案中被告人的行为侵犯的客体只是除卢某等人外的其他债权人的财产权，并非国家金融管理秩序。综上，认为公诉机关指控被告人吴某的犯罪事实及行为均不符合洗钱罪的规定，要求宣告被告人无罪。

关于被告人吴某提出洗钱数额的认定问题及其辩护人提出的无罪辩护意见，法院经审理综合评析如下：

1. 关于辩护人提出胡某夫妇的大部分投资款来源于银行贷款，被告人吴某不清楚收到的投资款是胡某夫妇的犯罪所得，公诉机关亦未提供充分证据证实被告人在2009年11月前明知该投资款系非法吸收公众存款罪的犯罪所得的问题。首先,周某甲夫妇投入煤矿的部分资金虽直接来源于招商银行的贷款,但不能据此认定周某甲夫妇占有的煤矿股份不属于犯罪所得及收益。理由如下。

(1)货币是种类物,其来源、性质在流通过程中会发生置换、混同。正如周某甲所陈述,不管是银行贷款还是民间借款,所有的资金一直在运转,无法分清某笔款项的真正属性。本案中,招商银行放贷给温州华瀚电子有限公司的贷款是用来置换该公司欠浦发银行的过渡性贷款,胡某擅自挪作煤矿投资后又通过向民间借款等方式偿还浦发银行的该笔贷款,接着又用周转的资金偿还招商银行的部分贷款。这种拆东墙补西墙的资金运转方式,使得原投入煤矿的资金性质发生了变化。

(2)周某甲夫妇非法吸收公众存款的数额高达4.4亿余元,造成2.8亿余元未能偿还,而两人分二次共投资煤矿2000余万元,其中第二次投资煤矿的960万元,发生在非法吸收公众存款期间。

(3)被告人吴某与周某甲夫妇是关系亲密的亲戚,其对周某甲夫妇通过民间借贷融资用于资金周转的情况在2009年之前就知晓,在周某甲因涉嫌非法吸收公众存款罪被立案侦查后,被告人吴某应当认识到其代持的涉案煤矿股份可能属于犯罪所得及其收益。

根据以上三点分析,现有证据不能排除涉案的煤矿股份属于犯罪所得及其收益的可能性。

其次,洗钱罪的犯罪对象是特定上游犯罪的所得及其收益,要求被告人主观上对此是明知的,但明知不仅指确实知道,确定性认识和可能性认识均属于明知范畴。本案现有证据可以证实被告人吴某在知道周某甲因涉嫌犯非法吸收公众存款罪被立案侦查后,向司法机关隐瞒周某甲夫妇持有煤矿股份的事实并协助转移该股份,根据该客观事实可推定被告人吴某主观上明知涉案的杨家寨煤矿股份系非法吸收公众存款罪的犯罪所得及其收益。

综上分析,对辩护人提出的被告人吴某不符合洗钱罪主观要件的意见,不予采纳。

2.关于辩护人提出被告人吴某的行为不符合洗钱罪的客观要件及未侵犯洗钱罪保护的国家金融管理秩序客体的意见。洗钱罪虽然规定在破坏社会主义市场经济秩序罪该章中的破坏金融管理秩序罪一节,但其侵犯的客体是复杂客体,既包括国家金融管理秩序,也包括司法机关的正常活动,其行为方式既包括通过银行类金融机构实施的洗钱行为,也包括以买卖、投资、虚构交易、买卖彩票、赌博等方式实施的洗钱行为。本案中,被告人吴某向公安机关隐瞒周某甲夫妇占有煤矿股份的事实,并通过倒签合同的方式,将涉案煤矿股份转让给卢某等人还清债务,后各方又隐瞒股份转让之事,从而掩饰、隐瞒煤矿股份属于非法吸收公众存款犯罪的所得及其收益事实,该行为应符合洗钱罪的行为方式,且侵犯了司法机关的正常活动,符合洗钱罪的客观构成要件。故辩护人的上述辩护意见,法院不予采纳。

3. 关于被告人吴某提出的本案指控的洗钱数额不应认定为5200万元的问题。现有证据可以证实,2012年2月17日贵州华和能源有限公司以1.5435亿元受让杨家寨煤矿49%的股份,即当时16.66%股份的价值为5200万余元;2012年8月份该16.66%股份折抵卢某等人5400万元债权;2013年涉案的16.66%煤矿股份被追回,并以5200万元作价转让16.66%给正宇公司(胡某、周某甲)清债小组。根据上述事实,公诉机关指控本案洗钱数额为5200万元,合法有据,予以支持。故对被告人吴某上述辩解,法院不予采纳。

法院认为,被告人吴某明知是非法吸收公众存款犯罪的所得及其产生的收益,为掩饰、隐瞒其来源和性质,通过转让等方式协助转移,其行为已构成洗钱罪。被告人吴某到案后能如实供述自己的罪行,并配合公安机关将涉案的杨家寨煤矿股份追回,未造成严重后果,有悔罪表现,可予以从轻处罚。考虑到本案犯罪手段、危害后果及被告人认罪悔罪表现,对被告人吴某可适用缓刑。公诉机关的量刑建议适当,法院予以采纳。最后判决被告人吴某犯洗钱罪,判处有期徒刑3年,缓刑5年,并处罚金人民币260万元。

(二)简要评析

按法律规定,本罪洗钱资金,涉及明知是毒品犯罪、黑社会性质的组织犯罪、恐怖活动犯罪、走私犯罪、贪污贿赂犯罪、破坏金融管理秩序犯罪、金融诈骗犯罪的所得及其产生的收益。从本案来看,财产形式不光是现金形式,隐瞒无形财产如股权,同样可以构成本罪。同时,从本案来看,为他人提供账户进行所谓的“走账”,其实是隐含着巨大的刑事风险,在实施该行为前,应当了解一下“走账”款项的性质,如果是款项性质存疑,切记不要提供这种帮助。

第六章 CHAPTER 6 金融诈骗罪的预防

68. 集资诈骗罪

一、法律规定

《刑法》第 192 条规定:“以非法占有为目的,使用诈骗方法非法集资,数额较大的,处三年以上七年以下有期徒刑,并处罚金;数额巨大或者有其他严重情节的,处七年以上有期徒刑或者无期徒刑,并处罚金或者没收财产。

单位犯前款罪的,对单位判处罚金,并对其直接负责的主管人员和其他直接责任人员,依照前款的规定处罚。”

二、条文释义

本条是关于集资诈骗罪及其刑事处罚的规定。所谓集资诈骗罪,是指以非法占有为目的,违反有关金融法律、法规的规定,使用诈骗方法进行非法集资,扰乱国家正常金融秩序,侵犯公私财产所有权,且数额较大的行为。本罪的构成要件如下。

(一)本罪从客观上来看

本罪的主体是一般主体,任何达到刑事责任年龄、具有刑事责任能力的自然人均可构成本罪。单位也可以成为本罪主体。按照《刑法》第 31 条的规定,单位犯本罪时,实行双罚制,即对单位判处罚金,并对其直接负责的主管人员和其他直接责任人员按相关条款规定判处刑罚。

本罪危害行为和危害结果表现为行为人必须实施了使用诈骗方法非法集资,数额较大的行为。

(二)本罪从主观上来看

本罪在主观上由故意构成,且以非法占有作为其集资之目的,也就是说,犯罪行为人在集资过程中，想将非法聚集的资金占为己有。占为己有，既包括将非法募集的资金置于非法集资的个人控制之下，也包括将非法募集的资金置于本单位的控制之下。在通常情况下，这种目的具体表现为将非法募集的资金的所有权转归自己所有，该主观目的可以通过行为人是否任意挥霍募集资金，是否占有资金后携款潜逃等行为来进行判断。

三、立案标准

最高人民检察院、公安部《关于公安机关管辖的刑事案件立案追诉标准的规定（二）》第49条规定："以非法占有为目的，使用诈骗方法非法集资，涉嫌下列情形之一的，应予立案追诉：

（一）个人集资诈骗，数额在十万元以上的；

（二）单位集资诈骗，数额在五十万元以上的。"

四、风险防范

本罪属于诈骗类犯罪，指的是采用非法集资的方式进行诈骗。对于企业而言，应高度重视本罪，最近几年，许多企业家都曾因本罪被课以重刑，其中不乏死刑案例。虽然最新的刑法修正案取消了本罪的死刑处罚，但由于一旦触犯本罪，涉案金额往往巨大，因而量刑也较重。对于公司、企业而言，预防本罪可以从以下几个方面着手。

（一）树立合法经营理念

企业在经营过程中，难免会遇到一些"瓶颈"，制约自身的生存发展，其中很重要的就是资金问题。但企业在筹集资金时，应当严格按照法律允许的方式进行，不能任意为之。

（二）禁止高息揽储，禁止向不特定多人吸收资金

集资诈骗中往往使用的手段是承诺给他人以高息或其他巨额回报以吸引他人资金。故在实践中，尽量避免以高息为诱饵进行揽储。同时，即使企业急需资金，不宜向不特定人群吸收资金，即使要借贷，也应在熟人朋友之间进行，

并应控制好借贷人数。

(三)企业融资时应把握好自己的偿还能力

本罪在实践中认定的一个重要标准是:企业或个人在集资时是否有诈骗的故意,这一点往往通过客观方面来判断,如偿还能力、资金用途等。因此,企业在筹集资金时,一定要把握好自身的偿还能力,如果对于集资得来的资金,没有把握偿还,最好不要轻易尝试。另一方面就是资金用途问题,许多企业经营者将企业视为个人私产,对于企业资金随意支配,这就会存在巨大风险,一旦集资被认定用于个人消费,则成立本罪的可能性就很大。

(四)企业在融资时,应签订好书面的借贷合同

企业在融资时,应签订好书面的合同,明确约定好借款用途及偿还期限,同时宜约定好担保方式,一旦出现不能偿还借款情况,应主动寻求法律途径解决无法履约问题。

五、案例评析

(一)案例简介

南充市顺庆区人民检察院以南顺检公诉刑诉(2016)302 号起诉书指控被告人杨某犯集资诈骗罪,于 2016 年 8 月 30 日向法院提起公诉。2016 年 12 月 5 日,顺庆区人民检察院以南顺检公诉刑变诉(2016)9 号变更起诉决定书,对(2016)302 号起诉书作出变更。

公诉机关的指控分为两部分。

第一部分:南顺检公诉刑诉(2016)302 号起诉书指控的事实。

2013 年 3 月,被告人杨某与万某 1(已判刑)、徐某 1(已判刑)、何某 1、陈某 3、万某 2(三人均在逃)等人共谋成立一家公司寻找一个基地并以扩大基地建设为名以高额利息为诱饵向不特定群众进行集资活动,同年 5 月 10 日在重庆成立重庆紫陶农业开发有限公司。2013 年 8 月 1 日被告人杨某被徐某 1 任命为公司行政总监与财务总监,负责公司行政管理与公司财务部的建立,具体落实幕后策划、对外宣传及包装方案制作等。杨某、何某 1 按比例参与重庆公

司非法吸存资金的分赃。

2013年10月28日在杨某、何某1等人的提议下，徐某1、万某1在本市设立重庆紫陶农业开发有限公司南充分公司（以下简称南充分公司）从事非法活动，南充分公司由万某1担任公司法人代表，徐某1担任总经理。徐某1、万某1等人以非法占有为目的，以高额利息做诱饵，通过冒充成功企业家、伪造企业法人营业执照、虚假宣传租用山庄等手段，虚构扩大公司经营规模需用资金的事实，骗取被害人的信任，于2013年11月至2014年1月，在本市向社会公众非法集资人民币440余万元。被告人杨某、何某1按比例参与南充分公司非法吸存资金的分赃。经四川国洲会计师事务所于2014年5月8日鉴定，南充分公司骗取120余名被害人共计4,020,800元。

第二部分：南顺检公诉刑变诉（2016）9号变更起诉决定书指控的事实。

2013年3月，被告人杨某与万某1（已判刑）、徐某1（已判刑）、何某1、陈某3、万某2（三人均在逃）等人共谋成立一家公司寻找一个基地并以扩大基地建设为名以高额利息为诱饵向不特定群众进行集资活动，同年5月10日在重庆成立重庆紫陶农业开发有限公司。2013年8月1日被告人杨某被徐某1任命为公司行政总监与财务总监，负责公司行政管理与公司财务部建立，具体落实幕后策划、对外宣传及包装方案制作等。被告人杨某、何某1按比例参与重庆公司非法吸存资金的分赃。经重庆渝证会计师事务所鉴定，重庆公司自2013年4月19日至2014年1月13日止向380人共计收取投资款11,124,380元，吸收公众存款未退还本金金额为8,170,000元。南顺检公诉刑诉（2016）302号起诉书未被变更部分仍然具有法律效力。

被告人杨某否认指控事实及罪名。辩解称其未参与公司任何事宜，亦无分钱。

其辩护人的辩护意见是：本案事实不清、证据不足，起诉书对杨某犯集资诈骗罪的指控，缺乏基本的法律要件。（1）公诉机关关于杨某与万某1等人共谋成立以高额利息为诱饵进行集资活动的重庆紫陶农业开发公司的指控，与公诉机关此前对万某1的起诉所指控的同一事实相矛盾。也与顺庆区、南充市两级人民法院的生效刑事判决所认定的事实及所认定的万某1、徐某1的供述相冲突。（2）公诉机关仅凭在非正常情况下产生的，从形式到内容都不符合任命书要求和基本事实，且口供相互矛盾的一张所谓“任命书”，就作为指控杨某担任重庆紫陶公司行政总监与财务总监，负责公司行政管理与公司财务部管理监理的证据,是不足为凭的。(3)公诉机关关于杨某按比例参与重庆非法吸存资金分赃的指控缺乏有效证据。(4)公诉机关没有确实充分的证据证明杨某“提议”开设重庆紫陶公司南充分公司、参与过南充分公司的诈骗活动、分赃。

法院通过对双方提供的证据进行充分质证后认为:被告人杨某是参与集资诈骗还是参与投资存疑,公诉机关指控被告人杨某犯集资诈骗罪的证据不足。公诉机关指控杨某犯集资诈骗罪的证据不足,不能认定杨某有罪。故此,最后判决被告人杨某无罪。

(二)简要评析

集资诈骗是近年来高发的金融犯罪罪名。本案之所以最后判决被告人杨某无罪,是因为证据缺乏。尤其是缺乏其参与徐某1、万某1组织的集资诈骗活动的证据。从本案来看,无论是就业,还是和他人共同投资经营,一定要对业务进行全面了解,对业务性质,应咨询专业人员是否合法。尤其对新型业务,更有必要就其合法性进行论证后,方能开展。否则,如果业务合法性存在问题,极有可能面临刑事风险。

69. 贷款诈骗罪

一、法律规定

《刑法》第193条规定:“有下列情形之一,以非法占有为目的,诈骗银行或者其他金融机构的贷款,数额较大的,处五年以下有期徒刑或者拘役,并处二万元以上二十万元以下罚金;数额巨大或者有其他严重情节的,处五年以上十年以下有期徒刑,并处五万元以上五十万元以下罚金;数额特别巨大或者有其他特别严重情节的,处十年以上有期徒刑或者无期徒刑,并处五万元以上五十万元以下罚金或者没收财产:

(一)编造引进资金、项目等虚假理由的;

(二)使用虚假的经济合同的;

（三）使用虚假的证明文件的；

（四）使用虚假的产权证明作担保或者超出抵押物价值重复担保的；

（五）以其他方法诈骗贷款的。”

二、条文释义

本条是关于贷款诈骗罪及其刑事处罚的规定。所谓贷款诈骗罪，是指以非法占有为目的，编造引进资金、项目等虚假理由、使用虚假的经济合同、使用虚假的证明文件、使用虚假的产权证明作担保、超出抵押物价值重复担保或者以其他方法，诈骗银行或者其他金融机构的贷款、数额较大的行为。本罪的构成要件如下。

（一）本罪从客观上来看

本罪的主体是一般主体，任何达到刑事责任年龄、具有刑事责任能力的自然人均可构成，单位不能成为本罪的主体。

本罪危害行为和危害结果表现为行为人实施了虚构事实、隐瞒真相的方法骗取银行或者其他金融机构贷款的行为。所谓虚构事实，是指捏造事实，其目的是想骗取银行或者其他金融机构的信任；所谓隐瞒真相，即指通过各种手段使他人不知道本来存在的客观事实，以致使银行或者其他金融机构产生错误认识。按照《刑法》的规定，该行为主要表现为以下几种形式。

（1）编造引进资金、项目等虚假理由的；

（2）使用虚假的经济合同的；

（3）使用虚假的证明文件的；

（4）使用虚假的产权证明作担保或者超出抵押物价值重复担保的；

（5）以其他方法诈骗贷款的。

（二）本罪从主观上来看

本罪在主观上由故意构成，且以非法占有为目的。至于行为人非法占有贷款的动机是为了挥霍享受，还是为了转移隐匿，都不影响本罪的构成。非法占有贷款之目的为本罪的重要构成要件，如果行为人并没有非法占有目的，虽然其在申请贷款时使用了欺骗手段，也不能构成本罪。至于其是否具有非法占有目的,要结合行为人取得贷款后如何使用贷款,是否有偿还部分贷款的事实,其申请贷款时是否具有相应的偿还能力等客观事实进行判断。

三、立案标准

最高人民检察院、公安部《关于公安机关管辖的刑事案件立案追诉标准的规定(二)》第50条规定,以非法占有为目的,诈骗银行或者其他金融机构的贷款,数额在2万元以上的,应予立案追诉。

四、风险防范

本罪属于诈骗类犯罪,特点是诈骗对象的特定性,即银行或者其他金融机构。对于公司、企业的经营而言,贷款是重要的资金来源,除了贷款,在一些合同、交易行为上,也需要由银行或者其他金融机构进行担保。本罪设立的原因,一方面为了规制上述商业行为,另一方面,是对于恶意运用商业手段侵犯贷款制度和银行、金融机构利益的行为予以刑事打击。对于企业而言,预防本罪有以下几点需要注意。

(一)企业应当建立合法的贷款机制

企业通过贷款方式筹集资金进行经营,这是比较常见的方式,但企业应当建立规范的贷款筹措机制,就如何贷款、贷款用途事先制定好规范,实际中严格按照规范执行,并加强对贷款程序的监督。对决策的制约、执行的规范、监督的有效性,都是防止触犯本罪的有效手段。

(二)确保申请贷款的各种文件真实

企业在贷款过程中需要向金融机构提交一系列的文件,企业应当确保提交的文件、证明材料、合同的真实性,否则一旦产生不良后果,这些都有可能成为贷款诈骗行为的直接证据。

(三)企业在无法按约定偿还贷款时应当主动寻求法律途径解决违约问题

企业在借款后,往往由于客观形势的变化,无法偿还借款,出现此情况时,应当主动寻求法律途径解决违约问题，避免民事责任刑事化。

五、案例评析

（一）案例简介

青海省西宁市城东区人民检察院指控，2015年5月至2017年4月，被告人齐某军在身份证持有人齐某虹等不知情的情况下，使用上述12人身份证，伪造虚假工作证明骗取西宁农商银行12张“紫丁香羚动·无忧卡”后进行挥霍，截至2017年6月9日上述12张卡共欠银行本金329,926元。

法庭审理中，被告人齐某军对起诉书指控的事实供认不讳，对当庭出示的证据亦未提出异议。

其辩护人发表的辩护意见为，被告人齐某军主观上没有非法占有的目的，客观上按约定偿还银行利息。案发后，其亲属积极退赔银行本金。其行为应属民事纠纷。

法院经审理查明，2015年5月至2017年4月，被告人齐某军冒用齐某虹等12人的身份信息，伪造虚假工资证明，领取12张西宁农商银行“紫丁香羚动·无忧信用贷款卡”，贷款数额为329,926元。至同年7月23日，被告人齐某军及其亲属共偿还齐某虹等12张卡利息19,391.55元。案发后，齐某军亲属退赔银行本金329,926元。

法院认为，被告人齐某军申领12张银行卡后，能够按约定支付利息。案发后，其亲属根据被告人意愿，积极退赔银行本金。被告人采取刑事拘留措施时，按照借款合同约定尚未达到还款日期，现有证据不足以证实被告人主观上具有非法占有目的，齐某军虽以欺骗手段取得贷款，但已将款项还清，涉案数额亦未达到骗取贷款罪的入罪标准。故对被告人应宣告无罪。最后法院判决被告人齐某军无罪。

（二）简要评析

诈骗类犯罪，主观上应当具有非法占有目的。而要认定主观上具有非法占有目的，法院往往需要依据一些客观行为进行判断。从本案来看，法院之所以判令被告人无罪，也是由于法院认定被告人主观上没有非法占有目的。因此，向银行等金融机构申请贷款后，无论贷款手续是否存在问题，均应当按期还款，这些还款行为，完全可以成为犯罪成立的阻却事由。

70. 票据诈骗罪

一、法律规定

《刑法》第194条第1款规定："有下列情形之一，进行金融票据诈骗活动，数额较大的，处五年以下有期徒刑或者拘役，并处二万元以上二十万元以下罚金；数额巨大或者有其他严重情节的，处五年以上十年以下有期徒刑，并处五万元以上五十万元以下罚金；数额特别巨大或者有其他特别严重情节的，处十年以上有期徒刑或者无期徒刑，并处五万元以上五十万元以下罚金或者没收财产：

（一）明知是伪造、变造的汇票、本票、支票而使用的；

（二）明知是作废的汇票、本票、支票而使用的；

（三）冒用他人的汇票、本票、支票的；

（四）签发空头支票或者与其预留印鉴不符的支票，骗取财物的；

（五）汇票、本票的出票人签发无资金保证的汇票、本票或者在出票时作虚假记载，骗取财物的。"

二、条文释义

本条是关于票据诈骗罪及其刑事处罚的规定。所谓票据诈骗罪，是指以非法占有为目的，利用金融票据进行诈骗活动，骗取财物数额较大的行为。本罪的构成要件如下。

（一）本罪从客观上来看

本罪的主体是一般主体，单位和自然人均可构成本罪。银行或其他金融机构的工作人员与票据诈骗的犯罪分子在实施票据诈骗的过程中，相互暗中勾结、共同策划，为诈骗犯罪分子提供诈骗帮助的，应以票据诈骗共犯论处。

从危害行为和危害结果来看，本罪表现为利用金融票据进行诈骗活动，骗取财物数额较大的行为。一般表现为以下5种行为方式。

(1)明知是伪造、变造的汇票、本票、支票而使用的；

(2)明知是作废的汇票、本票、支票而使用的；

(3)冒用他人的汇票、本票、支票的；

(4)签发空头支票或者与其预留印鉴不符的支票，骗取财物的；

(5)汇票、本票的出票人签发无资金保证的汇票、本票或者在出票时作虚假记载，骗取财物的。

(二)本罪从主观上来看

本罪在主观方面为故意，且以非法占有为目的。如行为人不知是伪造、变造或作废的金融票据，或对票据事项因过失而导致记载错误等，因为主观上属于过失，故均不构成本罪。

三、立案标准

最高人民检察院、公安部《关于公安机关管辖的刑事案件立案追诉标准的规定(二)》第51条规定："进行金融票据诈骗活动，涉嫌下列情形之一的，应予立案追诉：

(一)个人进行金融票据诈骗，数额在一万元以上的；

(二)单位进行金融票据诈骗，数额在十万元以上的。"

四、风险防范

票据诈骗罪在企业中不是一个常见的罪名，大多数出现在自然人犯罪中，但是企业作为一个由自然人构成的法人，不应当忽视票据诈骗可能带来的危害，应着重从内部管理、监督制约、法律普及几方面遏制企业和职工的犯罪倾向。

（一）完善规章制度，加强票据管理

企业票据管理制度属于企业合规制度的一部分，对企业票据行为应制定专门的管理制度。对于大型企业，尤其是票据使用较多的企业，应制定一套管理制度，明确各项票据行为的手续及程序。从本企业出去的票据，应当安排专人负责，做到权责分明。企业收授的票据，在使用前应当加强审查，发现问题，及时与前手票据持有人进行沟通，以分清责任。

（二）强化权力的监督制约机制，防止权力滥用

权力如果不受监督和制约，必将造成权力滥用，导致腐败。因此，要对公司、企业负责人的权力进行制约，尤其是对"一把手"的权力制约更为重要。要建立一套行之有效的项目投资审议和效能监察制度、会计机构和会计统派制度，通过全方位的制约措施，防止权力失控而被滥用。

（三）加强对职工的法律知识教育，增强法律意识

企业可定期面向职工开展相关法律知识教育，例如举办法律知识展览或讲座，邀请相关权威法律人士进行现身说法等，以提高员工的法律知识储备，主动避开法律雷区，降低犯罪概率。

五、案例评析

（一）案例简介

公诉机关指控：天泽公司实际所有人为李某，2008 年 8 月 5 日，李某与金傲金属制品厂崔某签订光亮铜米购销协议，从崔某处购入铜米，以转账支票支付货款。2008 年 9 月下旬，李某陆续从崔某处拉走价值 4,741,775.9 元铜米，开具转账支票 12 张，经银行核对该 12 张支票均为空头支票。所拉铜米大部分经加工生产后出售，剩余铜米被低价出售，所得全部款项用于偿还债务。后天泽公司人去楼空，李某下落不明。

被告人李某辩称：没有非法占有崔某工厂货物，不还货款的想法，是因遇上金融危机，没有资金偿还；空头支票是崔某让开的，崔当时知道是空头支票，且

这些支票是天泽公司提走货物后开具的，催要这些支票目的之一是证明天泽公司欠相应货款。辩护人认为，公诉机关指控被告人李某犯票据诈骗罪的证据不足，应判决李某无罪。

经审理查明：2008年8月5日，大城县马六郎荣学有色金属加工厂（以下简称荣学金属加工厂）与天泽公司签订购销协议，协议约定：天泽公司自荣学金属加工厂购进光亮铜米，天泽公司自荣学金属加工厂提货，货到天泽公司场内5日后，天泽公司以转账支票支付给荣学金属加工厂货款。此后，天泽公司多次自荣学金属加工厂购进铜米，部分货款未支付，天泽公司给荣学金属加工厂开具了空头支票。被告人李某在上述购销过程中，系天泽公司直接负责的主管人员。2008年10月，荣学金属加工厂名称变更为金傲金属制品厂，崔某系荣学金属加工厂和金傲金属制品厂的法定代表人。2009年4月13日，崔某向公安机关报案，2009年9月10日，公安机关决定对李某涉嫌票据诈骗案立案侦查。

法院经审理后认为，现有证据不足以证实：（1）天泽公司具有非法占有金傲金属制品厂（荣学金属加工厂）货物的目的；（2）天泽公司采用虚构事实或隐瞒事实真相的手段骗得金傲金属制品厂（荣学金属加工厂）财物。故公诉机关指控被告单位天泽公司及被告人李某的行为构成票据诈骗罪，证据不足，指控的犯罪不能成立，据现有证据，不能认定上述被告单位及被告人有罪。辩护人无罪辩护意见成立，法院予以支持。法院判决被告单位及被告人李某均无罪。

（二）简要评析

从本案来看，被告人签发空头支票，最后引发本罪的刑事风险。由于签发空头支票可能出于多种原因，但本罪的成立，核心的要件应当在于行为人是否虚构事实，是否存在非法占有目的。但从本案公诉人提交的证据来看，并不能证明被告人在签发空头支票时存在虚构事实的行为，更没有证据证明被告人存在非法占有目的。故法院不能认定被告人犯罪成立。但从本案来看，企业存在无论何种理由，都应当避免出具空头支票。出具空头支票，即使构不上犯罪，亦可能要承担行政责任，严重的，还可能引发本罪的刑事风险。

71. 金融凭证诈骗罪

一、法律规定

《刑法》第194条第2款规定，使用伪造、变造的委托收款凭证、汇款凭证、银行存单等其他银行结算凭证的，依照前款的规定处罚。

二、条文释义

本条是关于金融凭证诈骗罪及其刑事处罚的规定。所谓金融凭证诈骗罪，是指使用伪造、变造的委托收款凭证、汇款凭证等其他银行结算凭证，骗取他人财物，数额较大的行为。本罪的构成要件如下。

（一）本罪从客观上来看

本罪的主体是一般主体，既包括达到刑事责任年龄、具备刑事责任能力的个人，也包括单位。银行或其他金融机构的工作人员与金融凭证诈骗的犯罪分子在实施金融凭证诈骗的过程中串通，为诈骗犯罪分子提供诈骗帮助的，应以金融凭证诈骗共犯论处。

从危害行为和危害结果来看，本罪表现为使用伪造、变造的委托收款凭证、银行存单等其他银行结算凭证，进行诈骗活动，数额较大的行为。

所谓伪造，是指仿照真实的金融凭证形式的图样、颜色等特征擅自通过印刷、描绘、复制等方法，非法制造金融凭证或者在真实的空白金融凭证上作虚假的记载的行为。

所谓变造，是指在真实的金融凭证的基础上或者以真实的金融凭证为基本材料，通过挖补、剪贴、覆盖等方法，非法改变其主要内容的行为。

所谓伪造、变造的金融凭证，是通过伪造手段产生或变造手段加以改变的虚假金融凭证。

所谓使用，在这里是指将伪造或变造的金融凭证充当为真实的金融凭证，用之骗取他人财物的行为。

是否实施了使用之行为，是区分本罪与非罪、此罪与彼罪的重要界限。行为人如果没有使用行为，仅仅实施了伪造、变造金融凭证的行为，则只构成伪造、变造金融票证罪。如果既有伪造、变造金融凭证的行为，又用之骗取了他人财物的，此时属于牵连犯，应择一重罪定罪量刑。

（二）本罪从主观上来看

本罪在主观方面为故意，过失不能构成本罪。同时，还要求行为人出于非法占有之目的。如无非法占有的目的，即使出于故意也不能构成本罪。

三、立案标准

最高人民检察院、公安部《关于公安机关管辖的刑事案件立案追诉标准的规定（二）》第52条规定："使用伪造、变造的委托收款凭证、汇款凭证、银行存单等其他银行结算凭证进行诈骗活动，涉嫌下列情形之一的，应予立案追诉：

（一）个人进行金融凭证诈骗，数额在一万元以上的；

（二）单位进行金融凭证诈骗，数额在十万元以上的。"

四、风险防范

本罪的防范措施与金融票据诈骗罪的防范方法相似。

五、案例评析

（一）案例简介

北京市朝阳区人民检察院指控：被告人徐某于2009年7月，在北京市朝阳区光华路梅地亚中心903室北京中都天宇国际投资担保有限公司（以下简称天宇公司）内，以帮助被害人李某（男，河北省人）融资为名，使用伪造的两张中国农业银行菏泽南华支行的大额存单（面额均为人民币1000万元），骗取被害人人民币160万元,后被查获归案。

被告人徐某当庭辩称同李某接触并助其融资、收取手续费的经过属实,但不知存单为假,自己只分得人民币40万元;其辩护人的辩护意见为:本案涉及多个环节,包括提供存单者以及天宇公司人员均有犯罪嫌疑,徐某在上述环节中的地位及作用尚未查清;另外,现有证据尚不能证明徐某明知存单为假而使用,本案事实不清、证据不足,请求本院对被告人徐某宣告无罪。

经审理查明:被告人徐某于2009年7月,在北京市朝阳区光华路梅地亚中心903室天宇公司内,以帮助被害人李某(男,河北省人)融资为名,使用伪造的两张中国农业银行菏泽南华支行的大额存单(面额均为人民币1000万元),骗取被害人支付"手续费"人民币160万元,后被查获归案。公安机关将自被告人徐某处扣押的人民币148,900元发还了被害人李某。被害人李某另自案外人处获得人民币60万元的赔偿。

法院经审理后认为,李某为获取大额存单用于申请质押贷款并为此支付160万元"手续费"的事实有相关证据予以证实,李某所称意在存单之质押功能亦符合常理,法院予以确认;李某虽最初接触的是"徐某某"、田×等人,但在徐某介入后此后的关键环节均有徐某参与,伪造之存单系由徐某交予李某,李某交付之款项之大部分最后经徐某公司账户汇总流向王某2,徐某对于田某等人所起作用、部分款项去向之辩解又无法得到在案书证的印证,法院确认徐某在使用伪造银行存单骗取财物的过程中起到主要作用,至于其他参与人员是否在案或是否应被追究刑事责任,并不影响对徐某刑事责任的认定。

法院认为,被告人徐某以非法占有为目的,虚构事实、隐瞒真相,使用伪造的银行存单骗取他人财物,数额特别巨大,其行为已触犯了刑律,应按照金融凭证诈骗罪定罪处罚。故法院判决被告人徐某犯金融凭证诈骗罪,判处有期徒刑11年,剥夺政治权利2年,罚金人民币5万元。

（二）简要评析

本案中,被告人使用银行存单骗取他人财物,其行为明显构成金融凭证诈骗罪。从本案来看,作为单位来说,如果使用不属于本单位的金融凭证与他人进行交易,在使用前,应当核实金融凭证的真实性。对于可疑凭证,应当放弃使用。不可为转嫁本单位的损失,而将有疑点的金融凭证交付给他人使用。

72. 信用证诈骗罪

一、法律规定

《刑法》第195条规定："有下列情形之一，进行信用证诈骗活动的，处五年以下有期徒刑或者拘役，并处二万元以上二十万元以下罚金；数额巨大或者有其他严重情节的，处五年以上十年以下有期徒刑，并处五万元以上五十万元以下罚金；数额特别巨大或者有其他特别严重情节的，处十年以上有期徒刑或者无期徒刑，并处五万元以上五十万元以下罚金或者没收财产：

（一）使用伪造、变造的信用证或者附随的单据、文件的；

（二）使用作废的信用证的；

（三）骗取信用证的；

（四）以其他方法进行信用证诈骗活动的。"

二、条文释义

本条是关于信用证诈骗罪及其刑事处罚的规定。所谓信用证诈骗罪，是指以非法占有为目的，利用信用证进行诈骗活动，数额较大的行为。本罪的构成要件如下。

（一）本罪从客观上来看

本罪的主体是一般主体，凡达到刑事责任年龄、具有刑事责任能力的自然人和单位均可成为本罪主体。

从危害行为和危害结果来看，本罪表现为使用伪造、变造或作废的信用证，诈骗公私财物，或骗取信用证，涉及数额较大的行为。其具体行为表现为如下。

（1）使用伪造、变造的信用证或者附随的单据、文件的；

（2）使用作废的信用证的；

(3)骗取信用证的;
(4)以其他方法进行信用证诈骗活动的。

(二)本罪从主观上来看

本罪在主观方面表现为故意,并且必须具有非法占有公私财物的目的。如果行为人主观上没有诈骗的故意,即使违反有关信用证管理规定获取了财物,也不构成本罪。

三、立案标准

最高人民检察院、公安部《关于公安机关管辖的刑事案件立案追诉标准的规定(二)》第53条规定:“进行信用证诈骗活动,涉嫌下列情形之一的,应予立案追诉:
(1)使用伪造、变造的信用证或者附随的单据、文件的;
(2)使用作废的信用证的;
(3)骗取信用证的;
(4)以其他方法进行信用证诈骗活动的。”

四、风险防范

本罪的风险防范与票据诈骗罪的刑事风险防范方法相似。

五、案例评析

(一)案例简介

公诉机关指控:被告人金某预谋诈骗后,虚构进口化工原料需要代开信用证的事实,骗取青岛某贸易有限公司信任,于2013年6月19日以青岛某化工有限公司的名义与该公司签订代理进口合同,支付代理费和开证保证金人民币1,015,700元后,以自己实际控制的某化工有限公司为卖方与青岛某贸易有限公司签订销售合同,伪造提单、箱单和发票提供给青岛某贸易有限公司,由青岛某贸易有限公司向中信银行申请信用证款1,101,003.75美元。同年6月28日,某化工有限公司收到青岛某贸易有限公司的信用款1,093,257.31美元,折合人民币约6,754,908.94元。后被告人金某委托他人兑换成人民币,用于期货投资、清偿债务。

金某于2013年7月29日,使用上述相同手段,骗取青岛某贸易有限公司信任,以青岛某化工有限公司的名义与该公司签订代理进口合同,支付代理费和开证保证金人民币859,230元,并以自己实际控制的某化工有限公司为卖方与青岛某贸易有限公司签订销售合同,由青岛某贸易有限公司向中信银行申请信用款876,000美元。同年8月8日,某化工有限公司收到青岛某贸易有限公司的信用证款869,683.43美元,折合人民币约5,366,207.67元。后被告人金某委托他人兑换成人民币,用于期货投资、清偿债务。

金某于2013年9月,使用上述相同手段,骗取某进出口有限责任公司的信任,以青岛某化工有限公司的名义与该公司签订代理进口协议,支付代理费和开证保证金人民币1,500,000元,并以青岛某贸易有限公司企业法人毕某实际控制的××INTERNATIONAL LIMITED为卖方与某进出口有限责任公司签订销售合同,由某进出口有限责任公司向广发银行申请信用证款2,437,760美元。9月25日,××INTERNATIONAL LIMITED收到某进出口有限责任公司的信用证款2,419,985.49美元,折合人民币约14,987,348.48元。毕某扣除第一笔信用证余款后,于9月30日将剩余钱款转入某化工有限公司离岸账户908,820美元,转入某国际贸易有限公司离岸账户500,056.27美元。后被告人金某委托他人将上述美元兑换成人民币,用于期货投资、清偿债务。

金某对公诉机关指控其犯罪的事实及证据无异议,并表示自愿认罪。辩护人的主要辩护意见是:(1)金某系通过虚构贸易的方式骗取银行远期信用证,进而达到短期融资的目的,金某与毕某曾使用上述方法交易过,毕某知道或应当知道两公司的交易属短期融资行为;(2)本案系单位犯罪;(3)该系初犯、坦白交代。

法院经审理后认为:被告人金某作为单位主管人员,使用伪造的附随单据,骗取信用证,进行信用证诈骗活动,数额特别巨大,其行为构成信用证诈骗罪,依法应予惩处。公诉机关指控被告人金某信用证诈骗的事实清楚,证据确实、充分,罪名成立;所提量刑建议符合法律规定,予以采纳。关于被告人金某的辩护人所提毕某知道或应当知道两公司的交易属短期融资行为的辩护意见,经查，上述辩护意见仅有被告人金某的供述，无其他相关证据印证，且与证人毕某、张某证言证实的内容不符，故对此辩护意见不予采纳；所提本案系单位犯罪及被告人金某系初犯、坦白交代的辩护意见，理由正当，予以采纳。鉴于被告人金某能如实供述自己的罪行，依法可以从轻处罚。故法院判决被告人金某犯信用证诈骗罪，判处有期徒刑 13 年，并处罚金人民币 20 万元。

（二）简要评析

从本案来看，无论被告人以何理由进行抗辩，其构成犯罪应当是无疑的。作为信用证犯罪，只要使用虚假的材料骗取信用证，即可构成本罪。作为企业来说，在申领、使用信用证时，所使用的材料一定要确保真实，并且要确保信用证真实有效。对于有疑点的信用证，在未弄清相关事实前，也亦拒绝使用。财务上只有做到谨慎小心，才能防范本罪的刑事风险。

73. 有价证券诈骗罪

一、法律规定

《刑法》第 197 条规定："使用伪造、变造的国库券或者国家发行的其他有价证券，进行诈骗活动，数额较大的，处五年以下有期徒刑或者拘役，并处二万元以上二十万元以下罚金；数额巨大或者有其他严重情节的，处五年以上十年以下有期徒刑，并处五万元以上五十万元以下罚金；数额特别巨大或者有其他特别严重情节的，处十年以上有期徒刑或者无期徒刑，并处五万元以上五十万元以下罚金或者没收财产。"

二、条文释义

本条是关于有价证券诈骗罪及其刑事处罚的规定。所谓有价证券诈骗罪，是指使用伪造、变造的国库券或者国家发行的其他有价证券，进行诈骗活动，数额较大的行为。本罪的构成要件如下。

(一)本罪从客观上来看

本罪的主体是一般主体,达到刑事责任年龄并具备刑事责任能力的自然人可构成本罪。

从危害行为和危害结果来看,本罪表现为使用伪造、变造的国库券或者国家发行的其他有价证券,进行诈骗活动,数额较大的行为。

伪造的国家发行的有价证券,是指仿照真实的国家发行的有价证券的格式、颜色、形状等特征,采用印刷、复印、拓印等各种方法制作的冒充真实的国家有价证券的假证券。

变造的国家有价证券,是指在真实的国家有价证券上,采用涂改、挖补、拼凑等方法加以处理以改变其内容。

使用伪造、变造的国家有价证券,是指将伪造、变造的国家有价证券用于兑换现金、抵销债务等财产性的利益活动。所使用的既可以是自己伪造、变造的,也可以是他人伪造、变造的国家有价证券。

(二)本罪从主观上来看

本罪在主观方面为由故意构成,且须以非法占有为目的,如果行为人出于过失而使用有价证券,如不知是伪造、变造的有价证券而使用的,则不构成犯罪。

三、立案标准

最高人民检察院、公安部《关于公安机关管辖的刑事案件立案追诉标准的规定(二)》第55条规定,使用伪造、变造的国库券或者国家发行的其他有价证券进行诈骗活动,数额在1万元以上的,应予立案追诉。

四、风险防范

法律虽然没有规定单位可以构成本罪,但单位相关人员在进行财务结算时,极有可能构成本罪。故本书仍将其作为企业应予以防范的罪名之一。

单位应当建立有关有价证券收受及使用的财务制度,明确收受及使用有价证券的责任。收到有价证券时,应当对其真实性及时核验,如有疑点,及时作退票处理。在使用有价证券时,应当确保有价证券的真实性,杜绝使用有疑点的有价证券。

五、案例评析

(一)案例简介

公诉机关起诉指控:2013 年 9 月的一天,被告人张某某、刘某某合谋以刘某某的名义伪造了一张农业银行×××万元的国债凭证用于抵押贷款。2013 年 10 月 25 日张某某派刘某某、吴某某(另案处理)携带该伪造的国债凭证抵押借款,后刘某某和吴某某到晋州市宋某某的小额贷款公司与宋某某协商将该伪造的国债凭证抵押借款 1000 万元。后宋某某携带该国债凭证到农业银行晋州支行进行核查时发现该国债系伪造,宋某某遂报警。刘某某、吴某某、张某某相继被抓获归案。公诉机关认为被告人刘某某、张某某的行为触犯了《刑法》第 197 条之规定,应以有价证券诈骗罪追究被告人刘某某、张某某的刑事责任。

被告人刘某某对公诉机关指控的事实和罪名没有异议。但辩称,其在公安机关说是张某某办理的农行 4500 万元的国债凭证,但后来想是吴某某拿着的,办理这张 4500 万元国债凭证用其本人的身份证复印件,办这个凭证目的是抵押贷款。

被告人张某某辩称,署名刘某某的 4500 万元的国债农行凭证是吴某某、王某某办理的,是刘某某想办国债凭证,其才向他要的身份证。贷款的事其没有参与。

被告人张某某辩护人辩称,公诉机关认定被告人张某某犯有价证券诈骗罪的证据不足。

法院经审理后认为:被告人张某某、刘某某伙同吴某某(另案处理)以非法占有为目的,使用伪造的凭证式国债收款凭证抵押贷款,进行诈骗活动,数额特别巨大,其行为已构成有价证券诈骗罪,应予惩处。公诉机关指控刘某某、张某某犯有价证券诈骗罪事实清楚,证据确实、充分,指控罪名成立。张某某及辩护人辩称被告人张某某犯有价证券诈骗罪的证据不足的辩护意见与查明的事实不一致，法院不予采纳。张某某、刘某某已经着手实施犯罪，由于意志以外的原因未得逞，系犯罪未遂，可以比照既遂犯从轻处罚。故法院判决被告人张某某犯有价证券诈骗罪，判处有期徒刑12年，并处罚金10万元；判决被告人刘某某犯有价证券诈骗罪，判处有期徒刑10年，并处罚金10万元。

（二）简要评析

本案被告人以非法占有为目的，伪造有价证券进行诈骗，其行为明显构成有价证券诈骗罪。作为单位来说，要防范本罪的刑事风险，应当在本单位加强对有价证券的管理，及时核验收到的有价证券，对外杜绝使用伪造的或有疑点的有价证券。只有做到依法依规，才能避免刑事风险。

74. 保险诈骗罪

一、法律规定

《刑法》第198条规定："有下列情形之一，进行保险诈骗活动，数额较大的，处五年以下有期徒刑或者拘役，并处一万元以上十万元以下罚金；数额巨大或者有其他严重情节的，处五年以上十年以下有期徒刑，并处二万元以上二十万元以下罚金；数额特别巨大或者有其他特别严重情节的，处十年以上有期徒刑，并处二万元以上二十万元以下罚金或者没收财产：

（一）投保人故意虚构保险标的，骗取保险金的；

（二）投保人、被保险人或者受益人对发生的保险事故编造虚假的原因或者夸大损失的程度，骗取保险金的；

（三）投保人、被保险人或者受益人编造未曾发生的保险事故，骗取保险金的；

（四）投保人、被保险人故意造成财产损失的保险事故，骗取保险金的；

（五）投保人、受益人故意造成被保险人死亡、伤残或者疾病，骗取保险金的。

有前款第四项、第五项所列行为，同时构成其他犯罪的，依照数罪并罚的规定处罚。

单位犯第一款罪的，对单位判处罚金，并对其直接负责的主管人员和其他直接责任人员，处五年以下有期徒刑或者拘役；数额巨大或者有其他严重情节的，处五年以上十年以下有期徒刑；数额特别巨大或者有其他特别严重情节的，处十年以上有期徒刑。

保险事故的鉴定人、证明人、财产评估人故意提供虚假的证明文件，为他人诈骗提供条件的，以保险诈骗的共犯论处。"

二、条文释义

本条是关于保险诈骗罪及其刑事处罚的规定。所谓保险诈骗罪，是指以非法获取保险金为目的，违反保险法规，采用虚构保险标的、保险事故或者制造保险事故等方法，向保险公司骗取保险金，数额较大的行为。本罪的构成要件如下。

（一）本罪从客观上来看

本罪的主体是特殊主体，即只能由投保人、被保险人和受益人构成，该三类人既可能是自然人，也可能是单位。因此，自然人和单位均可构成本罪。按《保险法》的规定，投保人，是指与保险人订立保险合同，并按照保险合同负有支付保险费义务的人。被保险人，是指其财产或者人身受保险合同保障，享有保险金请求权的人，投保人本人或者投保人指定的享有保险金请求权的人，可以是被保险人。受益人，是指人身保险合同中由被保险人或者投保人指定的享有保险金请求权的人，投保人、被保险人可以是受益人。按照《刑法》第 198 条的规定，保险事故的鉴定人、证明人、财产评估人故意提供虚假证明文件，为他人诈骗提供条件的，以保险诈骗的共犯论处。同时，按照《刑法》第 31 条的规定，单位犯本罪时，实行双罚制，即对单位判处罚金，并对其直接负责的主管人员和其他直接责任人员按相关条款规定判处刑罚。

本罪危害行为和危害结果表现为违反保险法规，采取虚构保险标的、保险事故或者制造保险事故等方法，骗取较大数额保险金的行为。按照《刑法》第 198 条的规定，保险诈骗的行为方式有以下几种情形：（1）财产投保人故意虚构保险标的，骗取保险金的；(2)投保人、被保险人或者受益人对发生的保险事故编造虚假的原因或者夸大损失的程度，骗取保险金的；(3)投保人、被保险人或者受益人编造未曾发生的保险事故，骗取保险金的；(4)投保人、被保险人故意造成财产损失的保险事故，骗取保险金的；(5)投保人、受益人故意造成被保险人死亡、伤残或者疾病，骗取保险金的。

（二）本罪从主观上来看

本罪的主观方面表现为故意，并且是直接故意，同时还具有非法占有保险金之目的。过失不构成本罪。

三、立案标准

最高人民检察院、公安部《关于公安机关管辖的刑事案件立案追诉标准的规定（二）》第56条规定："进行保险诈骗活动，涉嫌下列情形之一的，应予立案追诉：

（一）个人进行保险诈骗，数额在一万元以上的；

（二）单位进行保险诈骗，数额在五万元以上的。"

四、风险防范

本罪的犯罪构成相对于其他诈骗类犯罪的犯罪构成来说，并不算复杂，但是在保险业日益发达的中国当今社会，本罪的犯罪率并不乐观。保险作为面对未知风险的有效保障手段，上至公司、企业，下至普通个人大多会出于防患于未然的心理进行投保，但也有少数居心不良者，人为触发理赔事由，以图骗取保险金，因而触犯本罪的情形屡见不鲜。本罪无论采取何种形式，归根结底目的只有一个，就是骗取保险金。因此，对于本罪的预防，公司、企业可以从以下角度入手。

（一）在保险投保前加强相关法律法规的学习

企业在保险投保前应当了解相关的法律规定，知悉保险理赔过程中的刑事风险，从而做到依法投保、依法理赔。

(二)在理赔过程中切忌提供虚假证明文件

在保险理赔过程中,应当按照事实进行陈述,提供客观理赔证据,切忌伪造,篡改相关凭证。

五、案例评析

(一)案例简介

公诉机关指控称,被告人龚某凯系鸿友厂的财务经理,负责处理本案火灾的报损和索赔工作。2008年9月19日,鸿友厂使用车牌号分别为粤Z×××××港、粤Z×××××港两辆货柜车将两车厂内编号为90号开头的电子电路板(PCBA)物料从东莞海关运至香港作退港处理(海关报关单编号分别为×××、×××)。2008年9月26日,鸿友厂又将一批厂内编号为90号开头的电子电路板物料从东莞海关运至香港作退港处理(海关报关单编号分别为×××、×××)。物料退港处理后,鸿友厂没有及时在仓库管理系统内将该批物料完全清除,系统内显示该批部分物料依然存在于仓库内。2008年10月7日22时许,鸿友厂因电线短路导致厂房、仓库发生火灾,烧毁电子原材料、纸皮、胶纸废品等财物一批。火灾发生后,该厂工作人员将仓库管理系统内显示存在的货物作为损失上报给负责该厂火灾报损工作的龚某凯,再由龚某凯报送给负责公估的泛华公估公司(以下简称泛华公估)。仓管员孙某国在统计报损数据过程中发现火灾报损资料包含该厂上述已退港处理的部分电子电路板物料,孙某国于是将该情况告知龚某凯,龚某凯得知该情况后再上报该厂总经理刘某文(另案处理),后刘某文没有要求龚某凯对保险索赔资料进行修正,龚某凯仍然将包含该厂上述已退港处理的部分电子电路板物料的数据作为火灾损失向中国平安保险股份有限公司东莞分公司(以下简称平安公司)索赔。

2009年6月12日,平安公司预付给鸿友厂2,950,000元保险金。2009年7月10日,平安公司与鸿友厂签订了《保险理赔协议书》,保险金共计×××4元。经泛华公司统计,鸿友厂在2008年10月7日火灾中定损金额×××5元,报损货物中包含9月19日已退港的部分货物定损金额×××8元、理算金额4,419,683.25元;9月26日退港的货物定损金额为4,104,553.6元、理算金额

1,516,100.03 元,诈骗平安公司保险金的金额共为 5,935,783.28 元。2009 年 12 月 24 日,鸿友厂将 2,950,000 元预付保险金退还给平安公司。

在法庭上,被告单位提出,鸿友厂没有骗保。理由为(1)火灾事故后其厂按平安公司及泛华公估的要求提供了财务资料,没有隐瞒,退港资料没有来得及出账是因为材料太多,赔偿范围由平安公司及泛华公估来确定,其厂不知赔偿范围;(2)鸿友厂配合泛华公估的清点工作,并明确告知工厂每一仓库的情况及仓库用途,其中 M8 为呆滞料仓,泛华公估作为专业的公估公司应该知道赔偿的范围,不是鸿友厂来决定;(3)鸿友厂从未看过公估报告,1804 万元的保险金是最后双方协商出来的数字,鸿友厂不知泛华公估在报告中如何凑出来,是泛华公估将不用赔写进去的,而不是该厂故意骗保;(4)鸿友厂没有夸大损失,火灾发生后其厂本应获得 2000 万元至 3000 万元的理赔,平安公司只协商理赔 1804 万元,其厂处于亏损状态。

被告人龚某凯辩解提出:(1)鸿友厂的职务不属实,其在该厂无职务,其是总公司的会计经理,到鸿友厂是协助财务工作。(2)起诉书认定其负责报损及索赔工作不是事实。其属于配合泛华公估的工作,就是提供资料及联系工作,泛华公估有核实及估价的责任。(3)起诉书认定其将有错的资料报给公估公司报损不是事实,其不认为其所提供的资料是用来索赔的,其曾将资料有误的情况告诉黄厂长和刘某文总经理,并告知有误的资料是报废仓的货物,均已提到损失,故黄厂长及刘总认为不用向泛华公估更正,且泛华公估曾拿走了其笔记本电脑,存货情况他们是清楚的。(4)起诉书指控其将退港的货物作为损失资料提交给泛华公估进行诈骗,但诈骗的金额却用泛华公估的定损情况来认定,明显不公。(5)平安公司控告鸿友厂诈骗,公诉机关使用的是泛华公估的数据,其从未看过泛华公估的公估报告,不知理赔金如何算出,其提供的数据泛华公估如何运算。(6)平安公司签订理赔协议之后没有支付鸿友厂款项,其厂不存在诈骗。

被告单位鸿友厂及被告人龚某凯的辩护人提出:(1)鸿友厂不具备夸大损失程度这种行为特征。(2)鸿友厂不具备保险诈骗的主观故意。(3)1804 万元理赔数额是鸿友厂应得的保险利益,鸿友厂没有获取任何非法利益,不存在鸿友厂骗保的因果关系。并且,针对上述辩护意见,被告单位及被告人龚某凯的辩护人向法庭提交了 72 项证据及申请证人某某军出庭作证。

法院经过审理认为,对双方争议的焦点进行作出如下 5 点评判:第一,现有证据还不能认定鸿友厂保险事故理赔中实施了刑法意义上的欺骗行为。第二，本案现有的证据还不能证实鸿友厂的不作为与危害结果之间具有刑法上的因果关系。第三，现有证据还不能排除保险人在签订理赔协议前已经掌握投保人退港物料的事实，不能排除其处分财产是基于鸿友厂的欺骗行为所致。第四，对被告单位犯罪行为和犯罪动机的认定没有排他的证据证明。第五，本案中自动增加条款应当予以适用。故法院综合认为，现有证据虽然能证实鸿友厂违反了最大诚信的原则，但还不能认定其违反了保险合同当事人的诚信底线原则，不能证实鸿友厂、龚某凯客观上实施了欺骗保险人的诈骗犯罪行为。因此，本案属于主要犯罪事实不清、证据不足，鸿友厂、龚某凯不构成保险诈骗罪。对被告单位鸿友厂、被告人龚某凯及其辩护人提出被告单位鸿友厂、被告人龚某凯不构成保险诈骗罪的辩护意见理由成立，应予采纳。

最后，法院认为，公诉机关指控被告单位鸿友厂为牟取非法利益，夸大损失的程度进行保险诈骗，数额特别巨大；被告人龚某凯身为鸿友厂财务经理，负责报损和理赔工作，系单位的直接责任人员，指控被告单位鸿友厂、被告人龚某凯犯保险诈骗罪缺乏确实、充分的证据证明，属于事实不清，证据不足，罪名不能成立。故判决被告单位鸿友厂无罪；判决被告人龚某凯无罪。

（二）简要评析

保险诈骗罪涉及较强的专业性，但在认定是否具有非法占有目的时，与其他诈骗犯罪认定是否具有非法占有目的的方法相似。本案的被告人之所以被判无罪，因为法院认为，现有证据既不能证明被告人具有非法占有目的，也不能认定被告人具有非法占有行为，故不能认定其成立犯罪。从本案的情况来看，在进行保险理赔时，应当如实提供相关材料，如实进行相关陈述，保险理赔过程中提供的材料，双方应当进行交接清楚，并应当做好档案留存。一旦刑事案件被立案，这些客观证据作为排除犯罪成立，其证明力往往远远超过主观证据的证明力。

第七章

CHAPTER 7

危害税收征管罪的预防

75. 逃 税 罪

一、法律规定

《刑法》第 201 条规定："纳税人采取欺骗、隐瞒手段进行虚假纳税申报或者不申报，逃避缴纳税款数额较大并且占应纳税额百分之十以上的，处三年以下有期徒刑或者拘役，并处罚金；数额巨大并且占应纳税额百分之三十以上的，处三年以上七年以下有期徒刑，并处罚金。

扣缴义务人采取前款所列手段，不缴或者少缴已扣、已收税款，数额较大的，依照前款的规定处罚。

对多次实施前两款行为，未经处理的，按照累计数额计算。

有第一款行为，经税务机关依法下达追缴通知后，补缴应纳税款，缴纳滞纳金，已受行政处罚的，不予追究刑事责任；但是，五年内因逃避缴纳税款受过刑事处罚或者被税务机关给予二次以上行政处罚的除外。"

二、条文释义

本条是关于逃税罪及该罪刑事处罚的规定。所谓逃税罪，是指纳税人采取欺骗、隐瞒手段进行虚假纳税申报或者不申报，逃避缴纳税款数额较大的行为。本罪的构成要件如下。

（一）本罪从客观上来看

本罪的犯罪主体是特殊主体，包括负有纳税义务的自然人，也包括负有纳税义务的单位，而且还包括扣缴义务人。也就是说，自然人与单位均可构成本罪主体。如果行为人并没有纳税义务，但其与纳税人、扣缴义务人互相串通，通过各种手段逃避缴纳税款，则该行为人与他人构成共同犯罪。按照《税收征收管理法》的规定，虽然代征人并不具有本罪主体资格，但如果其私下截留税款，有可能构成贪污罪；并且，如果代征人与他人串通逃税，有可能与他人构成逃税罪的共犯，同样可以构成本罪。按照《刑法》第31条的规定，单位犯本罪时，实行双罚制，即对单位判处罚金，并对其直接负责的主管人员和其他直接责任人员按相关条款规定判处刑罚。

从危害行为和危害结果来看，本罪在客观方面表现为采取欺骗、隐瞒手段进行虚假纳税申报或者不申报，逃避缴纳税款，不缴或者少缴已扣、已收税款，情节严重的行为。因此，逃税罪的危害行为主要表现为两种：其一为采取欺骗、隐瞒手段进行虚假纳税申报；其二为不按法律规定进行纳税申报，也即不申报。按《税收征收管理法》第63条的规定，进行虚假纳税申报，是指以“伪造、变造、隐匿、擅自销毁账簿、记账凭证”以及“在账簿上多列支出或者不列、少列收入”；所谓“不申报”，是指对于有经营活动的个人或单位，应当依法进行纳税申报，但为了少缴或不缴税款，而不予申报或拒绝按税务机关的通知进行申报。

（二）本罪从主观上来看

本罪的犯罪主观方面必须是出于故意，而且是直接故意，即行为人明知自己的行为是违反税收法律法规、逃避缴纳税款的行为，而希望这种结果的发生。过失不构成本罪。

三、立案标准

最高人民检察院、公安部《关于公安机关管辖的刑事案件立案追诉标准的规定（二）》第57条规定：“逃避缴纳税款，涉嫌下列情形之一的，应予立案追诉：

（一）纳税人采取欺骗、隐瞒手段进行虚假纳税申报或者不申报，逃避缴纳税款，数额在五万元以上并且占各税种应纳税总额百分之十以上，经税务机关依法下达追缴通知后，不补缴应纳税款、不缴纳滞纳金或者不接受行政处罚的；

（二）纳税人五年内因逃避缴纳税款受过刑事处罚或者被税务机关给予二次以上行政处罚，又逃避缴纳税款，数额在五万元以上并且占各税种应纳税总额百分之十以上的；

（三）扣缴义务人采取欺骗、隐瞒手段，不缴或者少缴已扣、已收税款，数额在五万元以上的。

纳税人在公安机关立案后再补缴应纳税款、缴纳滞纳金或者接受行政处罚的，不影响刑事责任的追究。”

四、风险防范

本罪与抗税罪、逃避追缴欠税罪构成了涉税犯罪的三个罪名，三罪名的行为方式各有不同。就本罪而言，行为人主要采取欺骗，隐瞒等手段进行虚假纳税申报或者不申报。对于本罪的刑事风险，企业应从以下方面进行防范。

（一）熟悉企业应缴纳的各项税目和税率

企业的经营者，应当熟悉企业应缴纳的税目和各税目的税率，并且应当了解缴税时间节点，做到不遗漏、不迟延，以免引起税务风险。

（二）树立合理避税观念、摒弃逃税邪念

作为企业的经营者，千方百计想节省成本，这是人之常情。在税务问题上，企业经营者可以通过合理的财务措施进行依法避税，好的财务措施和好的税务筹划，不但可以为企业减少税务成本，而且在法律上还是安全的，完全可以达致一举多得的效果。但如果不顾法律规定，想采取各种隐蔽手段，生硬地逃避税款，最终将会招致巨大的刑事风险，有可能会导致人财两空。

（三）在纳税问题受到行政机关催缴后迅速缴纳应缴税款或因纳税问题受到行政处罚后，5年内杜绝由于税务问题再行受处罚

从修改的刑法来看，对于由于逃税行为引起的刑事责任的追究，税务部门应当先行催缴，只有催缴仍未缴纳的，才追究其刑事责任；或者说，在5年内由于税务问题受到过两次行政处罚才追究其刑事责任。故作为企业的经营者，如果由于欠税，得到税务机关的催缴函，应当即刻进行缴税，切不可大意。或者说，如果已经受到过行政处罚，在5年内不得再因税务问题遭受行政处罚，以免引致刑事风险。

（四）树立依法纳税意识

要避免税务刑事风险，企业经营者以及其企业财务人员，还应认真学习相

关的税务法律法规、政策，例如《增值税暂行条例》《企业所得税法》《个人所得税法》《税收征收管理法》等；此外，企业财务人员应随时关注国家出台的税务相关的政策，及时了解税收优惠政策等相关情况。

（五）建立依法纳税的制度保障

要避免刑事风险，企业应制定完善的财务制度，依法进行税务登记，发生变更事项，及时做税务变更登记。建立真实准确的财务账簿，禁止设立多份不同账簿，对账簿要严格科学记录、保存，禁止伪造、变造、隐匿、擅自销毁账簿、记账凭证等。

五、案例评析

（一）案例简介

福建省建瓯市人民检察院指控，被告单位福建省建广实业有限公司（以下简称建广公司）于2011年6月28日成立，登记注册类型：有限责任公司，地址建瓯市东峰镇莲花坪工业园，注册号913507835770287967，纳税人识别号为913507835770287967。经营范围：玻璃加工、销售；对工业、农业的投资；建筑材料批发、零售。2011年7月19日公司法人代表由徐某峰变更为范某财。实际上该公司在2014年1月至2015年8月3日经营期间，公司法人代表为被告人范某财，被告人吴某怒，叶某1为公司股东；2015年8月3日至2015年12月经营期间，公司法人代表为范某财，吴某怒为股东。该公司在2014年1月至2015年12月经营期间，通过虚假的纳税申报手段不纳、少纳增值税的方式偷税。（1）该公司发货统计2014年1月含税销售收入892,885.24元，少报不含税收入763,149.78元。（2）该公司发货统计2014年2月含税销售收入104,124.88元，少报不含税收入88,995.62元。（3）该公司发货统计2014年3月含税销售收入727,723.00元，少报不含税收入621,985.47元。（4）该公司发货统计2014年4月含税销售收入913,492.92元，少报不含税收入768,967.52元。（5）该公司发货统计2014年5月含税销售收入793,349.46元，少报不含税收入678,076.46元。（6）该公司发货统计2014年6月含税销售收入750,950.09元，少报不含税收入641,837.68元。（7）该公司发货统计2014年7月含税销售收入1,072,543元,少报不含税收入916,703.42元。(8)该公司发货统计2014年8月含税销售收入937,236.56元,少报不含税收入318,208.25元。(9)该公司发货统计2014年9月含税销售收入778,534.66元,少报不含税收入353,464.24元。(10)该公司发货统计2014年10月含税销售收入902,365.55元,少报不含税收入379,683.80元。(11)该公司发货统计2014年11月含税销售收入719,130.85元,少报不含税收入375,740.75元。(12)该公司发货统计2014年12月含税销售收入1,176,508.76元,少报不含税收入71,916.04元。(13)该公司发货统计2015年1月含税销售收入1,043,060.32元,少报不含税收入354,794.55元。(14)该公司发货统计2015年2月含税销售收入300,647.79元,少报不含税收入45,947.92元。(15)该公司发货统计2015年3月含税销售收入591,762.33元,少报不含税收入241,803.77元。(16)该公司发货统计2015年4月含税销售收入1,064,427.87元,少报不含税收入677,971.41元。(17)该公司发货统计2015年5月含税销售收入1,040,790.21元,少报不含税收入95,904.28元。(18)该公司发货统计2015年6月含税销售收入1,123,993.1元,少报不含税收入427,698.29元。(19)该公司发货统计2015年7月含税销售收入1,024,125.58元,少报不含税收入875,321.01元。(20)该公司发货统计2015年8月含税销售收入1,126,444.06元,少报不含税收入438,296.70元。(21)该公司发货统计2015年9月含税销售收入962,466.95元,少报不含税收入822,621.32元。(22)该公司发货统计10月含税销售收入1,474,266.45元,少报不含税收入742,611.49元。(23)该公司发货统计2015年11月含税销售收入1,325,643.89元,少报不含税收入614,275.98元。(24)该公司发货统计2015年12月含税销售收入1,439,675.27元,少报不含税收入524,382.63元。

根据《税收征收管理法》第63条、《增值税暂行条例》第1条、第2条第1款的规定,2014年应补缴增值税670,644.42元,2015年应补缴增值税1,249,555.89元,共计应补缴增值税1,920,200.31元。该公司2014年度应补缴增值税670,644.42元,2014年度各税种已纳税额41,466.80元,所偷税款占各税种应纳税总额94.18%;2015年度应补缴增值税合计1,249,555.89元,2015年度各税种已纳税额41,466.80元,所偷税款占各税种应纳税总额96.79%。该公司所偷税款数额在5万元以上并且占各税种应纳税总额10%以上。2018年6月11日福建省建瓯市国家税务局向建广公司下达瓯国税稽处(2018)第4号税务行政处罚决定书。截至至今该公司仍不补缴纳税款,也不接受行政处罚。

被告单位建广公司诉讼代表人王某旺对起诉书指控的罪名及事实均不持异议,并不作辩解。

被告人范某财对起诉书指控的罪名及事实不持异议。

辩护人提出,(1)建广公司虽有逃税行为,并达到立案标准。2018年5月25日建瓯市国家税务局税务下达税务处理决定书(瓯国税稽处〔2018〕4号),并未对建广实业有限公司下达行政处罚决定书,就依据《涉嫌犯罪案件移送瓯国税移〔2018〕0001号》将案件移送公安机关进行立案侦查,剥夺了建广公司的救济途径,与《刑法》第201条的罪名定性不符。2.起诉书指控建广公司逃税数额依据不足。3.如法院认定建广公司构成逃税罪,被告人范某财仅对其占股比例承担责任,且其有自首情节。综上,建议法院充分考虑上述情节,依据《刑事诉讼法》第200条第3项证据不足,不能认定被告人有罪的,应当作出证据不足、指控的犯罪不能成立的无罪判决,维护被告人范某财的合法权益。

被告人吴某怒对起诉书指控的罪名及事实不持异议。

辩护人提出,(1)根据《税收征收管理法》第40条、第88条的规定,建广公司尚处于行政诉讼6个月期限内,税务机关就将本案移送刑事立案,违反上述法条的规定,剥夺了本案被告的合法救济权益。(2)吴某怒对建广公司财务并不具有实际控制权,将其定为直接负责主管人员依据不足。(3)建广公司正常经营欠税额实际应远低于《起诉意见书》的数字。(4)叶某1为建广公司逃税行为的主要策划人、负责人和逃税行为利益既得者,其在本案所起的作用大于吴某怒。本案将建广公司的逃税的法律后果由范某财、吴某怒来承担,加重了被告人的法律责任。(5)吴某怒在接到电话传唤后主动到公安机关如实供述自己参与的建广公司逃税行为,应当认定为自首。

法院经审理后认为,被告单位建广公司违反国家税收征管的法律法规,采取欺骗、隐瞒手段进行虚假纳税申报或者不申报,逃避缴纳税款人民币1,920,200.31元。因我国的法律及相关法规未对数额标准作出明确规定,基于有利于被告人的原则,应认定为“数额较大”,且逃税税款占应纳税额的比例已达10%以上。其行为已构成逃税罪。被告人范某财作为该公司的股东及法定代表人,被告人吴某怒为该公司股东,均系该公司实际控制人和直接负责人,亦构成逃税罪。对被告单位建广公司应判处罚金。对被告人范某财、吴某怒应处3年以下有期徒刑或者拘役、并处罚金。公诉机关指控的事实和罪名成立。范某财、吴某怒主动投案，并如实供述自己的犯罪事实，应认定为自首。鉴于范某财、吴某怒均是债权入股建广公司的股权，其归案后有主动补缴逃税税款的主观心态，但其经营的公司实际上已经巨额亏损而无力补缴，在审理中均自愿认罪。故依法对二被告人从轻处罚。辩护人据此建议对被告人范某财、吴某怒从轻或者减轻处罚的意见，理由成立，予以采纳。根据2010年5月7日最高人民检察院、公安部《关于公安机关管辖的刑事案件立案追诉标准的规定(二)》第57条，逃避缴纳税款，涉嫌下列情形之一的，应予立案追诉：纳税人采取欺骗、隐瞒手段进行虚假纳税申报或者不申报，逃避缴纳税款，数额在5万元以上并且占各税种应纳税总额10%以上，经税务机关依法下达追缴通知后，不补缴应纳税款、不缴纳滞纳金或者不接受行政处罚的。该条第2款，纳税人在公安机关立案后再补缴应纳税款、缴纳滞纳金或者接受行政处罚的，不影响刑事责任的追究。因此，税务机关将案件移送公安机关立案侦查，符合法律规定，辩护人此节的辩护意见，理由不能成立，不予采纳。本案系税务机关于2016年在工作中发现被告单位建广公司涉嫌逃税，且税务机关据以认定逃税的金额均来自被告单位的“派尔”系统内的销售金额，被告人范某财、吴某怒对逃税的事实也供认不讳。故辩护人提出本案证据不足，指控的犯罪不能成立的辩护意见，与事实不符，法院不予采纳。对辩护人提出的其他辩护意见，法院不予采纳。综上事实、性质、情节及对社会危害程度，法院判决被告单位建广公司犯逃税罪，判处罚金人民币30万元。判决被告人范某财犯逃税罪，判处有期徒刑2年，并处罚金人民币5万元。判决被告人吴某怒犯逃税罪，判处有期徒刑2年，并处罚金人民币5万元。

(二)简要评析

从本案来看，在公司转让股权后，如果案发时为公司的股东或控制人，亦有义务想办法缴纳相关税款，在缴纳所欠税款后，可以再行向转让方进行追偿。作为本罪，只要欠缴税款的事实存在，在税务机关通知后亦不进行缴纳，法院即可判决偷税罪成立。本案属于偷税罪中的典型案件，对于说明公司股权转让过程中，前手股东欠缴税款，是否由后手股东承担责任的问题，具有十分典型的示范意义。

76. 抗　税　罪

一、法律规定

《刑法》第202条规定："以暴力、威胁方法拒不缴纳税款的，处三年以下有期徒刑或者拘役，并处拒缴税款一倍以上五倍以下罚金；情节严重的，处三年以上七年以下有期徒刑，并处拒缴税款一倍以上五倍以下罚金。"

二、条文释义

本条是关于抗税罪及其刑事处罚的规定。所谓抗税罪，是指负有纳税义务或者代扣代缴、代收代缴义务的个人或者企业事业单位的直接责任人员，故意违反税收法规，以暴力、威胁方法拒不缴纳税款的行为。本罪的构成要件如下。

（一）本罪从客观上来看

本罪的主体，是依法负有纳税义务和扣缴税款义务的人，既包括个人，也包括单位。按照《刑法》第31条的规定，单位犯本罪时，实行双罚制，即对单位判处罚金，并对其直接负责的主管人员和其他直接责任人员按相关条款规定判处刑罚。

本罪的危害行为和危害结果表现为违反税收法规，以暴力、威胁方法不缴纳税款的行为。所谓暴力，是指行为人对他人身体进行攻击，意图伤害他人身体，如殴打、伤害、捆绑、禁闭等足以危及他人人身安全的行为；所谓胁迫，是指行为人通过语言或其他方式对他人进行威胁，以图从精神上控制别人，使他人按自己的意志行事。如手持凶器威吓，以行凶报复、揭发隐私、毁坏名誉、加害亲属等手段相威胁等。在征税过程中，行为人只要使用了暴力、威胁方法并且拒不缴纳税款即可以构成抗税罪，法律并没有从情节上进行规定。当然，根据《刑法》第13条的规定，如果情节显著轻微危害不大的则不认为是犯罪。如果行为人拒不缴纳税款,但并没有使用暴力、威胁方法,只是撒谎,或者以各种借口不缴纳税款,则行为人不构成本罪。

(二)本罪从主观上来看

本罪在主观方面出于直接故意,具体表现为明知自己有义务缴纳税款而故意不缴纳,而且还针对相关执法人员使用暴力、威胁方法拒不缴纳税款。如果行为人不具有这种主观故意,则不构成抗税罪。

三、立案标准

最高人民检察院、公安部印发的《关于公安机关管辖的刑事案件立案追诉标准的规定(二)》第58条的规定:"以暴力、威胁方法拒不缴纳税款,涉嫌下列情形之一的,应予立案追诉:

(一)造成税务工作人员轻微伤以上的;

(二)以给税务工作人员及其亲友的生命、健康、财产等造成损害为威胁,抗拒缴纳税款的;

(三)聚众抗拒缴纳税款的;

(四)以其他暴力、威胁方法拒不缴纳税款的。"

四、风险防范

本罪与逃税罪、逃避追缴欠税罪构成了涉税犯罪的三个罪名,三个罪名的行为方式各有不同,就本罪而言,行为人主要采取暴力、威胁等手段拒不缴纳税款,行为性质较为恶劣,企业应从以下方面进行风险防范。

(一)树立依法纳税意识

要求企业,尤其是企业财务人员,认真学习相关的税务法律法规、政策,例如《中华人民共和国增值税暂行条例》《中华人民共和国营业税暂行条例》《中华人民共和国企业所得税法》《中华人民共和国个人所得税法》《中华人民共和国税收征收管理法》等法律法规;此外,企业财务人员应随时关注国家出台的税务政策,及时了解税收优惠政策等相关情况。

（二）与税务行政部门建立良好关系

企业在纳税过程中，与税务行政部门应建立融洽有效的沟通关系，一方面防止因对纳税政策、税率、纳税流程、纳税材料理解有误而产生冲突，另一方面遇有国家税务方面的政策、法律法规等，可以与税务行政部门交流、学习，融会贯通，才能更好地服务于企业。

（三）积极配合税务工作人员的征税行为

在税务部门进行税务核查或进行征税行为时，积极配合税务人员工作，不得使用威胁性的语言抗拒其征税行为，更不得以暴力、威胁行为对抗税务工作人员的征税行为。

五、案例评析

（一）案例简介

人民检察院指控：2000 年 6 月，某市镇税务所在执行“调高固定业户营业额和税率”的工作中，决定将从事个体米粉加工的徐某（被告人蒋某之夫）纳入纳税户，徐某也于 7 月 10 日到镇税务所第一次申报交纳了 6 月的税款 27 元。8 月 14 日，因徐某未按期到税务所交纳 7 月的税款，税务所领导决定派本所的干部居某到徐某家，发催缴税款通知书。居某到徐某家时，恰巧徐某不在，只有其妻被告人蒋某在家，居就想将催缴税款通知书交给蒋某，当时蒋某问居某能否少交点税，居某就说，你们应交的税款是根据税法依法核定的，不能随便少缴。蒋某听后很不高兴，就当场表示，如果税不能少交点便不收通知书。税务干部居某便在通知书上注明拒收字样后将通知书丢在徐某家院内，然后又准备到另一户征收税款。这时，蒋某从地上捡起通知书，随手又操起一木条追赶居某。追上后，蒋某指责居某将通知书扔在她家中是在丢“买路钱”（迷信用纸），非常不吉利，居某对此也当即反驳，为此双方发生了争吵。在争吵过程中，蒋某手持木条打了居某。这时候，被告人蔡某（系徐某的朋友）闻讯后随即赶来，在明知居某为税务干部的情况下，仍与蒋某一起对居进行殴打，居某不得已退到路边捡石头自卫，蔡某见状又跑回家中提了一把弯刀赶来准备再次对居行凶，后被围观群众拉开。居某被打伤后被送到市医院住院治疗，经诊断为：右肾挫伤，多处软组织挫伤。居住院24天，花去医疗费3412元。市公安局法医对居某的伤情鉴定为轻微伤。

被告人蒋某无辩护意见。其辩护人辩称：(1)蒋某不是工商注册人，即不是法定的纳税义务人，不属于抗税罪主体。(2)蒋某追打居某并不是发生在居某收缴税款之时，而是发生在居某收缴税款之后，被告人蒋某不构成抗税罪。由于对居某的伤害只是轻微伤，也不能构成故意伤害罪。因此，被告人蒋某的行为只是触犯了治安管理处罚条例，不构成犯罪。

被告人蔡某无辩护意见。其辩护人认为，本案中蔡某不是纳税义务人，不具有抗税罪的主体资格，不构成抗税罪的主体，对居某造成的伤害是轻微伤，也不构成故意伤害罪。因此，被告人蔡某的行为只属于治安法规调整的范畴，不构成犯罪。

法院经审理后认为：依据最高人民法院、最高人民检察院《关于办理偷税、抗税刑事案件具体应用法律的若干问题的解释》，被告人蒋某作为个体工商户徐某之妻，是该个体工商户的主要成员之一，与徐某一样具有相同的权利和义务，应该积极履行纳税义务。蒋某应当属于抗税罪的主体。居某将催缴税款通知书注明拒收后丢入徐某院中后，蒋某随即操起木条追赶居某并对居某进行辱骂和殴打。蒋某追打居某正是因为不愿接收催缴税款通知书，蒋某殴打居某正是在居某执行公务期间，蒋某客观上实施了抗税的行为，即拒绝缴纳税款并对税务工作人员实施暴力，主观上有抗税的目的，公诉机关指控的罪名成立。蒋某的辩护人关于主体不当和行为不适时的辩护意见不予以采纳。蔡某明知居某是税务干部，在蒋某因抗税而殴打居某的情况下，仍对居某实施暴力，其主观上也有帮助蒋某抗税的故意，根据最高人民法院《关于审理偷税、抗税刑事案件具体应用法律若干问题的解释》的规定，与纳税人或者扣缴义务人共同实施抗税行为的，以抗税罪的共犯依法处罚。因此，公诉机关指控的罪名成立，蔡某在犯罪过程中积极参与，在共同犯罪中亦起重要作用，蔡某与蒋某在本案中不分主从，共同承担刑事责任。蔡某的辩护人关于主体不当的辩护意见不予以采纳。故法院判决被告人蒋某犯抗税罪，判处有期徒刑1年，并处罚金人民币100元。判决被告人蔡某犯抗税罪，判处有期徒刑1年，并处罚金人民币100元。

（二）简要评析

本案属于典型的抗税罪。对于税务机关的收税，作为纳税人或扣缴义务人，不得使用暴力或威胁的方法抗拒缴税。本案中，被告人使用暴力的方法，致税务人员受伤，其行为明显触犯刑法的规定，理应受到刑事处罚。

77. 逃避追缴欠税罪

一、法律规定

《刑法》第203条规定："纳税人欠缴应纳税款，采取转移或者隐匿财产的手段，致使税务机关无法追缴欠缴的税款，数额在一万元以上不满十万元的，处三年以下有期徒刑或者拘役，并处或者单处欠缴税款一倍以上五倍以下罚金；数额在十万元以上的，处三年以上七年以下有期徒刑，并处欠缴税款一倍以上五倍以下罚金。"

二、条文释义

本条是关于逃避追缴欠税罪及其刑事处罚的规定。所谓逃避追缴欠税罪，是指纳税人故意违反税收法规，欠缴应纳税款，并采取转移或者隐匿财产的手段，致使税务机关无法追缴欠缴的税款，数额较大的行为。本罪的构成要件如下。

（一）本罪从客观上来看

本罪的主体是特殊主体，即法律规定负有纳税义务的单位和个人。不具有纳税义务的单位和个人不能构成逃避追缴欠税罪的主体。按照《刑法》第31条的规定，单位犯本罪时，实行双罚制，即对单位判处罚金，并对其直接负责的主管人员和其他直接责任人员按相关条款规定判处刑罚。

从危害行为和危害结果来看，本罪在客观方面表现为行为人必须具有违反税收法律法规，欠缴应纳税款，并采取转移或者隐匿财产的手段、致使税务机关无法追缴欠缴的税款，数额较大的行为。本罪的行为主要表现为以下几种情形：(1)行为人应有欠税的事实存在。欠税是指纳税义务人超过税务机关核定的纳税期限，未按时足额缴纳税款的行为。根据《税收征收管理法》第 31 条的规定，纳税人因有特殊困难，不能按期缴纳税款的，经省、自治区、直辖市国家税务局、地方税务局批准，可以延期缴纳税款，但是最长不得超过 3 个月。未经批准欠税，均是违反《税收征收管理法》的行为。(2)行为人必须有实际的采取转移或者隐匿财产行为。(3)由于行为人的逃避行为，税务机关无法追缴。(4)无法追缴的税款数额达到 1 万元人民币以上。

（二）本罪从主观上来看

本罪在主观方面表现为故意，并且具有逃避缴纳应缴纳款而非法获利的目的，其故意主要表现为行为人为达到最终逃避纳税的目的而故意转移或者隐匿财产，致使税务机关无法追缴其欠缴的税款。过失不构成本罪。

三、立案标准

根据最高人民检察院、公安部印发的《关于公安机关管辖的刑事案件立案追诉标准的规定(二)》第 59 条的规定，纳税人欠缴应纳税款，采取转移或者隐匿财产的手段，致使税务机关无法追缴欠缴的税款，数额在 1 万元以上的，应予立案追诉。

四、风险防范

本罪与抗税罪、逃税罪构成了涉税犯罪的三个罪名。就本罪而言，行为人不缴纳税款的行为方式并不是欺骗、隐瞒或暴力、威胁，而是通过转移、隐匿财产的方式使税务机关无法追缴。企业应当注意，构成本罪的前提是企业已经存在欠缴税款以及逃避追缴的事实。

（一）树立依法纳税意识

企业应认真学习税务相关的法律法规，例如《企业所得税法》《税收征收管理法》等，不得假借不合理的理由，不依法按时缴纳税款。

（二）禁止企业非法转移、隐匿财产

企业应设置真实、科学、完整的会计账簿，不能采取诸如虚设债务、虚构成本、企业资产不入账等手段转移、隐匿财产欠缴应纳税款。此外需注意，只要是为了逃避税款，不论是转移、隐匿财产后欠税，还是欠税后开始转移、隐匿财产均构成此逃避追缴欠款罪。

五、案例评析

（一）案例简介

寿光市人民检察院指控：2008 年 9 月 11 日，寿光市国家税务局向被告人张某经营的寿光市盛晖工艺绣品有限公司下达《税务处理决定书》，让其补缴增值税 95，620.02 元，张某为逃避追缴所欠税款，又成立寿光市泰信绣品有限公司，将寿光市盛晖工艺绣品有限公司的机器、厂房等全部资产转移到寿光市泰信绣品有限公司继续经营，致使税务机关无法追缴所欠税款。

被告人张某对指控的事实提出其从他人处购买的线，其也属于受害者的辩解意见。

法院经审理后认为，被告人张某故意违反税收法规，欠缴应纳税款，并采取转移或者隐匿财产的手段，致使税务机关无法追缴欠缴的税款，数额较大，其行为已构成逃避追缴欠税罪。公诉机关指控的事实和罪名成立。张某提出其从他人处购买的线，也属于受害者的辩解意见，因张某明知其经营的寿光市盛晖工艺绣品有限公司欠税，为逃避追缴欠税，将财产转移或者隐匿，其行为符合逃避追缴欠税罪的构成要件，对该辩解意见，本院不予采纳。被告人归案后如实供述犯罪事实，可以从轻处罚。最后法院判决被告人张某犯逃避追缴欠税罪，判处有期徒刑 2 年缓刑 2 年，并处罚金人民币 10 万元。

（二）简要评析

本案是典型的转移财产以逃避应缴税款的行为。被告人通过另行成立公司，利用公司的有限责任，意图达到逃避应缴税款的目的，但这一行为明显属于法律禁止的行为。从本案来看，作为公司经营者，首先应当注意个人财产与公司财产不能混同。如果公司本身经营不善，不能缴纳税款，完全可以通过利用有限责任的规定，申请公司破产。但如果公司财产与个人财产混同，公司无力偿还债务时，个人则有义务对公司的债务（包括欠缴的税款）进行清偿。如果恶意逃避这一义务，可能会面临刑事处罚。

78. 骗取出口退税罪

一、法律规定

《刑法》第204条规定，以假报出口或者其他欺骗手段，骗取国家出口退税款，数额较大的，处五年以下有期徒刑或者拘役，并处骗取税款一倍以上五倍以下罚金；数额巨大或者有其他严重情节的，处五年以上十年以下有期徒刑，并处骗取税款一倍以上五倍以下罚金；数额特别巨大或者有其他特别严重情节的，处十年以上有期徒刑或者无期徒刑，并处骗取税款一倍以上五倍以下罚金或者没收财产。

纳税人缴纳税款后，采取前款规定的欺骗方法，骗取所缴纳的税款的，依照本法第二百零一条的规定定罪处罚；骗取税款超过所缴纳的税款部分，依照前款的规定处罚。”

二、条文释义

本条是关于骗取出口退税罪及其刑事处罚的规定。所谓骗取出口退税罪，是指故意违反税收法规，采取以假报出口等欺骗手段，骗取国家出口退税款，数额较大的行为。本罪的构成要件如下。

（一）本罪从客观上来看

骗取出口退税罪的主体为一般主体，凡达到刑事责任年龄且具备刑事责任能力的自然人均能构成骗取出口退税罪，单位也能构成骗取出口退税罪。通常来说，单位主要是具有出口经营权的单位。按《出口货物退（免）税管理办法（试行）》的规定，我国享有出口退税权的单位主要有：(1)享有独立对外出口经营权的中央和地方的外贸企业、工业贸易公司以及部分工业生产企业；(2)特定出口退税企业；(3)委托出口企业。按照《刑法》第31条的规定，单位犯本罪时，实行双罚制，即对单位判处罚金，并对其直接负责的主管人员和其他直接责任人员按相关条款规定判处刑罚。

从危害行为和危害结果来看，本罪表现为采取以假报出口等欺骗手段，骗取国家出口退税款，数额较大的行为。我国目前退税有两种基本形式：一种是一般的退税，另一种是出口退税。国家之所以实行出口退税政策，是因为国家鼓励中国产品对外出口，以增加中国产品在国际市场的竞争力。骗取出口退税，完全扰乱了我国的税收管理制度，干扰了支持民族产品政策，故其行为性质较为恶劣，其比一般的骗税行为的危害性更大。

（二）本罪从主观上来看

骗取出口退税罪在主观方面为直接故意，并且具有骗取出口退税的目的。过失不构成本罪。

三、立案标准

根据最高人民检察院、公安部印发的《关于公安机关管辖的刑事案件立案追诉标准的规定（二）》第60条的规定，以假报出口或者其他欺骗手段，骗取国家出口退税款，数额在5万元以上的，应予立案追诉。

四、风险防范

随着经济的发展骗取出口退税的违法行为频发，并且作案主体呈组织性、复杂性，作案手段精密化，案发区域也逐渐呈现由点到面的趋势。防范和打击骗税的难度明显增加，企业可从以下方面加强防范。

（一）企业应建立合理的出口退税核算及审批制度

企业对于出口退税，应建立合理的核算及相应的监督管理制度，对于出口退税事项的办理，企业应当经过相应的审批，并指定专人负责管理，并应由相关人员承担相应责任。

（二）严格企业管理

完善企业日常生产经营管理，加强对合同、出口货物报关单、出口收汇核销单、出口货物专用缴款书等有关出口退税单据、凭证、增值税专用发票或者其他可以用于出口退税的发票等资料的管理。

（三）加强法律学习

企业经营者及职工应认真学习《税收征收管理法》《税收征收管理法实施细则》《增值税暂行条例》等法律法规，树立守法意识，依法进行生产经营。

五、案例评析

（一）案例简介

杭州市西湖区人民检察院指控：2010 年 2 月至 2014 年 3 月，被告人余某洪在经营富尔顿公司期间，为了企业利益，明知其以完税价采购的相关货物无退税资格，指使被告人周某在出口贸易中，以退税率为 13% 的海关商品编码向海关报关，利用海关不是每单必查的查验制度，蒙混过关，骗取海关的查验，并在海关查验后出口结汇，向西湖区国税局申请出口退税，西湖区国税局根据其提供的资料共计向其公司退税人民币 1,844,122.88 元。上述事实，有被告人供述和辩解、证人证言及相关书证等证据予以证实。认为被告单位富尔顿公司的行为已构成骗取出口退税罪。余某洪、周某分别系对被告单位富尔顿公司骗取出口退税行为直接负责的主管人员和其他直接责任人员，其行为均已构成骗取出口退税罪。周某在共同犯罪中起次要作用，系从犯，应当从轻或减轻处罚。

提请法院依法惩处。

被告单位富尔顿公司诉讼代表人辩称，其公司对货物出口进行的归类及编码是正确的，指控罪名不成立。

被告单位富尔顿公司的辩护人提出：(1)海关的行政处罚不能作为认定商品归类错误的依据，用处罚来证明商品出口申报不实的证明力不足。(2)富尔顿公司没有骗取海关的查验，对外交易、增值税发票、报关出口商品、退税过程等各项都是真实客观的，不存在欺骗行为，没有证据显示富尔顿公司在退税环节有骗取出口退税的行为。(3)起诉书指控的“无退税资格”是指出口企业本身无外贸出口资格而非指出口商品无退税资格。(4)富尔顿公司出口商品本身可以按照48239090申报，起诉书指控的事实基础不存在。(5)富尔顿公司不存在骗取出口退税的主观故意。(6)富尔顿公司的行为依法属于行政审查、监管的范畴，不能进行刑事处罚。(7)即便富尔顿公司存在骗取出口退税的事实，但其骗取的是之前缴纳过的税款，依据《刑法》第204条第2款的规定应认定为逃税行为，但富尔顿公司的行为又不符合逃税罪的犯罪构成，不构成逃税罪。综上所述，要求依法宣告富尔顿公司无罪。

被告人余某洪辩称，公司的经营行为都客观真实，所有的产品都是完税产品，申报的编码也是正确的，公司并无假报出口、虚假报关的行为，且报关的品名都是正确的，而非明知不能退税而退税，起诉书指控的骗取出口退税不属实。

被告人余某洪的辩护人提出：(1)出口退税资格系针对企业，而非针对货物，富尔顿公司具备出口退税资格。(2)富尔顿公司出口的货物属于可退税范围，且富尔顿公司申报时亦尽到谨慎义务，不能以海关行政处罚及富尔顿公司为赶船期放弃权利认定富尔顿公司认可申报错误、明知非退税商品。(3)骗取出口退税的前提是假报出口和对出口货物未缴纳增值税，富尔顿公司采购的出口货物属于已税货物，且公司外贸交易真实，富尔顿公司并无欺骗的故意和行为，富尔顿公司的行为不符合骗取出口退税罪的基本构成。(4)富尔顿公司“骗取”的税款是其实际缴纳的税款，依据《刑法》第204条第2款的规定，应按逃税罪的规定处罚，但富尔顿公司的行为也不符合逃税罪构成。(5)即使导致退税错误，也是行政机关责任。(6)本案属于行政法调整的争议，应通过行政复议、行政诉讼予以解决。综上所述，要求宣告被告单位富尔顿公司和被告人余某洪、周某无罪。

被告人周某对公诉机关指控的事实无异议，希望能作出公正审判。

被告人周某的辩护人提出：(1)公诉人指控周某构成骗取出口退税的事实

不清、证据不足,对于5次行政处罚,富尔顿公司是违心地接受处罚,海关决定书不能作为本案货物不能退税的依据。(2)海关工作人员个人出具的归类指导意见,不能作为定罪的依据,现有证据表明富尔顿公司是符合退税条件的,指控周某涉嫌犯罪的依据不存在。(3)周某没有骗取出口退税的主观故意。综上所述,要求在查清事实后依法宣告周某无罪。

法院经审理后认为,被告单位富尔顿公司将出口退税率为0的货物编码谎报为出口退税率为13%的货物编码,骗取海关的查验,并据此申请出口退税,骗取国家出口退税款,数额巨大,其行为已构成骗取出口退税罪。被告人余某洪、周某分别系对被告单位富尔顿公司骗取出口退税行为直接负责的主管人员和其他直接责任人员,其行为均已构成骗取出口退税罪。公诉机关指控的罪名成立。对被告单位诉讼代表人及各辩护人所提宣告无罪、应行政处理的辩护意见不予采纳。被告人周某在本案中为从犯,应当减轻处罚,并可适用缓刑。据此,判决被告单位富尔顿公司犯骗取出口退税罪,判处罚金人民币300万元。判决被告人余某洪犯骗取出口退税罪,判处有期徒刑5年6个月,并处罚金人民币185万元。判决被告人周某犯骗取出口退税罪,判处有期徒刑3年,缓刑3年,并处罚金人民币10万元。

(二)简要评析

本案被告人通过将甲种货物谎冒成乙种货物进而申请退税,该种行为是被法律明确禁止的行为。对于进出口货物退税问题,从事进出口货物的单位,应当熟悉出口退税的相关法律、法规,如实向海关进行申报。如果提供不实资料申请退税,即使不涉及刑事责任,也极有可能遭受行政处罚。

79. 虚开增值税专用发票、用于骗取出口退税、抵扣税款发票罪

一、法律规定

《刑法》第205条规定:“虚开增值税专用发票或者虚开用于骗取出口退

税、抵扣税款的其他发票的，处三年以下有期徒刑或者拘役，并处二万元以上二十万元以下罚金；虚开的税款数额较大或者有其他严重情节的，处三年以上十年以下有期徒刑，并处五万元以上五十万元以下罚金；虚开的税款数额巨大或者有其他特别严重情节的，处十年以上有期徒刑或者无期徒刑，并处五万元以上五十万元以下罚金或者没收财产。

单位犯本条规定之罪的，对单位判处罚金，并对其直接负责的主管人员和其他直接责任人员，处三年以下有期徒刑或者拘役；虚开的税款数额较大或者有其他严重情节的，处三年以上十年以下有期徒刑；虚开的税款数额巨大或者有其他特别严重情节的，处十年以上有期徒刑或者无期徒刑。

虚开增值税专用发票或者虚开用于骗取出口退税、抵扣税款的其他发票，是指有为他人虚开、为自己虚开、让他人为自己虚开、介绍他人虚开行为之一的。”

二、条文释义

本条即是关于虚开增值税专用发票、用于骗取出口退税、抵扣税款发票罪及其刑事处罚的规定。所谓虚开增值税专用发票、用于骗取出口退税、抵扣税款发票罪，是指违反国家税收征管法规，为他人虚开、为自己虚开、让他人为自己虚开、介绍他人虚开增值税专用发票或者用于骗取出口退税、抵扣税款的其他发票的行为。本罪的构成要件如下。

（一）本罪从客观上来看

本罪的犯罪主体是一般主体，既包括自然人，也包括单位。单位构成本罪的，对单位实行双罚制，对单位判处罚金，并对直接负责的主管人员和其他直接责任人员依法追究刑事责任。

本罪危害行为与危害结果表现为行为人实施了虚开增值税专用发票或者用于骗取出口退税、抵扣税款的其他发票的行为。按照法律规定，本罪的行为方式具体包括下述4种表现形式：(1)为他人虚开增值税专用发票或者用于骗取出口退税、抵扣税款的其他发票；(2)为自己虚开增值税专用发票或者用于骗取出口退税、抵扣税款的其他发票；(3)让他人为自己虚开增值税专用发票或者用于骗取出口退税、抵扣税款的其他发票；(4)介绍他人虚开增值税专用发票或者用于骗取出口退税、抵扣税款的其他发票。

按照法律规定，所谓增值税专用发票，是指以商品或者劳动增值额为征税对象，具有直接抵扣税款功能的专门用于增值税的发票；所谓其他发票，是指具有与增值税专用发票相同功能的用于骗取出口退税、抵扣税款的其他非增值税发票。

（二）本罪从主观上来看

主观方面是故意，过失不构成本罪。

三、立案标准

根据最高人民检察院、公安部印发的《关于公安机关管辖的刑事案件立案追诉标准的规定（二）》第 61 条的规定，虚开增值税专用发票或者虚开用于骗取出口退税、抵扣税款的其他发票，虚开的税款数额在 1 万元以上或者致使国家税款被骗数额在 5000 元以上的，应予立案追诉。

四、风险防范

发票管理制度是税收征管制度的重要内容。虚开发票、虚开增值税专用发票正是通过对发票管理制度的违反，进而破坏税收征管制度，破坏国民经济的，社会危害性极大。对于此罪，企业可从以下几个方面预防。

（一）建立依法开票的法律意识

企业尤其是企业的财务部门，应认真学习我国关于发票的法律法规，比如《发票管理办法》《发票管理办法实施细则》《增值税专用发票使用规定》等，树立依法开具发票的守法意识。

（二）严格发票管理制度

企业应当制定严格的增值税专用发票管理规定，从增值税专用发票的购买、开具、保存等环节预防非法开具发票的现象。比如根据企业需要向税务行政机关购买合适数量、额度的增值税专用发票，不宜无计划大肆购买与企业需求量不匹配的发票，造成资源浪费；财务人员开具增值税专用发票时应认真核对、填写发票信息，防止出现发票缺联少页、填写错误、盖章不清晰等现象；保存发票时应设置专门保管人员，设立发票登记簿，详细记载发票开具信息，按照税务机关的要求进行销毁等。

（三）杜绝为了少缴税款而开具能抵扣税款发票的行为

企业不得为少缴税款，向其他企业购买发票，或者要求其他企业帮助开具抵扣税款的发票，这些行为均具有巨大的刑事风险。

（四）不得碍于情面，同意朋友虚开抵扣税款发票的要求

企业在经营过程，经营者经常碍于朋友的情面，答应朋友开具普通发票的要求。一者可能由于企业经营者不懂开具抵扣税款的发票会触犯刑法，二者也可能因为心存侥幸，认为只要做得周密，是无法查明的。应当说，尽管有上述原因和想法，但企业一旦从事此等行为，就有可能引发巨大的刑事风险。

五、案例评析

（一）案例简介

济南市历下区人民检察院指控：2008年1月至9月，被告人许某在任山东三和药品有限公司（该单位另案处理）总经理期间，为使单位少缴增值税税款，在没有实际货物购销的情况下，接受由菏泽市曹县仁和药业有限公司为本单位开具的增值税专用发票62张，发票金额共计7，224，799.94元，增值税税款数额共计1，049，757.26元，并已全部用于抵扣税款。案发后，所抵扣税款已全部追回。

法院经审理后认为，公诉机关指控被告人许某“为使单位少缴增值税税款，在没有实际货物购销的情况下，接受由菏泽市曹县仁和药业有限公司为本单位开具的增值税专用发票62张，发票金额共计7，224，799.94元，增值税税款数额共计1，049，757.26元，并已全部用于抵扣税款”的事实不清，证据不足。理由如下：（1）公诉机关未找到王某某此人，王某某与山东三和药品有限公司的哪个人具体联系的，山东三和药品有限公司是谁负责菏泽市曹县仁和药业有

限公司的业务,谁是涉案发票的具体经办人事实不清,证据不足;(2)辩护人提交的有王某某签名的汇票记录清单两张、接收人为王某某的推销员自带发票清单三张,自带发票中注明为曹县业务的19张发票均包含在起诉书指控的虚开的发票中;辩护人出具的山东三和药品有限公司2008年1月8日聘用武某为市场部部门经理的通知及该文件的签收单,显示自2008年1月8日起武某负责具体业务,而本案涉案增值税发票显示的期间是2008年1～9月,且有证据显示王某某在股东会议上替武某出席并签名;(3)许某作为公司的法定代表人、总经理,负责公司的日常管理工作,虽然菏泽市曹县仁和药业有限公司的付款申请书中公司负责人一栏中有被告人许某的签名,支付给菏泽市曹县仁和药业有限公司的银行汇票票面金额中有相当大的部分资金流向了许某及其亲属的账户,但该款的最终去向,公诉机关亦没有提供证据证明,因此,目前现有证据不能排除许某出于程序性要求而签字的可能性,也不足以证明该款被许某、姜某占有,同时考虑公诉机关未提供时任经理董某的证言这一因素,许某在虚开增值税专用发票过程中的作用及主观故意,没有确实充分的证据予以证实。

法院认为,公诉机关指控被告人许某犯虚开增值税专用发票罪事实不清,证据不足,关于"被告人许某作为单位直接责任人员,虚开增值税专用发票,虚开的税款数额巨大,其行为触犯了《中华人民共和国刑法》第205条,构成虚开增值税专用发票罪"的指控不能成立。被告人许某及其辩护人关于本案事实不清,证据不足的辩护意见成立,予以采纳。辩护人关于公安机关及公诉机关程序违法的辩护观点没有事实和法律的依据,不能成立,不予采纳。故法院判决被告人许某无罪。

(二)简要评析

本案中,开票方与对方是否存在真实的交易关系,这是认定本罪是否成立最重要的标准。当然,即使没有真实的交易关系,被告人是否是承担虚开的责任也是案件重要争议点之一。本案中,被告人之所以不成立犯罪,也是因为公诉机关并没有证据证明被告人指使或负责进行了虚开行为。作为单位来说,要避免本罪的发生,首先注意不要在不存在真实的交易关系的情况下开具发票;其次,对于每一笔交易,如果存在开立增值税发票的情形,应当要做好档案保存,确保每一张增值税发票有对应的相关证据证明存在真实的交易关系。

80. 虚开发票罪

一、法律规定

《刑法》第205条之一规定，虚开本法第205条规定以外的其他发票，情节严重的，处二年以下有期徒刑、拘役或者管制，并处罚金；情节特别严重的，处二年以上七年以下有期徒刑，并处罚金。

单位犯前款罪的，对单位判处罚金，并对其直接负责的主管人员和其他直接责任人员，依照前款的规定处罚。

二、条文释义

本条是关于虚开发票罪及其刑事处罚的规定。所谓虚开发票罪，是指虚开增值税专用发票或者虚开用于骗取出口退税、抵扣税款的发票以外的其他发票，情节严重的行为。本罪的构成要件如下。

（一）本罪从客观上来看

本罪的主体为一般主体，自然人和单位均可构成本罪。按照《刑法》第31条的规定，单位犯本罪时，实行双罚制，即对单位判处罚金，并对其直接负责的主管人员和其他直接责任人员按相关条款规定判处刑罚。

危害行为和危害结果表现为，行为人虚开增值税专用发票或者虚开用于骗取出口退税、抵扣税款的发票以外的其他发票，情节严重。

（二）本罪从主观上来看

本罪主观方面是故意，过失不构成本罪。

三、立案标准

最高人民检察院、公安部印发的《关于公安机关管辖的刑事案件立案追诉标准的规定(二)的补充规定》第2条规定:“在《立案追诉标准(二)》中增加第六十一条之一规定,虚开刑法第二百零五条规定以外的其他发票,涉嫌下列情形之一的,应予立案追诉:

(一)虚开发票一百份以上或者虚开金额累计在四十万元以上的;

(二)虽未达到上述数额标准,但五年内因虚开发票行为受过行政处罚二次以上,又虚开发票的;

(三)其他情节严重的情形。”

四、风险防范

发票管理制度是税收征管制度的重要内容。虚开发票、虚开增值税专用发票正是通过对发票管理制度的违反,进而破坏税收征管制度,破坏国民经济,社会危害极大。对于本罪的防范,可以从以下几个方面进行。

(一)建立依法开票的法律意识

企业尤其是企业的财务部门,应认真学习我国关于发票的法律法规,比如《发票管理办法》《发票管理办法实施细则》等,树立依法开票的守法意识。

(二)严格发票管理制度

企业应制定严格的发票管理规程,从发票的购买、开具、保存等环节预防非法开具发票的现象。比如,根据企业需求向税务行政机关购买合适种类、数量、额度的发票,不宜无计划大肆购买与企业需求量不匹配的发票,造成企业资源浪费;财务人员开具发票时应认真核对、填写发票信息,防止出现发票缺联少页、填写错误、盖章不清晰等现象;保存发票时应设置专门保管人员,设立发票登记簿,详细记载发票开具信息,按照税务机关要求进行销毁等。

（三）杜绝为了少缴税款而开具普通发票抵扣的行为

一般企业经营者知道开具增值税发票触犯刑律，但许多经营者仍不清楚开具普通发票同样具有刑事风险。故企业不得为少缴税款，向其他企业购买普通发票。不存在交易关系，要求其他企业开具普通发票同样会具有刑事风险。

（四）不得碍于情面，同意朋友虚开普通发票的要求

企业在经营过程，经常碍于朋友的情面，答应朋友要求开具普通发票的要求。一者可能由于企业经营者不懂开具普通发票会触犯刑法，二者也可能因为心存侥幸，认为只要做得周密，是无法查明的。尽管有上述原因和想法，但企业一旦从事了此等行为，均有可能引发巨大的刑事风险。

五、案例评析

（一）案例简介

河北省广宗县人民检察院指控：2014 年 1 月至 2015 年 12 月，被告人赵某英作为佳林建设有限公司（以下简称佳林公司）的直接责任人，为佳林公司下账需要，经杨某（另案处理）介绍，由石家庄天悦建筑劳务分包有限公司给该公司虚开劳务发票，并按照票面金额的 1% 向杨某支付开票费用。现经河北中翰方远诚税务师事务所有限公司审核，合计虚开总金额 11，607，700 元，因虚开发票少缴各项税款共计 993，270. 89 元，且造成取得发票方少缴开票金额 25% 的企业所得税。为了证明上述事实，公诉机关向法庭提供的证据有：书证、证人证言、被告人的供述与辩解等证据予以证明。

被告单位佳林公司辩称，其公司不构成犯罪。辩护人提出的辩护意见是，本案犯意并非被告单位的整体意志，公诉机关并无证据证明该犯意由佳林公司领导层经过集体研究、讨论后形成，被告人赵某英以个人名义实施行为，所产生的后果不应由佳林公司承担，故佳林公司不构成虚开发票罪。被告人赵某英辩称，有真实劳务存在，没有少缴税款，其不构成犯罪。辩护人提出的辩护意见是，赵某英作为佳林公司的负责人，在佳林公司存在真实业务和费用支出，又确实难以从相对方取得支出凭证的情况下，按照建筑行业的普遍做法，通过劳务

公司据实代开劳务发票入账，其主观上没有偷、骗税目的，客观上没有而且不可能造成国家税款流失，其行为不构成虚开发票罪。

法院审理后认为，被告人赵某英在无实际业务往来的情况下，让他人为自己所在佳林公司虚开普通发票，情节严重，其行为已构成虚开发票罪。公诉机关指控被告人赵某英的罪名成立，法院予以确认。公诉机关指控被告单位佳林公司犯虚开发票罪，经查，公诉机关并无证据证明该犯意由佳林公司领导层经过集体研究、讨论后形成，赵某英以个人名义实施行为，所产生的后果不应由佳林公司承担，故佳林公司不构成虚开发票罪，公诉机关指控的罪名不成立。公诉人提供河北中翰方远诚税务师事务所有限公司《关于石家庄天悦建筑劳务分包有限公司虚开发票涉税金额的审核报告》系对石家庄天悦建筑劳务分包有限公司涉税金额出具的，并不能证实被告单位佳林公司少缴税款，故法院不予采纳。赵某英让天悦公司代提供劳务工人开具发票，其公司并未少缴税款，其社会危害性较小，犯罪情节轻微，可免予刑事处罚。辩护人提出被告单位无罪的辩护意见，法院予以采纳。辩护人提出赵某英无罪的辩护意见，法院不予采纳。根据本案事实、情节及危害程度，法院判决被告单位佳林公司无罪。判决被告人赵某英犯虚开发票罪，免予刑事处罚。

（二）简要评析

从本案来看，是否构成单位犯罪，应当审查单位作出的行为，是否代表单位的意志。同时，最终被告人被免予刑事处罚，是因为其实际并未少缴税款，未给国家造成实际损失。因此，在相关行为发生后，重点审查实际税款损失情况，并采取措施，尽可能减少国家税务损失，这最终也可能减轻当事人刑事责任。

81. 伪造、出售伪造的增值税专用发票罪

一、法律规定

《刑法》第 206 条规定："伪造或者出售伪造的增值税专用发票的，处三年

以下有期徒刑、拘役或者管制，并处二万元以上二十万元以下罚金；数量较大或者有其他严重情节的，处三年以上十年以下有期徒刑，并处五万元以上五十万元以下罚金；数量巨大或者有其他特别严重情节的，处十年以上有期徒刑或者无期徒刑，并处五万元以上五十万元以下罚金或者没收财产。

单位犯本条规定之罪的，对单位判处罚金，并对其直接负责主管人员和其他直接责任人员，处三年以下有期徒刑、拘役或者管制；数量较大或者有其他严重情节的，处三年以上十年以下有期徒刑；数量巨大或者有其他特别严重情节的，处十年以上有期徒刑或者无期徒刑。”

第 208 条第 2 款规定：“非法购买增值税专用发票或者购买伪造的增值税专用发票又虚开或者出售的，分别依照本法第二百零五条、第二百零六条、第二百零七条的规定定罪处罚。”

二、条文释义

本条是关于伪造、出售伪造的增值税专用发票罪及其刑事处罚的规定。所谓伪造、出售伪造的增值税专用发票罪，是指非法印制、复制或者使用其他方法伪造增值税专用发票或者非法销售、倒卖伪造的增值税发票的行为。本罪的构成要件如下。

（一）本罪从客观上来看

本罪的主体是一般主体，自然人和单位均可以构成本罪主体。单位构成本罪的，实行双罚制，即对单位判处罚金，并对直接负责的主管人员和其他直接责任人员追究刑事责任。

从危害行为和危害结果来看，本罪表现为伪造增值税专用发票和出售伪造的增值税专用发票两种行为方式。

（1）伪造增值税专用发票的行为

所谓伪造，是指行为人仿照增值税专用发票的图案、色彩、形状、式样，包括发票所属的种类、各联用途、版面排列、使用范围等事项，使用印刷、复印、拓印、石印等方法，非法制造假增值税专用发票的行为。

（2）出售伪造的增值税专用发票

出售，即有偿让与，是指以营利为目的，通过各种途径将伪造的增值税专用发票有价卖出的行为。既包括以票换取金钱的典型出卖行为,也包括以票换取其他财物或者其他财产性利益与报酬的非典型出卖行为。本罪出卖行为的对象仅限于伪造的增值税专用发票,如非法出售真实的增值税专用发票,出售伪造、擅自制造的可以用于骗取出口退税、抵扣税款的其他发票或者普通发票,构成犯罪的,应以他罪论处。

伪造的增值税专用发票,是指通过伪造行为而产生的虚假发票,它并不要求与真实的发票完全一样,只要足以蒙骗他人即可。至于出售的伪造的增值税专用发票来自何处,在所不问。只要行为人出于明知,即可构成伪造、出售伪造的增值税专用发票罪。

(二)本罪从主观上来看

本罪在主观方面表现为直接故意,即明知自己伪造、出售伪造的增值税专用发票的行为违反发票管理法规,会造成危害社会的结果,而希望和追求这种结果的发生。不论何种动机和目的,也不要求必须营利,只要行为人故意实施了伪造、出售伪造的增值税专用发票的行为,就构成本罪。如果行为人确实是出于收藏或为显示自己的技巧而伪造极少量的增值税专用发票的,可以视为“情节显著轻微危害不大”的情况而不认定为犯罪。

三、立案标准

根据最高人民检察院、公安部《关于公安机关管辖的刑事案件立案追诉标准的规定(二)》第 62 条的规定,伪造或者出售伪造的增值税专用发票 25 份以上或者票面额累计在 10 万元以上的,应予立案追诉。

四、风险防范

(一)建立开票审核制度

单位内部开具增值税发票的,应当建立多层级审批制度,杜绝一人全盘操作,以防范虚开增值税发票的风险。

（二）建立收票审核制度

对于单位收到的增值税专用发票，应当对每一张发票的真实性进行核验，发现虚假发票，及时处理。

（三）加强法制教育

国家对于发票的管理，制定了相关的法律、法规，对违规行为规定了严格的处罚措施。单位应当对职工，尤其是单位财务人员加强法制教育，提高其法治意识，增加其守法的积极性。

五、案例评析

（一）案例简介

公诉机关起诉指控：从2015年开始，被告人詹某某先后召集被告人詹某甲、詹某乙，租用深圳市龙岗区某街道某小区6单元317房及1115房为经营点，并自备打印机等制假设备，从事增值税专用发票的买卖，对外销售牟利。2015年11月26日，侦查机关从该窝点查扣增值税专用发票共计676份，另现场缴获詹某某等人从华强北购买的待售的无号空白增值税专用发票1250份及制假工具一批。经鉴定，上述增值税发票中，山西版增值税专用发票27份，票面金额价税合计金额人民币3,038,985元；上海版增值税专用发票13份，票面金额价税合计人民币1,262,377.09元均为伪造发票；另无号空白增值税专用发票1250份为假发票。

被告人詹某某认罪，对指控的犯罪事实无异议。

詹某某的辩护人提出：(1)涉案的636份真实增值税专用发票源于委托人，詹某某等人仅收取少量劳务费，其实际是根据委托人的要求开具发票，不应视为犯罪行为；涉案的40份假发票也是根据委托人提供的信息开具，是代打行为。(2)涉案的1250份增值税专用发票是空白的，还没有销售出去，应是犯罪未遂。(3)詹某某归案后坦白认罪，是初犯。请求法院对被告人詹某某减轻处罚。

被告人詹某甲认罪，对指控的犯罪事实无异议。

被告人詹某乙认罪，但辩称自己参与詹某某团伙时间不长，在该团伙里主要从事一些杂务。

法院经审理后认为：被告人詹某某、詹某甲、詹某乙为谋取非法利益，伪造增值税专用发票40份，票面金额合计人民币4,301,362.09元，情节特别严重；出售伪造的增值税专用发票1250份，数量巨大。三被告人的行为均构成伪造、出售伪造的增值税专用发票罪。侦查机关现场查获的空白增值税专用发票1250张尚未出售，属犯罪未遂，依法可从轻处罚。在共同犯罪中，詹某某起组织、指挥作用，是主犯；詹某甲和詹某乙起帮助作用，是从犯，依法应减轻处罚。詹某某、詹某甲归案后认罪态度较好，依法可从轻处罚。詹某某的辩护人所提詹某某部分犯罪未遂的辩护意见有理，法院予以采纳。故法院判决各被告人3～10年的有期徒刑。

（二）简要评析

从本案来看，被告人伪造增值税专用发票、出售伪造的增值税专用发票行为，事实清楚，证据确凿，依法成立伪造增值税专用发票、出售伪造的增值税罪。作为单位来说，要防范本罪，应当加强发票管理，杜绝使用假发票，更不得对外提供假发票。远离假发票，才能远离此罪的刑事风险。

82. 非法出售增值税专用发票罪

一、法律规定

《刑法》第207条规定："非法出售增值税专用发票的，处三年以下有期徒刑、拘役或者管制，并处二万元以上二十万元以下罚金；数量较大的，处三年以上十年以下有期徒刑，并处五万元以上五十万元以下罚金；数量巨大的，处十年以上有期徒刑或者无期徒刑，并处五万元以上五十万元以下罚金或者没收财产。"

二、条文释义

本条是关于非法出售增值税专用发票罪及其刑事处罚的规定。所谓非法出售增值税专用发票罪，是指违反国家有关发票管理法规，故意非法出售增值税专用发票的行为。本罪的构成要件如下。

（一）本罪从客观上来看

本罪的主体是一般主体。凡达到刑事责任年龄、具有刑事责任能力的自然人均可成为本罪的主体。依照《刑法》第211条的规定，单位也可成为本罪的主体。单位构成本罪的，实行两罚制。

从危害行为和危害结果来看，本罪表现为违反有关发票管理规定，非法出售增值税专用发票的行为。

（二）本罪从主观上来看

本罪在主观方面为故意，过失不构成本罪。无论出于何种动机和目的，也不要求必须营利，只要行为人故意实施了非法出售的行为，就构成本罪。如果税务机关的工作人员在发售发票中玩忽职守，致使国家利益遭受重大损失的，依照《刑法》有关规定定罪处罚。

三、立案标准

根据最高人民检察院、公安部《关于公安机关管辖的刑事案件立案追诉标准的规定（二）》第63条的规定，非法出售增值税专用发票25份以上或者票面额累计在10万元以上的，应予立案追诉。

四、风险防范

（一）建立开票审核制度

单位内部开具增值税发票的，应当建立多层级审批制度，杜绝一人全盘操作。同时，注意审核发票是否与业务合同相对应，没有业务合同，应当拒绝开具增值税票。

(二)加强法制教育

国家对于发票的管理制定了相关的法律、法规，对违规行为规定了严格的处罚措施。单位应当对职工，尤其是单位财务人员加强法制教育，提高其法治意识，增加其守法的积极性。

五、案例评析

(一)案例简介

北京市海淀区人民检察院在起诉书中指控，2013年12月6日13时左右，被告人陈某在本市海淀区中关村南路9号82号楼一层，以人民币195,500元的价格向举报人盛某非法出售《北京增值税专用发票》25张，票面金额累计人民币2,875,000元，交易完成后当场后被民警抓获。

被告人陈某及其辩护人对检察院起诉书指控的事实和罪名均无异议。被告人陈某的辩护人发表的辩护意见为，陈某非法出售增值税专用发票25份刚达到刑事立案标准，不属于数量巨大；本案存在侦查机关隐匿身份侦查的情形，其系犯罪未遂；其在犯罪中起次要和辅助作用，是从犯，且到案后能如实供述犯罪事实，故建议法院对其减轻处罚。

法院经审理后认为：被告人陈某非法出售增值税专用发票，数量巨大，其行为已构成非法出售增值税专用发票罪，应予惩处。北京市海淀区人民检察院指控被告人陈某犯非法出售增值税专用发票罪的事实清楚，证据确凿，指控的罪名成立。

关于被告人陈某辩护人提出的陈某出售增值税专用发票的份数不属于数量巨大、其属于从犯的辩护意见，法庭认为，非法出售增值税专用发票罪的定罪量刑标准包括份数和票面金额，二者为选择关系，以处罚较重者为先，被告人陈某非法出售增值税专用发票的份数虽然不多，但票面金额已经达到并且超过了数量巨大的标准，故依法应当按照数量巨大的标准对其定罪处罚；另外，被告人陈某与发票提供者属于非法出售增值税专用发票行为的上、下线，并非共同犯罪，不存在主、从犯的区分问题，故被告人陈某不应认定为从犯。因此，辩护人的上述辩护意见法院不予采纳。

鉴于被告人陈某已经着手实行犯罪，由于意志以外的原因而未得逞，是犯罪未遂，其到案后能如实供述犯罪事实，庭审中认罪态度较好，且本案系公安机关通过特情引诱的方式侦破，故依法对其减轻处罚。被告人陈某的辩护人的相关辩护意见，法院酌予采纳。故判决如下：被告人陈某犯非法出售增值税专用发票罪，判处有期徒刑 6 年，罚金人民币 10 万元。

（二）简要评析

本案中，被告人非法出售增值税专用发票，数量巨大，依法应当判处 10 年以上有期徒刑，但最终法院对其判处 6 年有期徒刑，说明法院充分考虑了其具有的从轻情节。从本案来看，非法出售增值税专用发票罪的定罪量刑标准包括份数和票面金额，二者为选择关系，以处罚较重者为先。因此，不仅以出售增值税发票的份数考虑量刑，增值税专用发票的票面金额，同样影响最终的量刑。作为企业，要防范本罪的风险，应当依法依规地开具每一张发票，不得在不存在真实的交易关系的情况下虚开增值税发票，也不得为牟利出售增值税专用发票。否则，极有可能面临此罪的刑事风险。

83. 非法购买增值税专用发票、购买伪造的增值税专用发票罪

一、法律规定

《刑法》第 208 条规定："非法购买增值税专用发票或者购买伪造的增值税专用发票的，处五年以下有期徒刑或者拘役，并处或者单处二万元以上二十万元以下罚金。

非法购买增值税专用发票或者购买伪造的增值税专用发票又虚开或者出售的，分别依照本法第二百零五条、第二百零六条、第二百零七条的规定定

罪处罚。”

二、条文释义

本条是关于非法购买增值税专用发票、购买伪造的增值税专用发票罪及其刑事处罚的规定。所谓非法购买增值税专用发票、购买伪造的增值税专用发票罪,是指违反国家发票管理法规,非法购买增值税专用发票,或者购买伪造的增值税专用发票的行为。本罪的构成要件如下。

(一)本罪从客观上来看

本罪的主体为一般主体。凡达到刑事责任年龄且具有刑事责任能力的自然人均可构成,单位也可构成本罪。按照《刑法》第 31 条的规定,单位犯本罪时,实行双罚制,即对单位判处罚金,并对其直接负责的主管人员和其他直接责任人员按相关条款规定判处刑罚。

本罪危害行为和危害结果表现为违反国家发票管理法规,非法购买增值税专用发票,或者购买伪造的增值税专用发票的行为。

(二)本罪从主观上来看

本罪的主观方面是故意,故意是指明知是非法购买增值税专用发票的行为而有意实施,或者明知是伪造的增值税专用发票而购买的主观心理状态。

三、立案标准

最高人民检察院、公安部《关于公安机关管辖的刑事案件立案追诉标准的规定(二)》第 64 条规定,非法购买增值税专用发票或者购买伪造的增值税专用发票 25 份以上或者票面额累计在 10 万元以上的,应予立案追诉。

四、风险防范

增值税发票是我国税务机关严格管理的一种发票,公司、企业必须严格依照法律进行使用。随意虚开、购买伪造的增值税发票,是对我国建立的增值税专用发票制度的严重侵害，也会给公司、企业进一步从事违法犯罪活动提供便利。因此，对于这种行为需用刑法加以打击，公司企业在预防本罪时，可从以下几个方面加以入手。

(一)定期组织财务人员学习相关法律制度

本罪是刑法新增罪名，企业应当定期组织财务人员学习这一法律制度，增强财务人员的合法合规意识。

(二)建立财务人员对企业财务凭证定期核查制度

企业应当建立相关制度，要求财务人员对企业财务凭证定期进行核查，以防企业财务凭证中混杂不合法的票据。

(三)及时处理来源不明的发票

本罪要求主体主观上为故意，因此，对于虚假发票，倘若公司、企业在不知情的情况下无意中持有，发现以后应当及时销毁。当发现自身存在持有虚假发票的情况时，绝对不能无动于衷或者心存侥幸，否则便有可能符合本罪所要求的主观故意要件，从而触犯本罪。

(四)以合法手段追求企业利润最大化

企业的经营者应当以合法手段追求利润，对国家的发票及税收制度要充分尊重，不能滋生投机取巧心理。虚开增值税发票、购买伪造的增值税发票，也许能一时地为公司、企业在骗取出口退税等方面获得不法利益，但随着发票、退税制度的完善，这种行为迟早会暴露在法网之下，最终只会害人害己。

五、案例评析

(一)案例简介

晋城市城区人民检察院指控：被告人杨某经营晋城市世印电气消防检测有限公司并担任法人代表，同时还负责山西海祥消防检测中心(有限公司)在晋城的业务，做完业务后需给海祥公司提供增值税专用发票。2019 年 1 月初的一天，杨某接到陌生电话问其是否需要增值税专用发票，便与对方（具体信息不详）建立了微信联系，提出需要购买增值税专用发票，并提供了山西海祥公司的开票信息。后杨某分两次从对方购买了增值税专用发票9份，票面额价税合计累计895,044.32元，通过微信向对方支付了19,796元开票费，对方通过快递将发票送达杨某。杨某将发票邮寄给海祥公司，海祥公司告诉杨某发票可能为假票并将发票退回，杨某便到公安机关报案，公安机关以涉嫌非法购买增值税专用发票罪对杨某立案侦查。

被告人杨某对公诉机关起诉书指控的犯罪事实及罪名均无异议，当庭表示认罪。

其辩护人对公诉机关起诉书指控被告人杨某的犯罪事实及罪名不持异议。但认为：（1）杨某虽构成犯罪，同时也是本案的被害人，发现购买是假的增值税发票时，主动到公安机关报案，应该认定杨某的行为构成自首；（2）被告人杨某犯罪情节轻微，社会危害性较小；（3）杨某无犯罪前科，系初犯、偶犯；（4）杨某认罪、认罚，当庭悔过，并自愿缴纳罚金。建议对杨某从轻处罚，并适用缓刑。

法院经审理后认为，被告人杨某违反国家发票管理法规，非法购买增值税专用发票，构成非法购买增值税专用发票罪。公诉机关指控杨某的犯罪事实清楚，证据确实、充分，罪名成立，本院予以支持。杨某到案后如实供述自己的犯罪事实，认罪、悔罪，可从轻处罚。其辩护人认为被告人杨某构成自首的辩护意见与本院审理查明的事实不符，本院不予采纳。其辩护人相关从轻处罚的其他辩护意见，本院予以采纳。综合杨某的犯罪情节、认罪、悔罪表现以及检察机关的量刑建议，可对其适用缓刑。故法院判决被告人杨某犯非法购买增值税专用发票罪，判处拘役4个月，缓刑6个月，并处罚金2万元。

（二）简要评析

本案是典型的非法购买增值税专用发票行为。无论购买的发票是否真假，该行为均是法律禁止的行为。如果没有真实的交易关系，即使发票是真实的，在现今信息十分通畅的情况，也是容易被发现的。因此，存在侥幸心理购买发票，是得不偿失的。

84. 非法制造、出售非法制造的用于骗取出口退税、抵扣税款发票罪

一、法律规定

《刑法》第 209 条第 1 款规定："伪造、擅自制造或者出售伪造、擅自制造的可以用于骗取出口退税、抵扣税款的其他发票的，处三年以下有期徒刑、拘役或者管制，并处二万元以上二十万元以下罚金；数量巨大的，处三年以上七年以下有期徒刑，并处五万元以上五十万元以下罚金；数量特别巨大的，处七年以上有期徒刑，并处五万元以上五十万元以下罚金或者没收财产。"

二、条文释义

本条是关于非法制造、出售非法制造的用于骗取出口退税、抵扣税款发票罪及其刑事处罚的规定。所谓非法制造、出售非法制造的用于骗取出口退税、抵扣税款发票罪，是指违反发票管理法规，伪造、擅自制造或者出售伪造、擅自制造的可以用于骗取国家税款的非专用发票的行为。本罪的构成要件如下。

（一）本罪从客观上来看

本罪的主体是一般主体。达到刑事责任年龄、具备刑事责任能力的自然人和单位均可以构成本罪。

从危害行为和危害结果来看，本罪表现为伪造、擅自制造或者出售伪造、擅自制造的用于出口退税、抵扣税款的其他发票的行为。

非法制造用于骗取出口退税、抵扣税款的发票。根据《发票管理办法》的规定，发票必须是由防伪专用品制成，并套印全国统一发票监制章才有效。因此，非法制造用于骗取出口退税、抵扣税款发票的，当然也就包括非法制造用于制作该发票的防伪专用品及套印在其上面的发票监制章的行为。非法制造该

类发票的，具体包括伪造和擅自制造两种行为方式。

伪造，是指按照真发票的联次、内容、规格、色彩、图案等，使用印刷、复印、描绘、拓印等各种方法印制假发票。伪造该类发票，除了要将发票本身制成和真发票一样之外，还必须使用上述各种制假方法伪造发票监制章、防伪水印、紫外线防伪措施等。

擅自制造，是指印制发票企业或生产发票防伪专用品企业未经有关主管税务机关批准，私自印制发票或私自制造防伪专用品，或虽经批准，但未按发票印制通知书或发票防伪专用品生产通知书所规定的印制数量或生产产量，私自超量加印或制造的行为。

本罪是选择性罪名，实施伪造、擅自制造或者售伪任一行为的，均构成本罪，既实施伪造、擅自制造，又实施出售行为的，构成一罪，不实行数罪并罚。

(二)本罪从主观上来看

本罪在主观方面为故意，并且表现为直接故意，即明知伪造、擅自制造或者出售伪造、擅自制造的用于出口退税、抵扣税款的其他发票违反发票管理法规，会造成危害社会的结果，而希望和追求这种结果的发生。如果行为人不是出于故意，而是出于收藏目的或是为了显示自己的技巧的，可不认为是犯罪。

三、立案标准

根据最高人民检察院、公安部《关于公安机关管辖的刑事案件立案追诉标准的规定(二)》第65条的规定，伪造、擅自制造或者出售伪造、擅自制造的可以用于骗取出口退税、抵扣税款的非增值税专用发票50份以上或者票面额累计在20万元以上的，应予立案追诉。

四、风险防范

本罪的防范措施与伪造、出售伪造的增值税专用发票罪的防范措施相似。

五、案例评析

(一)案例简介

被告人贲某辉于2018年6月25日携带国家税务局平某2税务分局开出的完税凭证(税收缴款书)三份作为样板,在广州市通过他人伪造了税收缴款书三份(桂某现01908701、01908702、01908703),三张伪造的税收缴款书票面金额合计人民币650,810.02元,各种税费合计人民币35,637.11元。贲某辉使用上述三张伪造的税收缴款书作为完税凭证,派其公司员工钟某1于2018年7月2日到平乐县国土局不动产登记管理中心办理公司商品房的产权转移登记手续,因工作人员发现所持完税凭证涉嫌造假而未能办理。

被告人贲某辉对公诉机关指控的事实无异议。

法院经审理后认为,被告人贲某辉违反发票管理规定,伪造可以用于抵扣税款的其他发票,票面金额合计人民币650,810.02元,其行为触犯了《刑法》第209条第1款之规定,构成非法制造用于抵扣税款发票罪。公诉机关指控贲某辉犯罪事实存在,证据确实充分,但罪名适用不当,应以非法制造用于抵扣税款发票罪论处。贲某辉主动到公安机关投案,并如实供述自己的罪行,是自首,依法可以从轻处罚。平乐县司法局经对贲某辉社会调查后认为,贲某辉系初犯,村委表示愿意配合司法机关对贲某辉进行监督教育。因此,平乐县司法局同意对贲某辉进行社区矫正,公诉机关对此亦无异议。综合以上量刑情节及平乐县司法局的调查评估意见,法院决定对被告人贲某辉宣告缓刑。故法院判决被告人贲某辉犯非法制造用于抵扣税款发票罪,判处拘役3个月,缓刑8个月,并处罚金人民币3.5万元。

(二)简要评析

本案被告人非法制造用于抵扣税款的发票,事实清楚,法院在考虑各项情节的基础上,最后对其适用缓刑,应当说是罚当其罪。作为企业来说,只有尊重国家的税收制度,树立依法纳税的理念,才能避免此罪的刑事风险。

85. 非法制造、出售非法制造的发票罪

一、法律规定

《刑法》第 209 条第 2 款规定:“伪造、擅自制造或者出售伪造、擅自制造的前款规定以外的其他发票的,处二年以下有期徒刑、拘役或者管制,并处或者单处一万元以上五万元以下罚金;情节严重的,处二年以上七年以下有期徒刑,并处五万元以上五十万元以下罚金。”

二、条文释义

本条是关于非法制造、出售非法制造的发票罪及其刑事处罚的规定。所谓非法制造、出售非法制造的发票罪,指违反发票管理法规,伪造、擅自制造用于出口退税、抵扣税款的发票,以及出售伪造、擅自制造的用于出口退税、抵扣税款的发票的行为。本罪的构成要件如下。

(一)本罪从客观上来看

本罪的主体是一般主体,符合法定条件的自然人和单位均可以构成本罪。其中,单位犯非法制造、出售非法制造的发票罪的,实行双罚制。

从危害行为和危害结果来看,本罪表现为违反国家有关发票管理法规,实施了非法制造、出售非法制造的发票的行为。

(1)非法制造发票。根据《发票管理办法》的规定,发票是由防伪专用品制成、并套印全国统一发票监制章。非法制造普通发票具体包括伪造和擅自制造两种行为方式。

伪造,是指无权印制普通发票的人仿照真实的普通发票,非法制造假发票、冒充真发票的行为。其具体表现是:按照该类发票的联次、内容、规格、色彩、图案等,使用印刷、描绘、拓印等各种方法印制假发票,伪造该类发票,除了要将发

票本身制成和真发票一样之外、还必须使用各种方法制造发票监制章、防伪水印、紫外线防伪措施等。

擅自制造，是指印制发票企业或生产发票防伪专用品企业未经有关主管税务机关批准，私自印制发票、或私自制造防伪专用品，或虽经批准，但未按发票印制通知书或发票防伪专用品生产通知书所规定的印制数量或生产产量，私自超量加印或制造的行为。此外，依据《发票管理办法》第 14 条的规定，如果印制发票企业未经本省税务机关同意，私自接受外省的单位或个人或外省税务机关的委托，而印制发票的，也应是擅自制作的行为。

(2) 出售非法制造的发票。出售，是指以一定的价格将非法制造的普通发票卖出的行为。有金钱交易，转移所有权是其本质特征。出售的方法不限于私下成交，出售的方式也不限于面对面的直接交货，邮寄、托运、托带均可。出售的发票不限于假发票，真发票亦可，如擅自制造的发票，尽管其行为是非法的，但其制造出来的发票却是真实有效的。

(二) 本罪从主观上来看

本罪在主观方面为故意，一般以营利为目的。

三、立案标准

根据最高人民检察院、公安部《关于公安机关管辖的刑事案件立案追诉标准的规定(二)》第 66 条的规定，伪造、擅自制造或者出售伪造、擅自制造的不具有骗取出口退税、抵扣税款功能的普通发票 100 份以上或者票面额累计在 40 万元以上的，应予立案追诉。

四、风险防范

本罪的风险防范方法可以参照伪造、出售伪造的增值税专用发票罪的防范方法。

五、案例评析

(一)案例简介

公诉机关起诉指控:2012 年年底至 2013 年 5 月,被告人孙某某在本市丰台区丰桥路二号院四号楼 C 座某室等地,对从张某甲(另案处理)等人处购买的伪造的发票进行修改、加工,并向他人出售。后被查获,侦查人员当场起获伪造的发票共计 83, 950 份。

被告人孙某某对起诉书指控的犯罪事实没有提出异议。

被告人孙某某辩护人的意见为,孙某某犯罪行为应当认定为犯罪预备,孙某某认罪态度较好,有坦白行为,且有立功表现,建议法庭对孙某某从轻处罚。

法院经审理后认为:被告人孙某某无视国家法律,以获取非法利益为目的,非法制造发票并予以出售,情节严重,其行为已构成非法制造、出售非法制造的发票罪,应予处罚。北京市丰台区人民检察院指控孙某某犯非法制造、出售非法制造的发票罪事实清楚,证据确实充分,罪名成立。孙某某的辩护人提出孙某某的行为构成犯罪预备,与本案证据证明的事实不符,法院不予采纳。孙某某在刑满释放后 5 年内又犯新罪,系累犯,应从重处罚。鉴于孙某某认罪态度较好,能如实供述犯罪事实,且在被抓获后,协助公安机关抓获其他犯罪嫌疑人,有立功情节,故对孙某某予以从轻处罚。故法院判决被告人孙某某犯非法制造、出售非法制造的发票罪,判处有期徒刑 6 年,并处罚金人民币 10 万元。

(二)案例评析

本案被告人非法制造发票并予以出售,情节严重,其行为明显已构成犯罪。被告人被判处有期徒刑,这是侥幸心理的必然结果。发票属于国家重点管控的凭据,任何人不得伪造、变造发票,亦不得将发票作为买卖标的进行交易,否则极有可能承担刑事责任,这应当成为企业经营者谨记的基本法律常识。只有谨记这些基本常识,才有可能远离此罪的刑事风险。

86. 非法出售用于骗取出口退税、抵扣税款发票罪

一、法律规定

《刑法》第209条第3款规定，非法出售可以用于骗取出口退税、抵扣税款的其他发票的，依照第1款的规定处罚。

二、条文释义

本条是关于非法出售用于骗取出口退税、抵扣税款发票罪及其刑事处罚的规定。所谓非法出售用于骗取出口退税、抵扣税款发票罪，是指违反国家税收管理法规，非法出售可以用于骗取出口退税、抵扣税款的发票的行为。本罪的构成要件如下。

（一）本罪从客观上来看

本罪的主体是一般主体。达到一定年龄，具有刑事责任能力的自然人均可构成本罪。依据《刑法》的规定，单位也可以构成本罪。

从危害行为和危害结果来看，本罪表现为非法出售增值税专用发票以外可以用于出口退税、抵扣税款的发票。根据《发票管理办法》的规定，开具发票仅限于销售商品、提供服务以及从事其他经营活动的单位和个人对外发生经营业务、收取款项的情况。通常情况下，由收款方向付款方开具发票；在特殊情况下，则由付款方向收款方开具发票。任何单位和个人都不得转借、转让。

出售，不包括行为人没有从中牟利的转借发票的行为。对于名为转借，实为非法出售的，应当按其实际性质，认定为非法出售。

增值税专用发票以外可以用于出口退税、抵扣税款的发票，是指运输发票、农业产品收购发票等既不是增值税专用发票，但又具有与增值税专用发票相同的功能，可以用于出口退税、抵扣税款的发票。

本罪的发票仅指依法办理了税务登记的单位或者个人,在领取税务登记证件后,向税务机关领购的发票。凡不是从税务机关领购的发票,均属伪造、擅自制造的发票。如果出售伪造、擅自制造的增值税专用发票外可以用于出口退税、抵扣税款的发票,构成出售非法制造的用于骗取出口退税、抵扣税款发票罪,而不是本罪。

(二)本罪从主观上来看

本罪在主观方面为故意,并且为直接故意。行为人必须具有非法出售增值税专用发票以外可以用于出口退税、抵扣税款的发票的犯罪故意,且以营利为目的,否则不构成本罪。

三、立案标准

根据最高人民检察院、公安部《关于公安机关管辖的刑事案件立案追诉标准的规定(二)》第67条的规定,非法出售可以用于骗取出口退税、抵扣税款的非增值税专用发票50份以上或者票面额累计在20万元以上的,应予立案追诉。

四、风险防范

本罪的风险防范方法与非法出售增值税专用发票罪的防范方法相似。

五、案例评析

(一)案例简介

公诉机关起诉指控:2012年年底,被告人董某某和陈某某(已判刑)预谋使用农村合作社证件向国家税务局申领发票,通过转卖发票获取非法利益。后董某某、陈某某以淮北市烈山区古饶康农农民种植专业合作社名义向淮北市国家税务局申请了一般纳税人登记,并于2013年1月18日、2月4日、2月5日、3月7日向淮北市国家税务局申领了《安徽省国家税务局通用机打发票》240份,将上述发票以开票金额1%的价格非法出售给王某甲，非法获利79,500元。后上述240份票据分别开具给阜阳市宝顺纺织有限公司、阜阳市顺意纺织品有限公司等单位。2013年上半年，董某某、陈某某得知淮北市国家税务局稽查局正在对康农合作社进行税务稽查，即在网上将已开出的100份发票点击作废，剩余的140份发票开票的票面金额计9,954,000元，受票方可抵扣增值税进项税额1,294,020元。

被告人董某某对公诉机关指控其犯非法出售用于抵扣税款发票罪的犯罪事实及罪名均无异议，辩解称其不是主犯。

辩护人提出的辩护意见是：对公诉机关指控被告人董某某犯非法出售用于抵扣税款发票罪的犯罪事实及罪名均无异议，同时提出被告人自愿认罪，其与陈某某在网上点击作废100份未出售发票系犯罪中止，王某甲点击作废40份已出售发票系犯罪未遂。综上所述，建议对被告人董某某从轻、减轻处罚并适用缓刑。

法院经审理后认为：被告人董某某为获取非法利益，伙同他人非法出售用于抵扣税款发票240份，票面额累计9,954,000元，受票方可抵扣增值税进项税额1,294,020元，危害税收征管，其行为已构成非法出售用于抵扣税款发票罪。公诉机关指控的罪名成立，本院予以支持。

关于被告人董某某提出其不是主犯的辩解意见，经查明，被告人董某某在共同犯罪中积极参与，起主要作用，系主犯，故对其辩解意见不予采纳。关于辩护人提出被告人董某某与陈某某在网上点击作废100份未出售发票系犯罪中止，王某甲点击作废的40份已出售发票系犯罪未遂的辩护意见，经查明，与事实及法律规定不符，不予采纳。

被告人董某某在共同犯罪中积极参与，起主要作用，系主犯，应当按照其所参与的全部犯罪处罚。归案后如实供述主要犯罪事实，依法可以从轻处罚。故法院判决被告人董某某犯非法出售用于抵扣税款发票罪，判处有期徒刑3年，并处罚金人民币10万元。

（二）简要评析

本案属于比较典型的非法出售用于抵扣税款发票罪。从本案来看，本罪的既遂是以出售行为完成为准，并不是以是否成功抵扣税款为准。现在国家采用高科技手段管理发票，每一张发票随时可以识别真伪，并且很容易识别是否存在真实的交易行为。作为企业来说,任何出售发票的行为均承担着巨大的刑事风险。只有依法依规,才有可能防范本罪的风险。

87. 非法出售发票罪

一、法律规定

《刑法》第209条第4款规定,非法出售第3款规定以外的其他发票的,依照第2款的规定处罚。

二、条文释义

本条是关于非法出售发票罪及其刑事处罚的规定。所谓非法出售发票罪,是指违反发票管理规定,非法出售各种不能用于出口退税、抵扣税款的发票的行为。本罪的构成要件如下。

(一)本罪从客观上来看

本罪的主体是一般主体。达到刑事责任年龄且具有刑事责任能力的自然人和单位均能构成本罪。

从危害行为和危害结果来看,本罪表现为违反国家有关发票管理规定,实施了非法出售发票的行为。

(二)本罪从主观上来看

本罪在主观方面要求是直接故意,并且一般以营利为目的,过失不构成本罪。

三、立案标准

根据最高人民检察院、公安部《关于公安机关管辖的刑事案件立案追诉标准的规定(二)》第68条的规定,非法出售普通发票100份以上或者票面额累计在40万元以上的,应予立案追诉。

四、风险防范

本罪的风险防范方法与非法出售增值税发票罪的防范方法相似。

五、案例评析

(一)案例简介

公安县人民检察院指控:被告人罗某某、蒋某见出售发票有利可图,便于2009~2010年,借用罗某乙、王某某、候某某的身份证,以罗某乙、王某某、候某某的名义,在公安县杨家厂镇注册了公安县蒙达建材经营部、公安县顺达建材经营部、公安县光顺建材经营部,然后,在没有发生一起真实业务的情况下,从公安县国税局领取大量增值税普通发票及通用机打发票,非法出售给安徽省芜湖市人殷某某,再由殷某某非法出售到江苏省、浙江省一带的企业,并按开票金额的一定比例收取费用,从中非法牟利。被告人罗某某、蒋某非法出售发票共计696份,开票金额共计78,979,812.43元。其中以公安县蒙达建材经营部的名义非法出售发票411份,开票金额55,828,049.13元,以公安县光顺建材经营部的名义非法出售发票88份,开票金额7,363,705.60元,以公安县顺达建材经营部的名义非法出售发票197份,开票金额15,788,057.70元。2015年4月10日、13日,被告人蒋某、罗某某分别主动到公安县公安局投案。

被告人罗某某、蒋某对指控的事实全部供认。

被告人蒋某的辩护人辩称,(1)被告人蒋某的行为应认定为虚开发票。①虚开发票,是指为他人、为自己开具与实际经营业务情况不符的发票,本案事实是被告人罗某某和蒋某注册三家建材经营部,以三家建材经营部的名义在税务部门领取增值税普通发票及通用机打发票,然后将空白发票交给安徽省芜湖市人殷某某,由殷某某根据江苏和浙江一带的企业要求,在没有真实业务的情况下替相关企业开具发票,殷某某按照一定比例收取开票企业的手续费后,又按照一定比例分给被告人部分费用。②出售发票,顾名思义是转让发票所有权的行为,虚开不发生发票所有权的转移,不能因为虚开发票谋利就认定为出售发票,虚开发票不排除在实践中存在不谋利的情形。(2)虚开发票罪是《刑法修正案(八)》新增加的罪名,《刑法修正案(八)》于2011年5月1日施行,而本案被告人的虚开发票行为发生在2011年以前,根据从旧兼从轻的刑法原则,应适用修正以前的刑法,宣告被告人无罪。(3)如果认定被告人有罪,则应认定被告人出售的是空白发票,其定罪量刑只能按出售的发票份数696份确定,在司法实践中对非法出售发票的追诉标准有规定,对构成情节严重的标准没有规定,追诉的起点为100份,对696份认定为情节严重,适用2年以上,7年以下的刑罚幅度,依据不足。(4)被告人蒋某有以下量刑情节可以依法从轻或减轻处罚,蒋某属自首,案发后退清了全部赃款。

法院认为:被告人罗某某、蒋某为了获取非法利益,违反国家发票管理规定,在企业没有经营的情况下,将增值税普通发票非法出售给其他企业,其行为已构成非法出售发票罪。考虑到发票的份额超出立案追诉标准的数倍,发票的金额超过立案追诉标准的数百倍之多,宜以情节严重追究刑事责任。公诉机关指控的罪名成立。罗某某、蒋某自动投案,如实供述自己的犯罪事实,是自首,可以从轻处罚;案发后退清了全部赃款,可以从轻处罚。罗某某、蒋某将空白发票提供给他人,并按开票金额获取费用,其行为符合非法出售发票罪的特征,对蒋某的辩护人辩称蒋某的行为不构成非法出售发票罪的辩护意见,法院不予采信。故法院判决被告人罗某某犯非法出售发票罪,判处有期徒刑2年,缓刑3年,并处罚金5万元。判决被告人蒋某犯非法出售发票罪,判处有期徒刑2年,缓刑3年,并处罚金5万元。

(二)简要评析

从本案来看,虽然法律没有规定出售发票行为情节严重的情形,但法院可以依据犯罪事实,从出售发票的张数,以及票面金额上确定情节严重的情形。本案法院即是从上述两方面的事实,确定被告人犯罪情节严重。作为企业来说,本企业申领的发票,只能由本企业使用,不得将本企业申领的发票进行出售,亦不得进行虚开,只有将发票由本企业专用,并且依据业务情况,如实开具,才能远离此罪的刑事风险。

88. 持有伪造的发票罪

一、法律规定

《刑法》第 210 条之一规定："明知是伪造的发票而持有，数量较大的，处二年以下有期徒刑、拘役或者管制，并处罚金；数量巨大的，处二年以上七年以下有期徒刑，并处罚金。

单位犯前款罪的，对单位判处罚金，并对其直接负责的主管人员和其他直接责任人员，依照前款的规定处罚。"

二、条文释义

本条是关于持有伪造的发票罪及其刑事处罚的规定。所谓持有伪造的发票罪，是指明知是伪造的发票而持有，数量较大的行为。本罪的构成要件如下。

(一) 本罪从客观上来看

本罪的主体是一般主体，自然人和单位均可构成本罪。按照《刑法》第 31 条的规定，单位犯本罪时，实行双罚制，即对单位判处罚金，并对其直接负责的主管人员和其他直接责任人员按相关条款规定判处刑罚。

本罪危害行为与危害结果表现为，明知是伪造的发票而持有，数量较大。

(二) 本罪从主观上来看

本罪的主观方面是故意，过失不构成本罪。

三、立案标准

最高人民检察院、公安部《关于公安机关管辖的刑事案件立案追诉标准的

规定(二)的补充规定》第3条规定:“在《立案追诉标准(二)》中增加第六十八条之一,明知是伪造的发票而持有,具有下列情形之一的,应予立案追诉:

(一)持有伪造的增值税专用发票五十份以上或者票面额累计在二十万元以上的,应予立案追诉;

(二)持有伪造的可以用于骗取出口退税、抵扣税款的其他发票一百份以上或者票面额累计在四十万元以上的,应予立案追诉;

(三)持有伪造的第(一)项、第(二)项规定以外的其他发票二百份以上或者票面额累计在八十万元以上的,应予立案追诉。”

四、风险防范

本罪属于持有型犯罪,明知是虚假发票而大量持有即可构成本罪。虚假发票的泛滥,对于国家的发票管理制度和税收征管制度有着极其严重的危害,因此,国家专门在刑法中设立本罪加以打击。一方面用以维护发票管理和税收征管制度,另一方面也是对虚假发票的持有者(潜在的使用者)的有力震慑,公司、企业在预防本罪时可以从以下角度入手。

(一)定期组织财务人员学习相关法律制度

本罪是刑法新增罪名,企业应当定期组织财务人员学习这一法律制度,增强财务人员合法合规意识。

(二)建立财务人员对企业财务凭证定期核查制度

企业应当建立相关制度,要求财务人员对企业财务凭证定期进行核查,以防企业财务凭证中混杂不合法的票据。

(三)及时处理来源不明的发票

本罪要求主体的故意性,因此,对于虚假发票,倘若公司、企业在不知情的情况下无意中持有,发现以后应当及时销毁。当发现自身存在持有虚假发票的情况时,绝对不能无动于衷或者心存侥幸,否则便有可能具备本罪要求的主观故意要件,从而触犯本罪。

五、案例评析

(一)案例简介

芜湖经济技术开发区人民检察院指控:2010年4月28日,叶某、徐某(两人另案处理)两人成立芜湖某某企业后勤服务有限公司,公司法定代表人挂名为徐某岳父高某某,徐某负责公司的日常管理。公司成立后,2010年5月24日至2011年3月1日,先后将芜湖市九华山北路某号、蓝领公寓、长江北路某号、大桥镇某中老校区、康复路某号等房屋转租给广东某某制冷设备有限公司、芜湖某某空调设备有限公司、广东某某制冷设备有限公司电子分厂。因芜湖某某企业后勤服务有限公司会计财务制度不全,在芜湖市地税局领购发票比较困难,且要上交6.9%的税,徐某找到叶某提出可以从市场上购买虚假的普通发票,且只要交2%的费用。叶某表示同意,徐某遂安排芜湖某某企业后勤服务有限公司出纳被告人张某某多次购买计40张伪造的普通发票,张某某明知是伪造的发票而予以购买,并将这些伪造普通发票开具给广东某某制冷设备有限公司、芜湖某某空调设备有限公司、广东某某制冷设备有限公司电子分厂三家公司,40张伪造的普通发票总计数额为3,517,234.9元。其中:2011年5月1日之后向广东某某制冷设备有限公司、芜湖某某空调设备有限公司、广东某某制冷设备有限公司电子分厂三家公司开具伪造普通发票20张,总计金额为1,714,097.4元。

经安徽省地税局和安徽省国税局鉴定,芜湖某某企业后勤服务有限公司提供给广东某某制冷设备有限公司、芜湖某某空调设备有限公司、广东某某制冷设备有限公司电子分厂三家公司40张普通发票均为伪造的普通发票。

被告人张某某对公诉机关指控的事实和罪名均有异议,其辩称:(1)对涉案发票是伪造的不明知;(2)发票从芜湖市中医院一男子手中取回后,回到某某公司,第一时间交给了徐某,其没有持有。

辩护人对公诉机关指控的事实和罪名均有异议,其认为:(1)现有证据不能证明被告人主观上是明知,缺乏主观要件,客观上也没有持有的行为,并未从中获取任何利益;(2)被告人受徐某安排,到芜湖市中医院附近向其朋友拿发票,而不是购买;(3)涉案发票票面金额如何认定目前没有法律依据;(4)被告人并未持有涉案发票,也无使用和控制目的,其受徐某指使,真正持有者应是徐某、叶某及某某公司。

法院经审理后认为:被告人张某某作为单位工作人员,为了本单位利益,受他人指使,明知是伪造的发票而持有,数量较大,其行为已触犯刑律,构成持有伪造的发票罪。公诉机关指控的罪名成立,本院予以支持。在共同犯罪中,被告人受他人指使,积极参与、具体实施,法院将根据其在本案中的具体作用予以量刑。被告人关于其不明知涉案发票系伪造及其辩护人的相关辩护意见,从被告人的工作职责,涉案发票来源及交易发票场所、费用,证人徐某证言等经庭审确认的证据推定被告人的主观心态,其购买发票时不可能不知道涉案发票系伪造发票。首先被告人系某某公司出纳,负责公司的银行业务、到税务部门报税、领购发票、收付款业务等工作;其次涉案发票系从芜湖市中医院门口一男子处购买,并支付了费用;再次公司负责人徐某证实某某公司财务制度不全,到税务部门领购发票有难度,故其安排被告人到外面购买伪造发票,公司还能逃避缴纳税款;最后部分涉案发票背面有"公众防伪鉴别须知",被告人第一次购买发票时已经对涉案发票的真伪表示怀疑,其只需登录发票背面示明的相关网站便可查询发票真伪。故被告人关于其不明知涉案发票系伪造及其辩护人的相关辩护意见,明显有违社会公众的一般经验常识,与在案证据反映出的被告人的主观心态不相符,法院不予采纳。被告人关于其没有持有涉案发票及其辩护人的相关辩护意见,因持有伪造的发票罪是行为犯,有持有行为,即为犯罪既遂。本案涉案发票系被告人经手购买,并负责向他人开具使用,已经构成犯罪既遂。故该意见,法院不予支持。辩护人关于涉案发票购买时系空白发票,犯罪数量如何计算即票面额如何确定的问题,因涉案发票购买时系万元或千元空白发票,犯罪数量应以涉案发票最终开具使用的面额为准。被告人关于其不是购买发票而是"拿"发票及其辩护人的相关辩护意见,因本案系单位犯罪,而被告人和徐某、叶某系共同犯罪,徐某、叶某经预谋向他人购买伪造的发票后,徐某遂安排被告人向他人以每张 200 元的价格进行交易,被告人的行为即为购买行为。故该意见,法院不予采纳。鉴于被告人系初犯,结合本案犯罪事实和情节以及被告人认罪、悔罪表现,适用缓刑不致再危害社会,法院决定对其适用缓刑。据此,法院判决被告人张某某犯持有伪造的发票罪,判处有期徒刑 8 个月,宣告缓刑 1 年,并处罚金 5000 元。

(二)简要评析

法律禁止持有伪造的假发票,这要求行为人明知是假发票而持有。本案虽然没有直接的证据证明被告人明知是假发票,但可以通过客观事实予以推论,故最后法院还是给被告人予以定罪。从本案来看,即使被告人没有以此罪定罪,但其买卖发票的行为,刑法亦是禁止的,即使发票是真发票,其买卖发票的行为亦可构成其他罪名。由于发票是国家重点保护的对象,因此,涉及发票的开具、持有等事项,应当予以高度注意。

第八章

CHAPTER 8

侵害知识产权罪的预防

89. 假冒注册商标罪

一、法律规定

《刑法》第 213 条规定:“未经注册商标所有人许可,在同一种商品、服务上使用与其注册商标相同的商标,情节严重的,处三年以下有期徒刑,并处或者单处罚金;情节特别严重的,处三年以上十年以下有期徒刑,并处罚金。”

二、条文释义

本条是关于假冒注册商标罪及其刑事处罚的规定。所谓假冒注册商标罪,是指违反国家商标管理法规,未经注册商标所有人许可,在同一种商品、服务上使用与其注册商标相同的商标,情节严重的行为。本罪的构成要件如下。

(一)本罪从客观上来看

本罪的犯罪主体为一般主体。达到刑事责任年龄、具体刑事责任能力的自然人,以及单位均可构成本罪。按照《刑法》第 31 条的规定,单位犯本罪时,实行双罚制,即对单位判处罚金,并对其直接负责的主管人员和其他直接责任人员按相关条款规定判处刑罚。

本罪危害行为和危害结果表现为行为人实施了刑法所禁止的假冒注册商标的行为,且情节严重。按法律规定,未经注册商标所有人许可的行为包括以下具体情形:其一,行为人未获得注册商标所有人许可其使用注册商标;其二,行为人虽然曾经获得过注册商标所有人的使用许可,但在许可使用合同规定的使用期限届满后,仍然继续使用注册商标所有人的商标;其三,行为人虽然曾经获得注册商标所有人的使用许可,但由于被许可人不能保证使用该商标的商品或服务的质量等原因导致许可合同提前解除,行为人在合同解除后仍然继续使用该注册商标;其四,行为人虽然获得了注册商标所有人的使用许可,但超越许可使用注册商标的商品或服务范围使用；其五，行为人虽然获得了注册商标所有人的使用许可，但超越许可使用注册商标的地域范围使用。

(二)本罪从主观上来看

本罪主观方面为故意，且以营利为目的，过失不构成本罪。

三、立案标准

最高人民检察院、公安部《关于公安机关管辖的刑事案件立案追诉标准的规定(二)》第 69 条规定："未经注册商标所有人许可，在同一种商品上使用与其注册商标相同的商标，涉嫌下列情形之一的，应予立案追诉：

(一)非法经营数额在五万元以上或者违法所得数额在三万元以上的；

(二)假冒两种以上注册商标，非法经营数额在三万元以上或者违法所得数额在二万元以上的；

(三)其他情节严重的情形。"

四、风险防范

注册商标的拥有者对其享有专用权，在商业交往日益发达的当今社会，商标不仅是其使用者的标识，拥有较高市场知名度的商标本身也是一笔巨大的商业财富。为了保护商标使用者的利益，国家专门制定了法律进行保护，而对于恶意使用他人商标的行为，造成严重后果的，则有可能触犯本罪。公司、企业在预防本罪时应当从以下几点入手。

(一)企业对自己生产的产品或提供的服务，应当建立有效的品牌监管机制

企业对于自己生产的产品或提供的服务，应当建立有效的品牌监管机制，确保企业的商品不存在侵害他人注册商标的情形。

(二)企业在选择商标前，应当核查他人是否已注册过该商标

企业在选择商标前，应当查清拟使用的商标是否已被他人登记注册过，如果拟选用的商品已被他人注册过，应当调整自己的商标策略，以免引出不必要

的刑事风险。

（三）企业应当树立自己的品牌意识

良好的品牌将会给企业带来巨大的利益，企业应当尽可能建立自己的品牌，独立走自己的品牌之路，只有这样，企业才能长久的发展。

五、案例评析

（一）案例简介

湖南省益阳市资阳区人民检察院指控，2010年3月31日，注册商标"宗贵宴宾"所有人四川省泸州国宾酒厂通过书面协议的形式在湖南省内以独占许可的方式授权某酒业酿造有限公司在2010年3月至2015年3月使用注册商标"宗贵宴宾"，许可使用的范围为第33类商品种类，并按照四川省泸州国宾酒厂指定的商品品种使用，四川省泸州国宾酒厂有权对许可使用的商品品种进行调整。某酒业酿造有限公司每年支付2万元商标许可使用费并需购销10吨以上基础酒，如若不购买或不够10吨基础酒，四川省泸州国宾酒厂可单方终止协议。四川省泸州国宾酒厂与某酒业酿造有限公司口头约定注册商标许可使用的商品品种为国宾老窖1818和国宾老窖典藏30年两个系列。

2010年，某酒业酿造有限公司从四川省泸州国宾酒厂购进5吨基础酒。2010~2011年，某酒业酿造有限公司向四川省泸州国宾酒厂支付了注册商标许可使用费4万元。

2012年3月，某酒业有限公司与某酒业酿造有限公司达成代理销售国宾系列酒的合作意向。某酒业有限公司法人代表被告人夏某军认为国宾老窖1818和国宾老窖典藏30年两个系列不够档次，销量不好，遂自行设计了国宾老窖珍品十二年、国宾老窖珍品十五年、国宾珍藏1949、国宾鸿运珍品国种国宾系列酒的名称及包装（均使用了"宗贵宴宾"商标），要求被告人喻某根提供相应产品，被告人喻某根表示同意。

2012年4月12日、10月28日、2013年3月13日，某酒业酿造有限公司分批次向四川省泸州国宾酒厂购买了基础酒。

2012年4月，某酒业酿造有限公司法人代表被告人喻某根打电话给四川省泸州国宾酒厂的法人代表谢某贵称某酒业酿造有限公司已经卖出去了，且未支付当年的注册商标许可使用费2万元。四川省泸州国宾酒厂未出具书面材料按协议规定单方面终止了商标许可使用协议。被告人喻某根未将这一情况告知被告人夏某军。

2012年5月，某酒业酿造有限公司生产了4种酒共计2000箱。其中含珍品十二年酒1050箱、国宾鸿运珍品600箱、国宾老窖珍品十五年200箱、国宾珍藏1949酒150箱。某酒业有限公司以150,560元的价格从某酒业酿造有限公司购进4种酒共计1550箱，其中含国宾老窖珍品十二年600箱，114元每箱，总价68,400元，国宾老窖鸿运珍品600箱，61.6元每箱，总价36,960元，国宾老窖珍藏1949酒150箱，128元每箱，总价19,200元，国宾老窖珍品十五年200箱，130元每箱，总价26,000元。

某酒业有限公司购进此类酒后进行销售。后因有经销商反映该4种酒的条码不对，被告人夏某军遂发现被告人喻某根已经没有“宗贵宴宾”的商标使用权的情况。在夏某军的要求下，喻某根联系四川省泸州国宾酒厂出具了委托书，内容为：四川省泸州国宾酒厂委托某酒业有限公司为湖南省国宾酒系列总代理，期限为2013年3月13日至2014年3月12日。

另喻某根销售给常某明约100箱酒，货款为12,000余元。

经湖南湘知司法鉴定所湘知司鉴字（2014）第02号技术鉴定书认定，某酒业酿造有限公司、某酒业有限公司生产销售的国宾老窖珍品十二年、国宾老窖鸿运珍品、国宾1949、国宾老窖珍品十五年所使用的“宗贵宴宾”商标标识和四川省泸州国宾酒厂的注册商标“宗贵宴宾”商标标识相同。

被告人夏某军辩称，其不构成假冒注册商标罪。

被告人喻某根辩称，其不构成假冒注册商标罪。

被告人喻某根的辩护人提出的辩护意见是：（1）公诉机关所提供的所有证据无法证明四川省泸州国宾酒厂拥有商标注册号为“2003许0810HZ”的注册商标权，四川省泸州国宾酒厂、某酒业酿造有限公司签订的商标许可使用合同终止必须是双方合意并签订书面协议，本案中四川省泸州国宾酒厂单方终止协议没有告知喻某根，且喻某根在2012年4月以后仍向四川省泸州国宾酒厂继续履行合同义务，故本案应是商标使用许可合同纠纷；（2）四川省泸州国宾酒厂于2014年5月7日出具的签订证明中已经证明公诉机关指控的4种涉案的国宾酒是经过四川省泸州国宾酒厂的授权，只是在2012年4月以后未经该厂授权停止使用,综上所述,喻某根不构成假冒注册商标罪。

法院经审理,针对被告人夏某军、喻某根及被告人喻某根的辩护人提出的辩解及辩护意见,经审查,鉴定证明是公安机关抓获喻某根,在其受审期间向四川省泸州国宾酒厂调取的证据,其证明喻某根在2012年4月以前是经得该厂同意生产公诉机关起诉指控的国宾系列4种酒的,而本案中公诉机关所提供的所有证据无法形成证据锁链,故对夏某军、喻某根及喻某根的辩护人提出的辩解及辩护意见予以采纳。

法院认为,被告单位某酒业有限公司、被告人夏某军、喻某根的行为均不构成假冒注册商标罪,公诉机关指控其犯假冒注册商标罪的罪名不成立。据此,判决被告单位某酒业有限公司、被告人夏某军、被告人喻某根均无罪。

(二)简要评析

假冒注册商标罪,需要行为人在同一商品或服务上使用同一注册商标,并且,行为人是无权使用注册商标权的人。本案中,被告人之所以未成立犯罪,是因为其在使用注册商标时,其是经过商标权人授权,虽然后来授权被单方终止,但这种终止是否合法,这明显属于民事争议,在这种情况下,不宜以刑事手段解决当事人之间的争议。从本案来看,为避免本罪的刑事风险,在自身无注册商标使用权时,切记不得使用他人的注册商标。

90. 销售假冒注册商标的商品罪

一、法律规定

《刑法》第214条规定:“销售明知是假冒注册商标的商品,销售金额数额较大的,处三年以下有期徒刑或者拘役,并处或者单处罚金;销售金额数额巨大的,处三年以上十年以下有期徒刑,并处罚金。”

二、条文释义

本条是关于销售假冒注册商标商品罪及其刑事处罚的规定。所谓销售假冒注册商标的商品罪，是指销售明知是假冒注册商标的商品，销售金额在5万元以上的行为。本罪的构成要件如下。

（一）本罪从客观上来看

本罪为一般主体，即只要达到刑事责任年龄，具有刑事责任能力的自然人及单位均可构成本罪。按照《刑法》第31条的规定，单位犯本罪时，实行双罚制，即对单位判处罚金，并对其直接负责的主管人员和其他直接责任人员按相关条款规定判处刑罚。

本罪危害行为和危害结果表现为明知是假冒注册商标的商品，仍然予以经销，并且经销金额较大的行为。经销包括批发、零售、代销等各种销售形式。对于行为人实施销售假冒注册商标时是否明知，应当根据行为人行为时表现出来的证据予以认定，只要能证明其知道或应当知道销售的是仿冒品的，即可认定为明知。

（二）本罪从主观上来看

主观方面必须是故意，并且是直接故意，即明知是假冒注册商标的商品而销售的，过失不构成本罪。

三、立案标准

最高人民检察院、公安部《关于公安机关管辖的刑事案件立案追诉标准的规定（二）》第70条规定，销售明知是假冒注册商标的商品，涉嫌下列情形之一的，应予立案追诉：

（一）销售金额在五万元以上的；

（二）尚未销售，货值金额在十五万元以上的；

（三）销售金额不满五万元，但已销售金额与尚未销售的货值金额合计在十五万元以上的。

四、风险防范

本罪打击的是销售假冒注册商标商品的行为，一方面是对注册商标专用权的保护，另一方面也是对市场秩序的保护。一般而言，假冒注册商标的商品，在质量、性能等各个方面都会比真实商品差，因此，假冒行为不仅仅破坏市场竞争秩序，对于消费者的切身利益也是巨大侵害，所以，有必要对于这种行为加以打击。公司、企业在预防本罪时应当注意以下几点。

（一）企业对自己销售的产品，应当建立有效的监管机制

企业对于销售的产品，应当建立有效的监管机制，确保企业销售的商品不存在侵害他人注册商标的行为。

（二）企业在选择商标前，应当核查他人是否已注册过该商标

企业在选择商标前，应当查清拟使用的商标是否已被他人登记注册过，如果拟选用的商品已被他人注册过，应当调整自己的商标策略，以免引出不必要的刑事风险。

（三）建立进货时的审查机制

对于专营销售的企业，应当严把进货渠道，严格审查所有货物是否属于销售方自己享有商标权的商品，拒绝商标权权属不清晰的商品进入企业的销售平台，不给假冒产品进入企业的机会。

（四）企业应当树立自己的品牌意识

良好的品牌将会给企业带来无穷的利益，企业应当尽可能树立自己的品牌，独立走自己的品牌之路，只有这样，企业才能长久的发展。

五、案例评析

（一）案例简介

石家庄市裕华区人民检察院指控：被告人赵某某为牟利，购进假冒的日丰

管及管件进行销售。被告人位某某、王某某夫妇明知赵某某出售的日丰管及管件系假冒而购买并销售。

2015年10月、11月，赵某某将假冒的日丰管及管件卖与位某某、王某某。位某某、王某某将这些假冒的日丰管及管件以51,450元价格卖与客户左某。

2015年12月1日位某某、王某某以8055元的价格再次从赵某某处购买假冒的日丰管及管件，运回其店铺时被公安机关当场查获。

2015年12月1日公安机关在赵某某的仓库内查获假冒的日丰管及管件一批，价值166,109元。

被告人赵某某对起诉书指控的事实没有异议并表示自愿认罪。其辩护人提出的主要辩护意见是：(1)起诉书指控赵某某将假冒的日丰管及管件卖给位某某、王某某，然后位某某、王某某又以51,450元价格卖给左某，该事实仅有被告人供述，没有其他证据证实，不应采信；(2)赵某某销售假冒注册商标的商品日丰管等销售数额没达到法定刑事犯罪标准，不宜认定为犯罪。根据案卷中日丰公司提供的商标注册证中核定使用商品的范围看，仅有水管属于注册商标的商品，不包含三通、弯头、直通、阀门等配件，从卷内价格的鉴定结论看，涉案物品中4种PPR管的价值为26,184元，没有达到法定的5万元的犯罪标准；(3)本案的真伪鉴定报告不应采信。因日丰公司是本案的受害人，与本案的判决结果有重大的利害关系，由其作出真假鉴定不符合法律规定，因此该鉴定结论不应当采信。综上所述，本案鉴定人身份不合法，做出的鉴定不能采信，案件事实存疑，犯罪数额达不到犯罪标准，建议对赵某某作出无罪判决。

被告人位某某对起诉书指控的事实没有异议并表示自愿认罪。其辩护人提出的主要辩护意见是：(1)指控位某某犯罪的事实不清，证据不足。①左某提供的物证来源不明；②涉案商品无法与商标证书对比，不能确定涉案商品系假冒注册商标。左某仅向公安机关提供了6组物证，包括管材和管件各5个，其余的商品没有向公安机关提供，公安机关亦没有扣押，因此这些商品的商标无法确定；③日丰企业与本案有利害关系，不属于具有鉴定资格的第三方机构，其提供的真伪产品鉴别报告不具有证明力。(2)即使左某能够提供其从位某某处购买的全部商品，位某某销售假冒注册商标的商品数额也未达到法律规定的5万元的犯罪标准。从本案中证据看，只有管材(PPR管)假冒了日丰企业的注册商标，管件、堵头不是注册商标的商品，管材的销售金额共计35,713.6元，未达到法律规定的5万元的犯罪标准，因此位某某不构成销售侵犯注册商标的商品罪。退一步讲,如果法庭认为位某某构成犯罪,因为位某某能够主动坦白犯罪事实,认罪态度好,建议对其判处缓刑。

被告人王某某对起诉书指控的事实没有异议并表示自愿认罪。其辩护人提出的主要辩护意见是:(1)王某某不构成销售假冒注册商标的商品罪。①左某提供的6组物证,只能证明来源于左某,而不能证明一定来源于位某某、王某某这一唯一结论,发货清单只能证明其从王某某处买过一批货,是不是日丰的没有显示,更不能认定是假冒日丰公司注册商标的商品;②本案涉案的大量商品去向不明,无法进行比对和鉴定,指控数额较大没有依据。因此指控王某某犯罪事实不清,证据不足,指控罪名不能成立。(2)退一步讲,即使左某能够提供其购买的全部商品,也没有达到法律规定的5万元的犯罪数额。根据日丰企业提供的商标注册证显示,日丰企业仅在管材商品上有注册商标,在管件商品上并没有注册商标,国家也就不会保护它的商品独占性和垄断性。本案中位某某和王某某的销售商品中,管材的销售金额共计35,713.6元,未达到犯罪的数额标准。因此被告人王某某的行为不构成销售假冒注册商标的商品罪。

法院经审理后认为,公诉机关指控被告人赵某某、位某某、王某某的行为构成销售假冒注册商标的商品罪,对于第一起犯罪事实,从卷内证据看,仅有被告人的供述及左某提供的发货清单及管材管件(每种5个),公安机关没有对该批涉案物品进行扣押,亦没有对该批物品的真伪进行比对鉴别,仅仅根据被告人的供述认定左某从位某某、王某某处购买的管材及管件均为假冒注册商标的商品证据不足,因此该起指控不能成立;对于公安机关指控的第二起犯罪事实即从赵某某的仓库查获的物品,公安机关委托日丰企业集团有限公司进行了真伪鉴别,但该鉴定对鉴别的样品没有随机取样的过程,且仅对其中的部分物品进行真伪鉴别,以此推断不同种类、不同型号的其余物品均为假冒注册商标的商品,显然证据不足,故赵某某仓库内没有鉴定的其余管材及管件是否属于假冒注册商标的商品目前事实不清,且已经鉴定为假冒注册商标的管材及管件共计59,060元,均未出售,达不到刑事犯罪的数额标准,故本案目前事实不清,证据不足,指控罪名不能成立。故判决被告人赵某某、位某某、王某某均无罪。

(二)简要评析

从本案来看,被告人最终没有被定罪,首先是因为现有证据不能证明被告人销售的商品侵犯他人注册商标专用权,其次是销售的商品数额没有达到立案标准。要防范本罪,从事销售的人员,应当查明销售的产品所涉及的销售是否侵害他人注册商标使用权,应当查明销售方对该注册商标权的权属情况。如果销售方本身没有注册商标使用权,则销售该商品,可能会面临该罪的刑事风险。

91. 非法制造、销售非法制造的注册商标标识罪

一、法律规定

《刑法》第215条规定:“伪造、擅自制造他人注册商标标识或者销售伪造、擅自制造的注册商标标识,情节严重的,处三年以下有期徒刑、拘役或者管制,并处或者单处罚金;情节特别严重的,处三年以上十年以下有期徒刑,并处罚金。”

二、条文释义

本条是关于非法制造、销售非法制造的注册商标标识罪及其刑事处罚的规定。所谓非法制造、销售非法制造的注册商标标识罪,是指违反商标管理法规,伪造、擅自制造他人的注册商标标识或者销售伪造、擅自制造的注册商标标识,情节严重的行为。本罪的构成要件如下。

(一)本罪从客观上来看

本罪的主体是一般主体。达到一定年龄,具有刑事责任能力的自然人均可以构成本罪。依据《刑法》规定,单位亦可以构成本罪。

从危害行为和危害结果来看,本罪表现为违反商标管理法规,伪造、擅自制造他人注册商标标识或者销售伪造、擅自制造的注册商标标识,情节严重之行为。

对于销售行为,只有销售属于伪造或擅自制造的注册商标标识的,才可能构成本罪。如果销售的不是伪造的或擅自制造的,如销售真实的注册商标标

识，则不构成本罪。

伪造、擅自制造、销售的对象必须是注册商标标识。如果伪造、擅自制造、销售的商标是普通商标标识，不是注册商标标识，则不构成本罪。

违反商标管理法规，必须达到情节严重的，才能构成本罪。如果伪造、擅自制造或者非法销售等行为，尚未达到情节严重的程度，也不能构成本罪。

(二)本罪从主观上来看

本罪在主观方面为故意，即明知是他人的注册商标标识而仍故意伪造，或明知违反注册商标标识印制委托合同的规定，仍然故意超量制造，或明知是伪造的或擅自制造的他人注册商标标识，却仍故意销售。过失不能构成本罪。

三、立案标准

最高人民检察院、公安部《关于公安机关管辖的刑事案件立案追诉标准的规定(二)》第71条规定："伪造、擅自制造他人注册商标标识或者销售伪造、擅自制造的注册商标标识，涉嫌下列情形之一的，应予立案追诉：

(一)伪造、擅自制造或者销售伪造、擅自制造的注册商标标识数量在二万件以上，或者非法经营数额在五万元以上，或者违法所得数额在三万元以上的；

(二)伪造、擅自制造或者销售伪造、擅自制造两种以上注册商标标识数量在一万件以上，或者非法经营数额在三万元以上，或者违法所得数额在二万元以上的；

(三)其他情节严重的情形。"

四、风险防范

本罪在印刷或广告行业是高发风险罪名。按原国家工商行政管理总局颁布的《商标印制管理办法》的规定，对印制注册商标及非注册商标均有相关明确规定。其中第5条规定："委托印制注册商标的，商标印制委托人提供的有关证明文件及商标图样应当符合下列要求：(一)所印制的商标样稿应当与《商标注册证》上的商标图样相同；(二)被许可人印制商标标识的，应有明确的授权书，或其所提供的《商标使用许可合同》含有许可人允许其印制商标标识的内容;(三)被许可人的商标标识样稿应当标明被许可人的企业名称和地址;其注册标记的使用符合《商标法实施条例》的有关规定。"第6条规定:"委托印制未注册商标的,商标印制委托人提供的商标图样应当符合下列要求:(一)所印制的商标不得违反《商标法》第十条的规定;(二)所印制的商标不得标注'注册商标'字样或者使用注册标记。"该管理办法第7条还规定商标印制单位有义务审查商标印制委托人提供的证明文件和商标图样的真实性和合法性。因此,防范本罪,企业可以从以下两个方面着手。

(一)建立审核和复核机制

商标印制企业,应当对委托人委托印制商标业务建立审核和复核机制,由不同的人进行审核,可以最大限度地防止违法行为的发生。负责审核及复核人员,应当具备商标法的基本知识,具备一定的专业知识。对印制手续不合法的,应坚决不予承接印制。

(二)进行普法教育,提升企业法律意识

知识产权已越来越受到国家法律的严格保护,企业应当给全体员工进行知识产权法方面的培训,增强职工的法律意识。只有全体员工的法律意识提升了,才更有可能让企业远离知识产权犯罪的刑事风险。

五、案例评析

(一)案例简介

公诉机关起诉指控:2001年5月3日,一客户持二张软片到被告单位义乌市威龙印刷有限公司找到业务主管被告人王某某,要求被告单位印刷sony注册商标耳机挂牌,王某某安排到车间由职工邢某某、楼某某等人按客户要求印刷。2001年5月7日,被义乌市工商局查获,扣押成品的假冒sony耳机挂牌36万小张;未印刷完成的假冒sony耳机挂牌20万小张。王某某于2001年5月8日向公安机关投案自首。

被告单位义乌市威龙印刷有限公司的诉讼代表人金某龙、被告人王某某对公诉机关指控的事实均无异议,并请求从轻处罚。辩护人辩称,标识已被全部扣押，未流入社会；又系初犯、偶犯；请求法庭对被告单位从轻处罚。被告人王某某对公诉机关指控的事实无异议，只请求法庭从轻处罚。其辩护人辩称，被告人有自首情节；又系犯罪未遂，36 万张已印好，但还要进行盖塑料薄膜、切割、圆角、打空等工序，20 万张还未印刷完成；产品未流入社会；被告人又系责任人员；认罪态度好；并愿意交罚金；请求对被告人从宽处罚。

法院经审理后认为：被告单位义乌市威龙印刷有限公司未经注册商标所有权人的许可，为他人制造大量的假冒注册商标标识，情节特别严重；虽有部分已印刷完成，但尚未形成完整的可使用的独立商标，还有部分尚未印刷完成，属因意志以外的原因而未得逞，系犯罪未遂；其行为已构成非法制造注册商标标识罪。被告人王某某身为被告单位的直接负责人，为企业获得利润，明知伪造商标标识而进行制造，应负直接责任；被告人是单位犯罪的责任人员，也系犯罪未遂；其行为已构成非法制造注册商标标识罪。公诉机关指控的罪名成立。被告单位、被告人的辩护人提出的辩护意见有理，法院予以采纳，对被告单位、被告人可从轻处罚。故法院判决被告单位义乌市威龙印刷有限公司犯非法制造注册商标标识罪，判处罚金人民币 2 万元。判决被告人王某某犯非法制造注册商标标识罪，判处有期徒刑 3 年，并处罚金人民币 1 万元。

（二）简要评析

本案被告单位及被告人未按国家规定承接商标印制业务，构成非法制造注册商标标识罪。作为单位来说，要防范本罪的风险，除了不得自行非法印制注册商标标识外，对于他人委托印制的注册商标标识，一定要严格按照《商标印制管理办法》的规定，严格审查委托人的各项手续是否齐全合规，只有手续齐全合规的，方得进行印制。

92. 假冒专利罪

一、法律规定

《刑法》第 216 条规定：“假冒他人专利，情节严重的，处三年以下有期徒刑或者拘役，并处或者单处罚金。”

二、条文释义

本条是关于假冒专利罪及其刑事处罚的规定。所谓假冒专利罪，是指违反国家专利法规，假冒他人专利，情节严重的行为。本罪的构成要件如下。

（一）本罪从客观上来看

本罪的主体是一般主体，企业、事业单位和自然人个人均可构成本罪。按照《刑法》第 31 条的规定，单位犯本罪时，实行双罚制，即对单位判处罚金，并对其直接负责的主管人员和其他直接责任人员按相关条款规定判处刑罚。

本罪危害行为与危害结果表现为，违反国家专利管理法规，在法律规定的专利有效期限内，假冒他人被授予的专利，侵犯他人专利权益，情节严重的行为。假冒专利的行为方式多种多样，具体表现形式如下。

（1）以欺骗手段进行专利登记、冒充他人专利；

（2）在非专利产品或者专利上标明他人的专利标记或者专利号；

（3）仿造他人专利、侵吞他人专利、擅自实施他人专利、故意贩运仿造或者变造他人专利的产品、伪造、擅自制造他人专利标记、故意销售伪造或者擅自制造的他人专利标记、进口假冒他人专利的产品、冒充专利等行为。

情节严重，是指假冒他人专利非法获利数额较大、手段恶劣、在国际国内造成恶劣影响，或者给专利人或国家造成重大损害等。

（二）本罪从主观上来看

本罪的主观方面是故意，并且往往是直接故意，过失不构成本罪。

三、追诉标准

最高人民检察院、公安部《关于公安机关管辖的刑事案件立案追诉标准的规定（二）》第 72 条规定，假冒他人专利，涉嫌下列情形之一的，应予立案追诉：

（一）非法经营数额在二十万元以上或者违法所得数额在十万元以上的；

（二）给专利权人造成直接经济损失在五十万元以上的；

（三）假冒两项以上他人专利，非法经营数额在十万元以上或者违法所得数额在五万元以上的；

（四）其他情节严重的情形。

四、风险防范

随着我国社会主义市场经济的成熟和发展，对于公司企业而言，想要在市场竞争中占据优势地位，专利无疑是极为重要的竞争资源，但专利的积累并非一蹴而就，过程漫长。对于一些急于在市场竞争中立足又缺乏专利积累的公司企业，便存在预防本罪的必要。专利对于企业的重要性不言而喻，因此，对于假冒专利的行为有必要用刑法予以打击，本罪的设立正是基于此目的。预防本罪，公司、企业可以从以下几个方面注意。

（一）加强相关法律知识的学习

企业应当组织企业职工，尤其是负责技术开发和研究的职工对涉及专利方面的法律法规进行系统学习，只有对法律法规有了深入的了解后，才能厘清公司企业经营的底线。

（二）与他人合作进行技术开发过程中，应当审查技术成果是否侵害他人专利

企业在与他人进行技术合作过程中，应当审查具体开发人员开发的技术成果是否侵害他人技术成果。尤其要注意在合作前，应当签订相关书面协议，约定彼此的权利与义务。

（三）及时止损

企业对于因确实不知情的而发生侵犯他人专利的行为，应当及时与专利持有者联系，真诚表达歉意，弥补对方损失，不可将错就错，将假冒专利产品加以流通，造成更大的违法后果，以致引发本罪的刑事风险。

五、案例评析

(一)案例简介

常德市鼎城区人民检察院指控:2007 年 11 月 27 日被害人江某某向国家知识产权局申请了可整体嵌入餐桌的火锅实行新型专利,并于2008 年10 月29 日通过,专利号为 200720065259。在此期间,江某某就该专利权于2008 年1 月 1 日与被告人杜某某签订了一份“关于联合开发一种火锅炉的合同书”,合同书中约定江某某对该专利技术、产品联合开发成功后,双方享有共同的使用权,合同权限从 2008 年 1 月至 2013 年 12 月止,共计 5 年。在合作期间,江某某在 2010 年 8 月 4 日对原产品进行了改进,又向国家知识产权局申请了另一个专利:专利号为 ZL201020286261.1,该专利于 2011 年 1 月 26 获得通过。上述合同期满后,江某某没有再与杜某某就上述专利签订合同,而仅于 2014 年 3 月 13 日与杜某某签订了一份关于酒精炉具现金财务管理办法,该办法约定期限为 2014 年度。2015 年上半年双方因财务问题产生矛盾,双方没有达成协议。同年5 月 19 日江某某向杜某某邮寄了要求其停止侵权的律师函。但在 2015 年5 月至 2016 年 1 月,杜某某在未经专利权人江某某的许可情况下,仍然销售专利权人的专利号为:ZL201020286261.1 的专利产品。经查证,从 2015 年 5 月至 2016 年 1 月,杜某某向艾某某等 10 人共计销售假冒的专利产品经营额达到 285,172 元。

法院经审理后认为,被告人杜某某违反国家专利法的有关规定,未经专利权人许可,而销售他人的专利产品,情节严重,其行为已构成假冒专利罪。公诉机关指控的罪名成立,提供的证据合法有效,适用法律意见正确,法院予以支持。杜某某在法院审判阶段,如实供述自己的犯罪事实,认罪悔罪,系坦白,可依法从轻判处。杜某某与被害人江某某原系生意上的合伙人,案发后已取得被害人的谅解,可酌情从轻处罚。据此,法院判决被告人杜某某犯假冒专利罪,单处罚金人民币 1 万元。

(二)简要评析

从本案来看,应当说,当事人之间存在一定的民事争议,但由于被告人并没有委托律师，其并没有充分的行使其诉讼权利，从一定程度来说，可能影响到了其最后的判决结果。作为企业来说，要防范该罪的刑事风险，对于他人的专利产品，在未经权利人同意的情况下，不得生产、销售，否则可能会遭遇该罪的刑事风险。

93. 侵犯著作权罪

一、法律规定

《刑法》第217条规定："以营利为目的，有下列侵犯著作权或者与著作权有关的权利的情形之一，违法所得数额较大或者有其他严重情节的，处三年以下有期徒刑，并处或者单处罚金；违法所得数额巨大或者有其他特别严重情节的，处三年以上十年以下有期徒刑，并处罚金：

（一）未经著作权人许可，复制发行、通过信息网络向公众传播其文字作品、音乐、美术、视听作品、计算机软件及法律、行政法规规定的其他作品的；

（二）出版他人享有专有出版权的图书的；

（三）未经录音录像制作者许可，复制发行、通过信息网络向公众传播其制作的录音录像的；

（四）未经表演者许可，复制发行录有其表演的录音录像制品，或者通过信息网络向公众传播其表演的；

（五）制作、出售假冒他人署名的美术作品的；

（六）未经著作权人或者与著作权有关的权利人许可，故意避开或者破坏权利人为其作品、录音录像制品等采取的保护著作权或者与著作权有关的权利的技术措施的。"

二、条文释义

本条是关于侵犯著作权罪及其刑事责任的规定。所谓侵犯著作权罪，是指以营利为目的，违反著作权管理法规，未经著作权人许可，侵犯他人的著作权，违法所得数额较大或者有其他严重情节的行为。本罪的构成要件如下。

（一）本罪从客观上来看

侵犯著作权罪的主体为一般主体，既包括达到刑事责任年龄，并具有刑事责任能力的自然人，也包括从事各种出版、发行业务的单位。按照《刑法》第31条的规定，单位犯本罪时，实行双罚制，即对单位判处罚金，并对其直接负责的主管人员和其他直接责任人员按相关条款规定判处刑罚。

本罪危害行为与危害结果表现为侵犯著作权和与著作权有关权益，情节严重。所谓著作权，也称版权，按照《著作权法》的规定，是指作者或其他著作权人对已经创作出来的文学、艺术和科学作品所享有的专有权利。著作权是知识产权的重要组成部分。根据《著作权法》第10条的规定，著作权包括既包括人身权又包括财产权，具体说来，包括以下17种权利：

“（一）发表权，即决定作品是否公之于众的权利；

（二）署名权，即表明作者身份，在作品上署名的权利；

（三）修改权，即修改或者授权他人修改作品的权利；

（四）保护作品完整权，即保护作品不受歪曲、篡改的权利；

（五）复制权，即以印刷、复印、拓印、录音、录像、翻录、翻拍等方式将作品制作一份或者多份的权利；

（六）发行权，即以出售或者赠与方式向公众提供作品的原件或者复制件的权利；

（七）出租权，即有偿许可他人临时使用电影作品和以类似摄制电影的方法创作的作品、计算机软件的权利，计算机软件不是出租的主要标的的除外；

（八）展览权，即公开陈列美术作品、摄影作品的原件或者复制件的权利；

（九）表演权，即公开表演作品，以及用各种手段公开播送作品的表演的权利；

（十）放映权，即通过放映机、幻灯机等技术设备公开再现美术、摄影、电影和以类似摄制电影的方法创作的作品等的权利；

（十一）广播权，即以无线方式公开广播或者传播作品，以有线传播或者转播的方式向公众传播广播的作品，以及通过扩音器或者其他传送符号、声音、图像的类似工具向公众传播广播的作品的权利；

（十二）信息网络传播权，即以有线或者无线方式向公众提供作品，使公众可以在其个人选定的时间和地点获得作品的权利；

（十三）摄制权，即以摄制电影或者以类似摄制电影的方法将作品固定在载体上的权利；

（十四）改编权，即改变作品，创作出具有独创性的新作品的权利；

（十五）翻译权，即将作品从一种语言文字转换成另一种语言文字的权利；

（十六）汇编权，即将作品或者作品的片段通过选择或者编排，汇集成新作品的权利；

（十七）应当由著作权人享有的其他权利。”

侵犯著作权罪即是对上述著作权和与著作权有关权益的侵犯。

本罪具体危害行为主要表现在以下6个方面。

（1）未经著作权人许可，复制发行其文字作品、音乐、电影、电视、录像作品、计算机软件及其他作品的行为。未经著作权人许可即指未经过著作权人的同意。按照《著作权法》的规定，著作权人一般指作者，也可能是其他依法享有著作权的公民、法人或非法人单位。同时，根据《著作权法》的规定，由法人或非法人单位主持，代表法人或非法人单位意志创作，并由法人或非法人单位承担责任的作品，法人或非法人单位视为作者，享有著作权。演绎作品著作权由演绎人享有，合作作品著作权由合作作者共同享有，如其中的作品可以单独或分割使用的，其作者可以单独享有著作权。汇编若干作品、作品的片段或者不构成作品的数据或者其他材料，对其内容的选择或者编排体现独创性的作品，为汇编作品，其著作权由汇编人享有，但行使著作权时，不得侵犯原作品的著作权。电影作品和以类似摄制电影的方法创作的作品的著作权由制片者享有，但编剧、导演、摄影、作词、作曲等作者享有署名权，并有权按照与制片者签订的合同获得报酬。电影作品和以类似摄制电影的方法创作的作品中的剧本、音乐等可以单独使用的作品的作者有权单独行使其著作权。公民为完成法人或者其他组织工作任务所创作的作品是职务作品，除本条第二款的规定以外，著作权由作者享有，但法人或者其他组织有权在其业务范围内优先使用。作品完成两年内，未经单位同意，作者不得许可第三人以与单位使用的相同方式使用该作品。有下列情形之一的职务作品，作者享有署名权，著作权的其他权利由法人或者其他组织享有，法人或者其他组织可以给予作者奖励：①主要是利用法人或者其他组织的物质技术条件创作，并由法人或者其他组织承担责任的工程设计图、产品设计图、地图、计算机软件等职务作品；②法律、行政法规规定或者合同约定著作权由法人或者其他组织享有的职务作品。受委托创作的作品，著作权的归属由委托人和受托人通过合同约定。合同未作明确约定或者没有订立合同的，著作权属于受托人。美术等作品原件所有权的转移，不视为作品著作权的转移，但美术作品原件的展览权由原件所有人享有。任何未经上述人员同意而使用其作品的，均属于未经著作权人许可的行为。

根据《著作权法实施条例》的规定，复制，是指以印刷、复印、临摹、拓印、录音、录像、翻录、翻拍等方式将作品制作一份或多份的行为；发行，是指为满足公众合理需求，通过出售、出租等方式向公众提供一定数量的作品复印件。复制与发行是紧密联系在一起的整体行为，复制目的应是为发行，应同时具备，否则不构成侵犯著作权罪。

（2）出版他人享有专有出版权的图书的行为。按照《著作权法实施条例》的规定，出版，是指把作品编辑加工后，经过复制向公众发行的行为。出版实际上是一种特殊的复制发行。出版者出版图书，一般需要经著作权人授权而取得对作品的专有出版权。专有出版权是指出版者对著作权人交付的作品在合同约定的时间、地点以原版、修订版方式制作成图书并予以发行的独占权利。它是一种与著作权有关的重要权益，同样具有排他性，他人不得行使，否则构成侵权。

（3）未经录音录像制作者许可，复制发行、通过信息网络向公众传播其制作的录音录像的。这是一种侵犯录音录像制作者著作邻接权的行为。作为录音录像制作者其同样付出了独创性劳动，对其制作的音像制品也应当依法享有相关权利。

（4）未经表演者许可，复制发行录有其表演的录音录像制品，或者通过信息网络向公众传播其表演的。这是一种侵犯表演者著作邻接权的行为。作为表演者对其表演同样付出了独创性劳动，未经表演者许可，复制发行录有其表演的录音录像制品，或通过信息网络向公众传播其表演的，这是对表演者享有的著作权的侵害。

（5）制作、出售假冒他人署名的美术作品的行为。制作、出售假冒他人署名的美术作品，不但是对他人姓名权的侵权，同样会影响被署名人作品的销售，同样也是对他人合法权利的侵犯，法律依法应予以打击；

（6）未经著作权人或者与著作权有关的权利人许可，故意避开或者破坏权利人为其作品、录音录像制品等采取的保护著作权或者与著作权有关的权利的技术措施的。著作权人或者与著作权有关的权利人为其作品、录音录像制品等采取的保护著作权或者与著作权有关的权利的技术措施,是对自己著作权采取的保护方法,任何第三人均应当予以尊重,不得随意进行破坏。任何第三人如果故意进行破坏,则应当承担相应的刑事责任。

(二)本罪从主观上来看

本罪在主观方面表现为故意,并且具有营利的目的,而且是属于直接故意,过失不能构成本罪。

三、立案标准

1. 最高人民检察院、公安部《关于公安机关管辖的刑事案件立案追诉标准的规定(一)》第26条规定,以营利为目的,未经著作权人许可,复制发行其文字作品、音乐、电影、电视、录像作品、计算机软件及其他作品,或者出版他人享有专有出版权的图书,或者未经录音、录像制作者许可,复制发行其制作的录音、录像,或者制作、出售假冒他人署名的美术作品,涉嫌下列情形之一的,应予立案追诉:

(1)违法所得数额3万元以上的;

(2)非法经营数额5万元以上的;

(3)未经著作权人许可,复制发行其文字作品、音乐、电影、电视、录像作品、计算机软件及其他作品,复制品数量合计500张(份)以上的;

(4)未经录音录像制作者许可,复制发行其制作的录音录像制品,复制品数量合计500张(份)以上的;

(5)其他情节严重的情形。

以刊登收费广告等方式直接或者间接收取费用的情形,属于本条规定的"以营利为目的"。

本条规定的"未经著作权人许可",是指没有得到著作权人授权或者伪造、涂改著作权人授权许可文件或者超出授权许可范围的情形。

本条规定的"复制发行",包括复制、发行或者既复制又发行的行为。

通过信息网络向公众传播他人文字作品、音乐、电影、电视、录像作品、计算机软件及其他作品，或者通过信息网络传播他人制作的录音录像制品的行为，应当视为本条规定的“复制发行”。

侵权产品的持有人通过广告、征订等方式推销侵权产品的，属于本条规定的“发行”。

本条规定的“非法经营数额”，是指行为人在实施侵犯知识产权行为过程中，制造、储存、运输、销售侵权产品的价值。已销售的侵权产品的价值，按照实际销售的价格计算。制造、储存、运输和未销售的侵权产品的价值，按照标价或者已经查清的侵权产品的实际销售平均价格计算。侵权产品没有标价或者无法查清其实际销售价格的，按照被侵权产品的市场中间价格计算。

2. 最高人民法院、最高人民检察院《关于办理侵犯知识产权刑事案件具体应用法律若干问题的解释（二）》

第 2 条规定，《刑法》第 217 条侵犯著作权罪中的“复制发行”，包括复制、发行或者既复制又发行的行为。

侵权产品的持有人通过广告、征订等方式推销侵权产品的，属于《刑法》第 217 条规定的“发行”。

非法出版、复制、发行他人作品，侵犯著作权构成犯罪的，按照侵犯著作权罪定罪处罚。

3. 最高人民法院、最高人民检察院《关于办理侵犯知识产权刑事案件具体应用法律若干问题的解释》第 5 条规定，下列行为应当追究其刑事责任：

以营利为目的，实施《刑法》第 217 条所列侵犯著作权行为之一，违法所得数额在 3 万元以上的，属于“违法所得数额较大”；具有下列情形之一的，属于“有其他严重情节”，应当以侵犯著作权罪判处 3 年以下有期徒刑或者拘役，并处或者单处罚金：

（1）非法经营数额在 5 万元以上的；

（2）未经著作权人许可，复制发行其文字作品、音乐、电影、电视、录像作品、计算机软件及其他作品，复制品数量合计在 1000 张（份）以上的；

（3）其他严重情节的情形。

4. 最高人民法院、最高人民检察院、公安部《关于办理侵犯知识产权刑事案件适用法律若干问题的意见》

第十条，对侵犯著作权犯罪案件“以营利为目的”的认定亦作出了如下规定：

除销售外，具有下列情形之一的，可以认定为“以营利为目的”：

（1）以在他人作品中刊登收费广告、捆绑第三方作品等方式直接或者间接收取费用的；

（2）通过信息网络传播他人作品，或者利用他人上传的侵权作品，在网站或者网页上提供刊登收费广告服务，直接或者间接收取费用的；

（3）以会员制方式通过信息网络传播他人作品，收取会员注册费或者其他费用的；

（4）其他利用他人作品牟利的情形。

同时，第 11 条规定：

关于侵犯著作权犯罪案件“未经著作权人许可”的认定问题，也即“未经著作权人许可”一般应当依据著作权人或者其授权的代理人、著作权集体管理组织、国家著作权行政管理部门指定的著作权认证机构出具的涉案作品版权认证文书，或者证明出版者、复制发行者伪造、涂改授权许可文件或者超出授权许可范围的证据，结合其他证据综合予以认定。

在涉案作品种类众多且权利人分散的案件中，上述证据确实难以一一取得，但有证据证明涉案复制品系非法出版、复制发行的，且出版者、复制发行者不能提供获得著作权人许可的相关证明材料的，可以认定为“未经著作权人许可”。但是，有证据证明权利人放弃权利、涉案作品的著作权不受我国著作权法保护，或者著作权保护期限已经届满的除外。

并且，第 12 条规定：

关于《刑法》第 217 条规定的“发行”的认定及相关问题，也即“发行”，包括总发行、批发、零售、通过信息网络传播以及出租、展销等活动。

非法出版、复制、发行他人作品，侵犯著作权构成犯罪的，按照侵犯著作权罪定罪处罚，不认定为非法经营罪等其他犯罪。

第 13 条还规定：

关于通过信息网络传播侵权作品行为的定罪处罚标准问题，也即以营利为目的，未经著作权人许可，通过信息网络向公众传播他人文字作品、音乐、电影、电视、美术、摄影、录像作品、录音录像制品、计算机软件及其他作品，具有下列情形之一的，属于《刑法》第 217 条规定的“其他严重情节”：

（1）非法经营数额在 5 万元以上的；

（2）传播他人作品的数量合计在 500 件（部）以上的；

(3)传播他人作品的实际被点击数达到5万次以上的；

(4)以会员制方式传播他人作品，注册会员达到1000人以上的；

(5)数额或者数量虽未达到第(1)项至第(4)项规定标准，但分别达到其中两项以上标准一半以上的；

(6)其他严重情节的情形。

实施前款规定的行为，数额或者数量达到前款第(1)项至第(5)项规定标准5倍以上的，属于《刑法》第217条规定的“其他特别严重情节”。

四、风险防范

本罪和前述假冒专利罪均属于对知识产权的侵犯，所不同的是，本罪所保护的客体是著作权。在我国著作权保护不够得力的相当长一段时间里，各种侵害著作权的行为大量存在，盗版图书、音像制品充斥市场，随着国家和权利主体对著作权的日益重视，对于从事与著作权相关业务的公司、企业，是有着预防犯罪的现实必要。预防本罪，可以从以下几个角度入手。

(一)加强法律、法规的学习

公司企业如果从事与著作权相关的制作、发行、出版、销售业务的，应当积极加强对于著作权保护的相关法律法规的学习，只有对于法律制度有了深入的学习掌握，才能把握好经营底线，从而避免出现触犯刑事法律的风险。

(二)建立自有著作权的检查制度

企业应当结合自身业务，建立一套有效的预防侵犯他人著作权的制度。对于公司企业制作、发行、出版、销售的产品，应进行严格的著作权审查，对于存在的侵犯著作权的产品，绝对不能放任其流入市场，以免触犯本罪。

(三)积极降低侵权行为造成的损失，防止民事责任刑事化

对于已经流入市场的侵权产品，要及时召回，主动弥补侵权损失。本罪为结果犯，只要采取了积极有效的手段，将损失尽可能地降低，侵权行为有可能就局限于民事责任，从而预防本罪的发生。

五、案例评析

(一)案例简介

北京市通州区人民检察院指控:2013年至2015年3月,某1公司与某2公司合作开发了某3资讯网、某4终端软件。其中,某2公司负责网站、软件的开发、编辑等后台维护工作,某1公司负责销售软件客户端使用权。两公司未经某5公司许可,将其享有著作权的证券分析类文字作品共计614篇上传至某4终端,后通过向客户销售该终端使用权的方式获取经济利益。

被告人王某1系上述两家公司的股东、实际控制人,负责两公司日常管理和经营决策。在明知未经著作权人许可的情况下,被告人王某1指使公司员工通过某3资讯网、某4终端传播上述文字作品并牟取经济利益。经中国版权保护中心鉴定,上述614篇文字作品与某5公司的对应作品内容相同。

被告人王某1辩称:案发前其不知道是否传播了某5公司的研报,没有收到该公司的通知,没有通过该公司的研报营利;某1公司收取的是技术服务费,没有通过销售某4终端的使用权营利。并表示这件事情在客观上可能存在过错,是否构成犯罪尊重法院判决。

辩护人提出:被告人王某1及两被告单位不具备传播某5公司研究报告的直接故意,没有以营利为目的传播某5公司的研究报告,通过某4终端收取费用与某5公司的研究报告没有任何关系。综上所述,建议法院作出无罪判决。并向法院提交了高新技术企业证书、某4终端著作权证书等证据材料,提出了对鉴定报告进行重新鉴定的申请。

被告单位某1公司的诉讼代表人表示:同意公司法定代表人王某1的意见以及辩护人郎晨光的意见。

辩护人提出:两被告单位主观上没有利用某5公司研报营利的目的,实际上也没有向某4终端用户收取过任何费用,没有利用某5公司研报获取任何利益。案发前王某1不知道有某5公司,便无法利用该公司研报谋利,某5公司的研报系计算机系统采集软件自动下载并上传,而非两被告单位管理人员和员工故意实施的。某1公司的全部收入来自提供某4终端服务而收取的技术服务费,与某5公司的研报无关。某2公司没有向某4终端用户收取过任何费用，没有独立经营的自主权，没有实施侵犯某5公司作品著作权的行为。综上所述，建议法院作出无罪判决。

被告单位某2公司的诉讼代表人表示：同意辩护人的意见。

法院经审理后认为，被告单位某1公司、某2公司以营利为目的，未经著作权人某5公司许可，通过信息网络传播某5公司的文字作品，情节严重，其行为构成侵犯著作权罪；被告人王某1作为上述两被告单位直接负责的主管人员，其行为亦构成侵犯著作权罪；上述两被告单位及被告人王某1依法均应予惩处。北京市通州区人民检察院指控被告单位某1公司、某2公司、被告人王某1犯侵犯著作权罪的罪名成立。

关于被告人王某1、两被告单位的诉讼代表人、两位辩护人所提意见，法院评论如下：

1. 关于被告单位、被告人是否知道传播了某5公司文字作品、是否具有传播某5公司文字作品的直接故意。经查明，在案证据足以证实被告单位、被告人经策划后故意实施了组织人员从互联网下载他人文字作品并上传到某3网、某4终端予以传播的行为，虽然并不专门针对某5公司的文字作品予以传播，但应当认为被告单位、被告人主观上具有侵犯他人著作权的概括故意，即无论是哪家公司的文字作品、无论是否具有著作权，都予以传播，因此符合犯罪构成的主观要件。是否收到某5公司的通知并不影响犯罪故意的成立。

2. 关于被告单位、被告人是否以营利为目的、是否通过传播某5公司的文字作品营利。经查明，被告单位、被告人通过转载包括某5公司享有著作权的文字作品在内的作品，扩大影响、吸引潜在客户，并最终实现更多客户付费购买某4终端使用权的目的，应当认为是以营利为目的。而能够浏览包括某5公司享有著作权的文字作品在内的作品，虽然现有证据不足以认定是客户付费购买某4终端使用权的唯一原因，但足以认定系原因之一。收取费用的具体名目是技术服务费还是终端使用费对本案侵权与营利之间的因果关系并无实质影响。因此，能够认定被告单位、被告人客观上通过传播某5公司的文字作品进行营利。

3. 关于某2公司是否实施侵犯著作权行为、是否构成侵犯著作权罪。经查，某2公司系依法成立的独立的公司，与某1公司系合作关系，共同实施了通过信息网络传播他人享有著作权的文字作品的行为，且情节严重，依法构成侵犯著作权罪，向某4终端用户收取费用虽以某1公司的名义单独实施，但该情节并不影响某2公司构成犯罪。

关于量刑，法院认为，依照法律规定，应当对被告单位判处罚金。对被告人王某1，法院亦决定对其适用罚金刑而无须适用自由刑。主要考虑如下。

1. 本案侵犯著作权文字作品数量为610篇，超出司法解释规定的定罪标准500份不多。

2. 虽然被告单位、被告人主观上以营利为目的、客观上通过侵犯某5公司文字作品的著作权营利，但这种营利是间接的而非直接的，主观恶性及客观危害性都相对较小。

3. 案发后通过协商，被侵权单位某5公司表示了谅解，进一步降低了本案的社会危害性。

综上所述，对被告人王某1单处罚金刑足以罚当其罪，且能更好发挥刑罚惩罚与预防的功能。关于对被告单位、被告人王某1适用罚金刑的具体数额，法院综合考虑被告单位、被告人实施侵犯著作权行为持续的时间、侵犯著作权期间总的营利情况、侵犯某5公司文字作品著作权的数量、被转载文字作品的证券公司的总数量等因素予以决定。

关于在案冻结款项，法院认为无法认定为法律意义上的违法所得。理由如下。

1. 被告单位、被告人并不仅仅转载了某5公司享有著作权的610篇文字作品，还转载了其他众多券商的大量文字作品。这些被转载的其他众多券商的大量文字作品，不能排除有的没有著作权，有的有著作权但著作权人并不反对转载或者经协商后同意转载。

2. 客户付费使用某4终端，除能够浏览包括某5等公司的文字作品外，不排除还能享受其他服务，使用终端的其他功能。

3. 被告单位、被告人侵犯某5公司著作权的行为与营利的结果之间的因果关系是间接的，而不是直接的。

综上所述，在2013年至2015年3月，被告单位、被告人实施侵犯某5公司著作权的行为与营利的结果之间不是全部对应、直接对应的关系，而是部分对应、间接对应的关系。也就是说，被告单位、被告人在2013年至2015年3月的营业收入，可能只有很少一部分与侵犯某5公司610篇文字作品的著作权有关系，且不是直接对应的关系，无法准确量化，难以从全部收入中准确区分出来。因此，法院认为，从法律上应当认为全部收入都不应作为违法所得而予以没收，超出执行罚金刑的部分，应当退回公诉机关予以依法处理。

综上所述，根据被告单位某1公司、某2公司、被告人王某1犯罪的事实、性质、情节和对社会的危害程度等，法院判决被告单位某1公司犯侵犯著作权罪，判处罚金人民币20万元。判决被告单位某2公司犯侵犯著作权罪，判处罚金人民币20万元。判决被告人王某1犯侵犯著作权罪，判处罚金人民币6万元。

（二）简要评析

侵犯著作权犯罪是近年来高发的罪名。本案中，被告单位及被告人将其不享有著作权的作品在其网站进行发布，明显侵犯了他人著作权。该罪名对于一些网络公司以及通过网络营销的公司来说，是高发风险的罪名。为防范该罪的风险，建议这类公司通过与他人协商，整体购买著作权的方式来获得作品的使用权。切忌著作权不明的情况下，随意使用他人作品。否则，可能会引发刑事风险。

94. 销售侵权复制品罪

一、法律规定

《刑法》第218条规定："以营利为目的，销售明知是本法第二百一十七条规定的侵权复制品，违法所得数额巨大或者有其他严重情节的，处五年以下有期徒刑，并处或单处罚金。"

二、条文释义

上述法条是关于销售侵权复制品罪及其刑事处罚的规定。所谓销售侵权复制品罪，是指以营利为目的，销售明知是侵犯他人著作权、专有出版权的文字作品、音乐、电视、电视、录像、计算机软件、图书及其他作品以及假冒他人署名的美术作品，违法所得数额巨大的行为。本罪的构成要件如下。

（一）本罪从客体上来看

本罪的主体为一般主体，凡达到刑事责任年龄并具备刑事责任能力的自然人均能构成本罪，单位亦能成为本罪主体。需要注意的是，本罪主体是指侵权复制品制作者以外的其他自然人或单位。如果是侵权复制品制作者自己实施销售行为的，构成侵权著作权罪而非本罪。按照《刑法》第31条的规定，单位犯本罪时，实行双罚制，即对单位判处罚金，并对其直接负责的主管人员和其他直接责任人员按相关条款规定判处刑罚。

本罪危害行为和危害结果表现为销售侵权复制品，违法所得数额巨大的行为。销售是本罪客观行为的具体内容，并且是重要的构成要件要素，非销售营利行为不能构成销售侵权复制品罪。如果行为人不是销售而是赠与、出借或收买自用等，均不符合成立本罪。同时，行为人销售侵权复制品还必须是违法所得数额巨大的才能构成犯罪，违法所得数额未达到规定标准的不能构成本罪。

（二）本罪从主观上来看

本罪在主观方面表现为故意，并且具有营利目的。这就要求行为人必须明知是侵权复制品而仍进行销售的才能构成本罪。

三、立案标准

最高人民法院、最高人民检察院《关于办理侵犯知识产权刑事案件具体应用法律若干问题的解释》第6条规定："以营利为目的，实施刑法第二百一十八条规定的行为，违法所得数额在十万元以上的，属于'违法所得数额巨大'，应当以销售侵权复制品罪判处三年以下有期徒刑或者拘役，并处或者单处罚金。"

四、风险防范

本罪是对侵犯著作权行为予以打击的另一罪名，具体而言，本罪是专门规制针对销售侵犯著作权产品的行为。对于公司企业而言，预防本罪，除了参照侵犯著作权罪进行预防外，还应当特别注意以下几点。

（一）严格审查销售作品的著作权

企业对自己销售的文字作品、音乐、电影、电视、美术、摄影、录像作品、录音录像制品、计算机软件及其他作品，应严格审查其是否侵害他人的著作权。企业对于自己销售的作品，应当查明该作品是否侵害他人著作权。如果是代理他人销售，同样应当审查其是否侵害他人著作权。在销售作品时，应当与他人签订书面的合同，将权利义务约定清楚。

（二）积极降低已侵权行为造成的损失，防止民事责任刑事化

企业对于自己不小心销售的侵权产品，要及时召回，主动采取措施弥补侵权损失。因本罪为结果犯，只要采取了积极有效的手段，将损失尽可能地降低，侵权行为有可能就局限于民事责任，进而预防本罪的发生。

五、案例评析

（一）案例简介

2011年初，被告人黄某某与苏某商议在店名为“无忧软件”的淘宝网店上销售盗版广联达工程预算软件，由苏某负责网店经营，黄某某提供货源及组织发货给卖家。黄某某通过网络以每套70～75元的价格向深圳上线购入盗版广联达工程预算软件，网店销售所得的利润按4∶6的比例分成，黄某某占利润的40%，苏某占利润的60%。后黄某某将其同学刘某找来，另外注册了名为“唯信软件”的淘宝网店，销售盗版广联达工程预算软件，销售所得的利润按4∶6的比例分成，黄某某占利润的40%，刘某占利润的60%。2012年6月至7月，为了便于网店经营，三被告人将“无忧软件”“唯信软件”和黄某某的“信赢软件”三个网店进行整合统一经营，由苏某、刘某负责三个网店的日常管理，黄某某负责寻找货源和组织发货，销售所得利润按4∶3∶3的比例分成，黄某某占4成，刘某、苏某各占3成。三人以每套盗版软件约130元的价格售出453套，共获利2.4万元，其中被告人黄某某非法获利9000余元，被告人苏某非法获利7000余元，被告人刘某非法获利7000余元。

2012年8月时，刘某、苏某瞒着黄某某先后开了“黑马软件”“夜不一样”

和“云过烟青”三家网店，以陌生人的身份从黄某某处进货，并约好由黄某某直接通过物流发给买家。刘某、苏某以每套90元的价格从黄某某处进货，以每套130元的价格售出，通过“黑马软件”“云过烟青”和“夜不一样”网店共售出盗版软件6223套，共获利24万余元，刘某和苏某每人分别获利12万余元。黄某某在供货给刘某和苏某时，每套赚取15元的差价，共从中获利9万余元。

法院认为，被告人刘某、苏某、黄某某以营利为目的，销售明知是侵权复制品的盗版软件，违法所得数额巨大，三被告人的行为均已构成销售侵权复制品罪。公诉机关指控被告人刘某、苏某、黄某某所犯罪名成立。在第一起共同犯罪过程中，刘某、苏某、黄某某均起主要作用，均是主犯，应按其所参与的全部罪行处罚；在第二起共同犯罪过程中，刘某、苏某均起主要作用，均是主犯，应按其所参与的全部罪行处罚。案发后，苏某、黄某某主动向公安机关投案，并均能如实供述自己的犯罪事实，均是自首，依法对二被告人从轻处罚；刘某到案后，能如实供述自己的犯罪事实，是坦白，依法对其从轻处罚；刘某、苏某、黄某某积极退缴全部犯罪所得赃款，可酌情对三被告人从轻处罚。公诉机关对被告人刘某、苏某、黄某某作出的量刑建议合法、适当，法院予以采纳。苏某的辩护人提出“被告人苏某具有自首情节且犯罪情节轻微，社会危害性不大，有悔罪表现，请求对其适用缓刑”的辩护意见与庭审查明的事实与法律相符，法院予以采纳。综合上述情况，法院判决被告人刘某犯销售侵权复制品罪，判处有期徒刑1年，缓刑1年6个月，并处罚金人民币13万元。判决被告人苏某犯销售侵权复制品罪，判处有期徒刑8个月，缓刑一年，并处罚金人民币13万元。判决被告人黄某某犯销售侵权复制品罪，判处有期徒刑7个月，缓刑1年，并处罚金人民币10万元。

（二）简要评析

本案是典型的侵犯著作权犯罪。被告人明知侵权复制品而销售，理应承担相应的刑事责任。由于各被告人自首，法院从轻判决，均判处几位被告人缓刑。被告人为经济利益，进行刑事犯罪，法院对其的判处罚金，远超过其获利数额，从这一点来看，可谓得不偿失。

95. 侵犯商业秘密罪

一、法律规定

《刑法》第219条规定："有下列侵犯商业秘密行为之一，情节严重的，处三年以下有期徒刑，并处或者单处罚金；情节特别严重的，处三年以上十年以下有期徒刑，并处罚金：

（一）以盗窃、贿赂、欺诈、胁迫、电子侵入或者其他不正当手段获取权利人的商业秘密的；

（二）披露、使用或者允许他人使用以前项手段获取的权利人的商业秘密的；

（三）违反保密义务或者违反权利人有关保守商业秘密的要求，披露、使用或者允许他人使用其所掌握的商业秘密的。

明知前款所列行为，获取、披露、使用或者允许他人使用该商业秘密的，以侵犯商业秘密论。"

本条所称权利人，是指商业秘密的所有人和经商业秘密所有人许可的商业秘密使用人。

第220条规定："单位犯本节第二百一十三条至第二百一十九条规定之罪的，对单位判处罚金，并对其直接负责的主管人员和其他直接责任人员，依照本节各该条的规定处罚。"

二、条文释义

上述法条是关于侵犯商业秘密罪及其刑事处罚的规定。所谓侵犯商业秘密罪，是指采取不正当手段，获取、使用、披露或者允许他人使用权利人的商业秘密，给商业秘密的权利人造成重大损失的行为。本罪的构成要件如下。

(一)本罪从客观上来看

本罪的主体为一般主体,自然人、单位均能成为本罪主体。如果单位或个人为了获取和使用商业秘密与披露商业秘密的犯罪分子事先有通谋,其应以共同犯罪论处。按照《刑法》第31条的规定,单位犯本罪时,实行双罚制,即对单位判处罚金,并对其直接负责的主管人员和其他直接责任人员按相关条款规定判处刑罚。

从危害行为和危害结果来看,本罪行为表现为以下几种情形:(1)以盗窃、贿赂、欺诈、胁迫、电子侵入或者其他不正当手段;(2)披露、使用或者允许他人使用以上述第(1)种手段获取的权利人的商业秘密;(3)违反保密义务或者违反权利人有关保守商业秘密的要求,披露、使用或者允许他人使用其所掌握的商业秘密;(4)明知或应知前述第(1)至第(3)种违法行为,获取、披露、使用或者允许他人使用该商业秘密的。由于行为人的上述行为,给权利人造成了重大损失。

按法律规定,所谓商业秘密,是指不为公众所知悉、能为权利人带来经济利益、具有实用性,并且经权利人采取了保密措施的信息和技术。

(二)本罪从主观上来看

本罪的主观方面只能是故意,即行为人有意识地通过多种手段侵犯商业秘密,过失不构成本罪。

三、立案标准

最高人民检察院、公安部《关于公安机关管辖的刑事案件立案追诉标准的规定(二)》第73条规定:“侵犯商业秘密,涉嫌下列情形之一的,应予立案追诉:

(一)给商业秘密权利人造成损失数额在五十万元以上的;

(二)因侵犯商业秘密违法所得数额在五十万元以上的;

(三)致使商业秘密权利人破产的;

(四)其他给商业秘密权利人造成重大损失的情形。”

四、风险防范

在企业生产经营中，侵犯商业秘密现象屡有发生，但因确定商业秘密侵权比较困难，比如，需要权利人证明侵害对象是商业秘密。而要证明侵害对象为商业秘密，需同时证明其拥有秘密性、价值性、实用性和可控性4个要件等。上述认定过程过于复杂，而现实中很多企业在生产运营中很难收集到侵权行为人如何侵权的信息，导致权利人很难拿出证据证明侵权人侵害了商业秘密。但作为侵权人来说，亦不能存有侥幸心理，一旦侵权行为被刑事立案，公安机关介入，则侵权证据的获得则相对来说会容易很多。因此，作为企业来说，守法经营这才是正道，存有侥幸心理，通过侵害他人的商业秘密来发展企业，迟早也会受到法律的惩罚。防范本罪，企业可以从以下两个方面着手。

（一）树立守法经营理念

企业应认真学习法律知识，注重知识产权、竞业竞争、商业秘密方面的培养，树立正确的竞争意识，摒弃靠侵犯他人商业秘密进行不正当竞争的发展理念。

（二）依靠合法的方式正常获取相关技术

取得相关技术是企业发展的关键要素，企业如果为了发展需要某种技术，可以通过合法途径与相关方签订技术服务合同以正常的合法方式取得他人技术，或者采取与他人合作成立公司的模式以获取某种技术。只有通过合法方式，企业才能持久发展。

五、案例评析

（一）案例简介

嘉善县人民检察院指控，被告单位海达公司、新润公司系二块牌子、一套班子。2000年9月2日，海达公司从被告人李某处购买了鼎龙公司的5－氨基邻甲酚生产技术，并依此技术订购设备与原料、安排小试以备生产。2000年9月

5 日，海宁市公安局根据鼎龙公司的报案，依法对海达公司进行了查处，并明确告知海达公司不得利用鼎龙公司的技术生产 5 – 氨基邻甲酚，也不得将该技术披露给他人。海达公司被查处后，被告人沈某甲、毛某、顾某、张某甲等股东召开会议决定以新润公司的名义继续生产 5 – 氨基邻甲酚，并决定由被告人顾某、张某甲负责从上海华东理工大学处进行所谓技术引进以作掩盖。从 2000 年 9 月中下旬开始，新润公司即按照鼎龙公司的车间生产工艺技术开始大规模生产 5 – 氨基邻甲酚。在生产过程中，沈某甲负责解决生产所需资金并直接参与管理，毛某负责总的管理工作，顾某则负责技术管理。期间，工商行政管理部门以新润公司涉嫌侵犯商业秘密责令该公司暂停销售 5 – 氨基邻甲酚。但新润公司置之不顾，仍然继续生产和销售该产品，至案发时，已累计生产 5 – 氨基邻甲酚 18,710.5 千克，新润公司与海达公司共销售 5 – 氨基邻甲酚 15,525 千克，非法获取销售利润 621,975.89 元。

鼎龙公司的 5 – 氨基邻甲酚生产技术系该公司的商业秘密。其研制开发成本和试产费用经鉴定达 1,005,576.84 元。

法院经审理后认为，鼎龙公司自行开发的 5 – 氨基邻甲酚车间生产工艺技术，不为公众所知悉，能为鼎龙公司带来经济利益，具有实用性，并经鼎龙公司采取了合理的保密措施，属于商业秘密。被告单位海达公司、新润公司和作为直接负责的主管人员的被告人沈某甲、作为其他直接责任人的被告人毛某、顾某、张某甲为谋取利益采用利诱的不正当手段非法获取后使用；被告人李某违反鼎龙公司有关保守商业秘密的要求，披露自己掌握的商业秘密，被告单位海达公司、新润公司由此共非法获取利润 621,975.89 元，给鼎龙公司造成了重大损失。被告单位海达公司、新润公司及被告人沈某甲、毛某、顾某、张某甲、李某的行为均已构成侵犯商业秘密罪。起诉指控其所犯罪名均成立。但起诉书指控被告单位及被告人造成鼎龙公司的损失达 1,005,576.84 元，后果特别严重，依据不足，应予纠正，辩护人就此提出的辩护意见予以采纳。各被告单位、被告人及其辩护人提出的其他意见与事实及法律不符，不予采纳。据此，判决被告单位海达公司犯侵犯商业秘密罪，判处罚金 10 万元。判决被告单位新润公司犯侵犯商业秘密罪，判处罚金 10 万元。对各被告人判处 1 年 2 个月至 1 年 6 个月的有期徒刑。

（二）简要评析

作为商业秘密案，一般来说，认定商业秘密是十分困难的。并且，一般情况下受害人的损失也很难认定。本案定罪从证据来看，是依据公安机关及工商行政机关的相关材料，进而认定被告人侵害了他人商业秘密。本案中，被告人明显是以主观故意的方式侵害他人商业秘密，而且多次受到行政机关的处罚，最终对其科处刑事处罚，应该说是符合罪刑相适应原则。作为单位来说，一般的商业秘密很难产生巨额的经济利益，采取侵害他人商业秘密的方式进行犯罪，行为人在行为前应当三思而后行。

第九章

CHAPTER 9

扰乱市场秩序罪的预防

96. 损害商业信誉、商品声誉罪

一、法律规定

《刑法》第221条规定："捏造并散布虚伪事实，损害他人的商业信誉、商品声誉，给他人造成重大损失或者有其他严重情节的，处二年以下有期徒刑或者拘役，并处或者单处罚金。"

二、条文释义

本条是关于损害商业信誉、商品声誉罪及其刑事处罚的规定。所谓损害商业信誉、商品声誉罪，是指捏造并散布虚伪事实，损害他人的商业信誉、商品声誉，给他人造成重大损失或者有其他严重情节的行为。本罪的构成要件如下。

（一）本罪从客观上来看

本罪的犯罪主体是一般主体，既可以是自然人也可以是单位。行为人如果受他人收买或唆使，损害他人的商业信誉、商品声誉，且达到"给他人造成重大损失"或"有其他严重情节"程度的，应认定与他人构成共同犯罪。按照《刑法》第31条的规定，单位犯本罪时，实行双罚制，即对单位判处罚金，并对其直接负责的主管人员和其他直接责任人员按相关条款规定判处刑罚。

从危害行为和危害结果来看，损害商业信誉、商品声誉罪表现为捏造并散布虚伪事实，损害他人的商业信誉、商品声誉，给他人造成重大损失或者有其他严重情节的行为。

（二）本罪从主观上来看

本罪的主观方面是故意，并且为直接故意，表现为行为人明知行为会发生损害他人商誉、扰乱竞争秩序的结果，仍追求结果发生的心理状态。

三、立案标准

最高人民检察院、公安部印发的《关于公安机关管辖的刑事案件立案追诉标准的规定(二)》第七十四条规定:“捏造并散布虚伪事实,损害他人的商业信誉、商品声誉,涉嫌下列情形之一的,应予立案追诉:

(一)给他人造成直接经济损失数额在五十万元以上的;

(二)虽未达到上述数额标准,但具有下列情形之一的:

1. 利用互联网或者其他媒体公开损害他人商业信誉、商品声誉的;

2. 造成公司、企业等单位停业、停产六个月以上,或者破产的。

(三)其他给他人造成重大损失或者有其他严重情节的情形。”

四、风险防范

商业信誉、商品声誉,是指社会公众对于经营者和商品给予的评价,对于市场主体而言,好的商誉是巨大的无形资产,对于企业运行起着至关重要的作用,因而也成为不良竞争者的攻击对象,社会主义市场经济体制鼓励企业间的良性竞争,但对于恶意的诋毁商业信誉、商品声誉行为,有必要通过刑法予以打击,以维护市场秩序。对于本罪,企业可以从以下几方面进行预防。

(一)加强法律、法规的学习

企业经营者应当加强对《广告法》《反不正当竞争法》等法律法规的学习,领会法律规制的意义,从而对自己将要进行的商业竞争性活动作出合法性预判。

(二)树立良性竞争意识

企业经营应多关注自身发展,对于其他企业、公司,应当抱以平和冷静的心态,不可为了不正当利益,恶意攻击其他同行,甚至铤而走险,捏造事实进行诽谤,否则只会得不偿失。

(三)在宣传广告中,企业应当把握好宣传的度

企业竞争应当采取良性互动模式,应通过表现自身产品优势的方法展开。在广告宣传中,对于素材的选取、创意的取舍,应充分考虑其可能产生的侵权风险,从而降低自身触犯本罪的概率。

五、案例评析

(一)案例简介

淄博高新技术产业开发区人民检察院指控,被告人虞某某因与山东某某教育科技股份有限公司常某等工作人员就预付款、退换货等纠纷起怨,为达到泄愤和给山东某某教育科技股份有限公司施加压力解决纠纷的目的,于2013年8月23日通过其个人使用的QQ在互联网QQ群上捏造散布山东某某教育科技股份有限公司申请破产倒闭并涉嫌欺诈、偷税犯罪的虚假事实,号召山东某某教育科技股份有限公司的客户停止与山东某某教育科技股份有限公司继续发生业务,随后该信息在互联网上被转发传播,众多客户退单或停止与山东某某教育科技股份有限公司交易业务,造成恶劣影响,致使山东某某教育科技股份有限公司商业信誉遭到严重损害,经司法会计鉴定:直接经济损失达620,073.61元。

被告人虞某某对指控的事实无异议,请求法庭从轻处罚。其辩护人认为,被告人虞某某认罪态度较好,有悔过表现,且系初犯,具备适用缓刑的条件,应依法从轻、减轻处罚,建议法庭对被告人适用缓刑。

法院经审理后认为,被告人虞某某捏造并散布虚伪事实,损害他人的商业信誉,给他人造成重大损失,其行为已构成损害商业信誉罪,应予惩处。公诉机关指控的事实、罪名成立,本院予以采纳。被告人虞某某犯损害商业信誉罪,应处二年以下有期徒刑或者拘役,并处或者单处罚金,鉴于其归案后如实供述自己的罪行,庭审中认罪态度较好,对其可酌情从轻处罚。其辩护人提出的被告人认罪态度较好,具有悔过表现,犯罪前表现一贯良好,系初犯,依法可从轻处罚的相关辩护意见成立,本院予以采纳。据此,法院判决被告人虞某某犯损害商业信誉罪,判处有期徒刑9个月,并处罚金1万元。

（二）简要评析

本罪的成立，应以存在散布虚构事实为客观要件，并且以行为人主观故意为主观要件。从本案来看，被告人与受害单位本身存在矛盾，其意图通过散布虚假消息，达到损害受害单位的目的，进而获取自己想要的结果。这实际是一种变相的威胁手段。通过这种方式解决纠纷，最终可能会导致自己进一步受损。因此，在与他人发生矛盾纠纷后，即使自己提出的要求合理，而对方不接受，也不宜通过虚构事实的方式威胁他人，如果由此导致他人损失巨大，可能会让自己面临刑事风险。

97. 虚假广告罪

一、法律规定

《刑法》第 222 条规定："广告主、广告经营者、广告发布者违反国家规定，利用广告对商品或者服务作虚假宣传，情节严重的，处二年以下有期徒刑或者拘役，并处或者单处罚金。"

二、条文释义

本条是关于虚假广告罪及其刑事处罚的规定。所谓虚假广告罪，是指广告主、广告经营者、广告发布者违反国家规定，利用广告对商品或服务作虚假宣传，情节严重的行为。本罪的构成要件如下。

（一）本罪从客观上来看

本罪的主体为特殊主体，即广告主、广告经营者和广告发布者。本罪主体既可以是达到刑事责任年龄具备刑事责任能力的自然人，也可以是单位。按照《刑法》第 31 条的规定，单位犯本罪时，实行双罚制，即对单位判处罚金，并对其直接负责的主管人员和其他直接责任人员按相关条款规定判处刑罚。

所谓广告，按《广告法》的规定，是指商品经营者或者服务提供者承担费用，通过一定媒介和形式直接或者间接地介绍自己所推销的商品或者所提供的服务的宣传活动。所谓广告主，是指为推销商品或者服务，自行或者委托他人设计、制作、发布广告的自然人、法人或者其他组织。所谓广告经营者，是指接受委托提供广告设计、制作、代理服务的自然人、法人或者其他组织。所谓广告发布者，是指为广告主或者广告主委托的广告经营者发布广告的自然人、法人或者其他组织。

从危害行为与危害结果来看，本罪表现为违反国家广告管理法规，利用广告对商品或者服务作虚假宣传，情节严重的行为。包括对商品的性质、产地、用途、质量、价格、生产者、生产日期、有效期、售后服务，以及对服务的内容、形式、质量、价格等作不真实的、带有欺诈内容的宣传。

按《广告法》第28条的规定，广告有下列情形之一的，为虚假广告：(1)商品或者服务不存在的；(2)商品的性能、功能、产地、用途、质量、规格、成分、价格、生产者、有效期限、销售状况、曾获荣誉等信息，或者服务的内容、提供者、形式、质量、价格、销售状况、曾获荣誉等信息，以及与商品或者服务有关的允诺等信息与实际情况不符，对购买行为有实质性影响的；(3)使用虚构、伪造或者无法验证的科研成果、统计资料、调查结果、文摘、引用语等信息作证明材料的；(4)虚构使用商品或者接受服务的效果的；(5)以虚假或者引人误解的内容欺骗、误导消费者的其他情形。

(二)本罪从主观上来看

本罪在主观方面只能是故意，过失不构成本罪。但根据主体的不同，从广告主方面看，应当属于直接故意，即广告主明知自己的虚假广告行为违反了广告管理法规定的广告内容的真实性，而积极实施了这种行为，作引人误解的虚假宣传，欺骗用户和消费者，以达到牟取巨额非法利益的目的。但如果从广告经营者和广告发布者看，间接故意也可能构成本罪。

三、立案标准

最高人民检察院、公安部印发的《关于公安机关管辖的刑事案件立案追诉标准的规定(二)》第75条规定:“广告主、广告经营者、广告发布者违反国家规定,利用广告对商品或者服务作虚假宣传,涉嫌下列情形之一的,应予立案追诉:

(一)违法所得数额在十万元以上的;

(二)给单个消费者造成直接经济损失数额在五万元以上的,或者给多个消费者造成直接经济损失数额累计在二十万元以上的;

(三)假借预防、控制突发事件的名义,利用广告作虚假宣传,致使多人上当受骗,违法所得数额在三万元以上的;

(四)虽未达到上述数额标准,但两年内因利用广告作虚假宣传,受过行政处罚二次以上,又利用广告作虚假宣传的;

(五)造成人身伤残的;

(六)其他情节严重的情形。”

四、风险防范

广告作为企业的重要宣传途径,对于企业及其产品的形象塑造有着巨大的作用。好的广告能使企业和产品深入人心,口口称道,因此,在市场经济日益开放成熟的中国社会,怎样做好广告是每一个企业的必修课。但当前阶段,由于部分企业心浮气躁、急功近利,为追求商业利益,不惜在广告中虚假宣传,欺骗受众,这对国家的广告经营管理秩序和社会主义市场竞争体系都造成了严重影响,因此有必要通过刑法加以打击。对于本罪,企业可以从以下几个方面加以预防。

(一)严格依法发布广告

广告应以产品为核心,围绕产品展开,可以对产品优势进行适当突出,但绝不能信口开河。对于广告的制作和传播,法律法规有着详细的规定,企业应对这些法律法规进行学习,掌握广告的法律尺度。

(二)企业在发布广告时尽可能少作承诺

对于广告经营者,应尽到自身义务,不可为了利益,进行无底线承诺或保证,否则有触犯本罪的风险。

(三)企业在广告宣传中应把握适当的度

企业在广告发布中,应做到拒绝虚假宣传,适当的渲染可以有助于企业的营销,但绝不能进行虚假宣传,欺骗消费者或社会大众,否则需承担本罪可能带来的法律后果。

五、案例评析

(一)案件简介

2010年至2013年7月,被告人安某在与天津红星职业中等专业学校定向委培联合办学的过程中,伙同刘某(另案处理)向河北、山西等地的初中毕业生发布招收航空专业定向委培生的广告,宣传定向委培班的办学层次为中专、大专联读,学制三年,并颁发国家承认电子注册的中专及大专毕业证书,并由中国民航运输协会在民航系统内安置就业。广告中对其提供的大专教育及预期就业、待遇作虚假表述,诱使郭某等29人在天津红星职业中等专业学校、北京市古城旅游服务培训学校支付大专学费共计人民币27.4万元。2013年8月6日,安某主动到公安机关投案。

法院经审理后认为,被告人安某在与他人联合办学的过程中,作为办学的经营者,违反国家广告规定,利用广告对其服务进行虚假宣传,情节严重,其行为已构成虚假广告罪,应依法予以惩处。鉴于安某主动到公安机关投案,并如实供述自己的罪行,系自首,可对其依法从轻处罚。念其积极退赔他人的经济损失,可再对其酌情从轻处罚。北京市石景山区人民检察院指控被告人安某犯虚假广告罪的事实清楚,证据确实、充分,指控的罪名成立。安某的辩护人关于其自首、积极赔偿经济损失的辩护意见,与法院查明的事实相符,法院予以采纳。据此,根据被告人安某犯罪的事实、性质、情节和对社会的危害程度,判决被告人安某犯虚假广告罪,判处有期徒刑9个月,并处罚金人民币1万元。

(二)简要评析

本罪与诈骗罪十分相似,诈骗罪是重于本罪的罪名。本案中,被告人在公安机关侦查阶段是以诈骗罪进行立案,但检察机关最后以虚假广告罪提起诉讼，对被告人来说，这当然更为有利。从其行为来看，其只是想利用虚假宣传的手段达到扩大业务的目的，其并非完全没有提供相关服务，其行为更符合本罪的构成要件。作为企业来说，进行广告宣传，稍微有一定程度的夸大事实，不应当认定为犯罪行为，但如果杜撰事实进行虚假宣传，这明显超过了一定的程度，就有可能被认定为虚假广告，进而承担刑事风险。因此，在进行广告宣传时，一定要把握好宣传的度。

98. 串通投标罪

一、法律规定

《刑法》第223条规定："投标人相互串通投标报价，损害招标人或者其他投标人利益，情节严重的，处三年以下有期徒刑或者拘役，并处或者单处罚金。

投标人与招标人串通投标，损害国家、集体、公民的合法利益的，依照前款的规定处罚。"

二、条文释义

本条是关于串通投标罪及其刑事处罚的规定。所谓串通投标罪，指投标者相互串通投标报价，损害招标人或者其他投标人利益，或者投标者与招标者串通投标，损害国家、集体、公民的合法权益，情节严重的行为。本罪的构成要件如下。

（一）本罪从客观上来看

本罪的主体就招标人而言，是特殊主体，但就投标人而言，是一般主体。凡达到刑事责任年龄且具备刑事责任能力的自然人均能构成本罪。但行为人均应为参加投标的主体。依照法律规定，单位也能成为本罪主体。按照《刑法》第31条的规定，单位犯本罪时，实行双罚制，即对单位判处罚金，并对其直接负责的主管人员和其他直接责任人员按相关条款规定判处刑罚。

本罪危害行为和危害结果表现为投标人之间或投标人与招标人之间相互串通投标的行为。

按《招标投标法实施条例》第 39 条的规定,有下列情形之一的,属于投标人相互串通投标:(1)投标人之间协商投标报价等投标文件的实质性内容;(2)投标人之间约定中标人;(3)投标人之间约定部分投标人放弃投标或者中标;(4)属于同一集团、协会、商会等组织成员的投标人按照该组织要求协同投标;(5)投标人之间为谋取中标或者排斥特定投标人而采取的其他联合行动。同时,第 40 条规定,有下列情形之一的,视为投标人相互串通投标:(1)不同投标人的投标文件由同一单位或者个人编制;(2)不同投标人委托同一单位或者个人办理投标事宜;(3)不同投标人的投标文件载明的项目管理成员为同一人;(4)不同投标人的投标文件异常一致或者投标报价呈规律性差异;(5)不同投标人的投标文件相互混装;(6)不同投标人的投标保证金从同一单位或者个人的账户转出。

所谓投标人与招标人之间相互串通投标,按《招标投标法实施条例》第 41 条的规定,有下列情形之一的,属于招标人与投标人串通投标:(1)招标人在开标前开启投标文件并将有关信息泄露给其他投标人;(2)招标人直接或者间接向投标人泄露标底、评标委员会成员等信息;(3)招标人明示或者暗示投标人压低或者抬高投标报价;(4)招标人授意投标人撤换、修改投标文件;(5)招标人明示或者暗示投标人为特定投标人中标提供方便;(6)招标人与投标人为谋求特定投标人中标而采取的其他串通行为。

(二)本罪从主观上来看

本罪在主观方面必须出于故意,即明知自己串通投标的行为会损害招标人或其他投标人的利益,但仍决意为之,并希望或放任这种危害后果的发生。过失不能构成本罪。串通投标的动机可能多种多样,如有的为了获取不法利益而意欲中标;有的为了排挤、陷害其他投标人而相互串标;有的出于江湖义气而相互串标;有的碍于情面而相互串标等,但无论动机如何,都不影响本罪成立。

三、立案标准

最高人民检察院、公安部《关于公安机关管辖的刑事案件立案追诉标准的

规定(二)》第76条规定:“投标人相互串通投标报价,或者投标人与招标人串通投标,涉嫌下列情形之一的,应予立案追诉:

(一)损害招标人、投标人或者国家、集体、公民的合法利益,造成直接经济损失数额在五十万元以上的;

(二)违法所得数额在十万元以上的;

(三)中标项目金额在二百万元以上的;

(四)采取威胁、欺骗或者贿赂等非法手段的;

(五)虽未达到上述数额标准,但两年内因串通投标,受过行政处罚二次以上,又串通投标的;

(六)其他情节严重的情形。”

四、风险防范

本罪是对于招投标商业活动中存在的严重扰乱市场秩序的行为进行规制的刑法规定。招投标是将市场资源合理配置的有效方式,对于公司、企业而言,也是经营活动中的重要内容,而串标行为极大地破坏了招投标制度。一方面,串标可能会使中标者不能成为招标方的最佳选择,另一方面,也侵害了其他投标者的合法权益。鉴于串标行为的危害性,刑法亦对串标行为予以打击。公司、企业在预防本罪时,可以从以下几点入手。

(一)企业在参与招投标活动前,应当加强法律、法规的学习

投标虽是一种商业行为,却有着严格的法律法规规定。因此,企业参与招投标时,应当认真学习相关法律法规,了解掌握其程序、标准,做到心中有数,在参与的过程中才不会逾越法律,从而降低触犯本罪的风险。

(二)在投标过程中拒绝所谓的合作邀请

串标行为本质上属于不正当竞争的商业行为。一方面,企业在招投标时,应当制定严格的程序和标准,自觉抵制其他主体试图以合作、协作的名义进行实质上的串标;另一方面,公司、企业应当量力而行,对于自身难以承接的项目,不可为了利益盲目投标,否则就有可能在利益的诱惑下进行串标活动。

(三)建立投标内部审核机制

对于企业内部而言,也应当建立评价监督体系。内部的制约、会签制度,能够将一些逾越法律的行为扼杀在萌芽状态。除此之外,在与同行、上下游公司企业的合作中,应当约束好自己的员工。许多串标行为,起意者往往是具体负责的员工。因此,对于员工特别是负责具体工作的员工,应当加强这方面的教育,清除他们走捷径的思维,确保公司、企业员工队伍健康,这也能从一定程度上降低本罪风险。

五、案例评析

(一)案例简介

2012年6月初,蔼店开发区北六号路道路及排水工程(以下简称北六号路工程)对外公开招标。被告人姜某甲在得知皮某从他人处购买了武汉政鑫建设集团有限公司等十余家建筑公司资质用于围标北六号路工程的信息后,遂以人民币70万元的价格从皮某处购买了武汉政鑫建设集团有限公司、湖北冶金建设有限公司等十余家公司资质参与该工程竞标。2012年7月,该工程开标,武汉政鑫建设集团有限公司为北六号路工程中标人,中标价格为人民币15,718,289.26元。后姜某甲承建该工程,因拆迁协调原因,该工程一直未动工。2014年1月16日,姜某甲委托胡某以人民币170万元(其中包含向武汉政鑫建设集团有限公司上缴管理费20余万元及工程投标的保证金34.1万元)的价格,将该工程转包给姜某乙承建。

法院经审理后认为,被告人姜某甲在投标过程中,为了实现其中标目的,采取购买其他公司资质的手段参与竞标,损害其他投标人利益,扰乱市场经济秩序,情节严重,其行为构成串通投标罪。公诉机关指控的罪名成立。案发后,姜某甲主动到案并如实供述自己的犯罪事实,系自首,依法可以从轻处罚。姜某甲主动上缴违法所得,可酌情从轻处罚。法院判决被告人姜某甲犯串通投标罪,判处有期徒刑1年,缓刑2年,并处罚金人民币10万元。

(二)简要评析

串通投标罪在工程领域是高发风险的罪名,而且方法手段雷同。本案即是工程领域中典型的串通投标行为。被告人为达到承接工程的目的，以多个主体进行围标，其行为完全符合本罪的构成要件。被告人在案发后主动自首，量刑时对其从轻判处，法院的判决可以说是罚当其罪。作为企业来说，只有在市场竞争过程中，以质量取胜，依法依规，方是防范本罪最好的手段。

99. 合同诈骗罪

一、刑法规定

《刑法》第 224 条规定："有下列情形之一，以非法占有为目的，在签订、履行合同过程中，骗取对方当事人财物，数额较大的，处三年以下有期徒刑或者拘役，并处或者单处罚金；数额巨大或者有其他严重情节的，处三年以上十年以下有期徒刑，并处罚金；数额特别巨大或者有其他特别严重情节的，处十年以上有期徒刑或者无期徒刑，并处罚金或者没收财产：

（一）以虚构的单位或者冒用他人名义签订合同的；

（二）以伪造、变造、作废的票据或者其他虚假的产权证明作担保的；

（三）没有实际履行能力，以先履行小额合同或者部分履行合同的方法，诱骗对方当事人继续签订和履行合同的；

（四）收受对方当事人给付的货物、货款、预付款或者担保财产后逃匿的；

（五）以其他方法骗取对方当事人财物的。"

二、条文释义

本条是关于合同诈骗罪及其刑事处罚的规定。所谓合同诈骗罪，是指以非法占有为目的，在签订、履行合同过程中，采取虚构事实或者隐瞒真相等欺骗手段，骗取对方当事人的财物，数额较大的行为。本罪的构成要件如下。

（一）本罪从客观上来看

本罪的主体是一般主体，凡达到刑事责任年龄且具有刑事责任能力的自然人均能构成本罪，单位亦能成为本罪主体。由于本罪是在合同签订和履行过程中发生的行为，故本罪的主体为合同的当事人。按照《刑法》第31条的规定，单位犯本罪时，实行双罚制，即对单位判处罚金，并对其直接负责的主管人员和其他直接责任人员按相关条款规定判处刑罚。

本罪危害行为和危害结果表现为在签订、履行合同过程中，虚构事实、隐瞒真相，骗取对方当事人财物，且数额较大的行为。具体表现在以下几个方面。

（1）以虚构的单位或者冒用他人名义签订合同的；

（2）以伪造、变造、作废的票据或者其他虚假的产权证明作担保的；

（3）没有实际履行能力，以先履行小额合同或者部分履行合同的方法，诱骗对方当事人继续签订和履行合同的；

（4）收受对方当事人给付的货物、货款、预付款或者担保财产后逃匿的；

（5）以其他方法骗取对方当事人财物的。

（二）本罪从主观上来看

本罪主观方面只能是故意，过失不构成本罪，并且具有非法占有公私财物的目的。如果行为人主观上并没有诈骗故意，只是由于种种客观原因，导致违约，以致不能履行合同或不能按合同约定偿还债务的，不能以本罪论处。行为人主观上的非法占有目的，既包括行为人意欲对非法所得的占有，也包括意欲对单位或第三人财物的占有。

三、立案标准

最高人民检察院、公安部《关于公安机关管辖的刑事案件立案追诉标准的规定（二）》第77条规定，以非法占有为目的，在签订、履行合同过程中，骗取对方当事人财物，数额在2万元以上的，应予立案追诉。

四、风险防范

本罪对于公司、企业而言，是较为高发的罪名，需要有较高的防范意识。对于企业的经营而言，合同的订立是极为常见的行为，然而正是在这看似常见的行为中，若行事不慎，会有遭受刑事打击的风险。设立本罪，一方面，是为了对以采用签订合同的方式进行诈骗的活动进行打击，另一方面，也在警示企业要诚实守信，合法经营。公司、企业预防本罪可从以下几个方面入手。

（一）坚持诚实守信原则

在合同谈判过程中，对于合同的签订，一定要本着诚实守信的大原则，不虚假承诺，不搞欺骗，把握好宣传的度。

（二）在签订和履行合同过程中切忌提供虚假的文件

在签订和履行合同过程中，切忌提供虚假的证明文件，切忌提供虚假的产权作担保，切忌以不存在的主体签订合同。

（三）合同签订后依约严格履行合同

合同签订后应当按合同的约定履行合同，切忌收到款项后没有实际的履行行为，更不得合同签订后石沉大海，让对方当事人无处可觅。

（四）合同签订后，由于客观情况的变化无法履行合同时，应当明确告知对方

合同签订后，往往由于情况的变化，原来约定的合同可能无法履行。在此情况下，应当通过各种方式告知对方，不可以提供虚假的证明欺骗对方，更不能人去楼空。

（五）企业应当建立专业的合规团队

企业应当设立专门的法务部门或者聘请专业的法律顾问团队，在签订合同时，由法律专业人士对合同的法律风险进行评估，并按照评估、修改意见切实修正。法律专业人士参与合同的拟定、签订、履行可以有效减少合同签订过程中的各种风险。因此，公司、企业要对此格外重视。

五、案例评析

（一）案例简介

西安市人民检察院指控：2006年，益丰公司开发承建了西安市未央区某村

的改造项目“君悦华府”。2010 年,益丰公司又与某村合作开发某村的改造项目“融城国际”,后因益丰公司与某村产生矛盾,益丰公司于 2013 年退出“融城国际”项目。2010 年 1 月至 2012 年 7 月,某村某村的改造项目仅有“君悦华府”“融城国际”并不存在二期工程,仍对外虚构“君悦华府”“融城国际”二期项目为益丰公司开发承建的城中村改造项目,以发包工程为诱饵,先后与 47 家建筑单位签订了建筑工程承包合同或建筑工程施工合同,收取工程保证金以及临时建筑费合计 6765.6 万元。

2012 年 2 月,益丰公司因拖欠深圳美琳投资担保有限公司债务,双方约定将益丰公司的股权转让给美琳公司,并将益丰公司的法定代表人变更为钟某明,双方约定仍然由被告人吴某牢负责经营,所得收入双方按比例分配。被告人吴某牢明知“君悦华府”项目为某村改造项目,其所有商铺皆用来安置村民,不得对外销售,仍然将“君悦华府”项目 2000 平方米的商铺出售给王某乙,收取 1000 万元。2011 年 9 月至 2013 年 3 月,某城某村改造项目,其所有商铺皆用来安置村民,不得对外销售,仍然与雷某明等 6 人签订商品房买卖合同,收取 641.3665 万元。

经查明,吴某牢将收取的上述资金部分用于个人消费以及归还益丰公司债务,部分用于支付益丰公司某酒店某城国际”住宅项目的工程款。被告人吴某牢在取保候审期间,先后对 17 家企业通过以房抵债的形式,将“君悦华府”的房产以每平方米 4800 元的价格抵押工程保证金,合计 2714.5 万元。

庭审中,被告单位的诉讼代表人辩称,益丰公司具有某村的开发权,可以为其他单位提供建设工程;益丰公司没有非法占有他人资金的目的,收取的保证金均用于公司的正常经营,益丰公司有能力归还;益丰公司与王某乙之间系借款关系,不存在商铺买卖的事实;益丰公司有权处分融城国际项目商铺,其出售商铺不存在骗取他人财物的行为,导致雷某明等 6 人未能取得房产是由于益丰公司意志以外的客观原因造成,并非益丰公司为非法占有购房款或不愿意交付房产,益丰公司的行为不构成合同诈骗罪。

被告人吴某牢对起诉书指控的犯罪事实不予认可,并辩称与被害人之间是正常的经济往来,收取的钱款均用于公司经营,其行为不是合同诈骗;其与王某乙之间是借款关系,益丰公司有权处置融城国际项目商铺,其行为不构成合同诈骗罪。

其辩护人辩称,益丰公司是某村的开发主体,已具体实施了村民安置楼一期的建设,并有待建工程发包,由于未央区政府的行政行为,致使益丰公司离场,不能履约,且对益丰公司的投入也未清算。益丰公司将收取的保证金均用于公司正常经营,投入富平项目,其有能力归还,不存在骗取财物的主观故意和行为,其行为不构成合同诈骗罪。

法院经审理后认为,依据《刑法》第224条的规定,构成合同诈骗罪,行为人主观上必须具有非法占有的目的,客观上必须在签订、履行合同的过程中采取了虚构事实或隐瞒真相等手段,二者必须同时具备。本案中,被告单位益丰公司、被告人吴某牢虽然具有虚构事实和隐瞒真相的行为,但现有证据不能证明益丰公司、吴某牢具有非法占有的目的,本案的证据达不到事实清楚、确实充分的证明标准。公诉机关指控益丰公司、吴某牢犯合同诈骗罪的证据不足,指控的犯罪事实不能成立。故法院判决被告单位陕西益丰置业发展有限公司及被告人吴某牢均无罪。

（二）简要评析

合同诈骗罪与普通诈骗相似,其根本特征是,签订履行合同过程中存在虚构事实、提供虚假材料,使对方存在错误认为,从而签订合同,支付款项。作为行为人来说,其主观上应当具有非法占有目的。从本案来看,虽然被告人在商谈合同过程中,存在提供虚假材料的行为,但仅凭这一点,仍然不能认定构成本罪,其主观上应当具有非法占有目的。从本案来看,现有证据还不能推定被告人具有非法占有目的,故不能认定其犯罪成立。作为单位来说,要防范本罪的刑事风险,在签订、履行合同过程中,应当诚实守信,尤其要注意避免提供虚假材料。如果最终由于客观原因无法履行合同,应当注意保留客观履行不能的证据,并且及时通知对方,以免对方无法通过民事诉讼方式获得弥补损失的情况下,通过刑事手段不合理地要求本方承担额外的责任,进而让本方尽可能避免刑事风险的发生。

100. 组织、领导传销活动罪

一、法律规定

《刑法》第224条之一款规定："组织、领导以推销商品、提供服务等经营活动为名，要求参加者以缴纳费用或者购买商品、服务等方式获得加入资格，并按照一定顺序组成层级，直接或者间接以发展人员的数量作为计酬或者返利依据，引诱、胁迫参加者继续发展他人参加，骗取财物，扰乱经济社会秩序的传销活动的，处五年以下有期徒刑或者拘役，并处罚金；情节严重的，处五年以上有期徒刑，并处罚金。"

二、条文释义

本条是关于组织、领导传销活动罪及其刑事处罚的规定。所谓组织、领导传销活动罪，是指组织、领导以推销商品、提供服务等经营活动为名，要求参加者以缴纳费用或者购买商品、服务等方式获得加入资格，并按照一定顺序组成层级，直接或者间接以发展人员的数量作为计酬或者返利依据，引诱、胁迫参加者继续发展他人参加，骗取财物，扰乱经济社会秩序的传销活动的行为。本罪的构成要件如下。

（一）本罪从客观上来看

本罪的主体是一般主体，凡达到法定刑事责任年龄、具有刑事责任能力的自然人均能构成本罪。按照司法解释的规定，本罪仅对传销活动的组织者、领导者进行处罚，对于偶尔参加者，刑法并未规定对其进行处罚。

按照最高人民法院、最高人民检察院、公安部《关于办理组织领导传销活动刑事案件适用法律若干问题的意见》第2条的规定，下列人员可以认定为传销活动的组织者、领导者：（1）在传销活动中起发起、策划、操纵作用的人员；

(2)在传销活动中承担管理、协调等职责的人员;(3)在传销活动中承担宣传、培训等职责的人员;(4)曾因组织、领导传销活动受过刑事处罚,或者一年以内因组织、领导传销活动受过行政处罚,又直接或者间接发展参与传销活动人员在15人以上且层级在三级以上的人员;(5)其他对传销活动的实施、传销组织的建立、扩大等起关键作用的人员。以单位名义实施组织、领导传销活动犯罪的,对于受单位指派,仅从事劳务性工作的人员,一般不予追究刑事责任。

本罪危害行为和危害结果表现为组织、领导以推销商品、提供服务等经营活动为名,要求参加者以缴纳费用或者购买商品、服务等方式获得加入资格,并按照一定顺序组成层级,直接或者间接以发展人员的数量作为计酬或者返利依据,引诱、胁迫参加者继续发展他人参加,骗取财物,扰乱经济社会秩序的传销活动的行为。

(二)本罪从主观上来看

本罪的主观方面是直接故意,即明知自己的行为是组织、领导传销行为,仍然予以实施,且要求以骗取财物为目的。过失不构成本罪。

三、立案标准

最高人民检察院、公安部《关于公安机关管辖的刑事案件立案追诉标准的规定(二)》第78条规定:"组织、领导以推销商品、提供服务等经营活动为名,要求参加者以缴纳费用或者购买商品、服务等方式获得加入资格,并按照一定顺序组成层级,直接或者间接以发展人员的数量作为计酬或者返利依据,引诱、胁迫参加者继续发展他人参加,骗取财物,扰乱经济社会秩序的传销活动,涉嫌组织、领导的传销活动人员在三十人以上且层级在三级以上的,对组织者、领导者,应予立案追诉。

本条所指的传销活动的组织者、领导者,是指在传销活动中起组织、领导作用的发起人、决策人、操纵人,以及在传销活动中担负策划、指挥、布置、协调等重要职责,或者在传销活动实施中起到关键作用的人员。"

四、风险防范

传销活动在我国曾一度活动猖獗,对群众人身权益和财产权益造成了巨大侵害。本罪的设立正是为了打击传销活动。一般而言,对于正常的公司、企业,只要做到守法经营,并不会触犯本罪。但是,这也不意味着本罪对于公司、企业而言不会发生。预防本罪,可以从以下几个方面进行。

(一)加强法律、法规的学习

公司、企业应当加强对于法律法规的学习,了解传销组织的存在形式和运作模式,在自身的经营中,规避这些非法方式。

(二)建立合法的商业模式

公司、企业在探索商业模式时,应当以法律为依据,在法律的框架内进行。依法探索、建立良好的商业模式,不能要求参加者以缴纳费用或者购买商品、服务等方式获得加入资格,不得以一定顺序组成层级,直接或者间接以发展人员的数量作为计酬或者返利依据,并不得引诱、胁迫参加者继续发展他人参加该商业模式。

(三)对于他人推销的商业模式应仔细甄别,要经得住利益的诱惑

对于传销活动,公司、企业要时刻警惕,建立法律风险防范机制,防止传销组织对公司、企业以合作、加盟等形式的渗透,使企业在不经意间成为传销组织的帮凶,对于商业合作,应当有专业的法律团队进行风险预判,从而规避触犯本罪的风险。

五、案例评析

(一)案例简介

四川省合江县人民检察院指控:2016 年 9 月,被告人谢某花通过深圳市善心汇文化传播有限公司(以下简称“善心汇”)会员唐某容(另案处理)介绍加

入“善心汇”，注册账号为xia，ID为119433，属于B轮功德主。此后，谢某花以“扶贫济困、均富共生”的名义，依托“善心汇”网站，积极组织、领导和宣传“善心汇”组织，以高额静态收益和动态收益为诱饵，以发展下线会员层级的方式获取奖金，引诱参加者继续发展其他人员参加。截至案发，谢某花发展下线会员共83人，层级为3层，获得违法所得6380元。

谢某花对犯罪事实和罪名均有异议，认为自己的行为不构成犯罪。谢某花辩解，不认可公诉机关指控的下线有83人的事实，称网络中下线会员的部分账号并未激活，未激活则未使用，不应算作自己发展的下线会员；自己老公等亲属的账号是自己发展进来，有的人是自己借钱给别人操作，收益也归别人，从未诱骗别人参加。因为看到法制日报和其他主流媒体的报道才加入“善心汇”，没有这些报道，自己也不会去银行贷款，跟朋友借钱，还以为自己在做好事。对公诉机关指控的违法所得也不认可。整个事件中自己也是一个受害者，一个参与者。

法院通过审理后认为，“善心汇”会员管理平台，以“扶贫救济，善心相通”为名，以高额静态收益和动态收益为诱饵，发展下线会员，要求参加者交纳费用获得加入资格，按照一定顺序组成层级，并根据所发展会员的布施金额、次数获取相应收益，收益来源依靠会员间的赠与完成，会员间流动系统内没有资本增值渠道，只能靠后期会员的资金进入来支撑前期会员的盈利，其性质属于传销组织。关于谢某花的行为是否能认定为组织、领导传销活动罪的问题，根据最高人民法院、最高人民检察院、公安部《关于办理组织、领导传销活动刑事案件适用法律若干问题的意见》第1条，关于传销组织层级人数的规定，组织内部参与传销活动人员应在30人以上且层级在三级以上。本案中，“善心汇”组织通过网络、微信的方式迅速传播，属于新型的网络犯罪，具有社会危害性，但对于组织领导的人员不能完全简单以网络数据中的会员、层级来确认。谢某花参与到“善心汇”中，并试图通过动态和静态的方式获利。但从现有证据分析，湖南省鉴真司法鉴定中心司法鉴定意见书载明其下级网络有3层，83个会员账号，公安机关调查笔录中其发展人数尚未达到法定人数，且部分人员表示自己的账户由谢某花本人在出资操作，证人证言也表明存在一人操作其他多人账号和部分会员账号未激活未使用的可能，还有下线会员发展的部分亲人会员账号，是发展人员本人在操作，从现有证据看谢某花发展人数较少，故法院认为谢某花情节显著轻微，危害不大，不认为是犯罪。据此，法院判决被告人谢某花无罪。

（二）简要评析

本案被告人之所以被判无罪，是因为法院认定其犯罪情节轻微，危害不大；同时，从现有证据来看，法院也不能准确确定其发展下线人数，故法院判处其无罪。在商业社会中，各种销售手段层出不穷，无论以什么方式销售产品，作为企业来说，一定要注意不得以缴纳费用或者购买商品、服务等方式获得加入资格，并按照一定顺序组成层级，直接或者间接以发展人员的数量作为计酬或者返利依据为商业模式，这种模式完全可能导致本罪的刑事风险。本案被告人轻信网络报刊的一些宣传广告，并没有认真甄别该种广告是否合法，进而导致自己遭遇刑事风险。因此，作为销售企业来说，应当了解一些基本的法律、法规，只有这样，才能更大限度地使自己远离刑事风险。

101. 非法经营罪

一、法律规定

《刑法》第225条规定："违反国家规定，有下列非法经营行为之一，扰乱市场秩序，情节严重的，处五年以下有期徒刑或者拘役，并处或者单处违法所得一倍以上五倍以下罚金；情节特别严重的，处五年以上有期徒刑，并处违法所得一倍以上五倍以下罚金或者没收财产：

（一）未经许可经营法律、行政法规规定的专营、专卖物品或者其他限制买卖的物品的；

（二）买卖进出口许可证、进出口原产地证明以及其他法律、行政法规规定的经营许可证或者批准文件的；

（三）未经国家有关主管部门批准非法经营证券、期货、保险业务的，或者非法从事资金支付结算业务的；

（四）其他严重扰乱市场秩序的非法经营行为。"

二、条文释义

本条是关于非法经营罪及其刑事处罚的规定。所谓非法经营罪，是指未经许可经营专营、专卖物品或其他限制买卖的物品，买卖进出口许可证、进出口原产地证明以及其他法律、行政法规规定的经营许可证或者批准文件，以及从事其他非法经营活动，扰乱市场秩序，情节严重的行为。本罪的构成要件如下。

（一）本罪从客观上来看

本罪的主体是一般主体，即达到刑事责任年龄，具有刑事责任能力的自然人都可以构成本罪。单位也可以成为本罪的主体。按照《刑法》第 31 条的规定，单位犯本罪时，实行双罚制，即对单位判处罚金，并对其直接负责的主管人员和其他直接责任人员按相关条款规定判处刑罚。

本罪危害行为和危害结果表现为未经许可经营专营、专卖物品或其他限制买卖的物品，买卖进出口许可证、进出口原产地证明以及其他法律、行政法规规定的经营许可证或者批准文件，以及从事其他非法经营活动，扰乱市场秩序，情节严重的行为。具体表现在：(1)未经许可经营法律、行政法规规定的专营、专卖物品或者其他限制买卖的物品的；(2)买卖进出口许可证、进出口原产地证明以及其他法律、行政法规规定的经营许可证或者批准文件的；(3)未经国家有关主管部门批准非法经营证券、期货、保险业务的，或者非法从事资金支付结算业务的；(4)其他严重扰乱市场秩序的非法经营行为。

（二）本罪从主观上来看

本罪在主观方面由故意构成，并且具有谋取非法利润的目的，这是本罪在主观方面应具有的两个主要内容。如果行为人没有以谋取非法利润为目的，而是由于不懂法律、法规，买卖经营许可证的，不应当以本罪论处，应当由主管部门对其追究行政责任。故行为人的主观目的同样是本罪的构成要件要素。

三、立案标准

最高人民检察院、公安部《关于公安机关管辖的刑事案件立案追诉标准的

规定(二)》第79条规定:“违反国家规定,进行非法经营活动,扰乱市场秩序,涉嫌下列情形之一的,应予立案追诉:

(一)违反国家有关盐业管理规定,非法生产、储运、销售食盐,扰乱市场秩序,具有下列情形之一的:

1. 非法经营食盐数量在二十吨以上的;

2. 曾因非法经营食盐行为受过二次以上行政处罚又非法经营食盐,数量在十吨以上的。

(二)违反国家烟草专卖管理法律法规,未经烟草专卖行政主管部门许可,无烟草专卖生产企业许可证、烟草专卖批发企业许可证、特种烟草专卖经营企业许可证、烟草专卖零售许可证等许可证明,非法经营烟草专卖品,具有下列情形之一的:

1. 非法经营数额在五万元以上,或者违法所得数额在二万元以上的;

2. 非法经营卷烟二十万支以上的;

3. 曾因非法经营烟草专卖品三年内受过二次以上行政处罚,又非法经营烟草专卖品且数额在三万元以上的。

(三)未经国家有关主管部门批准,非法经营证券、期货、保险业务,或者非法从事资金支付结算业务,具有下列情形之一的:

1. 非法经营证券、期货、保险业务,数额在三十万元以上的;

2. 非法从事资金支付结算业务,数额在二百万元以上的;

3. 违反国家规定,使用销售点终端机具(POS机)等方法,以虚构交易、虚开价格、现金退货等方式向信用卡持卡人直接支付现金,数额在一百万元以上的,或者造成金融机构资金二十万元以上逾期未还的,或者造成金融机构经济损失十万元以上的;

4. 违法所得数额在五万元以上的。

(四)非法经营外汇,具有下列情形之一的:

1. 在外汇指定银行和中国外汇交易中心及其分中心以外买卖外汇,数额在二十万美元以上的,或者违法所得数额在五万元以上的;

2. 公司、企业或者其他单位违反有关外贸代理业务的规定,采用非法手段,或者明知是伪造、变造的凭证、商业单据,为他人向外汇指定银行骗购外汇,数额在五百万美元以上或者违法所得数额在五十万元以上的;

3. 居间介绍骗购外汇,数额在一百万美元以上或者违法所得数额在十万元以上的。

（五）出版、印刷、复制、发行严重危害社会秩序和扰乱市场秩序的非法出版物，具有下列情形之一的：

1. 个人非法经营数额在五万元以上的，单位非法经营数额在十五万元以上的；

2. 个人违法所得数额在二万元以上的，单位违法所得数额在五万元以上的；

3. 个人非法经营报纸五千份或者期刊五千本或者图书二千册或者音像制品、电子出版物五百张（盒）以上的，单位非法经营报纸一万五千份或者期刊一万五千本或者图书五千册或者音像制品、电子出版物一千五百张（盒）以上的；

4. 虽未达到上述数额标准，但具有下列情形之一的：

（1）两年内因出版、印刷、复制、发行非法出版物受过行政处罚二次以上的，又出版、印刷、复制、发行非法出版物的；

（2）因出版、印刷、复制、发行非法出版物造成恶劣社会影响或者其他严重后果的。

（六）非法从事出版物的出版、印刷、复制、发行业务，严重扰乱市场秩序，具有下列情形之一的：

1. 个人非法经营数额在十五万元以上的，单位非法经营数额在五十万元以上的；

2. 个人违法所得数额在五万元以上的，单位违法所得数额在十五万元以上的；

3. 个人非法经营报纸一万五千份或者期刊一万五千本或者图书五千册或者音像制品、电子出版物一千五百张（盒）以上的，单位非法经营报纸五万份或者期刊五万本或者图书一万五千册或者音像制品、电子出版物五千张（盒）以上的；

4. 虽未达到上述数额标准，两年内因非法从事出版物的出版、印刷、复制、发行业务受过行政处罚二次以上的，又非法从事出版物的出版、印刷、复制、发行业务的。

（七）采取租用国际专线、私设转接设备或者其他方法，擅自经营国际电信业务或者涉港澳台电信业务进行营利活动，扰乱电信市场管理秩序，具有下列情形之一的：

1. 经营去话业务数额在一百万元以上的；

2. 经营来话业务造成电信资费损失数额在一百万元以上的；

3. 虽未达到上述数额标准，但具有下列情形之一的：

(1)两年内因非法经营国际电信业务或者涉港澳台电信业务行为受过行政处罚二次以上，又非法经营国际电信业务或者涉港澳台电信业务的；

(2)因非法经营国际电信业务或者涉港澳台电信业务行为造成其他严重后果的。

(八)从事其他非法经营活动，具有下列情形之一的：

1. 个人非法经营数额在五万元以上，或者违法所得数额在一万元以上的；

2. 单位非法经营数额在五十万元以上，或者违法所得数额在十万元以上的；

3. 虽未达到上述数额标准，但两年内因同种非法经营行为受过二次以上行政处罚，又进行同种非法经营行为的；

4. 其他情节严重的情形。”

四、风险防范

本罪在刑法上是一个略有争议的罪名，有些学者认为这是一个“口袋罪”，特别是法条的第4款，就指向的明确性而言，本罪确实不如其他罪名明确。在现行刑法的框架下，本罪是企业易发、高发的罪名之一，非常有防范的必要性。对于公司、企业而言，防范本罪可以从以下角度考量。

(一)企业在开展相关业务时，应当熟悉专业领域内的法律、法规

本罪虽然看似笼统打击“扰乱市场秩序行为”，但仍然有其针对性，主要体现在对于专营品如烟、盐，或者需要一定资质才能经营的行业。因此，预防本罪，首要一点就是，企业在某一领域准备开展业务时，必须对于这一领域的法律法规进行深入了解学习，明确准入资格以及经营程序。

(二)依照法律规定进行经营，不得擅自扩大经营范围

对于从事专卖、特许经营的企业，应当在法律法规的规制、授权的范围内进行经营，不能擅自扩大、改变经营许可的范围。在变更经营范围时，企业对此应

当有法务团队或者顾问团队进行把关。专业人士的把关服务能够有效降低法律风险。

(三)建立内部的防控机制

本罪为结果犯,需要以一定的危害结果为定罪依据。对于企业而言,一方面,应当有着内部的监管、风险防范体系;另一方面,对于出现的超越经营范围的高危行为,应当积极采取补救措施,避免产生不良后果或者降低其危害,这样才可以使企业的刑事责任风险得以降低。

五、案例评析

(一)案例简介

海口市秀英区人民检察院指控,2013 年 6 月和 9 月,未取得农药批发、零售经营许可证的被告人史某在海口市××区租用两处房屋,用于存放、经营农药、化肥。海南省农业厅、海口市农业局执法人员根据群众举报,于 2014 年 12 月 30 日对史某租用的两处房屋进行检查,查获农药 274 个品种、化肥 18 个品种,查获的农药、化肥共计 2287 件、重 19.2 吨。根据现场查获的产品目录计算,被查获的 180 个农药品种共计价值 55.8 万元。另查明,被查获的 248 个农药品种都没有报海南省农业厅备案。

被告人史某对公诉机关指控的犯罪事实及罪名均有异议,辩解提出指控的农药品种数重复、价值过高;其未取得批发、零售许可证在海南省销售农药,仅违反了地方性法规,属行政违法,未违反国家法律、法规,不构成非法经营罪。

针对被告人史某关于公诉机关认定农药为 274 个品种,数量重复的辩解意见,经查,证据登记保存清单证明海口市农业局共查获史某储存的农药、化肥品种共计 292 个;海口市农业局关于史某非法经营案补充说明的函载明 292 个农药、化肥品种中,进行匡算的农药品种 180 个、只有商品名无通用名的农药品种 36 个、过了有效期的农药品种 50 个,共计 266 个农药品种,余下为化肥品种。案件线索移送情况说明载明查获的农药、肥料品种共计 293 个,其中农药品种 248 个、肥料品种 47 个,该事实与上述两份证据证明的内容不符。本院认为,根据存疑有利于被告人原则,应以 248 个农药品种计。该辩解意见,予以采纳。

法院经过审理，对于本案中的相关问题认定如下：

关于农药价值的匡算单位、匡算依据、司法鉴定问题。经查明，涉案农药货值约55.8万元，系由海南省植保植检站依据现场查获的《海口满亿农药公司产品目录》标注内容及现场登记的《证据登记保存清单》进行匡算。省植保植检站仅对部分农药产品进行了抽检，被查获的农药产品中是否有属于《农药管理条例》规定的禁止销售的农药产品或化学危险品的品种、数量、价值均未查实。海口市农业局的函件亦说明海南省目前无法对涉案农药进行有效鉴定检测。本院认为，海南省植保植检站不具备鉴定资质，其依据《海口满亿农药公司产品目录》、农药市场价格行情匡算出的农药货值不具备司法鉴定效力，不能作为指控史某构成非法经营罪的定案依据，公诉机关认定史某非法经营数额的事实不清、依据不足。

关于涉案农药是否属于须经许可经营的专营、专卖或限制买卖物品的问题。《农药管理条例》(2001年修订)第二章第六条、第三章第14条规定，生产、进口农药，必须进行登记，生产农药的，还应申请农药生产许可证。关于农药经营的规定，第四章第18条第1款虽然列举了7类可以经营农药的单位，但除了第2款明确规定农药属于化学危险物品的，应按规定办理经营许可证外，该条例并没有规定对销售"属于化学危险物品"之外的农药实行许可制度。本院认为，该条款属于授权性规范而非义务性规范。即除了"属于化学危险物品"外的农药，对于经营一般的农药产品，并未规定必须取得国家许可，只是规定了符合条件的农药经营单位依法应当向工商行政管理机关申请领取营业执照。本案现有证据亦无法证实涉案农药是否属于化学危险物品及数量、价值情况。故被告人史某未取得农药批发、零售许可证经营农药，不能认定属于未经许可经营法律、行政法规规定的专营、专卖物品或者其他限制买卖的物品，不符合非法经营罪的客观要件。

关于被告人的行为是否违反国家规定的问题。本案中，史某未取得农药批发、零售经营许可证销售的248个农药产品未报省人民政府农业行政主管部门备案或粘贴农药批发企业专营标识或标签，根据《海南经济特区农药管理若干规定》第7条、第13条第2款、第16条第3款的规定，海口市农业局认定查获的248个农药品种属于违规产品。根据最高人民法院《关于准确理解和适用刑法中"国家规定"的有关问题的通知》(法发〔2011〕155号)第2条的规定：对于违反地方性法规、部门规章的行为，不得认定为"违反国家规定"以及《刑法》第

225 条第 1 项关于非法经营行为的规定，“未经许可经营法律、行政法规规定的专营、专卖物品或者其他限制买卖的物品的”。本院认为，史某的行为违反了属于地方性法规的下位法《海南经济特区农药管理若干规定》的相关规定，属于行政违法行为，并未违反属于行政法规的上位法《农药管理条例》第四章第 18 条、第七章第 40 条的规定，不符合非法经营罪的构成要件。

据此，法院认为，公诉机关指控被告人史某犯非法经营罪的事实不清、证据不足，以史某未取得农药批发、零售许可证而经营农药，且 248 个农药品种均未报海南省农业厅备案为由，认定史某违反国家规定实施非法经营行为的意见没有法律依据，指控的罪名不能成立。故法院判决被告人史某无罪。

（二）简要评析

本案被告人的法律意识比较强，其提出的辩护观点合情合理合法，辩护观点全部被法院采纳，法院判决其无罪。因此，从事经营活动的主体，应当掌握一定的法律知识，这样才可以更好地保护自己的合法权益。本罪是商业经营行为的兜底条款，是高发风险的罪名，为防范这一刑事风险的发生，在进行经营前，应当先行了解相关领域的法律、法规，才能让自己的经营行为更为安全。

102. 强迫交易罪

一、法律规定

《刑法》第 226 条规定：“以暴力、威胁手段，实施下列行为之一，情节严重的，处三年以下有期徒刑或者拘役，并处或者单处罚金；情节特别严重的，处三年以上七年以下有期徒刑，并处罚金：

（一）强买强卖商品的；

（二）强迫他人提供或者接受服务的；

（三）强迫他人参与或者退出投标、拍卖的；

（四）强迫他人转让或者收购公司、企业的股份、债券或者其他资产的；

（五）强迫他人参与或者退出特定的经营活动的。”

二、条文释义

本条是关于强迫交易罪及其刑事处罚的规定。所谓强迫交易罪，是指以暴力、威胁手段强买强卖商品、强迫他人提供服务或者强迫他人接受服务，情节严重的行为。本罪的构成要件如下。

（一）本罪从客观上来看

本罪的主体为一般主体。凡达到刑事责任年龄且具备刑事责任能力的自然人均可构成本罪；按法律规定，单位同样能构成本罪。按照《刑法》第 31 条的规定，单位犯本罪时，实行双罚制，即对单位判处罚金，并对其直接负责的主管人员和其他直接责任人员按相关条款规定判处刑罚。

本罪危害行为和危害结果表现为以暴力、威胁手段强买强卖商品、强迫他人提供服务或者强迫他人接受服务，情节严重的行为。其行为主要表现为：强买强卖商品；强迫他人提供或者接受服务等。所谓情节严重，主要是指多次强迫交易；实施强迫交易非法所得数额较大；造成恶劣影响的结伙实行强迫交易；手段恶劣；强迫外国人交易；强迫交易内容低劣等。

（二）本罪从主观上来看

本罪在主观方面表现为直接故意。间接故意、过失均不构成本罪。

三、立案标准

最高人民检察院、公安部《关于公安机关管辖的刑事案件立案追诉标准的规定（一）》第 28 条规定：“以暴力、威胁手段强买强卖商品、强迫他人提供服务或者强迫他人接受服务，涉嫌下列情形之一的，应予立案追诉：

（一）造成被害人轻微伤或者其他严重后果的；

（二）造成直接经济损失二千元以上的；

（三）强迫交易三次以上或者强迫三人以上交易的；

（四）强迫交易数额一万元以上，或者违法所得数额二千元以上的；

（五）强迫他人购买伪劣商品数额五千元以上，或者违法所得数额一千元以上的；

（六）其他情节严重的情形。”

四、风险防范

本罪在不规范的市场领域时有发生，随着社会主义市场经济的发展，交易秩序的规范完善，相较于简单直接的强迫交易手段已升级为较为复杂的方式方法。总而言之，本罪发生的根源还是公司、企业的无底线逐利行为。若公司、企业的经营中没有底线、唯利是图，即存在触犯本罪的风险。公司、企业在预防本罪时可以从以下角度入手。

（一）依法依规，合法经营

企业在经营活动中，首先要做的是对法律法规的遵守。换言之，从管理者到普通员工都应当加强对法律法规的学习，遵守法律，尊重市场秩序，合法经营。只有做到这些，企业才能健康、良性发展。

（二）企业建立良好的管理制度

企业对于员工管理要有行之有效的制度约束。对于门店类企业，无论直营或者加盟，对于其一线员工的约束应当格外严格，毫无组织纪律放养式发展的唯利润论的模式面临着巨大的法律风险。员工在这种模式下，极易通过强买强卖等不良手段来增加业务量，从而存在触犯本罪风险。

（三）商业谈判过程中宜智取不宜威胁

在招投标、股权转让等商业行为中，有的公司企业习惯于借助自身的行业强势地位打压竞争者或者合作者，从而使自身获得支配地位。竞争手段的运用应当严格限定在法律尺度之内。如果手段强度过大，对于其他市场参与者造成了威胁、强迫的压力，则会有触犯本罪的风险。

五、案例评析

(一)案例简介

太原市晋源区人民检察院指控,2011年10月,被告人连某中、连某虎利用其太原市晋源区古寨村村民的身份,称古寨村农业厅宿舍楼施工工地占用连某中哥哥连某1的奶牛场,以阻碍施工相威胁,迫使该工地承包商管某接受二人为工地送施工所用钢材。2013年左右,连某中、连某虎因管某未能按时结算剩余的130余万元人民币钢材款,强迫管某出具420万元人民币的欠条。其后又多次通过锁工地大门、锁施工用配电箱、强行扣车等方式向管某索要钢材款。

被告人连某中辩解,自己没有强迫管某交易。当时双方口头协商后,自己给管某垫资送了钢材。

被告人连某虎辩解,2011年给管某送钢材是双方协商好的。2012年之后,管某还欠了自己钢材钱没有付,自己也是借钱在送钢材,不存在强迫交易。

被告人连某中的辩护人认为,指控连某中构成强迫交易罪不能成立。理由为:(1)指控被告人以阻碍施工相威胁,迫使该工地承包商管某接受被告人为工地送施工所用钢材无充分证据支撑。首先,连某中、连某虎仅是出于挣钱的目的给工地供应钢材,但现缺少供应钢材款的相关证据,而结合连某虎所记录的供应账目、中国钢材网钢材价格表可以证实,二人供应给管某的钢材比当时的钢材市场价略低,因此连某中主观上没有谋取非法利益的目的。其次,连某中与管某谈供应钢材时并未采取过任何暴力手段,且在长达8年的时间内,管某均未付清钢材款,连某中在与管某的交易中明显处于弱势地位,根本没有能力使用暴力、威胁、软暴力对待管某。最后,管某自愿答应与连某中合作,被告人以市场价供应钢材,该过程未侵犯管某或太原立诚信建筑工程处的合法权益,也未侵犯商品交易市场秩序。(2)指控被告人因管某未能按时结算130余万元钢材,强迫管某出具420万元欠条无事实依据。首先,公诉机关未查明2011年供应钢材的品牌、型号、单价等事实,没有有关钢材欠款的鉴定意见,故指控犯罪数额130万元缺乏事实依据。其次,该130万元系被告人与管某合法交易,是合法债权。最后,管某长达8年的时间无故拖延支付2011年钢材款,管某的行为已构成民法上的违约。二被告人与管某协商一致后要求管某向其出具的420万元欠条没有直接侵犯管某的财产所有权,被告人的行为属于民事法律调整范围。(3)公诉机关指控被告人锁大门、强行扣车等行为系连某中因追索合法债权时不懂法采取了不正当的方法,但并未造成任何损失,该行为本身并不触犯刑法。量刑方面:(1)公诉机关指控交易数额为130万元的认定不能客观反映犯罪数额,没有证据和法律依据证明其达到情节特别严重的情形;(2)管某已向司法机关出具谅解书,对被告人的行为予以谅解;(3)连某中与管某之间存在合法的债权债务关系,因管某长年不支付钢材款,其本人系失信人员,其在有能力支付而拒不支付的情况下引发本案,管某对本案的发生具有明显的过错;(4)连某中没有前科,一直积极配合调查,如实陈述,依法应当从轻或减轻处罚。

被告人连某虎的辩护人认为连某虎的行为不构成强迫交易罪。理由为:(1)指控连某虎阻碍施工,迫使承包商管某接受被告人送施工材料的事实没有充分证据支持。首先,连某中与管某商议供应钢材事宜,连某虎并不在现场,没有参与商谈。故连某虎客观上未实施暴力威胁手段。其次,连某虎主观上没有牟取非法利益的目的,不符合强迫交易的主观要件。最后,连某虎只是依约合法适当履行供应钢材的义务,并未侵犯管某的合法权益,未侵犯商品交易市场秩序,不符合强迫交易的客体构成要件。(2)指控连某虎强迫管某出具420万元欠条没有任何事实依据,不能据此认定连某虎构成犯罪。(3)被告人并未参与锁工地大门,锁施工用配电箱、强行扣车的行为。量刑方面:(1)指控强迫交易数额为130万元,情节特别严重的情形缺乏证据,也无法律依据;(2)连某虎主动投案,构成自首;(3)管某已经出具谅解书,对被告人的行为予以谅解;(4)管某对案发负有直接责任。

针对公诉机关指控及出示的证据、二被告人及其辩护人提出的辩解和辩护意见,根据本案的事实和证据,法院的评判意见如下。

强迫交易罪侵犯的客体是正常的市场秩序和交易相对方的合法权益,其客观方面表现为以暴力、威胁手段强买强卖商品,强迫他人提供服务或者强迫他人接受服务,情节严重的行为。具体到本案,从以下三点分析。

首先,根据被害人管某陈述"他们要求给我公司送建筑材料,如果不同意就让我们干不成工程。鉴于这种情况而且为了保证工程进度,就被迫答应他们送建筑材料……当时是连某中和我谈的,连某中和我说钢材必须由他供应,要不然我就不要施工了,我当时考虑到他是本地人,怕他找我工地的麻烦,没有办法就同意了,连某中没有采取具体的暴力方式",连某中供述"因为我是本村的,我想管某可能是怕我在工地上捣乱,盖楼的地方是我哥哥连某1的奶牛场,我为了要给管某送钢材才这么说的"连某中当庭辩称"自己没有强迫管某交易。"连某虎供述"是连某中和管某联系谈的供应钢材的事宜。"连某虎当庭辩称"2011年给管某送钢材是双方协商好的。不存在强迫交易。"证人李某证言称"2011年10月,管某领我们开始在晋源区古寨村农业厅13号楼开始施工,有一个姓霍的供应商给我们供应钢材,供应到当年的春节之后,连某中和连某虎就到我们的工地阻止我们在工地上继续施工,并对我说,你们先别施工了,叫你们的老板过来和我谈一下供应钢材的事情。我就给我们老板打了电话,我们老板就过来了,我们老板过来没多长时间,工地就开工了,我们老板管某对我说以后钢材由连润中、连利虎负责供应。"综上所述,本院认为,现有证据不能证明被告人连某中、连某虎对管某实施了暴力或威胁手段,也不能证明二被告人所实施的口头阻碍施工行为达到了刑法规定的"情节严重"的程度。

其次,根据相关证据,连某中、连某虎实施的多次锁工地大门、锁施工用配电箱、强行扣车等行为,并非为了与管某进行交易,而是为了索要管某拖欠的钢材款,且管某自己亦陈述"因古寨村的古鑫开发公司没有钱给我们结算,当时欠连某中、连某虎大约170余万元,连某中和连某虎就停止给我公司送钢材了……"故现有证据不能证明连某中、连某虎对管某"事后"所实施的上述行为与双方"事前"的交易达成之间存在因果关系。

最后,关于指控的金额问题。现无证据证明双方已经交易的金额,只有双方陈述证实尚有100余万元材料款未结算,但也无客观证据印证,故公诉机关指控强迫交易130余万元的犯罪金额,证据不足。

法院认为,公诉机关指控被告人犯罪,应当提供确实、充分的证据加以证明。本案现有证据没有形成完整的证据链,公诉机关指控连某中、连某虎犯强迫交易罪的事实不清、证据不足,指控的犯罪不能成立,应宣告连某中、连某虎无罪。连某中、连某虎及辩护人关于不构成犯罪的辩解、辩护意见,法院予以采纳。故法院判决被告人连某中、连某虎无罪。

(二)简要评析

本案由于公诉机关的证据不足,法院最终判决被告人无罪。从本案来看,在与他人进行交易时,应当礼诚待人,不得使用威胁的方式,更不得戾气十足。

即使讨要欠债,应使用合法的方式。平等交易,这是交易的基本原则。

103. 伪造、倒卖伪造的有价票证罪

一、法律规定

《刑法》第227条第1款规定:“伪造或者倒卖伪造的车票、船票、邮票或者其他有价票证,数额较大的,处二年以下有期徒刑、拘役或者管制,并处或者单处票证价额一倍以上五倍以下罚金;数额巨大的,处二年以上七年以下有期徒刑,并处票证价额一倍以上五倍以下罚金。”

二、条文释义

本条是关于伪造、倒卖伪造的有价票证罪及其刑事处罚的规定。所谓伪造、倒卖伪造的有价票证罪,是指伪造或者倒卖伪造的车票、船票、邮票或者其他有价票证,数额较大的行为。本罪的构成要件如下。

(一)本罪从客观上来看

本罪的主体是一般主体。达到刑事责任年龄、具有责任能力的自然人均可以构成本罪。按照《刑法》的规定,单位亦可构成本罪。

从危害行为和危害结果来看,本罪表现为伪造或者倒卖伪造的车票、船票、邮票或者其他有价票证的行为。即仿造国家制作的各种有价票证的形状、图案、面值和颜色等,制作假票证,企图以假充真或者倒卖伪造的有价票证,从中牟利的行为。本罪属选择性罪名,实施伪造有价票证、倒卖伪造的有价票证行为之一,即构成本罪。若行为人同时实施伪造有价票证和倒卖伪造的有价票证两个行为的,不实行数罪并罚,以伪造、倒卖伪造的有价票证罪一罪定罪处罚。

(二)本罪从主观上来看

本罪在主观方面为故意,且多具有营利的目的。过失不能构成本罪。

三、立案标准

最高人民检察院、公安部《关于公安机关管辖的刑事案件立案追诉标准的规定(一)》第29条规定:“伪造或者倒卖伪造的车票、船票、邮票或者其他有价票证,涉嫌下列情形之一的,应予立案追诉:

(一)车票、船票票面数额累计二千元以上,或者数量累计五十张以上的;

(二)邮票票面数额累计五千元以上,或者数量累计一千枚以上的;

(三)其他有价票证价额累计五千元以上,或者数量累计一百张以上的;

(四)非法获利累计一千元以上的;

(五)其他数额较大的情形。”

《刑法》第227条规定:“伪造或者倒卖伪造的车票、船票、邮票或者其他有价票证,数额较大的,处2年以下有期徒刑、拘役或者管制,并处或者单处票证价额1倍以上5倍以下罚金;数额巨大的处2年以上7年以下有期徒刑,并处票证价额1倍以上5倍以下罚金。”由此可见,构成本罪,必须达到“数额较大”的标准。对于不构成犯罪的,应当根据《治安管理处罚条例》的有关规定处罚。

所谓有价票证,是指中央或地方有关部门制定和发行的,具有一定价值,在规定范围内流通或使用的书面凭证。例如,车票、船票、飞机票、货票、邮票等。所谓伪造有价票证,是指仿照真的有效的有价票证的形状、规格、色彩、图案等方面的式样,采用印刷、手描、影印等方法制作假票证的行为。如果行为人依照真的或有效的票证的式样,通过涂改、剪拼、挖补、褪色等手段将作废或无效的有价票证进行修整以假充真的行为,同样属于伪造的行为,应当以伪造有价票证论。所谓倒卖有价票证,是指先低价收买然后高价出售,或者为了出卖而收买伪造的有价票证的行为。

四、风险防范

按照国务院公布的《印刷业管理条例》第31条及相关法律法规的规定,印刷布告、通告、重大活动工作证、通行证、在社会上流通使用的票证的,委托印刷单位必须出具主管部门的证明,并按照国家有关规定向印刷企业所在地公安部门办理准印手续,在公安部门指定的印刷企业印刷。公安部门指定的印刷企业必须验证主管部门的证明和公安部门的准印证明，并保存主管部门的证明副本和公安部门的准印证明副本2年，以备查验；并且不得再委托他人印刷上述印刷品。

该条例还规定，印刷机关、团体、部队、企业事业单位内部使用的有价票证或者无价票证，或者印刷有单位名称的介绍信、工作证、会员证、出入证、学位证书、学历证书或者其他学业证书等专用证件的，委托印刷单位必须出具委托印刷证明。印刷企业必须验证委托印刷证明。

同时，该条例对印刷企业保证样本、样张的行为亦作出了规定：印刷企业对前两款印件不得保留样本、样张；确因业务参考需要保留样本、样张的，应当征得委托印刷单位同意，在所保留印件上加盖“样本”“样张”戳记，并妥善保管，不得丢失。

从上述规定可见，印制有价票证的，应当审核其相关证明，只有相关证明真实有效的，方能承接印制业务。

至于企业防范本罪的方法，可以参照非法制造、销售非法制造的注册商标标识罪的防范方法。

五、案例评析

（一）案例简介

公诉机关起诉指控：

2015年上半年，被告人丁某某向被告人刘某某、丁某某提出要伪造九华山风景区门票一事，刘某某、丁某某表示同意参加。后丁某某通过被告人李某某的介绍认识了被告人严某某，丁某某与严某某约定，由严某某负责伪造1000张九华山风景区门票，丁某某支付给严某某2000元印刷费，另每张门票给严某某10元提成（此款未支付）。协议达成后，丁某某将2000元人民币委托刘某某通过银行汇给严某某，并叫刘某某在九华山购买了一张真的九华山风景区门票通过快递寄给严某某作为样本。

2015年4月11日，严某某找到温州市百印通印务有限公司的被告人陈某某，要其帮忙印制九华山风景区门票。陈某某明知印刷的系有价票证，没有要求严某某提供相关单位出具的委托印刷证明，帮助其伪造了5400余张九华山风景区门票交给严某某。同年4月29日，严某某按照丁某某的要求，将其中1000张伪造的九华山风景区门票打上发票代码，通过大巴车带到青阳县汽车站，丁某某、刘某某驾车到汽车站将门票拿到后存放于丁某某租住的房间内。后丁某某又委托李某某在苏州伪造了一枚"九华山风景区门票销售专用章"于同年4月30日通过大巴车带到青阳，由丁某某、丁某某开车到青阳县汽车站取回伪造的印章。

2015年5月1日晚，刘某某、丁某某伙同江某兴（另案处理）从丁某某处拿了已经盖好"九华山风景区门票销售专用章"的伪造门票，开车来到九华山风景区嘉润凯莱大酒店附近的路口处，向外地游客出售伪造的九华山风景区门票6张，得赃款950元。其中丁某某得赃款200元，余款除去给车辆加油200元均存放于刘某某处。

法院经审理后认为：被告人丁某某与被告人李某某、严某某、刘某某、丁某某等人合谋伪造风景区门票，并通过被告人陈某某非法印制了风景区门票，票面数额较大，其行为均已构成伪造有价票证罪。公诉机关指控对6名被告人犯伪造有价票证罪事实清楚，证据确实、充分，罪名成立，对6名被告人的行为依法应予惩处。

各被告人及其辩护人提出了多份辩解、辩护意见，法院一一予以回应。现将法院就其中的几个主要问题认定的意见列明如下。

一、犯罪数额的认定。公诉机关指控6名被告人伪造九华山风景区门票1000张，票面价值19万元，但公诉机关所举能够证明伪造门票数量的证据仅有丁某某和严某某的供述，而二被告人在供述中均称从未对门票具体数量进行清点，1000张为估计的数字，因无其他证据予以印证，该数字存在较大不确定性。法院认为，以侦查机关实际查获的伪造门票数与被告人已经倒卖出售的伪造门票数之和来认定本案的犯罪数额更为准确，证据亦确实、充分，因此公诉机关指控的各被告人伪造门票总数应为991张，犯罪数额以票面价值计算为188,290元。关于侦查机关在严某某处查获的门票，不在指控范围内，本案不作审理。

本案犯罪数额依照《刑法》第227条的规定是较大还是巨大的问题。公诉机关指控为数额巨大，辩护人提出应以数额较大认定。法院认为，关于本罪，最高人民检察院、公安部《关于公安机关管辖的刑事案件立案追诉标准的规定（一）》第29条第1款第3项规定，伪造、倒卖伪造的其他有价票证价额累计

5000元以上，或者数量累计100张以上的，应予立案追诉，该规定为立案追诉标准，对数额较大、巨大未进行分类规定，且其他法律、立法解释、司法解释均未就数额巨大的标准作出明确规定，受诉法院所在地区司法机关亦无相关指导意见。此种情形下，裁判者无法参照其他犯罪的数额认定标准或者其他地区的地方标准来进行裁判，更不能进行自由裁量。因此，本着罪刑法定原则，现行有效的法律规范就犯罪数额巨大认定标准未作规定的，不宜认定为数额巨大，本案犯罪数额只能以有明确规定的数额较大标准认定，辩护人与此相关的辩护意见法院予以采纳。

二、本案犯罪既遂、未遂的认定。法院认为，严某某将印制完成的部分伪造门票找人打印发票号码后，交于丁某某，丁某某安排李某某刻制了“九华山风景区门票销售专用章”，待需要倒卖时在伪造门票上盖章。本案中被告人已经成功倒卖了若干伪造门票，足以证明普通游客对伪造门票的真假难以辨别，伪造的门票已经符合真实门票的基本特征，在伪造门票上加盖“九华山风景区门票销售专用章”，仅是为下一步更顺利地倒卖创造条件。伪造有价票证犯罪不以伪造的票证完全达到正常销售标准为既遂标准，被告人虽未对大部分伪造门票加盖“九华山风景区门票销售专用章”，但整个伪造行为显然已全部完成，已经给国家的票证管理活动以及同票证管理有关的财政、税务、工商等管理活动造成了危害，侵害了刑法所保护的市场秩序客体。因此，公诉机关指控的犯罪事实应认定为既遂，被告人及其辩护人认为对未加盖“九华山风景区门票销售专用章”的伪造门票部分应认定为犯罪未遂的意见不符合事实与法律规定，不予支持。

三、本案罪数问题，即能否以伪造邮票定罪及被告人李某某是否构成伪造公司印章罪的问题。部分辩护人认为公诉机关指控的部分伪造门票未加盖“九华山风景区门票销售专用章”，伪造行为未完成，但门票背面含有邮资的明信片已经伪造完成，故应根据明信片中的80分邮票定罪。法院认为，九华山风景区门票背面为含有邮资的明信片，二者不可分离，被告人伪造门票同时必然需要伪造邮票，根据《刑法》第227条第1款的规定，风景区门票和邮票均属于伪造有价票证罪中的犯罪对象，无论伪造门票或邮票均构成本罪。本案被告人在共同犯罪中出于伪造门票的主观动机实施了伪造行为，且已实施完成，按照主客相一致的原则，应以伪造门票认定被告人的行为构成伪造有价票证罪。且明信片邮资已包含在门票票面价格之中，犯罪数额应以门票票面价格数额计算,邮票票面数额不再重复计算。

被告人李某某出于伪造门票的目的和需要,伪造了“九华山风景区门票销售专用章”,伪造门票行为与伪造印章两个行为之间系目的与手段的牵连,应以一罪论处,因此,李某某的行为仅构成伪造有价票证罪,其辩护人认为李某某的行为构成伪造公司印章罪的辩护意见不能成立,不予支持。

四、被告人陈某某的行为是否构成犯罪的问题。

被告人陈某某接受严某某的委托,进行门票印刷,虽对其他被告人实施伪造犯罪的预谋不知晓,但其作为印刷行业从业人员,明知印刷风景区门票等有价票证须提供相关证明文件而未要求对方提供,反而进行非法印制,其对非法印制的客观违法事实系明知而为,主观心理状态显属故意,而非过失。陈某某的行为为本案整个犯罪行为的完成直接提供了物质基础,与其他被告人的行为结合在一起共同导致本案犯罪结果的发生,是整个犯罪的重要组成部分,不因其对整个犯罪预谋和其他犯罪环节不知情或未参与而影响共犯构成。因此,陈某某及其辩护人提出的无罪辩解和辩护意见无事实和法律依据,不能成立。

综上所述,法院对各被告人判决 8 个月至两年不等的有期徒刑。

(二)简要评析

本案是本罪的经典案例。对司法实务中许多争议问题作出了司法认定,具有一定的案例指导意义。尤其是对印制票证的陈某某,到底是否构成犯罪,其认定思路,很有借鉴意义。对于一些印刷企业具有很重要的参考意义。作为印刷企业来说,要防范本罪的刑事风险,只有依法依规进行经营,才是最好的防范方法。

104. 倒卖车票、船票罪

一、法律规定

《刑法》第 227 条第 2 款规定:“倒卖车票、船票,情节严重的,处三年以下有期徒刑、拘役或者管制，并处或者单处票证价额一倍以上五倍以下罚金。”

二、条文释义

本条是关于倒卖车票、船票罪及其刑事处罚的规定。所谓倒卖车票、船票罪，是指倒卖车票、船票，情节严重的行为。本罪的构成要件如下。

（一）本罪从客观上来看

本罪的主体是一般主体。达到刑事责任年龄具有责任能力的自然人均可以构成本罪。按照《刑法》的规定，单位亦可构成本罪。

从危害行为和危害结果来看，本罪表现为倒卖车票、船票，情节严重的行为。倒卖，是指购买车票、船票后加价卖出或者为了卖出而购买车票、船票。车票，是指旅客凭其乘坐各种陆上从事旅客运输的公共交通工具的有价票证。坐席、卧铺签字号及订购车票凭证亦属本条所称车票。船票，是指凭其乘坐水上从事旅客交通运输的公共交通工具的有价票证。

（二）本罪从主观上来看

本罪在主观方面为直接故意，且多以牟利为目的。

三、立案标准

最高人民检察院、公安部《关于公安机关管辖的刑事案件立案追诉标准的规定（一）》第30条规定：“倒卖车票、船票或者倒卖车票坐席、卧铺签字号以及订购车票、船票凭证，涉嫌下列情形之一的，应予立案追诉：

（一）票面数额累计五千元以上的；

（二）非法获利累计二千元以上的；

（三）其他情节严重的情形。”

最高人民法院《关于审理倒卖车票刑事案件有关问题的解释》就审理倒卖车票刑事案件的有关问题也作出了相关解释。其中第1条规定：“高价、变相加价倒卖车票或者倒卖坐席、卧铺签字号及订购车票凭证，票面数额在五千元以上，或者非法获利数额在二千元以上的，构成刑法第二百二十七条第二款规定的'倒卖车票情节严重'。"第2条规定:"对于铁路职工倒卖车票或者与其他人员勾结倒卖车票;组织倒卖车票的首要分子;曾因倒卖车票受过治安处罚两次以上或者被劳动教养一次以上,两年内又倒卖车票,构成倒卖车票罪的,依法从重处罚。"

四、风险防范

本罪对于一些以车票销售为主业的公司来说,是高发刑事风险的罪名。对于该类企业来说,要进行车票、船票销售,首先应当取得车票、船票发行单位的委托授权,没有相关的委托授权,最好不得经营此类业务。同时,在销售该类票证时,只能依据发行单位规定的价格进行销售,切忌擅自高价牟利。自己应得的利润,只能依据相关的委托协议进行确定。抛开这些委托授权文件,高价销售票证的,极有可能遭受此罪的刑事风险。

五、案例评析

(一)案例简介

成都铁路运输检察院指控:2009年春运期间,被告人江某某为谋取不正当利益,在成都火车站售票大厅以反复排队的方式大量购买成都至西宁、北京西等各地的火车票欲加价倒卖。之后,在江某某安排下,被告人周某某参与登记、保管车票等。2009年1月30日15时许,周某某在成都市青龙乡双水四组"良友"旅馆2楼7号房间内被抓获,在该房间内查获二人用于倒卖的火车票417张,票面数额共计52,467元。16时许江某某被抓获。

江某某、周某某对起诉书指控的事实和证据均无异议。江某某提出其所购买的车票尚未倒卖,未造成危害,且有自首情节的辩解。二被告人均未向法庭举证。

法院经审理后认为:被告人江某某、周某某以非法营利为目的,倒卖车票,情节严重,其行为已触犯《刑法》第227条第2款的规定,均已构成倒卖车票罪,成都铁路运输检察院对二被告人犯倒卖车票罪的指控成立,应予支持。本案系共同犯罪,在共同犯罪中,江某某起主要作用,是主犯,周某某起次要作用,是从犯，依法对其从轻处罚。江某某及其辩护人均提出的倒卖车票的行为并未完成，应认定犯罪未遂及江某某有自首情节的辩解、辩护意见。因倒卖车票犯罪，所侵犯的客体是国家对车票的管理秩序，当江某某大量套购火车票后准备倒卖时，已侵犯了刑法所保护的客体，犯罪已经完成，故不应认定犯罪未遂，对该辩护意见不予采纳。故法院判决被告人江某某犯倒卖车票罪，判处有期徒刑 1 年 6 个月，并处罚金人民币 6 万元。判决被告人周某某犯倒卖车票罪，判处有期徒刑 1 年 4 个月，缓刑 2 年，并处罚金人民币 5.5 万元。

（二）简要评析

从本案来看，判断本罪的既遂与未遂，可以依据先行套购行为是否已完成为标准。如果先行套购行为完成，即可认定为犯罪既遂。其认定理由如下：因倒卖车票犯罪，所侵犯的客体是国家对车票的管理秩序，当江某某大量套购火车票后准备倒卖时，已侵犯了刑法所保护的客体，犯罪已经完成，故不应认定犯罪未遂。对于企业来说，在未取得相应授权前，不应当从事票证经营业务，否则极有可能遭遇此罪的刑事风险。

105. 非法转让、倒卖土地使用权罪

一、法律规定

《刑法》第 228 条规定：“以牟利为目的，违反土地管理法规，非法转让、倒卖土地使用权，情节严重的，处三年以下有期徒刑或者拘役，并处或者单处非法转让、倒卖土地使用权价额百分之五以上百分之二十以下罚金；情节特别严重的，处三年以上七年以下有期徒刑，并处非法转让、倒卖土地使用权价额百分之五以上百分之二十以下罚金。”

二、条文释义

本条是关于非法转让、倒卖土地使用权罪及其刑事处罚的规定，所谓非法

转让、倒卖土地使用权罪,是指以牟利为目的,违反土地管理法规,非法转让、倒卖土地使用权,情节严重的行为。本罪的构成要件如下。

(一)本罪从客观上来看

本罪的主体为一般主体。凡达到刑事责任年龄,具备刑事责任能力的自然人均可成为非法转让、倒卖土地使用权罪的主体。依据《刑法》第 231 条规定,单位亦能成为非法转让、倒卖土地使用权罪。按照《刑法》第 31 条的规定,单位犯本罪时,实行双罚制,即对单位判处罚金,并对其直接负责的主管人员和其他直接责任人员按相关条款规定判处刑罚。

本罪危害行为和危害结果表现为违反土地管理法规,非法转让、倒卖土地使用权,情节严重的行为。

所谓土地使用权转让,是指土地使用者将土地使用权转让给他人的行为。转让方式包括出售、交换和赠送。按照《土地管理法》的规定,未按土地使用权出让合同规定的期限和条件投资开发、利用土地的,土地使用权是不得进行转让的。土地使用权转让时,土地使用权出让合同和登记文件中所载明的权利、义务应当随之转移。土地使用权转让时,其地上建筑物、其他附着物的所有权同时转让,并且应当依照规定办理过户登记。如果将土地使用权和地上建筑物、其他附着物所有权分割转让的,应当经市、县人民政府土地管理部门和房产管理部门批准,并依法办理过户登记。土地使用权转让如果违反上述规定,即为非法转让。

所谓倒卖土地使用权,是指将土地使用权非法出卖给他人,或者为了出卖而向他人收买、租借土地使用权等,有的是明码标价予以出卖;有的则是以某种形式掩盖其土地使用权买卖之实。

所谓情节严重,包括下列情形:(1)多次实施非法转让、倒卖土地使用权行为;(2)非法转让、倒卖土地使用权数量较大的;(3)牟取非法利益较大的;(4)造成土地严重破坏或荒芜;(5)其他情形。

(二)本罪从主观上来看

本罪在主观方面表现为故意,并且得以牟利为目的,该主观目的是该罪的构成要件要素。不以牟利为目的,不构成非法转让、倒卖土地使用权罪。牟利不仅指行为人谋取金钱上的利益,而且也指行为人谋取其他不正当的利益。

三、立案标准

最高人民检察院、公安部《关于公安机关管辖的刑事案件立案追诉标准的规定(二)》第80条规定:“以牟利为目的,违反土地管理法规,非法转让、倒卖土地使用权,涉嫌下列情形之一的,应予立案追诉:

(一)非法转让、倒卖基本农田五亩以上的;

(二)非法转让、倒卖基本农田以外的耕地十亩以上的;

(三)非法转让、倒卖其他土地二十亩以上的;

(四)违法所得数额在五十万元以上的;

(五)虽未达到上述数额标准,但因非法转让、倒卖土地使用权受过行政处罚,又非法转让、倒卖土地的;

(六)其他情节严重的情形。”

四、风险防范

在我国当前土地流转市场化趋势的大背景下,本罪的防范具有普遍意义。我国无论是农村土地还是城市土地,都实行公有制,即归国家和集体所有。无论是个人还是公司、企业,出于生产生活需要,可以向土地管理部门和土地所有者采用有偿或无偿的方式申请取得使用权。由于我国的公有制土地政策,土地是关乎国计民生和社会主义建设的基石,因此国家制定了详细的有关土地管理的法律法规。在现阶段允许土地使用权的合理流转,但必须依法进行。预防本罪,企业可以从以下几个方面入手。

(一)企业在流转土地时,做好法律风险评估

企业在涉及土地使用权的买卖、流转过程中,应当首先研习相关法律法规,并制定详细的方案。该方案应当有专业的法律人士参与或者有专业的法律人士对其进行法律评估,确保方案的合法性,从而避免法律上的风险。

(二)在转让、流转前,应当先行取得政府部门批准

企业对于拟流转的土地使用权,应当先行向政府主管部门申报,取得主管

部门审批,窃不可私自流转,私自转让。

(三)严格按法律规定程序流转土地使用权

企业应严格按法律规定程序流转土地使用权,不做逾越法律的行为,不打法律的擦边球,以法律为行事底线,与公权力机关建立良好关系,不去找寻权力寻租空间。

五、案例评析

(一)案例简介

2010年10月,衡东县吴集镇政府与吴集镇五里坪村4组签订"转让山地协议书",约定五里坪4组将其本组地处衡炎高速公路边的一宗面积为23.13亩山地转让给吴集镇政府。吴集镇政府成立了征地小组,并由该征地小组协助时任吴集镇企业站站长的赵某具体办理征地事宜,土地平整由赵某负责实施。2011年,上诉人阳某平通过与吴集镇政府协商,双方达成招商引资意向协议,招商引资项目为苗木基地,拟占地60亩。2011年11月至12月,经原吴集镇党委书记彭某飞介绍,通过与赵某联系,约定由阳某平购买吴集镇五里坪村4组转让给吴集镇政府的该23.13亩土地,因吴集镇政府答应再继续帮阳某平陆续征到60亩地,阳某平按约定随即支付给吴集镇100万元(注:土地价格按6.38万元/亩计算),并约定待60亩地征收到位后再进行结算。为了方便征地款、土地平整款的支付,该100万元汇入了赵某的个人账号,由赵某具体管理使用。2013年6月至7月,因赵某生病,阳某平请陈某对该23.13亩土地进行推土填方,阳某平支付给陈某推土费6万元。后因60亩土地没有征到位,阳某平便未建苗木基地,对该23.13亩土地也未办理相关手续。2014年1月,文某、段某拟在吴集镇五里坪村4组建沥青搅拌站,项目选址包括上述23.13亩土地。文、段经人介绍找到阳某平,提出购买该宗土地,经双方口头约定,该23.13亩土地交由文某处理,即包括以后与村民、赵某、镇政府的所有事宜均交予文某去处理,对于阳某平已支付的100万元,以年息三分计算利息给阳某平,并加上阳某平已支付的推土费、误工费等损失,文某需支付给阳某平共计180万元。后文某如约付款,阳某平便将从赵某处拿到的吴集镇政府与吴集镇五里坪村四组村民签订的《转让山地协议书》及红线图交给文某。案发后，经衡东县国土测绘队测定该块土地面积为23.13亩，其中，包括林地9.89亩，农村宅基地7.91亩，坑塘水面5.33亩。

法院经审理后认为，阳某平拟购买60亩土地建苗木基地是其与吴集镇政府约定的招商引资项目，其购买土地的行为不存在以转让牟利为目的；在吴集镇政府只为其征得23.13亩土地，未达到其预想的苗木基地规模的情况下，将其获取的吴集镇政府与吴集镇五里坪村4组签订的《转让山地协议书》及红线图（测绘图）转交给文某、段某，并按其已实际支付的106万元成本及其利息收取文、段180万元，其主观认识上不排除是将该宗土地的使用权出让给文、段；但因阳某平因未实际合法取得该23.13亩土地使用权证书，亦未与文、段签订该23.13亩土地的书面转让协议，其主观目的也不排除是收回本金及本金利息，而放弃购买该宗土地使用权，亦即阳某平转让给文某、段某的是其与吴集镇政府之间就购买23.13亩土地所签合同中的权利义务，而不具有非法转让土地使用权以牟取利益的目的。故证明阳某平以牟为目的，非法转让土地使用权的证据不足，根据“存疑有利于被告人”原则，对阳某平不应定罪处罚。据此，法院最终判决阳某平无罪。

（二）简要评析

从本案来看，法院依据现有证据，认定本案证据不足，并将存疑利益归属于当事人，法院的判决是完全正确的。准确地说，本案当事人转让的应当是合同权利，而不是土地使用权。作为当事人来说，如果其采取三方协议的形式，变更合同的权利义务，或许其可能会避免该刑事风险。因此，在涉及土地使用权转让时，应当符合《土地管理法》的相关规定，依法取得相关机关的批准，并经过合法的程序，只有这样，才能尽可能地规避此罪的刑事风险。

106. 提供虚假证明文件罪

一、法律规定

《刑法》第229条规定：“承担资产评估、验资、验证、会计、审计、法律服务、保荐、安全评价、环境影响评价、环境监测等职责的中介组织的人员故意提供虚假证明文件，情节严重的，处五年以下有期徒刑或者拘役，并处罚金；有下列情形之一的，处五年以上十年以下有期徒刑，并处罚金：

（一）提供与证券发行相关的虚假的资产评估、会计、审计、法律服务、保荐等证明文件，情节特别严重的；

（二）提供与重大资产交易相关的虚假的资产评估、会计、审计等证明文件，情节特别严重的；

（三）在涉及公共安全的重大工程、项目中提供虚假的安全评价、环境影响评价等证明文件，致使公共财产、国家和人民利益遭受特别重大损失的。

有前款行为，同时索取他人财物或者非法收受他人财物构成犯罪的，依照处罚较重的规定定罪处罚。”

二、条文释义

本条第一款是关于提供虚假证明文件罪及其刑事处罚的规定。所谓提供虚假证明文件罪，是指承担资产评估、验资、验证、会计、审计、法律服务、保荐、安全评价、环境影响评价、环境监测等职责的中介组织的人员故意提供虚假证明文件，情节严重的。本罪的构成要件如下：

（一）本罪从客观上来看

本罪的主体属特殊主体，即承担资产评估、验资、验证、会计、审计、法律服务、保荐、安全评价、环境影响评价、环境监测等职责的中介组织的人员。只有承担资产评估、验资、验证、会计、审计、法律服务、保荐、安全评价、环境影响评价、环境监测等职责的中介组织的人员，才能构成本罪，其他单位或个人不能成为本罪的主体。按照《刑法》第 31 条的规定，单位犯本罪时，实行双罚制，即对单位判处罚金，并对其直接负责的主管人员和其他直接责任人员按相关条款规定判处刑罚。

所谓资产评估专业人员，按《资产评估法》的规定，包括评估师和其他具有评估专业知识及实践经验的评估从业人员。评估师是指通过评估师资格考试的评估专业人员。

所谓验资人员，是指具有验资法定资质的机构中的承担验资职责的相关从业人员。

所谓验证人员,是指具有验证法定资质的机构中对公司财务报告的真实性、准确性和可信性进行审查、核实并承担相关职责的从业人员。

所谓会计人员,是指按《会计法》的规定,具有会计师资质,并从事会计工作的从业人员。

所谓审计人员,是指对公司的财务会计报表、公司在合并、分立、清算时相关财务报表进行审计以及法律、行政法规规定的其他业务进行审计,并具有相关资质的从业人员。

所谓法律服务人员,是指从事法律工作的律师以及其他从事法律服务的从业人员。

所谓保荐人员,是指依照法律规定,为上市公司申请上市承担推荐职责并为上市公司上市后一段时间的信息披露行为向投资者承担担保责任的证券公司之工作人员。

所谓安全评价人员,是指依法取得安全评价人员资格证书,经依法登记,专职从事安全评价活动的安全评价人员。

所谓环境影响评价人员,是指取得环境影响评价工程师职业资格证书,从事环境影响评价工作的专业技术人员。

所谓环境监测人员,是指取得环境监测职业资格证书,从事环境监测工作的专业技术人员。

所谓承担资产评估、验资、验证、会计、审计、法律服务、保荐、安全评价、环境影响评价、环境监测等职责的中介组织,则是指会计师事务所、审计师事务所、律师事务所、资产评估事务所、证券公司、安全评价机构、环境影响评价机构、环境监测机构等社会中介机构。

本罪危害行为和危害结果表现为提供虚假证明文件,情节严重的行为。

所谓证明文件,是指资产评估报告、验资证明、验证证明、审计报告等中介组织由于受委托而出具的相关证明文件。所谓虚假的证明文件,通常理解为上述证明文件的内容不符合事实、不真实,或杜撰、编造、虚构了事实,或隐瞒了事实真相。虚假,既可以是上述证明文件的所有内容虚假,又可以是其中的部分内容虚假。

行为人的行为方式,主要是提供了虚假的证明文件,如对于验证人员来说,其明知公司的财务报告内容不实,其会导致股东和社会公众重大损失但仍不予指出或者对公司可能造成股东或其他利害关系人的利益损害的公司财物会计处理予以隐瞒或作不实报告；对于审计人员来说，发现股份制公司招股说明书、当年的负债表、损益表、财务变动情况，以及连续3年的经营情况有虚假内容仍然置之不理或帮助公司作假等。

所谓情节严重，主要是指下列情形：行为人多次（三次以上）提供虚假证明的；违法所得数额巨大的；造成国有资产严重流失的；给公司、公司股东、债权人及其利益人造成严重经济损失的；提供虚假证明给公司用于非法发行股票，低价折股、低价出售国有资产、虚假出资等违法犯罪活动；造成恶劣影响的；等等。

（二）本罪从主观上来看

本罪在主观方面必须出于故意，即明知自己所提供的有关证明文件有虚假内容但仍决意提供。过失不能构成本罪。本罪的犯罪动机不影响本罪成立。

三、立案标准

最高人民检察院、公安部《关于公安机关管辖的刑事案件立案追诉标准的规定（二）》第81条规定："承担资产评估、验资、验证、会计、审计、法律服务等职责的中介组织的人员故意提供虚假证明文件，涉嫌下列情形之一的，应予立案追诉：

（一）给国家、公众或者其他投资者造成直接经济损失数额在五十万元以上的；

（二）违法所得数额在十万元以上的；

（三）虚假证明文件虚构数额在一百万元且占实际数额百分之三十以上的；

（四）虽未达到上述数额标准，但具有下列情形之一的：

1. 在提供虚假证明文件过程中索取或者非法接受他人财物的；

2. 两年内因提供虚假证明文件，受过行政处罚二次以上，又提供虚假证明文件的。

（五）其他情节严重的情形。"

本罪加重处罚情节为：

索取他人财物或者非法收受他人财物，构成犯罪的，依照处罚较重的规定定罪处罚。

四、风险防范

本罪对主体身份有特定的要求。通俗来说,就是特定行业的从业人员。在商业日益发达的当今社会,市场细分程度越来越高,企业间的合作也会越来越强,许多商业活动的开展,需要有专业人员如法律、财务、评估等提供专业的服务、鉴定、评估。因此,为了保障交易秩序的稳定,需要对这些专业人员的业务行为加以严格的要求,以确保其独立性、专业性、真实性。本罪的设立,正是为了打击那些在专业性较强的行业里,一些从业人员背离自身职业道德的行为。预防本罪,公司、企业(通常为提供上述专业服务的事务所或其他形式组织)可以从以下角度入手。

(一)建立企业对外证明文件的质量标准

企业应当自行建立一整套证明文件的质量标准和流程步骤,所有对外提供的证明文件,均应符合这一标准,禁止不符合标准的证明文件外流。

(二)建立严格的内控制度

企业内部应当建立严格的内控制度,对于对外提供的证明文件,在最终对外提供前,应当由内部不同的部门、不同人员先行进行审查,只有审查合格才能对外签发。

(三)加强法律、法规的学习

企业首先要对行业法律法规深入学习,加强自身法律素养。同时,还要对从业人员的职业道德进行培训,重视职业道德的建设。

五、案例评析

(一)案例简介

河北省秦皇岛市抚宁区人民检察院指控:河北华通资产评估有限公司(以

下简称华通公司）是2011年在河北沧州注册成立的公司，股东为被告人郭某、徐某林，被告人孙某为该公司挂名注册评估师。郭某、徐某林二人协议约定，由徐某林负责秦皇岛地区的业务，郭某负责沧州的业务。2015年年初，华通公司受秦皇岛市海港区兴凯湖路南延伸工程征地拆迁工作指挥部（以下简称拆迁指挥部）委托，由注册资产评估师徐某林、孙某对海港区慕义寨村西一幢101号秦皇岛市沟燕商贸有限公司（以下简称沟燕公司）土地及地上附着物等资产进行评估，在沟燕公司未提供相关账目、报表及纳税资料的情况下，仅依据瑞和安惠项目管理集团有限公司（以下简称瑞和安惠公司）出具的《秦皇岛市沟燕商贸有限公司秦皇岛慕义寨村进口牲畜隔离项目可行性研究报告》，于2015年5月29日出具了对沟燕公司的资产评估报告，虚评经营性损失3569.07万元（含占用部分多项资产评估中多记的经营损失238.32万元），此报告交到指挥部后由评审机构进行评审。河北衡信滨海工程项目管理有限公司（以下简称衡信滨海公司）受秦皇岛市财政局的委托，于2015年6月7日，对秦皇岛市西部快速路兴凯湖项目的征地拆迁出具了评审报告，针对经营性损失，评审公司出具了的单项资产评估的测算分析报告损失为3312.24万元。2015年7月29日秦皇岛市政府根据海港区政府的请示、评审的分析报告由市长办公会决定先预拨付补偿3000万元，因沟燕公司没有同意拆迁补偿的数额，此款在西港镇政府的账上至今未予领取。

被告人徐某林不供认公诉机关指控的犯罪事实，辩称：(1)该公司是不受任何干扰依法依规评估的，本着客观公正独立原则进行分析判断并出具评估报告。(2)没有三年的财务资料，根据专业机构出具的报告是符合准则的，因为评估机关所评估的是社会的公允价值，评估是在假设条件下进行的，没有假设条件无法进行评估。因此评估报告不是虚假的。(3)没有违法所得。(4)没有给国家造成损失。(5)其所在机构是三A级企业，其本人没有任何不良记录。

被告人徐某林的辩护人主要提出：徐某林的行为不构成提供虚假证明文件罪。(1)依据《可行性研究报告》进行评估并非徐某林的主观意愿，是经过政府工作会议讨论认为唯一可行的办法，且其对评估结果尽到了适当的提示义务；该评估报告的出具也是符合评估准则相关规定的；评估报告是受到业内权威专家认可的。(2)被告人的行为没有给国家、公众或其他投资者造成任何的损失。(3)该评估报告仅仅是初评结果，不是政府给予被征收方补偿的参考依据。要经过专业的评审单位进行评审，评审结果才是最终补偿的参考依据，徐某林不应对评审结果承担责任。(4)该报告华通公司、评估师孙某以及郭某对评估项目不知情、不了解等与本罪不具关联性。

被告人郭某不供认公诉机关指控的犯罪事实，辩称：其没参与过这个项目，对此其毫不知情。

被告人郭某的辩护人主要提出：郭某在本案中不构成犯罪。(1)郭某与徐某林通过协议方式约定各自负责各自业务，并严格按约定履行协议，他们二人在利润的享有和责任的承担上就应该实行权利义务一致的原则。(2)郭某对徐某林办理的评估项目不知情，郭某对于这份评估报告的结论不可能带有任何个人成见。(3)郭某公司对公章及手章的管理使用上存在一定过失，但这种失误没有达到犯罪的高度。

被告人孙某不供认公诉机关指控的犯罪事实，辩称其没参与沩燕公司的评估报告，其不构成犯罪。

被告人孙某的辩护人主要提出：公诉机关指控孙某构成提供虚假证明文件罪不能成立。(1)孙某没有参与给沩燕公司做资产评估，对评估报告的出具不知情，其主观上没有犯罪的故意，客观上没有犯罪行为，依法不构成提供虚假证明文件罪。(2)公诉机关仅以孙某将手章放在公司处，便视为其放任他人使用其手章，因此对他人使用其手章加盖的虚假评估报告承担刑事责任的理由不能成立。(3)徐某林所作评估报告数据是否虚假没有有效证据予以证实。

法院经审理后认为，公诉机关指控被告人有罪的证据，应当能够相互印证，形成完整的证据链。公诉机关对徐某林犯提供虚假证明文件罪的指控，经查明，公诉机关现有证据不能证明徐某林提供的资产评估报告系虚假报告，亦不能证明徐某林的行为给国家造成了损失。综上所述，公诉机关指控徐某林构成提供虚假证明文件罪指控的事实不清，证据不足，法院不予支持。对徐某林及其辩护人无罪的辩解及辩护观点，法院予以采纳。公诉机关对郭某、孙某犯提供虚假证明文件罪的指控，经查明，郭某、孙某对涉案的评估项目未参与且不知情，主观上没有犯罪的故意，客观上没有犯罪行为，故郭某、孙某的行为不构成提供虚假证明文件罪。故公诉机关对郭某、孙某犯提供虚假证明文件罪的指控，法院不予支持。郭某、孙某及辩护人的辩解及辩护观点，予以采纳。最后，法院判决被告人徐某林、郭某、孙某均无罪。

（二）简要评析

本罪的主体属于特殊主体，本罪的成立要求行为人主观上为故意，即故意提供虚假证明文件。本案中，被告人之所以被判无罪，正是因为并没有证据证明该三位被告人参与提供了虚假的证明文件，更没有证据证明该三人主观上为故意。从本案来看，作为相关中介机构，对于自己出具的专业意见文件，一定要进行认真审核，本着公认的职业标准出具相关意见，尤其注意不能将自己的签名章随意由他人进行使用，否则，极有可能招致刑事风险。

107. 出具证明文件重大失实罪

一、法律规定

《刑法》第229条规定："承担资产评估、验资、验证、会计、审计、法律服务、保荐、安全评价、环境影响评价、环境监测等职责的中介组织的人员故意提供虚假证明文件，情节严重的，处五年以下有期徒刑或者拘役，并处罚金；有下列情形之一的，处五年以上十年以下有期徒刑，并处罚金：

（一）提供与证券发行相关的虚假的资产评估、会计、审计、法律服务、保荐等证明文件，情节特别严重的；

（二）提供与重大资产交易相关的虚假的资产评估、会计、审计等证明文件，情节特别严重的；

（三）在涉及公共安全的重大工程、项目中提供虚假的安全评价、环境影响评价等证明文件，致使公共财产、国家和人民利益遭受特别重大损失的。

有前款行为，同时索取他人财物或者非法收受他人财物构成犯罪的，依照处罚较重的规定定罪处罚。

第一款规定的人员，严重不负责任，出具的证明文件有重大失实，造成严重后果的，处三年以下有期徒刑或者拘役，并处或者单处罚金。"

二、条文释义

本条第3款是关于出具证明文件重大失实罪及其刑事处罚的规定，所谓出具证明文件重大失实罪，是指承担资产评估、验资、验证、会计、审计、法律服务、保荐、安全评价、环境影响评价、环境监测等职责的中介组织的人员，严重不负责任，出具的证明文件有重大失实，造成严重后果的行为。本罪的构成要件如下。

（一）本罪从客观上来看

本罪的主体为特殊主体，只有承担资产评估、验资、验证、会计、审计、法律服务、保荐、安全评价、环境影响评价、环境监测等职责的中介组织的人员，才能构成本罪，其他单位或个人不能成为本罪的主体。根据《刑法》第31条的规定，单位犯本罪时，实行双罚制，即对单位判处罚金，并对其直接负责的主管人员和其他直接责任人员按相关条款规定判处刑罚。

关于上述主体的定义参照前述“提供虚假证明文件罪”内容。

本罪危害行为和危害结果表现为严重不负责任，出具的证明文件有重大失实，造成严重后果的行为。

（二）本罪从主观上来看

本罪在主观方面必须出于过失，故意不能构成本罪。

三、立案标准

最高人民检察院、公安部《关于公安机关管辖的刑事案件立案追诉标准的规定（二）》第82条规定，承担资产评估、验资、验证、会计、审计、法律服务等职责的中介组织的人员严重不负责任，出具的证明文件有重大失实，涉嫌下列情形之一的，应予立案追诉：

（一）给国家、公众或者其他投资者造成直接经济损失数额在一百万元以上的；

（二）其他造成严重后果的情形。

四、风险防范

本罪与前述故意出具虚假证明文件罪有诸多相似之处,预防手段也基本相同,具体可参考前罪。需要特别指出的是,公司、企业在预防本罪时,在前罪的预防基础上还应注意以下两点。

(一)严控企业内部管理

企业应当自行建立一整套证明文件的质量标准和内控制度。所有对外提供的证明文件,均应符合统一质量标准,禁止不符合标准的证明文件外流。对所有对外签发的证明文件予以登记造册,有迹可循。对于对外提供的证明文件,在最终对外提供前,应当由内部不同的部门、不同人员先行进行审查,只有审查合格才能对外签发。

(二)发现问题及时整改

由于本罪是过失犯罪,则行为需要导致严重后果方能成立犯罪。因此,企业一旦发现证明文件存在问题,应当立即采取补救措施。对于失实的证明文件应予以追回或者告知可能的受害者,避免损失出现或者将损失尽可能降低。亡羊补牢,同样能够降低本罪的刑事风险。

五、案例评析

(一)案例简介

新宁县章坪电站于2004年4月登记成立,执行合伙企业事务的合伙人为刘某,发起人之一的被害人邓某时任电站出纳。后因电站账目内部清算问题,邓某与电站之间产生矛盾。

邵阳南方有限责任会计师事务所(后改名湖南南方会计师事务所有限责任公司,以下简称南方所)的法定代表人为被告人黄某亮,该所的主要业务范围是对公司和企业进行审计、核算。段某(已判刑)系未注册的会计师,受黄某亮委托负责南方所在新宁县的会计业务。段某接到业务后负责收集、审核委托方提交的资料，制作初步的工作底稿，再交由黄某亮审核后最终出具相关的会计报告。

2004 年 4 月 19 日，新宁县章坪电站委托南方所进行设立验资。经南方所审验，电站投入资本为 30 万元。

2006 年，新宁县章坪电站股东陈某找到段某洽谈业务，委托南方所对电站自成立之日起至 2005 年 7 月 31 日止的现金收支及结存情况进行审核，段某没有认真审查陈某代表电站方的手续，接受了陈某的委托。接受委托后，陈某将电站的会计账簿和凭证交给段某初步审核。段某在审核票据的过程中发现有几处票据折叠，陈某表示折叠部分的票据不纳入审核范围。段某单方听从了陈某的意见，在没有到电站核实的情况下将折叠票据未计入审核范围，并根据陈某提交的资料初步审核形成工作底稿后递交给黄某亮审核。黄某亮在收到审核底稿后也只进行了书面的形式审查，并在注册会计师周某没有参与审核的情况下私自在审核报告上加盖了周某的注册会计师印章。2006 年 4 月 19 日，南方所出具了邵某审字(2006)2058 号审核报告。该审核报告明确章坪电站自成立之日起至 2005 年 7 月 31 日止，各合伙人实际缴付的出资为 438.1 万元，其中邓某(时任电站出纳)出资 13.6 万元(后邓某将其中的 3.6 万元出资款转让)；截至 2005 年 7 月 31 日，章坪电站账面余额为 266,665.78 元。

2007 年 3 月，新宁县章坪电站决定变更注册资金，电站委托陈某与段某洽谈变更验资业务。陈某先向段某提出电站申请验资金额为 438.1 万元。但过了几天，陈某再次找到段某，要求改变验资金额为 428.1 万元。段某询问原因，陈某称是因为邓某没有出资到位，电站不认可其股东身份，邓某的 10 万元出资不算在工商变更登记的注册资本里。陈某向段某提交了电站出具的《实物资产出资股东共同确认价值协议书》《合伙协议》《验资事项声明书》《委托书》等证明文件。这些证明文件存在同一字体代签名、合伙人名字不一致、没有落款日期等瑕疵，但段某未对上述文件的真实性进行审查，也未联系邓某或电站股东核实，而是草率地制作了 428.1 万元的验资初稿送至黄某亮处审核。黄某亮在审核时发现少验 10 万元后，对段某称委托方只申请验资 428.1 万元的事实未进行核实，便于 2007 年 4 月 4 日以段某收集形成的验资初稿为基础，出具了邵某验资(2007)033 号验资报告。该验资报告显示章坪电站变更后的注册资金为人民币 428.1 万元，合伙人中不包括邓某。随后，新宁县章坪电站依据验资报告在县工商局办理了注册资金变更登记。因未将折叠的票据纳入审核范围,导致审核报告的结论与邓某任出纳时的账面数额存在巨大差异。邓某向股东会提出重新清算的申请,章坪电站则以审核报告为依据要求邓某返还章坪电站170,084.96元。最终章坪电站将邓某起诉至新宁县人民法院。2007年12月17日,新宁县人民法院以审核报告为主要依据,判决邓某返还章坪电站61,605.96元。邓某不服判决结果,上诉至邵阳市中级人民法院,后中院以诉讼主体不符,裁定驳回章坪电站起诉。随后,邓某与章坪电站进行了多年的诉讼博弈,历经县、市、省三级法院。期间,邓某还因涉嫌职务侵占被公安机关立案侦查。

邓某的10万元出资在电站工商登记的注册资本中不能体现,致使邓某丧失了合伙人身份和10万元的股权。邓某为了维护权益,自2007年以来分别到全国人大、省、市、县信访部门循环上访维权,造成一定的经济损失。

2013年11月8日,新宁县工商行政管理局对于章坪电站办理变更登记时提交虚假材料取得工商营业执照的行为进行了行政处罚,责令章坪电站立即改正,并处1万元罚款。2014年10月15日,南方所发布关于撤回邵某验资(2007)033号验资报告、邵某审字(2006)2058号审核报告的声明,声明中称将上述报告撤回,不再具有《注册会计师法》规定的法定证明效力。

案发后,段某及被告人黄某亮分别赔偿被害人邓某经济损失22万元、32万元,均取得被害人邓某的谅解。

一审根据上述认定的事实,判决被告人黄某亮犯出具证明文件重大失实罪,判处有期徒刑10个月,缓刑1年,并处罚金1万元。一审判决后,被告人上诉,要求改判无罪。

二审法院经审理后认为,上诉人黄某亮身为承担验资、审计职责的中介组织人员,严重不负责任,出具的证明文件有重大失实,造成严重后果,其行为已构成出具证明文件重大失实罪。黄某亮及其辩护人提出不构成出具证明文件重大失实罪的上诉及辩护理由不能成立,法院不予采纳。纵观全案,虽然黄某亮在工作中存在严重不负责任,出具的证明文件有重大失实,但最终导致原审被害人损失系多因一果。考虑到本案是一种过失犯罪,黄某亮的主观恶性相对较小,且黄某亮归案后如实供述自己的犯罪事实,并积极赔偿原审被害人的经济损失,取得原审被害人的谅解,同时共同作案人段某已被生效判决判处免予刑事处罚,法院根据黄某亮的犯罪情节、危害后果及悔罪表现,决定对其免予刑事处罚。据此,判决维持湖南省新宁县人民法院(2017)湘0528刑初3号刑事判决中对被告人黄某亮的定罪部分，改判黄某亮犯出具证明文件重大失实罪，免予刑事处罚。

（二）简要评析

本罪属于过失犯罪。对于会计师、律师等中介机构来说，属于高发风险的罪名。从本案来看，按专业标准，被告人在出具报告时，并未尽到其审慎要求，导致报告没有提及应该提及的事宜。作为中介机构，要想防范该罪的刑事风险，应当严格按职业标准进行执业，不能凭人情、凭感觉。否则，最终不但会影响自己的职业声誉，甚至可能会遭受刑事处罚。

108. 逃避商检罪

一、法律规定

《刑法》第230条规定："违反进出口商品检验法的规定，逃避商品检验，将必须经商检机构检验的进口商品未报经检验而擅自销售、使用，或者将必须经商检机构检验的出口商品未报经检验合格而擅自出口，情节严重的，处三年以下有期徒刑或者拘役，并处或者单处罚金。"

第231条规定："单位犯本节第二百二十一条至第二百三十条规定之罪的，对单位判处罚金，并对其直接负责的主管人员和其他直接责任人员，依照本节各该条的规定处罚。"

二、条文释义

上述法条是关于逃避商检罪及其刑事责任的规定。所谓逃避商检罪，是指违反进出口商品检验法的规定，逃避商品检验，将必须经商检机构检验的进口商品未报经检验而擅自销售、使用，或者将必须经商检机构检验合格的出口商品未报经检验合格而擅自出口，情节严重的行为。本罪的构成要件如下。

（一）本罪从客观上来看

本罪的主体是一般主体，凡是达到刑事责任年龄，具有刑事责任能力的自然人，以及单位均可构成本罪。按照《刑法》第31条的规定，单位犯本罪时，实行双罚制，即对单位判处罚金，并对其直接负责的主管人员和其他直接责任人员按相关条款规定判处刑罚。

从危害行为与危害结果来看，本罪表现为违反国家进出口商品检验法的规定，逃避国家对进出口商品的检验，情节严重。

（二）本罪从主观上来看

本罪主观方面则是故意，并且是直接故意，即明知行为违法仍然决意为之。

三、立案标准

最高人民检察院、公安部制定的《关于公安机关管辖的刑事案件立案追诉标准的规定（二）》第83条规定："违反进出口商品检验法的规定，逃避商品检验，将必须经商检机构检验的进口商品未报经检验而擅自销售、使用，或者将必须经商检机构检验的出口商品未报经检验合格而擅自出口，涉嫌下列情形之一的，应予立案追诉：

（一）给国家、单位或者个人造成直接经济损失数额在五十万元以上的；

（二）逃避商检的进出口货物货值金额在三百万元以上的；

（三）导致病疫流行、灾害事故的；

（四）多次逃避商检的；

（五）引起国际经济贸易纠纷，严重影响国家对外贸易关系，或者严重损害国家声誉的；

（六）其他情节严重的情形。"

四、风险防范

全球贸易的发展使企业在商品进出口业务中发挥着越来越重要的作用，国家为了促进对外贸易，在政策和法律上为企业进出口也提供了便利的条件，但是却有不法分子利用各种技术手段，在商品进出口过程中逃避检验检疫部门的监管，进行非法交易。为避免本罪的刑事风险，企业可以从以下方面采取措施。

（一）弄清法定的逃避商检行为的含义

对应检和必检进口商品，必须进行商检。如果企业或者个人未经报检擅自在境内使用和销售应检和必检的进口商品，就属于逃避商检行为；对应检、必检商品，不但应该报检且要检验合格才能出口，否则也属于逃避商检的行为；如果企业或者个人擅自出口经过商检抽查为不合格商品的，也属于逃避商检行为。

（二）企业对于进口和出口的商品实行商检登记制度

企业对于进口和出口的商品应实行登记制度，定期和不定期核查，检查企业进出口商品是否存在漏检情况。在销售进口商品前，或出口商品前，应仔细审查商检手续。

（三）加强企业管理

加强个人、企业及其职工的守法意识，认真贯彻国家进出口政策和法律。建议从事进出口的企业和个人应该随时关注国家质检总局依照《中华人民共和国进出口商品检验法》第四条的规定公布实施的必须实施检验的进出口商品目录。

五、案例评析

（一）案例简介

2008年11月，被告人吕某明成立宁波义邦报关有限公司，后更名为宁波物通报关有限公司，公司经营出口货物报关业务，同时对需商检货物采取特报形式逃避商检。为降低被海关查验的概率，吕某明又先后成立了宁波中启报关有限公司、宁波江丰报关有限公司、宁波香榭报关有限公司，还于2010年1月挂靠宁波新天海国际货运代理有限公司，并以上述公司名义开展逃避商检的特报业务，收取1200～1500元/票特报费用。吕某明承揽报关业务，并负责上述公司日常业务运作，安排、指使以骆某、潘某杰为主的单证组制作伪报或漏报品名的报关单证、外汇核销单，由张某甲为主的报关组向海关报关；安排、指使财务人员李某、洪某非法购买外汇核销单、结算催讨逃避商检业务的非法获利特报费；安排、指使孟某等人通过义乌圣邦进出口有限公司等单位承接逃避商检的特报业务；安排、指使胡某、陈某甲为主的查验组处理海关查验货物、接受处罚等事项，并将被查验到的逃商检货物重新装箱，再次伪报、漏报品名报关出口。通过上述手段，吕某明为160余家单位和个人将必须经商检机构检验的商品未报经检验而报关出口共计19,455次，发生应收特报费共计28,518,750元，期间因逃避商检被海关行政处罚626起，并被行政罚款736,000元。另经查明，根据质检总局、海关总署(2013)第109号关于调整《出入境检验检疫机构实施检验检疫的进出境商品目录》公告的相关规定，已被海关行政处罚中有442起商品不再需要商检。

法院经审理后认为，被告人吕某明在从事报关报检代理业务过程中，违反进出品商品检验法的规定，逃避商品检验，将必须经商检机构检验的出口商品未报检验合格而擅自出口，情节严重，其行为已构成逃避商检罪。公诉机关指控的罪名成立。法院判决被告人吕某明犯逃避商检罪，判处有期徒刑10个月，并处罚金人民币120万元。

(二)简要评析

本案是典型的逃避商检罪案例。从本案来看，被告人逃避商检的行为比较明显，其行为完全符合本罪的构成要件。从事进出口业务的公司，对于本罪来说，是高发风险的罪名。在从事进出口业务时，一定要按法律、法规的要求进行检验、检疫，不能图省事，更不能故意为其他非法目的而逃避商检。只有依法依规，业务平安，才能谈得上业务发展。

第十章

CHAPTER 10

侵犯公民人身权利、民主权利罪的预防

109. 强迫劳动罪

一、法律规定

《刑法》第244条规定，以暴力、威胁或者限制人身自由的方法强迫他人劳动的，处三年以下有期徒刑或者拘役，并处罚金；情节严重的，处三年以上十年以下有期徒刑，并处罚金。

明知他人实施前款行为，为其招募、运送人员或者有其他协助强迫他人劳动行为的，依照前款的规定处罚。

单位犯前两款罪的，对单位判处罚金，并对其直接负责的主管人员和其他直接责任人员，依照第一款的规定处罚。

二、条文释义

本条是关于强迫劳动罪及其刑事处罚的规定。所谓强迫劳动罪，是指以暴力、威胁或者限制人身自由的方法强迫他人劳动的行为。本罪的构成要件如下。

（一）本罪从客观上来看

本罪的主体为一般主体，包括自然人和单位。但此处的单位有特定含义，即指与被侵害职工建立劳动关系的用人单位。按照《刑法》第31条的规定，单位犯本罪时，实行双罚制，即对单位判处罚金，并对其直接负责的主管人员和其他直接责任人员按相关条款规定判处刑罚。

从危害行为和危害结果来看，本罪表现为以暴力、威胁或者限制人身自由的方法强迫他人劳动的行为。

所谓限制人身自由，是指将他人的人身自由控制在一定范围、一定限度内，以暴力或威胁的方法不允许他人超出这一范围和这一限度。如不准职工外出、不准职工参加社交活动等。所谓暴力，是指行为性质只能是不至于导致重伤以上结果的非剧烈的行为，暴力程度造成的后果不能突破“轻伤”范围。所谓威胁，是指以给劳动者及其亲友的生命健康、荣誉、名誉、财产等造成损害为要挟，使而使劳动者在精神上感觉可怕，进而迫使劳动者作出违背真实的意思表示的行为，劳动者正是因为心理上受到各种威胁，为避免受到损害，从而让自己不得已进行劳动。

（二）本罪从主观上来看

本罪主观方面为故意，过失不构成本罪。

三、立案标准

最高人民检察院、公安部印发《关于公安机关管辖的刑事案件立案追诉标准的规定（一）》第31条规定：“用人单位违反劳动管理法规，以限制人身自由方法强迫职工劳动，涉嫌下列情形之一的，应予立案追诉：

（一）强迫他人劳动，造成人员伤亡或者患职业病的；

（二）采用殴打、胁迫、扣发工资、扣留身份证件等手段限制人身自由，强迫他人劳动的；

（三）强迫妇女从事井下劳动、国家规定的第四级体力劳动强度的劳动或者其他禁忌从事的劳动，或者强迫处于经期、孕期和哺乳期妇女从事国家规定的第三级体力劳动强度以上的劳动或者其他禁忌从事的劳动的；

（四）强迫已满十六周岁未满十八周岁的未成年人从事国家规定的第四级体力劳动强度的劳动，或者从事高空、井下劳动，或者在爆炸性、易燃性、放射性、毒害性等危险环境下从事劳动的；

（五）其他情节严重的情形。”

四、风险防范

强迫劳动罪常见于中小劳动密集型企业、城乡接合部（乡村）用人单位和非法用工单位，特别是餐饮、汽车修理、小作坊、乡村小砖窑厂等场所，用人单位通过降低劳动条件、随意延长工作时间、拖欠工资、拒付伤残赔偿、强迫劳动者劳动等方式损害劳动者合法权益。随着经济的发展，社会关系也日益法治化，劳资关系作为社会最基本和最重要的社会生产关系，已经与普通民众的日常生存和发展息息相关，随着民众法律意识的觉醒，企业如何有效保障劳动者合法权益，规避用工风险就显得至关重要，以下为相关建议。

（一）认真研习有关劳动管理的法律、法规，保证企业生产经营中不侵犯职工合法权益，尤其是职工的人身权利

企业用工过程中涉及的劳动管理法律、法规众多，重中之重是《劳动法》及《刑法》。企业管理过程中应认真学习我国有关劳动管理的法律、法规，尊重劳动者权利，制定员工手册、劳动合同、规章制度时不违反国家法律法规，不侵犯劳动者权利。禁止采用殴打、胁迫、扣发工资、扣留身份证件等手段限制劳动者人身自由等。

（二）建立保障制度，对特殊劳动者进行重点保障

通过设立工会或者定期开展民主生活会的方式，建立企业与劳动者的沟通渠道，将职工与企业之间的矛盾扼杀在萌芽阶段。此外，企业人力资源部门应严把入门关，认真核实求职者年龄、身体状况，防止企业雇佣童工。企业应重视人员管理，禁止未成年、孕期职工从事危重劳动，定期为劳动者体检，防止发生职业病。

五、案例评析

（一）案例简介

2011年12月1日，被告人陆某甲承包了剑川县神州有机肥有限公司机制砖厂的制砖、出砖、上车等工作，并将在昆明普吉免烧砖厂的七八个正常工人和智障人员李某、张某村、张某雄、仇某祥、关某鹏、李某友（外号“胖子”）带到砖厂劳作。后陆某甲又先后在昆明南坝劳务市场附近或者公路上找到有一定劳动能力、生活无着落、迫于生计的向某平等11名智障人员，通过连哄带骗的方式，先后将他们带到砖厂进行劳动，并先后雇佣被告人周某某、曹某某、陆某乙担任组长，代为管理工人。期间，对懈怠偷懒的工人，4名被告人采取殴打、恐

吓、辱骂等方式强迫劳动。为防止智障工人逃跑，晚上休息时用铁链和锁将他们锁在屋内，限制他们活动范围和自由，大小便都在宿舍内解决，且不给智障工人支付工资。2014 年 11 月被害人迟某民逃离砖厂到剑川县公安局报警，公安民警出警解救了尚在砖厂的 17 名智障工人。经刑事鉴定，迟某民伤情为轻伤二级。被解救的智障工人经大理州精神病医院司法鉴定所采用成人韦氏智力量表筛查意见为：迟某民、张某村 2 人智力水平在临界范围内。莫某文等 10 人智力水平轻度低下。张某雄等 4 人智力水平为中度低下，不能完全辨认自己的权利。“高个子”因不说话无法鉴定。

法院经审理后认为，被告人陆某甲、周某某、曹某某、陆某乙以殴打、限制人身自由等方法强迫他人劳动，四名被告人的行为已触犯刑律，构成强迫劳动罪。剑川县人民检察院指控的犯罪事实清楚，证据确实充分，罪名成立，予以支持。本案中，四名被告人共同故意犯罪，其行为属共同犯罪，在共同犯罪中，陆某甲起主要作用，是主犯；周某某、曹某某、陆某乙受雇于陆某甲，起次要作用，是从犯。案发后，陆某甲自动投案并如实供述犯罪事实的行为属自首，依法可从轻处罚。庭审中，四名被告人认罪态度好，有悔罪表现，均可从轻处罚。法院判决各被告人犯强迫劳动罪，判处 10 个月至 1 年 6 个月的有期徒刑。

（二）简要评析

本罪对于一些劳动密集型企业来说，是可能存在一定刑事风险的罪名。从本案来看，各被告人采取暴力或威胁的方式，强迫残疾人进行劳动，其行为于法律不容。作为企业来说，组织职工进行生产劳动，进行适当的管理是无可厚非的，但不得以侵害人身权的方式强迫他人劳动。对于不愿意提供劳动的职工，可以通过协商，变更或解除劳动合同以解决争议，切不可以暴力的方式来解决争议。

110. 侵犯公民个人信息罪

一、法律规定

《刑法》第 253 条之一规定：“违反国家有关规定，向他人出售或者提供公民个人信息，情节严重的，处三年以下有期徒刑或者拘役，并处或者单处罚金；情节特别严重的，处三年以上七年以下有期徒刑，并处罚金。

违反国家有关规定，将在履行职责或者提供服务过程中获得的公民个人信息，出售或者提供给他人的，依照前款的规定从重处罚。

窃取或者以其他方法非法获取公民个人信息的，依照第一款的规定处罚。

单位犯前三款罪的，对单位判处罚金，并对其直接负责的主管人员和其他直接责任人员，依照各该款的规定处罚。”

二、条文释义

本条是关于侵犯公民个人信息罪及其刑事处罚的规定。侵犯公民个人信息罪，是指违反国家有关规定，向他人出售或者提供公民个人信息，情节严重的行为。

《刑法修正案（九）》第17条对《刑法修正案（七）》中增加的第253条之一进行了修改，取消了原来的出售、非法提供公民个人信息罪和非法获取公民个人信息罪，将上述两罪名合并从而确定了本罪名。本罪的构成要件如下。

（一）本罪从客观上来看

本罪的犯罪主体是一般主体，自然人以及单位均可构成本罪。按照《刑法》第31条的规定，单位犯本罪时，实行双罚制，即对单位判处罚金，并对其直接负责的主管人员和其他直接责任人员按相关条款规定判处刑罚。

从危害行为和危害结果来看，本罪表现为违反国家有关规定，向他人出售或者提供公民个人信息，情节严重的，或是违反国家有关规定，将在履行职责或者提供服务过程中获得的公民个人信息，出售或者提供给他人，或是采取窃取或者以其他方法非法获取公民个人信息等行为。

本罪的犯罪对象是公民个人信息。所谓公民个人信息，是指能够帮助他人识别公民个人具体身份的所有信息，具体主要包括下列事项：姓名、年龄、性别、身份证号码、职业、职务、学历、民族情况、婚姻状况、专业资格及特长、工作经历、家庭背景及住址、电话号码、信用卡号码，教育、医疗、经济活动等的记录，指纹、网上登录账号和密码等。随着社会经济的发展，公民个人信息的范围是不断发展变化的。所谓窃取，就是指以秘密窃取的手段取得公民个人信息；所谓其他方法，就是指通过以与秘密窃取相类似的非法手段偷窃，非法获取公民个人信息。

（二）本罪从主观上来看

本罪在主观方面只能由故意构成，并且是直接故意，过失不构成本罪。

三、立案量刑标准

最高人民法院、最高人民检察院《关于办理侵犯公民个人信息刑事案件适用法律若干问题的解释》第 5 条规定："非法获取、出售或者提供公民个人信息，具有下列情形之一的，应当认定为刑法第二百五十三条之一规定的'情节严重'，应予以立案：

（一）出售或者提供行踪轨迹信息，被他人用于犯罪的；

（二）知道或者应当知道他人利用公民个人信息实施犯罪，向其出售或者提供的；

（三）非法获取、出售或者提供行踪轨迹信息、通信内容、征信信息、财产信息五十条以上的；

（四）非法获取、出售或者提供住宿信息、通信记录、健康生理信息、交易信息等其他可能影响人身、财产安全的公民个人信息五百条以上的；

（五）非法获取、出售或者提供第三项、第四项规定以外的公民个人信息五千条以上的；

（六）数量未达到第三项至第五项规定标准，但是按相应比例合计达到有关数量标准的；

（七）违法所得五千元以上的；

（八）将在履行职责或者提供服务过程中获得的公民个人信息出售或者提供给他人，数量或者数额达到第三项至第七项规定标准一半以上的；

（九）曾因侵犯公民个人信息受过刑事处罚或者二年内受过行政处罚，又非法获取、出售或者提供公民个人信息的；

（十）其他情节严重的情形。

实施前款规定的行为，具有下列情形之一的，应当认定为刑法第二百五十三条之一第一款规定的'情节特别严重'：

(一)造成被害人死亡、重伤、精神失常或者被绑架等严重后果的;

(二)造成重大经济损失或者恶劣社会影响的;

(三)数量或者数额达到前款第三项至第八项规定标准十倍以上的;

(四)其他情节特别严重的情形。”

四、风险防范

近年来,犯罪行为人通常通过微信群、QQ 群等买卖公民的银行信息、邮箱信息、快递信息、民航信息、上网信息、开房信息及其在网络平台注册时填报的各种信息,使得侵犯公民个人信息犯罪持续高发,诱发了大量电信网络诈骗、敲诈勒索等下游犯罪,严重侵害群众利益,严重影响群众安全感,甚至直接造成公民死亡的严重后果。所以,严格规范企业职工,防止职工擅自买卖客户信息刻不容缓。企业可从以下方面对本罪进行预防。

(一)加强职工管理

加强对企业内部职工进行保密安全教育,普及法律知识,提醒职工注意泄露企业收集的公民信息,情节严重的行为,是违法犯罪行为。提高职工的保密意识、风险意识。设置专门人员对企业收集、储存、处理、备份的公民信息进行管理。

(二)进行技术管控

通过技术手段,防止企业收集的公民个人信息泄露。缩小收集公民个人信息的范围,仅在目的范围内有限度地收集公民个人信息。对收集的公民个人信息进行多重加密存储,定期更新密钥,设置信息访问权限,定期更新访问口令,缩小信息接触人员范围。保证企业使用从正规渠道购买、下载的软件,防止不法分子通过嵌入计算机病毒侵入企业内部网络,窃取企业收集的公民个人信息。

五、案例评析

(一)案例简介

2009 年 8 月,被告人潘某碧成立并实际经营温州市鹿城区黄龙好学堂课后看管服务部开展学生课后看管业务，此后，还成立了温州市鹿城区易佰培训有限公司。2015 年 6～10 月，被告人潘某碧以人民币 1200 元的价格向董某涛（已判决）购买学生个人信息共计 37，595 条用于招生。

法院经审理后认为，被告人潘某碧违反国家有关规定，非法获取公民个人信息，情节严重，其行为已构成侵犯公民个人信息罪，应予惩处。鉴于被告人潘某碧归案后如实供述自己的罪行，是坦白，可依法从轻处罚；考虑到被告人潘某碧为合法经营活动非法获取公民个人信息，所获取的信息系一般公民个人信息，且系初犯，获利情况无法查证，可认定为犯罪情节轻微，不需要判处刑罚。最后，法院判决被告人潘某碧犯侵犯公民个人信息罪，免予刑事处罚。

（二）简要评析

在《刑法修正案（七）》通过后，公民个人信息属于刑法保护的对象。向他人出售或提供公民个人信息，是法律明确禁止的行为。从本案来看，本案被告人为招生需要，向他人购买公民个人信息，明显是违反法律规定的。作为企业的经营者，要进行广告推广，禁止通过购买、窃取等方式获得公民个人信息。当然，在提供服务过程中，经过公民个人同意后，自行获取的公民信息，只要未对外进行出售或提供，则不受法律禁止。

第十一章

CHAPTER 11

侵犯财产罪的预防

111. 职务侵占罪

一、法律规定

《刑法》第271条规定："公司、企业或者其他单位的人员，利用职务上的便利，将本单位财物非法占为己有，数额较大的，处五年以下有期徒刑或者拘役；数额巨大的，处五年以上有期徒刑，可以并处没收财产。

国有公司、企业或者其他国有单位中从事公务的人员和国有公司、企业或者其他国有单位委派到非国有公司、企业以及其他单位从事公务的人员有前款行为的，依照本法第三百八十二条、第三百八十三条的规定定罪处罚。"

二、条文释义

本条是关于职务侵占罪及其刑事处罚的规定。所谓职务侵占罪，是指公司、企业或者其他单位的人员，利用职务上的便利，将本单位财物非法占为己有，数额较大的行为。本罪的构成要件如下。

（一）本罪从客观上来看

本罪主体为特殊主体，包括公司、企业或者其他单位的人员。具有国家工作人员身份的人，不能成为本罪的主体，如有侵占行为则可能构成贪污犯罪。

本罪危害行为与危害结果表现为利用职务上的便利，侵占本单位财物，数额较大的行为。具体而言，行为包括以下三个方面情形：（1）利用自己的职务上的便利。所谓利用职务上的便利，是指利用职权及与职务有关的便利条件，行为人之所以能够顺利行为，是由于职务上具有便利条件。如可以直接动用相关财物，直接命令相关人员等。职权，是指由于单位或法律规定，一定工作岗位具有某种权力，而本人处于该工作岗位，从而拥有该权力。与职务有关的便利条件，是指虽然不是直接利用职务或岗位上的权限，但却利用了本人的职权或地位所形成的便利条件，或通过其他人员利用职务或地位上的便利条件。(2)有侵占的行为，即采用侵吞、窃取、骗取等各种手段将本单位财物化为私有。(3)达到数额较大的程度。

(二)本罪从主观上来看

本罪在主观方面是直接故意，且在行为过程中具有非法占有公司、企业或其他单位财物的目的。过失不构成本罪。

三、立案标准

根据最高人民检察院、公安部印发的《关于公安机关管辖的刑事案件立案追诉标准的规定(二)》第 84 条的规定，公司、企业或者其他单位的人员，利用职务上的便利，将本单位财物非法占为己有，数额在 5000 元至 1 万元以上的，应予立案追诉。

四、风险防范

职务侵占罪和合同诈骗罪是民企中较为高发的两个罪名。对于职务侵占罪，我们认为其主要产生原因有以下两点：一是民营企业在管理上不完善且管理的各环节又有诸多漏洞，导致企业管理不规范、不透明，易诱发犯罪。二是民营企业家思想上不能把公司财产和个人财产做严格的区分。民营企业主通常把企业视为个人私产，这与现代法人制度要求的企业人格独立的原则是严重背离的，导致公私不分，易发生职务侵占。对此，为了防范职务侵占罪，企业可以采取以下措施。

(一)加强企业人员管理

企业应及时与职工签订劳动合同，按时足额为职工缴纳社保、公积金，按时发放工资。保存好职工身份证号、联系方式、家庭住址、领取工资收据、社保、公积金缴纳记录、纳税证明等档案。因为一旦发生职务侵占，往往需要公司举证证明双方存在劳动关系，企业不存在扣发、不发职工工资等情形。

(二)业务流程中的预防

企业在与客户签订合同的时候,最好明确约定以银行汇款、支票等非现金方式结算。并且,以支票结算时,付款人必须在支票上载明收款人名称。对长期合作的客户,由企业财务人员经常对账,及时掌握收款情况。避免只由业务人员掌控收付款情况的情形出现,从而让公司避免发生财务管理失控的局面。

(三)发生职务侵占后的响应措施

发现职工存在职务侵占行为,企业可以收集证据向公安机关报案,通过刑事附带民事诉讼或者提起民事诉讼进行索赔。继续完善、健全企业各项管理制度,包括财务、人事、奖惩、绩效制度等,严格控制生产经营管理中的各个环节,对职务侵占行为防患于未然。

五、案例评析

(一)案例简介

2011 年 3 月至 2013 年 2 月,被告人王某就职于双龙集团,岗位为市场部销售员。2011 年 8 月,双龙集团开始扣发王某工资。2012 年 2 月至 2013 年 5 月,王某先后从江苏日星电动车辆有限公司等 9 家企业、个人处收结货款人民币 115,257 元,王某收取上述款项后未上交给双龙集团。2013 年 2 月 18 日,王某向双龙集团提出书面辞职报告,报告中提出 30 日内对接业务事项及王某从公司借款、公司差欠王某的业务提成、工资等,提请公司梳理账目与其进行结算。后双方就账目结算协商,但未能达成一致,王某遂申请劳动仲裁,在仲裁过程中王某明确告知双龙集团其收取公司货款的事实,双龙集团在仲裁过程中明确提出将王某收取的货款予以抵销。2013 年 7 月 23 日,盐城市劳动仲裁委员会对双方劳动争议事项作出裁决,该裁决未对王某收取的货款进行处理,仲裁裁决作出后,王某不服向江苏省盐城市亭湖区人民法院提起诉讼。2014 年 9 月 18 日,亭湖区人民法院作出(2014)亭民初字第 1145 号民事判决,判决:双龙集团支付 2011 年 8 月至 2013 年 2 月扣发的王某应得的底薪工资共 25,511.85

元、拖欠工资报酬的赔偿金6377.96元、绩效工资29,168.4元；王某偿还双龙集团借款21,757元。王某对此不服，提起上诉，江苏省盐城市中级人民法院于2015年4月3日作出(2015)盐民终字第00437号民事判决，判决：驳回上诉，维持原判。王某对此不服，向江苏省高级人民法院申请再审，江苏省高级人民法院于2015年12月7日作出民事裁定，裁定：驳回王某的再审申请。因王某一直拒绝归还货款，2016年1月16日，双龙集团报案，同日，盐城市公安局经济技术开发区分局以王某涉嫌职务侵占一案立案调查。

法院经审理后认为，职务侵占犯罪是指公司、企业或者其他单位的人员，利用职务上的便利，将本单位财物非法占为己有，数额较大的行为。本案中，王某原是双龙集团的业务员，其收取公司部分货款的行为对外系基于职务代理，虽然收取货款后没有及时上交给单位，但也没有隐瞒和截留，其在辞职时提出了双方结算的意愿，双方的劳动仲裁裁决也印证了王某事后及时告知单位其收取货款的事实。王某是否有权占有及应当占有多少案涉货款，实质上属于双龙集团与其业务员之间的民事争议，不能据此认定王某具有刑法意义上的非法占有的犯罪故意。综上所述，公诉机关指控被告人王某犯职务侵占罪证据不足，被告人及辩护人关于王某无罪的辩解及辩护意见法院予以采纳。故法院判决被告人王某无罪。

(二)简要评析

本案中的纠纷是单位与职工之间经常发生的一种纠纷。一般来说，在职工利用职务便利收取单位的货款后，如果职工与单位之间发生争议，职工经常扣押货款，抵充单位对自己的欠款。在这种情况下，单位往往通过报刑事案件的方式，维护自己的权益。但从本案来看，这种案例，法院不一定会判决职工构成犯罪。作为职务侵占案，其中一个重要的构成要件要素为行为人得具有非法占有的故意。否则，犯罪难以成立。虽然构不上刑事犯罪，单位在此情况下，完全可以通过民事诉讼的方式向职工追讨被职工占有的款项。作为职工来说，通过这种方式维护自己的合法权益，也是不可取的。因为，这种方式极容易让自己面临刑事风险。相反，通过诉讼的方式维护自己的合法权益，应当更加安全可靠。

112. 挪用资金罪

一、法律规定

《刑法》第 272 条规定:"公司、企业或者其他单位的工作人员,利用职务上的便利,挪用本单位资金归个人使用或者借贷给他人,数额较大、超过三个月未还的,或者虽未超过三个月,但数额较大、进行营利活动的,或者进行非法活动的,处三年以下有期徒刑或者拘役;挪用本单位资金数额巨大的,或者数额较大不退还的,处三年以上十年以下有期徒刑。

国有公司、企业或者其他国有单位中从事公务的人员和国有公司、企业或者其他国有单位委派到非国有公司、企业以及其他单位从事公务的人员有前款行为的,依照本法第三百八十四条的规定定罪处罚。"

二、条文释义

本条是关于挪用资金罪及其刑事处罚的规定。所谓挪用资金罪,是指公司、企业或者其他单位的人员,利用职务上的便利,挪用本单位资金归个人使用或者借贷给他人,数额较大、超过三个月未还,或者虽未超过三个月,但数额较大、进行营利活动的,或者进行非法活动的行为。本罪的构成要件如下。

(一)本罪从客观上来看

本罪的主体为特殊主体,即公司、企业或者其他单位的工作人员。具有国家工作人员身份的人,不能成为本罪的主体,而应按《刑法》规定以挪用公款罪论处。

从危害行为和危害结果来看,本罪表现为以下情形:(1)挪用本单位资金归个人使用或者借贷给他人,数额较大、超过三个月未还的;(2)挪用本单位资金归个人使用,或借贷给他人,虽未超过三个月,但数额较大,进行营利活动的;

(3)挪用本单位资金进行非法活动。行为人只要利用职务上的便利并具备上述三种行为中的一种就可以构成本罪。

所谓“归个人使用”,按最高法院司法解释的规定,是指具有下列情形之一:(1)将本单位资金供本人、亲友或者其他自然人使用;(2)以个人名义将本单位资金供其他单位使用;(3)个人决定以单位名义将本单位资金供其他单位使用,谋取个人利益。

所谓“营利活动”,主要是指进行经商、投资、购买股票或债券等活动。所谓“非法活动”,是指将挪用来的资金进行走私、赌博等活动。所谓利用职务上的便利,是指公司、企业或者其他单位中具有管理、主管或者经手财物职责的相关人员等,利用其由于工作岗位原因而具有的职务上的便利条件,将资金挪作他用。

(二)本罪从主观方面上来看

本罪在主观方面只能出于故意,并且表现为直接故意,即行为人明知自己在挪用或借贷本单位资金,并且利用了职务上的便利,而仍故意挪用。过失不构成本罪。

三、立案标准

最高人民检察院、公安部印发的《关于公安机关管辖的刑事案件立案追诉标准的规定(二)》第85条第1款规定:“公司、企业或者其他单位的工作人员,利用职务上的便利,挪用本单位资金归个人使用或者借贷给他人,涉嫌下列情形之一的,应予立案追诉:

(一)挪用本单位资金数额在一万元至三万元以上,超过三个月未还的;

(二)挪用本单位资金数额在一万元至三万元以上,进行营利活动的;

(三)挪用本单位资金数额在五千元至二万元以上,进行非法活动的。”

四、风险防范

挪用资金罪为企业职工高发风险的罪名之一。该罪亦严重威胁到企业的正常运营。现实中,导致职工挪用资金的原因很多,比如企业制度不完善,对重要岗位缺少监督制衡机制，使企业职工有机可乘；职工法律意识不强，对挪用资金存在侥幸心理；企业管理漏洞太多，易引发职工利用职务便利挪用企业资金等等。企业可从以下方面预防此种犯罪。

（一）企业应建立和完善合理的用人制度

企业建立和完善合理的用人制度，规范劳动用工手续。明确企业职工的身份、职责、职务，严格落实报酬的制度。定期聘请法律专业人员为职工普及法律知识，加强廉洁性教育，增强职工守法自律意识。

（二）企业对财务及收付款岗位人员应加强监督

企业应加强对财务、销售以及具有收付款职能等重点岗位人员的监督。定期对其掌握的财务进行审计和对账。规范企业业务操作流程，健全合同履行过程和款项收支制度；建立客户应收款明细账、业务人员个人明细账和企业、客户、业务人员对账制，详细记载每份合同的履行状态、收付款情况。同时，坚持通过转账支票、银行汇票等非现金工具进行资金结算，提倡通过银行以托收承付、汇兑等现代支付手段收取货款，尽量减少现金交易，规定收回的现金要及时提交财务。

（三）加强对领导岗位人员的监督

企业应建立完善的权力监督制度，防止领导岗位上的权力不受监督，以致发生滥用、寻租等不法行为。

（四）加强个案的宣传教育

企业应当以个案对重点岗位职工进行宣传教育，以前车之鉴防现实之危。

五、案例评析

（一）案例简介

中天公司成立于2009年10月，注册资金1000万元，赵某甲任公司法定代表人兼总经理，孙某某任董事长，被告人杜某某任常务副总经理。2010年4月至2011年6月，受赵某甲委托孙某某全权管理公司，并负责公司财物收支的审批。2010年年初，中天公司在海南省昌江县设立了中天公司选矿厂，从事贫矿石的加工生产，该厂不具有法人资格，系中天公司的下属企业，由赵某甲任负责人。2010年4月，公司召开董事会，会议决定建立新生产线，购买生产规格矿设备，由杜某某负责提供技术、购买及安装设备。同时，也决定杜某某个人可以筹建自己的生产线，但杜某某自己的生产线自筹资金，自负盈亏。2010年7月，杜某某开始建设自己的生产线，公司上下称该生产线为“二车间”。

2010年4月5日至5月1日，中天公司共向其下属选矿厂转款700多万元，此款作为专款专用，由杜某某支配使用于选矿厂新生产线的建设。同年4月9日，杜某某以给选矿厂新生产线购买设备为由，让出纳郑某某从选矿厂账户转出234万元给佛瑞机械厂购买新生产线设备。杜某某用134万元为选矿厂购买了8台跳汰机、16台震动给料机和一个跳汰机配件。234万元转到佛瑞机械厂的当天下午，杜某某就让佛瑞机械厂的法定代表人康某某将剩余的100万元转到其自己为股东之一的冀岸公司账户上，并于2010年4月12日将其中的80万元借给赵某乙。同年5月13日赵某乙将80万元还给了杜某某。2010年6月29日及7月1日，中天公司为周转资金分两次向杜某某借款共计120万元。同年7月9日，杜某某将其转到冀岸公司100万元中的938,140元转回给佛瑞机械厂，并以中天公司名义购买了6台跳汰机，投入二车间的生产线。2010年11月，佛瑞机械厂将购买设备发票寄回中天公司时，相关人员才知晓此事。该6台跳汰机由二车间一直使用经营至2012年1月17日。

法院经审理后认为，被告人杜某某身为中天公司的常务副总经理，未经合法审批手续，私自利用本单位资金购买设备，并投入其自主经营、自负盈亏的二车间生产线使用的事实清楚，但其主观方面并非故意侵犯公司的资金使用权，客观上亦无法确认其将所购设备归个人使用。按照罪刑法定原则，认定某一行为是否构成犯罪，必须综合考虑主体、客体、主观方面和客观方面的情况，严格以犯罪构成要件为处断依据。同时，认定杜某某的行为是否构成挪用资金罪，还应当从该公司的实际经营情况及客观存在的债权债务关系层面整体把握。公诉机关指控的事实清楚，但不能得出杜某某有罪的必然结论。因此，对公诉机关指控被告人杜某某的行为构成挪用资金罪的意见，不予支持。故法院判决被告人杜某某无罪。

（二）简要评析

挪用资金罪，侵犯的法益是单位的资金使用权。从本案来看，被告人使用单位资金购买设备，并将其投入单位下设车间的使用，但由此不能得出被告人侵害了单位的资金使用权。并且，本案中，无法排除单位与被告人之间具有经济纠纷。作为单位的职工来说，要避免发生挪用资金罪的刑事风险，在使用单位每一笔奖金时，应当经过单位规定的法定程序，避免独自决定，独自进行使用。不无故图利，更不应贪利，让单位财物与自身财物界限清楚明白。只有这样，才能远离刑事风险。

113. 拒不支付劳动报酬罪

一、法律规定

《刑法》第276条之一规定：“以转移财产、逃匿等方法逃避支付劳动者的劳动报酬或者有能力支付而不支付劳动者的劳动报酬，数额较大，经政府有关部门责令支付仍不支付的，处三年以下有期徒刑或者拘役，并处或者单处罚金；造成严重后果的，处三年以上七年以下有期徒刑，并处罚金。

单位犯前款罪的，对单位判处罚金，并对其直接负责的主管人员和其他直接责任人员，依照前款的规定处罚。

有前两款行为，尚未造成严重后果，在提起公诉前支付劳动者的劳动报酬，并依法承担相应赔偿责任的，可以减轻或者免除处罚。”

二、条文释义

本条是关于拒不支付劳动报酬罪及其刑事处罚的规定。所谓拒不支付劳动报酬罪，是指以转移财产、逃匿等方法逃避支付劳动者的劳动报酬或者有能力支付而不支付劳动者的劳动报酬，数额较大，经政府有关部门责令支付仍不支付的行为。本罪的构成要件如下。

(一)本罪从客观上来看

本罪的犯罪主体是一般主体,单位和自然人均可构成本罪。按照《刑法》第31条的规定,单位犯本罪时,实行双罚制,即对单位判处罚金,并对其直接负责的主管人员和其他直接责任人员按相关条款规定判处刑罚。

从危害行为和危害结果来看,本罪行为表现为以转移财产、逃匿等方法逃避支付劳动者的劳动报酬,或者有能力支付而不支付劳动者的劳动报酬,经政府有关部门责令支付仍不支付的。

(二)本罪从主观上来看

本罪主观方面为故意,并且是直接故意,即主观上明知自己不支付劳动者劳动报酬可能会致使劳动者不能及时地得到劳动报酬,从而产生相应社会危害后果,但仍希望或放任这种后果发生。过失不能构成本罪。

三、立案标准

最高人民法院《关于审理拒不支付劳动报酬案件适用法律若干问题的解释》对本罪的量刑作出了规定:

该解释第2条规定:"以逃避支付劳动者的劳动报酬为目的,具有下列情形之一的,应当认定为刑法第二百七十六条之一第一款规定的'以转移财产、逃匿等方法逃避支付劳动者的劳动报酬':

(一)隐匿财产、恶意清偿、虚构债务、虚假破产、虚假倒闭或者以其他方法转移、处分财产的;

(二)逃跑、藏匿的;

(三)隐匿、销毁或者篡改账目、职工名册、工资支付记录、考勤记录等与劳动报酬相关的材料的;

(四)以其他方法逃避支付劳动报酬的。"

第3条规定:"具有下列情形之一的,应当认定为刑法第二百七十六条之一第一款规定的'数额较大':

(一)拒不支付一名劳动者三个月以上的劳动报酬且数额在五千元至二万

元以上的；

（二）拒不支付十名以上劳动者的劳动报酬且数额累计在三万元至十万元以上的。

各省、自治区、直辖市高级人民法院可以根据本地区经济社会发展状况，在前款规定的数额幅度内，研究确定本地区执行的具体数额标准，报最高人民法院备案。”

第5条规定：“拒不支付劳动者的劳动报酬，符合本解释第三条的规定，并具有下列情形之一的，应当认定为刑法第二百七十六条之一第一款规定的‘造成严重后果’：

（一）造成劳动者或者其被赡养人、被扶养人、被抚养人的基本生活受到严重影响、重大疾病无法及时医治或者失学的；

（二）对要求支付劳动报酬的劳动者使用暴力或者进行暴力威胁的；

（三）造成其他严重后果的。”

四、风险防范

随着经济的发展，创业之风盛行，很多中小型企业如雨后春笋般成立起来。由于企业管理经验不足，制度不完善，导致许多企业很难存活下来。今天上班、明天老板跑路的现象层出不穷，由此造成企业拖欠职工工资的现象时有发生。为了预防此种违法犯罪行为发生，建议企业从以下方面予以防范。

（一）加强守法意识

对公司管理层进行企业风险防范培训，增强法律意识。让其明白拒不支付劳动报酬的行为不但有损于职工利益，法律也将会对企业和直接负责人进行严厉制裁。

（二）完善公司制度

建立健全公司长效用工管理机制，完善薪酬制度。公司重大事项可以对外披露的应及时向职工披露，防止信息不对称造成职工的心理恐慌。涉及公司重大资金决策的事项，比如对外高额借贷、大宗商品投资等，可以聘请专门的咨询机构出具风险评估报告，预防公司陷入资金断裂风险。

（三）健全企业与职工纠纷解决机制

企业应不断完善内部人员管理制度，建立有效的企业职工沟通机制。比如，可以建立工会、投诉办公室等组织机构，一旦双方之间发生纠纷，就能有一个有效的沟通平台，帮助化解双方之间的纠纷。通过此种机构让企业和职工之间进行有效沟通，化解企业信用危机。

五、案例评析

（一）案例简介

2008年5月4日，被告单位河南省惠浦建设发展有限公司在山西省太原市设立分支机构河南省惠浦建设发展有限公司太原分公司，负责人为葛某军。2013年9月7日，被告人冯某使用河南省惠浦建设发展有限公司合同专用章与宁武县振兴种养殖专业合作社法人曹某义签订了建筑工程合同，并在合同上签字，承建宁武县振兴种养殖合作社的招待所、小桥、四柱门楼的项目建设。2013年9月18日河南省惠浦建设发展有限公司太原分公司授权委托冯某全权负责宁武县振兴种养殖专业合作社的招待所、桥、门楼及其他项目，工程合同签订后，冯某带领工人于2013年6月到9月进行施工。期间，冯某支付10万元的工人工资后，再未支付。2015年9月14日冯某工队工人代表蒋某文、宋某喜、张某红代表62名工人到宁武县人力资源和社会保障局投诉该工程项目拖欠工资，经宁武县人力资源和社会保障局调查，工程仍拖欠蒋某文等62名工人工资988,920元，2015年10月21日宁武县人力资源和社会保障局以宁人社监令字(2015)第54号劳动保障监察责令改正决定书责令河南省惠浦建设发展有限公司太原分公司于2015年10月28日前将拖欠的工资发放到工人手中，冯某以受送达人名义签收该决定书。2016年11月20日，宁武县人力资源和社会保障局将案件移送至宁武县公安局，在调查核实期间，冯某手机关机，无法联系。2017年1月10日，冯某归案后，经查冯某共拖欠62名工人工资955,920元。2015年12月3日宋某喜从冯某处领取11名工人工资170,940元；2017年1月20日冯某之子冯某华支付了冯某拖欠蒋某文钢筋工班组12名工人工资193,140元支付；2017年冯某华支付了拖欠的29名工人工资

393, 120 元支付，以上共支付给工人工资 757, 200 元，尚欠古建门楼工队 10 名工人工资 198, 720 元。

2017 年 7 月 26 日，宁武县公安局民警询问了河南省惠浦建设发展有限公司副总经理杨某关于河南省惠浦建设发展有限公司太原分公司授权冯某承建宁武县振兴种养殖专业合作社工程项目的情况。

2018 年 3 月 30 日，被告单位河南省惠浦建设发展有限公司付工人工资 198, 720 元。

本案经过举证质证，法院认为，宁武县人民检察院指控河南省惠浦建设发展有限公司构成拒不支付劳动报酬罪，但无证据证实河南省惠浦建设发展有限公司正式接到宁武县人力资源和社会保障局责令改正决定书，且河南省惠浦建设发展有限公司于 2018 年 3 月 30 日付工人工资 198, 720 元，其行为不构成拒不支付劳动报酬罪。被告人冯某以逃匿的方法逃避支付劳动者的报酬，数额较大，经宁武县人力资源和社会保障局责令支付仍不支付，其行为构成拒不支付劳动报酬罪。宁武县人民检察院指控冯某构成拒不支付劳动报酬罪成立，法院予以支持。被告人冯某已支付被拖欠工人工资，可以酌情从轻处罚。被告人冯某当庭自愿认罪，可以酌情从轻处罚。故法院判决被告单位河南省惠浦建设发展有限公司无罪；判决被告人冯某犯拒不支付劳动报酬罪，判处有期徒刑 1 年 4 个月，并处罚金人民币 2000 元。

（二）简要评析

由于各种原因，建筑工程领域拖欠民工工资情况经常发生。因此，该罪对于建筑工程领域来说，是高发风险的罪名。从本案来看，作为被告单位对于下属公司的经营情况完全不知情，这说明其经营管理能力还有待提升。也正是由于这种原因，导致其发生了该罪的刑事风险。因此，从本案来看，对于劳动密集型企业来说，加强企业经营管理，合理规范用工，对于防范该罪的刑事风险具有一定的现实意义。

第十二章

CHAPTER 12

扰乱公共秩序罪的预防

114. 非法生产、买卖警用装备罪

一、法律规定

《刑法》第 281 条规定："非法生产、买卖人民警察制式服装、车辆号牌等专用标志、警械，情节严重的，处三年以下有期徒刑、拘役或者管制，并处或者单处罚金。

单位犯前款罪的，对单位判处罚金，并对其直接负责的主管人员和其他直接责任人员，依照前款的规定处罚。"

二、条文释义

本条是关于非法生产、买卖警用装备罪及其刑事处罚的规定。所谓非法生产、买卖警用装备罪，是指非法生产、买卖人民警察制式服装、车辆号牌等专用标志、警械，情节严重的行为。本罪的构成要件如下。

(一)本罪从客观上来看

本罪的主体是一般主体。达到一定年龄，并且具有刑事责任能力的自然人均可构成本罪。按《刑法》的规定，单位亦可构成本罪。

从危害行为和危害结果来看，本罪表现为非法生产、买卖人民警察制式服装、车辆号牌等专用标志、警械，情节严重的行为。

非法生产、买卖，既指违反国家关于生产、买卖警用装备管理的法律法规进行生产、买卖警用装备，也指没有生产、买卖警用装备的合法授权而进行生产、买卖警用装备。

非法生产，具体可表现为三种情形。

(1)非指定和委托生产警用装备的单位、个人生产警用装备的；

(2)虽是定点生产的企业，不遵守公安部下达的指标生产，擅自计划外生产的；

（3）曾经被指定或委托的生产企业，原指定被取消，或者委托事项已完成，或未颁发年度生产许可证，而生产警用装备的。

买卖，是指以财物等为对价买进或卖出警用装备的行为，包括购买和出卖两种情形。非法买卖，是指没有经法定许可或者合法授权购买、出卖警用装备的行为。

（二）本罪从主观上来看

本罪在主观方面表现为故意，过失不构成本罪。

三、立案标准

最高人民检察院、公安部《关于公安机关管辖的刑事案件立案追诉标准的规定（一）》第35条规定："非法生产、买卖人民警察制式服装、车辆号牌等专用标志、警械，涉嫌下列情形之一的，应予立案追诉：

（一）成套制式服装三十套以上，或者非成套制式服装一百件以上的；

（二）手铐、脚镣、警用抓捕网、警用催泪喷射器、警灯、警报器单种或者合计十件以上的；

（三）警棍五十根以上的；

（四）警衔、警号、胸章、臂章、帽徽等警用标志单种或者合计一百件以上的；

（五）警用号牌、省级以上公安机关专段民用车辆号牌一副以上，或者其他公安机关专段民用车辆号牌三副以上的；

（六）非法经营数额五千元以上，或者非法获利一千元以上的；

（七）被他人利用进行违法犯罪活动的；

（八）其他情节严重的情形。"

四、风险防范

《警察法》第36条第1款规定："人民警察的警用标志、制式服装和警械，由国务院公安部门统一监制，会同其他有关国家机关管理，其他个人和组织不得非法制造、贩卖。”因此，没有国务院公安部门的授权，任何企业都不能生产、买卖警用标志、制式服装和警械。作为企业来说，应当了解《警察法》的规定，拒绝生产、买卖警用装备，依法依规生产经营，知法懂法，即可远离本罪的刑事风险。

五、案例评析

（一）案例简介

公诉机关起诉指控：2015 年 1 月 28 日，阿克陶县公安局在被告人张某经营的某精品劳保店及其仓库内查获警用冬作训服 155 套、警裤 13 条、警用作训帽 3 顶、警用 T 恤 32 件、警用多功能服 9 件、冬季执勤服 20 件、春秋执勤服 19 套、夏季执勤服 1 件，共计 252 件（套）。经查被告人张某经营的某精品劳保店无售卖人民警察制式服装的许可证件，系非法买卖行为。

被告人张某对起诉书指控的犯罪事实及罪名无异议。

法院经审理后认为：被告人张某以营利为目的，非法买卖人民警察制式服装，侵犯了人民警察制式服装的管理制度，情节严重，其行为已构成非法买卖警用装备罪，公诉机关指控的张某犯非法买卖警用装备罪罪名成立。张某认罪态度较好，予以从轻处罚。法院判决被告人张某犯非法买卖警用装备罪，判处有期徒刑 6 个月，缓刑 1 年，并处罚金人民币 5000 元。

（二）简要评析

从本案被告人的行业来看，被告人张某以营利为目的，非法买卖人民警察制式服装，侵犯了人民警察制式服装的管理制度，情节严重，其行为明显已构成非法买卖警用装备罪。从常识来看，被告人应当知悉其行为构成犯罪，但为了牟取利益，其铤而走险，最终只能承担相应的刑事责任。

115. 非法生产、销售专用间谍器材、窃听、窃照专用器材罪

一、法律规定

《刑法》第283条规定："非法生产、销售专用间谍器材或者窃听、窃照专用器材的，处三年以下有期徒刑、拘役或者管制，并处或者单处罚金；情节严重的，处三年以上七年以下有期徒刑，并处罚金。

单位犯前款罪的，对单位判处罚金，并对其直接负责的主管人员和其他直接责任人员，依照前款的规定处罚。"

二、条文释义

本条是关于非法生产、销售专用间谍器材、窃听、窃照专用器材罪及其刑事处罚的规定。所谓非法生产、销售专用间谍器材、窃听、窃照专用器材罪，是指非法生产、销售窃听、窃照等专用间谍器材应受刑罚处罚的行为。本罪的构成要件如下。

（一）本罪从客观上来看

本罪的主体是一般主体。达到一定年龄，具有刑事责任能力的自然人均可构成本罪。按照《刑法》规定，单位亦可构成本罪。

从危害行为和危害结果来看，本罪表现为非法生产、销售专用间谍器材、窃听、窃照专用器材的行为。

"非法"，是指未经国家有关主管部门批准擅自生产、销售或者虽经国家有关部门批准生产、销售但擅自超计划生产、超范围销售。

专用间谍器材是国家安全部门进行侦查、保卫工作的专用工具，其生产、销售均由国家安全部门严格控制。专用间谍器材的生产、销售在法律上属于一般

禁止的事项,因此除非已有国家安全部门明确的指定、批准,否则原则上均属于非法生产、销售。

(二)本罪从主观上来看

本罪在主观方面为故意,不要求必须以营利为目的。过失不构成本罪。

三、立案标准

根据《刑法》第283条的规定,本罪属于行为犯,只要是无权生产、销售专用间谍器材的单位和个人,擅自制造、买卖了间谍器材的,即构成犯罪,应当立案追查。

四、风险防范

《国家安全法》第21条规定:“任何个人和组织都不得非法持有、使用窃听、窃照等专用间谍器材。”同时,《国家安全法实施细则》第20条规定:“《国家安全法》第二十一条所称‘专用间谍器材’,是指进行间谍活动特殊需要的下列器材:(一)暗藏式窃听、窃照器材;(二)突发式收发报机、一次性密码本、密写工具;(三)用于获取情报的电子监听、截收器材;(四)其他专用间谍器材。专用间谍器材的确认,由国家安全部负责。”因此,没有国家安全部门的批准或授权,任何企业都不能生产、销售间谍器材。作为企业来说,应当了解《国家安全法》的规定,拒绝生产、销售间谍器材,依法依规生产经营,知法懂法,即可远离本罪的刑事风险。

五、案例评析

(一)案例简介

阳新县人民检察院指控:2014年5、6月,被告人龚某从深圳市孙某处购得发射器和接收器,伙同贺某(另案处理)通过网络以人民币1万余元(以下币种均同)的价格销售了10台“HK”牌发射器和数个接收器给王某(已判刑),王某将设备销售给宋某(已判刑)等人,后销售给湖北省阳新县2014年6月的高考考生。

2014年10月10～13日,被告人龚某从深圳市孙某处购得发射器和接收器,后以42.6万元的价格销售了40台发射器和160个接收器给王某甲(另案处理),王某甲准备将设备销售给河南省周口市2014年11月的英语考生,还未出售即被公安机关查获。2014年12月2日,从王某甲家中扣押了10台发射器和150台接收器。经鉴定,涉案设备均属于暗藏式窃听专用器材。涉案的人民币341,000元已扣押。

被告人龚某对起诉书指控的事实无异议。其辩护人提出:(1)龚某在销售时已在网上注明不得用于任何非法目的,说明其已有预防用于非法目的的警示,主观恶性和社会危害程度小;(2)被告人龚某部分犯罪事实具有未遂情节,对该部分应依法从轻处罚;(3)龚某有自首情节,依法可以从轻处罚;(4)被告人龚某家庭经济十分困难,愿意退赃,具有强烈的悔罪表现。综上建议法院对被告人龚某判处8个月以下刑罚,并适用缓刑。

法院经审理后认为:被告人龚某非法销售暗藏式窃听专用器材,其行为已构成非法销售间谍专用器材罪。公诉机关指控的罪名成立。被告人龚某在案发后主动投案,并如实供述了自己的犯罪事实,是自首,依法可以从轻处罚。法院判决被告人龚某犯非法销售间谍专用器材罪,判处有期徒刑10个月。

(二)简要评析

依据法律规定,只要销售间谍器材即可构成犯罪。从本案来看,无论在销售前是否有提醒购买者不得使用于非法目的行为,均不影响本罪的成立。本案中,被告人销售间谍器材数额巨大,明显已构成犯罪。法院判处被告人有期徒刑10个月,应该说罚当其罪。对于间谍器材,禁止制造,禁止销售,这应当作为企业的基本法律常识。

116. 非法侵入计算机信息系统罪

一、法律规定

《刑法》第285条第1款规定："违反国家规定，侵入国家事务、国防建设、尖端科学技术领域的计算机信息系统的，处三年以下有期徒刑或者拘役。"

二、条文释义

本条是关于非法侵入计算机信息系统罪及其刑事处罚的规定。所谓非法侵入计算机信息系统罪，是指违反国家规定，侵入国家事务、国防建设、尖端科学技术领域的计算机信息系统的行为。本罪的构成要件如下。

（一）本罪从客观上来看

本罪的主体是一般主体。达到一定年龄，具有刑事责任能力的自然人均可构成本罪。《刑法》规定，单位亦可构成本罪。

从危害行为和危害结果来看，本罪表现为行为人实施了违反国家规定，采取各项非法手段侵入国家事务、国防建设、尖端科学技术领域的计算机信息系统的行为。

"违反国家规定"，是指违反《计算机安全保护条例》及其他相关规定。

所谓国家事务，是指属于国家管理的事务，其相对应的概念是社会事务。具体指有关国家安全，社会秩序，公民人身和财产权益以及其他涉及社会大众的权利和利益方面的事务。

所谓国防建设，是指国家为防备和抵抗侵略，制止武装颠覆，恐怖分子等，保卫国家的主权、统一，领土完整和安全等方面的军事活动，以及与军事有关的政治、经济、科技、外交、教育、文化等方面的活动。

所谓尖端科学技术，是指某一领域在世界上位于领先的科学技术，这是一国重点保护的对象，禁止任何人未经允许进行了解或获取相关信息。

所谓“侵入”，是指未取得国家有关主管部门依法授权或批准，通过计算机终端侵入国家重要计算机信息系统进行数据截收或进行其他破坏性行为。

（二）本罪从主观上来看

本罪在主观方面为故意。即行为人明知自己的行为违反国家规定会产生非法侵入国家重要计算机信息系统的危害结果，而希望这种结果发生。过失不构成本罪。行为人实施本罪的具体动机和目的不影响对本罪的认定。

三、立案标准

本罪属行为犯。只要未经批准，侵入国家事务、国防建设、尖端科学技术领域的计算机信息系统，即可构成本罪，即可立案查处。

四、风险防范

作为企业来说，国家事务、国防建设、尖端科学技术领域的计算机信息系统，未经允许，禁止任何企业通过各种方式进入。要预防本罪，应当从以下几个方面采取措施。

（一）树立网络并非法外之地的理念

一般来说，企业之所以触犯本罪，是因为企业的管理者或经营者法律意识淡薄，将网络世界与现实世界完全当成两个世界，没有意识到网络世界同样应当有相关的法律进行规制。因此，应当树立网络世界并非法外之地的理念。在网络世界内同样应当遵纪守法，同样应当保护国家利益，同样应当尊重他人权利。在网络世界中违反一些基本行为规则，同样会面临法律制裁，同样应当承担相应责任。

（二）进行法律、法规的教育学习

企业应当加强《刑法》《计算机安全保护条例》及其他法律、法规的学习。知法、懂法是守法的前提，了解了这些基本的法律规范，有助于企业预防网络犯罪。

(三)建立单位内信息获取的合规制度

信息是现代企业的生命。具有丰富的、有用的信息,对于企业获得或维持优势竞争力是十分重要的。正是因为信息对于一个企业具有重要意义,因此企业总是想方设法去获得各种信息。也正是因为现代社会信息呈现大泛滥状态,国家也制定了各项法律、法规以规制各项主体获取信息的手段,从而维护国家安全,维护公民的合法权益。在这种状况下,企业应当建立自己的信息获取的合规制度,约定获取信息的手段,以及内部审核、复核制度,以防范违法违规行为的发生。

五、案例评析

(一)案例简介

公诉机关起诉指控:2011 年 11 月,何某(已判刑)在东莞市石龙镇华南花园信息科技园 A04 号成立东莞市百易网络科技有限公司,并担任法定代表人。期间,何某从黑客手中购买大量侵入他人计算机信息系统权限软件 wXXXXXll,在未得到网站权属所有人同意下,多次使用该软件侵入他人网站,其中包含 www. zcly. gov. cn 等 41 个政府网站。何某为谋取利益,将客户广告以超链接的形式挂靠在侵入网站上,以提高客户网页的点击率提高客户网页在网络搜索引擎的排名。期间,何某聘用被告人任某及梁某某、邓某(后 2 人均已判刑)协助侵入他人计算机信息系统工作,将超连接文件复制、粘贴后保存在侵入网站的源文件里。2012 年 10 月 26 日,公安机关通过技侦手段,在东莞市石龙镇华南花园信息科技园 A04 号东莞市百易网络科技有限公司内,将被告人任某抓获归案,并当场缴获电脑主机 9 台、笔记本电脑 1 台等作案工具。经统计,何某等人通过网络支付工具支付宝收到客户支付 145, 660. 1 元利益。

被告人任某对公诉机关的指控供认不讳,没有提出辩护意见。

被告人任某的辩护人提出,对公诉机关指控任某犯非法侵入计算机信息系统罪不持异议,但认为任某是受雇于何某工作,社会危害性不大,任某认罪态度好,且身患严重疾病,不宜羁押或监狱服刑,请求对任某从轻处罚,并建议对任某适用缓刑。

法院经审理后认为：被告人任某无视国法，违反国家规定，侵入国家事务的计算机信息系统，其行为均已构成非法侵入计算机信息系统罪，依法应予惩处。公诉机关指控任某犯非法侵入计算机信息系统罪，事实清楚，证据确实、充分，罪名成立，法院予以支持。在共同犯罪中，任某起次要及辅助作用，是从犯，依法应当从轻处罚。任某归案后如实供述其罪行，依法可以从轻处罚。根据任某的犯罪情节和悔罪表现、身患疾病等，任某符合适用缓刑的条件，法院判决被告人任某犯非法侵入计算机信息系统罪，判处有期徒刑 8 个月，缓刑 1 年。

（二）案例评析

本案被告人何某为谋取利益，将客户广告以超链接的形式挂靠在非法侵入的网站上，以提高客户网页的点击率，从而提高客户网页在网络搜索引擎中的排名。其行为属于典型的非法侵入计算机信息系统罪。最终，被告人的行为被认定成立犯罪，其承担了应承担的责任。从本案也可以看出，通过违法犯罪的方式发展企业，最终不但企业发展不起来，相关人员还有可能由此承担刑事责任。因此，要将企业真正的发展好，只有依法依规，才能行稳致远。

117. 非法获取计算机信息系统数据、非法控制计算机信息系统罪

一、法律规定

《刑法》第 285 条第 2 款规定："违反国家规定，侵入前款规定以外的计算机信息系统或者采用其他技术手段，获取该计算机信息系统中存储、处理或者传输的数据，或者对该计算机信息系统实施非法控制，情节严重的，处三年以下有期徒刑或者拘役，并处或者单处罚金；情节特别严重的，处三年以上七年以下有期徒刑，并处罚金。"

二、条文释义

本条是关于非法获取计算机信息系统数据、非法控制计算机信息系统罪及其刑事处罚的规定。所谓非法获取计算机信息系统数据、非法控制计算机信息系统罪，是指违反国家规定，侵入国家事务、国防建设、尖端科学技术领域以外的计算机信息系统或者采用其他技术手段，获取该计算机信息系统中存储、处理或者传输的数据，情节严重的行为。本罪的构成要件如下。

（一）本罪从客观上来看

本罪的主体是一般主体。达到一定年龄，具有刑事责任能力的自然人均可构成本罪。《刑法》规定，单位也可构成本罪。

从危害行为和危害结果来看，本罪表现为行为人违反国家规定，实施侵入国家事务、国防建设、尖端科学技术领域以外的普通计算机信息系统，或者采用其他技术手段，从而获取这些计算机信息系统中存储、处理或者传输的数据，情节严重的行为。

（1）“违反国家规定”，本罪违反的国家规定包括《全国人民代表大会常务委员会关于维护互联网安全的决定》《计算机信息系统安全保护条例》和公安部发布的《计算机信息网络国际联网安全保护管理办法》等相关法律、法规规定。

（2）“侵入”，是指行为人采用破解密码、盗取密码、强行突破安全工具等方法，在没有得到许可时违背计算机信息系统控制人或所有人意愿进入其无权进入的计算机信息系统中。

（3）犯罪行为人的行为表现是获取特定的数据。第一，获取数据的行为在法律上是违法的。第二，“获取”指占有或拥有特定数据，表现为把数据复制一份出来，存于个人电脑、移动硬盘和私人电子邮箱中。“获取”的具体行为方式可以是秘密的，也可以是公开的。第三，犯罪行为人只是通过复制的方式得到他人数据，并未对数据进行破坏活动。

（4）行为对象为《刑法》第 285 条第 1 款规定以外的计算机信息系统中处理、存储、传输的数据。第一，犯罪行为人针对的是国家事务、国防建设、尖端科学技术领域以外的计算机信息系统。第二，“计算机信息系统中存储、处理或者传输的数据”,是指存放在信息系统中的数据,可包括图片、文字、影音资料、专有的程序或者软件等。

(二)本罪从主观上来看

本罪在主观方面表现为故意,即行为人明知是侵入计算机信息系统或以其他技术手段获取数据的行为,仍故意为之。

三、立案标准

只要有非法获取计算机信息系统数据、非法控制计算机信息系统的行为,达到情节严重的程度,即可构成本罪。具体何谓情节严重,法律并没有具体规定,办案机关可根据具体情况酌情裁量。

四、风险防范

本罪的防范方法与非法侵入计算机信息系统罪的防范方法相似。

五、案例评析

(一)案例简介

江苏省太仓市人民检察院指控,被告人胡某于2016年6月19日晚,采用诱骗被害人杨某点击自己设置的钓鱼网站的手段,非法获取被害人杨某网络游戏《热血传奇》的账号、密码后,登录该游戏账号,并将该游戏账号中的游戏币元宝13,892个转移至自己的游戏账号中用于售卖,给被害人杨某造成损失人民币15,797.6元。公诉机关认为,被告人胡某违反国家规定,以其他技术手段,获取他人计算机信息系统中的数据,情节严重,其行为应以非法获取计算机信息系统数据罪追究刑事责任。胡某如实供述自己罪行,可以从轻处罚。

被告人胡某当庭对太仓市人民检察院指控其犯非法获取计算机信息系统数据罪的事实认罪。

其辩护人主要提出如下辩护意见:(1)胡某主观恶性较小;(2)胡某认罪态

度好,真诚悔罪;(3)本案涉案金额小,且被告人已全部退赃,未造成严重的社会危害;(4)被告人得到受害人的谅解;(5)被告人系初犯、偶犯。综上,辩护人建议法庭对其减轻处罚,并单处罚金或适用缓刑。

法院经审理后认为,被告人胡某违反国家规定,以其他技术手段,获取他人计算机信息系统中的数据,情节严重,其行为已构成非法获取计算机信息系统数据罪。胡某到案后如实供述自己罪行,当庭自愿认罪,且其赔偿了被害人的相关损失,并取得其谅解。对此,采纳控辩双方的相应意见,对被告人胡某予以从轻处罚和酌情从轻处罚,并适用缓刑。据此,法院判决被告人胡某犯非法获取计算机信息系统数据罪,判处有期徒刑 6 个月,缓刑 1 年,并处罚金人民币 5000 元。

(二)简要评析

本案被告人采取非法手段,非法获取计算机信息系统数据,其行为明显构成犯罪。单位触犯本罪,一般均是为获取非法利益。但通过这种方式获取利益,最终单位也不会经营长久。科技发展至今,计算机犯罪是高发风险的类罪名,作为企业来说,预防这类罪名的风险,是具有现实的必要性。

118. 提供侵入、非法控制计算机信息系统程序、工具罪

一、法律规定

《刑法》第 285 条第 3 款规定:“提供专门用于侵入、非法控制计算机信息系统的程序、工具,或者明知他人实施侵入、非法控制计算机信息系统的违法犯罪行为而为其提供程序、工具,情节严重的,依照前款的规定处罚。”

二、条文释义

本条是关于提供侵入、非法控制计算机信息系统程序、工具罪及其刑事处

罚的规定。所谓提供侵入、非法控制计算机信息系统程序、工具罪，是指提供专门用于侵入、非法控制计算机信息系统的程序、工具，或者明知他人实施侵入、非法控制计算机信息系统的违法犯罪行为而为其提供程序、工具，情节严重的行为。本罪的构成要件如下。

（一）本罪从客观上来看

本罪的主体是一般主体。达到一定年龄，具有刑事责任能力的自然人均可构成本罪。《刑法》规定，单位也可构成本罪。

从危害行为和危害结果来看，本罪表现为提供专门用于侵入、非法控制计算机信息系统的程序、工具，或者明知他人实施侵入、非法控制计算机信息系统的违法犯罪行为而为其提供程序、工具，情节严重的行为。

（二）本罪从主观上来看

本罪在主观方面表现为故意，过失不构成本罪。

三、立案标准

只要有提供侵入、非法控制计算机信息系统程序、工具的行为，达到情节严重的程度，即可构成本罪。具体何谓情节严重，法律并没有具体规定，办案机关可根据具体情况酌情裁量。

四、风险防范

本罪对于软件行为来说，本罪是高发风险的罪名。对于本罪的预防，主要注意如下两方面的措施。

（一）建立专门部门，对自行开发或受委托开发或销售软件的功能的合法性进行审查

开发软件，首先应当回避开发以侵入、非法控制计算机信息系统为功能的软件；受托开发软件的，也应当拒绝就此类软件受托进行开发。企业应当设置相关审核部门，对软件开发、销售的合法性进行审核。

(二)对企业业务开发及销售人员进行法律培训

为防范本罪,应当对企业业务开发及销售人员就计算机犯罪进行相关法律培训。先知法、懂法,才有可能依法、守法。

五、案例评析

(一)案例简介

江苏省泰州市海陵区人民检察院指控,2019 年 5 ~ 12 月,被告人崔某、黄某、古某、施某在未取得优某、爱某等视频网站授权的情况下,开发、运营可以以非会员权限观看优某、爱某等视频网站会员视频的手机 App“蝴蝶影视”“蝴蝶精灵”“海豚宝”,通过刊登收费广告、发展下级代理等方式牟取非法利益,并约定广告收益由被告人崔某、黄某、古某、施某分别按比例分成,代理推广收益单独归被告人崔某所有。其间,被告人崔某负责提供原始用户数据、招募合伙人及普通代理,被告人黄某负责招揽广告投放业务,被告人古某负责技术开发和维护,被告人施某负责协调工作。至案发,上述 App 后台注册用户达 140 万余人,被告人崔某、黄某、古某、施某通上述 App 非法获利人民币 2, 146, 531. 1 元,其中,被告人崔某分得人民币 1, 054, 724 余元,被告人黄某分得人民币 730, 385 余元,被告人古某、施某各分得人民币 180, 711 余元。

被告人刘某、韦某、谢某、张某在明知上述 App 可以以非会员身份观看优某、爱某等视频网站会员视频的情况下,仍向居住在泰州市海陵区的李某等人销售或提供上述 App 的合伙人、普通代理权限或激活码,其中,被告人刘某非法获利人民币 10, 290 元,对应 App 后台激活用户数为 1901 人次;被告人韦某非法获利人民币 24, 401 元,对应的 App 后台激活用户数为 2652 人次;被告人谢某非法获利人民币 41, 242 元,对应的 App 后台激活用户数为 5920 人次;被告人张某非法获利人民币 10, 659 元,其对应的 App 后台激活用户数为 9741 人次。

经鉴定分析,“蝴蝶精灵”等 App 软件能够播放优某等视频网站的视频,上述软件服务器中的优某等视频网站的视频数据来自优某等网站服务器。

被告人崔某对指控事实、罪名及量刑建议没有异议且签字具结,在开庭审理过程中亦无异议。其辩护人提出的辩护意见是:对公诉机关指控的罪名有异议,本案被告人不存在对正规网站数据库的侵入和非法控制,而是通过链接的“百域阁”“思古解析”等提供的端口来播放视频,这样的行为不符合提供侵入、非法控制计算机信息系统程序、工具罪名的侵入和非法控制两个特征,应该构成销售侵权复制品罪,对公诉机关的量刑建议不持异议,建议法庭考虑被告人具有法定或酌定的从轻情节,对其适用缓刑。被告人张某对指控事实、罪名及量刑建议没有异议且签字具结,在开庭审理过程中亦无异议。其辩护人提出的辩护意见是:对公诉机关指控的罪名有异议,认为本案更倾向于侵犯著作权罪,对公诉机关的量刑建议认为过重,本案被告人的主观恶性较小,获利也较小,相比较于其他类型的案件,这样的量刑结果明显过重。建议法庭在量刑时要考虑被告人行为的社会危害性和获利数额来合理量刑。

其他被告人及辩护人对本案的定性不持异议,只是认为各被告人存在从轻量刑情节。

后法院经审理查明,2019 年 5～12 月,被告人崔某、黄某、古某、施某在未取得优某、爱某等视频网站授权的情况下,开发、运营可以以非会员权限观看优某、爱某等视频网站会员视频的手机 App“蝴蝶影视”“蝴蝶精灵”“海豚宝”,通过刊登收费广告、发展下级代理等方式牟取非法利益,并约定广告收益由被告人崔某、黄某、古某、施某分别按比例分成,代理推广收益单独归被告人崔某所有。其间,被告人崔某负责提供原始用户数据、招募合伙人及普通代理,被告人黄某负责招揽广告投放业务,被告人古某负责技术开发和维护,被告人施某负责协调工作。

至案发,上述 App 后台注册用户达 140 万余人,被告人崔某、黄某、古某、施某通过上述 App 非法获利人民币 2,146,531.1 元,其中,被告人崔某分得广告收益人民币 588,951 元,获取推广收益人民币 465,773.06 元,合计获利人民币 1,054,724 余元,被告人黄某分得广告收益人民币 730,385 余元,被告人古某、施某各分得广告收益人民币 180,711 余元。

被告人刘某、韦某、谢某、张某在明知上述 App 可以以非会员身份观看优某、爱某等视频网站会员视频的情况下,仍向居住在泰州市海陵区的李某等人销售或提供上述 App 的合伙人、普通代理权限或激活码,其中,被告人刘某非法获利人民币 10,290 元,对应 App 后台激活用户数为 1901 人次;被告人韦某非法获利人民币 24,401 元,对应的 App 后台激活用户数为 2652 人次;被告人谢某非法获利人民币41,242元,对应的App后台激活用户数为5920人次;被告人张某非法获利人民币10,659元,其对应的App后台激活用户数为9741人次。

经鉴定分析,"蝴蝶精灵"等App软件能够播放优某等视频网站的视频,上述软件服务器中的优某等视频网站的视频数据来自优某等网站服务器。

关于本案的定性和被告人的地位、作用问题,针对部分辩护人提出的辩护意见,法院综合评判如下:

1.最高人民法院、最高人民检察院《关于办理危害计算机信息系统安全刑事案件应用法律若干问题的解释》第2条规定:"具有避开或突破计算机信息系统安全保护措施,未经授权或者超越授权获取计算机信息系统数据的功能的"程序、工具,应当认定为"专门用于侵入、非法控制计算机信息系统的程序、工具"。本案被告人崔某、黄某、古某、施某开发的蝴蝶精灵等App,没有获得优某等公司的授权,而是采用嵌入第三方链接的方式,实现播放官网付费视频的功能。根据国家林业局森林公安司法鉴定中心依法出具的《物证检验报告》,证实"蝴蝶精灵"等App软件能够播放优某等视频网站的视频,上述软件服务器中的优某等视频网站的视频数据来自优某等网站服务器。上述四名被告人的行为均符合上述司法解释的规定,且根据各被告人获取的违法所得情况,均系情节特别严重。被告人施某案发时系深圳某科技有限公司的法定代表人,与公司其余三名股东对涉案App的开发进行了共同协商,并约定按照股东所持公司股份比例参与分红,且实际分得了广告收益,故不能认定被告人施某在与被告人崔某、黄某、古某实施的共同犯罪中作用较小。

2.本案被告人刘某、韦某、谢某、张某明知涉案"蝴蝶精灵"等App的销售价格明显低于各大官网的会员价格,涉嫌侵权或者违法犯罪,为了获取利益,对涉案App进行线上推广并销售,且上述被告人在推广过程中,App后台激活用户数均已达到情节特别严重的标准,均应当以提供侵入、非法控制计算机信息系统的程序、工具罪追究刑事责任。经查,上述四名被告人均是被告人崔某的下级代理,在实施推广的过程中均有积极作为,并产生了情节特别严重的后果,故不能认定该四名被告人为从犯或者作用较小。鉴于该四名被告人违法所得数额较低,主观恶性不大,悔罪意识较强,本院在适用罚金刑时酌情予以从轻处罚。

法院经审理后认为,被告人崔某、黄某、古某、施某、刘某、韦某、谢某、张某开发或销售具有突破计算机信息系统安全保护措施、未经授权获取计算机信息系统数据功能的程序、工具，情节特别严重，其行为均已构成提供侵入计算机信息系统程序、工具罪。被告人崔某、黄某、古某、施某系共同犯罪。公诉机关的指控成立。法院综合各种情况，分别判决各被告人 3 年至 5 年不等的有期徒刑，同时适用 3 年至 5 年不等的缓刑。

（二）简要评析

本案例即是关于本罪的经典案例。本案各被告人之所以触犯本案，与他们的法律意识淡薄具有较大的关系。本罪在软件企业属于高发罪名。企业在开发或销售软件程序时，应当提前对于该软件的性质进行合法性论证。尤其是在受托开发软件时，更应当进行论证。如果软件程序涉及可能会侵入或控制其他人计算机信息系统，应当拒绝承接该业务。软件开发或销售企业，应当设置专门审核岗位，在软件程序提供给他人前，应当由该岗位人员进行审批后，方可交付给他人。

119. 破坏计算机信息系统罪

一、法律规定

《刑法》第 286 条规定："违反国家规定，对计算机信息系统功能进行删除、修改、增加、干扰，造成计算机信息系统不能正常运行，后果严重的，处五年以下有期徒刑或者拘役；后果特别严重的，处五年以上有期徒刑。

违反国家规定，对计算机信息系统中存储、处理或者传输的数据和应用程序进行删除、修改、增加的操作，后果严重的，依照前款的规定处罚。

故意制作、传播计算机病毒等破坏性程序，影响计算机系统正常运行，后果严重的，依照第一款的规定处罚。"

二、条文释义

本条是关于破坏计算机信息系统罪及其刑事处罚的规定。所谓破坏计算机信息系统罪，是指违反国家规定，对计算机信息系统功能或计算机信息系统中存储、处理或者传输的数据和应用程序进行破坏，或者故意制作、传播计算机病毒等破坏性程序，影响计算机系统正常运行，后果严重的行为。本罪的构成要件如下。

(一)本罪从客观上来看

本罪的主体是一般主体。凡是达到刑事责任年龄、具有刑事责任能力的自然人均可构成本罪。《刑法》规定，单位亦可构成本罪。

从危害行为和危害结果来看，本罪表现为违反国家规定，破坏计算机信息系统功能和信息系统中存储、处理、传输的数据和应用程序，后果严重的行为。根据本条规定，包括下列三种情况。

(1)破坏计算机信息系统功能，是指对计算机信息系统功能进行删除、修改、增加、干扰，造成计算机信息系统不能正常运行。

(2)破坏计算机信息系统中存储、处理或者传输的数据和应用程序，是指通过输入删除、修改、增加的操作指令而对计算机信息系统中存储、处理或者传输的数据和应用程序进行破坏的行为。

(3)故意制作、传播计算机病毒等破坏性程序，影响计算机系统正常运行。

破坏行为必须造成严重后果，才能构成本罪。所谓造成严重后果，主要是指造成重要计算机信息系统如国家事务、国防建设、尖端科学技术领域的计算机信息系统破坏的；造成计算机信息系统功能部分甚或全部丧失，严重影响工作或者造成重大经济损失，等等。

(二)本罪从主观上来看

本罪在主观方面为故意，过失不能构成本罪。具体动机如何，不影响本罪的成立。

三、立案标准

有破坏计算机信息系统的行为，后果严重的，即应当立案处罚。具体何谓后果严重，法律没有规定明确的标准，该标准办案机关会酌情予以把握。

四、风险防范

本罪的风险防范与非法侵入计算机信息系统罪的防范方法相似。

五、案例评析

（一）案例简介

北京市西城区人民检察院指控：被告人黄某于2011年5月，因与北京鼎江山科技发展有限公司（位于本市西城区）发生矛盾，分别在本人住处及办公地点等处，使用计算机通过远程操作等方式，对北京鼎江山科技发展有限公司域名为“www.100s.com.cn”的网站系统功能、存储的数据、应用程序进行删除、修改，致使网站无法正常运行，造成直接经济损失11万余元，后被查获。

被告人黄某当庭辩称起诉书认定的直接经济损失数额过高；其辩护人当庭提出了如下辩护意见：（1）黄某并未给被害单位造成11万余元的直接损失，不属于后果特别严重；（2）被害单位存在一定过错；（3）黄某认罪态度较好；（4）黄某系初犯。综上，建议对黄某从轻或者减轻处罚。

法院经审理后认为：被告人黄某违反国家规定，对计算机信息系统功能及其中存储的数据进行删除、修改，造成计算机信息系统不能正常运行，为后果严重的行为，妨害了社会管理秩序，已构成破坏计算机信息系统罪，依法应予惩处。公诉机关指控被告人黄某犯破坏计算机信息系统罪成立，但指控其行为后果特别严重，证据不足，法院不予支持。辩护人当庭所提的第1、3、4点辩护意见及建议从轻处罚的辩护意见，法院予以采纳；所提的第2点辩护意见及建议减轻处罚的辩护意见，理由和依据不足，法院不予采纳。鉴于黄某能如实供述自己的罪行，认罪态度较好，且积极赔偿被害单位的经济损失，有一定悔罪表现，可对其从轻处罚并适用缓刑。据此，法院判决被告人黄某犯破坏计算机信息系统罪，判处有期徒刑1年6个月，缓刑2年。

（二）简要评析

从本案来看，本罪规定的后果严重以及后果特别严重，法院完全可以依据事实情节进行酌情认定。同时，从本案来看，企业要防范本罪，首先应当树立法律意识，要明白企业的财产，不但有形财产受法律保护，无形财产同样受法律保护；其次，应当尊重其他企业的财产权，不得有对其他企业信息系统进行破坏的行为。

120. 非法利用信息网络罪

一、法律规定

《刑法》第287条之一规定："利用信息网络实施下列行为之一，情节严重的，处三年以下有期徒刑或者拘役，并处或者单处罚金：

（一）设立用于实施诈骗、传授犯罪方法、制作或者销售违禁物品、管制物品等违法犯罪活动的网站、通讯群组的；

（二）发布有关制作或者销售毒品、枪支、淫秽物品等违禁物品、管制物品或者其他违法犯罪信息的；

（三）为实施诈骗等违法犯罪活动发布信息的。单位犯前款罪的，对单位判处罚金，并对其直接负责的主管人员和其他直接责任人员，依照第一款的规定处罚。有前两款行为，同时构成其他犯罪的，依照处罚较重的规定定罪。"

二、条文释义

本条是关于非法利用信息网络罪及其刑事处罚的规定。所谓非法利用信息网络罪，是指利用信息网络设立用于实施诈骗、传授犯罪方法、制作或者销售违禁物品、管制物品等违法犯罪活动的网站、通讯群组，或发布有关制作或者销售毒品、枪支、淫秽物品等违禁物品、管制物品或者其他违法犯罪信息，或为实施诈骗等违法犯罪活动发布信息，情节严重的行为。本罪的构成要件如下。

（一）本罪从客观上来看

本罪的主体是一般主体，达到一定年龄，具有刑事责任能力的自然人以及单位均可以构成本罪。

从危害行为和危害结果来看，本罪表现为利用电子信息传输的通道实施违法犯罪活动，情节严重的行为。主要表现在三个方面：一是设立用于实施诈骗、传授犯罪方法、制作或者销售违禁物品、管制物品等违法犯罪活动的网站、通讯群组的；二是发布有关制作或者销售毒品、枪支、淫秽物品等违禁物品、管制物品或者其他违法犯罪信息的；三是为实施诈骗等违法犯罪活动发布信息的。

“传授犯罪方法”，是指利用网络故意向他人传授实施犯罪的具体经验和技能的行为；“违禁物品”，是指国家规定限制生产、购买、运输和持有的枪支弹药、刀具、爆炸物品等；“管制物品”，是指国家禁止携带或出售的一切危害公共安全的非法物品。

最高人民法院、最高人民检察院《关于办理非法利用信息网络、帮助信息网络犯罪活动等刑事案件适用法律若干问题的解释》第 8 条规定：“以实施违法犯罪活动为目的而设立或者设立后主要用于实施违法犯罪活动的网站、通讯群组，应当认定为刑法第二百八十七条之一第一款第一项规定的‘用于实施诈骗、传授犯罪方法、制作或者销售违禁物品、管制物品等违法犯罪活动的网站、通讯群组’。”

同时，该解释第 9 条规定：“利用信息网络提供信息的链接、截屏、二维码、访问账号密码及其他指引访问服务的，应当认定为刑法第二百八十七条之一第一款第二项、第三项规定的‘发布信息’。”

本罪是结果犯，需要达到“情节严重”才构成本罪。

（二）本罪从主观上来看

本罪在主观方面为故意，过失不构成本罪。

三、立案标准

依据《刑法》第 287 条之一的规定，设立用于实施诈骗、传授犯罪方法、制作或者销售违禁物品、管制物品等违法犯罪活动的网站、通讯群组的，或发布有关制作或者销售毒品、枪支、淫秽物品等违禁物品、管制物品或者其他违法犯罪信息的，或为实施诈骗等违法犯罪活动发布信息，达到情节严重程度，即应当立案侦查。所谓情节严重，最高人民法院、最高人民检察院《关于办理非法利用信息网络、帮助信息网络犯罪活动等刑事案件适用法律若干问题的解释》第 10 条规定："非法利用信息网络，具有下列情形之一的，应当认定为刑法第二百八十七条之一第一款规定的'情节严重'：（一）假冒国家机关、金融机构名义，设立用于实施违法犯罪活动的网站的；（二）设立用于实施违法犯罪活动的网站，数量达到三个以上或者注册账号数累计达到二千以上的；（三）设立用于实施违法犯罪活动的通讯群组，数量达到五个以上或者群组成员账号数累计达到一千以上的；（四）发布有关违法犯罪的信息或者为实施违法犯罪活动发布信息，具有下列情形之一的：1. 在网站上发布有关信息一百条以上的；2. 向二千个以上用户账号发送有关信息的；3. 向群组成员数累计达到三千以上的通讯群组发送有关信息的；4. 利用关注人员账号数累计达到三万以上的社交网络传播有关信息的；（五）违法所得一万元以上的；（六）二年内曾因非法利用信息网络、帮助信息网络犯罪活动、危害计算机信息系统安全受过行政处罚，又非法利用信息网络的；（七）其他情节严重的情形。"

四、风险防范

本罪同样是网络服务企业的高发风险的罪名，该类企业应当对本罪引起高度重视。要防范本罪的刑事风险，企业可以采取以下方式。

（一）制定本企业员工在网络上禁止性行为清单，作为员工上岗前培训的重要内容

非法利用信息网络罪不像拒不履行网络安全管理义务罪，法律对本罪并没有规定犯罪阻却事由，达到一定标准，即可成立犯罪。因此，本罪相较于拒不履

行网络安全管理义务来说,风险更高。一些员工可能为了某种目的,利用企业网络进行违法犯罪活动。企业为杜绝这些行为,应当为全体员工制定适合自己企业特点的禁止性行为清单,对员工进行培训,要求全体员工遵守。当然,这些清单,随着法律、法规的改变,应当进行不断调整完善。

（二）设置专业部门,对本企业网站所发布的内容合法性进行不定期抽查

网络服务企业为提高网络点击量,经常会在网络上发布大量的文章,这些文章的合法性容易存在法律问题。因此,企业应当设置专业部门,就这些文章的合法性进行审查或抽查,发现问题,及时整改。

（三）定期检查企业网站设置的投诉栏目接受的社会公众投诉的内容

一般网站均向社会公布了本网站接受社会公众投诉的专门栏目,以便于社会公众对本网站经营进行监督。企业应当定期检查接收到的社会公众的投诉内容,发现问题及时整改。

（四）加强企业管理,对特殊岗位职工,应当签订责任书

企业对于具有发布权限的职工,应当与其签订责任书,约定如果发布违法文章或信息,应当承担相关法律责任。让文章或信息的发布者承担责任,有利于降低违法文章或违法信息发布的概率。

五、案例评析

（一）案情简介

公诉机关起诉指控:自2014年5月以来,被告人邹某购买电脑、手机、手机卡等作案工具,租用房屋,利用网络平台群发内容为“想知道对方手机的通话和短信吗？如需请拨:××××××经理”的诈骗短信,以出售复制他人的手机卡为幌子,骗取他人钱财。自2014年7月,被告人彭某伙同邹某共同作案。具体犯罪事实如下:(1)2014年5月6日,被告人邹某采取上述方式,骗取被害人方某与182××××9222手机号联系,骗取被害人方某人民币1000元。(2)2014年6月18日,被告人邹某采取上述方式,骗取孔某与邹某所使用的

188××××7555 手机号联系，分 2 次骗取被害人孔某人民币共 6500 元。(3)2014年6月20日，被告人邹某采取上述方式，骗取康某与邹某所使用的188××××7555 手机号联系，分 3 次骗取被害人康某人民币 6800 元。(4)2014 年 8 月 3 日，被告人邹某、彭某采取上述方式，骗取孙某与彭某所使用的 188××××7555 手机号联系，骗取被害人孙某人民币 500 元。

被告人邹某、彭某对起诉书指控的犯罪事实无异议。

被告人邹某的辩护人认为，邹某诈骗系未遂，不应该认定为有其他特别严重情节；邹某系初犯，案发后认罪态度好，有悔罪表现，犯罪又系未遂，应当对其从轻或者减轻处罚。

被告人彭某的辩护人认为，彭某于 2014 年 7 月开始与邹某共同实施诈骗行为，诈骗短信数量应与邹某有所区别；彭某在共同犯罪中起次要作用，系从犯，案发后认罪态度好，请求法院对其减轻处罚。

法院经审理后认为：被告人邹某单独或与被告人彭某合伙利用信息网络为实施诈骗等违法犯罪活动发布信息，情节严重，二被告人的行为均已构成非法利用信息网络罪，部分系共同犯罪。在本案审理期间《刑法修正案（九）》已施行，二被告人的犯罪行为符合《刑法修正案（九）》中规定的非法利用信息网络罪的犯罪构成要件，根据刑法从旧兼从轻原则，对二被告人应以非法利用信息网络罪定罪处罚，故公诉机关对二被告人犯诈骗罪的指控，法院不予支持。被告人邹某、彭某当庭自愿认罪，可酌情从轻处罚。被害人的经济损失责令被告人退赔。供犯罪所用的本人财物，应当予以没收。因本案在审理期间刑法作了修改，故被告人邹某的辩护人提出的邹某诈骗系未遂，不应该认定为有其他特别严重情节的辩护意见，法院不予采纳；其他辩护意见与事实相符，法院予以采纳。彭某与邹某一起到机房发送短信，共同实施诈骗行为，故彭某的辩护人提出的彭某系从犯的辩护意见与事实不符，法院不予采纳；其他辩护意见与事实相符，法院予以采纳。故法院判决被告人邹某犯非法利用信息网络罪，判处有期徒刑 1 年 9 个月，并处罚金人民币 5000 元。判决被告人彭某犯非法利用信息网络罪，判处有期徒刑 1 年 4 个月，并处罚金人民币 3000 元。

（二）简要评析

从本案来看，非法利用信息网络罪容易与诈骗罪发生竞合，在这种情况下，法院采取从旧兼从轻的原则，对本案按非法利用信息网络罪处理。对于网络服务企业来说，本罪是高发风险的罪名，如果管理不善，一些具有发布权限的职工，为了某些个人目的，可能会利用企业网络发布一些违法文章或信息。因此，企业对于发布的文章或信息的合法性应严加把关。

121. 帮助信息网络犯罪活动罪

一、法律规定

《刑法》第287条之二规定："明知他人利用信息网络实施犯罪，为其犯罪提供互联网接入、服务器托管、网络存储、通讯传输等技术支持，或者提供广告推广、支付结算等帮助，情节严重的，处三年以下有期徒刑或者拘役，并处或者单处罚金。"

二、条文释义

本条是关于帮助信息网络犯罪活动罪及其刑事处罚的规定。所谓帮助信息网络犯罪活动罪，是指明知他人利用信息网络实施犯罪，为其犯罪提供互联网接入、服务器托管、网络存储、通讯传输等技术支持，或者提供广告推广、支付结算等帮助，情节严重的行为。本罪的构成要件如下。

（一）本罪从客观上来看

本罪的主体是一般主体。达到一定年龄，具有刑事责任能力的自然人及单位，均可构成本罪。

从危害行为和危害结果来看，本罪表现为明知他人利用信息网络实施犯罪，为其犯罪提供互联网接入、服务器托管、网络存储、通讯传输等技术支持，或者提供广告推广、支付结算等帮助，情节严重的行为。

所谓"明知"，最高人民法院、最高人民检察院《关于办理非法利用信息网络、帮助信息网络犯罪活动等刑事案件适用法律若干问题的解释》第11条规定为:“为他人实施犯罪提供技术支持或者帮助,具有下列情形之一的,可以认定行为人明知他人利用信息网络实施犯罪,但是有相反证据的除外:(一)经监管部门告知后仍然实施有关行为的;(二)接到举报后不履行法定管理职责的;(三)交易价格或者方式明显异常的;(四)提供专门用于违法犯罪的程序、工具或者其他技术支持、帮助的;(五)频繁采用隐蔽上网、加密通信、销毁数据等措施或者使用虚假身份,逃避监管或者规避调查的;(六)为他人逃避监管或者规避调查提供技术支持、帮助的;(七)其他足以认定行为人明知的情形。”

所谓“互联网接入”,是指通过特定的信息采集与共享的传输通道,利用相关传输技术完成用户与 IP 广域网的高带宽、高速度的物理连接。

所谓“服务器托管”,是指为了提高网站的访问速度,将服务器及相关设备托管到具有完善机房设施、高品质网络环境、丰富带宽资源和运营经验以及可对用户的网络和设备进行实时监控的网络数据中心内,以此使系统达到安全、可靠、稳定、高效运行的目的。

所谓“网络存储”,是指将存储设备通过标准的网络拓扑结构连接到其他计算机群上,目的在于帮助解决迅速增加存储容量的需求。

所谓“通讯传输”,是指由一地向另一地进行信息的传输与交换。

本罪是结果犯,需要达到“情节严重”才能构成。所谓“情节严重”,最高人民法院、最高人民检察院《关于办理非法利用信息网络、帮助信息网络犯罪活动等刑事案件适用法律若干问题的解释》第 12 条规定为:“明知他人利用信息网络实施犯罪,为其犯罪提供帮助,具有下列情形之一的,应当认定为刑法第二百八十七条之二第一款规定的‘情节严重’:(一)为三个以上对象提供帮助的;(二)支付结算金额二十万元以上的;(三)以投放广告等方式提供资金五万元以上的;(四)违法所得一万元以上的;(五)二年内曾因非法利用信息网络、帮助信息网络犯罪活动、危害计算机信息系统安全受过行政处罚,又帮助信息网络犯罪活动的;(六)被帮助对象实施的犯罪造成严重后果的;(七)其他情节严重的情形。”同时,该条第 2 款规定:“实施前款规定的行为,确因客观条件限制无法查证被帮助对象是否达到犯罪的程度,但相关数额总计达到前款第二项至第四项规定标准五倍以上,或者造成特别严重后果的,应当以帮助信息网络犯罪活动罪追究行为人的刑事责任。”

(二)本罪从主观上来看

本罪在主观方面为故意,过失不构成本罪。

三、立案标准

按本条法律的规定,行为人的行为只有达到“情节严重”才构成犯罪。因此,上述最高人民法院、最高人民检察院《关于办理非法利用信息网络、帮助信息网络犯罪活动等刑事案件适用法律若干问题的解释》第12条的规定即可以理解为本罪的立案标准。

四、风险防范

本罪的防范措施与非法利用信息网络罪的防范措施相似。

五、案例评析

(一)案例简介

杭州市富阳区人民检察指控,2020年10月至11月,被告人唐某国明知他人利用信息网络实施犯罪,仍以人民币600元的价格,将其办理的中国农业银行、中国建设银行的银行卡及相关的U盾、手机卡等销售给上家“吴子阳”(另案处理),非法获利人民币1200元。经公安机关查实,被告人唐某国提供的农业银行账户共涉及被害人3名,诈骗总额为人民币94万余元,其中流入被告人唐某国的农业银行账户人民币56万余元,卡内流水总额为人民币185万余元。

被告人唐某国对指控事实、罪名及量刑建议没有异议且签字具结,在开庭审理过程中亦无异议。

法院经审理后认为,公诉机关指控被告人唐某国犯帮助信息网络犯罪活动罪的事实清楚,证据确实、充分,指控罪名成立。被告人唐某国在侦查阶段、审查起诉阶段及审判阶段均能如实供述自己罪行,自愿认罪认罚,且已退缴违法所得，法院依法予以从宽处罚。故判决被告人唐某国犯帮助信息网络犯罪活动罪，判处有期徒刑1年1个月，缓刑1年3个月，并处罚金人民币2000元。

（二）简要评析

本罪是高发罪名，而且主要是由于当事人不懂法，为一些网络犯罪分子提供银行卡、微信账号、支付宝账号用于结算，最终导致构成犯罪。作为单位来说，要防范本罪，切不可将单位账号随意提供给他人进行所谓的“走账”。对于一些互联网企业来说，为其他企业提供互联网接入、服务器托管、网络储存、通讯传输、广告推广业务时，应当对合作方的业务合法性进行审核，如果判断合作方的业务可能存在违法行为时，应当拒绝进行合作，不能由于一些小利益，导致让单位最后承担刑事风险。

122. 扰乱无线电通讯管理秩序罪

一、法律规定

《刑法》第288条规定：“违反国家规定，擅自设置、使用无线电台（站），或者擅自使用无线电频率，干扰无线电通讯秩序，情节严重的，处三年以下有期徒刑、拘役或者管制，并处或者单处罚金；情节特别严重的，处三年以上七年以下有期徒刑，并处罚金。

单位犯前款罪的，对单位判处罚金，并对其直接负责的主管人员和其他直接责任人员，依照前款的规定处罚。”

二、条文释义

本条是关于扰乱无线电通讯管理秩序罪及其刑事处罚的规定。所谓扰乱无线电通讯管理秩序罪，是指违反国家规定，擅自设置、使用无线电台（站），或者擅自使用无线电使用频率，干扰了无线电通讯秩序，造成严重后果的行为。

本罪的构成要件如下。

(一)本罪从客观上来看

本罪的主体是一般主体。达到一定年龄,具有刑事责任能力的自然人,以及单位均能构成本罪。

从危害行为和危害结果来看,本罪表现为行为人违反国家规定,擅自设置、使用无线电台(站),或者擅自占用频率,干扰无线电通讯正常进行,造成严重后果的行为。

擅自设置、使用无线电台(站)的行为。根据无线电管理条例的规定,设置、使用无线电台(站)的单位和个人,必须提出书面申请,办理设台(站)审批手续,领取电台执照。设置、使用无线电台(站),应当具备下列条件:

(1)无线电设备符合国家技术标准;

(2)操作人员熟悉无线电管理的有关规定,并具有相应的业务技能和操作资格;

(3)必要的无线电网络设计符合经济合理的原则,工作环境安全可靠;

(4)设台(站)单位或者个人有相应的管理措施。

本罪属结果犯,只有造成严重后果者才能构成犯罪。

(二)本罪从主观上来看

本罪的罪过形式是故意,即明知其擅自设置、使用无线电站(台),或者擅自占用频率的行为会干扰无线电通讯的正常进行而仍然进行设置、使用、占用行为。

三、立案标准

擅自设置、使用无线电台(站),或者擅自使用无线电频率,干扰无线电通讯秩序,情节严重的,即可进行立案侦查。关于情节严重,法律没有明确具体标准,办案机关可以根据实际情况综合认定。

四、风险防范

本罪的防范,要求企业如果确实需要设置、使用无线电站或无线电台,应当按照《无线电管理条例》的规定,向相关部门申请审批,并按批准的无线电频率的用途、使用范围、使用率要求、使用期限设置、使用无线电站(台)。禁止未经审批擅自设置、使用无线电站(台)。

五、案例评析

(一)案例简介

北京市密云区人民检察院指控:被告人刘某于2014年11月至2015年8月,雇佣他人擅自使用伪基站设备,模拟电信运营商基站功能并阻断正常运营商网络信号,发送广告信息。后刘某于2015年8月16日购买该伪基站设备,于2015年9月至11月25日,指使被告人李某驾驶汽车在北京市密云区多地,擅自使用该伪基站设备模拟电信运营商基站功能并阻断正常运营商网络信号,发送广告信息。2015年11月25日14时许,李某在北京市密云区文化馆西侧被公安机关查获,并查获伪基站设备。经鉴定,从查获的伪基站设备中获取的IMSI码排重后为510,201条(发送短信时影响的电信设备终端个数)。其中,获取2015年8月16日之后的IMSI码排重后为236,622条(发送短信时影响的电信设备终端个数)。

被告人刘某、李某对起诉书指控的事实及当庭宣读、出示的证据均未提出异议。

法院经审理后认为:被告人刘某、李某违反国家规定,擅自设置、使用无线电台,干扰无线电通讯秩序,情节严重,其行为均已构成扰乱无线电通讯管理秩序罪,依法应予惩处。公诉机关指控刘某、李某犯扰乱无线电通讯管理秩序罪成立,法院予以支持。鉴于刘某在接公安机关电话通知后自动投案,到案后如实供述自己的罪行,视为自首,李某能如实供述自己的罪行,且二被告人均有悔罪表现,依法均从轻处罚并宣告缓刑。据此,根据刘某、李某犯罪的事实、犯罪的性质、情节和对社会的危害程度,法院判决被告人刘某犯扰乱无线电通讯管理秩序罪,判处有期徒刑2年,缓刑2年,罚金人民币2000元。判决被告人李某犯扰乱无线电通讯管理秩序罪,判处有期徒刑2年,缓刑2年,罚金人民币2000元。

（二）简要评析

本案被告人为了谋取私利，擅自设置、使用无线电台，干扰无线电通讯秩序，情节严重，其行为明显已构成犯罪。从本案来看，本罪中法律规定的“情节严重”，法院可以从被告人发送的广告条数，以及获利数额，进行综合认定。作为单位来说，要防范本罪，则要谨记设置、使用无线电台前，务必经过相关部门批准。否则，极有可能引发本罪的刑事风险。

第十三章

CHAPTER 13

妨害司法罪的预防

123. 虚假诉讼罪

一、法律规定

《刑法》第307条之一规定:“以捏造的事实提起民事诉讼,妨害司法秩序或者严重侵害他人合法权益的,处三年以下有期徒刑、拘役或者管制,并处或者单处罚金;情节严重的,处三年以上七年以下有期徒刑,并处罚金。

单位犯前款罪的,对单位判处罚金,并对其直接负责的主管人员和其他直接责任人员,依照前款的规定处罚。

有第一款行为,非法占有他人财产或者逃避合法债务,又构成其他犯罪的,依照处罚较重的规定定罪从重处罚。

司法工作人员利用职权,与他人共同实施前三款行为的,从重处罚;同时构成其他犯罪的,依照处罚较重的规定定罪从重处罚。”

二、条文释义

本条是关于虚假诉讼罪及其刑事处罚的规定。所谓虚假诉讼罪,是指以捏造的事实提起民事诉讼,妨害司法秩序或者严重侵害他人合法权益的行为。本罪的构成要件如下。

(一)本罪从客观上来看

本罪的主体为一般主体。具备刑事责任能力的自然人和单位均能构成本罪。按照《刑法》第31条的规定,单位犯本罪时,实行双罚制,即对单位判处罚金,并对其直接负责的主管人员和其他直接责任人员按相关条款规定判处刑罚。

本罪的危害行为和危害结果表现为以捏造的事实提起民事诉讼,妨害司法秩序或者严重侵害他人合法权益的行为。所谓捏造事实提起民事诉讼,是指本来并没有证据证明有该事实，但行为人凭空编造事实，如通过制造假证据、隐瞒事实、制造虚假债权债务、恶意串通等手法，提起虚假的民事诉讼，欺骗法院作出有利于自己的错误裁判，以达到非法占有他人财产的目的。本罪仅限于在民事诉讼中，以捏造的事实提起刑事和行政诉讼不构成本罪，但有可能构成其他犯罪行为。本罪是行为犯，不需要有犯罪结果的发生。情节严重的犯罪结果只是本罪的加重处罚情节。

（二）本罪从主观上来看

本罪的主观方面表现为故意，过失不构成本罪。

三、立案标准

目前法律无明文规定本罪的立案标准，故只要有捏造的事实，提起诉讼，侵害他人权益的行为，均有可能构成犯罪。

四、风险防范

近年来，民商事诉讼领域内的虚假诉讼现象增多，不仅严重侵害了案外人的合法权益，破坏社会诚信，也扰乱了正常的诉讼秩序，损害司法权威和司法公信力。遇以下情形，法院一般会提醒其要注意避免虚假诉讼：(1)当事人为夫妻、朋友等亲近关系或者关联企业等共同利益关系；(2)原告诉请司法保护的标的额与其自身经济状况严重不符；(3)原告起诉所依据的事实和理由明显不符合常理；(4)当事人双方无实质性民事权益争议；(5)案件证据不足，但双方仍然主动迅速达成调解协议，并请求人民法院出具调解书。

鉴于以上原因，建议企业从以下方面预防风险。

（一）企业应加强对合同的管理

企业应加强对合同的管理。企业交易应注重采取书面合同，少采取口头合同形式。书面合同中尤其应明确约定合同当事人的名称、合同标的数量、质量、价格、履行时间、地点、履行方式、双方当事人的权利义务、违约责任、争议解决方式等内容。

(二)注意保存履行合同过程中履行行为的证据

企业在履行合同过程中,对重要合同的履行过程应当做好记录,保存好重要证据,避免出现争议时无据可依。同时,企业应定期对公司财务进行审计,保证企业资金往来情况有明确的记录。

(三)注意与关联公司之间划清财务界限

企业尽可能减少与关联公司之间的循环转账,避免双方之间出现不明不白的虚增或者虚减资金情形出现。

(四)企业提起诉讼应依法进行

企业如果提起诉讼,应严格依据证据规则提交证据,杜绝伪造证据,杜绝虚构事实,尤其应当注意避免对现有不清晰的证据进行修复篡改。

五、案例评析

(一)案例简介

2014 年年底,梁某 1 向被告人林某盼借款人民币 15 万元,双方约定年利息为人民币 4.5 万元,于 2015 年 12 月 31 日偿还。林某盼扣除利息人民币 4.5 万元后,将人民币 10.5 万元付给梁某 1,其中有 8.2 万元于 2014 年 11 月 26 日通过林某盼丈夫韦某的中国工商银行账户转账给梁某 1,同时约定抵押物为位于隆林各族自治县的住房。收到 10.5 万元人民币后,梁某 1 于同年 12 月 31 日向林某盼出具借款金额为人民币 15 万元的借条一张,约定于 2015 年 12 月 31 日归还。2015 年 10 月 26 日梁某 1 又出具一张借条给林某盼,并注明此借款是 2014 年 11 月 30 日借款的续借,借款金额为人民币 20.4 万元,约定于 2016 年 11 月 30 日偿还。2016 年 2 月 22 日,林某盼持梁某 1 出具的第一张金额为 15 万元、已收利息 4.5 万元的借条向法院提起民事诉讼,诉称梁某 1 于 2014 年 11 月 30 日向其借款 15 万元后拒绝偿还借款本息,诉请法院判决梁某 1 偿还借款本金 15 万元并支付利息 5.4 万元。法院经审理后,于 2016 年 5 月 20 日作出(2016)桂 1031 民初 304 号判决书,判决梁某 1 偿还林某盼本金 10.5

万元及逾期利息。2017年3月16日，林某盼持梁某1出具的第二张金额为20.4万元的借条向法院提起民事诉讼，诉称梁某1于2014年11月30日向其借款20.4万元，约定于2015年11月30日还款，因还款时间到期后无力还款，梁某1于2015年10月26日重新写借条约定续借该款并定于2016年11月30日偿还，但梁某1未按约定时间还款，诉请法院判决梁某1偿还借款本金并支付利息。法院经审理后，于2017年8月13日作出（2017）桂1031民初537号判决书，判决梁某1偿还林某盼本金20.4万元及支付逾期利息。

法院经审理后认为，虚假诉讼罪是指行为人以捏造的事实提起民事诉讼，妨害司法秩序或者严重侵害他人合法权益的行为。刑法将虚假诉讼罪限定为捏造案由事实的行为。案由是诉权的载体，行为人捏造案由事实的目的，是意图制造自己具有合法诉权的假象。刑法增设虚假诉讼罪的目的，是依法惩治不具有合法诉权的行为人故意捏造案由事实，制造自己具有诉权的假象，意图骗取人民法院裁判文书，从而达到个人非法目的的行为。虚假诉讼，重点是其中“诉”的虚假性，刑法惩治的对象是行为人行使虚假诉权的行为，即原本不存在民事法律关系和民事纠纷，而行为人予以虚构并提起民事诉讼的“无中生有”行为。“捏造”是指无中生有、凭空虚构，完全没有依据、仅靠自己的主观想象臆造事物，使民事法律关系从无到有。如果行为人与他人之间确实存在真实的民事法律关系和民事纠纷，则其依法享有诉权，即使其篡改部分案件事实，也不能认定为虚假诉讼罪。本案梁某1与林某盼存在事实上的借贷关系，即双方存在民事法律关系和民事纠纷。梁某1于2014年11月30日向林某盼借款10.5万元，后梁某1于同年12月31日出具一张借条给林某盼。2015年10月26日梁某1又出具一张金额为20.4万元的借条给林某盼。林某盼于2016年5月20日持第一张借条向法院提起民事诉讼，梁某1在收到本院送达的起诉状副本后作出书面答辩时，并未提到该笔借款其已经出具有新借条给林某盼，故金额为20.4万元的借条是否系第一张借条即金额为15万元的那张借条加上利息后重新出具的，无从查证。梁某1作为具有完全民事行为能力的成年人，其在金额为20.4万元那张借条上签字应当知晓存在的风险，也没有证据证实林某盼胁迫梁某1在该借条上签字，因此，梁某1在金额为20.4万元那张借条上签字是梁某1自愿的，该份借条不是林某盼伪造的。林某盼的行为不符合最高人民法院、最高人民检察院《关于办理虚假诉讼刑事案件适用法律若干问题的解释》中规定的“以捏造的事实提起民事诉讼”情形，因此，公诉机关指控林某盼犯虚假诉讼罪不成立。梁某1出具给林某盼的第二张借条即金额为20.4万元的借条是否实际发生借条贷关系，应当通过民事诉讼程序予以认定，刑事诉讼不应当介入民事纠纷对民事法律关系的实体问题进行认定。林某盼的辩护人提出林某盼的行为不构成虚假诉讼罪、民事诉讼部分如果存在错误可以通过再审抗诉程序解决的辩护意见，有事实和法律依据，法院予以采纳，所提出的其他辩护意见，上文已作分析，不再赘述。综上所述，公诉机关指控林某盼的犯虚假诉讼罪的罪名不成立。最后，法院判决被告人林某盼无罪。

（二）简要评析

本案作为虚假诉讼罪案例，比较典型。虚假诉讼罪是否成立，如判决所言："重点是其中'诉'的虚假性，刑法惩治的对象是行为人行使虚假诉权的行为，即原本不存在民事法律关系和民事纠纷，而行为人予以虚构并提起民事诉讼的'无中生有'行为。'捏造'是指无中生有、凭空虚构，完全没有依据、仅靠自己的主观想象臆造事物，使民事法律关系从无到有。如果行为人与他人之间确实存在真实的民事法律关系和民事纠纷，则其依法享有诉权，即使其篡改部分案件事实，也不能认定为虚假诉讼罪。"诉是否虚假，是认定虚假诉讼罪是否成立的关键要点。当然，从防范该罪的风险来看，如果与其他主体之间存在债务关系，各种债权债务文书应当清楚明了。应当说，本案被告人之所以发生该罪的刑事风险，与双方之间的债权、债务凭证文义存在模糊和歧义不无关系。

124. 掩饰、隐瞒犯罪所得、犯罪所得收益罪

一、法律规定

《刑法》第312条规定："明知是犯罪所得及其产生的收益而予以窝藏、转移、收购、代为销售或者以其他方法掩饰、隐瞒的，处三年以下有期徒刑、拘役或者管制，并处或者单处罚金；情节严重的，处三年以上七年以下有期徒刑，并处罚金。

单位犯前款罪的，对单位判处罚金，并对其直接负责的主管人员和其他直接责任人员，依照前款的规定处罚。”

二、条文释义

本条是关于掩饰、隐瞒犯罪所得、犯罪所得收益罪及其刑事责任的规定。所谓掩饰、隐瞒犯罪所得、犯罪所得收益罪，是指行为人明知是犯罪所得及其产生的收益而予以窝藏、转移、收购、代为销售或者以其他方法掩饰、隐瞒的行为。本罪的构成要件如下。

（一）本罪从客观上来看

本罪的主体是一般主体，即达到刑事责任年龄且具有刑事责任能力的自然人，以及单位均可以成为本罪的主体。

本罪的危害行为和危害结果表现为行为人明知是犯罪所得及其产生的收益而予以窝藏、转移、收购、代为销售或者以其他方法掩饰、隐瞒的行为。窝藏，是指故意为犯罪分子提供藏匿犯罪所得及其收益的场所；转移，是指为犯罪分子移动、转换其犯罪所得及其收益；收购，主要是针对收买、购置赃物的行为；代为销售，是指帮助犯罪分子销售的行为。

（二）本罪从主观上来看

掩饰、隐瞒犯罪所得、犯罪所得收益罪的罪过形式是故意，指行为人明知是犯罪所得或收益而予以掩饰或隐瞒。所谓明知，是指行为人知道或应当知道。

三、立案标准

最高人民法院《关于审理掩饰、隐瞒犯罪所得、犯罪所得收益刑事案件适用法律若干问题的解释》第1条规定：“明知是犯罪所得及其产生的收益而予以窝藏、转移、收购、代为销售或者以其他方法掩饰、隐瞒，具有下列情形之一的，应当依照刑法第三百一十二条第一款的规定，以掩饰、隐瞒犯罪所得、犯罪所得收益罪定罪处罚：（一）掩饰、隐瞒犯罪所得及其产生的收益价值三千元至一万元以上的；（二）一年内曾因掩饰、隐瞒犯罪所得及其产生的收益行为受过行政处罚，又实施掩饰、隐瞒犯罪所得及其产生的收益行为的；（三）掩饰、隐瞒的犯罪所得系电力设备、交通设施、广播电视设施、公用电信设施、军事设施或者救灾、抢险、防汛、优抚、扶贫、移民、救济款物的；（四）掩饰、隐瞒行为致使上游犯罪无法及时查处，并造成公私财物损失无法挽回的；（五）实施其他掩饰、隐瞒犯罪所得及其产生的收益行为，妨害司法机关对上游犯罪进行追究的。各省、自治区、直辖市高级人民法院可以根据本地区经济社会发展状况，并考虑社会治安状况，在本条第一款第（一）项规定的数额幅度内，确定本地执行的具体数额标准，报最高人民法院备案。司法解释对掩饰、隐瞒涉及计算机信息系统数据、计算机信息系统控制权的犯罪所得及其产生的收益行为构成犯罪已有规定的，审理此类案件依照该规定。依照全国人民代表大会常务委员会《关于〈中华人民共和国刑法〉第三百四十一条、第三百一十二条的解释》，明知是非法狩猎的野生动物而收购，数量达到五十只以上的，以掩饰、隐瞒犯罪所得罪定罪处罚。”

同时，最高人民法院《关于审理掩饰、隐瞒犯罪所得、犯罪所得收益刑事案件适用法律若干问题的解释》第 2 条规定：“掩饰、隐瞒犯罪所得及其产生的收益行为符合本解释第一条的规定，认罪、悔罪并退赃、退赔，且具有下列情形之一的，可以认定为犯罪情节轻微，免予刑事处罚：（一）具有法定从宽处罚情节的；（二）为近亲属掩饰、隐瞒犯罪所得及其产生的收益，且系初犯、偶犯的；（三）有其他情节轻微情形的。行为人为自用而掩饰、隐瞒犯罪所得，财物价值刚达到本解释第一条第一款第（一）项规定的标准，认罪、悔罪并退赃、退赔的，一般可不认为是犯罪；依法追究刑事责任的，应当酌情从宽。”

针对何谓“情节严重”，最高人民法院《关于审理掩饰、隐瞒犯罪所得、犯罪所得收益刑事案件适用法律若干问题的解释》第 3 条规定：“掩饰、隐瞒犯罪所得及其产生的收益，具有下列情形之一的，应当认定为刑法第三百一十二条第一款规定的‘情节严重’：（一）掩饰、隐瞒犯罪所得及其产生的收益价值总额达到十万元以上的；（二）掩饰、隐瞒犯罪所得及其产生的收益十次以上，或者三次以上且价值总额达到五万元以上的；（三）掩饰、隐瞒的犯罪所得系电力设备、交通设施、广播电视设施、公用电信设施、军事设施或者救灾、抢险、防汛、优抚、扶贫、移民、救济款物，价值总额达到五万元以上的；（四）掩饰、隐瞒行为致使上游犯罪无法及时查处，并造成公私财物重大损失无法挽回或其他严重后果的；（五）实施其他掩饰、隐瞒犯罪所得及其产生的收益行为，严重妨害司法机关对上游犯罪予以追究的。司法解释对掩饰、隐瞒涉及机动车、计算机信息系统数据、计算机信息系统控制权的犯罪所得及其产生的收益行为认定‘情节严重’已有规定的，审理此类案件依照该规定。”

四、风险防范

掩饰、隐瞒犯罪所得、犯罪所得收益罪在企业中频频出现，企业应着重从内部管理、监督制约、法律普及几个方面遏制企业和职工的犯罪。

（一）完善内部管理，堵塞漏洞

虽然许多企业正处在新旧体制转制中，但是经营管理的方向不断发生改变。一是要完善规章制度，使公司、企业的人员做到按章办事；二是要根据形势的变化，不断对规章制度的内容进行补充和完善，使之更加合乎现状；三是要制定完善的运行程序，确保好的管理制度得以切实实施。

（二）强化权力的监督制约机制，防止权力滥用

权力如果不受监督和制约，必将滥用，导致腐败。因此，要对公司、企业负责人的权力进行制约，对“一把手”的权力制约更为重要。要建立一套行之有效的项目投资审议和效能监察制度、会计机构和会计统派制度，通过全方位的制约措施，防止权力失控而被滥用。

（三）加强对职工的法律知识教育，提高法律意识

企业可定期面向职工开展相关法律知识教育，例如，举办法律知识展览或讲座，邀请相关权威法律人士现身说法等，以提高员工的法律知识储备，主动避开法律雷区，降低犯罪概率。

五、案例评析

（一）案例简介

公诉机关指控：2014 年 2 月 14 日，被告人黄某甲与林某甲、黄某乙、林某

乙(均另案处理)等人在陈某(已判决)位于深圳市盐田区某B3栋的住处进行家庭聚餐时,民警到场搜捕犯罪嫌疑人,将黄某甲和黄某乙、林某乙传唤至公安机关接受调查,林某甲则提前离开潜逃。黄某甲传唤结束后,于次日与黄某丙(另案处理)一起找到陈某,称黄某乙、林某乙已被公安机关刑事拘留,林某甲又失去联系,提出要到林某甲和黄某乙居住的深圳市荔枝花园××栋××座××房(以下简称荔园房)将里面的现金和贵重物品取走。当晚,陈某和黄某甲、黄某丙一起来到荔园房楼下,同时叫来了在荔枝花园小区经营开锁店的黄某丁(另案处理),黄某甲将钥匙交给陈某、黄某丙后先行回其住处,陈某、黄某丙、黄某丁则进入荔园房翻找财物。当晚,陈某、黄某丙、黄某丁将在荔园房找出的现金人民币275万元、4块手表、5条金项链转移到陈某位于深圳市福田区××村的出租屋内存放。之后,陈某先后分两次将上述财物转交给林某甲的父亲林某丙处理。林某丙将现金人民币275万元用于赌博输光,将4块手表、5条金项链藏匿于深圳市南山区现代华庭某某栋某某房。案发后,公安机关取回了林某丙藏匿的上述4块手表和5条项链,但人民币275万元至今仍无法追回。

被告人及其辩护人辩称:黄某甲称其没有叫陈某、黄某丙等人去取涉案财物,事后得知陈某等人取出人民币275万元等财物并没有意识到该款项与物品是赃款赃物,亦没有从中获得分文利益,没有实施帮助窝藏、转移赃款赃物的行为。

被告人黄某甲的辩护人对公诉机关指控被告人黄某甲的罪名没有异议,但提出以下4点意见:首先,黄某甲的主观恶性小,犯罪情节较轻。黄某甲事前仅知道其姐黄某乙的房子内存有现金,但不知道现金数额,更无法断定该笔款项是车行利润还是赃款,担心有对姐姐不利的证据,才要求黄某丙、陈某去看看,黄某甲对自身行为的危害性并"不知情"。其次,黄某甲的行为属于知情不举,应当酌情从轻处罚。当黄某甲得知荔园房里藏有275万元,为了同胞姐姐黄某乙而亲亲相隐,没有阻拦陈某等人转移款项,亦没有向司法部门举报,主要属于道德问题,情有可原。最后,黄某甲具有以下从轻处罚情节:黄某甲是初犯、偶犯,没有从被转移的赃款中获得分文,更没有非法占有赃款赃物的主观故意,认罪态度较好,且具有自首情节。综上所述,建议本着教育与惩罚相结合的原则,对黄某甲从轻处罚,判处缓刑。

法院经审理后认为:被告人黄某甲明知是犯罪所得及其产生的收益而予以窝藏、转移,涉案现金数额达人民币275万元,情节严重,其行为已构成掩饰、隐瞒犯罪所得、犯罪所得收益罪。公诉机关指控的犯罪事实及罪名成立。黄某甲的行为导致涉案犯罪所得及其收益人民币 275 万元全部无法追回，酌情从重处罚。对辩护人以黄某甲是初犯、偶犯，源于亲亲相隐、出于亲情实施犯罪等理由请求从轻处罚的相关辩护意见，理由充分，予以采纳。对辩护人请求对黄某甲判处缓刑的辩护意见，经查，黄某甲掩饰犯罪所得及其收益情节严重，且其在庭审期间翻供，不符合宣告缓刑的法定条件，故对该辩护意见，不予采纳。对黄某甲及其辩护人的其他上诉与辩护意见，均不予采纳。故法院判决被告人黄某甲犯掩饰、隐瞒犯罪所得、犯罪所得收益罪，判处有期徒刑 3 年，并处罚金人民币 3 万元。

（二）简要评析

从本案来看，被告人对于他人犯罪所得的财物故意隐瞒，其行为已构成犯罪。近年来，随着侵财犯罪数量的不断增加，掩饰、隐瞒犯罪所得、犯罪所得收益刑事案件呈逐年上升趋势，其犯罪形式、犯罪手段日趋多样化，防不胜防。大多数行为人由于法律意识淡薄或心存侥幸，对犯罪所得及其产生的收益予以转移、隐匿，导致司法机关追查、审判犯罪分子的正常活动受到严重妨碍。因此，对于企业来说，可能由于各种原因，存在该罪的刑事风险，故有采取措施进行防范的必要。

125. 拒不执行判决、裁定罪

一、法律规定

《刑法》第 313 条规定："对人民法院的判决、裁定有能力执行而拒不执行，情节严重的，处三年以下有期徒刑、拘役或者罚金；情节特别严重的，处三年以上七年以下有期徒刑，并处罚金。

单位犯前款罪的，对单位判处罚金，并对其直接负责的主管人员和其他直接责任人员，依照前款的规定处罚。"

二、条文释义

本条是关于拒不执行判决、裁定罪及其刑事处罚的规定。所谓拒不执行判决、裁定罪，是指对人民法院的判决、裁定有能力执行而拒不执行，情节严重的行为。本罪的构成要件如下。

（一）本罪从客观上来看

本罪的犯罪主体是特殊主体，即负有执行人民法院判决、裁定义务的自然人和单位。按照《刑法》第31条的规定，单位犯本罪时，实行双罚制，即对单位判处罚金，并对其直接负责的主管人员和其他直接责任人员按相关条款规定判处刑罚。

从危害行为和危害结果来看，本罪表现为对人民法院生效的判决、裁定有能力执行而拒不执行，情节严重的行为。

所谓人民法院生效的判决、裁定，是指人民法院依法作出的具有执行内容并已发生法律效力的判决、裁定。至于人民法院为依法执行支付令、调解书以及仲裁裁决书和公证债权文书等而作出的裁定同样属于法院生效的裁定。

所谓拒绝执行，是指对人民法院生效裁判所确定的义务采取种种手段拒绝履行，既可以采取积极的作为，如殴打、捆绑、拘禁、围攻执行人员，抢走执行标的，砸毁执行工具、车辆，以暴力伤害、毁坏财物、加害亲属、揭露隐私、破坏名誉等威胁、恫吓执行人员，转移、隐藏可供执行的财产，命令停止侵害仍不停止侵害而故意为之等，又可以采取消极的不作为方式，如对人民法院的执行通知置之不理或者躲藏、逃避等。不论其方式如何，只要其有能力执行而拒不执行，即可构成本罪。

所谓有能力执行，是指负有执行人民法院判决、裁定义务的被执行人有可供执行的财产或者具有履行特定行为义务的能力，也就是说，对于判决、裁定，行为人是有能力予以履行的。如果行为人在人民法院的判决、裁定生效后，为逃避义务，采取隐藏、转移、变卖、赠送、毁损自己财物从而造成判决、裁定无法履行的，仍应属于有能力执行，构成犯罪的，应以本罪论处。

（二）本罪从主观上来看

本罪在主观方面表现为直接故意，即指明知是人民法院的判决、裁定，有能力执行但不予执行的主观心理状态。

三、定罪量刑标准

最高人民法院《关于审理拒不执行判决、裁定刑事案件适用法律若干问题的解释》第2条规定："负有执行义务的人有能力执行而实施下列行为之一的，应当认定为全国人民代表大会常务委员会关于刑法第三百一十三条的解释中规定的'其他有能力执行而拒不执行，情节严重的情形'：

（一）具有拒绝报告或者虚假报告财产情况、违反人民法院限制高消费及有关消费令等拒不执行行为，经采取罚款或者拘留等强制措施后仍拒不执行的；

（二）伪造、毁灭有关被执行人履行能力的重要证据，以暴力、威胁、贿买方法阻止他人作证或者指使、贿买、胁迫他人作伪证，妨碍人民法院查明被执行人财产情况，致使判决、裁定无法执行的；

（三）拒不交付法律文书指定交付的财物、票证或者拒不迁出房屋、退出土地，致使判决、裁定无法执行的；

（四）与他人串通，通过虚假诉讼、虚假仲裁、虚假和解等方式妨害执行，致使判决、裁定无法执行的；

（五）以暴力、威胁方法阻碍执行人员进入执行现场或者聚众哄闹、冲击执行现场，致使执行工作无法进行的；

（六）对执行人员进行侮辱、围攻、扣押、殴打，致使执行工作无法进行的；

（七）毁损、抢夺执行案件材料、执行公务车辆和其他执行器械、执行人员服装以及执行公务证件，致使执行工作无法进行的；

（八）拒不执行法院判决、裁定，致使债权人遭受重大损失的。"

四、风险防范

"执行难"问题近几年在我国表现得尤为突出，已经影响司法公正和司法效率，拒不执行判决、裁定的行为严重地损害了国家的司法权威。

（一）积极配合法院的执行工作

法院在执行判决、裁定时，企业应积极配合，不应该阻碍执法工作。一般比较多发的阻碍方式为管理层指使职工以暴力、威胁的方法阻挠法院执法或者通过虚假诉讼、虚假仲裁、虚假和解的方式妨害执行，而职工抱有法不责众的侥幸心理，恃强逞凶，所以应该加强对企业管理层和职工的法治教育，告诫此类指使者和直接责任人都是拒不执行判决、裁定罪的主体。

（二）在法院判决、裁定生效后，谨慎处理企业财产

法院判决、裁定附有给付内容的，在该判决、裁定生效后，企业在履行完判决、裁定确定的给付内容前，应当谨慎处置企业财产。如具有更为紧急要履行的债务，宜在正在进行的诉讼的判决、裁定生效前履行，不宜拖至该诉讼判决、裁定生效后履行，以免引发此罪的刑事风险。

五、案例评析

（一）案例简介

胡某麟诉艾某清、李某奇租赁合同纠纷一案，唐山市丰润区人民法院于2011年8月3日作出（2011）丰民初字第665号民事判决，判决："被告李某奇限本判决生效后十日内给付原告胡某麟租赁费68,000元。如果未按本判决指定的期间履行给付金钱义务，应当依照《中华人民共和国民事诉讼法》第二百二十九条之规定，加倍支付迟延履行期间的债务利息。案件受理费1500元，由被告李某奇负担。"唐山市丰润区人民法院公告向李某奇送达了（2011）丰民初字第665号民事判决书。判决生效后，2012年1月11日胡某麟向唐山市丰润区人民法院提出执行申请，2012年2月20日，唐山市丰润区人民法院执行局以邮寄方式向被告人李某奇发出执行通知及传票，李某奇未收到执行通知及传票。2013年3月28日唐山市丰润区人民法院裁定终结本次执行程序。2015年1月9日唐山市丰润区人民法院作出（2012）丰执字第111号执行裁定，在唐山市车辆管理所依法查封了李某奇名下的车牌号×××解放牌汽车一辆，查封

期限自2015年1月9日起至2016年1月8日止。(2012)丰执字第111号执行裁定书未向李某奇送达。2015年1月12日唐山市丰润区人民法院作出(2012)丰执字第111号执行决定,决定:将李某奇纳入失信被执行人名单。李某奇未收到(2012)丰执字第111号执行决定书。2018年1月8日唐山市中级人民法院执行局第四分局丰润大队留置向李某奇的母亲送达执行传票。2018年8月13日15时许,沈阳铁路公安局沈阳公安处裕国车站派出所民警在沈阳市于洪区马家车站前广场将公安部网上通缉的李某奇抓获。

2018年8月23日胡某麟与李某奇达成和解协议,李某奇一次性给付胡某麟人民币69,500元,胡某麟对李某奇予以谅解。

法院经审理后认为,现有证据证实,被告人李某奇长期在外打工,未收到唐山市丰润区人民法院执行局及变更后的唐山市中级人民法院执行局第四执行分局丰润大队发出的执行通知、传票、执行裁定等法律文书,李某奇没有实施拒不执行人民法院判决、裁定的行为,不符合拒不执行判决、裁定罪的构成要件,李某奇不构成拒不执行判决、裁定罪,公诉机关的指控不成立。故法院判决被告人李某奇无罪。

(二)简要评析

拒执罪,应当以被告人明知有执行义务而拒不执行的客观行为为构成要件。本案中,并没有证据证明被告人收到法院执行局执行通知、传票、裁定等,因此无法推定其有拒不执行的故意,故被告人的行为不能成立犯罪。作为普通主体来说,要防范本罪的刑事风险,应当在收到法院执行通知后,如果有履行能力,应当配合履行执行义务。如果确实没有执行能力,应当与法院执行法官进行沟通,声明实际情况,以表明不存在拒不执行的故意,从而防范本罪风险的发生。

第十四章

CHAPTER 14

妨害国（边）境管理罪的预防

126. 骗取出境证件罪

一、法律规定

《刑法》第319条规定:“以劳务输出、经贸往来或者其他名义,弄虚作假,骗取护照、签证等出境证件,为组织他人偷越国(边)境使用的,处三年以下有期徒刑,并处罚金;情节严重的,处三年以上十年以下有期徒刑,并处罚金。

单位犯前款罪的,对单位判处罚金,并对其直接负责的主管人员和其他直接责任人员,依照前款的规定处罚。”

二、条文释义

本条是关于骗取出境证件罪及其刑事责任的规定。所谓骗取出境证件罪,是指行为人以劳务输出、经贸往来或者其他名义,弄虚作假,骗取护照、签证等出境证件,为组织他人偷越国(边)境使用的行为。本罪的构成要件如下。

(一)本罪从客观上来看

本罪的主体为一般主体。达到刑事责任年龄并具有刑事责任能力的自然人,以及单位均可构成本罪。

本罪的危害行为和危害结果表现为行为人以劳务输出、经贸往来或者出国考察、观光旅游等名义,弄虚作假、从国家主管机关骗取护照、签证等出国(边)境所必需的出境证件,而且行为人将骗取的出境证件交给组织他人偷越国(边)境的犯罪分子用于犯罪活动。主要表现在:虚构事实,即通过某种举动,捏造子虚乌有的事实或有意夸大事实,使他人信以为真;隐瞒真相,即故意掩盖客观存在的事实,使相关国家机关工作人员产生错误认识,错误地为其办理出境证件,从而使之通过合法途径获取出境证件。这是构成本罪的核心特征,行为人只有在实施欺骗行为的情况下,才能构成骗取出境证件罪。

(二)本罪从主观上来看

骗取出境证件罪的罪过形式是故意,即明知他人用于组织偷越国(边)境犯罪,而故意为其骗取出境证件。营利并非本罪的必要构成要件。如果行为人骗取出境证件的目的不是为组织他人偷越国(边)境使用,则不构成本罪。

三、立案标准

根据公安部《关于妨害国(边)境管理犯罪案件立案标准及有关问题的通知》对骗取出境证件案的规定,以劳务输出、经贸往来或者其他名义弄虚作假,骗取护照、通行证、旅行证、海员证、签证(注)等出境证件(以下简称出境证件),为他人偷越国(边)境使用的,应当立案侦查。

骗取出境证件,具有下列情形之一的,应当立为重大案件:

(1)骗取出境证件5~19本(份、个)的;

(2)为违法犯罪分子骗取出境证件的;

(3)违法所得10万~20万元的;

(4)有其他严重情节的。

骗取出境证件,具有下列情形之一的,应当立为特别重大案件:

(1)骗取出境证件20本(份、个)以上的;

(2)违法所得20万元以上的;

(3)有其他特别严重情节的。

四、风险防范

由于现今交易活动的复杂性,涉及主体的广泛性,以及流通领域的广阔性,使附随在交易活动中的各种犯罪花样翻新,层出不穷,让人防不胜防。本罪对于一些从事进出境旅游业务或劳务输出的企业来说,属高发风险的罪名。对于本罪的防范,企业可以从以下几方面来进行。

(一)企业应当确保提交的出入境申请文件真实有效

对于从事进出境旅游业务或劳务输出业务的企业,在办理进出国(边)境证件时,严格依法依规,仔细先行审查各种申请文件的真实性,必要时要求相关人员出具承诺函,以确保所提供的证件真实有效。

(二)加强企业的法律培训,提升企业全体员工法律意识

对员工进行遵纪守法教育,特别要加强专业知识的培训与教育,不断提高员工的法律风险防范意识,增强其工作责任心和警惕性,避免知法犯法,使防范始终处于主动地位,以适应企业发展的需要。

(三)加强企业内部制度建设

强化企业内部的监管力度,中小企业应着重从制度上杜绝犯罪,及时建立健全行之有效的规章制度,改变工作制度不健全、管理较混乱的状况。同时,加强监管工作,堵塞工作上的漏洞,不给犯罪分子以可乘之机。

五、案例评析

(一)案件简介

公诉机关指控:2015 年 12 月至 2016 年 3 月,被告人周某某、周某父子为赚取利润,以代办赴澳门的商务签注为名,向 27 名拥有港澳通行证的广东籍人士以 800 ~ 2500 元不等的价格出售 40 余份湖南省株洲市签发的商务签注。

被告人周某在广东省珠海市拱北口岸和横琴口岸附近通过蔡某某、管某某、吴某某、刘某某、陈某某、黄某某、李某某等人收集了郑某某、吴某某、秦某等 27 人的港澳通行证原件、身份证和户口本复印件、个人照片等资料后安排专人送到湖南省株洲市交给被告人周某某,周某某根据办证人员的材料填写其之前找株洲市三友汽车贸易有限公司、株洲仟汇正欣家用电器服务有限公司等 10 家公司拿来的组织机构代码证、营业执照、税务登记证等复印件和盖有上述公司公章的空白劳务合同,盖有派出所公章的空白流动人口居住证明等,虚构了上述人员的株洲公司员工身份和居住证明,并将上述资料通过株洲市公安局荷塘分局办证点民警王某或株洲市公安局人口与出入境管理支队受理民警王某一提交给该队副支队长肖某某审批,从而获得上述人员的赴澳门的商务签注后出售。

周某某、周某对公诉机关指控的犯罪事实均无异议，对定性有异议，认为不构成出售出入境证件罪。

辩护人辩护称，周某某、周某的行为特征不符合出售出入境证件罪的客观要件，不构成出售出入境证件罪，不构成犯罪，只是违反行政法规。

法院经审理后认为：被告人周某某、周某以代为商务签注招揽客户，从客户手中收集往来港澳通行证后，以商务活动的名义，弄虚作假，骗取往来港澳通行证商务签注后交付给客户使用出境，其行为已构成了骗取出境证件罪。公诉机关指控周某某犯出售出入境证件罪的罪名不当，应予纠正。出售出入境证件罪在客观上表现为出售护照、签证等出入境证件的行为。所谓出售，即出卖，是指把手中的出入境证件出卖给他人，以换取金钱、财物或其他物质性利益的行为。既包括先收集、购买、骗取占为己有后再出卖，也包括将自己的护照、签证等出入境证件出卖，以实现物的所有权转移，出售的相对方是不特定的他人。周某某、周某以代办签注的名义向客户收集往来港澳通行证，并以该客户的代办人的身份向公安机关为该客户申请商务签注，骗取签注后即交付该客户使用出境，证件的权属没有转移，故被告人的行为不是出售出入境证件，不构成出售出入境证件罪。本案系共同犯罪，在共同犯罪中，周某某起主要作用，是主犯，应当按照其所参与的或者组织、指挥的全部犯罪进行处罚；被告人周某起次要作用，是从犯，应当从轻处罚。周某某如实供述自己的犯罪事实，依法可以从轻处罚。周某自动到公安机关投案，如实供述自己的罪行，是自首，依法可以从轻处罚。周某某、周某犯罪情节较轻，确有悔罪表现，没有再犯罪的危险，对其宣告缓刑对所居住的社区没有重大不良影响，可以宣告缓刑。辩护人提出的周某某不构成出售出入境证件罪的意见，法院予以采纳。据此，法院判决被告人周某某犯骗取出境证件罪，判处有期徒刑 3 年，宣告缓刑 4 年，并处罚金人民币 2 万元；判决被告人周某犯骗取出境证件罪，判处有期徒刑 1 年 6 个月，宣告缓刑 2 年，并处罚金人民币 1 万元。

（二）简要评析

从本案来看，本罪与出售出入境证件罪容易混淆，法院根据被告人的行为特点，最终认定被告人构成本罪。通常情况下，触犯本罪的多为企业中的中低层员工。其利用职务便利，通过伪造相关证明文件、填写虚假信息等方式向国家主管机关骗取出境证件，以谋取非法利益。此举损害了国家机关对出境证件的正常管理活动和对国(边)境的正常管理秩序,同时也可能会带来别的一些不可预估的危害后果,国家加大对本罪的加击力度实有必要。作为企业来说,只有依法依规地从事进出境业务,方可以避免本罪的刑事风险。

第十五章

CHAPTER 15

妨害文物管理罪的预防

127. 倒卖文物罪

一、法律规定

《刑法》第326条规定:“以牟利为目的,倒卖国家禁止经营的文物,情节严重的,处五年以下有期徒刑或者拘役,并处罚金;情节特别严重的,处五年以上十年以下有期徒刑,并处罚金。

单位犯前款罪的,对单位判处罚金,并对其直接负责的主管人员和其他直接责任人员,依照前款的规定处罚。”

二、条文释义

本条是关于倒卖文物罪及其刑事处罚的规定。所谓倒卖文物罪,是指以牟利为目的,倒卖国家禁止经营的文物,情节严重的行为。本罪的构成要件如下。

(一)本罪从客观上来看

本罪的主体为一般主体。达到一定年龄,具有刑事责任能力的自然人,以及单位均可构成本罪。

从危害行为和危害结果来看,本罪表现为倒卖国家禁止买卖的文物,情节严重的行为。

倒卖,是指以牟利为目的购买或出售,以及购买并出售国家禁止经营的文物的行为。倒卖的对象必须是国家禁止经营的文物,否则不构成本罪。同时,要求达到情节严重的程度。

情节严重,是指倒卖三级文物非法获利数额较大,或非法经营数额较大,或多次倒卖三级以下文物、倒卖三级以下文物多件等情节。而倒卖二级文物、倒卖一级文物,非法获利数额巨大、非法经营数额巨大或者倒卖稀世国宝,等等,则属于情节特别严重。

（二）本罪从主观上来看

本罪在主观方面表现为故意，且必须是以牟利为目的。

三、立案标准

根据《刑法》第326条的规定，有下列情形的，应予立案：

(1)倒卖三级文物的，非法获利数额较大的，非法经营数额较大的；

(2)多次倒卖三级以下文物、倒卖三级以下文物多件的等情节；

(3)倒卖二级文物的、倒卖一级文物的，非法获利数额巨大的、非法经营数额巨大的；

(4)倒卖稀世国宝的。

四、风险防范

本罪对于从事艺术品经营的企业来说属于高发风险的罪名。由于本罪属于故意犯罪。故对于本罪的防范，主要注意以下几个方面的问题。

（一）加强业务研究，提升识别文物的水平

从事文物经营的企业，应当加强业务研究，准确识别文物的级别，避免出现将高级别文物进行不当出售的行为。

（二）加强法律学习，提升法律意识

国家在文物管理方面制定了许多法律、法规，企业应当加强法律、法规的学习，提升法律意识，避免由于不懂法而触犯法律的情形发生。

五、案例评析

（一）案例简介

公诉机关指控：2015年6月13日，为了牟利经事前预谋，被告人李某某、魏某某、冯某某乘坐李CC(已行政处罚)驾驶的车辆从宁夏出发,分别沿路在宁夏隆德县、甘肃省平凉市、庆阳市、宁县、合水县等地的古玩城及古玩城外的地摊上低价收购文物。李某某先后收购了新石器时代的玉璜1件、清朝的光绪戊戌石印善本书2套(共计8本)、秦汉时期的铜押印1枚。魏某某收购了秦汉时期的铜押印2枚。冯某某收购了春秋时期的夔纹玉饰1块。2015年6月15日4人行驶至延安市柳林南高速路口时被查获。经延安市文物局鉴定意见,新石器时代的玉璜1件、清朝的光绪戊戌石印善本书2套(共计8本)、秦汉时期的铜押印1枚、秦汉时期的铜押印2枚、春秋时期的夔纹玉饰1块均为国家三级文物。另外,当场还查获李某某持有一般文物15件、魏某某持有一般文物5件、冯某某持有一般文物3件。

据此,公诉机关认为被告人李某某、魏某某、冯某某以牟利为目的,倒卖国家禁止经营的文物,情节严重,其3人的行为均触犯《刑法》第326条之规定,犯罪事实清楚、证据确实充分,应当以倒卖文物罪追究其3人的刑事责任,提请法院依法判处。

被告人李某某对公诉机关指控其的犯罪事实与罪名均无异议,当庭自愿认罪,并恳请法庭从轻处罚。

辩护人认为,李某某的行为不构成倒卖文物罪,第一,延安市文物研究所无权对案件涉及的文物进行鉴定,该研究所既不是司法鉴定机构,也不是国家文物局指定的机构,没有文物鉴定资质,故出具的鉴定结论无效;第二,3名被告人各自购买的物品无证据证明系国家禁止买卖的文物,并指出李某某购买的4件物品既不是盗墓或走私所得,也不是馆藏文物,而是在古玩城里购买,该古玩城是政府许可开办的古玩集中交易场所,而且司法机关并没有追究卖方的刑事责任,应推定4件物品系卖方合法所有,并依法转让给李某某,李某某取得4件物品合法,无论其是否属于文物,都不会构成"国家禁止买卖的文物";第三,3名被告人主观上没有牟利的直接故意,3名被告人是宁夏收藏协会会员,出于收藏爱好各自购买的一件或几件物品,没有出售的行为和意思表示;第四,李某某的行为即便构成犯罪,其犯罪情节轻微,应免予刑事处罚,其犯罪行为还停留在犯罪预备或未遂阶段,李某某仅有购买行为,没有出售行为,而且该犯罪行为并未造成损害后果,不具有社会危害性,且其系初犯,归案后能如实供述罪行,具有悔罪表现,也应对其减轻或者至少从轻处罚。

辩护人认为,李某某的行为不构成倒卖文物罪,其一,其主观上没有倒卖文物牟利的故意，客观上也没有将文物倒卖出售；其二，延安市文物研究所没有对文物等级进行鉴定的职能，未按我国《司法鉴定机构登记管理办法》的规定合法取得《司法鉴定许可证》，其聘请的鉴定人员王某、樊某成、杜某渊 3 人也未依法取得司法鉴定人资格，故其出具的鉴定结论书缺乏真实、客观、合法性；其三，李某某的行为即便构成犯罪，建议法庭能够考虑其认罪态度予以从轻处罚。

魏某某对公诉机关指控其的犯罪事实无异议，但认为其行为不构成犯罪，如若构成犯罪，恳请法庭从轻处罚。

辩护人认为，魏某某的行为不构成倒卖文物罪，其一，其没有事前预谋，也没有倒卖文物的事实，魏某某对文物进行了收藏，公民收藏文物不要求经营许可证及收藏证，"以牟利为目的"，根本无从谈起；其二，文物鉴定应由省级文物主管部门或者经指定的有条件的市级文物主管部门组织 3 名以上有专门知识的人参加，鉴定人应写出鉴定书或者评定书，文物鉴定应当以省级文物鉴定机构的意见为准，延安市文物研究所不具备文物鉴定资质，出具的鉴定意见不应采信；其三，即便其行为构成犯罪，建议法庭对其免于刑事处罚。

冯某某对公诉机关指控其的犯罪事实与罪名均无异议，当庭自愿认罪，并恳请法庭从轻处罚。

辩护人对冯某某的辩护意见与李某某辩护人的意见一致。

法院经审理后认为：被告人李某某、魏某某、冯某某以牟利为目的，非法收购国家禁止经营的三级文物、一般文物数件，并在运输途中即被抓获，情节严重，其行为已构成倒卖文物罪。公诉机关指控各被告人所犯罪名成立，依法应予以惩处。本案中，各被告人涉案的国家禁止经营的三级文物、一般文物数件，均未出售，未造成文物流失无法追回等严重后果，且未获利，依法可酌情从轻处罚。李某某、冯某某当庭自愿认罪，具有悔罪表现，可酌情从轻处罚，且冯某某在所在社区表现良好，无重大不良影响，故对其可适用缓刑。魏某某对指控其犯罪事实无意见，仅对罪名有意见，其在庭审辩论终结阶段，恳请法庭从轻处罚，应认定为自愿认罪，具有悔罪表现，可酌情从轻处罚。对辩护人认为，3 名被告人主观上没有以牟利为目的，也没有倒卖文物的事实，3 名被告人是宁夏收藏协会会员，出于收藏爱好各自购买的一件或几件物品，没有出售的行为和意思表示，仅出于爱好而收藏，其三人的行为不构成倒卖文物罪的辩护意见，经查，李某某、魏某某、冯某某是乘车分别在宁夏、甘肃沿途低价非法收购三级文物、一般文物，后伺机出售，从中谋取差价利润；4 辩护人向法庭提供各被告人有合法收藏证，推定购买属合法收藏行为，经核实，该收藏证是在该案案发后办理，且收藏证也不能推定3名被告人的行为属合法行为；本案中，3名被告人既有非法收购、运输的行为，也有“低价收购高价出售”从中牟利的主观故意，且《刑法》第326条中的“倒卖”，泛指非法收购、贩运、转手卖出等行为，收购或正在运输途中即被抓获，即使尚未出卖也构成本罪，故4辩护人的上述辩护意见，法院不予采纳。对4辩护人认为，延安市文物研究所无权对案件涉及的文物进行鉴定，该研究所既不是司法鉴定机构，也不是国家文物局指定的机构，没有文物鉴定资质，鉴定人员王某、樊某成、杜某渊均未依法取得司法鉴定资格，出具的鉴定结论无效的辩护意见。经查，延安市文物研究所有由国家事业单位登记管理局制发的“事业单位法人证书”，其宗旨和业务范围包含受委托进行司法鉴定的业务；1994年11月2日，陕西省文物事业管理局印发的（94）陕文物文发第51号《关于同意咸阳等地市有关同志承担文物司法鉴定工作的通知》中指定樊某成、王某等5人承担延安市（原延安地区）内公安机关、法院、检察院涉及案件的文物鉴定工作，鉴定限于三级以下文物（含三级）；按照1987年11月27日最高人民法院、最高人民检察院《关于办理盗窃、盗掘、非法经营和走私文物的案件具体应用法律的若干问题的解释》的规定，文物鉴定须文物主管部门组织有专门知识的人参加，历史学副教授杜林渊属有专门知识的人，受聘参加鉴定工作。故本案中延安市公安局宝塔分局聘请延安市文物研究所对涉案文物进行鉴定，延安市文物研究所聘请文物鉴定人樊某成、王某、杜某渊依法进行了鉴定，鉴定程序合法有效，4辩护人的上述辩护意见，法院不予采纳。对辩护人认为指控李某某、冯某某分别购买的物品不是盗墓或走私所得，也不是馆藏文物，而是在古玩城购买，该古玩城是政府许可开办的古玩集中交易场所，而且司法机关并没有追究卖方的刑事责任，应推定购买的物品系卖方合法所有，是依法转让给李某某、冯某某的，李某某、冯某某取得该物品合法，无论其是否属于文物，都不会构成“国家禁止买卖的文物”的辩护意见，经查，案发后，延安市公安局宝塔分局民警押解冯某某对涉案古玩城地点进行辨认，发现涉案平凉市崆峒区、庆阳市西峰区、宁县古玩城均已关闭，辩护人以古玩城是政府许可开办，从而推定李某某、冯某某购买的文物属合法所有，无事实和法律依据，法院不予采纳。对辩护人认为，3名被告人即便构成犯罪，因犯罪情节轻微，建议法庭免予刑事处罚的辩护意见，法院不予采纳。对辩护人认为，即便构成犯罪，建议对李某某从轻处罚的辩护意见，法院予以采纳。根据李某某、魏某某、冯某某的犯罪事实、性质、情节、认罪态度以及对社会的危害程度，法院均判决各被告人1年3个月有期徒刑，并处罚金人民币1万元。

（二）简要评析

本罪的对象是国家禁止经营的文物。对于文物的认定事关定罪量刑，必须慎重。所谓“国家禁止经营的文物”，是指受国家保护的并由国家有关主管部门核定公布的属于禁止经营的文物。1992年国家文物局等部门就曾下发《关于加强文物市场管理的通知》，规定了部分禁止经营的文物的具体范围。未经许可，不得经营的一、二、三级珍贵文物以及其他受国家保护的具有重大历史、文化、科学价值的文物。从本案来看，倒卖行为，包括了购买行为。因此，即使购买重要文物，亦可能购成本罪。故企业要防范本罪的风险，对于重要文物，应当拒绝进行交易，不但不能卖出，同样亦不能买进。

第十六章

CHAPTER 16

危害公共卫生罪的预防

128. 妨害传染病防治罪

一、法律规定

《刑法》第330条规定："违反传染病防治法的规定，有下列情形之一，引起甲类传染病传播或者有传播严重危险的，处三年以下有期徒刑或者拘役；后果特别严重的，处三年以上七年以下有期徒刑：

（一）供水单位供应的饮用水不符合国家规定的卫生标准的；

（二）拒绝按照卫生防疫机构提出的卫生要求，对传染病病原体污染的污水、污物、粪便进行消毒处理的；

（三）准许或者纵容传染病病人、病原携带者和疑似传染病病人从事国务院卫生行政部门规定禁止从事的易使该传染病扩散的工作的；

（四）拒绝执行卫生防疫机构依照传染病防治法提出的预防、控制措施的。

单位犯前款罪的，对单位判处罚金，并对其直接负责的主管人员和其他直接责任人员，依照前款的规定处罚。

甲类传染病的范围，依照《中华人民共和国传染病防治法》和国务院有关规定确定。"

二、条文释义

本条是关于妨害传染病防治罪及其刑事处罚的规定。所谓妨害传染病防治罪，是指违反传染病防治法规定，引起甲类传染病传播或者有传播严重危险的行为。本罪的构成要件如下。

（一）本罪从客观上来看

本罪的主体是一般主体。既包括达到一定年龄，具有刑事责任能力的自然人，同样也包括单位。

从危害行为和危害结果来看，本罪表现为违反国家传染病防治法规定，引起甲类传染病传播或者有传播严重危险的行为。依据《传染病防治法》的规定，本罪在具体行为方式上表现为下述4种情形：(1)供水单位供应的饮用水不符合国家规定的卫生标准的；(2)拒绝按照卫生防疫机构提出的卫生要求，对传染病病原体污染的污水、污物、粪便进行消毒处理的；(3)准许或者纵容传染病病人、病原携带者和疑似传染病病人从事国务院卫生行政部门规定禁止从事的易使该传染病扩散的工作的；(4)拒绝执行卫生防疫机构依照传染病防治法提出的预防、控制措施的。本罪属危险犯，即行为人除实施了违反传染病防治法规定的行为外，还需要造成引起甲类传染病传播或者有传播严重危险的后果。根据2004年修订的《传染病防治法》第3条规定，甲类传染病仅包括鼠疫和霍乱两种。

（二）本罪从主观上来看

本罪在主观方面表现为过失，即行为人对自己的行为引起甲类传染病传播或者有传播严重危险的结果应当预见而没有预见，或者虽有预见但轻信能够避免。但是，行为人对于自己的行为违反传染病防治规定则往往是明知的。如果行为人明知自己的行为违反传染病防治法规定且会引起甲类传染病传播或传播严重危险而仍实施的，则构成危害公共安全罪，不再以本罪论处。

三、立案标准

最高人民检察院、公安部《关于公安机关管辖的刑事案件立案追诉标准的规定(一)》第49条规定："违反传染病防治法的规定，引起甲类或者按照甲类管理的传染病传播或者有传播严重危险，涉嫌下列情形之一的，应予立案追诉：

（一）供水单位供应的饮用水不符合国家规定的卫生标准的；

（二）拒绝按照疾病预防控制机构提出的卫生要求，对传染病病原体污染的污水、污物、粪便进行消毒处理的；

（三）准许或者纵容传染病病人、病原携带者和疑似传染病病人从事国务院卫生行政部门规定禁止从事的易使该传染病扩散的工作的；

（四）拒绝执行疾病预防控制机构依照传染病防治法提出的预防、控制措施的。

本条和本规定第五十条规定的‘甲类传染病’，是指鼠疫、霍乱；‘按甲类管理的传染病’，是指乙类传染病中传染性非典型肺炎、炭疽中的肺炭疽、人感染高致病性禽流感以及国务院卫生行政部门根据需要报经国务院批准公布实施的其他需要按甲类管理的乙类传染病和突发原因不明的传染病。”

四、风险防范

正常来说，一般企业不会触犯本罪，但企业在特殊情况下有可能触犯本罪。因此，为防范本罪的刑事风险，企业主要是应当注意配合传染病防治机构的工作，按其要求布置并完成相关工作。只要注意配合传染病防治机构的工作，一般来说，此罪的刑事风险即可防范。

五、案例评析

（一）案情简介

合作市人民检察院指控：在新冠肺炎疫情发生后，甘肃省政府自2020年1月25日14时启动重大突发公共卫生时间一级响应，甘南州新型冠状病毒感染的肺炎疫情联防联控领导小组于2020年1月27日发布通告，明确要求“暂时关停各类非生活必需场所”。被告人周某某拒绝执行政府有关通告要求，在2020年1月27～30日，仍继续组织人员在其经营的居家棋牌室聚集娱乐，经流行病学调查核实，合作市确诊的6名新冠肺炎患者均在该棋牌室有过密切聚集，同时还有多人被确定为密切接触者医学留观，造成恶劣社会影响和现实巨大危害。

被告人对指控的事实及罪名均无异议。

法院经审理后认为：被告人周某某在新型冠状病毒感染的肺炎疫情防控期间，拒绝执行卫生防疫机构依照《传染病防治法》提出的预防、控制措施，引起新冠肺炎传播的严重危险，其行为已构成妨害传染病防治罪，起诉书指控的事实成立，法院予以支持。案发后周某某能够如实供述所犯罪行，自愿认罪认罚，可依法从轻处罚。故法院判决被告人周某某犯妨害传染病防治罪，判处有期徒刑6个月。

(二)简要评析

本案是在传染病疫情期间,由于被告人没有遵守传染病防治机构的规定,导致引发刑事风险。从本案来看,只要遵守传染病防治机构的规定,控制自己的行为,本罪是完全可以防范的。

129. 妨害动植物防疫、检疫罪

一、法律规定

《刑法》第337条规定:“违反有关动植物防疫、检疫的国家规定,引起重大动植物疫情的,或者有引起重大动植物疫情危险,情节严重的,处三年以下有期徒刑或者拘役,并处或者单处罚金。

单位犯前款罪的,对单位判处罚金,并对其直接负责的主管人员和其他直接责任人员,依照前款的规定处罚。”

二、条文释义

本条是关于妨害动植物防疫、检疫罪及其刑事处罚的规定。所谓妨害动植物防疫、检疫罪,是指违反动植物检疫法的规定,逃避动植物检疫,引起重大动植物疫情的行为。本罪的构成要件如下。

(一)本罪从客观上来看

本罪的主体是一般主体,凡是达到刑事责任年龄并具有刑事责任能力的自然人均可构成本罪,单位也能成为本罪主体。

从危害行为和危害结果来看,本罪表现为违反动植物检疫法的规定,逃避动植物检疫,引起重大动植物疫情的行为。

根据《进出境动植物检疫法》第46条的规定,所谓“动物”,是指饲养、野生的活动物，如畜、禽、兽等；“动物产品”，是指来自动物未经加工或者虽经加工但仍有可能传播疫病的产品，如毛类、肉类、脏器、油脂等；“植物”，是指栽培植物、野生植物及其种子、种苗及其他繁殖材料等；“植物产品”，是指来自植物未经加工或者虽经加工但仍有可能传播病虫害的产品，如粮食、豆、棉花、油、麻等；“其他检疫物”，是指动物疫苗、血清、诊断液、动植物性废弃物等。

（二）本罪从主观上来看

本罪在主观方面表现为过失。即行为人对引起重大动植物疫情这一结果是出于过失，但行为人逃避或拒绝接受国境卫生检疫检查则是故意。如果行为人对引起重大动植物疫情的结果是明知的，则应当以其他罪而不以本罪论处。

三、立案标准

最高人民检察院、公安部《关于公安机关管辖的刑事案件立案追诉标准的规定（一）》第 59 条规定：“违反进出境动植物检疫法的规定，逃避动植物检疫，涉嫌下列情形之一的，应予立案追诉：

（一）造成国家规定的《进境动物一、二类传染病、寄生虫病名录》中所列的动物疫病传入或者对农、牧、渔业生产以及人体健康、公共安全造成严重危害的其他动物疫病在国内暴发流行的；

（二）造成国家规定的《进境植物检疫性有害生物名录》中所列的有害生物传入或者对农、林业生产、生态环境以及人体健康有严重危害的其他有害生物在国内传播扩散的。”

四、风险防范

本罪对于从事进出口贸易的企业来说，尤其是从事一些动、植物进出口、海鲜、肉类以及其他食品进出口的企业，属于高发风险的罪名。当然，在特殊情况下，对于在国内进行动植物交易的企业，同样可能触犯本罪。对于从事进出口贸易的企业来说，这一罪名的防范措施与妨害国境卫生检疫罪的防范措施基本相似。对于在国内进行动植物交易的企业来说，如果从疫区向非疫区出售动植物，则进行相关交易前，应当咨询政府防疫、检疫部门，是否需要进行检验、检疫,如果要求进行检验、检疫,应当按要求进行检验、检疫。

五、案例评析

(一)案例简介

公诉机关指控:2015年10月,被告人叶某某伙同叶某为谋利,先后两次从松材线虫病疫区婺源县太白镇购入30余立方米枯死松原木,在未办理任何植物检疫等手续的情况下,非法运至非防疫区的江山市贺村镇,后被查获。经鉴定,松木样品中有松材线虫活体。经浙江省林业有害生物防治检疫局检测评估,叶某等人的行为有引起重大动植物疫情危险,情节严重。

被告人叶某某辩称对起诉书指控的罪名和事实无异议。

法院经审理后认为:被告人叶某某伙同他人违反有关动植物防疫、检疫的国家规定,有引起重大动植物疫情的危险性,情节严重,其行为已构成妨害动植物防疫、检疫罪。公诉机关的指控成立,法院予以支持。叶某某系自首,依法可以从轻处罚。综合被告人的犯罪性质、情节及社会危害程度,法院判决被告人叶某某犯妨害动植物防疫、检疫罪,判处有期徒刑8个月,缓刑1年,并处罚金人民币15,000元。

(二)简要评析

本案属于典型的妨害动植物防疫、检疫罪案例。从本案来看,如果被告人在购进松原木前,咨询过主管部门,是完全可以避免此刑事风险的。因此,作为企业来说,要防范此罪的刑事风险,尤其在特殊时期进行动植物交易前,应当咨询主管部门,只有在取得主管部门同意的情况下,才能开展交易。否则,应当停止交易。

第十七章
CHAPTER 17

破坏环境资源保护罪的预防

130. 污染环境罪

一、法律规定

《刑法》第 338 条规定："违反国家规定，排放、倾倒或者处置有放射性的废物、含传染病病原体的废物、有毒物质或者其他有害物质，严重污染环境的，处三年以下有期徒刑或者拘役，并处或者单处罚金；后果特别严重的，处三年以上七年以下有期徒刑，并处罚金。"

二、条文释义

本条是关于污染环境罪及其刑事处罚的规定。所谓污染环境罪，是指违反国家规定，排放、倾倒或者处置有放射性的废物、含传染病病原体的废物、有毒物质或者其他有害物质，严重污染环境的行为。本罪的构成要件如下。

(一)本罪从客观上来看

本罪为一般主体，自然人和单位均可构成本罪。按照《刑法》第 31 条的规定，单位犯本罪时，实行双罚制，即对单位判处罚金，并对其直接负责的主管人员和其他直接责任人员按相关条款规定判处刑罚。

本罪的危害行为和危害结果表现为违反国家规定，排放、倾倒或者处置有放射性的废物、含传染病病原体的废物、有毒物质或者其他有害物质，严重污染环境。

(二)本罪从主观上来看

本罪在主观方面只能表现为过失，故意不构成本罪。虽然行为人对其行为的主观心态是故意，但对其行为所造成的结果所表现出来的心理态度只能是过失，否则，极有可能构成危害公共安全罪。

三、立案标准

最高人民检察院、公安部印发的《关于公安机关管辖的刑事案件立案追诉标准的规定(一)》第60条规定:“违反国家规定,向土地、水体、大气排放、倾倒或者处置有放射性的废物、含传染病病原体的废物、有毒物质或者其他危险废物,造成重大环境污染事故,涉嫌下列情形之一,应予立案追诉:

(一)致使公私财产损失三十万元以上的;

(二)致使基本农田、防护林地、特种用途林地五亩以上,其他农用地十亩以上,其他土地二十亩以上基本功能丧失或者遭受永久性破坏的;

(三)致使森林或者其他林木死亡五十立方米以上,或者幼树死亡二千五百株以上的;

(四)致使一人以上死亡、三人以上重伤、十人以上轻伤,或者一人以上重伤并且五人以上轻伤的;

(五)致使传染病发生、流行或者人员中毒达到《国家突发公共卫生事件应急预案》中突发公共卫生事件分级Ⅲ级以上情形,严重危害人体健康的;

(六)其他致使公私财产遭受重大损失或者人身伤亡的严重后果的情形。

本条和本规定第六十二条规定的‘公私财产损失’,包括污染环境直接造成的财产损毁、减少的实际价值,为防止污染扩散以及消除污染而采取的必要的、合理的措施而发生的费用。”

四、风险防范

随着经济的发展,工业生产对环境的破坏越来越严重,比如各地雾霾天频发、农作物重金属超标等,环境污染不但直接危害公民健康,还造成资源浪费,为我国带来了巨大利益损失,政府十分重视对环境污染的治理和防治。虽然工业模式正在由高能耗低产出逐步向低能耗高产出方向转变,但由于技术上的瓶颈,尚不能达到对环境的零损害。在政府对污染治理的严控下,企业可从以下几点防范环境污染。

(一)加强企业环境保护教育

要求企业熟悉《环境保护法》《国家突发环境事件应急预案》《国家突发公共卫生事件应急预案》等涉及环境保护的法律法规。可以通过观看环境污染的视频、图片等,定期对职工进行环境保护教育。

(二)配备符合标准的工业废料处理设备设施

按照国家或者地方标准,配备处理工业废气、废水、废渣、噪音等的设备设施,并按照规定使用上述设备设施,对其定期检查维修、更新,保障其正常运行。

(三)环境监测

定期对企业排污、周边环境进行监测,建立污染举报平台,及时发现企业污染行为,以便早发现早预防。

(四)改变污染治理观念

不要把治理企业环境污染看作企业负担,无污染的环境不但对职工和周边群众有利,而且对企业本身也有利。因为注意环境污染,企业至少可以减少职工患职业病的风险,减少因环境污染造成周边群众集体起诉企业的风险。

五、案例评析

(一)案例简介

被告人某某、朱某容于2011年1月12日成立绵阳市珠扬化工有限公司。2017年2月,某某、朱某容在绵阳市涪城区大包梁村1组租用邓某1的房屋作为电泳加工厂房,进行生产经营。朱某容作为绵阳市珠扬化工有限公司法定代表人,主要负责财务管理等事务;某某作为绵阳市珠扬化工有限公司总经理,负责生产技术工作;被告人何某作为绵阳市珠扬化工有限公司员工,协助某某管理生产。

2017年2~4月,在无环保测评、无污水处理设备的情况下,绵阳市珠扬化工有限公司在电泳加工厂房生产加工产品,多次排污。厂房内建有一条小件处理流水线、一条大件处理流水线，小件处理流水线的每个处理桶的后面和底部设有排水管道，污水统一流入污水池，再通过电泵和铺设的管道抽排至厂房后山的干枯的堰塘内，另有部分污水溢出从墙脚流入厂房外的排水沟。大件处理流水线的每个处理桶后侧面和底部设有排水管道，污水管线穿墙将污水排入污水排放沟，再经废水排放口，进入厂外一沉积桶，水满后通过电泵和铺设的管道抽排至厂房后山的干枯的堰塘内或者自溢到旁边的田地。

绵阳市涪城区环境保护局在查处绵阳市珠扬化工有限公司上述排污行为过程中，绵阳市环境监察执法大队确定采样点，绵阳市环境监测中心站的工作人员张某3、谢某于2017年4月11日，在朱某容及见证人绵阳市涪城区城郊乡人民政府环保办主任纪某的见证下，用采样瓶分别在绵阳市珠扬化工有限公司废水排放口和厂外排水沟提取到7瓶该厂生产车间所排放的废水。绵阳市环境监测中心站对前述所提取的废水中的PH值、化学需氧量、总磷、锌和镍进行了监测，并于2017年4月19日出具了113号监测报告。该监测报告由绵阳市环境监测中心站的工作人员黄某、张某2、张某1、王某作出，其中锌的监测数据分析由张某烽协助黄某完成，采用的监测方法为电感耦合等离子发射光谱法。

法院经审理后认为，公诉机关用以证实绵阳市珠扬化工有限公司所排放的污水中锌的超标程度113号监测报告及113号监测报告的说明等证据，因存在采样重大瑕疵和适用标准错误等问题，不能作为本案定案之依据，不能证实本案的排污达到了刑法及司法解释规定的“严重污染环境”的程度，故公诉机关指控被告人某某、朱某容、何某犯污染环境罪的证据不足，法院不予支持。故法院最后判决三被告人均无罪。

（二）简要评析

从本案来看，要证明被告人的行为构成犯罪，应当有证据证明被告人有污染环境的行为；并且，还应当证明被告人污染环境应当达到严重程度。否则，不能认定被告人具有犯罪行为。本案法院认为，并没有充分证据证明环境污染达到严重程度，故判令被告人无罪。爱护环境、保护环境，已经成为全民共识，作为企业，尤其是生产经营性企业，对本罪的刑事风险应当予以高度重视。应当定期检查企业废物排放物，发现问题，及时进行整改。只有予以高度重视，才有可能杜绝本罪的刑事风险。

131. 非法处置进口的固体废物罪

一、法律规定

《刑法》第 339 条第 1 款规定:“违反国家规定,将境外的固体废物进境倾倒、堆放、处置的,处五年以下有期徒刑或者拘役,并处罚金;造成重大环境污染事故,致使公私财产遭受重大损失或者严重危害人体健康的,处五年以上十年以下有期徒刑,并处罚金;后果特别严重的,处十年以上有期徒刑,并处罚金。”

二、条文释义

本条是关于非法处置进口的固体废物罪及其刑事处罚的规定。所谓非法处置进口的固体废物罪,是指违反国家规定,将境外的固体废物进境倾倒、堆放、处置的行为。本罪的构成要件如下。

(一)本罪从客观上来看

本罪的主体为一般主体,即凡是达到刑事责任年龄具有刑事责任能力的自然人,均可构成本罪。单位也可成为本罪主体。

从危害行为和危害结果来看,本罪表现为违反国家规定,将境外的固体废物进境倾倒、堆放、处置的行为。只要行为人实施进境倾倒、堆放、处置中的任意一种行为或多种行为同时实施,都可构成本罪。

(二)本罪从主观上来看

本罪的主观特征表现为故意。过失不构成本罪。

三、立案标准

根据最高人民检察院、公安部《关于公安机关管辖的刑事案件立案追诉标准的规定(一)》第61条的规定,违反国家规定,将境外的固体废物进境倾倒、堆放、处置的,应予立案追诉。

四、风险防范

现代社会,由于科技的发展,工业生产所产生的废物越来越多,废物处置由于成本巨大,也成为各国十分头痛的问题。这就导致废物产生跨国移动的现象。企业要防范此罪的刑事风险,应当注意以下几个方面的问题。

(一)妥善处理进境货物的报废问题

企业对于进口货物,如果最后无法使用,确需报废,应当先行向政府部门申报,陈述事实情况,以确保不被列为本罪的涉嫌对象。

(二)进口物品时,及时查验进口货物

在进口物品时,应当及时查验进口货物,如果出现货物质量存在问题,应当及时处理。

五、案例评析

(一)案例简介

公诉机关指控:2012年11月,被告人肖某、袁某商量由肖某在新疆阿拉山口寻找用于冶炼冰铜原料的货源,袁某负责在黄石物色矿老板购买,二人从中获取信息费。袁某介绍被告人徐某从肖某手中购买了5车“含铜物料”(实为矿渣,属于国家明令禁止进口的固体废物)。

2012年11月27日,徐某及石某(另案处理)代表金宝公司与肖某、袁某二人签订协议,约定由袁某支付阳新县金宝矿业有限公司(以下简称金宝公司)

10万元保证金，肖某负责在阿拉山口口岸办理相关事宜。金宝公司于2012年11月27日、2013年3月4日、2013年3月26日三次从库娜手中购买了3290.405吨“含铜物料”，其中被告人徐某购得1050.98吨，并于2012年11月至2013年8月，全部用于磨粉后配矿对外出售。经黄石环境监测站鉴定该“含铜物料”属于危险废物。

被告人徐某、肖某、袁某对公诉机关指控的犯罪事实与罪名不持异议。

法院经审理后认为：被告人徐某、肖某、袁某违反国家规定，将境外的固体废物进境处置，其行为均构成非法处置进口的固体废物罪。公诉机关指控的犯罪事实清楚，证据确实、充分，罪名成立。故法院判决各被告人6～8个月不等的有期徒刑以及3万～6万元的罚金。

（二）简要评析

本罪的犯罪对象是境外的各种固体废物。本案被告人将境外的固体废物进境处置，明显成立本罪。根据1996年3月1日国家环境保护局、对外经济贸易部、海关总署、国家工商行政管理局、国家商检局联合发布的《废物进口环境保护管理暂行规定》，禁止进口境外废物在境内倾倒、堆放、处置。固体废物是指在生产建设、日常生活和其他活动中产生的污染环境的固态半固态弃废物。无论哪一种固体废物，都可成为本罪的对象。

132. 非法捕捞水产品罪

一、法律规定

《刑法》第340条规定：“违反保护水产资源法规，在禁渔区、禁渔期或者使用禁用的工具、方法捕捞水产品，情节严重的，处三年以下有期徒刑、拘役、管制或者罚金。”

二、条文释义

本条是对非法捕捞水产品罪及该罪刑事处罚的规定。所谓非法捕捞水产品罪，是指违反保护水产资源法规，在禁渔区、禁渔期或者使用禁用的工具、方法捕捞水产品，情节严重的行为。本罪的构成要件如下。

(一)本罪从客观上来看

本罪的主体是一般主体。达到刑事责任年龄且具有刑事责任能力的自然人均可构成本罪，单位也可构成本罪。

从危害行为和危害结果来看，本罪表现为违反渔业法和其他水产资源保护法规，在禁渔区、禁渔期或者使用禁用的工具、方法捕捞水产品，情节严重的行为。

禁渔区，是指由国家法令或者地方政府规定，全面禁止一切捕捞生产或禁止部分作业方式进行捕捞的水域。

禁渔期，是指政府规定的禁止或者是限制捕捞水产品的期间。

禁用的工具，禁止使用小于最小网目尺寸的网具或其他禁止使用的渔具。

禁用的方法，是指禁止采用的损害水产资源正常繁殖、生长的方法，如炸鱼、毒鱼、电鱼等。故意非法捕捞水产品的行为必须达到情节严重的程度，才构成本罪。

情节严重，主要是指非法捕捞水产品数量较大的，一贯或多次非法捕捞水产品的，为首组织或聚众非法捕捞水产品的，采用炸鱼、毒鱼、滥用电力等方法滥捕水产品，严重破坏水产资源的，非法捕捞、抗拒渔政管理的等。

(二)本罪从主观上来看

本罪在主观方面为故意。过失不构成本罪。

三、立案标准

最高人民检察院、公安部《关于公安机关管辖的刑事案件立案追诉标准的规定(一)》第63条规定："违反保护水产资源法规，在禁渔区、禁渔期或者使用禁用的工具、方法捕捞水产品，涉嫌下列情形之一的，应予立案追诉：

（一）在内陆水域非法捕捞水产品五百公斤以上或者价值五千元以上的，或者在海洋水域非法捕捞水产品二千公斤以上或者价值二万元以上的；

（二）非法捕捞有重要经济价值的水生动物苗种、怀卵亲体或者在水产种质资源保护区内捕捞水产品，在内陆水域五十公斤以上或者价值五百元以上，或者在海洋水域二百公斤以上或者价值二千元以上的；

（三）在禁渔区内使用禁用的工具或者禁用的方法捕捞的；

（四）在禁渔期内使用禁用的工具或者禁用的方法捕捞的；

（五）在公海使用禁用渔具从事捕捞作业，造成严重影响的；

（六）其他情节严重的情形。”

四、风险防范

一般企业不会发生本罪的刑事风险，但本罪对于以水产捕捞为主业的公司来说，属于高发风险罪名。本罪的防范措施也以遵守《渔业法》为主要防范方式，企业捕捞只要遵守渔业行政主管部门的要求，一般也不会发生本罪的刑事风险。

五、案例评析

（一）案例简介

公诉机关指控：2014 年 6 月 7 日左右至 2014 年 6 月 18 日，被告人陈某于禁渔期内在绍兴市上虞区曹娥街道铁路桥北侧码头曹娥江水域内，采用禁用的地笼捕鱼工具进行捕捞水产品。2014 年 6 月 19 日，陈某向绍兴市上虞区公安局投案。

陈某对公诉机关指控的犯罪事实与罪名不持异议。

法院经审理后认为：被告人陈某违反保护水产资源法规，在禁渔期内使用禁用的工具捕捞水产品，情节严重，其行为已构成非法捕捞水产品罪。公诉机关指控的罪名成立，予以支持。陈某犯罪后自动投案，如实供述犯罪事实，是自首，可依法从轻处罚。辩护人提出陈某具有上述从轻情节，可从宽处罚的辩护意见成立，予以采纳。根据陈某的犯罪事实、性质、情节、社会危害程度、悔罪表现，判决被告人陈某犯非法捕捞水产品罪，判处罚金人民币3000元。

（二）简要评析

本案中被告人在禁渔期内使用禁用的工具捕捞水产品，情节业务，其行为依法构成犯罪。但在处理本罪涉及的案件时，也应注意合法行为与犯罪的界限，就本罪而言，根据《渔业法实施细则》第19条的规定，因科学研究等特殊需要，在禁渔区、禁渔期捕捞或者使用禁用的渔具、捕捞方法，或者捕捞重点保护的渔业资源品种，只要经过省级以上人民政府渔业行政主管部门批准，即为合法，不构成本罪。

133. 非法猎捕、杀害珍贵、濒危野生动物罪

一、法律规定

《刑法》第341条第1款规定："非法猎捕、杀害国家重点保护的珍贵、濒危野生动物的，或者非法收购、运输、出售国家重点保护的珍贵、濒危野生动物及其制品的，处五年以下有期徒刑或者拘役，并处罚金；情节严重的，处五年以上十年以下有期徒刑，并处罚金；情节特别严重的，处十年以上有期徒刑，并处罚金或者没收财产。"

二、条文释义

本条是关于非法猎捕、杀害珍贵、濒危野生动物罪及其刑事处罚的规定。所谓非法猎捕、杀害珍贵、濒危野生动物罪，是指违反野生动物保护法规，猎捕、杀害国家重点保护的珍贵、濒危野生动物的行为。本罪的构成要件如下。

（一）本罪从客观上来看

本罪的主体是一般主体。达到一定年龄，具有刑事责任能力的自然人均可

构成本罪。依据《刑法》的规定,单位亦可构成本罪。

从危害行为和危害结果来看,本罪表现为非法猎捕、杀害国家重点保护的珍贵、濒危野生动物的行为。本罪属于行为犯,只要行为人违反动物保护法规,未经法定机关批准而擅自实施捕捉或者杀死国家重点保护的珍贵、濒危野生动物,其行为就构成犯罪。

"珍贵、濒危野生动物",包括列入国家重点保护野生动物名录的国家一、二级保护野生动物、列入《濒危野生动植物种国际贸易公约》附录一、附录二的野生动物以及驯养繁殖的上述物种。

(二)本罪从主观上来看

本罪在主观方面为故意。行为人实施这种犯罪,大多是以营利或获取其他非法利益为目的。过失不构成本罪。

三、立案标准

最高人民检察院、公安部《关于公安机关管辖的刑事案件立案追诉标准的规定(一)》第64条规定:"非法猎捕、杀害国家重点保护的珍贵、濒危野生动物的,应予立案追诉。本条和本规定第六十五条规定的'珍贵、濒危野生动物',包括列入《国家重点保护野生动物名录》的国家一、二级保护野生动物、列入《濒危野生动植物种国际贸易公约》附录一、附录二的野生动物以及驯养繁殖的上述物种。"

四、风险防范

本罪对于一般公司来说,发生风险的概率较低。企业只要树立保护环境、尊重生命、与动植物和平共处的理念,本罪的风险一般不会发生。

五、案例评析

(一)案例简介

海南省海口市人民检察院起诉指控:2016年10月1日,被告人何某武在未经省政府野生动物行政主管部门批准的情况下，在海口市某某区的村路边、田边、林地内放置小铁笼数个，利用蟾蜍作为诱饵猎捕眼镜蛇。同日11时许，公安机关接群众举报，当场将正在捕蛇的何某武抓获，现场缴获舟山眼镜蛇2条、中华大蟾蜍32只。经鉴定，涉案的2条舟山眼镜蛇属于《濒危野生动植物种国际贸易公约》附录二的物种，价值人民币22,500元。

何某武对公诉机关指控的罪名及犯罪事实没有异议，当庭认罪。

法院经审理后认为，被告人何某武非法猎捕国家重点保护的珍贵、濒危野生动物舟山眼镜蛇2条，其行为已构成非法猎捕珍贵、濒危野生动物罪。公诉机关指控的犯罪事实清楚，证据确实、充分，定性准确，法院予以支持。何某武到案后，如实交代其犯罪事实，认罪、悔罪态度较好，可从轻处罚。故法院判决被告人何某武犯非法猎捕珍贵、濒危野生动物罪，判处有期徒刑9个月，并处罚金2000元。

（二）简要评析

本罪的犯罪对象是国家重点保护的珍贵、濒危野生动物。这里的珍贵、濒危野生动物，根据2000年11月17日最高人民法院《关于审理破坏野生动物资源刑事案件具体应用法律若干问题的解释》第1条的规定，是指列入国家重点保护野生动物名录的国家一、二级保护野生动物、列入《濒危野生动植物种国际贸易公约》附录一、附录二的野生动物以及驯养繁殖的上述物种。只要实施了非法猎捕、杀害的行为，即构成本罪。本案中，被告人实施了非法猎捕行为，其行为即构成犯罪。

134. 非法收购、运输、出售珍贵、濒危野生动物、珍贵、濒危野生动物制品罪

一、法律规定

《刑法》第341条第1款规定："非法猎捕、杀害国家重点保护的珍贵、濒危

野生动物的，或者非法收购、运输、出售国家重点保护的珍贵、濒危野生动物及其制品的，处五年以下有期徒刑或者拘役，并处罚金；情节严重的，处五年以上十年以下有期徒刑，并处罚金；情节特别严重的，处十年以上有期徒刑，并处罚金或者没收财产。”

二、条文释义

本条是关于非法收购、运输、出售珍贵、濒危野生动物、珍贵、濒危野生动物制品罪及其刑事处罚的规定。所谓非法收购、运输、出售珍贵、濒危野生动物、珍贵、濒危野生动物制品罪，是指违反野生动物保护法规，收购、运输、出售国家重点保护的珍贵、濒危野生动物及其制品的行为。本罪的构成要件如下。

（一）本罪从客观上来看

本罪的主体是一般主体。达到一定年龄，具有刑事责任能力的自然人，以及单位均可以构成本罪。

从危害行为和危害结果来看，本罪表现为违反野生动物保护法规，收购、运输、出售珍贵、濒危野生动物及其制品的行为。

根据最高人民检察院、公安部《关于公安机关管辖的刑事案件立案追诉标准的规定（一）》第 65 条的规定，“收购”，包括以营利、自用等为目的的购买行为；“运输”，包括采用携带、邮寄、利用他人、使用交通工具等方法进行运送的行为；“出售”，包括出卖和以营利为目的的加工利用行为。

本罪是选择性罪名，只要行为人实施其中的任意一种行为，均可以构成本罪。同时，本罪是行为犯，只要行为人针对珍贵、濒危野生动物及其制品实施了收购、运输、出售的行为即构成犯罪。

（二）本罪从主观上来看

本罪在主观方面表现为故意，过失不构成本罪。

三、立案标准

根据最高人民检察院、公安部《关于公安机关管辖的刑事案件立案追诉标准的规定(一)》第65条的规定,非法收购、运输、出售国家重点保护的珍贵、濒危野生动物及其制品的,应予立案追诉。

四、风险防范

本罪对于一般公司来说,发生风险的概率较低。企业只要树立保护环境、尊重生命、与动植物和平共处的理念,本罪的风险一般不会发生。

五、案例评析

(一)案例简介

海南省人民检察院第一分院指控:2016年6月的一天,被告人李某诚以人民币100元的价格从符某(另案处理)处购买了两只活体小海龟,放在琼海市某某镇宝诚贝艺品店的家中饲养,后又将两只小海龟送给叔叔李某雄饲养,李某雄将两只海龟放在自家经营的雄记海鲜园饭店厨房的水池内饲养。其中一只海龟在饲养过程中死亡,剩下的一只海龟一直被李某雄饲养至2019年5月16日被琼海市森林公安局民警查获。经鉴定:涉案海龟活体为:绿海龟Cheloniamydas(Linnaeus,1758),隶属于脊索动物门(Chordata)、脊椎动物亚门(Vertebrata)、爬行纲(Reptilia)、龟鳖目(Testudiformes)、海龟科(Cheloniidae);绿海龟已列入《濒危野生动植物种国际贸易公约》(CITES)附录Ⅰ,世界自然保护联盟(IUCN)列为濒危物种,《中国物种红色名录》中均列为极危物种,现为国家重点保护野生动物Ⅱ级;该绿海龟为幼体龟,价值人民币4800元。李某诚于2019年6月18日经琼海市森林公安局传唤到案。

李某诚对公诉机关指控的事实及罪名无异议,其于2019年9月18日在海南省人民检察院第一分院签订了《认罪认罚具结书》,表示认罪认罚。

法院经审理后认为,被告人李某诚违反野生动物保护法的规定,收购珍贵、濒危野生动物,其行为触犯了《刑法》第341条第1款的规定,其行为已构成非法收购珍贵、濒危野生动物罪。公诉机关指控李某诚的犯罪事实清楚,证据确实、充分,罪名成立,予以支持。应当以非法收购珍贵、濒危野生动物罪追究其刑事责任。李某诚被传唤到案后能如实供述自己的罪行,依照《刑法》第67条第3款的规定，是坦白，可以从轻处罚。李某诚犯罪的主观恶性不大，情节较轻，且认罪认罚，有悔罪表现，没有再犯罪的危险，宣告李某诚缓刑对其所居住社区不会造成重大不良影响，故可宣告李某诚缓刑。公诉机关建议判处被告人李某诚拘役6个月，适用缓刑，并处罚金人民币3000元的量刑建议适当。故法院判决被告人李某诚犯非法收购珍贵、濒危野生动物罪，判处拘役6个月，缓刑1年，并处罚金人民币3000元。

（二）简要评析

本案被告人由于法律意识淡薄，收购国家重点保护的Ⅱ级野生动物，导致承担了刑事责任。作为企业来说，要防范本罪的刑事风险，除了树立保护环境、尊重生命、与动植物和平共处的理念之外，还应当加强法律知识的学习，提升法律意识。只有这样，才能远离刑事风险。

135. 非法狩猎罪

一、法律规定

《刑法》第341条第2款规定："违反狩猎法规，在禁猎区、禁猎期或者使用禁用的工具、方法进行狩猎，破坏野生动物资源，情节严重的，处三年以下有期徒刑、拘役、管制或者罚金。"

二、条文释义

本条是关于非法狩猎罪及其刑事处罚的规定。所谓非法狩猎罪，是指违反狩猎法规，在禁猎区、禁猎期或者使用禁用的工具、方法进行狩猎，破坏野生动物资源，情节严重的行为。本罪的构成要件如下。

（一）本罪从客观上来看

本罪的主体是一般主体。无论是专门从事狩猎的人员还是其他公民，只要达到刑事责任年龄、具备刑事责任能力的人，都可以构成本罪。单位亦可成为本罪主体。

从危害行为和危害结果来看，本罪表现为违反狩猎法规，在禁猎区、禁猎期或者使用禁用的工具、方法进行狩猎，破坏野生动物资源，情节严重的行为。

所谓禁猎区，是指为了保护野生动物资源，禁止狩猎的特定地区，包括永久性禁猎区和有禁猎期限的禁猎区。所谓禁猎期，是指按法定程序，规定的禁止进行狩猎活动的一定时间期限。一般是国家为了充分保护和合理利用野生动物资源，根据野生动物的繁殖和生长期，而划定的禁止狩猎的时间。

所谓禁用的工具，是指足以破坏野生动物资源，危害人畜安全以及破坏森林资源的工具。依据《野生动物保护法》《陆生野生动物保护实施条例》等相关野生动物保护的法律法规的规定，具体包括禁止使用军用武器、毒药、炸药等工具进行猎捕。

所谓禁用的方法，是指以破坏、妨害野生动物正常繁殖和生长的方法，如投毒、爆炸、火攻、烟熏、歼灭性围攻等。

（二）本罪从主观上来看

本罪在主观方面为故意，即明知是在禁猎区、禁猎期或者明知是禁止的工具、方法而进行使用，从事不法狩猎行为。过失不能构成本罪。在故意的具体认识内容上，只要求行为人认识到自己的行为具有违法性并可能对野生动物资源造成一定危害即可。

三、立案标准

最高人民检察院、公安部《关于公安机关管辖的刑事案件立案追诉标准的规定（一）》第66条规定："违反狩猎法规，在禁猎区、禁猎期或者使用禁用的工具、方法进行狩猎，破坏野生动物资源，涉嫌下列情形之一的，应予立案追诉：

（一）非法狩猎野生动物二十只以上的；

（二）在禁猎区内使用禁用的工具或者禁用的方法狩猎的；

（三）在禁猎期内使用禁用的工具或者禁用的方法狩猎的；

（四）其他情节严重的情形。"

四、风险防范

对一般企业来说,应当不会触犯本罪。但对于林业企业来说,有可能触犯本罪。要防范本罪,除了应当树立保护环境、尊重生命、与动植物和平共处的理念之外,同时还应当加强法律、法规的学习,做到知法、懂法,然后守法、依法,是完全可以防范本罪的刑事风险。

五、案例评析

(一)案例简介

徐州铁路运输检察院指控:2017 年 12 月,被告人王某虎在江苏省睢宁县魏集镇卢营村周边农田,将呋喃丹高毒农药掺入小麦后撒至农田诱捕鸟类,共捕杀野生鸟类 83 只。经国家林业局森林公安司法鉴定中心鉴定,其中有 63 只为山斑鸠,2 只为黑水鸡,均属于有重要生态、科学、社会价值的陆生野生动物(以下简称三有动物)。

王某虎对上述指控供认不讳,在开庭审理过程中无异议,无辩解,亦未提出新的证据,当庭表示自愿认罪,请求法庭对其从轻处罚。

法院认为:山斑鸠和黑水鸡均属具有重要生态、科学、社会价值的陆生野生动物,对于维持生态平衡具有重要作用。对山斑鸠等三有动物的猎杀,会使生物链遭到破坏,导致生态失衡。被告人王某虎无视上述危害性,违反狩猎法规,使用禁用的方法进行狩猎,破坏野生动物资源,情节严重,其行为已构成非法狩猎罪。公诉机关指控被告人所犯罪名成立,法院予以支持。王某虎到案后能如实供述所犯罪行,具有坦白情节,依法可以从轻处罚;其当庭自愿认罪悔罪,可以酌情从轻处罚;其采用将毒药掺入小麦撒至农田的方式猎杀鸟类,不仅实际造成鸟类死亡的危害后果,也对周边其他动物的生命健康造成威胁,手段较为恶劣,应当酌情从重处罚。睢宁县司法局出具调查评估意见书,认为王某虎具备社区矫正条件,愿意对其接收监管,对其适用缓刑不致再危害社会。综上所述,为保护野生动物资源,惩罚非法狩猎犯罪,根据王某虎的犯罪事实、性质、情节和对社会的危害后果及其认罪、悔罪表现,法院判决被告人王某虎犯非法狩猎罪，判处有期徒刑6个月，缓刑1年。

（二）简要评析

本罪侵犯的客体是国家保护野生动物资源的管理制度。《野生动物保护法》第8条规定："国家保护野生动物及其生存环境，禁止任何单位和个人非法猎捕或者破坏。"本罪的对象是指除珍贵、濒危的陆生野生动物和水生野生动物以外，有益的或者有重要经济、科学研究价值的陆生野生动物。行为人非法狩猎的对象如果涉及属于国家重点保护的珍贵、濒危野生动物，应按非法猎捕、杀害珍贵、濒危野生动物罪论处。由此可见，本罪的对象仅指一般陆生动物，即未列入《国家重点保护野生动物名录》的其他所有陆生野生动物。本案被告人猎捕的对象即被列入有重要生态、科学、社会价值的陆生野生动物名录，属于具有重要生态、科学、社会价值的陆生野生动物，法院最后即对被告人按本罪论处。

136. 非法占用农用地罪

一、法律规定

《刑法》第342条规定："违反土地管理法规，非法占用耕地、林地等农用地，改变被占用土地用途，数量较大，造成耕地、林地等农用地大量毁坏的，处五年以下有期徒刑或者拘役，并处或者单处罚金。"

二、条文释义

本文是关于非法占用农用地罪及其处罚的规定。所谓非法占用农用地罪，是指违反土地管理法规，非法占用耕地、林地等农用地，改变被占用土地用途，数量较大，造成耕地、林地等农用地大量毁坏的行为。本罪的构成要件如下。

（一）本罪从客观上来看

本罪的主体为一般主体，既可以是自然人，也可以是单位。单位非法占用农用地，主要是指单位在建设用地过程中，违反土地管理法规，非法占用其无权占用的农用地改作他用，数量较大，从而导致农用地大量毁坏的行为。按《刑法》第31条的规定，单位犯本罪时，实行双罚制，即对单位判处罚金，并对其直接负责的主管人员和其他直接责任人员按相关条款规定判处刑罚。

从危害行为和危害结果来看，本罪表现为违反土地管理法规，非法占用耕地、林地等农用地，改变被占用土地用途，数量较大，造成耕地、林地等农用地大量毁坏的行为。

按法律规定，所谓非法占用农用地，是指未经法定程序审批、登记、核发证书、确认土地使用权，而占用农用地的行为。

（二）本罪从主观上来看

本罪在主观方面表现为直接故意，即明知占用农用地改作他用的行为违反土地管理法规，而且对于占用农用地改作他用会造成大量农用地被毁坏的结果也是明知的。过失不构成本罪。

三、立案标准

最高人民检察院、公安部印发的《关于公安机关管辖的刑事案件立案追诉标准的规定（一）》第67条规定："违反土地管理法规，非法占用耕地、林地等农用地，改变被占用土地用途，造成耕地、林地等农用地大量毁坏，涉嫌下列情形之一的，应予立案追诉：

（一）非法占用基本农田五亩以上或者基本农田以外的耕地十亩以上的；

（二）非法占用防护林地或者特种用途林地数量单种或者合计五亩以上的；

（三）非法占用其他林地十亩以上的；

（四）非法占用本款第（二）项、第（三）项规定的林地，其中一项数量达到相应规定的数量标准的百分之五十以上，且两项数量合计达到该项规定的数量标准的；

（五）非法占用其他农用地数量较大的情形。

违反土地管理法规，非法占用耕地建窑、建坟、建房、挖沙、采石、采矿、取土、堆放固体废弃物或者进行其他非农业建设，造成耕地种植条件严重毁坏或者严重污染，被毁坏耕地数量达到以上规定的，属于本条规定的‘造成耕地大量毁坏’。

违反土地管理法规，非法占用林地，改变被占用林地用途，在非法占用的林地上实施建窑、建坟、建房、挖沙、采石、采矿、取土、种植农之五、堆放或者排泄废弃物等行为或者进行其他非林业生产、建设，造成林地的原有植被或者林业种植条件严重毁坏或者严重污染，被毁坏林地数量达到以上规定的，属于本条规定的‘造成林地大量毁坏’。”

四、风险防范

随着国家一系列惠农措施的实施，客观地减少了农民的各种税费，同时给予农民各种补贴，使得农民种地的积极性提高，此外房地产和工业的发展，也使得土地需求旺盛。诸多原因致使出现了大量把草原、林地开垦为耕地，将耕地变为建设用地等改变土地用途、严重破坏生态环境的行为。企业可从以下方面预防此罪。

（一）禁止下列占用土地行为

未经批准占用农用地，即未经国家土地管理机关审理，并报经人民政府批准，擅自占用农用地的。

少批多占农用地的，即部分农用地的占用是经过合法批准的，但超过批准的数量且多占农用地的数量较大的。

骗取批准而占用农用地，主要是以提供虚假文件、谎报用途或借用、盗用他人的名义申请等欺骗手段取得批准手续而占用农用地，且数量较大的。

将土地改作他用，指改变农用地的种植用途而作其他方面使用，诸如开办企业、建造住宅、筑路、采石、采矿、采土、采河，倾倒废物等。

故意造成农用地大量毁坏，是指非法占用农用地导致农用地种植功能基本丧失，如造成土地板结、沙化、盐渍化、水土严重流失、土壤肥力消失等。

（二）坚持先获批准，后使用土地原则

企业在生产经营过程中，如果要使用农用土地，应当先行获得有关部门批准，再使用土地，并且，应当在批准的用途、范围内使用土地。使用土地时应遵守城乡土地规划。此外，企业应加强环保意识，明白十年树木、百年树人的道理，明白环境保护是造福子孙后代之事。

五、案例评析

（一）案例简介

2003 年 5 月，被告人王某甲与句容市二圣镇（后合并到后白镇）西城村村委会签订租用 3 亩土地的协议，用于建设公益性公墓，租期暂定 20 年，每年交纳租金 3000 元。

2006 年 4 月 26 日，在句容市后白镇人民政府（以下简称后白镇政府）的见证下，句容市后白镇人民政府民政办公室（以下简称后白镇民政办）与王某甲签订协议，委托王某甲在句容市后白镇西城村后村自然村投资经营公益性公墓。2006 年 5 月，后白镇政府向句容市民政局申请建造规划面积为 10 亩的西城公墓，句容市民政局批复同意。后王某甲先后与后白镇西城村部分村民达成租用土地协议，在上述土地上建设西城公墓。西城公墓未取得土地建设审批等手续。

2016 年 6 月，经镇江市国土资源局鉴定，西城公墓占用集体土地 19.5 亩，其中耕地 9 亩，属于基本农田。

法院经审理，对于公诉机关指控被告人王某甲“非法占用基本农田 8.52 亩”事实是否清楚、证据是否确实充分问题查证如下：

1. 后白镇政府建墓 10 亩的申请无四至图。2006 年 5 月 10 日后白镇政府的申请文件载明：“建墓规划面积 10 亩，荒山、荒地各 5 亩，四至详见附图”，但公诉机关未能提供四至图。故无法确定指控王某甲非法占用农用地的 19.5 亩范围内规划面积 10 亩的位置，是否包含基本农田。证人林某与刘某的证言均指出当时 10 亩大概的方位，但在具体的方向上存在矛盾，且林某二次画图位置不一，刘某在土地利用现状图中指认方位程序不合法。由于无四至图，证人林某与刘某证言存在矛盾，公诉机关亦无证据证实规划面积10亩批复后，有相关人员告知王某甲建墓的四至范围。

2. 公诉机关提供了2010年、2016年的卫星云片图，据此不能认定公墓的建设轨迹，且根据本案的具体情况，亦不能以建设轨迹推定原规划10亩的四至范围。

3. 西城公墓前身是老坟山，据周某的证言，建公墓前此处有二三十座坟，王某甲占地前原土地状况未能查清；现指控王某甲非法占地的19.5亩范围里，有部分坟并非王某甲所建，不属于西城公墓，侦查机关虽在两次开庭后，带王某甲去现场进行了指认，但在第三次开庭时，辩护人又当庭提供了9份村民、村委会的书证，证明其中还有部分墓地及道路不是王某甲所建，现未能查证。

综上所述，法院认为，公诉机关指控被告人王某甲非法占用基本农田8.52亩事实不清、证据不能形成锁链，且指控王某甲主观上有非法占用农用地的犯罪故意证据不足，指控犯罪不能成立。故法院判决被告人王某甲无罪。

（二）简要评析

关于本罪是否成立，有两个重要要件：其一，行为人主观上应当具有故意；其二，非法占用农用地的面积达到一定的规模。本案中，正是因为没有证据证明上述两个条件成立，故法院判决被告人无罪。对于企业来说，进行工程建设，应当先行办理审批手续，最起码应当取得政府主管部门的同意。由于国家对于基本农田的保护力度更大，工程建筑应当回避在基本农田上进行，除非办理了征地手续。工程建设只有依法依规，才能防范本罪的刑事风险。

137. 非法采矿罪

一、法律规定

《刑法》第343条第1款规定："违反矿产资源法的规定，未取得采矿许可证擅自采矿，擅自进入国家规划矿区、对国民经济具有重要价值的矿区和他人矿区范围采矿，或者擅自开采国家规定实行保护性开采的特定矿种，情节严重的，处三年以下有期徒刑、拘役或者管制，并处或者单处罚金；情节特别严重的，处三年以上七年以下有期徒刑，并处罚金。”

二、条文释义

上述条文是关于非法采矿罪及其刑事处罚的规定。所谓非法采矿罪，是指违反矿产资源法的规定，未取得采矿许可证擅自采矿，擅自进入国家规划矿区、对国民经济具有重要价值的矿区和他人矿区范围采矿，或者擅自开采国家规定实行保护性开采的特定矿种，情节严重的行为。本罪的构成要件如下。

(一)本罪从客观上来看

本罪的主体为一般主体，自然人和单位均可构成本罪。按照《刑法》第31条的规定，单位犯本罪时，实行双罚制，即对单位判处罚金，并对其直接负责的主管人员和其他直接责任人员按相关条款规定判处刑罚。

从危害行为与危害结果来看，本罪表现为违反矿产资源法的规定，未取得采矿许可证擅自采矿，擅自进入国家规划矿区、对国民经济具有重要价值的矿区和他人矿区范围采矿，或者擅自开采国家规定实行保护性开采的特定矿种，情节严重的行为。

按《矿产资源法实施细则》的规定，所谓国家规划矿区，是指在一定时期内，根据国民经济建设的长期需要和资源分布情况，经国务院或国务院有关主管部门依法定程序审查、批准，确定列入国家矿产资源开发长期或中期规划的矿区以及作为老矿区后备资源基地的矿区。所谓“擅自在未批准矿区采矿的行为”，是指未经允许或授权，擅自进入国家规划区、对国民经济具有重要价值的矿区、他人矿区采矿的行为。根据《矿产资源法》的规定，国家对国有规划区、对国民经济具有重要价值的矿区，实行有计划开采，未经国务院有关主管部门批准，任何单位和个人不得开采；任何单位和个人不得进入他人已取得采矿权的矿山、企业矿区内采矿。

同时，按照《矿产资源法实施细则》的规定，所谓“保护性开采的特定矿种”，是指对国民经济建设、高科技发展具有特殊重要价值，资源严重稀缺，矿产品贵重或者在国际市场上占有明显优势等，在一定时期内由国家依法定程序确定的矿种；所谓“对国民经济具有重要价值的矿区”，是指对国民经济来说，经济价值重大或经济效益很高，对国家经济建设的全局性、战略性有重要影响的矿区；所谓“矿区范围”，是指矿井（露天采场）设计部门确定并依照法律程序批准的矿井四周边界的范围；所谓“无证采矿的行为”，是指没有经过法定程序取得采矿许可证而擅自采矿的；所谓“擅自开采保护矿种”，是指擅自开采国家规定实行保护性开采的特定矿种，经责令停止开采后拒不停止开采的行为；所谓“越界采矿的行为”，是指虽持有采矿许可证，但违反采矿许可证上所规定的采矿地点、范围和其他要求，擅自进入他人矿区，进行非法采矿的行为。

（二）本罪从主观上来看

本罪主观上出于故意，但不并要求行为人对法律规定的明知，过失不构成本罪。

三、立案标准

根据最高人民检察院、公安部印发的《关于公安机关管辖的刑事案件立案追诉标准的规定（一）》第68条规定：“违反矿产资源法的规定，未取得采矿许可证擅自采矿的，或者擅自进入国家规划矿区、对国民经济具有重要价值的矿区和他人矿区范围采矿的，或者擅自开采国家规定实行保护性开采的特定矿种，经责令停止开采后拒不停止开采，造成矿产资源破坏的价值数额在五万至十万元以上的，应予立案追诉。”

四、风险防范

矿产资源为国家的重要财富，关系到国计民生。因为矿产资源不可再生，而其又对国民经济建设具有巨大作用，所以只有通过科学的开采才能更加持久地服务国家经济建设。但是随着矿产资源需求市场的扩大，很多企业或者个人受巨大经济利益的驱动，在未取得采矿许可证的情况下擅自开采国家资源，加之利用极具破坏性的开采手段，使不法分子在攫取巨额经济利益的同时，破坏了矿产资源，扰乱了矿产资源开采秩序，造成生态被破坏，环境被污染。所以，国家严格打击非法采矿、破坏性采矿等犯罪行为。企业可从以下方面进行风险防范。

(一)加强对采矿有关的政策法律学习

国家为了保护环境和能源往往会采取关闭矿山、限制开发等措施,禁止或者限制采矿企业的生产经营,所以采矿企业要时刻关注国家的大政方针,做好相关预防和准备。此外,企业要加强采矿有关的法律、法规的学习,熟悉《矿产资源法》《矿产资源开采登记管理办法》《矿产资源补偿费征收管理规定》《矿产资源监督管理暂行办法》等。同时,由于下面司法解释的内容十分重要,企业应当熟知。

最高人民法院、最高人民检察院《关于办理非法采矿、破坏性采矿刑事案件适用法律若干问题的解释》第 2 条规定,具有下列情形之一的,应当认定为"未取得采矿许可证":

(1)无许可证的;

(2)许可证被注销、吊销、撤销的;

(3)超越许可证规定的矿区范围或者开采范围的;

(4)超出许可证规定的矿种的(共生、伴生矿种除外);

(5)其他未取得许可证的情形。

《矿产资源法》第 16 条规定:"开采下列矿产资源的,由国务院地质矿产主管部门审批,并颁发采矿许可证:

(一)国家规划矿区和对国民经济具有重要价值的矿区内的矿产资源;

(二)前项规定区域以外可供开采的矿产储量规模在大型以上的矿产资源;

(三)国家规定实行保护性开采的特定矿种;

(四)领海及中国管辖的其他海域的矿产资源;

(五)国务院规定的其他矿产资源。

开采石油、天然气、放射性矿产等特定矿种的,可以由国务院授权的有关主管部门审批,并颁发采矿许可证。开采第一款、第二款规定以外的矿产资源,其可供开采的矿产储量规划为中型的,由省、自治区、直辖市人民政府地质矿产主管部门审批和颁发采矿许可证。开采第一款、第二款和第三款规定以外的矿产资源的管理办法,由省、自治区、直辖市人民代表大会常务委员会依法制定。依照第三款、第四款的规定审批和颁发采矿许可证的,由省、自治区、直辖市人民政府地质矿产主管部门汇总向国务院地质矿产主管部门备案。矿产储量规模的大型、中型的划分标准，由国务院矿产储量审批机构规定。”

最高人民法院、最高人民检察院《关于办理非法采矿、破坏性采矿刑事案件适用法律若干问题的解释》第4条对一些特定行为也规定了应当以非法采矿罪定罪处罚：

(1)依据相关规定应当办理河道采砂许可证，未取得河道采砂许可证的；

(2)依据相关规定应当办理河道采砂许可证和采矿许可证，既未取得河道采砂许可证，又未取得采矿许可证的。

《矿产资源法》第20条规定：“非经国务院授权的有关主管部门的同意，不得在下列地区开采矿产资源：

(一)港口、机场、国防工程设施圈定地区以内；

(二)重要工业区、大型水利工程设施、城镇市政工程设施附近一定距离以内；

(三)铁路、重要公路两侧一定距离以内；

(四)重要河流、堤坝两侧一定距离以内；

(五)国家划定的自然保护区、重要风景区，国家重点保护的不能移动的历史文物和名胜古迹所在地；

(六)国家规定不得开采矿产资源的其他地区。”

凡违反上述规定擅自采矿的，即为非法采矿。

(二)采矿企业应依法进行生产经营

企业采矿，应严格按照国家法律规定办理采矿许可手续，禁止无证采矿。根据矿产资源保护法的规定，无论是国营矿山企业，还是乡镇集体矿山企业和个体采矿，都必须经审查批准和颁发采矿许可证。禁止无证采矿、擅自采矿、擅自开采保护矿种、越界采矿。在许可范围内采矿，应制定合理的开采方案。同时，应做好工业废料处理和利用工作，保护好环境。

五、案例评析

(一)案例简介

吉林省抚松县人民检察院起诉书指控：被告单位通化尊正实业有限公司抚

松县大方铁矿(以下简称大方铁矿)、被告人曲某东在任大方铁矿负责人期间,于2006~2009年,越界到吉林省乾源矿业开发有限责任公司的探矿区域进行非法采矿。经中国建筑材料工业地质勘查中心吉林总队勘测,大方铁矿越界开采矿石总破坏量为414,469.42吨。经吉林国地矿业权评估有限公司评估,大方铁矿越界开采造成矿产资源损失价值为4115.04万元。

被告人通化尊正实业有限公司(以下简称尊正实业)的诉讼代表人的辩解意见是:(1)起诉书指控尊正实业为"越界开采",不是无证开采或擅自开采。无法确定万良镇大方铁矿西侧矿坑是自然形成还是人为形成。(2)尊正实业不存在非法采矿行为。万良铁矿设立于1996年,注销于2007年12月,股东为万良镇政府、县林业局,一直对外租赁,不应是本案被告人。(3)认定"经责令停止开采后仍不停止开采"的证据不足。抚松县国土局出具的通知书无文字备注,不能确定针对的区域和事由而作出的,送达回证为复印件,无档案资料,真实性存疑。受送达人为"万良镇大方铁矿",而大方铁矿设立于2008年3月27日。

被告人曲某东对起诉书指控犯非法采矿罪的事实与罪名有异议,其辩解意见是:(1)公诉机关指控尊正实业犯非法采矿罪不成立,尊正实业在2008年3月大方铁矿成立前未在涉案矿坑非法开采,于2008年3月大方铁矿成立后,大方铁矿亦未在涉案矿坑内非法开采。万良铁矿、赵某俊、尊正实业(及尊正大方铁矿)是三个不同的主体,不能混为一谈。尊正实业及尊正实业大方铁矿未收到过针对越界开采的"经责令停止开采拒不停止开采"文书。(2)2006年至2008年3月,其不是非法采矿的责任人,且此前后均未安排人到涉案矿坑越界开采。(3)起诉书指控越界开采破坏矿石414,469.42吨及造成资源价值4115.04万元与事实不符,开采的不可能全是铁矿石,所以矿石总量认定不对,再者尊正实业采矿证区与乾源矿业探矿区属同一矿脉,大方铁矿采矿石中全铁含量为28%,但其中磁性铁含量只有10%,其他只能当废物排出。

辩护人的辩护意见是:

1.认定尊正实业、曲某东为2006~2009年非法采矿犯罪主体证据不足。(1)抚松县万良铁矿成立于1996年,万良镇政府于2002年以前先后多次将该矿承包他人,至2002年才租给赵某俊,2008年3月才成立大方铁矿,之前的抚松县万良铁矿与大方铁矿无承继关系。(2)认定曲某东为直接责任人证据不足。曲某东虽在万良铁矿只负责后勤、采买,"两高"2016年《关于办理非法采矿、破坏性采矿刑事案件适用法律若干问题的解释》第11条规定“对受雇为非法采矿、破坏性采矿犯罪提供劳务的人员，除参与利润分成或领取高额工资之外，一般不以犯罪论处”。

2.认定尊正实业、曲某东犯非法采矿罪客观要件证据不足。(1)吉林省测绘产品质量监督检查站作出的《测绘鉴定报告》是乾源矿业与尊正实业民事诉讼过程中取得的，该证据并没有得到最高人民法院认可，且系利害人乾源矿业提供，非公安机关侦查取得，不能作为刑事案件定案依据。(2)现有证据不能认定尊正实业收到国土部门“责令停止开采后继续开采”。卷宗中2002～2007年的《矿产资源管理公文送达回证》受送达人均为“万良镇大方铁矿”，尊正大方铁矿设立于2008年3月，送达主体不是尊正大方铁矿。送达回证为复印件，原件丢失，曲某东亦不认可，不是证明证据的真实性。(3)矿产资源破坏量的证据不足，与尊正实业无因果关系。中国建筑材料工业地质勘查中心吉林总队出具的《抚松县大方铁矿西段采坑非法采矿造成矿产资源破坏量勘测报告》依据的《吉林省抚松县大方铁矿西段详查报告》，并非侦查机关自行调查取得，而是由与尊正实业有利害关系的乾源矿业出资委托江源金石矿业有限公司出具，不能作为刑事案件定案依据。且有多个主体在开采，不能确定为尊正实业于2006～2009年在此开采。

辩护人提供的证据有：(1)抚松县万良铁矿有限责任公司的工商注册登记资料证实：该公司设立于1996年，而尊正大方铁矿成立于2008年3月，起诉书主体有误。(2)抚松县万良镇人民政府出具的证明材料：证实曲某东于2002～2007年在万良铁矿为采购员，负责后勤工作，不是万良铁矿的负责人，起诉书指控曲某东是2006～2009年尊正大方铁矿负责人不是事实。(3)证人王某君、张某利、张某伟、崔某平、周某发证明曲某东在2002～2007年在万良铁矿工作期间只担任采买、后勤，不参与矿山生产管理。(4)《鱼塘承包合同》证实：2009年4月1日，大方村与倪某龙签字承包协议，将大方村位于该村果树园南面(涉案矿坑)承包给倪某龙养鱼。该鱼塘系2003年前多年采掘、大方村修路采石而形成。

法院经审理查明：抚松县万良镇政府、抚松县林业局于1996年4月设立了抚松县万良铁矿有限责任公司(以下简称万良铁矿)。2002年6月19日，赵某俊与万良镇政府签订租赁合同，租赁万良铁矿进行生产。2008年3月27日，通化尊正实业有限公司抚松县大方铁矿成立，被告人曲某东系法人。2009年

11 月,江源县金石矿业有限责任公司受潘某发(乾源矿业公司)委托作出《吉林省抚松县大方铁矿西段详查报告》。2016 年 12 月,中国建筑材料工业地质勘查中心吉林总队勘测:“大方铁矿越界开采矿石总破坏量为 414,469.42 吨。”2017 年 1 月,吉林国地矿业权评估有限公司评估:“大方铁矿越界开采造成矿产资源损失价值为 4115.04 万元。”

法院认为,公诉机关提供的证据无法认定起诉书中指控的被告公司尊正实业、曲某东犯非法采矿罪,公诉机关指控被告人尊正实业、曲某东犯非法采矿罪的事实不清,证据不足。故法院判决被告公司通化尊正实业有限公司及被告人曲某东无罪。

(二)简要评析

从本案来看,被告人之所以遭遇非法采矿罪的刑事风险,应当说与其不规范经营有一定的关系。作为矿产企业,要进行探矿、采矿,应当具备一定的资质,才能开展相关业务。在申请探矿许可证及采矿许可证时,四至范围应当清楚明白,避免在以后开展业务过程中发生争议,甚至还有可能给自身带刑事风险。因此,只有严格按采矿许可证上确定的范围和数量进行采矿,才能从根本上避免此罪的刑事风险发生。

138. 破坏性采矿罪

一、法律规定

《刑法》第 343 条第 2 款规定:“违反矿产资源法的规定,采取破坏性的开采方法开采矿产资源,造成矿产资源严重破坏的,处五年以下有期徒刑或者拘役,并处罚金。”

二、条文释义

本条是关于破坏性采矿罪及其刑事处罚的规定。所谓破坏性采矿罪,是指违反矿产资源法的规定,采取破坏性的开采方法开采矿产资源,造成矿产资源严重破坏的行为。本罪的构成要件如下。

(一)本罪从客观上来看

本罪的主体是一般主体。任何具有刑事责任能力且达到刑事责任年龄的自然人及单位,都可成为本罪的犯罪主体。

从危害行为和危害结果来看,本罪表现为违反地质矿产主管部门审查批准的矿产资源开发利用方案开采矿产资源,并造成矿产资源严重破坏的行为。

(二)本罪从主观上来看

本罪在主观方面为故意,过失不能构成本罪。这种故意是指行为人明知其行为会造成矿产资源严重破坏的结果而仍然实施,最终导致这种结果发生的心理态度。

三、立案标准

最高人民检察院、公安部《关于公安机关管辖的刑事案件立案追诉标准的规定(一)》第69条规定:“违反矿产资源法的规定,采取破坏性的开采方法开采矿产资源,造成矿产资源严重破坏,价值在三十万至五十万元以上的,应予立案追诉。

本条规定的‘采取破坏性的开采方法开采矿产资源’,是指行为人违反地质矿产主管部门审查批准的矿产资源开发利用方案开采矿产资源,并造成矿产资源严重破坏的行为。

破坏性的开采方法以及造成矿产资源严重破坏的价值数额,由省级以上地质矿产主管部门出具鉴定结论,经查证属实后予以认定。”

四、风险防范

对于一般企业来说,本罪发生的概率较低。但对于矿山企业来说,本罪属于高发风险的罪名。对于矿山企业,防范本罪的刑事风险,应当注意以下几个方面。

(一)确保企业开采矿产资源前,取得合法的采矿许可证

按法律规定,任何企业开采矿产资源,都应当先行取得采矿许可证,禁止无证采矿。因此,矿山企业在开采矿产资源前,应当按规定申请采矿许可证。在未取得采矿许可证前,禁止采矿。

(二)确保企业按采矿许可证确定的范围进行采矿

企业采矿,应当按采矿许可证确定的范围进行采矿,禁止超范围采矿。

(三)确保企业严格按批准的开采方案进行开采

企业在开采矿产资源前,地质矿产部门会核定开发利用方案,比如,如何处理伴生矿等问题。企业应当按核定的开发利用方案进行开采,并确保方案能遵照执行。

五、案例评析

(一)案例简介

公诉机关指控:2013 年 9 月 26 日,被告人黄某涛与被告人游某波签订合作协议,约定双方合作开采博罗县龙华镇太平山林场冲坑地段陶瓷原料矿(该矿的采矿权实际已于 2011 年 9 月到期),其中游某波占 70% 的股份,黄某涛占 30% 的股份。同时,双方约定,游某波负责出资开采和销售该地段的陶瓷原料矿,黄某涛负责管理运输矿产资源车辆及协调处理该车辆的通行。至案发时为止,被告人一伙共在太平山林场冲坑地段非法开采陶瓷原料矿 11,880 吨,造成矿产资源破坏价值人民币 83.16 万元。2016 年 2 月 29 日,公安民警口头传唤游某波、黄某涛到博罗县公安局接受问话,游某波、黄某涛到案后如实供述了自己的罪行。

被告人游某波对公诉机关指控的犯罪事实、罪名以及提出的量刑建议均无异议。辩称,龙华太平山矿区是 2014 年开采,工人由其聘请,黄某涛负责车辆与通行。做了几个月都亏损,没有获利。

辩护人提出的辩护意见是:(1)游某波在共同犯罪中的作用较小。①游某

波不是本地人，不可能在当地开发矿产，实际上也是支付黄某涛现金及分成利益的前提下才取得矿产开发权；②游某波的开发成本完全由其个人全额支付，黄某涛未支付成本却获得每吨 10～15 元的现金收入；③虽然非法开采一年有余的时间，但处于亏本状态，没有获利；④相较于第二被告人的不劳而获，游某波亏损且获刑，值得同情；⑤本案中，二被告人的开采地并没有纳入任何形式的国家土地开发利用方案，即不符合破坏性采矿罪的构成要件。（2）认定二被告人犯罪的关键证据“鉴定”存在明显瑕疵。①委托不明。本案的关键证据“鉴定”到底是办案机关博罗县公安局还是主管单位博罗县国土资源局不明确，仅有的一份博罗县国土资源局委托广东省地质局第七地质大队的委托书还是一份复印件，而且广东省地质局第七地质大队作为内设机构对外不具有独立主体资格，其显然不能独立接受委托。②如上，广东省地质局第七地质大队作为内设机构不具有独立主体资格，所以很难说其具有对外鉴定资质，而且案卷中也无任何证据显示该机构具有这方面的鉴定资质。③“鉴定”结论存疑。首先，“鉴定”结论的发布单位为广东省国土资源厅，其以正式文号的广东省国土资源厅鉴定非法采矿、破坏性采矿造成矿产资源破坏价值委员会依法鉴定，凭空多出个鉴定委员会，确实让人丈二和尚摸不着头脑，而且其鉴定的价值又是依据博罗县物价局价格评估中心的评估价值，这样做出来的鉴定其真实性、科学性、客观性又有几何。（3）游某波尚具有如下酌定的从轻、减轻处罚情节：①自首；②涉嫌之罪情节轻微；③认罪态度诚恳；④无前科；⑤家中有年迈的父母及年幼子女需其养育；⑥主动认罪。综上所述，希望法院按照罪行法定和罪刑相适应原则，在合法前提下对游某波从轻、减轻或免除处罚。建议对游某波以公诉机关提出的最低刑期量刑。

被告人黄某涛对公诉机关指控的犯罪事实、罪名以及提出的量刑建议均无异议。辩称，其承包涉案矿场后，于 2014 年 9～10 月开始断断续续进行开采。与游某波合伙期间，其负责道路畅通和车辆通行，其他的由游某波负责。游某波一直都亏损。其第一次被抓，是接到家里通知后自己到公安机关自首，被拘留至 2015 年 9 月 9 日。第二次被抓，是其接到民警打来的电话后自行到公安局。

法院经审理后认为：被告人游某波、黄某涛违反国家矿产资源法的规定，结伙采取破坏性的开采方法开采矿产资源，造成矿产资源严重破坏，被告二人的行为均构成破坏性采矿罪。据此，公诉机关指控被告人游某波、黄某涛犯破坏性采矿罪的事实清楚,证据确实、充分,指控的罪名成立,法院予以支持。游某波、黄某涛在博罗县龙华镇太平山林场冲坑(新坑)矿区非法开采陶瓷用花岗斑岩矿矿石量11,880吨、造成矿产资源破坏价值人民币83.16万元的犯罪事实,有上列大量证据互相印证证实,且被告二人均对上列证据和犯罪事实无异议,足以认定。

关于游某波辩护人提出的鉴定结论异议,经查,现有证据及卷内材料中,能确定本案的鉴定结论系办案机关博罗县公安局委托博罗县国土资源局协办,再由博罗县国土资源局委托广东省国土资源厅进行鉴定。而广东省国土资源厅委托具有国家地质调查、勘查甲级资质的广东省地质局第七地质大队进行现场勘查,形成的鉴定结论经广东省国土资源厅审查确认,并以广东省国土资源厅的名义出具鉴定结论,该鉴定程序和鉴定结论,符合法律规定,应予采信,故对辩护人对鉴定结论提出的异议不予采纳。

关于辩护人提出开采地没有纳入任何形式的国家土地开发利用方案、不符合破坏性采矿罪构成要件的问题,经查,辩护人提出的开采地与国家土地开发利用方案与本罪的犯罪构成没有关联。涉案矿场的矿体为高岭石硅化花岗斑岩脉,矿石为高岭石硅化花岗斑岩,已作为陶瓷配料销售,具备一定的经济价值,该结论有广东省国土资源厅的鉴定结论认定,故对辩护人该辩护意见不予采纳。

关于游某波辩护人提出游某波在共同犯罪中作用较小的问题,经查,游某波负责开采矿石的全部出资、经营管理和具体开采行为,占股70%,所起作用及犯罪情节均大于黄某涛,故对辩护人提出游某波的犯罪情节轻于黄某涛的辩护意见不予采纳。而且,被告人的犯罪情节属于较轻而非轻微,对辩护人提出的情节轻微不予采纳。

鉴于游某波被抓获后能如实供述犯罪事实,因证据不足被取保候审期间能遵守法律规定,经传唤后自动到案并如实供述犯罪事实,是自首,依法可以从轻或减轻处罚。据此,辩护人提出被告人游某波具有自首、无前科等从轻、减轻处罚情节的辩护意见,经查证属实,予以采纳。

被告人黄某涛犯罪后自动投案,如实供述自己的罪行,属自首,因证据不足被取保候审期间能遵守法律规定,经传唤后自动到案并如实供述犯罪事实,是自首,依法可以从轻或者减轻处罚。

综上所述,法院判决被告人游某波犯破坏性采矿罪,判处有期徒刑11个月,并处罚金人民币2万元;判处被告人黄某涛犯破坏性采矿罪,判处有期徒刑

10个月，并处罚金人民币1万元。

（二）简要评析

本案中，被告人在采矿权已到期的情况下，未经批准仍然进行采矿，并且采取破坏性方法开采矿产资源，明显已构成犯罪。从本案来看，企业进行采矿前，应当取得各项采矿手续，并依规依法开采矿产资源。否则，极有可能遭遇本罪的刑事风险。

139. 非法采伐、毁坏国家重点保护植物罪

一、法律规定

《刑法》第344条规定，违反国家规定，非法采伐、毁坏珍贵树木或者国家重点保护的其他植物的，或者非法收购、运输、加工、出售珍贵树木或者国家重点保护的其他植物及其制品的，处3年以下有期徒刑、拘役或者管制，并处罚金；情节严重的，处3年以上7年以下有期徒刑，并处罚金。

二、条文释义

本条是关于非法采伐、毁坏国家重点保护植物罪及其刑事处罚的规定。所谓非法采伐、毁坏国家重点保护植物罪，是指违反国家规定，非法采伐、毁坏珍贵树木或者国家重点保护的其他植物的行为。本罪的构成要件如下。

（一）本罪从客观上来看

本罪的主体是一般主体。具备刑事责任能力且达到刑事责任年龄的自然人均可以构成本罪。单位也可以成为本罪的主体。

从危害行为和危害结果来看，本罪表现为违反国家规定，非法采伐、毁坏珍贵树木或者是国家重点保护的其他植物的行为。

（二）本罪从主观上来看

本罪在主观方面表现为故意，过失不能构成本罪。

三、立案标准

最高人民检察院、公安部《关于公安机关管辖的刑事案件立案追诉标准的规定（一）》第70条规定："违反国家规定，非法采伐、毁坏珍贵树木或者国家重点保护的其他植物的，应予立案追诉。

本条和本规定第七十一条规定的'珍贵树木或者国家重点保护的其他植物'，包括由省级以上林业主管部门或者其他部门确定的具有重大历史纪念意义、科学研究价值或者年代久远的古树名木，国家禁止、限制出口的珍贵树木以及列入《国家重点保护野生植物名录》的树木或者其他植物。"

四、风险防范

对于一般企业来说，发生本罪风险的概率较低，但也不排除一些企业为牟取暴利，触犯本罪。故要防范本罪，企业应当加强法律知识的培训，了解相关法律的规定。只有做到知法、懂法，才能降低本罪的刑事风险。

五、案例评析

（一）案例简介

海南省海口市人民检察院起诉指控：被告人黄某忠与陈某霞（已判决）经多次踩点、协商后，在没有办理林木采伐手续的情况下，分别于2009年7月29日、7月30日上午10时许至19时许，带着事先准备好的手锯、钩刀、编织袋等采伐装运工具，共骑车牌号为某某某的红色两轮摩托车到海口市某某镇、昌甘村"山大"自留山附近，由黄某忠带着手锯和钩刀进山采伐花梨树，陈某霞负责在山外望风看守摩托车，并随时接应黄某忠，两次一共非法采伐花梨树3株，毁坏花梨树1株。经鉴定，被非法采伐、毁坏的花梨树系蝶形花科黄檀属的香黄檀(别名花梨),属于国家二级重点保护植物。

被告人黄某忠对公诉机关指控的罪名及事实均无异议。

法院认为,被告人黄某忠违反国家规定,非法采伐国家重点保护植物花梨树3株,毁坏花梨树1株,情节严重,其行为已构成非法采伐、毁坏国家重点保护植物罪,应依法予以惩处。公诉机关指控的犯罪事实清楚,证据确实充分,指控的罪名成立,法院予以支持。鉴于黄某忠的认罪态度较好,依法可酌情从轻处罚。综上所述,根据黄某忠犯罪的事实、犯罪的性质、情节和对于社会的危害程度,法院判决被告人黄某忠犯非法采伐、毁坏国家重点保护植物罪,判处有期徒刑3年2个月,并处罚金人民币5000元。

（二）简要评析

本案被告人非法采伐国家重点保护的植物花梨树3株,其行为明显已成立犯罪。要防范本罪,应当加强法律、法规的学习,要明白,国家法律不但对国家保护的动物实行严格保护,对国家保护的植物同样也实行严格的保护措施。一旦破坏国家保护的动植物,极有可能会承担刑事责任。

140. 非法收购、运输、加工、出售国家重点保护植物、国家重点保护植物制品罪

一、法律规定

《刑法》第344条规定,违反国家规定,非法采伐、毁坏珍贵树木或者国家重点保护的其他植物的,或者非法收购、运输、加工、出售珍贵树木或者国家重点保护的其他植物及其制品的,处3年以下有期徒刑、拘役或者管制,并处罚金;情节严重的,处3年以上7年以下有期徒刑,并处罚金。

二、条文释义

本条是关于非法收购、运输、加工、出售国家重点保护植物、国家重点保护

植物制品罪及其刑事处罚的规定。所谓非法收购、运输、加工、出售国家重点保护植物、国家重点保护植物制品罪，是指非法收购、运输、加工、出售珍贵树木或者国家重点保护的其他植物制品的行为。本罪的构成要件如下。

（一）本罪从客观上来看

本罪的主体是一般主体，达到刑事责任年龄并具备刑事责任能力的自然人和单位均可构成本罪。

从危害行为和危害结果来看，本罪表现为非法收购、运输、加工、出售珍贵树木或者国家重点保护的其他植物制品的行为。

所谓收购，是指以金钱作价购买珍贵树木或者国家重点保护的其他植物制品。包括以营利、自用等为目的的购买行为。

所谓运输，是指在中国境内将珍贵树木或者国家重点保护的其他植物制品移转地方，包括采用携带、邮寄、使用交通工具等方法进行运送的行为。

所谓加工，是指将珍贵树木或者国家重点保护的其他植物作为原料采取雕刻等方法制成工艺品等成品，或者将珍贵树木或者国家重点保护的其他植物的半成品制成某种成品，或者将珍贵树木或者国家重点保护的其他植物的成品进行进一步的处理、美化等行为。

所谓出售，是指以牟利为目的的作价销售珍贵树木或者国家重点保护的其他植物及其制品的行为。

本罪属行为犯，只要具有非法收购、运输、加工、出售行为之一的，即以本罪论处。

（二）本罪从主观上来看

本罪在主观方面表现为故意，过失不构成本罪。

三、立案标准

根据最高人民检察院、公安部《关于公安机关管辖的刑事案件立案追诉标准的规定（一）》第 71 条的规定，违反国家规定，非法收购、运输、加工、出售珍贵树木或者国家重点保护的其他植物及其制品的，应予立案追诉。

四、风险防范

对于一般企业来说，发生本罪风险的概率较低，但对于一些特殊行业的企业，如家具行业、木材行业的企业来说，本罪则属于高发风险的罪名。对这些企业来说，要防范本罪，企业应当加强法律知识的培训，了解相关法律的规定。只有做到知法、懂法，才能降低本罪的刑事风险。

五、案例评析

(一)案例简介

海南省人民检察院第一分院指控：2016年10月，李某(另案处理)向文昌市公坡镇白秋四村村民何某(另案处理)购买了一株天然生长在该村“何氏”家族祖宗地上的沉香树，并让唐某(另案处理)帮忙介绍买主。后唐某与被告人符某奋在琼海市长坡镇一茶店喝茶时问符某奋是否要购买该树，符某奋答应到现场查看后再做决定。2016年11月的一天，李某带符某奋、唐某到现场查看了该株沉香树，符某奋明知该株沉香树是天然生长的，仍同意出价18,000元购买该株沉香树，并交代唐某帮其雇佣挖树工人。2016年11月3日，在未经林业主管部门批准许可的情况下，李某带唐某及谭某1等3名挖树工人到达现场，将该株沉香树连根挖倒，运到文昌市某某镇符某奋的苗圃内种植。采挖当天符某奋把18,000元购树款汇到李某所提供的银行账户内。经文昌市林业科学研究所调查评估，被采挖植物是沉香科沉香属的土沉香，属于国家二级重点保护野生植物。2019年5月13日，被告人符某奋经民警电话传唤到文昌市森林公安局投案。

被告人符某奋对指控事实、罪名及量刑建议没有异议且签字具结，在开庭过程中亦无异议。符某奋的辩护人的辩护意见为：(1)符某奋主动投案，并且到案后如实供述了所有案件事实，应认定为自首；(2)符某奋并不清楚购买沉香需要到林业主管部门办理林木采伐许可证，且收购涉案土沉香不是为了牟利，而是为了移植，并没有造成任何损失，且系初犯、偶犯，认罪认罚；(3)同意检察机关对符某奋的量刑建议。

法院认为，被告人符某奋违反国家森林法律法规，未经批准，擅自出资购买并采挖国家二级保护植物土沉香树一株，其行为已构成非法收购国家重点保护植物罪，应予依法惩处。公诉机关的指控成立。辩护人的辩护意见是符某奋应认定为自首，其系初犯、偶犯，且认罪认罚，同意检察机关对符某奋的量刑建议。符某奋主动投案，并如实供述其罪行，应认定为自首，且系初犯、偶犯，涉案沉香树没有被毁损，对其可以从轻处罚。符某奋自愿认罪认罚，积极预缴罚金，有悔罪表现，没有再犯罪的危险，宣告缓刑对其所居住社区也不会造成重大不良影响，故对符某奋可宣告缓刑。公诉机关的量刑意见适当。故法院判决被告人符某奋犯非法收购国家重点保护植物罪，判处有期徒刑 8 个月，缓刑 1 年，并处罚金 5000 元。

（二）简要评析

从本案来看，被告人收购的树木似乎可以认定为个人所有的财产，这容易让人产生误会，以为个人财产就不受本罪约束，但对于本罪来说，只要未经有关机关批准，收购、运输、加工、出售的对象为国家重点保护植物、国家重点保护植物制品，无论该植物或植物制品是否个人所有，均构成本罪。国家保护的是行为对象，而无论对象由谁所有。故只要是国家重点保护的植物或植物制品，就应当禁止进行收购、运输、加工和出售，否则极有可能引发本罪的刑事风险。

141. 盗伐林木罪

一、法律规定

《刑法》第 345 条第 1 款规定："盗伐森林或者其他林木，数量较大的，处三年以下有期徒刑、拘役或者管制，并处或者单处罚金；数量巨大的，处三年以上七年以下有期徒刑，并处罚金；数量特别巨大的，处七年以上有期徒刑，并处罚金。"

第 4 款规定，盗伐、滥伐国家级自然保护区内的森林或者其他林木的，从重处罚。

二、条文释义

本条是关于盗伐林木罪及其刑事处罚的规定。所谓盗伐林木罪，是指违反国家保护森林法规，以非法占有为目的，擅自砍伐国家、集体所有或者个人所有的森林或者其他林木，数量较大的行为。本罪的构成要件如下。

(一)本罪从客观上来看

本罪的主体是一般主体，凡达到一定年龄具备刑事责任能力的自然人和单位均可成为本罪的主体。

从危害行为和危害结果来看，本罪表现为违反保护森林法规，盗伐国家、集体和个人所有的森林及其他林木，数量较大的行为。

(二)本罪从主观上来看

本罪在主观方面表现为故意，且以非法占有为目的。故意的内容是指行为人明知自己对所砍伐的树木没有所有权而实施砍伐。

三、立案标准

最高人民检察院、公安部《关于公安机关管辖的刑事案件立案追诉标准的规定(一)》第 72 条规定：

“盗伐森林或者其他林木，涉嫌下列情形之一的，应予立案追诉：

(一)盗伐二至五立方米以上的；

(二)盗伐幼树一百至二百株以上的。

以非法占有为目的，具有下列情形之一的，属于本条规定的‘盗伐森林或者其他林木’：

(一)擅自砍伐国家、集体、他人所有或者他人承包经营管理的森林或者其他林木的；

(二)擅自砍伐本单位或者本人承包经营管理的森林或者其他林木的；

(三)在林木采伐许可证规定的地点以外采伐国家、集体、他人所有或者他人承包经营管理的森林或者其他林木的。

本条和本规定第七十三条、第七十四条规定的林木数量以立木蓄积计算，计算方法为：原木材积除以该树种的出材率；‘幼树’，是指胸径五厘米以下的树木。”

四、风险防范

对于一般企业来说，发生本罪风险的概率较低，但对于一些特殊行业的企业，如家具行业、木材行业的企业来说，本罪则属于高发风险的罪名。对这些企业来说，要防范本罪，企业应当加强法律知识的培训，了解相关法律的规定。只有做到知法、懂法，才能降低本罪的刑事风险。

五、案例评析

（一）案例简介

会东县人民检察院指控：2013 年凉山州林业局对会东县下达国有林中幼林抚育任务 1 万亩；接到任务后，会东县林业局严格按照森林抚育的相关技术规程进行规划、落实，确定作业区，具体落实在新云林业站平塘作业区（面积 4543.5 亩），新街林业站黑噶杉木组作业区（面积 4955.5 亩）及夹马石牧场作业区（面积 501 亩），全年度中幼林抚育设计不出材，抚育作业设计并经凉山州林业局组织专家进行评审后，并以凉林函〔2014〕1 号进行批复，同意按照年度作业设计开展国有林森林抚育工作。

接到凉山州林业局的批复后，由于其余两地国有林林权权属存在纠纷，2013 年国有林森林抚育工作只对新街林业站黑噶作业区进行抚育设计工作，根据东府阅〔2012〕14 号会议纪要及报经相关领导同意后，由中天木业公司负责实施并且由中天木业公司职工周某国作为森林抚育设计的山场负责人，会东县林业局新街林业站进行现场监管。在中天木业公司进行抚育设计作业前，会东县林业局相关人员根据作业设计规定及监管要求，明确告知中天木业公司的森林抚育山场负责人周某国及相关人员森林抚育设计作业的界限范围、方式及要求，告知其 2013 年抚育作业设计不出材，只抚育胸径小于 5cm 的林木，不准擅自新修公路，中天木业公司的山场负责人周某国明确表示同意，会东县林业局便提供了年度作业设计给中天木业公司，由中天木业公司负责组织实施森林抚育设计工作。

2014年3月，中天木业公司开始对新街林业站黑嘎杉木组国有林进行森林抚育作业，期间新街林业站工作人员在作业现场轮流进行现场监管。2014年5月1日，会东县林业局新街站站长王某某，职工唐某某两位同志在森林抚育现场与中天木业公司森林抚育山场负责人周某国再次对抚育设计作业界限进行确认，并强调中天木业公司必须按照作业设计要求进行作业，不得擅自在伐区新修建作业道路和超线采伐林木。此后，中天木业公司森林抚育山场负责人周某国在明知新修公路违反抚育设计规定的情况下，为砍伐新街林业站黑嘎杉木组国有林小地名“凉水井”处的林木，于2014年5月17～19日，擅自指挥工人在该处新修公路、砍伐林木，并于5月19日被当地村民到场阻拦，随后会东县林业部门相关人员立即赶往现场进行制止，并要求中天木业公司立即停工，期间中天木业公司将修路砍伐的部分木材运回公司加工。经会东县林业局技术人员现场勘验测算，中天木业公司山场负责人周某国指挥新修公路长为1500米，宽为4米，道路面积为6000平方米，新修公路在2013年年度森林抚育作业设计范围内，但未在2013年度作业设计中，属违反作业设计要求新修公路；新建公路砍伐后遗留在现场的林木，经现场检尺为264件（均长为2.6～4米，直径为18～32厘米不等的木材）。经鉴定，新修公路砍伐的264件木材原木材积为61.425立方米，折合立木蓄积为102.37立方米，林权为国有林，损毁的林木为云南松。

另查明，2014年5月19日至同年6月5日，中天木业公司又将经检尺后的部分涉案木材从案发现场运回公司加工生产。

被告单位中天木业公司对公诉机关指控的事实未提出异议，请求减轻处罚。

被告人周某国对公诉机关指控的事实未提出异议，请求从轻或者减轻处罚。

被告人周某国的辩护人对起诉书指控的事实无异议，提出以下几点意见：(1)本案被告人行为、情节显著较轻，应当对本案被告减轻处罚。①中天木业公司在采伐范围内修建公路，林业局现场监管工作人员是允许的；②中天木业公司森林抚育工作是没有脱离林业部门监管的；③被告人周某国服从林业部门监管，就其修路，砍树的行为，收到林业部门停止修建公路及砍树通知后，立即停止了修公路及砍树的行为。(2)本案被告人主观恶性小，可以不以犯罪论处，即使要按盗伐林木罪定罪处罚，也应当对周某国从轻减轻处罚。①本案被告人主观上只是一种过失行为，没有危害社会的恶意；②本案被告人超设计范围修路致使林木被砍伐，但被告有搞好森林抚育工作的原因。(3)本案被告人有自首的减轻处罚情节，请求对被告人从轻、减轻处罚。(4)周某国当庭自愿认罪，可以对其减轻处罚。(5)周某国是初犯，可以对其减轻处罚。(6)对周某国适用单处罚金或者缓刑。

法院经审理后认为，被告单位中天木业公司以非法占有为目的，违反保护森林法规和森林抚育作业设计要求，擅自砍伐本单位承包经营管理的森林，数量巨大，其行为已构成盗伐林木罪；被告人周某国作为会东县新街林业站黑噶杉木在国有林抚育山场的直接负责人，擅自指挥工人新修公路、砍伐林木，其行为已构成盗伐林木罪。公诉机关指控被告单位中天木业公司、被告人周某国的犯罪事实及罪名成立，法院予以支持。对辩护人提出的周某国主观恶性小，可不以犯罪论处的辩护意见，与查明事实不符，法院不予采纳。辩护人提出的周某国系自首的辩护意见，法院认为周某国在侦查机关虽有翻供行为，但系主动投案、在庭审中能如实供述，应当认定为自首，依法可以从轻或者减轻处罚，对该辩护意见法院予以采纳。辩护人提出的被告人认罪态度较好，系初犯、偶犯的辩护意见，法院予以采纳。在审理过程中，周某国自愿认罪，有悔罪表现，中天木业公司主动退缴违法所得，依法可以从轻处罚。结合会东县司法局对周某国适用非监禁刑无社会危害性的调查评估意见，法院确定对其适用非监禁刑。故法院判决被告单位会东中天木业有限公司犯盗伐林木罪，判处罚金 3 万元；判决被告人周某国犯盗伐林木罪，判处有期徒刑 3 年，缓刑 4 年，并处罚金 1 万元。

(二)简要评析

本案是单位犯盗伐林木罪的典型案例。被告单位由于法律意识淡薄，以非法占有为目的，违反森林保护法规和森林抚育作业的设计要求，在未经批准的情况下，擅自砍伐本单位承包经营管理的林木，数量巨大，其行为已明显构成盗伐林木罪。单位如不学法守法，盗伐林木，同样可能引发本罪的刑事风险。

142. 滥伐林木罪

一、法律规定

《刑法》第345条第2款规定："违反森林法的规定，滥伐森林或者其他林木，数量较大的，处三年以下有期徒刑、拘役或者管制，并处或者单处罚金；数量巨大的，处三年以上七年以下有期徒刑，并处罚金。"

第4款规定，盗伐、滥伐国家级自然保护区内的森林或者其他林木的，从重处罚。

二、条文释义

本条是关于滥伐林木罪及其刑事处罚的规定。所谓滥伐林木罪，是指违反森林法的规定，未经有关部门批准并核发采伐许可证，或者虽持有采伐许可证，但违反采伐证所规定的地点、数量、树种、方式任意采伐本单位所有或管理的，以及本人自留山上的森林或者其他林木，数量较大的行为。本罪的构成要件如下。

（一）本罪从客观上来看

本罪的犯罪主体是一般主体，可以是任何达到一定年龄，具有刑事责任能力的自然人，单位也可以构成本罪。

从危害行为和危害结果来看，根据最高人民法院《关于审理破坏森林资源刑事案件具体应用法律若干问题的解释》的规定，本罪具体表现为以下几种情形：违反国家保护森林法规，未经相关主管部门批准并核发采伐许可证，或者虽持有采伐许可证，但违反采伐证所规定的地点、数量、树种、方式任意采伐本单位、本人所有的森林或其他树木的；超过林木采伐许可证规定的数量采伐他人所有的森林或者其他林木的；林木权属争议的一方在林木权属确权前擅自采伐森林或者其他林木，数量较大的。

（二）本罪从主观上来看

本罪在主观方面为故意，即明知滥伐林木的行为会产生危害结果而有意实施滥伐行为。

三、立案标准

根据最高人民检察院、公安部《关于公安机关管辖的刑事案件立案追诉标准的规定（一）》第73条的规定，本罪的立案标准如下：

“违反森林法的规定，滥伐森林或者其他林木，涉嫌下列情形之一的，应予立案追诉：

（一）滥伐十至二十立方米以上的；

（二）滥伐幼树五百至一千株以上的。

违反森林法的规定，具有下列情形之一的，属于本条规定的‘滥伐森林或者其他林木’：

（一）未经林业行政主管部门及法律规定的其他主管部门批准并核发林木采伐许可证，或者虽持有林木采伐许可证，但违反林木采伐许可证规定的时间、数量、树种或者方式，任意采伐本单位所有或者本人所有的森林或者其他林木的；

（二）超过林木采伐许可证规定的数量采伐他人所有的森林或者其他林木的。

违反森林法的规定，在林木采伐许可证规定的地点以外，采伐本单位或者本人所有的森林或者其他林木的，除农村居民采伐自留地和房前屋后个人所有的零星林木以外，属于本条第二款第（一）项‘未经林业行政主管部门及法律规定的其他主管部门批准并核发林木采伐许可证’规定的情形。

林木权属争议一方在林木权属确权之前，擅自砍伐森林或者其他林木的，属于本条规定的‘滥伐森林或者其他林木’。

滥伐林木的数量，应在伐区调查设计允许的误差额以上计算。”

四、风险防范

对于一般企业来说，发生本罪风险的概率较低，但对于一些特殊行业的企业，如家具行业、木材行业的企业来说，本罪则属于高发风险的罪名。对这些企业来说，要防范本罪，企业应当加强法律知识的培训，了解相关法律的规定。只有做到知法、懂法，才能降低本罪的刑事风险。

五、案例评析

（一）案例简介

海南省三亚市人民检察院指控：被告单位海南全民香产品文化有限公司成立于2015年7月27日，被告人张某山为股东、监事，负责公司日常管理工作。2017年9月初，张某山经向法定代表人杨某汇报，决定在公司所属康伟山林区清理一块林地用于种植沉香苗木。后张某山在未经林业行政主管部门许可的情况下，擅自携带砍刀至五指山市××乡委会海南全民香产品文化有限公司承包的康伟山林地半山腰上砍伐林木，准备扩大种植沉香苗木。经海南省森林资源司法鉴定中心鉴定，被伐林木地块面积为1.245亩，林地1.241亩，其中Ⅱ级保护林地1.171亩为国家重点公益林（林种为防护林）；Ⅳ级保护林地0.070亩为重点商品林（林种为用材林），非林地0.004亩；被伐林木树种为天然阔叶树，株数为776株，全为胸径<5cm的林木（幼树）。

被告单位海南全民香产品文化有限公司诉讼代表人闫某森对起诉书所指控的犯罪事实及罪名没有异议。

被告人张某山对起诉书所指控的犯罪事实及罪名没有异议。

法院经审理后认为，被告单位海南全民香文化产品有限公司违反森林法的规定，在未经林业主管部门的批准并核发林木采伐许可证的情况下，被告人张某山向公司法定代表人杨某汇报后决定在五指山市××乡康伟山半山腰砍伐林木种植沉香树苗，滥伐林木幼树达776株，数量较大，被告单位海南全民香文化产品有限公司行为已构成滥伐林木罪，应依法处罚。张某山作为该公司滥伐林木的直接负责人已构成（单位）滥伐林木罪，应依法处罚。公诉机关指控被告单位海南全民香文化产品有限公司及被告人张某山犯滥伐林木罪的犯罪事实清楚,证据确实、充分,依法予以确认。张某山犯罪后主动到公安机关投案并如实供述自己的罪行,系自首,依法可以从轻或减轻处罚;张某山当庭自愿认罪,认罪、悔罪态度较好,可以酌情从轻处罚;决定对其从轻处罚。鉴于张某山具有自首、当庭自愿认罪、悔罪情节,对张某山适用缓刑对其所居住社区没有重大不良影响,亦没有社会危险性,故对其宣告缓刑。故法院判决被告单位海南全民香文化产品有限公司犯滥伐林木罪,判处罚金人民币 1 万元;判决被告人张某山犯(单位)滥伐林木罪,判处有期徒刑 1 年,缓刑 2 年,并处罚金人民币 2000 元。

(二)简要评析

本案是单位犯滥伐林木罪的典型案例。被告单位由于法律意识淡薄,在未经林业主管部门的批准并核发林木采伐许可证的情况下,违反保护森林法规,滥伐林木幼树达 776 株,其行为已明显构成盗伐林木罪。单位如不学法守法,滥伐林木,同样可能引发本罪的刑事风险。

143. 非法收购、运输盗伐、滥伐的林木罪

一、法律规定

《刑法》第 345 条第 3 款规定:"非法收购、运输明知是盗伐、滥伐的林木,情节严重的,处三年以下有期徒刑、拘役或者管制,并处或者单处罚金;情节特别严重的,处三年以上七年以下有期徒刑,并处罚金。"

二、条文释义

本条是关于非法收购、运输盗伐、滥伐的林木罪及其刑事处罚的规定。所谓非法收购、运输盗伐、滥伐的林木罪,是指以牟利为目的,在林区非法收购明

知是盗伐、滥伐的林木，情节严重的行为。本罪的构成要件如下。

(一)本罪从客观上来看

本罪的主体是一般主体，自然人和单位均可构成本罪。

从危害行为和危害结果来看，本罪表现为非法收购盗伐、滥伐的林木，情节严重的行为。收购，是指以谋取非法利益为目的，予以购买。如果行为人收购的是合法采伐的林木，则不构成本罪。情节严重，是指多次作案或收购的林木数量较大，造成恶劣社会影响等情形。

(二)本罪从主观上来看

本罪在主观方面为故意，且具有牟利目的。表现为行为人明知是盗伐、滥伐林木而予以非法收购。若行为人不知道收购的是盗伐、滥伐而来的林木，则不构成本罪。

三、立案标准

根据最高人民检察院、公安部《关于公安机关管辖的刑事案件立案追诉标准的规定(一)》第 74 条的规定，本罪的立案标准如下：

"非法收购、运输明知是盗伐、滥伐的林木，涉嫌下列情形之一的，应予立案追诉：

(一)非法收购、运输盗伐、滥伐的林木二十立方米以上或者幼树一千株以上的；

(二)其他情节严重的情形。

本条规定的'非法收购'的'明知'，是指知道或者应当知道。具有下列情形之一的，可以视为应当知道，但是有证据证明确属被蒙骗的除外：

(一)在非法的木材交易场所或者销售单位收购木材的；

(二)收购以明显低于市场价格出售的木材的；

(三)收购违反规定出售的木材的。"

四、风险防范

对于一般企业来说，发生本罪风险的概率较低，但对于一些特殊行业的企业，如家具行业、木材行业的企业来说，本罪则属于高发风险罪名。对这些企业来说，要防范本罪，企业应当加强法律知识的培训，了解相关法律的规定。只有做到知法、懂法，才能降低本罪的刑事风险。

五、案例评析

（一）案例简介

被告单位龙岩东森木业有限公司成立于2017年9月27日，被告人杨某强系公司实际管理人，负责单位木材原料收购、木材加工和产品销售。

2017年11～12月，张某1（已判刑）伙同张某2、廖某1（均已判刑）和工头邱某（已判刑）组织工人，未办理林木采伐许可证即擅自砍伐张某1购买的位于龙岩市新罗区"隔岭凉亭"山场内的松、杂原木，计立木蓄积243.0912立方米。同时越界采伐相邻的龙岩市新罗区万安镇张某3"高寨"山场内的松、杂原木，计立木蓄积32.5898立方米。

张某1以每立方米130元的运费，雇请陈某、傅某、廖某3安（均已判刑）驾驶货车，将砍伐下来的松原木从江山镇梅溪村"隔岭凉亭"山场运至龙岩市新罗区宝山的龙岩东森木业有限公司出售。杨某强在张某1未能提供木材合法来源手续的情况下，仍先行将张某16车计78.73立方米松原木收下。2017年12月26日陈某、傅某、廖某3安运输松原木途经东城××下路段时，被龙岩市新罗区税费督察大队当场查获。杨某强在得知该情况后，仍以松原木每立方米800元的价格向张某1非法收购，并于2017年12月28日至2018年1月21日，陆续将木材款计63,000元付给张某1。案发后，龙岩市公安局新罗森林分局在龙岩东森木业有限公司依法扣押杨某强非法收购的松原木计57.735立方米。

法院认为，被告单位龙岩东森木业有限公司明知他人的松原木无合法来源手续仍予以收购计原木材积78.73立方米，折立木蓄积104.97立方米，情节特别严重，其行为已构成非法收购盗伐、滥伐的林木罪。被告人杨某强负责被告单位龙岩东森木业有限公司的经营管理，对被告单位龙岩东森木业有限公司非法收购盗伐、滥伐林木的行为负有直接责任，其行为已构成非法收购盗伐、滥伐的林木罪。公诉机关指控的罪名成立，予以采纳。案发后，杨某强能主动投案并如实供述所犯罪行，属自首。且杨某强在收购前不知所收购的松原木无合法来源手续，主观恶性较小。案发后采取“补植复绿”措施恢复生态，法院予以减轻处罚。杨某强的辩护人提出非法收购的松原木数量应按证人证言就低认定为98.3立方米，与所查事实不符，法院不予采纳，其余要求减轻处罚并适用缓刑的辩护意见有理，法院予以采纳。故法院判决被告单位龙岩东森木业有限公司犯非法收购盗伐、滥伐的林木罪，判处罚金2万元；判决被告人杨某强犯非法收购盗伐、滥伐的林木罪，判处有期徒刑2年，缓刑3年，并处罚金1万元。

（二）简要评析

本案是单位犯非法收购盗伐、滥伐的林木罪的典型案例。被告单位由于法律意识淡薄，明知他人的松原木无合法来源手续仍予以收购，计原木材积78.73立方米，折立木蓄积104.97立方米，情节特别严重，其行为明显已构成非法收购盗伐、滥伐的林木罪。故，单位购买木材，应当查验出售人的相关手续，手续不全的，应当不予购买，否则可能引发本罪的刑事风险。

第十八章

CHAPTER 18

走私、贩卖、运输、制造毒品罪的预防

144. 走私、贩卖、运输、制造毒品罪

一、法律规定

《刑法》第 347 条规定："走私、贩卖、运输、制造毒品，无论数量多少，都应当追究刑事责任，予以刑事处罚。

走私、贩卖、运输、制造毒品，有下列情形之一的，处十五年有期徒刑、无期徒刑或者死刑，并处没收财产：

（一）走私、贩卖、运输、制造鸦片一千克以上、海洛因或者甲基苯丙胺五十克以上或者其他毒品数量大的；

（二）走私、贩卖、运输、制造毒品集团的首要分子；

（三）武装掩护走私、贩卖、运输、制造毒品的；

（四）以暴力抗拒检查、拘留、逮捕，情节严重的；

（五）参与有组织的国际贩毒活动的。

走私、贩卖、运输、制造鸦片二百克以上不满一千克、海洛因或者甲基苯丙胺十克以上不满五十克或者其他毒品数量较大的，处七年以上有期徒刑，并处罚金。

走私、贩卖、运输、制造鸦片不满二百克、海洛因或者甲基苯丙胺不满十克或者其他少量毒品的，处三年以下有期徒刑、拘役或者管制，并处罚金；情节严重的，处三年以上七年以下有期徒刑，并处罚金。

单位犯第二款、第三款、第四款罪的，对单位判处罚金，并对其直接负责的主管人员和其他直接责任人员，依照各该款的规定处罚。

利用、教唆未成年人走私、贩卖、运输、制造毒品，或者向未成年人出售毒品的，从重处罚。

对多次走私、贩卖、运输、制造毒品，未经处理的，毒品数量累计计算。"

二、条文释义

本条是关于走私、贩卖、运输、制造毒品罪及其刑事处罚的规定。所谓走私、贩卖、运输、制造毒品罪，是指明知是毒品而故意实施走私、贩卖、运输、制造的行为。本罪的构成要件如下。

（一）本罪从客观上来看

本罪的主体是一般主体，既可以是个人，也可以是单位。针对个人犯罪主体而言，贩卖毒品罪的主体是年满 14 周岁、具有刑事责任能力的自然人可以构成本罪。走私、运输、制造毒品罪的主体则是年满 16 周岁、具有刑事责任能力的自然人。《刑法》规定，单位亦可构成本罪。

从危害行为和危害结果来看，本罪表现为行为人进行走私、贩卖、运输、制造毒品的行为。

走私毒品，是指违反海关法规，逃避海关监管，破坏毒品管制的行为。

贩卖毒品，是指违反国家规定，出售毒品或者为了贩卖而非法收购毒品的行为。这里的“出售”，包括以毒品换取货币、以毒品支付劳务或偿还债务、以毒品交换其他商品或物品，或者居间贩卖毒品等方式。行为方式的不同、毒品来源的不同，均不影响本罪的认定。

运输毒品，是指违反国家规定，采用携带、邮寄、利用他人或者使用交通工具等方法，在我国境内非法运送毒品的行为，具体表现为转移毒品的所在地。运输毒品的手段通常包括自身携带、利用他人运输、共同运输等情形。

制造毒品，是指违反国家规定，非法利用毒品原植物直接提炼毒品或者用化学方法加工、配制毒品的行为。制造毒品的方法具体包括以下几种：一是将毒品以外的原植物作为原料，提取或制成毒品；二是毒品的精制，即去掉毒品中的不纯物，使之成为纯毒品或纯度更高的毒品；三是使用化学方法使一种毒品变为另一种毒品；四是使用物理方法改变毒品的形态；五是非法按照一定的处方针对特定人的特定情况调制毒品。

本罪是选择性罪名，凡实施了走私、贩卖、运输、制造毒品行为之一的，即以该行为确定罪名。凡实施了其中两种以上行为的，如运输、贩卖毒品，就定为运输、贩卖毒品罪，不数罪并罚。运输、贩卖同一宗毒品的，毒品数量不重复计算；

不是同一宗毒品的，毒品数量累计计算。居间介绍买卖毒品的，无论是否获利，均以贩卖毒品罪的共犯论处。走私毒品，又走私其他物品构成犯罪的，数罪并罚。

对多次走私、贩卖、运输、制造毒品，未经处理的，毒品数量累计计算。所谓“未经处理”，既包括未经刑罚处理，也包括未作行政处理。但对于犯罪已过追诉时效的，则毒品数量不再累计计算。已作过处理的，应视为已经结案。

（二）本罪从主观上来看

本罪在主观方面为故意，且是直接故意，即明知是毒品而走私、贩卖、运输、制造。过失不构成本罪。行为人只要认识到是毒品即可，至于具体是哪一种毒品、毒品的纯度等，法律不作要求。如果行为人把毒品误认为非毒品，因缺乏认识因素，就不构成犯罪。

三、立案标准

最高人民法院《关于审理毒品犯罪案件适用法律若干问题的解释》第1～4条对本罪相关情形及情节作了如下规定：

第1条规定：“走私、贩卖、运输、制造、非法持有下列毒品，应当认定为刑法第三百四十七条第二款第一项、第三百四十八条规定的‘其他毒品数量大’：

（一）可卡因五十克以上；

（二）3，4－亚甲二氧基甲基苯丙胺（MDMA）等苯丙胺类毒品（甲基苯丙胺除外）、吗啡一百克以上；

（三）芬太尼一百二十五克以上；

（四）甲卡西酮二百克以上；

（五）二氢埃托啡十毫克以上；

（六）哌替啶（度冷丁）二百五十克以上；

（七）氯胺酮五百克以上；

（八）美沙酮一千克以上；

（九）曲马多、γ－羟丁酸二千克以上；

（十）大麻油五千克、大麻脂十千克、大麻叶及大麻烟一百五十千克以上；

（十一）可待因、丁丙诺啡五千克以上；

（十二）三唑仑、安眠酮五十千克以上；

（十三）阿普唑仑、恰特草一百千克以上；

（十四）咖啡因、罂粟壳二百千克以上；

（十五）巴比妥、苯巴比妥、安钠咖、尼美西泮二百五十千克以上；

（十六）氯氮卓、艾司唑仑、地西泮、溴西泮五百千克以上；

（十七）上述毒品以外的其他毒品数量大的。

国家定点生产企业按照标准规格生产的麻醉药品或者精神药品被用于毒品犯罪的，根据药品中毒品成分的含量认定涉案毒品数量。”

第2条规定：“走私、贩卖、运输、制造、非法持有下列毒品，应当认定为刑法第三百四十七条第三款、第三百四十八条规定的‘其他毒品数量较大’：

（一）可卡因十克以上不满五十克；

（二）3,4－亚甲二氧基甲基苯丙胺（MDMA）等苯丙胺类毒品（甲基苯丙胺除外）、吗啡二十克以上不满一百克；

（三）芬太尼二十五克以上不满一百二十五克；

（四）甲卡西酮四十克以上不满二百克；

（五）二氢埃托啡二毫克以上不满十毫克；

（六）哌替啶（度冷丁）五十克以上不满二百五十克；

（七）氯胺酮一百克以上不满五百克；

（八）美沙酮二百克以上不满一千克；

（九）曲马多、γ－羟丁酸四百克以上不满二千克；

（十）大麻油一千克以上不满五千克、大麻脂二千克以上不满十千克、大麻叶及大麻烟三十千克以上不满一百五十千克；

（十一）可待因、丁丙诺啡一千克以上不满五千克；

（十二）三唑仑、安眠酮十千克以上不满五十千克；

（十三）阿普唑仑、恰特草二十千克以上不满一百千克；

（十四）咖啡因、罂粟壳四十千克以上不满二百千克；

（十五）巴比妥、苯巴比妥、安钠咖、尼美西泮五十千克以上不满二百五十千克；

（十六）氯氮卓、艾司唑仑、地西泮、溴西泮一百千克以上不满五百千克；

（十七）上述毒品以外的其他毒品数量较大的。”

第3条规定：“在实施走私、贩卖、运输、制造毒品犯罪的过程中，携带枪支、弹药或者爆炸物用于掩护的，应当认定为刑法第三百四十七条第二款第三项规定的‘武装掩护走私、贩卖、运输、制造毒品’。枪支、弹药、爆炸物种类的认定，依照相关司法解释的规定执行。

在实施走私、贩卖、运输、制造毒品犯罪的过程中，以暴力抗拒检查、拘留、逮捕，造成执法人员死亡、重伤、多人轻伤或者具有其他严重情节的，应当认定为刑法第三百四十七条第二款第四项规定的‘以暴力抗拒检查、拘留、逮捕，情节严重’。”

第4条规定：“走私、贩卖、运输、制造毒品，具有下列情形之一的，应当认定为刑法第三百四十七条第四款规定的‘情节严重’：

（一）向多人贩卖毒品或者多次走私、贩卖、运输、制造毒品的；

（二）在戒毒场所、监管场所贩卖毒品的；

（三）向在校学生贩卖毒品的；

（四）组织、利用残疾人、严重疾病患者、怀孕或者正在哺乳自己婴儿的妇女走私、贩卖、运输、制造毒品的；

（五）国家工作人员走私、贩卖、运输、制造毒品的；

（六）其他情节严重的情形。”

四、风险防范

毒品对于社会具有巨大的危害性，现今大多数人已经意识到这一问题，其也已经成为社会绝大多数人共同抵制的对象。对于一般企业来说，发生本罪风险的概率较低，但如果企业不顾法律的规定，想违法牟取暴利，同样可能引发本罪的刑事风险。因此，要防范本罪，企业应当加强法律知识的培训，尤其是应当了解涉及毒品的法律知识。只有做到知法、懂法，才能降低本罪的刑事风险。

五、案例评析

（一）案例简介

武汉市洪山区人民检察院指控：2015年1月22日，被告单位史某科技有限公司在日常经营中接洽到美国客户LISAYANG购买15克“戊巴比妥钠”

的要求，该公司业务员被告人胡某向供货商咨询并与客户谈妥 280 美元的销售价格后，向该公司销售经理被告人陈某汇报“戊巴比妥钠”是国家管制化工品，需相关单位鉴定才能通过海关。陈某指示，如客户同意就更换物品名规避海关检查。2015 年 2 月 2 日，胡某经与客户联系，为规避海关检查，以“苯磺保泰松”的名称通过中国邮政快递，从其公司实际所在地武汉市洪山区徐东大街武铁佳苑东区 3 栋 2 单元 704 室，将 15 克“戊巴比妥钠”售卖给美国客户 LISAYANG，同时在公司留存该批货物的样品，LISAYANG 于 2015 年 2 月 11 日在美国签收。经鉴定“戊巴比妥钠”为国家管制的二类精神药品。

被告单位武汉史某科技有限公司、被告人陈某及其辩护人、被告人胡某对起诉书指控的犯罪事实及罪名均不持异议。陈某辩护人的辩护意见认为：(1) 陈逢当庭自愿认罪认罚；(2) 陈某系初犯、偶犯；(3) 本案毒品数量极低，社会危害性小；(4) 陈某主观恶性极小。请求法院对其从轻处罚。

法院经审理后认为，被告单位武汉史某科技有限公司及被告人陈某、胡某明知是毒品而予以走私，其行为已构成走私毒品罪，属单位犯罪。公诉机关指控的事实及罪名成立，法院予以确认。在法院审理期间，武汉史某科技有限公司及陈某、胡某均能自愿认罪，可以酌情从轻处罚，陈某辩护人提出的相关辩护意见，法院予以采纳。故法院判决被告单位武汉史瑞凯科技有限公司犯走私毒品罪，判处罚金人民币 3000 元。判决被告人陈某犯走私毒品罪，判处拘役 6 个月，并处罚金人民币 1000 元。判决被告人胡某犯走私毒品罪，判处拘役 6 个月，并处罚金人民币 1000 元。

（二）简要评析

本案是单位犯走私、贩卖、运输、制造毒品罪的典型案例。被告单位由于法律意识淡薄，明知是毒品而予以走私，其行为明显已构成走私、贩卖、运输、制造毒品罪。故，一般单位虽然与此罪的距离较远，但如果法律意识淡薄，意图牟取暴利，同样也可能引发本罪的刑事风险。

145. 非法生产、买卖、运输制毒物品、走私制毒物品罪

一、法律规定

《刑法》第 350 条规定："违反国家规定，非法生产、买卖、运输醋酸酐、乙醚、三氯甲烷或者其他用于制造毒品的原料、配剂，或者携带上述物品进出境，情节较重的，处三年以下有期徒刑、拘役或者管制，并处罚金；情节严重的，处三年以上七年以下有期徒刑，并处罚金；情节特别严重的，处七年以上有期徒刑，并处罚金或者没收财产。

明知他人制造毒品而为其生产、买卖、运输前款规定的物品的，以制造毒品罪的共犯论处。

……"

二、条文释义

本条是关于非法生产、买卖、运输制毒物品、走私制毒物品罪及其刑事处罚的规定。所谓非法生产、买卖、运输制毒物品、走私制毒物品罪，是指反国家规定，非法生产、买卖、运输醋酸酐、乙醚、三氯甲烷或者其他用于制造毒品的原料、配剂，或者携带上述物品进出境，情节较重的行为。本罪是《刑法修正案(九)》修改确立的新罪名，取消了原来的走私制毒物品罪和非法买卖制毒物品罪两个罪名。本罪的构成要件如下。

(一)本罪从客观上来看

本罪的主体是一般主体，包括年满 16 周岁具备刑事责任能力的自然人和依法成立的单位。

从危害行为和危害结果来看，本罪表现为违反国家规定，非法生产、买卖、

运输醋酸酐、乙醚、三氯甲烷或者其他用于制造毒品的原料、配剂，或者携带上述物品进出境，情节较重的行为。

本罪的犯罪对象是国家统一管制的醋酸酐、乙醚、三氯甲烷或者其他用于制造毒品的原料或配剂。

（二）本罪从主观上来看

本罪在主观方面为故意，且为直接故意，过失不构成本罪。

三、立案标准

最高人民法院《关于审理毒品犯罪案件适用法律若干问题的解释》第7条、第8条对本罪相关情形及情节作了如下规定：

第7条规定："违反国家规定，非法生产、买卖、运输制毒物品、走私制毒物品，达到下列数量标准的，应当认定为刑法第三百五十条第一款规定的'情节较重'：

（一）麻黄碱（麻黄素）、伪麻黄碱（伪麻黄素）、消旋麻黄碱（消旋麻黄素）一千克以上不满五千克；

（二）1－苯基－2－丙酮、1－苯基－2－溴－1－丙酮、3，4－亚甲基二氧苯基－2－丙酮、羟亚胺二千克以上不满十千克；

（三）3－氧－2－苯基丁腈、邻氯苯基环戊酮、去甲麻黄碱（去甲麻黄素）、甲基麻黄碱（甲基麻黄素）四千克以上不满二十千克；

（四）醋酸酐十千克以上不满五十千克；

（五）麻黄浸膏、麻黄浸膏粉、胡椒醛、黄樟素、黄樟油、异黄樟素、麦角酸、麦角胺、麦角新碱、苯乙酸二十千克以上不满一百千克；

（六）N－乙酰邻氨基苯酸、邻氨基苯甲酸、三氯甲烷、乙醚、哌啶五十千克以上不满二百五十千克；

（七）甲苯、丙酮、甲基乙基酮、高锰酸钾、硫酸、盐酸一百千克以上不满五百千克；

（八）其他制毒物品数量相当的。

违反国家规定，非法生产、买卖、运输制毒物品、走私制毒物品，达到前款规定的数量标准最低值的百分之五十，且具有下列情形之一的，应当认定为刑法

第三百五十条第一款规定的‘情节较重’：

（一）曾因非法生产、买卖、运输制毒物品、走私制毒物品受过刑事处罚的；

（二）二年内曾因非法生产、买卖、运输制毒物品、走私制毒物品受过行政处罚的；

（三）一次组织五人以上或者多次非法生产、买卖、运输制毒物品、走私制毒物品，或者在多个地点非法生产制毒物品的；

（四）利用、教唆未成年人非法生产、买卖、运输制毒物品、走私制毒物品的；

（五）国家工作人员非法生产、买卖、运输制毒物品、走私制毒物品的；

（六）严重影响群众正常生产、生活秩序的；

（七）其他情节较重的情形。

易制毒化学品生产、经营、购买、运输单位或者个人未办理许可证明或者备案证明，生产、销售、购买、运输易制毒化学品，确实用于合法生产、生活需要的，不以制毒物品犯罪论处。”

第 8 条规定：“违反国家规定，非法生产、买卖、运输制毒物品、走私制毒物品，具有下列情形之一的，应当认定为刑法第三百五十条第一款规定的‘情节严重’：

（一）制毒物品数量在本解释第七条第一款规定的最高数量标准以上，不满最高数量标准五倍的；

（二）达到本解释第七条第一款规定的数量标准，且具有本解释第七条第二款第三项至第六项规定的情形之一的；

（三）其他情节严重的情形。

违反国家规定，非法生产、买卖、运输制毒物品、走私制毒物品，具有下列情形之一的，应当认定为刑法第三百五十条第一款规定的‘情节特别严重’：

（一）制毒物品数量在本解释第七条第一款规定的最高数量标准五倍以上的；

（二）达到前款第一项规定的数量标准，且具有本解释第七条第二款第三项至第六项规定的情形之一的；

（三）其他情节特别严重的情形。”

四、风险防范

对于一般企业来说，发生本罪风险的概率较低，但对于一些化工或医药企业来说，本罪属于高发风险的罪名。因此，该类企业要防范本罪，应当加强企业原料交易的管理，尤其是对于能直接生产毒品的原料，更应当建立审批及跟踪制度，做到来有源，去有痕，可查可追。同时，应当加强法律知识的培训，尤其是应当了解涉及毒品的法律知识。只有做到知法、懂法，才能降低本罪的刑事风险。

五、案例评析

（一）案例简介

上海市普陀区人民检察院指控：2018 年 3 月 9 日，被告人梁某森在未依法取得危险化学品经营许可证及未依法向公安机关备案的情况下，向同未依法备案的曾某某（另案处理）出售盐酸。2018 年 3 月 23 日，公安机关在曾某某的公司厂房内，当场查获了曾某某从梁某森处购买的盐酸 4 桶，净重 100 余千克。

2018 年 3 月 23 日，梁某森又在未依法取得危险化学品经营许可证及未依法向公安机关备案的情况下，向同未依法备案的被告人金某国、廖某秀出售盐酸。同年 3 月 27 日，公安机关在金某国、廖某秀位于本市闵行区涞亭北路 705 弄九星家具市场三楼仓库内，当场查获了金某国、廖某秀从梁某森处购买的盐酸 48 桶，净重 1100 余千克。

2018 年 3 月 24 日，梁某森向公安机关主动投案，同年 3 月 27 日，金某国、廖某秀被公安机关抓获到案。到案后，梁某森如实供述上述事实，金某国、廖某秀在审查起诉期间否认主要犯罪事实。

庭审中，梁某森对起诉书指控的犯罪事实和罪名无异议，表示自愿认罪。辩护人对起诉书指控的主要犯罪事实和罪名无异议，提出本案梁某森出售的红药水系在盐酸中添加了多种成分后制成的清洗剂，属于清洁产品，不应当计入本案盐酸数量中，梁某森有自首情节，到案后有悔罪表现，建议对其从轻处罚。

金某国对起诉书指控的犯罪事实无异议，但辩解不清楚盐酸系易制毒化学品。辩护人对起诉书指控的犯罪事实无异议,提出金某国有买卖盐酸的客观行为,但主观上不明知盐酸系易制毒化学品,被告人的行为不构成非法买卖制毒物品罪;如果法庭认定金某国的行为构成犯罪,提出被告人系犯罪未遂,建议对其减轻处罚并适用缓刑。

廖某秀对起诉书指控的犯罪事实和罪名无异议,表示自愿认罪。辩护人对起诉书指控的犯罪事实无异议,提出廖某秀有买卖盐酸的客观行为,但主观上不明知盐酸系易制毒化学品,被告人的行为不构成非法买卖制毒物品罪;如果法庭认定廖某秀的行为构成犯罪,提出被告人系犯罪未遂,建议对其减轻处罚并适用缓刑。

法院经审理后认为,上海怀森实业有限公司违反国家规定,非法买卖易制毒物品盐酸1200余千克;上海昌豪酒店用品经营部、上海沁豪实业有限公司违反国家规定,非法买卖易制毒物品盐酸1100余千克,情节严重,其行为均已构成非法买卖制毒物品罪,被告人梁某森系怀森公司实际经营负责人、被告人金某国、廖某秀系昌豪经营部、沁豪公司的实际经营负责人,均应当对单位犯罪承担直接负责的主管人员责任,上海市普陀区人民检察院指控的犯罪事实和罪名成立。

梁某森供述称红药水和洗石水实际都是掺水的盐酸,只是称谓不一,均应计入犯罪数量予以处罚,辩护人的相关意见不予采纳。

金某国、廖某秀购买的盐酸非用于自己合法生产、生活需要,而是为了加价出售,同时现有证据证实被告人已经将部分盐酸予以出售,系犯罪既遂,辩护人的相关意见不予采纳。

金某国负责联系业务,廖某秀负责进货和销售,本案所涉盐酸系廖某秀购入而后对外出售,廖某秀在共同犯罪中起主要作用,系主犯,依法应当按照其参与的全部犯罪处罚;金某国在共同犯罪中系次要作用,系从犯,依法应当减轻处罚。梁某森有自首情节;金某国、廖某秀如实供述犯罪事实,依法可以从轻处罚。金某国、廖某秀买卖的盐酸未流入制毒工厂,依法可以酌情从轻处罚,其中对廖某秀可以适用缓刑予以考验。梁某森的辩护人提出梁某森有自首情节,建议从轻处罚的意见予以采纳;金某国、廖某秀的辩护人提出无罪的意见不予采纳。故法院判决被告人梁某森犯非法买卖制毒物品罪,判处有期徒刑3年,并处罚金人民币1万元;判决被告人金某国犯非法买卖制毒物品罪,判处有期徒刑1年8个月,并处罚金人民币5000元;判决被告人廖某秀犯非法买卖制毒物品罪，判处有期徒刑3年，缓刑3年，并处罚金人民币1万元。

（二）简要评析

本案属于单位犯罪，法院在最后的说理部分也确认了这一事实。由于法院认为被告人梁某森系怀森公司实际经营负责人、被告人金某国、廖某秀系昌豪经营部、沁豪公司的实际经营负责人，均应当对单位犯罪承担直接负责的主管人员责任，故法院对几位被告人均以直接责任人予以判处有期徒刑。从本案来看，如果单位，尤其是一些化工企业，由于涉及各类型原料太多，如果管理不善，是极容易引发本罪的刑事风险。

第十九章

CHAPTER 19

贪污、贿赂罪的预防

146. 贪污罪(国有公司、企业人员作为犯罪主体)

一、法律规定

《刑法》第382条规定:"国家工作人员利用职务上的便利,侵吞、窃取、骗取或者以其他手段非法占有公共财物的,是贪污罪。

受国家机关、国有公司、企业、事业单位、人民团体委托管理、经营国有财产的人员,利用职务上的便利,侵吞、窃取、骗取或者以其他手段非法占有国有财物的,以贪污论。

与前两款所列人员勾结,伙同贪污的,以共犯论处。"

第383条规定:"对犯贪污罪的,根据情节轻重,分别依照下列规定处罚:

(一)贪污数额较大或者有其他较重情节的,处三年以下有期徒刑或者拘役,并处罚金。

(二)贪污数额巨大或者有其他严重情节的,处三年以上十年以下有期徒刑,并处罚金或者没收财产。

(三)贪污数额特别巨大或者有其他特别严重情节的,处十年以上有期徒刑或者无期徒刑,并处罚金或者没收财产;数额特别巨大,并使国家和人民利益遭受特别重大损失的,处无期徒刑或者死刑,并处没收财产。

对多次贪污未经处理的,按照累计贪污数额处罚。

犯第一款罪,在提起公诉前如实供述自己罪行、真诚悔罪、积极退赃,避免、减少损害结果的发生,有第一项规定情形的,可以从轻、减轻或者免除处罚;有第二项、第三项规定情形的,可以从轻处罚。

犯第一款罪,有第三项规定情形被判处死刑缓期执行的,人民法院根据犯罪情节等情况可以同时决定在其死刑缓期执行二年期满依法减为无期徒刑后,终身监禁,不得减刑、假释。"

二、条文释义

上述法条是关于贪污罪及其刑事处罚的规定。所谓贪污罪，是指国家工作人员和受国家机关、国有公司、企业、事业单位、人民团体委托管理、经营国有财产的人员，利用职务上的便利，侵吞、窃取、骗取或者以其他手段非法占有公共财物的行为。本罪的构成要件如下。

（一）本罪从客观上来看

本罪的主体为特殊主体，即犯罪的主体是国家工作人员。按照《刑法》第93条的规定，其主要包括以下人员：(1)国家机关工作人员；(2)国有公司、企业、事业单位、人民团体中从事公务的人员；(3)国家机关、国有公司、企业、事业单位、人民团体委派到非国有公司、企业、事业单位、社会团体中从事公务的人员；(4)其他照法律从事公务的人员。2000年4月29日全国人民代表大会常务委员会《关于〈中华人民共和国刑法〉第九十三条第二款的解释》规定：村民委员会等村基层组织人员协助人民政府从事下列行政管理工作，属于《刑法》第93条第2款规定的"其他依照法律从事公务的人员"：(1)救灾、抢险、防汛、优抚、扶贫、移民、救济款物的管理；(2)社会捐助公益事业款物的管理；(3)国有土地的经营和管理；(4)土地征用补偿费用的管理；(5)代征、代缴税款；(6)有关计划生育、户籍、征兵工作；(7)协助人民政府从事的其他行政管理工作。除上述立法解释确定的人员之外，其他依照法律从事公务的人员，还包括：(1)依法履行职责的各级人民代表大会代表；(2)依法履行职责的各级人民政协委员；(3)依法履行审判职责的人民陪审员；(4)协助乡镇人民政府、街道办事处从事行政管理工作的村民委员会、居民委员会等农村和城市基层组织人员；(5)其他由法律授权从事公务的人员。按照《刑法》的规定，国有保险公司的工作人员和国有保险公司委派到非国有保险公司从事公务的人员利用职务上的便利，故意编造未曾发生的保险事故进行虚假理赔，骗取保险金归自己所有的，以贪污罪追究刑事责任。国有公司、企业或者其他国有单位中从事公务的人员和国有公司、企业或者其他国有单位委派到非国有公司、企业以及其他非国有单位从事公务的人员，利用职务上的便利，将本单位财物非法占为己有的，以贪污罪追究刑事责任。国家工作人员在国内公务活动或者对外交往中接受礼物,依照国家规定应当交公而不交公,数额较大的,以贪污罪追究刑事责任。

从危害行为和危害结果来看,本罪表现为国家工作人员和受国家机关、国有公司、企业、事业单位、人民团体委托管理、经营管理国有财产的人员,利用职务上的便利,侵吞、窃取、骗取或者以其他手段非法占有公共财物的行为。"利用职务上的便利",是指利用本人职务范围内的权力,即自己职务上主管、负责或者承办某项公共事务的职权及其所形成的便利条件。侵吞,是指行为人将自己主管、经手、管理的公共财物,非法占为己有。窃取,是指行为人利用职务上的便利,采取秘密手段,将自己主管、经手、管理的公共财物非法占有的行为,俗称监守自盗方式。骗取,是指行为人利用职务上的便利,通过虚构事实或隐瞒真相的手段,非法占有公共财物的行为。其他手段,是指行为人利用职务之便,使用除了侵吞、窃取、骗取之外的其他方法,如内外勾结、公款私存、利用回扣非法占有公款、利用合同非法占有公款等方法,只要是利用职务之便,非法占有公共财产,即成立犯罪。所谓公共财物,按照《刑法》的规定,包括:(1)国有财产;(2)劳动群众集体所有的财产;(3)用于扶贫和其他公益事业的社会捐助或者专项基金的财产。在国家机关、国有公司、企业、集体企业和人民团体管理、使用或者运输中的私人财产,以公共财产论。所谓受委托管理、经营国有财产,是指因承包、租赁、聘用等而管理、经营国有财产。

(二)本罪从主观上来看

本罪在主观方面必须出自直接故意,并具有非法占有公共财物的目的,过失不构成本罪。特别需要指出的是,贪污罪不以某一特定的犯罪动机作为其主观上的构成要件,只要行为人故意实施了利用职务上的便利,非法占有公共财物的行为,即可构成贪污罪。

三、量刑标准

根据最高人民法院、最高人民检察院《关于办理贪污贿赂刑事案件适用法律若干问题的解释》第 1 条规定,定罪量刑时应予以注意:

第 1 条第 1、2 款规定:"贪污或者受贿数额在三万元以上不满二十万元的,应当认定为刑法第三百八十三条第一款规定的'数额较大',依法判处三年以下有期徒刑或者拘役，并处罚金。

贪污数额在一万元以上不满三万元，具有下列情形之一的，应当认定为刑法第三百八十三条第一款规定的‘其他较重情节’，依法判处三年以下有期徒刑或者拘役，并处罚金：

（一）贪污救灾、抢险、防汛、优抚、扶贫、移民、救济、防疫、社会捐助等特定款物的；

（二）曾因贪污、受贿、挪用公款受过党纪、行政处分的；

（三）曾因故意犯罪受过刑事追究的；

（四）赃款赃物用于非法活动的；

（五）拒不交代赃款赃物去向或者拒不配合追缴工作，致使无法追缴的；

（六）造成恶劣影响或者其他严重后果的。”

也就是说，行为人行为符合上述特点，即应当按上述规定追究行为人的刑事责任。

四、风险防范

此处贪污罪，我们研究的主要是国有公司、企业中的职工犯罪，在此风险防范主要有以下几点。

（一）加强预防宣传和警示教育

企业定期开展防腐倡廉宣传，提高职工廉洁意识，建立监督制约机制，防止权力寻租及滋生腐败。定期聘请不同的财务审计机构，对公司财务进行审计，以防患于未然。

（二）加强人员管理

企业应给予职工合理的薪酬，及时与职工签订劳动合同，按时足额为职工缴纳社保、公积金，按时发放工资，保存职工身份证号、联系方式、家庭住址、领取工资收据、社保、公积金缴纳记录、纳税证明等。因为一旦发生贪污，公司需举证双方存在劳动关系，以及企业不存在扣发、不发职工工资等情形。

(三)业务流程中的预防

企业在与客户签订合同的时候,明确约定以银行汇款等非现金方式结算。以转账支票结算的,可以和付款人约定在转账支票上载明收款人名称。对长期合作的客户,由企业财务人员经常对账,及时掌握收款情况,避免仅由相关业务人员掌控收付款情况,导致公司账务管理的失控。

(四)加强对企业资产和财产的管理

企业应当对自己资金和财产加强管理,定期和不定期进行审计,让相关工作人员没有机会进行贪污。尤其是加强对具有收付款职责人员的监督管理。

五、案例评析

(一)案例简介

2005 年,攀钢集团成都钢钒有限公司(央属国有企业、以下简称攀成钢公司)与日本伊藤忠丸红铁钢株式会社合资成立攀成伊红石油钢管有限责任公司(以下简称伊红公司),2010 年增资后吸纳日本 JFE 钢铁株式会社作为新股东,攀成钢公司股权比例为 51%。2010 年 9 月,被告人晏某受攀成钢公司委派到伊红公司担任董事,同月被任命为总经理,2011 年 12 月受攀成钢公司委派到伊红公司担任公司董事。晏某系受攀成钢公司委派在伊红公司担任董事长、总经理期间,同时兼任攀成钢公司的中层干部(技术中心主任)。2005 年 6 月,被告人杨某玲经攀成钢公司提名,由伊红公司任命为副总经理,后于 2011 年年底受攀成钢公司委派担任伊红公司董事,并从 2013 年 8 月起,兼任攀成钢公司财务部副部长。二被告人的人事、劳动关系均在攀成钢公司,接受攀成钢公司的领导。

攀成钢公司沿用内部规定和操作惯例,不允许外派人员在所任职公司直接领取薪酬,而需转回攀成钢公司,由攀成钢公司考核后再行发放。二被告人在伊红公司任职期间领取的工资历年来也即按照这一模式进行操作。2012 年 7 月 24 日伊红公司向攀成钢公司提交了《关于请中方股东签订派遣员工派遣协议的请示》,请求签订正式派遣协议及确认书,对于包含经营层在内的中方派遣员工的工资、绩效和福利标准以及负担单位进行明确。其后，攀成钢公司与伊红公司签订正式派遣协议及确认书，对上述请示内容进行了确认。

2009年以来，攀成钢公司先后出台实施《子公司专职董事工作程序》《中层领导管理办法》《中层管理人员薪酬管理办法》《子公司专职董事管理办法》等内部管理规章制度。攀成钢公司认为以上规定中关于干部薪酬管理等规定以及其在管理子公司、外派任职中层干部的过程中所形成的操作习惯能够约束作为担任外派公司董事、高级管理人员的二被告人，二被告人在伊红公司任职期间也按照上述制度中部分内容的要求和工作习惯，将在伊红公司领取的工资转回攀成钢公司。

2012年12月，攀成钢公司发布实施了《派出董事、监事及高级管理人员管理办法》(QG/PCG183号文件)。该文件规定："作为攀成钢资方派任合资公司董事，在行使董事表决权之前，必须将有关议题议案在2个工作日内将会议审议的议题书面报告公司财务管理部门，并在高级管理人员的协助下提供相关质询情况及初步意见。如遇紧急情况，可以先口头方式报告，而后再补报书面报告。派任董事在合资公司行使表决权时，必须严格依照公司意志表决。董事、监事应在任职公司董事会或监事会会议形成决议后5个工作日内将会议决议资料送交公司财务管理部门，归档备查。"被告人晏某表示其在2013年看过该文件，但缺乏相应的实施操作细则，也无固定的报送模式可循。攀成钢财务部出具的情况说明载明："2005年攀成伊红石油钢管有限责任公司成立至今，因我公司外派到攀成伊红石油钢管有限责任公司的董事、监事从未向我部报送该公司董事会决议，故我部未保存有攀成伊红石油钢管有限责任公司的历次董事会决议。"

伊红公司在2005年10月形成第一届一次董事会决议、2007年4月形成第一届二次董事会决议、2008年4月形成第一届三次董事会决议、2009年3月形成第一届四次董事会决议、2010年5月形成第二届一次董事会决议。以上五次董事会决议中均包含有在公司完成一定目标前提下而计提相应超目标利润奖金的内容。其中，伊红公司第二届第一次董事会内容明确表示："当利润超过500万元后，董事会同意对伊红公司进行奖励，具体奖励方案由经营班子提出。"

2011年5月伊红公司形成第三届第一次董事会决议，决议第3条载明："审议并同意2011年员工雇佣计划、预算工资总额方案。"第4条载明："同意设置超目标利润奖励方案。实现控亏，在 -493 万元至 0 万元之间，按超过部分的 20% 计提奖励；实现持平以上利润，按其正值部分的 30% 计提奖励。以上两部分之和超过预算工资总额的 20% 时，应报公司董事会审批。”作为伊红公司第三届第一次董事会议案内容的《2011 年度工资预算方案》第 2 条载明：“为鼓励公司全体员工努力完成 2011 年的各项生产经营目标，建议设置超目标利润奖励。计划将超目标利润部分的 40%（不含附加费）用于对职工和经营层的奖励，其中经营层奖励占 30%。未完成年度利润目标，不得有此项奖励。”

2011 年 9 月伊红公司进行了第三届董事会第十三次通信表决，决议第 2 条载明：“超目标利润奖励仍按第三届董事会第一次会议决议确定方案执行。”

2011 年，伊红公司进行了超目标利润奖金的发放，当年年终奖方案显示，奖金总金额为 404 万元，52 万元用于企业年金，其余用于职工发放，二被告人实际领取奖金分别为 30.78 万元、24.78 万元；经营层实际领取金额占比不到当年计提超目标利润奖金总额的 30%。二被告人将上述奖金用于购买保险，其中购买太平盛世祥和补充养老保险共计 55,680 元（晏某：27,840 元、杨某玲 27,840 元），购买太平金世计划保险共计 500,000 元（晏某：280,000 元、杨某玲：220,000 元）。

2012 年 12 月，攀成伊红石油钢管有限责任公司下发攀成伊红行政〔2012〕89 号关于印发《攀成伊红石油钢管有限责任公司超经营目标利润奖发放办法的通知》该办法载明：“根据董事会决议事项，超过经营目标利润的 30%，用于对全体员工进行奖励。其中，经营层提奖比例不超过经营目标利润的 9%；超过预算工资总额的 20% 需报董事会审批。经营层人员按年薪标准比例系数分配，具体如下：总经理—1.25、常务副总经理—1.13、副总经理—1.00。”

2012 年 12 月，伊红公司第三届董事会进行了第二十一次通信表决，决议内容载明：“PYP（伊红公司）计提超过预算工资总额 20% 的超目标利润奖金 210 万元，与预算工资总额的 20%（445 万元）一共 655 万元用于奖励全体员工，奖金的具体分配方案由经营层制定。”

2012 年，伊红公司进行了超目标利润奖金的发放，当年年终奖方案显示，奖金总额共计 655 万元，经营层 4 人，经营层计划金额 136.5 万元，计划占比 21%，其中 11.5 万元转入一般员工。经营层人员按年薪标准比例系数分配，晏某当年领取奖金总额为 42.12 万元。杨某玲当年实际领取奖金总额为 34.12 万元，经营层实际领取金额占比不到当年计提超目标利润奖金总额的 30%，二被告人将上述奖金用于购买保险。其中购买太平盛世祥和补充养老保险共计102,564元(晏某:51,282元、杨某玲51,282元),购买太平金世计划保险共计660,000元(晏某:370,000元、杨某玲:290,000元)。

2013年3月伊红公司形成第三届第四次董事会决议,决议内容第4条载明:“关于2013年的奖金,董事会同意如下:当税前利润(不含奖金)低于808万元时,给予97万元奖金;当税前利润(不含奖金)为808万元到7500万元之间时,按税前利润(不含奖金)不大于12%提取奖金;当税前利润(不含奖金)大于7500万元时,奖金金额另报董事会审议决定。”

2013年终奖方案备注显示:“建议以2012年实际金额总额所占比例为参照进行调剂:建议人均增长率按一般员工>骨干>部门负责人>经营层安排。建议经营层和总经理奖金所占比例不变。一般员工、骨干和部门负责人比例分别调整为25%、15%和22%。”

2013年,伊红公司进行了超目标利润奖金的发放,当年年终奖方案显示,奖金总额共计763万元,经营层共5人,计划金额170.6万元,计划占比30%,晏某当年实际领取奖金为41.12万元,杨某玲当年实际领取奖金为33.12万元,经营层实际领取金额占比不到当年共计计提奖金总额的30%。上述奖金二被告人用于购买保险,其中购买太平盛世祥和补充养老保险102,564元(晏某:51,282元、杨某玲51,282元),购买太平金世计划保险640,000元(晏某:360,000元、杨某玲:280,000元)。

2011年至2013年三年期间,晏某共计领取奖金114.04041万元,杨某玲共计领取奖金92.04041万元,两人未将所领取的上述奖金转回攀成钢公司,全部用于个人购买太平盛世祥和、太平金世计划等保险产品。

自2013年8月起,杨某玲同时兼任攀成钢公司财务部副部长。2013年9月,在伊红公司代攀成钢公司采购办公用品过程中,杨某玲向时任攀成钢公司副总会计师的张某请示为攀成钢公司工作人员徐某购买一台笔记本电脑,杨某玲称购买电脑发票丢失,后通过伊红公司采购工作人员魏某让成都信松金科技有限公司(以下简称信松金公司)开具两张金额共计14,650元用于购买电脑的虚假发票,由伊红公司转款到信松金公司后,信松金公司将该虚开的14,650元转至杨某玲个人银行账户。其后,徐某将一部笔记本电脑退回攀成钢公司。

法院经审理后认为:公诉机关关于被告人晏某、杨某玲犯贪污罪的指控不能成立,本院不予支持,主要理由是:(1)伊红公司给二被告人发放的超目标利润奖金的性质不属于公款，二被告人不存在利用职务便利直接非法占有公共财物的可能性。(2)二被告人参与董事会、经营层会议决定提取、分配、领取伊红公司超目标利润奖金的行为与相应程序符合攀成钢公司与伊红公司之间的《合资合同》、伊红公司章程，不存在利用其担任董事会成员与企业高管所形成的职务便利，将伊红公司的有关财物据为己有的情形。(3)关于杨某玲指使他人利用虚开发票侵吞笔记本购买款的指控事实因缺乏充分的证据支撑，未能形成证据锁链，不能排除合理怀疑，该指控不能成立。故法院判决被告人晏某及被告人杨某玲无罪。

(二)简要评析

在国有公司中，经常由于发放奖金问题导致刑事风险。因此，作为国有公司的领导层，为职工发放奖金，应该符合公司规章制度，并应经过相应的审批程序。同时，在发放前，应当由专业人士详细论证一下款项的性质。如果涉及国有资产，更应当谨慎从事。本案中，被告人之所以最后被判无罪，是因为其行为符合公司制度的规定，并不符合贪污罪的构成要件。应该说，不贪图不义之财，这是防范本罪刑事风险的最根本的方法。

147. 挪用公款罪(国有公司、企业人员作为犯罪主体)

一、法律规定

《刑法》第384条规定："国家工作人员利用职务上的便利，挪用公款归个人使用，进行非法活动的，或者挪用公款数额较大、进行营利活动的，或者挪用公款数额较大、超过三个月未还的，是挪用公款罪，处五年以下有期徒刑或者拘役；情节严重的，处五年以上有期徒刑。挪用公款数额巨大不退还的，处十年以上有期徒刑或者无期徒刑。

挪用用于救灾、抢险、防汛、优抚、扶贫、移民、救济款物归个人使用的，从重处罚。”

二、条文释义

本条是关于挪用公款罪及其刑事处罚的规定。所谓挪用公款罪，是指国家工作人员，利用职务上的便利，挪用公款归个人使用，进行非法活动的，或者挪用公款数额较大、进行营利活动的，或者挪用数额较大、超过3个月未还的行为。本罪的构成要件如下。

（一）本罪从客观上来看

本罪的主体是特殊主体，即国家工作人员。按照《刑法》第93条规定，国家工作人员是指国家机关中从事公务的人员。国有公司、企业、事业单位、人民团体中从事公务的人员和国家机关、国有公司、企业、事业单位委派到非国有公司、企业、事业单位、社会团体从事公务的人员，以及其他依照法律从事公务的人员，以国家工作人员论。其主要包括人员在贪污罪中已有论述。

从危害行为和危害结果来看，本罪表现为行为人实施了利用职务上的便利，挪用公款归个人使用，进行非法活动，或者挪用数额较大的公款进行营利活动，或者挪用数额较大的公款超过3个月未还的行为。

所谓行为人挪用公款“归个人使用”，最高人民法院又专门通过了《关于如何认定挪用公款归个人使用有关问题的解释》及全国人大常委会《通过关于〈中华人民共和国刑法〉第三百八十四条第一款的解释》规定，国家工作人员利用职务上的便利挪用公款“归个人使用”的含义如下：(1)将公款供本人、亲友或者其他自然人使用的；(2)以个人名义将公款供其他单位使用的；(3)个人决定以单位名义将公款供其他单位使用，谋取个人利益的。所谓“营利活动”，是指挪用公款存入银行、用于集资、购买股票、国债等。

（二）本罪从主观上来看

本罪在主观方面是直接故意，行为人明知是公款而故意挪作他用，其犯罪目的是非法取得公款的使用权。

三、立案标准

根据最高人民法院、最高人民检察院《关于办理贪污贿赂刑事案件适用法律若干问题的解释》第 5 条、第 6 条的规定,定罪量刑时应予以注意。

其中,该解释第 5 条规定:"挪用公款归个人使用,进行非法活动,数额在三万元以上的,应当依照刑法第三百八十四条的规定以挪用公款罪追究刑事责任;数额在三百万元以上的,应当认定为刑法第三百八十四条第一款规定的'数额巨大'。具有下列情形之一的,应当认定为刑法第三百八十四条第一款规定的'情节严重':(一)挪用公款数额在一百万元以上的;(二)挪用救灾、抢险、防汛、优抚、扶贫、移民、救济特定款物,数额在五十万元以上不满一百万元的;(三)挪用公款不退还,数额在五十万元以上不满一百万元的;(四)其他严重的情节。"

该解释第 6 条规定:"挪用公款归个人使用,进行营利活动或者超过三个月未还,数额在五万元以上的,应当认定为刑法第三百八十四条第一款规定的'数额较大';数额在五百万元以上的,应当认定为刑法第三百八十四条第一款规定的'数额巨大'。具有下列情形之一的,应当认定为刑法第三百八十四条第一款规定的'情节严重':(一)挪用公款数额在二百万元以上的;(二)挪用救灾、抢险、防汛、优抚、扶贫、移民、救济特定款物,数额在一百万元以上不满二百万元的;(三)挪用公款不退还,数额在一百万元以上不满二百万元的;(四)其他严重的情节。"

四、风险防范

挪用公款犯罪为国有企业、事业单位的职工常见犯罪之一,导致职工挪用公款的原因很多,如企业制度不完善,对重要岗位缺少监督制衡机制,使得企业职工有机可乘;职工法律意识不强,对挪用资金存在侥幸心理;企业管理漏洞太多,易引发职工利用职务便利挪用企业资金等。企业可从以下方面预防此种犯罪。

(一)国有企业应当建立和完善合理的用人制度

国有企业应当建立和完善合理的用人制度,规范劳动用工手续,明确企业和职工各自的身份、职责、职务,严格落实报酬的结算制度。定期聘请法律专业人员为职工普及法律知识,加强廉洁性教育,增强职工守法自律意识。

(二)国有企业对财务及收付款岗位人员应加强监督

国有企业应加强对财务、销售以及具有收付款职能等重点岗位人员的监督,定期对其掌握的财务款项进行审计和对账,规范企业业务操作流程,健全合同履行过程和款项收支制度,并建立客户应收款明细账、业务人员个人明细账和企业、客户、业务人员对账制,详细记载每份合同的履行状态、收付款情况等。同时坚持通过转账支票、银行汇票等非现金工具进行资金结算,提倡通过银行以托收承付、汇兑等现代支付手段收取货款,尽量减少现金交易,规定收回的现金要及时交至财务管理人员。

(三)国有企业应加强对领导岗位人员进行监督

国有企业、事业单位应建立完善的权力监督制度,防止权力不受监督,发生滥用、寻租等不法行为。

(四)国有企业应加强个案的宣传教育

国有企业应当以个案对重点岗位职工进行宣传教育,以前车之鉴防现实之危。

五、案例评析

(一)案例简介

被告人吴某某从2005年11月至2014年3月在开源公司担任工会主席、财务负责人、计划财务部经理,同时从2007年6月至2014年3月兼任子公司众信担保公司的出纳。2012年1月,时任开源公司副总经理兼任众信担保公司副总经理的张某(另案处理),因其朋友蒋某某(另案处理)、尧某(另案已判）的生意上急需用钱，正在峨眉中行办理的1000万元贷款不能提前发放使用。张某经咨询银行后个人提出用众信担保公司的定期存单作质押，以蒋某某实际控制的鑫磊厂为主体帮助其申请银行质押贷款。2012年1月12日上午，张某告知吴某某需从乐山商行众信担保公司的账上转800万元到峨眉中行众信担保公司的账上，为峨眉中行"开门红"存款业务充量，办理定期存单，并说已向相关领导汇报过。吴某某随后分两笔（每笔400万元）将800万元委托李某（众信担保公司会计）汇款转入峨眉中行众信担保公司的账户。当日14时许，吴某某跟随张某一同前往峨眉中行办理800万元的定期存款手续。在办理中因需要公司董事长的私人印章，张某随即将郑某某（经信局工作人员）接到峨眉中行，郑某某将董事长私人印章，吴某某将众信担保公司公章一起交给银行经办人员盖章。办理完毕后张某将吴某某和郑某某分别送回。当日峨眉中行以众信担保公司800万元的定期存单作为质押，为鑫磊厂办理了700万元的贷款，贷款发放后蒋某某、尧某各自使用350万元。2012年5月18日，蒋某某、尧某归还银行该贷款后，峨眉中行于同年5月21日将众信担保公司800万元开户证实书退还给张某。

法院认为，公诉机关出示的证据证实了本案查明的事实，但对指控吴某某犯挪用公款罪的证明力不充分。理由是：（1）公诉机关指控吴某某与张某共同挪用公款的证据仅有张某的供述，且张某在侦查机关作出的8次供述中只有3次供述是告诉过吴某某，其他5次供述均证实是其个人行为，众信担保公司的其他人包括吴某某均不知道存单质押贷款的事，只告诉吴某某是为了峨眉中行"开门红"存款充量业务，已向领导汇报。在多次供述中前后不一致。（2）张某供述吴某某知道此事，没有其他证据予以印证。（3）无证据证实吴某某与张某有共谋的行为，张某是积极想完成用公款800万元的存单质押达到给他人贷款的目的，吴某某仅是按照张某的安排完成出纳的职责，主观上没有挪用公款的故意。（4）吴某某在侦查机关的多次供述一直较为稳定，与张某前5次供述、银行工作人员的证言基本一致，较为客观真实。（5）吴某某与贷款人蒋某某、尧某无任何关系，从中未获取好处，无帮助张某挪用公款的动机。（6）郑某某带着法人的私人印章到银行，使吴某有理由确信张某是向领导汇报过此事。

法院认为，成立挪用公款罪的共犯，必须具备挪用公款的共同故意和共同行为。《刑法》第25条规定，共同犯罪是指2人以上共同故意犯罪。最高人民法院《关于审理挪用公款案件具体应用法律若干问题的解释》第8条明确规定："挪用公款给他人使用，使用人与挪用人共谋，指使或者参与策划取得挪用款的，以挪用公款罪的共犯定罪处罚。"吴某某作为公款挪用人和使用人之外的第三人，是否构成挪用公款罪的共犯，取决于其行为是否符合共同犯罪的理论。综合全案事实看，吴某某对张某擅自挪用公款是不明知的，从中也未获取利益。在公款整个挪用过程中，吴某某并不明知张某挪用公款给他人使用，对挪用的结果没有持追求的态度，只是受张某的安排实施了办理银行业务行为，与张某和使用人没有形成合意，故不能成为挪用公款的共犯。对辩护人提出吴某某不构成挪用公款罪的意见予以采纳。公诉机关指控吴某某犯挪用公款罪的证据不足，不能认定吴某某有罪，指控的罪名不成立。最后，法院判决被告人吴某某无罪。

（二）简要评析

从本案来看，审查本罪的成立，法院既要考虑行为人主观上是否有挪用的动机，又要考虑客观上是否有挪用的行为。尤其是，在涉及共同犯罪时，既要考虑是否存在共同的故意，同时也要考虑是否存在共同的挪用行为。否则，行为人并不构成挪用公款罪。通过本案来看，要防范此罪的风险，在单位内部对于资金的使用，应当严格遵守单位内部的财务规定，该审批的一定要经过审批，该上会通过的一定要上会通过。尤其是应避免先使用资金后补办手续的情况出现。作为公司的财务人员，在涉及单位资金支付时，不应当唯主管领导的话是从，在领导要求违规动用资金时，该拒绝的应当拒绝，最起码保证自己不应参与挪用公款的行为。否则，极有可能成为共犯。从而遭遇此罪的刑事风险。

148. 受贿罪（国有公司、企业人员作为犯罪主体）

一、法律规定

《刑法》第385条规定："国家工作人员利用职务上的便利，索取他人财物的，或者非法收受他人财物，为他人谋取利益的，是受贿罪。

国家工作人员在经济往来中，违反国家规定，收受各种名义的回扣、手续费，归个人所有的，以受贿论处。”

第 386 条规定：“对犯受贿罪的，根据受贿所得数额及情节，依照本法第三百八十三条的规定处罚。索贿的从重处罚。”

第 388 条规定：“国家工作人员利用本人职权或者地位形成的便利条件，通过其他国家工作人员职务上的行为，为请托人谋取不正当利益，索取请托人财物或者收受请托人财物的，以受贿论处。”

二、条文释义

上述条文是关于受贿罪及其刑事处罚的规定。所谓受贿罪，是指国家工作人员利用职务上的便利，索取他人财物，或者非法收受他人财物，为他人谋取利益的行为。

（一）本罪从客观上来看

本罪的主体是特殊主体，即国家工作人员。按照《刑法》第 93 条的规定，国家工作人员是指国家机关中从事公务的人员。国有公司、企业、事业单位、人民团体中从事公务的人员和国家机关、国有公司、企业、事业单位委派到非国有公司、企业、事业单位、社会团体从事公务的人员，以及其他依照法律从事公务的人员，以国家工作人员论。主要包括人员请参考本书关于贪污罪的论述。

从危害行为和危害结果来看，本罪表现为行为人具有利用职务上的便利，向他人索取财物，或者收受他人财物并为他人谋取利益的行为。

所谓利用职务上的便利，是指利用本人职务范围内的权力，即自己职务上主管、负责或者承办某项公共事务的职权及其所形成的便利条件；所谓收受他人财物，是指收取他人所给予的财物或财产性利益；所谓为他人谋取利益，是指允诺为他人谋取利益。允诺的方式有承诺、实施和实现，只要具有其中一个阶段的行为，就具备为他人谋取利益的要件。所谓的利益，既包括财产性利益，又包括非财产性利益；与行贿罪不同的是，行贿罪应以谋取不正当利益为行贿罪的构成要件，但受贿罪中，行贿人所谋取的利益是否正当、利益是否实现、并且受贿人是否真正实施了具体行为，这些均不影响受贿罪的成立。

（二）本罪从主观上来看

本罪在主观方面是由故意构成，并且是直接故意，也就是说，行为人的受贿行为必须出自其故意的受贿行为，过失行为不构成本罪。

三、立案标准

根据最高人民法院、最高人民检察院《关于办理贪污贿赂刑事案件适用法律若干问题的解释》第 1～4 条规定，定罪量刑时应予以注意：

该解释第 1 条第 1 款规定："贪污或者受贿数额在三万元以上不满二十万元的，应当认定为刑法第三百八十三条第一款规定的'数额较大'，依法判处三年以下有期徒刑或者拘役，并处罚金。"

第 1 条第 3 款规定："受贿数额在一万元以上不满三万元，具有前款第二项至第六项规定的情形之一，或者具有下列情形之一的，应当认定为刑法第三百八十三条第一款规定的'其他较重情节'，依法判处三年以下有期徒刑或者拘役，并处罚金：（一）多次索贿的；（二）为他人谋取不正当利益，致使公共财产、国家和人民利益遭受损失的；（三）为他人谋取职务提拔、调整的。"

也就是说，行为人行为符合上述特点，即应当按上述规定追究行为人的刑事责任。

四、风险防范

（一）熟悉相关受贿罪认定的规定

按最高人民法院、最高人民检察院《关于办理受贿刑事案件适用法律若干问题的意见》的规定，下列行为构成犯罪：

（1）国家工作人员利用职务上的便利为请托人谋取利益，以下列交易形式收受请托人财物的，以受贿论处：

①以明显低于市场的价格向请托人购买房屋、汽车等物品的；

②以明显高于市场的价格向请托人出售房屋、汽车等物品的；

③以其他交易形式非法收受请托人财物的。

受贿数额按照交易时当地市场价格与实际支付价格的差额计算。

前款所列市场价格包括商品经营者事先设定的不针对特定人的最低优惠价格。根据商品经营者事先设定的各种优惠交易条件,以优惠价格购买商品的,不属于受贿。

(2)关于收受干股问题

干股是指未出资而获得的股份。国家工作人员利用职务上的便利为请托人谋取利益,收受请托人提供的干股的,以受贿论处。进行了股权转让登记,或者相关证据证明股份发生了实际转让的,受贿数额按转让行为时股份价值计算,所分红利按受贿孳息处理。股份未实际转让,以股份分红名义获取利益的,实际获利数额应当认定为受贿数额。

(3)关于以开办公司等合作投资名义收受贿赂问题

国家工作人员利用职务上的便利为请托人谋取利益,由请托人出资,“合作”开办公司或者进行其他“合作”投资的,以受贿论处。受贿数额为请托人给国家工作人员的出资额。

国家工作人员利用职务上的便利为请托人谋取利益,以合作开办公司或者其他合作投资的名义获取“利润”,没有实际出资和参与管理、经营的,以受贿论处。

(4)关于以委托请托人投资证券、期货或者其他委托理财的名义收受贿赂问题

国家工作人员利用职务上的便利为请托人谋取利益,以委托请托人投资证券、期货或者其他委托理财的名义,未实际出资而获取“收益”,或者虽然实际出资,但获取“收益”明显高于出资应得收益的,以受贿论处。受贿数额,前一情形,以“收益”额计算;后一情形,以“收益”额与出资应得收益额的差额计算。

(5)关于以赌博形式收受贿赂的认定问题

根据最高人民法院、最高人民检察院《关于办理赌博刑事案件具体应用法律若干问题的解释》第7条的规定,国家工作人员利用职务上的便利为请托人谋取利益,通过赌博方式收受请托人财物的,构成受贿。

实践中应注意区分贿赂与赌博活动、娱乐活动的界限。具体认定时,主要应当结合以下因素进行判断:①赌博的背景、场合、时间、次数;②赌资来源;其他赌博参与者有无事先通谋;③输赢钱物的具体情况和金额大小。

(6)关于特定关系人“挂名”领取薪酬问题

国家工作人员利用职务上的便利为请托人谋取利益，要求或者接受请托人以给特定关系人安排工作为名，使特定关系人不实际工作却获取所谓薪酬的，以受贿论处。

(7)关于由特定关系人收受贿赂问题

国家工作人员利用职务上的便利为请托人谋取利益，授意请托人以本意见所列形式，将有关财物给予特定关系人的，以受贿论处。

特定关系人与国家工作人员通谋，共同实施前款行为的，对特定关系人以受贿罪的共犯论处。特定关系人以外的其他人与国家工作人员通谋，由国家工作人员利用职务上的便利为请托人谋取利益，收受请托人财物后双方共同占有的，以受贿罪的共犯论处。

(8)关于收受贿赂物品未办理权属变更问题

国家工作人员利用职务上的便利为请托人谋取利益，收受请托人房屋、汽车等物品，未变更权属登记或者借用他人名义办理权属变更登记的，不影响受贿的认定。

认定以房屋、汽车等物品为对象的受贿，应注意与借用的区分。具体认定时，除双方交代或者书面协议之外，主要应当结合以下因素进行判断：有无借用的合理事由；是否实际使用；借用时间的长短；有无归还的条件；有无归还的意思表示及行为。

(9)关于收受财物后退还或者上交问题

国家工作人员收受请托人财物后及时退还或者上交的，不是受贿。

国家工作人员受贿后，因自身或者与其受贿有关联的人、事被查处，为掩饰犯罪而退还或者上交的，不影响认定受贿罪。

(10)关于在职时为请托人谋利，离职后收受财物问题

国家工作人员利用职务上的便利为请托人谋取利益之前或者之后，约定在其离职后收受请托人财物，并在离职后收受的，以受贿论处。

国家工作人员利用职务上的便利为请托人谋取利益，离职前后连续收受请托人财物的，离职前后收受部分均应计入受贿数额。

（二）增强法律意识

定期对国企职工进行廉洁性培训，学习国家有关受贿规定的法律法规，树

立正确的价值观。

(三)设计合理的企业办事流程

设计合理的企业规章制度,尽量做到所有办事流程公开透明,减少人为操作,防止权力寻租。并且,建立可行有效的监督检查机制,做到互相监督,互相制约。不断完善企业财务、人事、薪酬、奖惩等制度,定期对企业进行财务审计。规模较小的企业可以定期进行内部自查。同时,在人员设置上,重要的财务岗位可以至少设置2名审计人员。薪酬制度要做到所得和所劳匹配,建立公平的竞争氛围,提高职工忠诚度。

五、案例评析

(一)案例简介

东莞市第二市区人民检察院指控称,被告人叶某某曾是东莞市翔运小汽车出租有限公司安全部经理。2010年9~12月,叶某某利用职务便利,向被害人李某某等人收取"茶水费",为被害人获得该公司出租车的经营权。具体犯罪事实如下。

1.2010年9月一天,被告人叶某某与李某某、刘某某相约在东莞市虎门镇镇远桥底见面,后叶某某驾驶翔运公司的银灰色捷达车到达该地点,在该车内收取了李某某、刘某某现金8000元。同年11月一天,叶某某以同样方式在该车内收取李某某、刘某某30,000元,后为李某某、刘某某取得了翔运公司粤S×××××出租车的经营权。

2.2010年10月的一天,叶某某在其翔运公司安全部经理办公室内收取陈某某、李某丙各5000元。同年12月一天,叶某某安排一名男子(另案处理)驾驶翔运公司银灰色捷达车至东莞市虎门镇龙泉国际酒店往交警大队附近路段,在叶某某确认授意下,该男子在捷达车内收取陈某某、李某丙各30,000元。后叶某某为陈某某取得了翔运公司粤S×××××出租车的经营权,为李某丙取得了翔运公司粤S×××××出租车的经营权。

3.2010年12月一天,叶某某安排"李生"(另案处理)在东莞市虎门镇虎威加油站斜对面邮政储蓄银行内收取王某某、贺某某、彭某某、李某丁、周某某、皮某某共计180,000元，后“李生”将该款项存入邮政储蓄银行。同日，叶某某在其翔运公司安全部经理办公室内收取王某某25,000元，后为王某某等人取得翔运公司出租车粤S×××××（车主王某某）、粤S×××××（车主贺某某）、粤S×××××（车主彭某某）、粤S×××××（车主李某丁）、粤S×××××（车主周某某）、粤SQM470（车主皮某某）等出租车的经营权。

被告人叶某某对公诉机关的指控均予以否认，辩称没有收受他人财物。

辩护人提出，公诉机关指控被告人叶某某犯非国家工作人员受贿罪事实不清、证据不足：(1)公诉机关指控所依据的主要证据即李某某等10人的陈述，属于主观性较强的证据，与本案的其他证据未能相互印证，是孤证；且李某某等10人是同一事件的被害人，有共同利害关系，他们的陈述不能互证。(2)行贿的资金来源无相应的取款凭证、借条、出借人证言等证据予以印证，且被告人的银行账户也没有相应的记录予以佐证。(3)李某某等人的陈述与其在承诺书上确认的“不存在通过不合法手段或私下交易取得出租车经营资格的行为，亦保证不向公司或有关人员缴纳除上述两项款项之外的任何不法费用”相矛盾，也与东莞市翔运小汽车出租公司出具的证明，即更换新车期间不存在公司工作人员收取茶水费的情况相矛盾。(4)被告人是翔运公司安全部经理，负责安全生产和安全生产方面的教育培训工作，而续签出租车并不属于被告人的职务范围，其利用职务上的便利无从谈起。

综上所述，法院认为，公诉机关指控被告人叶某某收受他人财物主要依据行贿人一方的证言，缺乏其他证据相印证，而且上述每宗犯罪的作案时间、地点及行贿人均不同，每宗犯罪中的行贿人并非他宗犯罪中的见证人，是各自独立的，不能相互印证。因行贿人承包了翔运公司的出租车，与翔运公司存在利益关系，行贿人证言的真实性、可信度较低，在没有其他证据相互印证的情况下，仅凭行贿人的证言，证据不够确实、充分。另外，本案没有证据证实叶某某如何利用职务上的便利为他人谋利益。因此，指控叶某某利用职务之便，非法收取他人财物，为他人谋取利益的犯罪事实不清，证据不足。

法院认为，公诉机关指控被告人叶某某犯非国家工作人员受贿罪，事实不清，证据不足，罪名不成立。故，法院判决被告人叶某某无罪。

(二)简要评析

本罪对于国有公司领导来说，是高发风险罪名。从本案来看，在国有公司中掌握一定决定权力的领导，对于服务对象，应当保持一定的距离。尤其注意，双方之间最好不能有经济往来。公司对外签订各项合同，能上会通过的一定得上会通过，将权力放在阳光下。与他人交往中，谨记“君子爱财，取之有道”的古训，只有这样，才能远离此罪的刑事风险。

149. 单位受贿罪（国有公司、企业作为犯罪主体）

一、法律规定

《刑法》第387条规定：“国家机关、国有公司、企业、事业单位、人民团体，索取、非法收受他人财物，为他人谋取利益，情节严重的，对单位判处罚金，并对其直接负责的主管人员和其他直接责任人员，处五年以下有期徒刑或者拘役。

前款所列单位，在经济往来中，在账外暗中收受各种名义的回扣、手续费的，以受贿论，依照前款的规定处罚。”

二、条文释义

上述条文是关于单位受贿罪及其刑事处罚的规定。所谓单位受贿罪，是国家机关、国有公司、企业、事业单位、人民团体，索取、非法收受他人财物，为他人谋取利益，情节严重，或者在经济往来中，在账外暗中收受各种名义的回扣、手续费的行为。本罪的构成要件如下。

（一）本罪从客观上来看

本罪的犯罪主体是特殊主体。只能由国有单位构成，具体包括：国家机关、国有公司、企业、事业单位、人民团体。如果国有单位的内设机构利用国有单位职权，在行使职权过程中，索取、非法收受他人财物，并且该索取、非法收受的财物又归属于该内设机构所有或者支配的，同时为他人谋取利益或承诺为他人谋取利益，情节严重的，同样也可成为本罪的主体。按照《刑法》第31条的规定，单位犯本罪时,实行双罚制,即对单位判处罚金,并对其直接负责的主管人员和其他直接责任人员按相关条款规定判处刑罚。

从危害行为和危害结果来看,本罪表现为索取、非法收受他人财物,为他人谋取利益,情节严重的,或者在经济往来中,在账外暗中收受各种名义的回扣、手续费的行为。

(二)本罪从主观上来看

本罪在主观方面表现为直接故意。但单位受贿罪的这种故意,必须是经由单位决策机构按相关程序决策,并经其授权或同意,再行由相关直接负责的主管人员和其他责任人员故意收受或索取他人贿赂,相关直接负责的主管人员或其他责任人员的行为是单位集体意志的体现。

三、立案标准

根据最高人民检察院《关于人民检察院直接受理立案侦查案件立案标准的规定(试行)》第 4 条规定涉嫌下列情形之一的,应予立案:

"1. 单位受贿数额在 10 万元以上的;

2. 单位受贿数额不满 10 万元,但具有下列情形之一的,应予以立案:(1)故意刁难、要挟有关单位、个人,造成恶劣影响的;(2)强行索取财物的;(3)致使国家或者社会利益遭受重大损失的。"

四、风险防范

长期以来一提到受贿,大家下意识地认为只是某个官员受贿,而且有些国家工作人员对受贿和单位受贿也存在误区,认为本人将他人"赞助"的财务平均分给单位所有人员就构不成犯罪。在此,国有企业、事业单位可从以下方面防范单位受贿风险。

(一)明确单位受贿罪的法定含义

单位受贿罪的主体为国家机关、国有公司、企业、事业单位、人民团体而非单位领导人个人。在单位受贿罪中,无论是索取他人财物还是非法收受他人财物，均以为他人谋取利益为要件。并且，单位受贿罪必须以情节严重为要件，单位情节较轻的受贿行为不能认定为犯罪；同时，单位受贿罪是将贿赂收归本单位占有。

（二）增强企业廉洁意识

定期对国企职工进行廉洁性培训，学习国家有关受贿的法律法规，树立正确的价值观。企业廉政建设是个长久的过程，应融入企业治理和经营的各项制度中。企业廉政建设不但对建设优秀的企业文化有良性的促进作用，还有利于提高企业形象和市场竞争力。

（三）设计合理的企业办事流程

制定合理的企业规章制度，尽量做到所有办事流程公开透明，减少人为操作，防止权力寻租。并且，建立可行有效的监督检查机制，做到互相监督，互相制约。不断完善企业财务、人事、薪酬、奖惩等制度，定期对企业进行财务审计，规模较小的企业可以定期进行内部自查。建立企业信息公开制度，对企业重大决策、重要资产变更等予以公开。

（四）合理接受他人的馈赠

单位应当合理接受其他单位和个人的馈赠。对于馈赠数额较大的，或明显具有以获取相关利益为目的馈赠应当予以拒绝。

五、案例评析

（一）案例简介

平潭鼎新房地产发展有限公司（以下简称鼎新公司）系国有独资公司，2011年4月6日至2016年10月27日魏某任鼎新公司总经理、法定代表人。2011年8月至2013年7月魏某立为鼎新公司办公室职工，2013年7月至2016年10月任鼎新公司办公室负责人。2011年8月，中国五冶集团有限公司与项目业主被告单位鼎新公司签订《投资、建设与转让合同》，成为平潭综合实验区岚城安置小区项目北地块（A标段）的投资建设单位，并成立中国五冶集团岚城安置小区A标段项目经理部。时任该项目部项目经理的刘某为了该项目施工建设及回购能得到被告单位的帮助支持，遂告知时任被告单位总经理的魏某和副总经理黄某（另案处理），可将福州奥杭电梯工程有限公司支付给五冶项目部的电梯安装土建施工配合费送给被告单位支配使用，魏某遂召集黄某以及时任被告单位办公室负责人的被告人魏某立共同商议，后同意以现金的形式收取上述款项，并由黄某和魏某立负责与五冶项目部进行对接。2013年7、8月，刘某召集五冶项目部班子成员商议，决定将奥杭公司支付给五冶项目部的电梯安装土建施工配合费人民币22.8364万元，以虚增工作量名义从中套取现金人民币20万元送给被告单位。2014年3月至2015年2月，魏某立分四次代为收受五冶项目部祝某、尚某等人贿送的现金共计人民币20万元，并放在被告单位账外进行保管，用于被告单位违规接待费等账外开支。

2017年3月23日，区纪工委通知魏某立到案接受审查，魏某立在接受组织审查期间，交代了其和魏某等人以收取电梯安装土建配合费的名义非法收受中国五冶集团岚城安置小区A标段项目部20万元一事。

法院认为，被告单位鼎新公司作为国有公司，非法收受施工单位中国五冶集团岚城安置小区A标段项目经理部的钱款共计20万元，为中国五冶集团岚城安置小区A标段项目经理部在项目施工建设及回购的过程中提供便利，情节严重，其行为已构成单位受贿罪。被告人魏某立负责收取及管理使用该20万元款目，作为直接责任人员，应当以单位受贿罪追究刑事责任。公诉机关指控的罪名成立。魏某立到案后能如实供述自己的罪行，依法从轻处罚。综上所述，结合被告单位及被告人犯罪的事实、情节、社会危害程度，依法予以惩处。故法院判决被告单位鼎新公司犯单位受贿罪，判处罚金人民币10万元。判决被告人魏某立犯单位受贿罪，判处有期徒刑9个月，缓刑1年。

（二）简要评析

作为国有企业，在与其他单位进行业务合作时，与合作单位的经济往来一定要清楚明白，各项收支应当合法有据。否则，这些往来款项的性质极容易发生争议。从本案来看，被告单位收取合作单位款项事实清楚，该笔款项，于法无据，明显是法律禁止的款项。因此，即使单位收受他人或其他单位的款项，也应当合法有据，否则，极有可能引发本罪的刑事风险。

150. 对有影响力的人行贿罪

一、法律规定

《刑法》第390条之一规定:“为谋取不正当利益,向国家工作人员的近亲属或者其他与该国家工作人员关系密切的人,或者向离职的国家工作人员或者其近亲属以及其他与其关系密切的人行贿的,处三年以下有期徒刑或者拘役,并处罚金;情节严重的,或者使国家利益遭受重大损失的,处三年以上七年以下有期徒刑,并处罚金;情节特别严重的,或者使国家利益遭受特别重大损失的,处七年以上十年以下有期徒刑,并处罚金。

单位犯前款罪的,对单位判处罚金,并对其直接负责的主管人员和其他直接责任人员,处三年以下有期徒刑或者拘役,并处罚金。”

二、条文释义

上述条文是对有影响力的人行贿罪及其刑事处罚的规定。所谓对有影响力的人行贿罪,是指为谋取不正当利益,向国家工作人员的近亲属或者其他与该国家工作人员关系密切的人,或者向离职的国家工作人员或者其近亲属以及其他与其关系密切的人行贿的行为。本罪的构成要件如下。

(一)本罪从客观上来看

本罪的主体是一般主体,即凡是达到刑事责任年龄具有刑事责任能力的自然人,均可构成本罪。企业同样也可以成为本罪的犯罪主体。按照《刑法》第31条的规定,单位犯本罪时,实行双罚制,即对单位判处罚金,并对其直接负责的主管人员和其他直接责任人员按相关条款规定判处刑罚。

从危害行为与危害结果来看,本罪表现为行为人为谋取不正当利益,向国家工作人员的近亲属或者其他与该国家工作人员关系密切的人,或者向离职的国家工作人员或者其近亲属以及其他与其关系密切的人行贿的行为。如果行为人是因为被上述人员勒索而给予其财物,但没有获得不正当利益的,不构成本罪。但是否是被勒索,应当提供相关证据证明。按照《关于在办理受贿犯罪大要案的同时要严肃查处严重行贿犯罪分子的通知》第 2 条的规定,谋取不正当利益,是指谋取违反法律、法规、国家政策和国务院各部门规章规定的利益,以及要求国家工作人员或者有关单位提供违反法律、法规、国家政策和国务院各部门规章规定的帮助或者方便条件。因此,不正当利益包括两个方面:一是非法利益,即违反法律、法规、国家政策和国务院各部门规章规定的所取得的利益。二是要求国家工作人员或者有关单位提供违反法律、法规、国家政策和国务院各部门规章规定的帮助或方便条件所取得的利益,即法外利益。按《刑法》第 93 条的规定,国家工作人员是指国家机关中从事公务的人员。国有公司、企业、事业单位、人民团体中从事公务的人员和国家机关、国有公司、企业、事业单位委派到非国有公司、企业、事业单位、社会团体从事公务的人员,以及其他依照法律从事公务的人员,以国家工作人员论。

(二)本罪从主观上来看

本罪在主观方面表现为直接故意,过失不构成本罪。

三、立案标准

本罪的立案标准目前没有明确的法律规定,实践中往往参照行贿罪的立案标准:

1. 行贿数额在 3 万元以上的;

2. 行贿数额不满 3 万元,但具有下列情形之一的:

(1)为谋取非法利益而行贿的;

(2)向 3 人以上行贿的;

(3)向党政领导、司法工作人员、行政执法人员行贿的;

(4)致使国家或者社会利益遭受重大损失的。

四、风险防范

本罪是《刑法修正案(九)》第46条新增加的罪名,因行贿罪的定义是给国家工作人员以财物,来获取不法利益,而未在法律中规定向有影响力的人给予财物的行为属于犯罪,此漏洞使有些人有了可乘之机,通过行贿对国家工作人员可以施加影响的人来获得不法利益,以逃离法律的惩罚。企业可以从以下几点加强企业风险防范。

(一)商业交往中应处理好与公职人员近亲属、关系密切的人之间的关系

企业以及企业职工在生产经营过程中,应严格约束自身行为,禁止为谋私利行贿公职人员近亲属或者关系密切的人。本罪中的"近亲属",是指与国家工作人员(离职的国家工作人员)有夫、妻、父、母、子、女、同胞兄弟姐妹关系的人。对何为"关系密切的人",目前法律尚无明确的界定,常见的被认为关系密切的人一般是指:(1)与国家工作人员(离职的国家工作人员)基于血缘产生的除了近亲属之外的其他亲属关系;(2)基于学习、工作产生的同学、师生、校友、同事关系;(3)基于地缘产生的同乡关系;(4)基于感情产生的朋友、恋人、情人关系;(5)基于利益产生的客户、共同投资人、合同、债权债务关系;(6)基于其他关系产生的互相信任、相互借助的其他关系人。

(二)准确把握企业行贿和馈赠的界限

在企业生产经营过程中,企业之间互赠礼品较为常见,此种行为应以企业名义作出,尽量避免以董事长、总经理等个人名义赠予。同时应注意行贿和馈赠的目的,馈赠的目的一般是加深双方感情,而对有影响力的人的行贿目的是为获取不正当利益,如谋求的是正当利益,则不构成此罪。

(三)树立守法意识,健全企业制度

应增强企业法律意识,定期对企业职工进行法律培训,学习国家有关行贿、受贿的法律法规,树立正确的竞争意识。正确的竞争意识,有利于提高企业竞争力,树立企业良好形象,有助于建立健康优秀的企业文化。此外,企业董事、高管等人员应对企业忠诚,以企业整体利益为重,不得利用企业从事犯罪行为。

建立健全企业规章制度，尽量做到所有办事流程公开透明，防止权力寻租，并且建立可行有效的监督机制，做到互相监督，互相制约。

五、案例评析

（一）案例简介

被告人邓某军系无任何建设施工资质的个体建筑施工队的负责人。2009年邓某军通过于某找其干亲黑龙江省农垦哈尔滨分局党委书记金某某帮忙，欲承揽黑龙江省农垦哈尔滨分局老干部活动中心的建筑工程。为解决资质问题，于2010年挂靠于黑龙江宝宇建设工程有限公司（以下简称宝宇公司），对外称宝宇公司第八分公司经理，后以宝宇公司名义顺利承揽了该工程。2011年又通过于某找金某某帮忙，继续以宝宇公司名义承揽了黑龙江省香坊实验农场综合写字楼及职工住宅工程。被告人邓某军为对于某及金某某在承揽上述工程及催要工程款方面提供的帮助表示感谢，于2012～2014年，5次送给于某人民币共计188万元。

法院认为，被告人邓某军为谋取不正当利益，向与国家工作人员关系密切的人行贿，情节严重，事实清楚，证据确实、充分，其行为已构成对有影响力的人行贿罪，依法应予惩处。公诉机关指控的罪名成立，法院予以确认。公诉机关提出邓某军案发后主动投案，并如实供述自己的罪行，系自首，可从轻或减轻处罚的意见，经查与事实相符，予以从轻处罚。被告单位宝宇公司提出其不应该是本案的被告的意见，经查，邓某军没有工程建设资质，为了承揽案涉工程，将其工程队挂靠在宝宇公司，借用宝宇公司资质参与案涉工程的投标并中标。通过与宝宇公司签订内部合同向其缴纳一定管理费用，人员和财物管理均由邓某军本人负责；宝宇公司第八分公司没有在工商登记部门登记注册，不具备独立的法人资格，且其所谓的宝宇公司第八分公司经理职务也没有任命文件；行贿钱款均是邓某军个人财物，行贿行为宝宇公司不知情，工程所获利益均归邓某军本人所有；邓某军的行为符合刑法有关自然人犯罪的规定；故该观点予以采纳。被告单位黑龙江宝宇建设工程有限公司对有影响力的人行贿罪不成立。故法院判决被告人邓某军犯对有影响力的人行贿罪，判处有期徒刑3年缓刑5年，并处罚金人民币300万元。判决被告单位黑龙江宝宇建设工程有限公司无罪。

(二)简要评析

在业务拓展过程中,公司经常会通过各种方式与一些特殊客户建立特殊关系,从而取得竞争优势。如果通过钱财来构建这些关系,将会给公司带来巨大的刑事风险。要取得竞争优势,最安全的办法还是应当通过质量取胜。本案中,公司之所以最后被判无罪,是因为并没有证据证明其对被告人的行为知晓,进而不能推定公司成立犯罪。从本案来看,公司应当对其下属分支机构或分公司的经营行为进行监督,防范下属分支机构或分公司从事犯罪行为,从而给公司带来刑事风险。对于公司来说,加强合规管理,禁止公司人员从事犯罪行为。只有这样,才有可能杜绝公司的刑事风险。

151. 对单位行贿罪

一、法律规定

《刑法》第 391 条规定:“为谋取不正当利益,给予国家机关、国有公司、企业、事业单位、人民团体以财物的,或者在经济往来中,违反国家规定,给予各种名义的回扣、手续费的,处三年以下有期徒刑或者拘役。

单位犯前款罪的,对单位判处罚金,并对其直接负责的主管人员和其他直接责任人员,依照前款的规定处罚。”

二、条文释义

上述条文是关于对单位行贿罪及其刑事处罚的规定。所谓对单位行贿罪,是指为谋取不正当利益,给予国家机关、国有公司、企业、事业单位、人民团体以财物,或者在经济往来中,违反国家规定,给予上述单位各种名义的回扣、手续费的行为。本罪的构成要件如下。

（一）本罪从客观上来看

本罪的主体既可以是自然人，也可以是单位，但行为对象一定是单位。根据《刑法》第31条的规定，单位犯本罪时，实行双罚制，即对单位判处罚金，并对其直接负责的主管人员和其他直接责任人员按相关条款规定判处刑罚。

从危害行为与危害结果来看，本罪表现为为谋取不正当利益，给予国家机关、国有公司、企业、事业单位、人民团体以财物，或者在经济往来中，违反国家规定，给予上述单位各种名义的回扣、手续费的行为。具体表现形式：一是给予国家机关、国有公司、企业、事业单位、人民团体以财物。二是在经济往来中，违反国家规定，给予国家机关、国有公司、企业、事业单位、人民团体各种名义的回扣、手续费。按照最高人民法院、最高人民检察院《关于办理贪污贿赂刑事案件适用法律若干问题的解释》第12条的规定，贿赂犯罪中的“财物”，包括货币、物品和财产性利益。财产性利益包括可以折算为货币的物质利益如房屋装修、债务免除等，以及需要支付货币的其他利益如会员服务、旅游等。后者的犯罪数额，以实际支付或者应当支付的数额计算。

（二）本罪从主观上来看

本罪的主观方面表现为直接故意，且以谋取不正当利益为目的。至于谋取的不正当利益是归个人，还是归单位以及谋取的不正当利益是否得到，均不影响本罪的成立。

三、立案标准

最高人民检察院《关于人民检察院直接受理立案侦查案件立案标准的规定（试行）》第6条规定：“对单位行贿罪是指为谋取不正当利益，给予国家机关、国有公司、企业、事业单位、人民团体以财物，或者在经济往来中，违反国家规定，给予上述单位各种名义的回扣、手续费的行为。涉嫌下列情形之一的，应予立案：

1. 个人行贿数额在10万元以上、单位行贿数额在20万元以上的；

2. 个人行贿数额不满10万元、单位行贿数额在10万元以上不满20万元，但具有下列情形之一的：

(1)为谋取非法利益而行贿的;

(2)向3个以上单位行贿的;

(3)向党政机关、司法机关、行政执法机关行贿的;

(4)致使国家或者社会利益遭受重大损失的。”

四、风险防范

对单位行贿罪是对国家机关、国有公司、企业、事业单位、人民团体的廉洁形象的严重损害,也是对公平竞争的经济秩序的严重破坏,企业应从以下方面预防企业此罪风险。

(一)企业应明确该罪的特征

对单位行贿罪的犯罪主体既可以是自然人,也可以是单位,犯罪对象为国家机关、国有公司、企业、事业单位、人民团体,个人行贿数额在10万元以上、单位行贿数额在20万元以上即可立案。

(二)准确把握企业行贿和馈赠的界限

在企业生产经营过程中,企业之间互赠礼品的行为较为常见。此种行为应以企业名义作出,尽量避免以董事长、总经理等个人名义进行赠予。行贿和馈赠的目的不同,馈赠的目的一般是加深双方感情,而对单位行贿的目的为获取不正当利益,如谋求的是正当利益,则不构成对单位行贿罪,比如企业为职工办理工作居住证,名额已定,为了加快办理时间,企业向审批的人才行政单位送钱送物的行为。

(三)加强企业管理

应增强企业法律意识,定期对企业进行法律培训,学习国家有关行贿、受贿的法律法规,树立正确的竞争意识。企业董事、高管等人员应对企业忠诚,以企业整体利益为重,不得利用企业从事犯罪行为。建立健全企业规章制度,尽量做到所有办事流程公开透明,防止权力寻租,并且建立可行有效的监督机制,做到互相监督,互相制约。

五、案例评析

(一)案例简介

沅陵县商务局系沅陵县人民政府的工作部门,沅陵县牲猪定点屠宰管理办公室(以下简称沅陵县定点办)系沅陵县商务局下设的非财政补助事业单位法人,主要负责全县牲猪定点屠宰管理工作;被告单位沅陵县裕源生猪定点屠宰有限责任公司(以下简称沅陵县裕源公司)系沅陵县一家有资质经营牲猪、牛、羊收购、屠宰、肉类食品加工的私营企业,被告人朱某某一系被告单位沅陵县裕源生猪定点屠宰有限责任公司企业法定代表人。

根据商务部、财政部关于《屠宰环节病害猪无害化处理财政补贴资金管理暂行办法》《生猪定点屠宰厂(场)病害猪无害化处理管理办法》等相关规定,从2007年起,国家开始对全国生猪定点屠宰厂(场)的病害猪无害化处理进行财政补贴,无害化处理财政补贴包括病害猪损失补贴和无害化处理费用补贴,病害猪损失补贴的对象为提供病害猪的货主和自宰经营的企业,财政补贴标准为500元/头,无害化处理费用补贴的对象为进行无害化处理的生猪定点屠宰企业,财政补贴标准为80元/头,从2011年8月1日起,国家将现有的屠宰环节病害猪损失财政补贴标准由每头500元提高到800元,处理费用不变。屠宰过程中经检疫或肉品品质检验确认为不可食用的生猪产品按每90公斤折算成一头猪的标准,享受病害猪损失补贴和无害化处理费用补贴。中央财政对中部地区实行50%的财政补贴,中部地方财政负担50%的财政补贴;同时根据该相关规定,拨付补贴资金的程序由省级财政部门会同省级商务部门核定本地区生猪定点屠宰企业病害猪数量及所需财政补贴资金,由省级财政部门编制上年本地区屠宰环节病害猪无害化处理财政补贴资金预算,向财政部申请中央财政补助资金,中央财政根据各省级财政部门申请,清算上年中央财政补助资金,审核并预拨本年中央财政补助资金;市、县商务主管部门负责监督生猪定点屠宰厂(场)无害化处理,无害化专项补贴资金由生猪定点屠宰厂(场)按照要求申报,并按要求填写财政补贴申领表,由市、县主管部门确认后由财政部门及时审核拨付补贴资金。根据这些规定,沅陵县财政部门出于对专项资金安全的考虑,将该笔专项资金统一由县商务局进行管理和发放,因该项补贴资金的发放县商务局难以直接操作,2008 年起县商务局便委托沅陵县定点办负责管理和发放。

从 2007 年 11 月至 2013 年 12 月,时任沅陵县定点办主任法人代表谢某某(系公务员并系原沅陵县商务局党组成员,已判刑)以解决弥补地方财政未配套的 50% 资金款及解决沅陵县定点办办公经费不足为由,且以对裕源公司负有监管的职责,违反国家规定,在未对部分病害猪及不可食用生猪产品进行无害化处理的情况下,先由沅陵县定点办确定病害猪的头数,再安排沅陵县裕源生猪定点屠宰有限责任公司予以配合提供相关的数据和资料,最后由沅陵县定点办完成申报工作,并以县商务局的名义上报财政部门,通过虚增申报无害化处理的病害猪数量套取国家病害猪无害化处理专项补贴资金,先后 7 次向财政部门申报了专项补贴资金共计 328.822 万元,其中向中央财政部门按比例申报了专项补贴资金 164.411 万元,财政部门按照规定于 2010 年和 2012 年对沅陵县定点办申报的之前年度的该项资金进行了结算。同时,2008 年 5 月至 2013 年 12 月,中央财政按照规定实际先后 7 次向沅陵县定点办预拨了专项补贴资金 177.286 万元。沅陵县定点办在取得该专项补贴资金后,将其中 60.83 万元用于各项开支,拨付给裕源公司专项补贴资金 116.456 万元,裕源公司收到专项补贴资金 116.456 万元后,用于发放货主的病害猪补贴资金 3.84 万元(2012 年 4 月之后病害猪头数为 48 头 × 800 元/头 = 3.84 万元),应享受的无害化处理费用补贴 0.728 万元(沅陵县裕源公司 2009 年 12 月以后实际处理病害猪头数 91 × 80 元/头 = 0.728 万元),对不可食用的不合格产品经折算后可以享受补贴资金为 58.036 万元,按照沅陵县商务局及沅陵县定点办的要求,被告单位及被告人朱某某一以各种形式返还给沅陵县定点办 44.456 万元(其中:为沅陵县定点办购买了一辆执法车为 5.66 万元、为沅陵县定点办支付业务招待费 11.796 万元、返还给沅陵县定点办 27 万元),以赞助费的名义返还商务局 7 万元,获利 2.396 万元。

法院经审理后认为,被告人朱某某一系被告单位沅陵县裕源生猪定点屠宰有限责任公司企业法定代表人,沅陵县定点办系被告单位的主管单位,国家病害猪无害化处理专项补贴资金从 2008 年起由沅陵县定点办负责管理和发放。从 2007 年 11 月至 2013 年 12 月,沅陵县定点办法人代表谢某某为弥补地方财政未配套的 50% 资金款及解决沅陵县定点办办公经费不足,经集体研究决定,违反国家规定,滥用职权,采取虚报办法而套取国家专项补贴资金用于其单位的其他开支,2009 年 12 月至 2011 年 12 月由沅陵县定点办直接进行申报,在

2012年国家对补贴资金申报管理严格后被告单位、被告人朱某某一按照谢某某的指示安排沅陵县裕源生猪定点屠宰有限责任公司实施了相关虚报行为，可以看出谢某某滥用职权案最初的犯意并不是单位受贿的犯意，被告单位及被告人朱某某一也不存在有对单位行贿的犯罪故意；首先，中央财政按照规定实际先后7次向沅陵县定点办预拨了专项补贴资金177.286万元后，沅陵县定点办已将其中的60.83万元用于各项开支，拨付给裕源公司专项补贴资金116.456万元，裕源公司收到专项补贴资金116.456万元后，用于发放货主的病害猪补贴资金、应享受的无害化处理费用补贴、对不可食用的不合格产品经折算后可以享受补贴资金共计62.604万元，系合理开支。按照沅陵县商务局及沅陵县定点办的要求，被告单位及被告人朱某某一以各种形式返还给沅陵县定点办44.456万元，以赞助费的名义返还商务局7万元，赞助费的数额也是经谢某某与沅陵县商务局领导商量决定，裕源公司违法所得仅为2.396万元，客观上并非被告单位沅陵县裕源生猪定点屠宰有限责任公司及被告人朱某某一主动给予沅陵县定点办及沅陵县商务局财物。故被告单位沅陵县裕源生猪定点屠宰有限责任公司及被告人朱某某一的行为不构成对单位行贿罪，公诉机关指控其犯对单位行贿罪的罪名不妥，法院不予支持，虽然被告单位、被告人朱某某一按照谢某某的指示安排沅陵县裕源生猪定点屠宰有限责任公司实施的相关行为系谢某某滥用职权行为得以实现的帮助行为，具有一定的社会危害性，但滥用职权罪的主体系国家机关工作人员，被告单位、被告人朱某某一均不符合滥用职权罪的主体，法无明文规定不为罪，故依法应宣告沅陵县裕源生猪定点屠宰有限责任公司、被告人朱某某一无罪。被告人朱某某一提出被告单位沅陵县裕源生猪定点屠宰有限责任公司及其本人没有对单位行贿的主观故意，认为被告单位及其本人均不构成对单位行贿罪的辩解意见及辩护人提出的被告人朱某某一并无“为谋取不正当利益，给予国家机关以财物”的主观故意，裕源公司实际获得不正当利益仅为2.396万元，被告单位沅陵县裕源生猪定点屠宰有限责任公司及被告人朱某某一均无罪的辩护意见，法院予以采纳。对沅陵县裕源生猪定点屠宰有限责任公司在谢某某滥用职权案中获利的2.396万元，应予追缴，上缴国库。故法院判决被告单位沅陵县裕源生猪定点屠宰有限责任公司及被告人朱某某一无罪。

（二）简要评析

本案被告单位向单位行贿的主观故意明显存在问题，其之所以给予沅陵县定点办财物，应该说也是与谢某某的要求有关。从本案来看，作为企业与国家机关或国有公司的经济往来，应当于法有据，并且应当有相应的合同依据。因为资金往来，均会有明确的记载。如果没有合法依据，而直接给予其财物，极有可能涉嫌犯本罪。因此，增强法律意识，尤其是增强刑事风险意识，可以让公司避免一些不必要的风险。

152. 单位行贿罪

一、法律规定

《刑法》第 393 条规定：“单位为谋取不正当利益而行贿，或者违反国家规定，给予国家工作人员以回扣、手续费，情节严重的，对单位判处罚金，并对其直接负责的主管人员和其他直接责任人员，处五年以下有期徒刑或者拘役。因行贿取得的违法所得归个人所有的，依照本法第三百八十九条、第三百九十条的规定定罪处罚。”

二、条文释义

本条是关于单位行贿罪及其刑事处罚的规定。所谓单位行贿罪，是指单位为谋取不正当利益而行贿，或者违反国家规定，给予国家工作人员以回扣、手续费，情节严重的行为。本罪的构成要件如下。

（一）本罪从客观上来看

本罪的主体是特殊主体，只能是单位，并且是按中国法律进行登记的单位，自然人不能构成本罪。这里所讲的单位，按照《刑法》第 30 条的规定，单位应包括公司、企业、事业单位、机关、团体。同时，最高人民法院《关于审理单位犯罪案件具体应用法律有关问题的解释》第1条规定，“公司、企业、事业单位”，既包括国有、集体所有的公司、企业、事业单位，也包括依法设立的合资经营、合作经营企业和具有法人资格的独资、私营等公司、企业、事业单位。同时，单位内部机构应当也可以成为单位行贿罪的犯罪主体。按照《刑法》第31条的规定，单位犯本罪时，实行双罚制，即对单位判处罚金，并对其直接负责的主管人员和其他直接责任人员按相关条款规定判处刑罚。

从危害行为和危害结果来看，本罪在客观方面表现为单位为谋取不正当利益而行贿，或者违反国家规定，给予国家工作人员以回扣、手续费，情节严重的行为。按照最高人民法院、最高人民检察院《关于在办理受贿犯罪大要案的同时要严肃查处严重行贿犯罪分子的通知》第2条规定，不正当利益，包括两个方面：一是非法利益，即违反法律、法规、国家政策和国务院各部门规章规定的所取得的利益。二是要求国家工作人员或者有关单位提供违反法律、法规、国家政策和国务院各部门规章规定的帮助或方便条件所取得的利益，即法外利益。

（二）本罪从主观上来看

单位行贿罪在主观方面表现为直接故意，并且具有为本单位谋取不正当利益的目的。单位行贿的主观故意表现为单位通过一定程序形成集体意志。一般来说，其形成集体意志的程序应当符合单位章程或单位内部决策程序的规定。其意志应当有别于单位负责人的个人意志。

三、立案标准

根据最高人民检察院《关于人民检察院直接受理立案侦查案件立案标准的规定（试行）》第8条规定，“涉嫌下列情形之一的，应予立案：

1. 单位行贿数额在20万元以上的；

2. 单位为谋取不正当利益而行贿，数额在10万元以上不满20万元，但具有下列情形之一的：

（1）为谋取非法利益而行贿的；

（2）向3人以上行贿的；

（3）向党政领导、司法工作人员、行政执法人员行贿的；

(4)致使国家或者社会利益遭受重大损失的。

因行贿取得的违法所得归个人所有的,依照本规定关于个人行贿的规定立案,追究其刑事责任。"

四、风险防范

随着经济的发展,为了谋求单位利益,行贿现象变得多发起来,因单位行贿罪和行贿罪、对单位行贿罪、对有影响力的人行贿罪在定罪、量刑中有重大区别,所以在司法实践中对行为人罪名的认定尤为重要。比如,个人为进行违法犯罪活动而设立的公司、企业、事业单位实施犯罪的,或者公司、企业、事业单位设立后,以实施犯罪为主要活动的,不属于单位行贿罪;职工个人盗用单位名义实施犯罪,违法所得由实施犯罪的个人私分的,不以单位行贿罪判处。所以,通常在以下方面对单位行贿罪加以防范。

(一)严格监控企业资金流向

作为企业的经营者,往往由于缺乏对企业资金流向的监管,导致本罪的发生。因此企业的负责人应当及时注意单位资金流向,对于有疑问的资金流向,及时发现问题及时整改。

(二)掌握合理的馈赠尺度

对于正常的人情往来,法律不应当禁止,单位应当把握好尺度。如单位行贿的起刑点为人民币 10 万元以上,在此数额以下,应当不受刑法追究。

(三)切忌为单位的利益以个人名义从事行贿行为

为单位的利益,切忌以个人名义从事赠予财物的行为。如为单位利益,要对他人进行赠予,也应当以单位名义进行。

(四)严禁企业私设"小金库"

健全企业财务制度,定期对企业账目做审计,可采取第三方审计同企业内部自查相结合等方式,杜绝企业及其各部门私设小金库、往来现金不入账等现象的发生。

（五）加强法律培训

定期对企业职工进行法律培训，认真学习关于单位行贿、受贿等与企业日常生产经营密切相关的法律法规。树立正确的竞争意识，不使用非法手段谋取不正当利益。建立合理的薪酬制度、奖惩制度，培养职工忠诚意识，禁止职工以企业之名谋私人之利。

五、案例评析

（一）案例简介

2011～2014年，被告人苏某为承接湖北某房地产开发有限公司建设荆州某某项目的部分工程，向该项目在政府部门的联系人，即时任某区委常委的宋某行贿共计28万元。宋某则利用其联系荆州某某项目的便利，给湖北某房地产开发有限公司董事长曾某打招呼，要求曾某将某某工程分包一部分给苏某。为了在以后的工程中得到宋某的支持，曾某同意将某某项目的部分工程分包给了苏某。具体事实如下：

1.2011年中秋节前夕，苏某为承接荆州某某商品城基建工程，请托宋某为其出面打招呼，为此以过节的名义在宋某家中送给其2万元；

2.2012年春节前夕，苏某再次以拜年名义在宋某家中送给其2万元，请托宋某出面帮其联系荆州某某商品城基建工程；

3.2012年5、6月，苏某在成功承接荆州某某商品城部分基建项目后，为感谢宋某对其的帮助，在宋某居住的某某小区门口送给其20万元；

4.2013年春节前夕，苏某为感谢宋某对其承接工程的关照和支持，以拜年的名义在宋某家中送给其2万元；

5.2014年春节前夕，苏某再次以拜年的名义在某区某某小区门口送给宋某2万元。

另查明，苏某分别以荆州市某某建设工程有限公司、荆州亿丰建设工程有限公司及个人名义与湖北某房地产开发有限公司、贵州省某建设公司荆州分公司签订建设施工合同。其中，苏某借用荆州市某某建设工程有限公司资质承接荆州某某商品城一期工程3个项目，已实现利润总额627，668.3元；苏某承接贵州省某建设公司荆州分公司转包荆州某某商品城一期工程的部分土建、水电工程，已实现利润总额1,084,750元（已实现利润4,454,750元－费用支出3,370,000元＝1,084,750元）；荆州亿丰建设工程有限公司承接荆州某某商品城2期土方回填工程，已实现利润总额177,644元，苏某从中分得10万元；荆州亿丰建设工程有限公司承接荆州某某商品城2期土建、安装工程，经审计确认的预计可实现利润3,474,450元，未实现。2015年2月9日下午，检察机关电话通知苏某到指定地点接受调查，苏某接到电话后到案，如实交代了向宋某行贿28万元的犯罪事实。

法院经过审理后，对起诉书的几项事实认定如下：

1. 关于起诉书所述荆州亿丰建设工程有限公司在筹备阶段从事经营活动的认定问题。经查，其一，公诉方举证出具的荆州亿丰建设工程有限公司工商登记材料中，反映该公司存档最早的文件材料为2013年1月1日的委托书，其筹备时间应当以该书面材料为筹备起始日期；其二，根据《公司法》的相关规定，公司在成立之前，不得从事经营活动，即经营活动在公司成立之前是被禁止的，故苏某在荆州亿丰建设工程有限公司成立之前的行贿行为，作为公司经营活动的部分追认为荆州亿丰建设工程有限公司的行为，不符合法律规定。

2. 关于被告单位荆州亿丰建设工程有限公司将28万元记入公司账目的认定问题。经查，苏某以白条注明为承接荆州某某项目投入各项业务费用28万元，将28万元作为公司成本入账。该白条虽有苏某作为经办人的签字，但其记账形式因违反相关法律的规定，不能纳入公司的开支记账。

3. 关于被告单位荆州亿丰建设工程有限公司向江陵县财政局非税收入汇缴结算户账号27×××50汇入200万元的认定问题。经查，公诉方举证出具的湖北省农村信用社国内单位结算业务申请书，提出江陵县人民检察院系暂扣荆州亿丰建设工程有限公司退缴违法所得200万元，并当庭称待法院判决后，结合判决结果出具正式票据。公诉人举证的该结算业务凭证，仅能证实荆州亿丰建设工程有限公司向江陵县财政局非税收入汇缴结算户账号27×××50转账200万元。根据《人民检察院刑事诉讼规则（试行）》第235条的规定，人民检察院查封、扣押财物和文件，应当经检察长批准，由两名以上检察人员执行。因除转账凭证之外，无其他证据证实系检察机关扣押财物行为，不能认定为扣押的涉案款物。

法院认为，被告人苏某借用荆州市某某建设工程有限公司名义以及使用个人名义，为谋取不正当利益，给予国家工作人员贿赂26万元；在荆州亿丰建设工程有限公司成立以后，苏某为继续谋取不正当利益，基于此前同一请托事项，以荆州亿丰建设工程有限公司名义继续承接荆州某某商品城后续项目工程，并给予国家工作人员贿赂2万元，其行为已构成行贿罪，对苏某应予处罚。江陵县人民检察院指控被告单位荆州亿丰建设工程有限公司犯单位行贿罪的证据不足，指控的罪名不能成立。苏某经检察机关电话通知后，能主动到检察机关如实供述其罪行，且能当庭自愿认罪，是自首，对苏某可从轻处罚。对苏某借用荆州市某某建设工程有限公司名义获取的违法所得627,668.3元；对苏某承接贵州省某建设公司荆州分公司转包荆州某某商品城一期工程的部分土建安装工程获取的违法所得1,084,750元；对苏某在荆州亿丰建设工程有限公司承接荆州某某商品城二期土方回填工程获取的违法所得10万元，予以追缴，上缴国库。法院在综合上述情况的基础上，判决被告单位荆州亿丰建设工程有限公司无罪。判决被告人苏某犯行贿罪，判处有期徒刑6个月，缓刑1年，并处罚金12万元。

（二）简要评析

作为单位行贿罪，经常发生的情况是被告人利用不同的单位进行行贿，但最后公诉机关将这些行贿数额都算在一个单位身上。本案即这种情况。最后法院仅对被告单位的行贿数额作出认定，这对被告人的量刑就变得有利。从本案来看，在经营过程中，只有依法依规，才有可能防范本罪的刑事风险。

153. 私分国有资产罪（国有公司、企业作为犯罪主体）

一、法律规定

《刑法》第396条规定：“国家机关、国有公司、企业、事业单位、人民团体，违反国家规定，以单位名义将国有资产集体私分给个人，数额较大的，对其直接负责的主管人员和其他直接责任人员，处三年以下有期徒刑或者拘役，并处或者单处罚金；数额巨大的，处三年以上七年以下有期徒刑，并处罚金。”

二、条文释义

本条是关于私分国有资产罪及其刑事处罚的规定。所谓私分国有资产罪，是指国家机关、国有公司、企业、事业单位、人民团体，违反国家规定，以单位名义将国有资产集体私分给个人，数额较大的行为。本罪的构成要件如下。

（一）本罪从客观上来看

本罪的主体是特殊主体，按照法律规定，只有国家机关、国有公司、企业、事业单位、人民团体才能构成本罪，其他主体不能构成本罪。按照《刑法》第31条的规定，单位犯本罪时，实行双罚制，即对单位判处罚金，并对其直接负责的主管人员和其他直接责任人员按相关条款规定判处刑罚。

从危害行为和危害结果来看，本罪在客观方面表现为国家机关、国有公司、企业、事业单位、人民团体，违反国家规定，以单位名义将国有资产集体私分给个人，数额较大的行为。

（二）本罪从主观上来看

本罪在主观方面是直接故意。行为人明知是国有资产而故意违反国家规定，将国有资产集体私分给个人。过失不构成本罪。

三、立案标准

根据最高人民检察院《关于人民检察院直接受理立案侦查案件立案标准的规定（试行）》第11条规定，涉嫌私分国有财物，累计数额在10万元以上的，应予立案。

四、风险防范

本罪的犯罪主体并不限于国有企业，但在国有企业中经常发生涉及此罪的犯罪行为。在社会主义市场经济体制下，国有企业一方面作为国有资产的管理者，另一方面又是市场主体即参与者，因此，在国有企业中讨论本罪的预防具有现实必要性。对于本罪的预防，国有企业可以从以下几点入手。

（一）加强法律、法规的学习

国有企业的员工特别是高管应当切实加强对国有资产管理法律法规的学习，并在国有企业中建立起健全的管理制度。管理制度应包括对于国有资产处置的程序、对处置国有资产的权力行使者进行监督和制约的机制。

（二）建立企业良好的财务制度

对于所有权与经营权分离的国有企业，应当落实好分账制度，区分国有资产和企业财产的界限。对于国有资产，应当严格依据法律法规使用。处置国有资产的，应当经过严格的法律程序。

（三）培养企业员工勤俭节约意识

在国有企业的日常经营中，应当注意加强对包括领导在内的全体员工勤俭节约意识的培养，杜绝企业浪费行为，以防微杜渐。

（四）建立合理合法的资金分配制度，规范合法的资金发放程序

企业应当建立合理合法的资金分配制度，该制度最好应经过上级主管单位或母公司进行审批。在发放资金时，应当严格按规定的程序和数额发放。

五、案例评析

（一）案例简介

中国铁路兰州局集团有限公司银川工务段（以下简称银川工务段）系国有企业中国铁路兰州局集团有限公司（原兰州铁路局）下属的分公司，2009年10月，被告人王某成担任银川工务段段长后，违反国家规定，决定设立“小金库”用于支付部分干部、职工劳酬费等，由武某、尚某（二人另案处理）负责管理。其款项来源：一是银川工务段将自己承揽的专用线等工程，通过与赵某、刘某、

王某、拓某等施工队签订部分虚假施工合同，实际上工程还是由银川工务段组织施工。武某将银川工务段承揽的专用线等工程收入，在上交中国铁路兰州局集团有限公司下达计划规定的利润后，把其余款额按合同约定的金额，打入上述施工队的账上。这些施工队负责人在扣除施工队应得金额和税金后，将余款以转账方式转入武某掌管的赵某中国建设银行银行卡，拓某的中国建设银行银行卡中或提现交给武某。二是将中国铁路兰州局集团有限公司拨付给银川工务段的工程款，通过与赵某、刘某、王某、拓某等施工队签订施工合同，由武某按照合同规定的金额将工程款打入上述施工队的账上，按施工队实际工作量计算工程款，这些施工队负责人在扣除施工队应得工程款后，将合同金额比实际金额多出的金额，打入武某掌管的赵某、拓某等人的银行卡中或提现交给武某（以上两款项来源中含从前任杨某青任期内未结算工程项目中套取的款额）。被告人王某成决定段班子成员劳酬费由其本人负责发放，中层领导由武某负责发放，中层领导及一般干部的通信费由尚某负责发放。王某成在担任银川工务段段长期间，通过设立的“小金库”支付部分干部、职工劳酬费等共计398.234万元。

法院认为，银川工务段系国有企业中国铁路兰州局集团有限公司下属分公司，被告人王某成作为该国有企业直接负责的主管人员，违反国家规定设立“小金库”，决定以单位名义将所套取国有资产的398.234万元，以劳酬费、通信费等名义私分给单位干部职工，其行为已构成私分国有资产罪，且系数额巨大。公诉机关指控被告人的罪名成立，法院予以支持。故判决被告人王某成犯私分国有资产罪，判处有期徒刑1年，缓刑1年6个月，并处罚金人民币3万元。

（二）简要评析

从本案来看，单位私设“小金库”，利用“小金库”发放奖金的行为，对单位领导人来说，存在巨大的刑事风险。因为，单位如果有这些行为，最后均是处罚单位领导。要防范本罪的刑事风险，单位应当严格执行国家的财务制度，不得私设“小金库”。在为单位职工发放奖金时，除非有制度规定，最好应当上报上级单位，取得上级单位的同意后，才能进行发放。没有合法依据，最好避免发放奖金。只有严格遵守国家及单位的财务制度，才能有效防范本罪的刑事风险。

后记
POSTSCRIPT

我从进入律师这一行业到现在，摸爬滚打已经快二十年了。在近十多年的时间里，我将自己执业的重点集中于企业的法律服务方面，在这个过程中，不但承办了大量的投资并购案例，同时，还承办了许多涉及企业犯罪案件的辩护业务。我见证了许多企业由小到大，由弱到强的发展；我也看到了不少如日中天的企业，由于法律上的原因，轰然倒塌的经典个案。如果企业找准市场定位，并且能不断地创造优势、突出优势，企业的生存发展，一般来说不会有太大问题。但如果企业不顾及法律，不断地触碰法律，尤其是触碰刑事法律的红线，无论这样的企业现在多么不可一世，等待这个企业的一定会是坍塌的命运。基于这些实务经验，从早几年开始，我就有将这些实务经历总结成理论经验的想法。有这些实务经验，加之在攻读博士期间对《公司法》专注研究的理论积淀，应当说，在这方面作点理论建树，已经具备了一定的条件。无奈，成天的业务过于忙碌，总没能强迫自己静下心来将这些想法付诸笔墨。近两年，总算逼着自己开始动笔，同时要求律师事务所年轻律师也要开始这方面题材的积累。经过近一年的时间，本书的初稿总算能付梓了。在本书稿杀青的这一天，心里总算舒了一口气。

开办律师事务所也近十个年头了，在这十个年头里，我一直信奉优质的法律服务和优质的服务态度是我们在这个行业的立足之本。也正因为本着这种理念，律师事务所才能一天比一天地向前发展。看着那些年轻律师不辞辛苦地拼命工作，自己感觉责任巨大。是的，为着他们的未来，我们不应该仅仅满足于创造更好的物质目标，我们还应当有诗和远方。这些年，经过这么多企业实务经验的历练，我想，我们应当能够开始去追寻诗和远方了。也正是因为我们梦想着诗和远方，从前年开始，我不但要求年轻律师要积累丰富的实务经验，还要求他们在我们专注的这一块业务领域里一定要有理论的升华。如果律师事务所能够在这一块业务领域里能为我们行业作点引领贡献,我们便心满意足。

在这么多年的执业过程中,我发现一些企业领导人,往往在企业出现法律风险后才开始重视法律。近十多年里,由于国家法治建设的推进,企业领导对于企业的民事法律风险防范,基本上已经提上日程。但对于企业刑事风险,企业领导直到今天,一直没有将之放在企业风险防控的重点位置上。由于企业刑事风险相比于民事法律风险来说出现的概率相对较低,企业家们一旦出现刑事风险,往往是毁灭性的,对于企业家来说,是没有机会再来谈刑事风险防控,他们就出局了,这就导致从实际情况看来,正在运行的企业中并没有多少企业领导重视刑事风险防控措施;同时,也与前几年社会舆论和法律实务部门没有将这一业务领域进行重点推广有关。由于近几年企业家犯罪的案例越来越多,企业家们面临的刑事风险已经越来越大,一些企业已经感觉到这方面的风险了,并开始着手这一方面工作,法律服务行业也开始关注这一领域。这对于中国企业的发展来说,的确是好事。应当说,企业的刑事风险,相较于民事风险,其实更大。企业涉及的罪名较多,这一法律领域更加专业,企业领导们不可能对所有的刑事风险都了如指掌。但一旦企业触犯了《刑法》上哪怕是一条的规定,对于企业来说,均是毁灭性的。这远不是像民事风险一样,仅是赔多少钱的问题,这方面一旦出现问题,钱是买不来平安的。只有事前预防,我们花费的成本才能更小,起的作用才能更大。这也就是我经常给企业家朋友所说的“花小钱防病,与花大钱治病”的关系。对于企业来说,刑事只能防范,不能救济,一旦依靠于救济,企业往往已经没有机会了。对于一些有抱负有理想的企业家来说,刑事风险防范丝毫不能懈怠,否则理想和抱负最终只能“任凭雨打风吹去”。就企业开展刑事风险防范的价值而言,刑事风险防范其价值应当比民事风险防范价值更大。因为在刑事风险防范这一点上没有做好,企业没赚到钱没有发展,这还是小事,企业领导的人身自由才是大事。今天没有赚到钱,明天可能还有机会;失去了自由,就失去了一切,包括明天。可以说,在刑事法律风险有点泛化,刑法的谦抑性精神并没有获得很好贯彻的当下,企业领导意识是否转变,决定了企业领导的未来。我想,这也是我们律师事务所以及本人从事这一领域研究希望达致的目标。

本书成书过程中,律师事务所的工作人员刘晓羽、马彪、李申、李文浩、武永磊做了大量的辅助性工作,也正因为他们的付出,本书才得以快速出版,在此表示感谢！我也欣慰地看到，也正是由于有这一过程，他们的能力也得以有了较大的提升。

按现行《刑法》规定，企业犯罪涉及140多个罪名，本书第一版并没有全部列入，其原因一是由于有些罪名发生的概率比较低，相关研究并未深入；二是由于时间较紧，来不及一一列入。故本书只是选取了企业最容易触发的罪名。我想，企业只要注意好本书列入罪名的防范，一般来说，发生刑事风险的概率就会大大降低。同时，还有一点需要说明的是，本书由于时间仓促，难免出现一些错误和疏漏，一些理论和防范措施可能不尽完善。但我想，本书最大的目的，是要引起企业家对刑事风险防范的重视。若能因本书的出版，可以使一批甚至哪怕几家企业进行刑事风险防控，能够让几个有抱负有理想的企业家在思想意识上重视刑事风险防控，能让他们顺利地实现自己的理想，能让他们将自己的才华贡献于社会，能让他们为社会创造更大的财富，成为社会真正有益的人，而不至于让这些有才华的人由于不懂法、不敬法，在他们到达成功的道路上出现无法挽回的挫折，最后成为社会的负担，让社会和企业均遭受损失，即使本书有一些错误和疏漏，我们也不虚此行。因此，我期待我这本书发出的声音所表现于外的形式意义，大于本书带来的实质意义。至于本书的实质，随着时间的推移，随着执业经验的积累，我想，同样会有我们的诗和远方。

是为后记！

2021年7月26日清晨于蓉城新区

图书在版编目(CIP)数据

企业刑事风险防范行为指引 / 余尘著. -- 2 版. --
北京：法律出版社，2021
ISBN 978 - 7 - 5197 - 5663 - 5

Ⅰ. ①企… Ⅱ. ①余… Ⅲ. ①企业法 - 研究 - 中国②
刑事犯罪 - 风险管理 - 研究 - 中国 Ⅳ.
①D922.291.914②D924.114

中国版本图书馆 CIP 数据核字(2021)第 098826 号

企业刑事风险防范行为指引(第二版)
QIYE XINGSHI FENGXIAN FANGFAN XINGWEI ZHIYIN (DI-ER BAN)

余 尘 著

策划编辑 冯雨春
责任编辑 冯雨春 谢瑞忠
装帧设计 李 瞻

出版发行 法律出版社
编辑统筹 法律应用出版分社
责任校对 王 丰 王沁陶
责任印制 吕亚莉
经 销 新华书店

开本 710 毫米×1000 毫米 1/16
印张 45.75 **字数** 812 千
版本 2021 年 9 月第 2 版
印次 2021 年 9 月第 1 次印刷
印刷 天津嘉恒印务有限公司

地址：北京市丰台区莲花池西里 7 号(100073)
网址：www.lawpress.com.cn
投稿邮箱：info@lawpress.com.cn
举报盗版邮箱：jbwq@lawpress.com.cn

销售电话：010 - 83938349
客服电话：010 - 83938350
咨询电话：010 - 63939796

书号：ISBN 978 - 7 - 5197 - 5663 - 5
定价：156.00 元

凡购买本社图书，如有印装错误，我社负责退换。电话：010 - 83938349